한국 외교정책: 역사와 쟁점

한국 외교정책: 역사와 쟁점

2010년 9월 1일 초판 1쇄 펴냄
2021년 6월 3일 초판 3쇄 펴냄

엮은이 함택영·남궁곤
지은이 함택영·남궁곤·조동준·마상윤·홍용표·류상영·최동주·우승지·정기웅·전재성·황지환·이상환
　　　　정정숙·김학노·배종윤·이승주·이신화

편집 김천희
마케팅 최민규

펴낸이 윤철호, 고하영
펴낸곳 ㈜사회평론아카데미
등록번호 2013-000247(2013년 8월 23일)
전화 02-326-1545
팩스 02-326-1626
주소 서울특별시 마포구 월드컵북로6길 56

ⓒ 함택영·남궁곤 외, 2010

이메일 editor@sapyoung.com
홈페이지 www.sapyoung.com
ISBN 979-11-85617-14-5 93340

한국 외교정책: 역사와 쟁점

함태영·남궁곤 편

사회평론

이 책을 펴내며

이 책은 한국 외교정책 연구자는 물론 대학 학부와 대학원에서 한국 외교정책을 공부하는 학생들을 위해 기획되었다. 그러나 한국 외교에 대해 포괄적이면서도 학술적인 이해를 필요로 하는 많은 분들에게도 도움이 될 것이다. 외교 현장에서 일하는 분들은 물론 일반 시민들께도 유용한 책이 되기를 기대한다.

2009년도 한국국제정치학회의 주요사업으로 이 책의 출판을 구상한 것은 2008년도 가을이었다. 당시 학회 상임이사진 구성과 사업계획을 논의하던 준비 모임에서 한국 외교정책이 매우 중요한 연구 분야임에도 불구하고 교재 및 연구의 기본서가 될 수 있는 단행본이 마땅치 않다는 점에 유념하여 이 책을 출간하기로 계획하였다. 그리고 본격적으로 기획에 나선 것은 2009년 4월이었다. 한국국제정치학회 회장인 본인과 한국외교정책 분과위원장을 맡았던 남궁곤 교수가 한국 외교정책 분야의 중견 연구자들과 접촉하며 이 책의 필요성을 논의했다. 그리고 많은 학자들이 한결같이 한국 외교정책 교과서 출판의 중요성에 대해 공감하였고 모두 17분이 기꺼이 집필에 참여해 주었다.

이 책의 집필진은 그 후 세 번의 만남을 통해 구체적인 집필 내용에 대해 토론하고 또 자체적으로 워크숍을 가졌다. 토론과 워크숍을 통해 이 책의 집필방향과 내용구성, 그리고 편집방침 등에 대해 의견을 모았다. 그런 다음 각자의 필진들이 작성한 원고를 서로 검토하고 수정한 노력 끝에 이 책의 탄생으로 결실을 맺은 것이다.

한국국제정치학회가 주관하여 한국 외교정책 교과서를 출판한 것은 물론 이번이 처음은 아니다. 우리 학회는 1993년에 처음으로 한국 외교정책 교과서를 출판한 경험이 있다(이범준·김의곤 공편, 『한국외교정책론: 이론과 실제』, 법문사, 1993). 그 서문에는 다음과 같은 내용이 있다.

"한국 정부수립 반세기 동안 한국 외교정책에 대한 교과서가 없었다는 사실은 매우 부끄러운 일이다. 외교정책을 많이 다루어 온 학자들로서는 부끄러운 일이다. 그만큼 한국 외교는 급변하는 국제환경에 적응하기 바빴고 정책현실을 돌아보거나 학술적으로 분석할 여유가 없었다는 사실의 반증이기도 하다."

이 책이 1993년에 출간된 책에 비해 얼마나 달라졌는지에 대한 평가는 독자들에게 맡긴다. 사실 우리 학회가 기획했던 한국 외교정책 교과서가 출간된 지 17년이 지난 후 다시 나오게 된 이 책에서 과거 저자들이 느꼈던 부끄러움이 얼마나 해소되고 한국 외교정책의 연구 여건 및 성과가 얼마나 진전되었는지에 대해서는 자신이 없다. 많은 사람들이 한국 외교정책은 이론적 측면에서 모델의 부재를, 정책적 측면에서 목표의 부재를 지적해 왔다. 이 책의 출간이 이러한 지적에 적절히 답할 수 있을지에 대해서도 의문이다.

그럼에도 여러 사람이 힘을 모아 다시 교과서를 쓰기로 한 것은 한국 외교정책을 둘러싼 국내외 환경의 변화를 새로이 조망하고 그 동안 축적된 연구 성과를 반영하기 위함이다. 지난 20년에 가까운 기간 동안 세계 정세는 냉전이 끝나고 새로운 국제질서가 태동하는 등 한국 외교정책 환경의 큰 변화를 겪었다. 우리는 냉전기의 양극체제로부터 다자주의로 변모하는 동북아 국제질서에 능동적으로 대처해야 할 때에 이르렀다. 물론 그 동안 우리나라는 세계에서 유래가 없을 정도로 빠른 경제성장을 이룩하고, 평화적 정권교체를 포함한 정치적 민주화를 달성하며, 또 'IMF 위기'도 극복하는 등 국제적 지위와 책임도 크게 높아졌다. 한편 바로 이 기간 동안 북한은 사회주의권의 붕괴와 경제파탄에 따른 절체절명의 국가위기를 이른바 '북핵문제'를 통하여 극복하고자 일로매진一路邁進하기에 이르렀다. 역설적이지만 북핵 위기는 국력신장과 더불어 한국 외교의 자주

6

성을 높이는 추동력이 되었다. 이에 따라 외교정책을 결정·수행하는 구조와 과정에도 적지 않은 변화가 있었다. 그리고 한국 외교정책에 대한 새로운 연구업적도 어느 정도 축적되었다.

우리 학계와 외교 현장에서 모두 "우리에게 외교정책이 있는가?" 반문할 정도로 오랫동안 한국이 외교정책을 주도적으로 결정하지 못했다는 자책감이 자리 잡고 있었다. 한국 외교정책 연구에 구미 선진 강대국의 외교사 및 외교정책 연구에서 우러나온 이론을 그대로 적용하기에는 무리가 따른다. 일반적인 외교정책 이론이나 분석방법을 단순히 한국의 사례에 원용하는 방식이 아니라, 한국의 역사적 특수성을 십분 고려한 주체적 시각의 기본 교재가 절실하게 필요한 것이다. 그렇다고 해서 한국 외교정책을 약소국 외교정책 경험에서 도출된 모델로 분석하는 것도 시대착오적인 일이다. 한국은 경제총량이나 군사력 측면에서 이제 세계 10위 안팎의 중견국으로 성장했고, 북핵문제를 풀기 위한 6자회담을 적극적으로 주도했으며, 한국군의 전시작전통제권을 이관하기로 미국과 합의하는 등 보다 자주적인 외교안보정책을 실천해 나가고 있다.

또한 우리나라는 국제적 책임과 책무를 국제사회로부터 요구받고 있다. 한국은 유엔 평화유지활동PKO 등 국제평화 증진에 나서고 있으며, 경제협력개발기구OECD 개발원조위원회DAC에 가입하여 세계 최초로 원조를 받던 나라에서 원조하는 나라가 되었다. 요컨대 한국은 괄목하게 성장한 국가역량에 걸맞은 외교정책 수행을 요청받기에 이르렀다. 이렇게 볼 때 외교정책의 새로운 현실과 연구 성과를 반영한 체계적인 교재가 더욱 절실히 필요한 것이다.

이 책의 편집방향은 다음과 같다. 첫째, 한국 외교정책이 1948년 정부수립 이후 어떻게 전개되어 왔는지 역사적으로 조망한다. 외교정책의 이론보다는 실제를 중시하여 이승만 정부 이후 노무현 정부까지 각 정권에서 수행했던 외교정책 가운데 중요한 사례를 선택하여 집중적으로 조명한다. 둘째, 역대 정권의 외교정책 사례를 역사적으로 기술하는 외교사 교재에 그치지 않고 외교정책의 인과관계를 밝히고 이론화하는 데 도움이 되도록 공통의 분석틀에 의해 설명하고자 노력한다. 이를 위해 구조-과정-제도라는 차원과 목표-전략-실행이라는 차원 등 두 가지 시각을 통해 사례를 분석한다. 셋째, 가능하다면 역대 정부의 외교정책 사례를 연구함으로써 미래의 바람직한 한국 외교의 방향과 외교정책 과제를 도출할 수 있기를 기원하는 바이다. 이 책이 본인이 주장해 온 '우리 문제의 해결'을 위한 한국 국제정치학, 그리고 '이론과 역사의 만남'이 될 수 있는 한국 국제정치학의 정립에 도움이 되기를 기대해 본다.

이 책을 출판하는 데 많은 분들의 도움을 받았다. 누구보다 이 책의 집필에 적극적으로 참여해 주신 필자 선생님들께 감사한다. 특히 이 책의 공동 편집자인 이화여대 남궁곤 교수는 출판의 모든 과정에서 실무의 총 책임을 맡아 고생해 주셨다. 아울러 기획에서 출판과정까지 많은 도움을 주신 2009년 한국국제정치학회 상임이사진께 감사드린다. 특히 총무이사인 류석진 서강대 교수와 유현석 경희대 교수께서 적극적인 성원을 보내주셨고, 박건영 가톨릭대 교수와 구갑우 북한대학원대학교 교수께서는 연구이사로서 이 책의 내용과 집필진 선정 및 의뢰에 귀중한 조언을 해주셨다. 그리고 이 책의 출판을 흔쾌히 허락하신 사회평론 윤철호 사장께 심심한 사의를 표한다. 학생들에게도 많은 신세를 졌다. 북한대학원대학교 박사과정의 장철운 선생은 행정간사로서 번거로운 일들을 도맡아주었다. 이화여대 대학원 이설한 양은 이 책의 편집을 총괄적으로 도와주었고, 특히 외교일지와 각 사례별 일지 작성을 맡아 이 책의 완성도를 높이는 데 큰 도움을 주었다. 이화여대 대학원 정치외교학 전공 원생들은 이 책의 초고를 읽고 독자의 시각에서 수정해 주고 귀중한 조언을 주었다. 모든 학생들에게 학회를 대표하여 깊이 감사드린다.

올해 2010년은 한국 역사에서 여러 모로 뜻 깊은 해이다. 금년은 우리나라가 일제에 의해 국권을 빼앗긴 경술국치庚戌國恥 100년이 되는 해이다. 또 우리 민족이 남북으로 갈라져 전쟁을 시작한 지 60년이 되는 해이기도 하다. 뼈아픈 시련을 안고 시작된 우리 외교는 올림픽 개최국, 월드컵 공동개최국, APEC 정상회의 개최국으로 성장했고, 유엔 사무총장을 배출했으며, 올해 11월 G20 정상회의 개최국으로 발돋움하는 성장을 보여주기에 이르렀다. 물론 그 동안 한국 외교는 질적 변화보다 양적 성장에 치우친 감이 없지 않다. 그럼에도 이런 뜻 깊은 해에 한국국제정치학회에서 한국 외교정책 교재를 새로이 출판하게 되니 매우 기쁘고 또 많은 것을 생각하게 된다.

2010년 8월

북한대학원대학교 교수·전 한국국제정치학회 회장

함택영

| 차례 |

한국 외교정책의
특성과 환경

1

한국 외교정책과 한국 외교정책의 탐구

남궁곤 (이화여자대학교)

목차

주요어   외교정책, 한국 외교정책, 연계, 국가(정부), 국제정치적 환경, 냉전 시기, 데탕트 시기, 탈냉전 시기, 정책학

요점정리

1. '한국 외교정책'은 '외교정책'이라는 보편적인 주제를 한국적인 특수한 상황을 바탕으로 탐구하는 분야이다.

2. 외교정책은 설득, 타협, 강제 등의 수단으로 분쟁을 해결하는 것을 목표로 하는 점에서 전쟁과는 대립된다. 또한 외교정책은 대내정책과 구분되지만 국내정치와 분리해서 생각할 수 없으며 이 과정에서 국가(정부)가 중심이 된다.

3. 국제환경 변화와 함께 국제정치적 시각에서 외교정책 결정과정이 다뤄져야 하며, 이러한 시각에서 한국 외교정책은 냉전 시기, 데탕트 시기, 탈냉전 시기로 구분된다.

4. 한국 외교정책을 연구함에 있어 우리만이 가진 특수성과 역사성, 혹은 특정 시기에 국한된 특성을 밝히는 탐구 방법에서 벗어난, '보편성'을 지닌 과학적 작업과 이론화 작업이 요구된다.

5. 한국 외교정책에 대한 탐구는 실제 외교정책 현실에 잘 부합하는가에 대한 실천성과 정책 담당자에게 정책을 결정할 때 어떤 영향을 미칠 것인가에 대한 응용성을 고려하여 이루어진다.

6. 한국 외교정책 탐구가 현실에 도움이 되기 위해서는 한국 외교정책 목표를 잘 설정해야 하고, 이를 바탕으로 적절한 외교 전략을 작성해야 한다. 또한 합리적 기준에 따른 실행절차를 제공하여 결정과정상의 투명성과 자율성이 확보되고 제도화되어야 한다.

I. 머리말: 외교정책과 외교정책의 탐구

한국 외교정책 탐구가 어떤 주제를 어떻게 다루어야 하는지를 논의하려면 우선 '외교정책foreign policy'이라는 말이 가지고 있는 의미부터 파악해야 한다. '한국 외교정책'은 분명히 '외교정책'이라는 보편적인 주제를 다루되 '한국'의 특수한 문제이기 때문이다. 다음 절에서 다시 언급되는 한국 외교정책의 탐구 현황은 물론 한국 외교정책 결정 요인, 한국 외교정책 이론, 그리고 개별 사례 분석 등에서도 이 점을 유념해야 한다.

'외교정책'이란 무엇을 뜻하는가? 먼저 사전적 정의부터 알아보자. 위키피디아 사이버사전에서 외교정책을 찾아보면 다음과 같이 정의되어 있다.

> "외교정책foreign policy은 국제관계정책international relations policy이라고도 불린다. 외교정책은 특정한 국가가 주로 다른 국가와 (때로는 비국가행위자와) 경제적으로, 정치적으로, 사회적으로 그리고 군사적으로 어떻게 상호작용할 것인가를 대처하기 위해 대강의 방향을 그려주는 일련의 목표들이다. 외교정책은 그 국가의 국가이익, 안전보장, 이념적 목표, 그리고 경제적 번영을 보존하는 데 도움이 되도록 설계된다."[1]

외국과 한국에서 수행된 외교정책 분야의 많은 연구서들도 위의 사전적 정의와 크게 다르지 않은 정의를 내리고 있다. 사전적인 의미로만 보더라도 외교정책은 그 범위가 아주 넓고 추상적이어서 구체적으로 정의하는 일은 쉽지 않다.

외교정책의 뜻을 우리말로 정의내리기는 더욱 어렵다. 그 이유 중의 하나는 외교정책에서 외교에 해당하는 영어의 'foreign'이라는 단어가

---

1) http://www.en.wikipedia.org/wiki/Foreign_policy (검색일: 2010. 1. 10).

1.1 국가정부기관의 장래 활동 지침을 의미한다. 공공정책은 기능에 따라 문화정책·경제정책·교통정책·통일정책·외교정책 등으로 분류될 수 있으며, 또한 정책의 성격에 따라 분배정책·규제정책·재분배정책·구성정책 등으로 분류되기도 한다. 앤더슨James E. Anderson 은 공공정책을 행위자 또는 행위자집단에 의해 추진될 목적지향적인 행동경로로 정의한다. 또한 앤더슨은 공공정책을 다루는 정부의 행동단계를 ① 정책의제설정agenda-setting ② 정책형성policy formulation ③ 정책채택policy adoption ④ 정책집행policy implementation ⑤ 정책평가policy evaluation의 단계로 설명하고 있다.

(출처: James E. Anderson, *Public Policy Making: An Introduction*, 6th ed., (Boston: Houghton Mifflin, c2006), pp. 23–24).

'외교'라는 우리말로 번역 사용되어 혼동을 주기 때문이다. 엄밀하게 말하면 우리말의 '외교'는 영어의 'diplomacy'에 해당한다. 우리말의 외교정책에서 '외교'와 원래 영어의 'foreign'이라는 말은 그 뜻이 정확히 일치되지 않는다. 엄밀하게 말하면 영어의 'foreign policy'는 '대외정책'으로 번역해야 옳다는 말이다. 우리말의 외교에 해당하는 'diplomacy'는 우리말의 대외정책에 해당하는 'foreign policy'를 수행하는 데 필요한 수단 중의 하나이다. 즉 '외교'는 권력, 무력, 경제 등과 함께 외교정책을 수행하는 데 동원할 수 있는 수단 중의 하나이다. 국가 사이에 중요한 문제가 있을 때 국가를 대표하는 사람들, 즉 통치권자나 외교관 등이 교섭이나 협상 등에 의존해서 그 문제를 해결하는 과정을 외교라고 볼 수 있다. 그렇다고 'foreign policy'를 외교정책이라고 번역했다고 틀린 것은 아니다. 영어의 'diplomacy'라는 단어에 외교정책을 뜻하는 의미도 내포하고 있기 때문이다.

　외교라는 단어의 정의와 외교관의 역할에 관한 필독 고전서인 『외교

1.2

니콜슨 경[1886. 11. 21~1968. 5. 1]은 영국의 외교관, 언론인, 하원의원이며, 문학평론가이자 문학비평가로도 활동하였다. 또한 그는 정치 에세이, 여행서적, 미스터리 소설 등 125권이 넘는 저서를 가진 작가이기도 하다. 특히 제2차 세계대전을 배경으로 하여 영국의 사회·정치·외교를 폭넓게 보여주고 있는 『일기와 편지 1930~1962』, 외교와 외교관의 자질에 대한 고전인 『외교론』이 그의 대표적인 저서로 꼽히고 있다.

(출처: *Encyclopedia Britannica*, http://www.britannica.com (검색일 2010. 5. 18)).

론』의 필자인 니콜슨 경[Sir G. Harold Nicolson]의 견해를 살펴보자.

> "'근동에 있어서의 영국 외교는 용기가 부족하다'고 말할 경우, 이때 외교란 '대외정책'과 동의어이다. 그와는 달리 '그 문제는 외교에 의하여 훌륭하게 타결될 수 있는 것이다'고 말할 경우 그것은 협상의 뜻이 있다. 그보다 더 특수하게 사용될 경우 외교는 그러한 협상이 수행되는 과정과 기구를 의미한다. 또 '내 조카는 외교에 종사하고 있다'고 말할 경우 그것은 외교관청의 한 부서를 의미한다. 외교는 추상적인 성질이나 재능을 의미하는 것으로, 좋게 말해서는 국제적인 협상을 수행하는 데 있어서의 기술을 의미하는 것이요, 나쁘게 말해서는 지모의 교활한 측면을 의미한다."[2]

니콜슨 경이 제기한 문제들을 수용해 보면 외교는 여러 의미가 있고 경우에 따라서는 대외정책과 같은 뜻으로도 사용된다. 하지만 오늘날 외교정책이라고 말할 때는 보통 '대외정책[foreign policy]'을 뜻하는 것으로 받아

---

2) G. Harold Nicolson, *Diplomacy*, 3rd. edition (London, Oxford University Press, 1969), 신복룡 (역), 『외교론』 (서울: 평민사, 1998), p. 23.

1.3 1919년 제1차 세계대전 후 전승국과 패전국 사이 강화 조약을 체결할 목적으로 파리에서 개최한 국제회의로 명목상 목적은 미국의 윌슨 대통령이 주창한 평화 원칙 14개조에 대한 협의였지만, 주 목적은 승전국의 이해와 패전국에 대한 응징이었다. 미국은 제1차 세계 대전이 일어난 후 중립 정책을 고수하였지만 1917년 독일의 무제한 잠 수함 작전 선언과 러시아 혁명으로 연합국에 위기가 닥쳐오자, 같은 해 4월에 참전을 결정하였다.

이후 전세가 연합국에게 유리하게 바뀌자, 전쟁을 끝내기 위해 1919 년 1월 18일부터 파리에서 강화회의를 열었다. 당시 회의를 주도한 이념 은 미국 대통령 윌슨이 주창한 14개조의 평화 원칙이었다. 그러나 여기 에는 단순히 평화 원칙만 들어 있는 것이 아니라, 이 회의를 계기로 미 국이 세계 정치에서 주도권을 잡으려는 의도가 숨어 있었다. 회의는 곧 영국·프랑스·미국 등 열강들의 정치 거래 장소로 변질되었다.

같은 해 6월 28일에 베르사유에서 강화 조약이 체결되었다. 강화 조약 의 내용을 보면 파리강화회의 결과가 그대로 반영되어 독일은 해외 식 민지를 모두 잃었고, 알자스로렌을 프랑스에 넘겨주었을 뿐만 아니라 벨기에·폴란드·체코슬로바키아에 각각 약간의 영토를 떼어 주게 되었 다. 당시 독일은 인구의 15%와 영토의 10%를 잃었고 엄격한 군비 제한 이 부과되었고, 천문학적인 액수의 배상 금액이 정해졌다. 아울러 같은 민족 국가였던 오스트리아와의 합병도 금지되었다.

들인다. 이런 점에서 '외교정책'이라는 말 대신에 '대외정책'이라는 말 을 사용해야 보다 정확할 것이다. 하지만 지금까지의 관례로 대외정책보 다는 외교정책이 우리에게 더 익숙해 있으므로 그냥 사용해도 큰 문제 는 아닌 성싶다. 다만 한 가지 명심할 것은 외교정책을 대외정책과 같은 것으로 보면 이는 외교정책을 '대내정책domestic policy'과는 대립된 개념으로 보고 있다는 사실이다. 사전적으로 보면 대외정책과 대내정책은 국가의 공공정책public policy을 구성하는 두 가지 요소이고 서로 대립되는 말이기 때문이다.

다시 니콜슨 경의 견해를 보자. 그에 의하면 한 국가의 외교문제foreign affairs는 입법적 측면과 행정적 측면으로 구분된다.[3] 외교문제의 입법적 측면이란 국민들에 의해 선출된 대의원들과 이해 당사자 사이의 타협과 조정과정이다. 타협과 조정된 결과는 외교정책foreign policy으로 나타난다. 외교문제의 행정적 측면은 보통 경험과 분별 있는 직업인들이 타협과 조정된 외교정책을 위임받아 올바르게 수행할 수 있도록 다른 국가와 협상에 나서는 과정이다. 이때 협상이 성공하기 위한 수단은 국민에 의해서 동원된다. 따라서 외교정책이란 외교문제의 과정과 결과를 포괄할뿐더러 외교문제의 입법적 측면과 행정적 측면 사이에 가교역할을 담당한다고 할 수 있다.

그렇다면 외교정책은 어떤 유용성이 있는가? 외교정책은 주권국가 간의 공적 관계에서 발생하는 분쟁처리 기술의 하나이다. 외교정책은 기본적으로 설득, 타협, 강제 등의 수단으로서 협상에 의한 분쟁의 해결을 목표로 한다.[4] 이 점에서 외교정책은 국가들 사이에 발생하는 문제점을 폭력을 행사함으로써 분쟁해결을 목표로 하는 전쟁과는 대립된다. 제1차 세계대전의 전후 처리를 논의하기 위해 1919년 열렸던 파리강화회의에 영국 대표를 역임했고 국제연맹규약 초안 작성에도 참여했던 영국의 외교관 세실Edgar A. Cecil은 "한 국가의 외교정책이란 일진광풍을 만나 피난처를 훌륭하게 찾아가는 양※의 행동만큼 철저하게 기류를 타는 것"이라고 비유한 적이 있다.[5] 이 비유는 외교정책의 유용성이 평화로운 방법에 의한 국가 간 관계를 설정하고 유지하는 데 있음을 대변하고 있다.

---

3) Nicolson (1969), p. 22.
4) 정치학대사전편찬위원회 (엮음), 『정치학대사전』, 하권 (서울: 아카데미아리서치, 2002), p. 1628.
5) Nicolson (1969), 머리말에서 재인용.

외교정책은 어떤 특징이 있는가? 첫째로 외교정책은 국내정치와 국제정치 영역을 서로 연결시켜주는 특징이 있다. 외교정책은 대외정책과 같은 의미이므로 대내'정책'과 구분되지만 국내'정치'와는 분리될 수 없다. 외교정책 입안 시에는 해당 외교적 사안과 이해관계가 있는 여러 국내세력의 정치적 입장을 반영하는 것이 보통이다. 또 정책결정을 할 당시 국제정치 영역, 즉 국제환경과 대외관계를 고려한다. 외교정책은 국내정치 영역과 국제정치 영역의 중간지대에 위치하고 있다고 할 것이다. 이를 가리켜 전통적인 외교정책 연구가들은 연계linkage라고 부른다.

둘째로 외교정책 과정에는 국가(정부)가 중심이 될 수밖에 없는 특징이 있다. 이는 물론 국가(정부)만이 유일한 외교정책 행위자라는 것은 아니다. 외교정책이 결정되기 위해서는 국가(정부)만이 아니라 국제기구, 비정부기구, 이익단체, 언론과 여론 등도 중요한 행위자가 된다. 하지만 외교정책이 한 국가의 공공정책의 하나임이 분명한 이상, 또 한 국가의 국가이익을 최대화하는 것이 외교정책의 핵심목표라면 외교정책 과정과 행위의 중심은 국가(정부)일 수밖에 없다. 이런 측면에서 국가를 공식적으로 외국에 대표하는 합법적 정부와 정부를 대표하는 사람들에 대한 연구는 외교정책 탐구와 실행에서 가장 중심에 서 있다.

셋째로 외교정책은 국제정치 현상의 하나이므로 외교정책 탐구는 국제정치 탐구를 위한 하나의 방법이라는 특징이 있다. 국제정치 현상은 두 개 이상의 국가 사이에서 일어나는 추상적인 일이다. 국제정치 현상은 실제로는 국가의 행동과 그 행동을 이르게 한 국가 내의 정책결정들로 이루어져 있다. 외교정책이 한 국가가 다른 국가 혹은 국제사회를 향해 취하는 행동임을 고려하면 결국 국제정치는 여러 가지 외교정책이 만나서 이루어진다. 국제정치 탐구가 거시적인 국가 행동 문제를 그 대상으로 한다면 외교정책 탐구는 미시적인 국가 결정 문제를 대상으로 삼는다고 볼 수 있다. 이 때문에 외교정책은 원래 국가의 공공정책학 분야에서 다루어왔지만 오늘날에는 국제정치학의 하위영역에 속하는 것으로 간주된다.

일반적으로 '외교정책'이 국내정치와 국제정치를 연결해 주고, 국가를 대표하는 정부가 중요한 행위자이며, 외교정책 탐구가 국제정치 탐구를 위한 하나의 방법이라면 '한국 외교정책'의 경우는 어떠한가? 한국 외교정책도 한국의 국내정치와 국제정치를 연결해 주고, 정부 중심으로 수행되며, 한국에서의 국제정치 탐구를 위한 하나의 방법이다. 하지만 한국 외교정책은 일반적인 외교정책에 비해 그 중요성과 그에 대한 탐구 방법 등은 차이를 보이고 있다. 우리가 '외교정책'과는 별도로 '한국 외교정책'을 별개의 독립 학문분과로 간주하고 다루는 이유가 바로 그 때문이다. 이 책은 바로 이러한 문제의식에서 출발한다. 이제 한국에서는 외교정책이 어떤 특수성이 있고 한국 외교정책 탐구가 어떻게 이루어져 왔는지에 대해 좀 더 자세히 논의해 보자.

II. 한국 외교정책과 한국 외교정책의 탐구

한국 외교정책의 독특한 특징과 그에 대한 탐구를 논하기 위해서는 먼저 한국이 위치해 있는 한반도의 지정학적 특성을 언급하지 않을 수 없다.[6] 지정학적 특성은 국제정치가 안정적이면 잠재화되어 표면에 나타나

---

6) 국가의 역사와 운명이 지리적 특성에 의하여 결정적인 영향을 받는다는 생각은 원래 유럽에서 독일을 중심으로 생겨난 이데올로기였다. 독일은 두 번이나 세계대전을 일으킬 만큼 유럽평화에 위협적이었는데, 그 원인을 대륙국가라는 지리적 특성에서 찾는 것이 지정학 발전의 시작이었다. 하지만 독일의 팽창 실험이 실패로 끝나자 지정학 이데올로기는 비판을 받았다. 또 지정학적 위치라는 특성 자체가 인간의 힘으로는 어찌할 수 없는 요인이기 때문에 한 국가의 행동을 설명하는 변수로 크게 인정받지 못했다. 하지만 역사적으로 꾸준히 남진을 추구했던 소련이 1990년 전후 미국의 봉쇄정책에 의해 붕괴되고 미국만이 유일한 패권국가로 등장하면서 지정학적 요인에 대한 관심이 다시 증폭되었다. 특히 유럽통합이 현실로 이루어지고 미국과 유럽의 경쟁이 가속화됨에 따라 미주대륙과 유럽대륙의 갈등이 새로운 국제환경으로 등장하면서 지정

지 않는다. 반대로 국가들 사이에 대립과 갈등이 고조되고 국제질서가 혼란에 빠질 때 그 중요성이 드러난다. 한반도라는 지역적 특성이 한국 외교정책을 설명하는 데 중요한 영향을 미쳐왔던 것도 바로 국제질서가 급변했던 때였다.[7] 한반도는 지정학적으로 동북아시아에서 대륙과 해양이 만나는 전략적 요충지 자리를 차지하고 있다. 한반도는 주변 국가들의 많은 관심과 정복 욕구를 유발시켜 왔다. 오천 년의 한국 역사는 중국과 일본 등 주변 국가의 침략과 이에 대한 저항의 역사이다. 실제로 국사학자들에 의하면 한반도는 지난 삼천 년 동안 무려 930번이 넘는 전쟁으로 크게 얼룩졌다고 한다. 이는 주변세력의 침략과 그에 따른 참화를 거의 3년에 한 번씩 당한 셈이다.[8] 한국이 능동적이고 성공적인 외교정책을 수행하는 일은 국가존립과 한국인의 생존을 위한 하나의 숙명인 것이다. 따라서 외교정책에 대한 탐구는 가장 요긴한 문제가 된다.

한국 외교정책에 대한 탐구가 바르게 이루어지려면 다음 세 가지 관점에서 만족할 만한 성과가 있어야 한다. 첫째는 역사주의historicism 관점에서 한국 외교정책의 일관성과 연속성을 발견해 내는 일이다. 이것은 한국 외교정책 역사가 단순히 연속성이 있는 것이 아니라 어떻게 발전되어 왔는가를 밝히는 일이다. 이 문제는 한국 외교정책을 어떤 입장perspective에서 볼 것인가의 문제이기 때문에 '역사를 어떻게 볼 것인가'라는 사관view of history의 문제와 통한다. 둘째는 과학주의scientism 관점에서 한국 외교정책 결정요인을 이론화하는 작업이다. 이 문제는 한국 외교정책 환경과 결정, 구조와 과정, 분석수준과 행위자의 문제를 포함한다. 이는 곧 한국 외교정책 탐구가 일반 외교정책 탐구와 어떤 유사점과 차이점을 갖는가의 문제와 통한다. 따라서 이 관점은 이론theory과 분석틀framework of analysis의 문제

학에 대한 중요성과 관심이 다시 증가했다.
7) 구대열, 『한국 국제관계사 연구 I: 일제시기 한반도의 국제관계』 (서울: 역사비평사, 1995), p. 5.
8) 김창훈, 『한국 외교 어제와 오늘』 (파주: 한국학술정보, 2008), p. 19.

라고 할 수 있다. 셋째는 실천주의practicism 관점에서 한국 외교정책 탐구가 한국 외교정책 현실과 얼마나 부합하고 또 현실에 도움이 되는가의 문제이다. 이 문제는 한국 외교정책 탐구의 응용성applicability을 측정하는 것으로 한국 외교정책의 목표와 전략, 수행, 집행, 행태, 그리고 평가 등이 포함된다. 곧 한국 외교정책의 행위behavior 문제이고 정책policy의 문제이다. 그렇다면 한국 외교정책 탐구자들은 지금까지 이 세 가지 문제를 어떻게 다루어 왔고 또 향후 이 문제를 어떻게 다루어야 하는지 살펴보자.

1. 한국 외교정책의 역사적 전개와 현대적 의의

한국 외교정책은 언제부터 시작됐다고 할 수 있을까? 한국이 대한민국이라는 국호를 처음 사용하기 시작한 것은 1919년 4월 상하이 임시정부 시절이었다. 이때는 우리의 주권을 일본에 빼앗긴 상태였기 때문에 우리 정부의 외교정책이란 존재하지 않았다. 1945년 8월 우리나라가 해방되고 3년이 지난 후인 1948년 8월 대한민국이 건국되고 정부가 수립되었다. 한국이 엄연한 국제사회의 독립국가로서 국제법적 지위를 인정받았다. 그래서 외교정책을 국가의 공공정책으로 본다면 한국 외교정책은 이때부터라고 할 수 있다.

국제환경의 변화는 한 국가가 외교정책 목표를 설정하고 정책을 결정하는 데 중요한 영향을 미친다. 국제환경 변화는 짧은 시간에 이루어지지 않는다. 한국 외교정책이 비록 한국이라는 국가가 성립된 시기, 즉 정부 수립부터 시작했다고 볼 수 있지만, 국제환경 변화는 훨씬 이전부터 일어났다. 그래서 한국 외교정책에 영향을 주는 국제환경을 이해하기 위해서는 정부수립 이전의 국제환경 변화를 파악하는 일이 중요하다. 오늘날 한국은 역사적 전통과 경험 등 독립 이전부터 물려받은 외교적 유산을 가지고 외교활동을 펼치고 외교정책을 수행하고 있기 때문이다.

한국의 정부수립 이전 외교정책 환경의 변화는 크게 두 시기로 구분된다. 첫 시기는 일본과 강제적으로 강화도조약이 맺어졌던 1876년부터 외교권이 박탈되던 1905년까지의 시기이고 그 다음 시기는 1905년부터 한국이 해방되는 1945년까지의 시기이다. 강화도조약이 맺어졌던 19세기 말은 한국이 서양세력과 처음 만나는 때였다. 이런 취지라면 한국 외교정책의 시작은 1948년 정부수립이지만, 한국 외교정책에 대한 이해의 시작은 19세기 말부터라고 할 수 있다. 국제환경의 변화를 기준으로 해방 후 전개된 한국 외교정책 역사는 대체로 냉전 시기(1950-1960년대), 데탕트 시기(1970-1980년대), 탈냉전 시기(1990년대-현재)로 구분할 수 있다.[9] 정부수립 이후의 시기에 관해서는 이 책 뒤에서 더 자세히 다루기 때문에 정부수립 이전의 두 시기에 관해 잠시 논하기로 하자.

19세기 말은 당시 조선이 처음으로 서양의 여러 국가들과 만나는 때였다. 과거부터 한반도에 관심이 많았던 중국과 일본도 서양 세력들과 조선에 영향력을 행사할 목적으로 경쟁을 한 시기이기도 했다. 그래서 이 시기를 편의상 '제국 경쟁 시기'라고 부르도록 하자. 이 시기에 당시 조선은 최초의 외교정책이라고 할 수 있는 철저한 쇄국정책을 실시했다. 하지만 1876년 강화도조약을 통해 조선의 쇄국정책은 더 이상 유지되지 못하고 조선이 국제적 시련을 맞는 계기가 되었다. 조선의 개방 혹은 쇄국을 둘러싼 국제환경을 이해하는 일이 한국 외교정책 탐구의 시작인 이유는 당시 한반도에 이해관계를 두고 대립했던 여러 국가들이 엮어내는 국제정치가 현재까지도 유지되고 있기 때문이다. 또 당시 외교정책 결정자들이 국제정치의 본질을 파악하지 못하고 안이하게 대처한 결과가 좁게는 외교권, 넓게는 국권의 상실로 이어졌던 교훈을 되새길 필요가 있기 때문이다. 실제로 당시 정책결정자들은 국제질서의 변화를 바르게 인식하지 못했고 국제환경에 적절한 외교 전략을 마련하지 못해 커다란 시련을 겪었고 결과적으로 국가를 병합당하는 수모를 당했다. 과학과 제도 발

---

9) 외교통상부, 『한국외교 60년』 (서울: 외교통상부, 2009), 서장 및 제2장 참조.

전, 그리고 전쟁을 통해 그 방식과 내용은 변했지만 19세기 말 조선을 둘러싼 국제질서의 본질은 현재까지도 한국 외교정책 수행과 결과에 매우 중요한 영향을 미치고 있다. 아울러 한국이 국가보존과 국가발전이라는 외교정책 목표를 설정하고 외교 전략을 마련하는 데도 소중한 경험이 되고 있다. 이런 면에서 지난 150여 년간의 한국 외교사 경험에 대한 본격적인 탐구에서 한국 외교정책 탐구와 한국 국제정치학 패러다임 모색이 시작되어야 한다.[10] 실제로 그 동안 한국 외교정책 연구자들은 한국 외교사 분야 연구에 많은 역량을 쏟아왔다.

한국 정부의 외교정책 시작을 1948년 대한민국의 건국 때부터라고 보더라도 한국이 외교권을 박탈당했던 때인 일제 식민시기의 역사적 교훈도 한국 외교정책의 역사성 문제를 보는 데 중요하다. 학문적으로 보면 일제 식민시기 한국 외교정책이란 존재하지 않았다. 그만큼 한국 외교정책 연구자들 사이에서도 한국 외교의 공백기로 취급되어 오고 있다. 외교정책의 공식 행위자는 국가인데, 한국은 1905년 을사보호조약으로 일본에 외교권을 박탈당하고 1910년 합방되어 그 자격을 상실했기 때문이다. 1907년 헤이그 국제평화회의가 한국 밀사의 대표권을 인정하지 않은 것이 이를 말해 준다. 그러나 일제 식민시기에 한국 외교정책은 부재했다라고 보는 견해는 다시 생각해 볼 만한 문제이다.

현대 외교정책 연구 추세를 보면 외교를 국가 간 혹은 정부 간 외교교섭을 중심으로만 파악하지는 않는다. 외교정책 과정에 비정부 부문이 중시되고 있다. 정치단체는 물론 사회단체와 개인들의 외교활동도 그 중요

---

10) 국제환경에 따라 외교정책이 한 국가의 운명을 좌우하는 분기점이 되었던 역사적 사례들은 많이 있다. 그래서 현재와 미래의 외교정책은 과거의 외교사적 경험에 대한 학문적 분석과 그로부터 도출된 지식 및 원리의 토대 위에 기초한다. 이 점에서 한국 외교사에 대한 종합적이고 체계적인 연구는 꼭 필요하고 중요하다. 김기정, "한국 외교정책 연구의 과제," 하용출 (편), 『한국 국제정치학의 발전과 전망』 (서울: 서울대출판부, 2008), pp. 153-185; 유영옥, 『한국외교관계의 이해』 (서울: 홍익재, 2006), p. 127 참조.

참고　　상하이 임시정부

1.4 1919년 4월 11일 중국 상하이에 설립된 대한민국의 망명 임시정부 중의 하나이다. 1919년 9월 11일에 통합하여 발족한 통합임시정부는 명목상 한성임시정부의 정통성을 승계하였지만 임시정부의 인적·물적 구성은 상하이 임시정부 체제로 유지되었다.

상하이 임시정부의 창립배경을 살펴보면 1918년 미국 대통령 윌슨이 민족자결주의론을 발표하자 신한청년당은 대표자로 김규식을 프랑스 파리로 파견하여 한국 독립의 정당성 및 국제연맹의 동의를 통한 외교독립을 추진하였다. 이때 김규식이 제1차 세계대전의 종전을 논의하는 프랑스의 파리강화회의, 미국에 있던 '국민회'와 '동지회'를 흡수한 통합 임시정부, 상하이 임시정부를 발족하였다.

참고　　대한민국 정부수립

1.5 1945년 12월의 '모스크바 3상회의'에서 미·영·중·소 4개국에 의한 최고 5년의 신탁통치안이 결정되었다. 이 안이 국내에 전해지자, 임정을 중심으로 국민총동원위원회가 결성되어 반탁운동이 전개되었다. 임시정부 측은 반탁을 주장한 반면, 박헌영의 조선공산당 등 좌익 측은 찬탁을 주장하여 의견이 엇갈렸다. 이러한 와중에 1946년 1월, 미·소 공동위원회 예비회담이 열렸고, 3월에는 정식 위원회가 개최되었다. 회의가 거듭되는 동안 차츰 결렬 상태에 빠졌고 ① 이승만을 중심으로 얄타 회담과 모스크바 3상 결의를 취소하여 38선과 신탁통치를 없애고 즉시 독립 과도정부를 수립하자는 방안 ② 김구를 중심으로 반탁운동을 근본으로 하되 좌우합작과 남북통일을 실현하자는 방안 ③ 김규식·여운형 등 중간우파와 중간좌파가 주도하여 찬탁의 입장에서 미·소 공동위원회를 재개하자는 방안이 논의되었다.

동시에 미군정은 남조선과도입법의원을 창설하였고, 1947년 5월에 제2차 미·소 공동위원회가 열렸으나 의견대립으로 결렬되었다. 1947년 9월 17일 미국은 한반도의 문제를 유엔에 제출하여 이관하였다.

미국은 한국에서 유엔 감시하에 총선거를 실시하고, 정부가 수립되면 미·소 양군은 철수할 것이며, 이러한 절차를 협의하기 위해 유엔 한국 부흥위원단을 설치할 것을 제안하였다. 이 결의안의 수정 통과로 유엔 한국위원단은 1948년 1월에 활동을 개시하였다. 그러나 소련의 반대로 북한에서의 활동은 좌절되었다. 1948년 2월의 유엔 총회에서는 가능한 지역 내에서만이라도 선거에 의한 독립정부를 수립할 것을 가결하였다. 1948년 5월 10일에 남한만의 총선거가 실시되어 5월 31일 최초의 국회가 열렸다. 이 제헌국회는 7월 17일에 헌법을 공포하였는데, 초대 대통령에는 이승만이 당선되었다. 이어 8월 15일에는 대한민국의 수립이 국내외에 선포되었으며, 그해 12월 유엔 총회의 승인을 받아 대한민국은 한국에 있어서 유일한 합법정부가 되었다.

성이 인정된다. 일제 식민시기는 한국이라는 국가가 존재하지 않았지만 한민족이라는 집단과 이들이 거주하는 한반도의 가치는 국제정치적으로 여전히 유효했다.[11] 이런 점에서 국가외교를 대신하는 '민족외교' 개념을 상정할 필요가 있다. 또 1919년 상하이 대한민국 임시정부의 외교활동은 비록 그것이 국제적으로 외교주체로 공인받지 못했지만 민족적 정통성을 지니는 민족외교의 주체 확립이라는 점에서 큰 의의가 있다.[12] 한국 외교정책 역사가 연속성을 갖는 차원에서 임시정부 외교정책은 한국 외교정책 연구의 중요한 탐구대상인 셈이다. 일제 식민시기는 한국 외교정책 역사 관점에서 보면 엄연한 시련기였고 저항기였다. 한국 외교정책 탐구 작업이 한국의 국제관계에서 보편적 법칙을 규명함으로써 한국인의 국제적 생각과 행동을 탐구하는 작업이라고 한다면 일제 식민시기 민족외교와 상하이 임시정부의 외교정책을 탐구하는 것은 한국 외교정책과 한국 외교정책 연구의 정체성을 확립하는 데 아주 중요하다.

---

11) 구대열 (1995), pp. 4-5.
12) 김영작, "한국 현대외교의 과제와 방향," 한국정치외교사학회 (편), 『한국외교사 II』 (서울: 집문당, 1995), pp. 31-32, p. 36.

1.6 한·일 수호조약韓日修好條約·병자수호조약丙子修好條約이라고도 한다. 이 조약이 체결됨에 따라 조선과 일본 사이에 종래의 전통적이고 봉건적인 통문관계通文關係가 파괴되고, 국제법적인 토대 위에서 외교관계가 성립되었다. 이 조약은 일본의 강압 아래서 맺어진 최초의 불평등조약이라는 데 특징이 있다. 대원군의 통상수교거부정책에 맞서 개화론자들은 부국강병을 위해서 개화사상을 도입하고 문호를 개방하여 대외통상을 해야 한다고 주장하였다.

일본의 무력시위 아래 체결된 조약은 모두 12개조로 되어 있는데, 그 내용에는 일본의 정치적·경제적 세력을 조선에 침투시키려는 의도가 반영되어 있다. 이 조약에 규정되어 있는 바와 같이 일본은 개항장을 통해서 일본인을 조선에 침투시키고, 여기에 조차지租借地를 확보하여 일본세력의 전초지로 삼고자 하였다. 아울러 치외법권을 설정하여 일본인 상인들의 불법적이고 방자스런 행동에 대해서 조선의 사법권이 미칠 수 없도록 하였다. 이와 같은 불평등한 조약으로 조선은 서양 여러 나라와 통상을 시작하게 되고, 문호를 개방함으로써 서양의 신문명을 수입하는 반면에 열강의 침략을 받게 되는 시발점이 되었다.

한국의 정부수립 이후 외교정책은 국제환경의 변화에 따라 매우 다양하게 전개되어 왔다. 하지만 외교정책 수행 차원에서 보면 일관성 있게 가장 중요한 외교정책 과제로 간주되어 온 것이 있다. 한국의 미국 동맹정책이 그것이다. 한국이 미국과 동맹을 처음 맺은 것은 한국전쟁이 끝난 직후인 1953년 10월 1일 한·미상호방위조약을 맺으면서부터이다. 이후 현재까지 한국의 미국 동맹정책은 한국 외교정책의 핵심이었다. 시대변화에 따라 동맹정책의 내용과 형식, 그리고 이를 바라보는 시각 등이 변동해 왔지만 미국과의 동맹정책 자체는 한국 외교정책의 핵심 의제였다. 2000년대 이후 한국의 미국 동맹정책은 단지 군사적인 면에 국한하지 않

1.7 1905년 11월 17일, 일본이 대한제국大韓帝國. 이하 한국을 강압해 체결한 조약으로 공식명칭은 한·일협상조약韓日協商條約이다. 1904년 8월 22일에 재정과 외교 부문에 일본이 추천하는 고문을 둔다는 내용으로 체결된 '외국인용빙협정外國人傭聘協定. 제1차 한·일협약'과 구분하여 '제2차 한·일협약第二次 韓日協約'이라고도 불린다. 명목상으로 한국이 일본의 보호국으로 되어 '을사보호조약乙巳保護條約'이라고도 불렸다. 하지만 보호국이라는 지위가 사실상 일본 제국주의의 식민지화를 미화하는 것에 지나지 않는다고 비판되어 '을사조약'이라는 명칭이 흔히 사용된다.

모두 5개조의 항목으로 되어 있는데, 그 주요 내용은 한국의 식민화를 위해 외교권을 빼앗고, 통감부統監府와 이사청理事廳을 두어 내정을 장악하는 데 있다. 조약의 체결로 대한제국은 명목상으로는 보호국이나 사실상 일본 제국주의의 식민지가 되었다. 을사조약을 기초로 개항장과 13개의 주요 도시에 이사청이, 11개의 도시에 지청支廳이 설치되어 일본의 식민지 지배의 기초가 마련되었으며, 통감부는 병력 동원권과 시정 감독권 등을 보유한 최고 권력 기관으로 군림하였다.

고, 경제, 군사, 사회, 문화적 면까지 포함하는 포괄적이고 역동적인 성격으로 바뀌고 있지만 그 중요성만큼은 꾸준하게 유지되고 있다. 한국 안보정책의 과정 차원에서 혹은 외교 전략 차원에서 자주적인 성격을 강화할 것인가 의존적인 성격을 유지할 것인가의 논란이 있지만, 아직까지 미국 동맹정책의 중요성과 유용성은 지속되고 있다.[13]

---

13) 2000년 6월 남북한 정상회담 이후 남북한 관계가 대결에서 화해와 협력으로 진전됨에 따라 한·미동맹관계에 대한 새로운 변화가 모색되었다. 미국 역시 9·11 테러 이후 세계적 차원의 군사전략 변화가 일어나면서 한·미동맹관계에도 중대한 전환이 수반되었다. 아울러 국내·외서 일어난 불평등한 한·미관계에 대한 시정 요구에 더하여, '민족'과 '외세' 중 택일을 요구하며 한국 외교정책에 대해 영향력을 행사하려는 북한의 존재, 그리고 이상의 요구에 대해 미국 역시 한·미관계를 변화시킬 필요성에 공감하면서 2003년부터 한국은 대미외교에서 자주(self-reliance)냐 동맹

1.8 1899년과 1907년의 2회에 걸쳐 네덜란드 헤이그에서 열린 국제평화회의로 1899년 5월 18일~7월 29일에 열린 제1차 회의에는 26개국이 참가하였다. 군축문제에 관하여는 거의 진전이 없었고, 군비축소를 희망한다는 선언이 채택되는 데 그쳤으나, '국제분쟁평화처리조약' '육전陸戰조약' '적십자조약의 원칙을 해전海戰에 적용하는 조약'의 세 가지 조약과 경기구로부터의 투사물投射物의 금지, 독毒가스의 사용금지, 덤덤탄의 사용금지에 관한 세 가지 선언이 채택되었다.

　제2차 회의는 1907년 6월 15일~10월 18일까지 44개국이 참가하여 열렸는데, 제1차 회의 때의 세 가지 조약을 수정한 것 외에 10개의 전쟁법규조약을 채택하였다.

　한국 외교정책의 전통을 어떻게 인식할 것인가? 한때 한국 외교정책 수행 자체가 철학과 비전이 없다는 비판이 있었다. 이러한 외교정책 수행 자체의 상황 때문에 외교정책 탐구도 안정된 분석틀이나 보편적 개념을 발전시킬 수 없었던 것으로 지적되고 있다.[14] 하지만 한국 외교정책의 전통과 발전이라는 관점에서 보면 이런 자성적인 지적은 다시 생각해 봄직하다. 이런 지적은 한국 외교정책 탐구가 국제환경의 변화 혹은 세계사적 흐름에 대한 한국의 정책적 대응이라는 '자극-반응' 혹은 '도전-응전'이라는 도식의 형태로 이해하기 때문이다. 또 우리의 학문적 자세를 스스로 폄하하고 있을뿐더러 지나친 외세 의존적인 자세라고 볼 수 있다. 국가 차원의 비전과 계획을 국가전략이라고 할 수 있다. 한국은 선진국과 같이 국가전략 개념을 구체화한 청사진을 가지지 못하고 능동적인 외교를 구사할 수 없다고 스스로 폄하할 필요가 없다.

　(alliance)이냐의 논란에 휩싸이게 되었다. 한용섭, 『자주냐 동맹이냐: 21세기 한국 안보외교의 진로』(서울: 오름, 2004), pp. 5-6 발간사 참조.

14) 이서항, "한국외교정책 이론의 재조명," 김달중 (편), 『한국 외교정책』(서울: 오름, 1998), pp. 37-38.

외교정책은 국제정치와 국내정치를 연결시켜주는 가교 역할을 담당한다. '자극-반응' 혹은 '도전-응전'이라는 현상인식은 한국 외교정책을 탐구하는 데 한국의 내재적 발전보다는 외생적 변수만을 중시함으로써 소극적이고 피동적인 입장을 낳는다. 한국 외교정책 탐구에서 대외정책이 국내정책보다 우선시된다고 보는 착각을 낳게 된다.[15] 한국을 국력 측면에서 약소국으로 분류하고, 사회경제적 구조가 취약한 신생 정치체계로서 근대화를 추진해 온 국가로 분류하여 '약소국 외교정책'을 적용하는 오류를 범하기도 한다.[16]

현대 한국은 세계가 주목하는 국가이다. 다른 어떤 국가 사례에서도 찾아볼 수 없을 만큼 빠른 속도로 정치적인 민주화, 경제적인 선진화, 사회적인 다양화, 그리고 과학적인 정보화를 이룩했다. 이는 한국의 국가역량 혹은 외교역량이 그만큼 강화되었다는 것이다.[17] 한국 외교정책이 한국이 처한 국제환경과 국내체제의 연결고리라면 한국 외교정책 탐구는 당연히 한국의 국가발전 현실이 충실히 반영되어야 한다. 외교정책 환경의 도전에 대한 국내의 대응이라는 단순 도식에서 벗어나 한국의 국가발

---

15) 유영옥 (2006), pp. 18-19.
16) 이석호, "약소국 외교정책론," 이상우·하영선 (공편), 『현대 국제정치학』, 개정증보판 (서울: 나남출판, 1999), pp. 512-513; 김정원, 『한국외교발전론』(서울: 집문당, 1996), p. 21.
17) 국가역량이란 한 나라가 다른 나라로 하여금 자국의 이익을 증진하는 입장으로 접근하게 만드는 능력을 의미한다. 국가역량은 자원, 국토의 면적, 인구, 군사, 경제 및 과학기술과 같은 하드파워와 국민의 자질, 외교, 지도력 및 문화 등 소프트 파워로 구분할 수 있다. 어떤 사람은 "국가역량이란 사랑과 같아서 경험하거나 느끼기는 쉬워도 계산하거나 확정짓기는 어렵다"고 한다. 시대에 따라 국가역량의 구성요소는 다를 수 있다. 서양역사를 보면 16세기의 스페인은 금은 등 보화, 무역, 용병, 황실 간의 결연을, 17세기 네덜란드는 무역, 자본시장 및 해군을, 18세기 프랑스는 인구, 행정, 육군을, 19세기 영국은 공업, 해군, 자유주의 사상 및 외교력을, 20세기의 미국은 군사력, 경제력, 지도력, 과학, 동맹관계 및 미국적 민주제도를 국력 요소로 보았다. 국가역량의 요소는 자연적 요소, 군사경제 및 과학기술적 요소, 인적 요소, 지도자와 외교진영의 능력 등으로 구분된다. 이승곤, 『한국외교의 재발견』(서울: 기파랑, 2009), pp. 60-79.

전에 따른 자율성과 민주화에 따른 정책결정과정의 투명성 그리고 제도적 발전 등이 내재되어야 한다. 실제로 한국 민주화 과정에 초점을 맞추거나 특정 외교이슈에 대한 국내 행위자들의 다양한 입장 분포를 다룬 분석들이 한국 외교정책 탐구 현황에서 부쩍 증가하고 있는 것은 한국의 발전을 반영한 결과이다.

한국 외교정책 탐구가 한국의 발전이라는 사실에 기반해야 할 이유가 또 있다. 한국의 국제적 위상이 크게 높아졌기 때문이다.[18] 한국은 경제발전에 성공했고 국제적 위상이 높아져 국제적 책임이 그만큼 커졌다. 또 국제적 활동 참여 및 결정에 대한 자율성도 상대적으로 높아졌다. 한국은 APEC, OECD, WTO, G20 등 경제관련 중요 국제기구에 가입은 물론 이를 주도하는 국가로 발돋움했다. 그만큼 한국 외교정책 탐구의 영역과 대상이 크게 확대되고 있다.

참고 1.9	한국의 주요 경제 관련 국제기구 가입 현황			
	아시아태평양경제협력체(APEC)	세계무역기구(WTO)	경제협력개발기구(OECD)	G20 정상회의 (Group of 20)
목표	• 아시아·태평양 공동체의 달성을 위한 아·태 지역의 성장과 번영 • 무역 및 투자 자유화 달성	• 국가 간 경제분쟁에 대한 판결권과 판결의 강제집행권 이용, 규범에 따라 국가 간 분쟁이나 마찰 조정을 통한 국제무역환경 기반 조성 및 다자주의 활성화	• 경제발전과 세계 무역 촉진 ① 경제성장, 완전 고용 추진 ② 다각적이고 무차별한 무역·경제 체제 마련 ③ 저개발 지역 개발원조	• 선진 7개국 정상회담(G7), 유럽연합(EU) 의장국, 신흥시장 12개국 등 주요 20개국이 모여 국제금융 현안, 경제위기 재발 방지책, 선진국과 신흥시장 간의 협력체제 구축 등 논의

18) 이서항 (1998), pp. 39-40.

특징	• 전 세계 인구의 40%, GDP의 약 52%, 교역량의 45%를 점유하는 세계 최대의 지역협력체 • 비구속적(non-binding) 이행을 원칙으로 회원국의 자발적 참여와 이행 중시	• GATT체제에 없던 세계 무역분쟁 조정, 관세인하 요구, 반덤핑 규제 등 준사법적 권한과 구속력 행사, 서비스, 지적재산권 등 새로운 교역과제 포괄 • 회원국의 무역관련 법·제도·관행 등을 제고	• 경제정책회의(EPC)에서 세계 경제동향을 연 2회 종합 점검하여 〈OECD Economic Outlook〉 발간 • 회원국의 경제운영에 대한 상호지원과 비회원국의 경제발전에 대한 지원사업 • 한국은 1996년 12월 12일 가입	• G20 국가의 총 인구는 전 세계 인구의 3분의 2에 해당, 국내총생산(GDP)은 전 세계의 90%, 전 세계 교역량의 80% 차지 • 제5차 정상회의는 2010년 11월 한국 서울 개최
발전과정	• 1989년 호주 캔버라에서 한국을 포함한 12개국 간 각료회의로 출범 • 미국 클린턴 대통령의 제안으로 1993년부터 정상회의로 격상	• 관세 및 무역에 관한 일반협정(GATT) 체제를 대신해 우루과이라운드(UR) 협정의 이행을 위해 1995년 1월 1일 출범	• 1948년 4월 16개국이 참여해 발족한 유럽경제협력기구(OEEC, 1950년 준회원국으로 미국·캐나다 가입)가 1960년 12월 유럽공동체(EEC), 유럽석탄철강공동체(ECSC), 유럽원자력공동체(EUR-ATOM)와 함께 조직	• 1999년 9월에 개최된 국제통화기금(IMF) 총회에서 G7과 신흥시장이 참여하는 기구를 만드는 데 합의, 1999년 12월 창설 • 2008년부터 정상급 회의로 격상
회원국현황	• 현재 총 21개국 가입: 한국, 미국, 일본, 호주, 뉴질랜드, 캐나다, 아세안 6개국(말레이시아, 인도네시아, 태국, 싱가포르, 필리핀, 브루나이), 중국, 홍콩, 대만, 멕시코, 파푸아뉴기니, 칠레,	• 2008년 현재 회원국 153개국	• 1961년 9월 20개국을 회원국으로 한 경제협력개발기구로 확대·개편, 1990년대 이후 멕시코·체코·헝가리·폴란드·한국·슬로바키아 등이 가입하여 2009년 현재 30개국	• 미국·프랑스·영국·독일·일본·이탈리아·캐나다 등 G7에 속한 7개국과 유럽연합 의장국, 한국을 비롯한 아르헨티나·오스트레일리아·브라질·중국·인도·인도네시아·멕

			시코·러시아·사우디아라비아·남아프리카공화국·터키 등 신흥시장 12개국을 더한 20개국
러시아, 베트남, 페루			

(출처: 외교통상부 홈페이지 '다자통상외교' http://www.mofat.go.kr (검색일: 2010. 5. 24))

한국 외교정책의 역사는 단절되지 않고 역사적으로 지속되고 있다. 또 외교정책 변화도 한국이 민주화되고 경제적으로 윤택해짐에 따라 매우 긍정적이고 발전적으로 전개되어 왔다. 이러한 문제의식이 한국 외교정책 탐구의 기본적인 인식 자세로 자리매김될 때 올바른 외교정책 역사관이 정립되는 것이다.

2. 한국 외교정책의 과학적 탐구와 이론화

외교정책 분야는 기본적으로 국제정치학의 하부 영역에 속한다. 한국 외교정책에 대한 탐구는 한국이 수행하는 외교정책 내용과 정책의 결정과정을 이해함으로써 한국의 국제정치학을 탐구하는 방법이다. 우리의 실질적 외교경험을 사회과학적 인식과 국제정치적 개념화 차원에서 분석하는 일이다. 일반 외교정책 연구가 국내정치와 국제정치 과정의 연계를 다루는 것처럼 한국 외교정책의 인식과 분석은 한반도를 둘러싼 국제정치 환경과 한국의 정치과정 혹은 정책결정과정과의 연계를 다룬다.

그냥 외교정책이 아니라 '한국' 외교정책에 대한 탐구를 하는 데는 중요하게 고려해야 할 두 가지 점이 있다. 첫째, 한국 외교정책 탐구 방법과 결과가 우리만의 독특한 특수성과 역사성을 띤 것이 아니라 다른 국가들의 외교정책에 대한 탐구 방법과 결과와 어떤 유사한 점이 있고 어떻게 다른가를 밝히는 일이다. 둘째, 특정한 시기에 대한 한국 외교정책 탐구가 다른 시기의 한국 외교정책 탐구와 어떤 유사한 점이 있고 어떻게 다른가를 발견하는 일도 필요하다. 첫 번째 것은 공간의 문제이고 두 번째 것은 시간의 문제이다. 두 가지 점은 모두 '보편성'의 문제를 제기하기 위한 조건이다.

한국 외교정책에 대한 탐구는 비록 한국이라는 특수한 공간과 지역을 대상으로 하고 있지만 탐구방법과 탐구결과가 반드시 한국에만 적용되는 것이어서는 안 된다. 마찬가지로 특정한 시기에만 유용한 것이어서도 안 된다. 한국 사례 혹은 특정 시기를 탐구대상으로 하지만 다른 국가들 혹은 다른 시기와의 유사점이나 차이점을 잘 구별해 내는 것이 사회과학적 이론의 출발이고 과학주의가 추구하는 목적이자 판단기준이기 때문이다. 이런 면에서 한국 외교정책 탐구는 한국의 외교 전략과 외교정책 결정과정에 대한 과학적 작업과 이론화 작업을 필요로 한다. 그렇지 않으면 한국 외교정책 연구는 외교사 연구와 외교정책론 연구가 분절된 상태로 진행되고 한국 외교정책 경험이 잘 반영되기 힘들다.[19]

한국 외교정책에 관한 과학적 탐구란 외교정책을 둘러싼 설명력의 문제, 왜 특정한 외교정책이 만들어지고 수행되는지의 원인을 추적하는 인과관계를 밝히는 작업이다. 한국의 외교적 경험에서 도출된 외교정책 결정 요인을 밝혀내고 이것이 얼마나 보편성을 띠는가를 판단하는 일이다. 이에 비해 한국 외교정책에 관한 이론화란 우리의 외교적 경험에 접근하는 접근방법과 철학, 그리고 이념이 얼마나 보편적인가 하는 문제이다. 한국 외교정책 탐구에서 사용되는 개념과 탐구 결과가 다른 국가와 다른 시기의 외교정책 탐구에 얼마나 적용될 수 있는가의 문제이다.

외교정책 분야에서 과학적 탐구와 이론화 작업의 대상은 구체적으로 외교정책에 관련된 환경, 과정 그리고 제도 세 가지 요소로 요약된다. 한 국가의 외교정책은 복잡한 과정을 거쳐 만들어지고 수행되지만 대체로

19) 김기정 (2008), pp. 153-185.

환경/과정/제도, 이 세 요인들 사이의 긴밀한 대화의 결과물로 볼 수 있기 때문이다. 이들 요소 간의 상호작용을 어떻게 보느냐에 따라 그 외교정책을 해석하는 방법과 정책적 처방도 달라져 외교정책에 관한 입장과 철학의 차이를 드러내기도 한다. 이들 세 가지 요소는 특정한 외교정책을 결정하는 결정요인을 분류하는 기준이다. 외교정책 이론을 개발하는 데도 반드시 언급되어야 할 핵심적 탐구대상인 셈이다. 세 요소는 각기 독립적으로 이론화의 대상이 되기도 하고, 각 요소 간의 상호작용이 이론화의 대상이 되기도 한다.

예를 들어 국제정치이론을 대표하는 두 이론 중에서 현실주의가 외교정책 환경에 의해서 국가에게 부과되는 제약과 기회에 대한 탐구를 유용한 것으로 본다면, 자유주의는 외교정책이 결정되는 과정과 제도에 기반해서 국가가 수행하는 외교정책을 탐구하는 것을 유용하게 보는 입장이라고 할 수 있다. 이런 차이를 보고 현실주의는 국가행위의 '밖에서 안으로의outside-in 설명'이라면, 자유주의는 '안에서 밖으로의inside-out설명'에 해당한다고 보는 견해가 가능하다.[20]

그 동안 한국 외교정책 탐구는 과학성 추구와 이론화 작업 측면에서 그다지 만족스러운 결과를 얻지 못했지만 그렇다고 비관적인 것만은 아니다. 한 연구결과에 의하면 한국에서 발행되는 국제정치관련 16개의 학술 잡지를 창간호에서 최근호까지 검토해 본 결과 외교정책 분야와 직간접으로 관련된 연구물의 수는 총 1,096개였고, 이 중에서 외교정책 결정을 이론적으로 논의하거나 적용한 논문은 24건으로 대략 0.45%에 불과하였다.[21] 한국의 국가수립 이후 현재까지의 한국 외교정책 연구

20) B. Ripley, "Psychology, Foreign Policy, and International Relations Theory," *Political Psychology*, 14-1(1993), 신욱희, "냉전기 한국 외교정책 연구의 특징과 한계: '국제정치논총'의 분석," 하용출 (편), 『한국 국제정치학의 발전과 전망』 (서울: 서울대출판부, 2008), p. 89에서 재인용.
21) 남궁곤, "외교정책 결정 이론," 우철구·박건영 (공편), 『현대 국제정치이론과 한국』 (서울: 사회평론, 2004), pp. 322-323.

현황을 보면 적어도 많은 노력이 있었고 또 성과도 꽤 있다고 보는 것이 타당하다.

다른 연구결과에 의하면 한국에서 진행되고 있는 외교정책 연구를 검토한 결과 외교정책 연구가 한국의 국제정치학계에서 차지하는 비중은 약 10% 정도이다.[22] 이 연구결과가 제공하는 수치는 한국에서 이루어지는 다른 국가를 대상으로 하는 연구결과도 포함하고 있어서 한국 외교정책에만 해당되지 않는다. 그러나 과학성 추구와 이론화 작업이라는 관점에서 한국 외교정책 탐구에 도움이 되는 사실을 고려하면 결코 낮은 비율이 아니다. 국내의 대학 교과과정 중에서 외교정책에 관련된 교과목은 국제정치학 관련 교과목 중에서 10%를 상회하는 수준으로 나타나는 것으로 볼 때 한국 외교정책에 대한 관심과 중요성에 대한 인식은 무시할 수 없다.

그렇다면 과학성 추구와 이론화 작업 차원에서 그 동안 한국 외교정책 연구자들이 기울여 왔던 노력을 평가해 보고 과제를 생각해 보자.[23]

첫째, 한국 외교정책의 이론화 자체에 대한 노력은 부족하지만 이는 과학적 작업을 성취하고 성공적인 이론화 작업을 위한 하나의 과정으로 이해된다. 한국 외교정책은 물론 외교관계 자체를 우리의 주체적 관점에서 적실성 있는 방법론에 의해 체계적으로 종합화한 사례는 아주 부족한 실정이다. 이는 한국 외교정책 연구가 지나치게 특수성만을 추구한 나머지 국제 관계사나 국제 정치사의 학문적 조류에 밀려 부진함을 면치 못하였기 때문이다.[24] 미국을 비롯한 서구 국가 학자들의 외교정책 연구 이론화 작업에 영향을 받아 한국학자들에 의한 한국을 대상으로 한 외교정책

---

22) 조동준, "대외정책 연구현황과 평가," 김형국·조윤영 (공편), 『현대 국제정치학과 한국』(서울: 인간사랑, 2007), pp. 390–391.

23) 한국 외교정책과정의 문제점과 연구의 제약요인에 관해서는 한국국제정치학회가 펴낸 이범준·김의곤 (공편), 『한국외교정책론: 이론과 실제』(서울: 법문사, 1993), pp. 34–38에 자세히 나와 있다. 그러나 그때부터 대략 20년 가까이 지난 오늘날 문제점과 연구 제약요인은 상당부분 해소되었다고 평가된다.

24) 유영옥 (2006), 머리말.

연구도 1980년대 와서야 본격적으로 시작되었고 아직까지 그 성과는 미흡한 실정이다.[25]

이론화 차원에서 주목되는 것은 한국 외교정책 연구자들의 세대교체 현상이 활발하게 이루어지고 있다는 점이다. 이들은 외국에서 개발된 외교정책 이론을 한국 외교정책 사례에 적용하는 방식을 주된 연구 방법으로 이용하고 있다. 이들은 또 행정학, 심리학, 사회학 등 다른 과학적 방법을 동원하여 접목하는 실험 차원에서도 긍정적이다. 한국 외교정책의 이론화가 결국 외교정책의 일반화와 깊은 관련이 있다면 이들의 노력은 필수불가결한 과정이기 때문이다.

둘째, 환경, 과정, 제도 중에서 상대적으로 과정과 제도에 대한 탐구가 부족하지만 이를 극복하려는 시도는 급격히 증가하고 있고 실제 노력도 활발한 편이다. 한국 외교정책 탐구가 과정과 제도 문제에 소홀했던 이유는 무엇보다 한국 외교정책이 국가는 합리적이라는 가정과 국제환경의 본질이 가하는 제약에서 크게 벗어나지 못했기 때문이다.[26] 우리나라의 외교정책 결정 환경은 냉전구조와 분단구조라는 특수한 성격이 강했던 것이다. 한국 외교정책이 국내정치 과정보다는 냉전이라는 국제적 변수나 분단이라는 현실의 영향을 크게 받아서 환경을 규명하는 데 더 많은 관심을 쏟을 수밖에 없었다. 또 외교정책이 결정되는 과정을 파악하기 위해 필요한 정보를 접근할 수 있는 기회도 차단되어 있었다.

한국 외교정책 탐구에서 환경만을 중시하면 외교정책을 보는 시각과

---

25) 이서항 (1998), pp. 29-30 참조. 한국 외교정책 연구가 1980년대 와서 시작된 것은 노태우 정부의 북방정책 결과로 해석하는 견해가 있다. 한국이 주체로서 외교정책을 결정하고 시행함에 따라 한국 외교정책은 매력적인 연구대상이 될 수 있었다. 한국의 경제성장도 외교정책 연구의 증가에 기여하였다. 개발도상국가로서 국제관행과 의무에서 일부 면제되었던 한국은 1980년대 이후 경제력 성장에 따라 국제의제에 직접 관여하게 되었다. 이에 관해서는 조동준 (2007), pp. 381-382 참조.

26) 신욱희 (2008), pp. 83-107; 남궁곤, "탈냉전기 한국 외교정책 연구 현황과 한국 외교정책 현실 평가," 하용출 (편), 『한국 국제정치학의 발전과 전망』 (서울: 서울대출판부, 2008), pp. 109-152.

대안의 범위를 협소화시켜 탐구 자체의 영역을 축소시킬 가능성이 있다. 따라서 한국을 둘러싼 국제정치 현상을 권력구조뿐만 아니라 이를 인식하는 특징, 행위, 그리고 제도적 장치 등의 복합 요인들 사이의 상호작용으로 설명할 필요가 있듯이,[27] 외교정책도 환경은 물론 과정과 제도 등의 복합 요인들 사이의 상호작용으로 설명하는 노력이 요구된다.

한국 외교정책의 성공적인 실행을 위해서는 두 가지 조건이 필요하다. 먼저 환경에 대한 정확한 인식이 있어야 하고, 그 다음에 정책결정 과정이 국민의 지지를 받아야 한다. 그런데 한국은 1990년대 이후 진행된 성공적이고 급격한 민주화로 인해 외교정책 결정과 시행과정에 참여하는 행위자가 증가하고 행위자 간 상호작용 방식이 복잡해졌다. 국내변수들이 차지하는 비중이 증가할 수밖에 없었다. 이에 따라 한국 외교정책 탐구가 그동안 소홀히 했던 과정과 제도에 대한 관심과 중요성이 빠르게 증가하고 있다. 이 같은 맥락에서 외교정책을 책임지는 대통령과 관료는 물론이고 국제기구, 국회의원, 로비스트, 기업인, 비정부단체, 언론 등이 외교정책 행위자로 등장하여 이에 대한 관심이 증폭되는 것도 바람직하다.

셋째, 한국 외교정책의 과학적 탐구와 이론화 작업의 전제 조건은 바로 자료, 즉 데이터의 문제인데 최근 바람직한 변화가 일어나고 있다. 과학적 탐구의 시작은 사실^{fact}의 발견이고 이론화는 경험에 의존한다. 그만큼 자료는 중요하다. 그것이 정부의 공식자료이든지 아니면 외교관련 업무에 종사하는 사람의 개인자료이든지 마찬가지다. 오랜 기간 동안 한국 외교정책에 관한 사실을 확인시켜 줄 공식 1차자료의 획득이 매우 힘들었다. 자료의 존재 자체가 제한적이고 그 접근도 제한되어 있기 때문에 한국 외교정책 분석은 부진할 수밖에 없었다.[28] 외교정책이 결정되는 과정을 파악하거나 중요 정책결정자들의 상황인식 등에 필요한 정보를 접

---

27) 김기정 (2008), pp. 153-185.
28) 하영선, "한국외교정책 분석틀의 모색,"『국제정치논총』, 제28집 제2호 (1988), pp. 3-4.

근할 수 있는 기회가 차단되어 있었던 것이다. 예를 들어 우리나라 외교
통상부 본부와 해외 공관 사이에 오가는 비밀전문이 있다. 이 전문에는
세계를 상대로 일하는 우리 대표들의 활동은 물론이고 세계에서 일어나
는 사건이 매일같이 생생하게 보고되고 있기 때문에 아주 귀중한 자료이
다. 하지만 이 자료는 한국 외교정책을 연구하는 사람들은 물론이고 외부
에 공개하지 않았다. 이에 관해서 흥미로운 해석이 있다.

"우리나라 사람들은 그가 아무리 책임 있는 자리에 있었다고 하더라도
자신과 자신의 활동에 관한 기록을 남기지 않으려는 성향이 강하다. 자신이
한 일 자체가 국민을 속이고 국가에 해를 끼친 일이어서 역사적 기록으로부
터 원천적으로 없애고자 아예 쓰는 것 자체를 거부하기도 했을 것이다. 그러
나 전반적으로는 기록을 남겼다가 그것이 화근이 되는 역사적 비극을 경험했
던 우리나라 사람들은, 그나마 조상이 후세에라도 전하려고 감추어 놓은 기
록마저 찾아내 태워버리는 것을 생존을 위한 지혜로 알던 그 분서의 전통을
계승받아 왔다. 이에 비교하면 구미 선진 국가들에는 개인의 기록물이 참으
로 많다. 공직에 있던 사람들은 공직자로서 자신의 기록을 남기는 것을 자신
이 봉직했던 공직과 역사에 대한 의무의 수행이라고까지 생각한다. 꼭 세속
적으로 출세하고 잘난 사람들만이 아니다. 평범한 직장인들도 그 나름의 기
록을 남긴다. 이러한 기록들이 한 시대의 성격 규명이나 또는 역사의 흐름에
대한 후대의 이해를 넓혀 주게 되는 것임은 물론이다.[29]

우리나라도 민주화와 더불어 정보화가 진행되면서 요긴한 정책 결정
과정에 대한 자료 수집이 전보다 용이해졌다. 하지만 아직도 요긴한 자료
의 관리와 공개는 미진한 상태에 있다. 다행히도 외교통상부는 1993년 7

---

29) 김학준, 『전환기 한국외교의 시련과 극복: 60년대 정치부 기자의 증언』 (서울: 조선
일보사, 1993), pp. 19-20.

월 '외교문서 보존 및 공개에 관한 규칙'을 제정, 1994년 1월부터 원칙적으로 30년이 경과한 외교문서를 심사 후 일반에게 공개하는 제도를 시행하고 있다. 1998년 1월부터는 '공공기관의 정보공개에 관한 법률'에 따라 공개대상 외교문서의 범위를 더욱 확대하고 있다. 이외에도 1990년부터 '외교백서'를 발간해 왔다.[30] 이제는 정부의 공식자료뿐만 아니라 한국 외교정책 발전을 위해, 또 외교정책의 과학적 탐구를 위해 일차자료에 대한 접근성 확보에 힘을 쏟을 때다.

3. 탐구와 현실의 만남: 한국 외교정책 탐구의 정책 수행 책무

역사성, 과학성과 더불어 한국 외교정책에 대한 이해와 탐구를 위해 요구되는 조건으로 실천성practicability과 응용성applicability을 들 수 있다. 실천성은 한국 외교정책에 대한 탐구가 실제 외교정책 현실에 잘 부합하는가를 말한다. 응용성은 정책담당자들이 정책을 결정할 때 얼마나 유익한 참고가 될 수 있는가 하는 조건을 뜻한다. 한국 외교정책 연구는 단순한 외교사적 사실의 반복이나 외교관의 구술에 그쳐서는 안 된다. 한국적 외교문제를 다루고 한국의 대외관계 문제를 다루고 있다고 해서 한국 외교정책 탐구의 의의가 충분한 것은 아니다. 탐구 자체에서 그치지 않고 현실에 잘 맞고 유용하게 이용될 때 그 의미가 살아난다. 이런 관점에서 한국 외교정책 탐구는 한국 외교문제를 다루되 정책학policy science 관점에서 파악하는 노력이 필요하다.

한국 외교사 연구는 세계사의 흐름 속에 민족국가의 자존과 발전이라는 역동성을 국가 간, 민족 간, 인간 간 상호작용의 유기적 연계를 다룸으로써 국제정치학과 만난다. 하지만 한국 외교사 연구는 첫째, 유적, 유물 등 가시적 자료보다는 기록에 보다 더 의존적일 수밖에 없기 때문에 객관성과 실증성을 강조하는 측면에서 논란의 여지가 많다. 둘째, 주로 기록

---

30) 이서항 (1998), pp. 39-40.

1.10

외교통상부는 1994년부터 일반국민에게 외교활동과 관련된 역사적인 외교문서를 정기적으로 공개해 오고 있으며 이는 1993년 7월 28일 외무부령으로 제정 공포된 '외교문서 보존 및 공개에 관한 규칙'에 따르며, 30년이 경과된 외교문서를 공개대상으로 하고 있다. '외교문서'란 외교통상부와 기타 중앙행정기관이 국내기관·외국정부기관 또는 국제기구 등을 대상으로 외교 및 대외업무를 수행하는 과정에서 생산 또는 접수한 문서를 말한다.

생산, 접수 후 30년이 경과된 외교문서가 원칙적으로 공개대상이지만 국가안보 외교관계 등 국가의 중대한 이익을 해할 우려가 있다고 인정되거나 개인의 사생활을 침해하는 내용 등에 대해서는 법령에 따라 동 문건을 공개하지 아니할 수 있다. 그간 외교통상부는 1994년 1월, 1948-59년도 외교문서를 1차 공개한 이후 2003년 1월까지 10차에 걸쳐 외교문서를 공개하였다. 한편 1998년 1월부터 시행되고 있는 '공공기관의 정보공개에 관한 법률'에 따라 30년이 경과되지 않은 문서에 대하여도 일반국민이 개별적인 공개청구를 할 경우 열람·사본·복제 등의 형태로 외교문서를 공개할 수 있다.

(출처: 외교통상부 홈페이지 http://www.mofat.go.kr (검색일: 2010. 5. 24))

에 의존하기 때문에 기록자의 주관성과 기록자가 처한 환경, 특히 정치적 환경의 제약으로 기록 자체의 객관성, 신빙성에 한계가 있다. 셋째, 한국 외교주체가 강대국을 제외하기 어렵기 때문에 서술의 시각이 주체적 입장이 아니라 부지불식간에 식민사관 혹은 사대사관을 벗어나지 못하는 어리석음을 범할 가능성이 있다.[31]

이에 비해 한국 외교정책 탐구 작업은 한국 외교사 연구와 분명히 구별되는 '정책'연구 성격을 갖는 실천적 측면에서 국제정치학과 만난다.[32]

---

31) 한국정치외교사학회 (편), 『한국외교사 I』 (서울: 집문당, 1993), p. 3.
32) 이호재, 『한국외교정책의 이상과 현실: 1945-1953』 (서울: 법문사, 1969), p. 2.

1.11

공공기관이 보유·관리하는 정보에 대한 국민의 공개청구와 공공기관의 공개의무에 관해 규정함으로써 국민의 알권리를 보장하고 국정에 대한 국민 참여와 국정운영의 투명성을 확보하기 위해 제정한 법(1996. 12. 31, 법률 제5242호).

1996년 제정된 뒤 2004년 1월 29일 법률 제7127호로 1차례 개정되었다. '정보'란 공공기관이 직무상 작성 또는 취득하여 관리하고 있는 문서(전자문서 포함)·도면·사진·필름·테이프·슬라이드와 그 밖에 이에 준하는 매체 등에 기록된 사항을 말한다.

모든 국민은 정보공개를 청구할 권리를 가진다. 공공기관은 국민생활에 영향을 미치는 정책정보 등에 대하여 국민의 청구가 없더라도 공개의 범위·주기·시기·방법 등을 미리 정하여 공표하고 정기적으로 공개해야 한다. 공공기관의 정보는 공개를 원칙으로 하되, 국가안보나 외교관계 등 국익에 관련된 정보, 국민의 생명·신체·재산 보호에 뚜렷한 지장을 초래할 우려가 있는 정보, 개인의 사생활 정보 등은 비공개 대상으로 규정한다.

(출처: 국회법률지식정보시스템 http://likms.assembly.go.kr (검색일: 2010. 5. 24))

이런 점에서 한국 외교정책 탐구는 엄연한 정책 연구의 하나이다. 정책연구 성향을 갖기 위해서는 엄밀하고도 객관적인 방법론에 입각해 오류를 최소화해야 하겠지만, 무엇보다 변화하는 국제정세를 정확하게 파악하는 현실감각이 중요하다. 한국 외교정책 탐구는 외교현실과 밀접하게 연관되어 있으므로 정부가 최적의 외교정책을 펼 수 있도록 안목과 판단의 근거를 제시해 줄 필요가 있는 것이다.[33]

외교정책 탐구와 현실의 만남은 그리 쉬운 일이 아니다. 탐구 자체와 현실 사이에는 항상 채워지지 않는 간격이 있어 갈등이 야기된다. 이 갈

---

33) 김태효, "21세기 한국 외교정책론의 모색," 김형국·조윤영 (공편), 『현대 국제정치학과 한국』 (서울: 인간사랑, 2007), pp. 304-305.

1.12 외교통상부에서 매년 한 해 동안의 국제정세와 우리 정부의 주요 외교 정책 및 활동을 수록하여 발간한 책자로 주요 외교사안 및 외교정책에 대한 국민들의 이해를 돕고, 학계, 언론계 등에서 참고 자료로 활용될 수 있도록 1990년부터 매년 발간하고 있다.

가장 최근 외교통상부에서 발간한 『2009 외교백서』는 총 290면으로 '2008년 국제정세 및 외교정책 기조', '한반도 평화·안정을 위한 외교', '글로벌 네트워크 구축을 위한 외교' '신성장동력 창출을 위한 외교', '국제사회 내 역할과 위상 제고를 위한 외교', '영사 서비스 확충', '외교 역량 강화' 등 총 7장으로 구성되어, 미·중·일·러와의 정상외교, G20 세계금융정상회의 참여, 에너지 협력 및 '저탄소 녹색성장' 추진 외교, 미국 비자면제협정VWP 가입 등 한 해 동안의 주요 외교활동이 기술되어 있다.

(출처: 외교통상부. 외교백서 http://www.mofat.go.kr/state/publication/whitepaper/index.jsp (검색일: 2010. 5. 24))

등이 갖는 본질은 '이론'과 '실천'의 간격에서 비롯되는 갈등이다.[34] 이 갈등은 선험적 지식을 중시하는 지식인과 경험적 지식에 가치를 두는 외교 관료 사이에 벌어지는 갈등과 같다. 지식인들은 이론을 현실이 따라야 할 규범으로 여기고 원한다. 자신들의 생각이 외부의 힘에 의해 제약받는 현실을 인정하기 싫어한다. 반대로 외교 관료들이 볼 때 이론은 단지 현실을 정리한 사건으로서 이상적인 것이다.

한국 외교정책 탐구자들이 볼 때 한국 외교정책의 문제점 중 하나는 국제환경과 상대국에 대한 집중 연구 없이 즉흥적이고 임기응변식으로 이루어지고 있고 외교정책 연구와 정책수립 간의 연계가 약한 점을 지적

---

34) Edward H. Carr, *The Twenty Years Crisis 1919-1939*, 김태현 (편역), 『20년의 위기』 (서울: 녹문당, 2000), pp. 31-41.

했다.[35] 현장의 외교 관료들이 연구자들의 이야기를 잘 듣지 않는다는 얘기다. 이와는 대조적으로 외교 현장을 오랫동안 경험했던 한 외교 관료는 외교현장의 목소리를 다음과 같이 전하고 있다.

> "1948년 외교를 체계적으로 배운 바도 없는 독학파에 속하는 신생 독립 국가의 외교관들이 외교적 유산도 없이 어려운 환경에서 외교를 시작한 지 60년이 경과한 오늘의 한국외교는 수많은 족적을 남기고 양적으로나 질적으로 많이 발전하고 성장하였다. 외교관의 재외공관의 숫자나 예산 액수 및 업무 양만이 늘어난 것이 아니라 한국외교의 관심분야와 내용도 크게 깊어지고 확대되었다."[36]

외교 관료 입장에서는 한국외교의 발전은 부지런한 실천의 결과란 얘기다. 이렇게 한국 외교정책 탐구와 외교현실 사이에는 대화가 그리 활발하지 못했다. 이는 지식인과 실천가 당사자들의 문제이기도 하겠지만 한국 외교정책 환경 자체가 두 집단 사이에 대화가 가능할 만큼 여유를 가져다주지 못했다. 외교정책 탐구자들은 선진국의 탐구 결과를 우리나라에 '완제품'으로 수입해서 전달하는 데 급급했다. 외교정책 현장에 있는 사람들은 국가발전과 외교전략 마련을 위한 고민과 탐구보다는 상의하달을 중시하는 관료적 타성에 젖는 경우가 많았다. 그 결과 한국 외교정책 탐구와 실천은 서로 단절된 상태로 소외되어 있었다. 이론적 논의가 대학 강의 내에서만 이루어지는 사치품으로 사용되었고, 한국 외교정책 현장에서는 충분한 철학과 비전이 부재한 채 여러 주장들만이 산발적으로 흩어져 있었던 것이 현실이었다.

한국정부가 수립된 지 60여 년이 지났고 대학과 연구기관에서 본격적

---

35) 이범준·김의곤 (공편), 『한국외교정책론: 이론과 실제』 (서울: 법문사, 1993), pp. 34-35.
36) 이승곤 (2009), p. 4.

으로 외교정책 탐구가 시작된 지도 30여 년이 넘었다. 이제 탐구와 실천, 연구집단과 관료집단 사이의 교류가 활발해야 하는 시점에 와 있다. 한국 외교통상부 산하 연구기관인 외교안보연구원에서 2020년을 염두에 한국 외교역량 강화를 위한 개선방향의 일환으로 정책연구기관과 정책실행기관과의 정합성 제고, 민간외교재원을 적극적으로 활용하는 개방성 증대, 대국민 홍보 및 설득을 위한 투명성 확보 등을 제시하였다.[37] 연구집단과 관료집단의 혼합적 성격을 띤 국가공식 기관에서 이런 문제의식을 갖는 자체가 이론과 정책 사이의 간격이 좁아지고 있음을 말해 준다. 한국 외교정책에 대한 이해와 탐구가 국제정치학의 다른 분과학문보다 '정책'성향을 갖고 '정책과학'의 하나로 자리매김해야 할 당위성은 충분하다.

외교정책 탐구가 외교현실에 부합하고 실천에 도움을 줄 수 있는 영역은 대체로 세 가지를 들 수 있다. 우리나라의 국익을 대외적으로 신장시키기 위한 국가의 목표설정과 행동지침의 작성, 그리고 이를 집행하기 위한 행위 등이다.[38] 이를 각각 외교정책 목표, 외교정책 전략, 그리고 외교정책 실행 영역이라고 부른다. 우리나라의 외교정책 실천이 얼마나 성공적이었는가의 평가도 이러한 구분에 따라 이루어진다.[39] 따라서 한국 외교정책 탐구가 정책현실에 도움이 되려면 첫째, 한국 외교정책 목표를 잘 설정해 주어야 한다. 외교정책 이론과 현실이 접점을 찾는 시작은 외교정책 목표의 설정이고 이를 위해 지식인과 관료의 합심이 필요하다. 둘째, 적절한 외교 전략을 작성해 주어야 한다. 외교 전략은 국가의 물적, 인적 자원을 동원하여 외교목표와 이를 달성하기 위한 구체적인 방법을

---

37) 외교안보연구원, 『중장기 외교환경 변화와 한국 외교의 과제』, 외교통상부 중장기 외교전략 개발 및 외교역량 강화사업 2002 종합보고서 (서울: 외교안보연구원, 2003), pp. 134-145.

38) 오기평, 『한국외교론: 신국제질서와 불확실성의 논리』 (서울: 오름, 1994), pp. 58-69.

39) 백종천·김태현 (공편), 『탈냉전기 한국 대외정책의 분석과 평가』 (서울: 세종연구소, 1998), 서문, pp. 12-13.

포괄한다. 즉흥적이고 당파적인 전략이 아니라 시대변화를 적극적으로 받아들일 줄 아는 외교 전략의 개발은 한국 외교정책 탐구가 담당해야 할 책무이다. 셋째, 합리적 기준에 따른 실행 절차를 제공하는 일이다. 외교 정책 결정과정상에 투명성과 자율성이 확보되고 정책 결정 자체가 제도화 되는 일도 외교정책 탐구의 노력 여하에 달려 있다.

III. 맺음말: 이 책의 집필방향과 구성

현재까지 한국 외교정책을 주제로 편찬된 책들은 매우 다양하다. 물론 이들 책이 정확히 '한국'의 '외교정책'을 다루고 있는지는 좀 따져봐야 하겠지만 한국 외교정책 탐구에 여러 각도에서 도움이 되는 것은 분명하다. 이들 책들은 그 내용을 기준으로 네 가지 유형으로 나누어진다. 첫째는 한국외교사에 관한 내용이다. 둘째는 한국의 외교환경에 관한 내용이다. 셋째는 한국의 외교교섭에 관한 내용이다. 넷째는 한국 외교의 발전전략에 관한 내용이다.

한국 외교정책 과정과 결과를 외교사라는 관점에서 탐구하는 것은 현대 한국 외교정책이 역사적으로 단절된 것이 아니고 연속성을 가졌고 시대 변화에 따라 꾸준하게 발전해 왔다는 점을 익히는 데 큰 도움이 된다. 외교사란 '국가가 상호 접촉교섭하고 투쟁하며 혹은 평행 협조해 온 국제사회에서 국가운동의 발자취를 추적하는 학문 영역'이라고 할 수 있다. 따라서 우리나라가 변화하는 국제사회 속에서 어떻게 생존하고 발전했는가의 역사적 과정을 외교관계 차원에서 실증적 객관적으로 분석하는데 주된 가치가 있다.[40)]

---

40) 김경창, 『근대 외교사』 (서울: 집문당, 1980), pp. 4-6, 유영옥 (2006), p. 127에서 재인용. 외교사 관점에서 외교정책을 탐구한 책의 대표적인 것으로는 김용직 외, 『사료로 본 한국의 정치와 외교 1945-1979』 (서울: 성신여자대학교출판부, 2005); 하

외교환경을 기술함으로써 수행되는 한국 외교정책 탐구는 한국 외교의 행로를 결정지어준 시대적 배경이 무엇이며 한국은 어떤 기조로 외교를 전개했고 각 정부는 어떻게 외교를 전개했는지 살펴보는 방식이다. 한국이 보통 다른 국가와 어떠한 질의 외교관계를 갖고 있는지 지역별, 국가별, 영역별로 다룬다. 이러한 탐구방법은 한국 외교정책의 특징을 한반도 주변 각국의 동북아 정책 혹은 대한반도 정책과 이에 대한 한국 외교정책의 합이라는 방식으로 기술되어 있는 것이 특징이다.[41]

한국의 외교교섭에 관한 탐구는 한국의 외교현실을 가장 현장감 있게 기술하는 특징을 갖고 있다. 외교정책에 관한 일반적인 이론에 관한 논의보다는 한국 외교정책 현장에서 보고 듣고 느낀 점을 사실에 입각해서 기술하고 있다. 이러한 탐구방법은 주로 외교현장에 있었던 외교관과 언론인 출신 연구자들에 의해 수행되고 있다. 이 방법은 외교를 하는 사람이나 영향력을 행사하는 사람들, 그리고 그들의 자질과 기량에 관하여 언급한다. 보통 역대 정권을 중심으로 시기구분하고 외교 현장을 돌아보는 회고 부분에서는 한국 외교의 이면사, 여담, 비화 등을 당시의 국제정세와 함께 주요 사건을 중심으로 서술하고 있다.[42]

한국 외교정책 탐구를 전략 차원에서 접근하는 방법은 보다 더 실제적이다. 외교 현장에서 한국 외교 전략을 마련했던 과정과 내용에 관한 정보는 접근이 어렵다. 그래서 실제로 채택했던 외교 전략보다는 지향해야 할 한국 외교의 목표를 제시하거나 정책결정 과정의 합리성을 타진해 보는 것이 보통이다.[43]

영선 외,『한국외교사와 국제정치학』(서울: 성신여자대학교출판부, 2005) 등을 들 수 있다.

41) 예로 김창훈 (2008); 송영우, 『한국의 외교』(서울: 평민사, 2000); 유영옥 (2006) 등을 참조할 것.

42) 대표적으로 김동조, 『냉전시대의 우리외교: 김동조 전 외무장관 회고록』(서울: 문화일보, 2000); 김정원(1996); 김학준, 『전환기 한국외교의 시련과 극복: 60년대 정치부 기자의 증언』(서울: 조선일보사, 1993); 이승곤 (2009) 등을 참조할 것.

이번에 출판하는 이 책은 위에서 언급한 기존 탐구결과를 최대한 반영하도록 노력했다. 하지만 귀중한 탐구결과를 모두 반영한다는 것은 불가능하다. 대신에 앞 장에서 논의한 대로 다음 세 가지 점을 견지하도록 책의 집필 방향을 설정했다.

첫째, 한국 외교정책 탐구의 시작을 19세기 후반 한국이 서양세력을 처음 접하는 시기로 잡고 그때 형성된 국제정치 구조를 한국 외교정책 환경을 만들어내는 시발점으로 삼았다. 이때 외교정책 결정자들이 수행했던 국가 독립과 보존의 노력을 한국 외교정책의 출발로 보았다. 이런 면에서 한국 외교정책은 역사적 전통과 연속성을 지니는 것으로 파악했다. 이렇게 파악하는 이유는 한국 외교정책 수행이 단순히 국제환경에 대한 반응 차원에서 이루어진 것이 아니라 한국이 나름대로 독특한 국가발전 과정을 경험해 왔다는 주체성을 강조하기 위함이다.

둘째, 한국 외교정책 탐구가 우리나라만의 독특한 성격을 띤 것이 아니라 다른 국가들의 외교정책에 대한 탐구와 유사한 규칙을 갖는 점을 발견도록 노력했다. 한국 외교정책에 대한 탐구는 한국이라는 특수한 공간과 지역을 대상으로 하고 있다. 그러나 탐구방법과 탐구결과가 반드시 한국 사례 혹은 특정 시기에만 유용한 것이 아니라 다른 국가들 혹은 다른 시기와의 공통점이나 차이점을 잘 구별해 내는 일이 필요하기 때문이다. 이를 위해 이 책에서는 한국 외교정책 탐구가 한국의 외교 전략과 외교정책 결정과정을 이론적으로 분석하고 과학적 탐구가 되도록 노력했다.

셋째, 한국 외교정책에 대한 탐구가 실제 외교정책 현장과 잘 부합하도록 기술했다. 특히 탐구 결과가 실제 외교정책 현실에 잘 반영되어 정책담당자들이 정책을 결정할 때 유익한 참고가 될 수 있는 점을 부각시켰다. 이 책은 기존에 탐구해 왔던 이론적인 측면은 물론 실제 외교현장에

---

43) 이호재, 『21세기를 향한 한국외교』(서울: 화평사, 1990); 최재천, 『한국외교의 새로운 도전과 희망』(서울: 향연, 2006); 하영선 (편), 『21세기 한국외교 대전략: 그물망국가 건설』(서울: 동아시아연구원 2006) 등을 들 수 있다.

서 중요한 관심거리였던 주제를 탐구주제로 삼았다. 또 사건일지를 비롯해서 한국 외교 현장에서 벌어진 실제와 관련된 자료를 많이 참고했다.

이 책은 크게 2부로 구성되어 있다. 제1부는 한국 외교정책에 관한 일반론으로서 한국 외교정책 특성과 환경을 다룬다. 한국 외교정책 환경이 만들어지는 19세기 후반 한반도를 둘러싼 국제적 환경의 본질은 무엇인지를 밝히도록 한다. 이때 구축된 국제질서가 지속적으로 한반도를 둘러싸고 어떠한 변화를 겪어 왔는지 기술한다. 또 한국 외교정책이 갖는 특징은 어떠한 것들이 있는가를 미리 제시한다. 한국에서 외교정책이 결정되고 수행될 때 영향을 미치는 요인들에는 어떤 것들이 있는지도 검토한다. 한국 외교정책의 역사적 전개를 단순히 국제환경의 변화라는 관점이 아니라 한국 외교의 발전이라는 관점을 기준으로 시기 구분하면 대체로 〈표 1-1〉과 같이 제시될 수 있겠다.

〈표 1-1〉 한국 외교정책을 기준으로 한 시기 구분

시기	근대외교 수용 시기	외교권 박탈 및 저항 시기	외교 기반구축 시기	외교 다변화 시기	외교 선진화 시기
연도	1876-1905	1905-1945	1948-1972	1972-1992	1993-현재
외교 환경 구분	제국 경쟁 시기	일제 식민 시기	국제 냉전 시기	긴장완화 시기	탈냉전과 글로벌 시기
한국 정부 구분	조선 왕조 시기 대한제국 시기 (1876-1905)	대한민국 임시정부 시기 (1905-1945)	이승만 정부 시기(1948-1960) 장면 정부 시기 (1960-1961) 박정희 정부 시기(1961-1972)	박정희 정부 시기(1972-1979) 전두환 정부 시기(1980-1987) 노태우 정부 시기(1988-1992)	김영삼 정부 시기(1993-1997) 김대중 정부 시기(1998-2002) 노무현 정부 시기(2003-2008)

제2부는 제1부에서 논의된 내용이 한국의 정부수립 이후 어떻게 실제

에 반영되었는지를 역사적 전개와 사례에 따라 경험적으로 살핀다. 이러한 시도를 통해 한국 외교정책 탐구의 역사성, 과학성, 그리고 응용성을 잘 드러내도록 한다. 이 책은 한국 외교정책의 역사적 흐름을 1948년 한국 정부수립 이후 시기를 역대 정부 중심으로 구분한다.[44] 그런 다음 각 정부에서 실제로 실행했던 주요 외교정책 사례를 선택해 분석한다. 선택된 사례는 역대 정부에서 추진했던 중심 외교정책 사례라는 점에서 탐구 대상의 대표성을 갖는다. 각 사례 분석은 한국 외교정책의 과학적 탐구와 이론화를 위해 외교정책 결정요소로 간주되는 환경-과정-제도의 측면에서 어떻게 작동되는지를 밝혀내고자 한다. 또 각 사례 분석이 외교 실제와 어떻게 긴밀하게 연결될 수 있는지 판단하기 위해 각 외교정책 사례를 목표-전략-실행의 측면에서 살펴본다. 외교정책 사례에서 목표를 제시하고 우리 정부가 어떻게 전략을 마련했고 실행했는지 밝히도록 한다. 이에 근거하여 해당 외교정책 실행이 얼마나 성공적이었는지 평가하고 그 의의를 도출하도록 한다. 각 장에는 해당 외교정책 사례와 관련된 일지를 각 장 앞부분에 제공해서 이해에 도움이 되도록 한다. 마지막으로 한국 외교정책의 당면과제를 새롭게 부각되는 외교정책 이슈와 정책방향을 제시한다.

마지막으로 이 책에서 사용한 각종 연표와 사건일지, 그리고 각 장에 보충으로 소개된 참고사항은 특별한 인용표시가 명시되어 있지 않으면 아래 자료들을 참조했음을 미리 밝혀둔다.

---

44) 엄격히 말하면 '정부(government)'보다는 '행정부(administration)'라고 부르는 것이 맞는 표현이다. 정부라는 단어는 행정부는 물론 입법부와 사법부 등 중앙정부를 가리키는 말이다. 예를 들어 박정희 정부보다는 박정희 행정부라는 표현이 적절한 표현이다. 다만 한국에서 행정부라는 말보다 정부라는 말이 관례적으로 널리 사용되고 있기 때문에 이 책에서는 관례를 존중해 행정부 대신에 정부라는 표현을 쓰고 있다는 점을 미리 밝혀둔다.

국가기록원 나라기록포털 (http://contents.archives.go.kr)

국사편찬위원회, 「대한민국사 연표」 (과천: 국사편찬위원회, 2008)

대통령기록관 (www.pa.go.kr)

두산백과사전 엔사이버 (http://www.encyber.com)

외교통상부, 「한국외교 60년」 (서울: 외교통상부, 2009)

외교통상부 조약정보 (http://www.mofat.go.kr)

위키피디아 사이버사전 (http://www.wikipedia.org)

통일부 남북회담본부 '남북회담' 홈페이지 (http://dialogue.unikorea.
    go.kr)

국사편찬위원회, 한국사 데이타베이스 (http://db.history.go.kr)

2

한국 외교정책의 특성과 결정요인

조동준 (서울대학교)

목차

주요어   한국 외교정책, 동아시아 지역질서, 강대국, 국내적 요인, 국외적 요인, 행위자, 대통령,
외교통상부

요점정리

1. 한국 외교정책에서 안보 문제와 그를 둘러싼 쟁점이 큰 비중을 차지한다. 이는 강대국이
   결집된 동아시아의 지형과 남북분단을 반영한다.
2. 한국 외교정책 결정과정에서 국내적인 요인보다 국외적인 요인이 더 크게 작용한다. 한국
   의 국력 규모가 제한되어 있어 한국이 국제관계에 영향을 미치기보다는 국제관계로부터
   영향을 받기 때문이다.
3. 한국 외교정책의 제도적인 기반과 역사적인 관행에 따라 외교정책에 대한 대통령의 영향
   력이 매우 크다. 민주화와 사회분화가 일어나면서 국회, 사회세력, 헌법재판소 등의 영향
   력이 커지고 있지만 외교정책의 결정은 여전히 대통령의 고유영역으로 간주되고 있다.
4. 2008년 광우병 파동 사례는 외교정책의 집행과정에서 사회세력이 중요한 영향을 미쳤던
   예외적 현상이었다. 광우병 파동 이전의 정책결정과정과 광우병 파동 이후 사태가 해결되
   는 과정에서는 대통령이 외교정책 전반을 장악했다.
5. 평시 외교정책 집행기관인 외교통상부는 외무와 통상의 기능을 병행하고 있으며, 내부적
   긴밀성이 떨어지는 경향을 보인다.

I. 머리말

"한국은 미국, 중국, 일본, 러시아 등 '4마리의 코끼리들'에 둘러싸인 개미에 비유할 수 있습니다. 4마리의 코끼리가 뛰면 개미는 어떻게 해야 할지 난감할 것입니다. 한국은 정신을 바짝 차리고 외교력을 기를 방안을 생각해야 합니다."[1]

한국에서는 외교정책이 한국의 생존과 번영에 중요한 영향을 미친다고 간주하는 경향이 있다. 외교정책이 '한 국가의 흥망성쇠를 좌우할 수 있는 결정이며 국제정치의 핵심이다'라는 경구와 유사한 표현이 외교정책에 관한 한국 학자의 저작에서 종종 발견된다.[2] 한국에서 외교정책이 이처럼 중요한 이유는 한반도를 둘러싼 정치 지형에서 유래한다. 강대국인 중국, 일본, 러시아가 동아시아에 모여 있고, 세계 강국인 미국이 역외 행위자로서 동아시아 지역질서에 관여하기 때문이다. 4강 사이의 국제관계와 4강의 대(對)한반도 정책은 한반도에서 살아가는 사람의 삶의 양태를 규정하는 중요한 외부적 요인이다. 또한, 동아시아에서는 강대국 간 이해충돌선이 선명한 동시에 변화가 급격하기 때문에, 한국 외교정책이 국가 존망을 결정할 수 있다. 건국 이후 한국은 급변하는 동아시아 지역질서에서 외교정책을 성공적으로 수행하여 안전과 번영을 이루어왔다.

이 글은 한국 외교정책의 결정요인과 특성을 세 가지로 요약하여 제시한다. 첫째, 한국 외교정책은 국내정치적 요인에 기인하기보다는 외부적 요인에 의하여 결정되는 경향을 보인다. 이는 한국과 주변 강대국 간의 심대한 국력 차이를 반영하는데, 한국의 성장으로 국내 변수의 중요성이 상대적으로 증가하고 있다. 둘째, 외교정책 결정과정이 국내 사회로부

---

1) 김선우, "'강대국의 흥망' 저자 폴 케네디 교수 단독 인터뷰," 동아일보 (발행일: 2006. 9. 15).
2) 구영록, 『국제정치의 주요개념』 (서울: 법문사, 1978), p. 177.

터 절연되어 있으며, 행정부, 그 중에서도 특히 대통령이 중요한 행위자로 작동한다. 다른 대통령제 국가와 비교해 보아도 한국의 행정부와 대통령이 외교정책에 미치는 영향이 매우 크다. 셋째, 한국에서는 외교정책의 집행기관인 외교통상부가 대외경제업무까지 담당하고 있다. 전통적으로 대외경제업무는 외무의 영역에서 분리되어 경제업무담당 기관에서 담당하는 현상이 보편적이다. 하지만 한국에서는 대외경제업무가 경제업무담당 기관으로부터 외교통상부로 이관되었다.

II. 외교정책과 국내정치의 분리

한국 외교정책은 내부적 요인에 의하여 추동되기보다는 외재적 변화에 대응하는 양상을 보인다. 이는 한국과 주변 4강 간 국력 차이를 반영한다. 한국은 국제관계와 대외적 환경의 향방을 결정하기보다는 국제관계와 대외적 환경에 의하여 영향을 받는다. 한국 외교정책 결정과정에서 국내적 요인의 중요성이 상대적으로 증가하고 있지만, 여전히 국제적 요인의 중요성이 절대적이다. 이 절에서는 한국 외교정책의 결정과정에서 국제적 요인과 국내적 요인의 역할을 검토한다.

1. 외교정책과 국내정치 간 관계

국내정치와 외교정책의 관계를 접근하는 여러 입장은 크게 두 가지로 나뉜다. 첫째, 외교정책이 국내정치와 무관하게 작동된다는 입장이다. "국내정치가 끝나는 지점에서 외교정책이 시작된다"는 표현이 이 입장을 간결하게 정리한다.[3] 이 입장에 따르면, 외교정책은 주어진 외부 환

---

3) Henry A. Kissinger, "Domestic Structure and Foreign Policy," *Daedalus* Vol. 95 no. 2 (1996), pp. 503-529.

경에서 국익을 달성하기 위한 전략 혹은 계획된 행동방침이다.[4] 각국은 국가 생존과 유지를 포함한 소극적 목표에서부터 경제적 번영, 더 나아가 팽창을 포함하는 적극적인 목표를 추구한다. 외교정책의 목표는 각국의 능력과 외부 환경에 의하여 결정된다. 반면, 모든 국가의 내부 사항은 유사하여 상수처럼 작동한다. 따라서 이 입장에 의하면 각국의 외교정책은 국제적 요인으로 설명되어야 한다.

둘째, 외교정책이 국내정치에 의하여 추동된다는 입장이다. "외교정책은 국내정치의 연장이다"라는 표현이 이 입장을 나타낸다.[5] 국내정치가 외교정책을 결정하거나 국제적 요인이 외교정책에 투영되는 과정에서 국내정치가 매개자 역할을 담당한다. 이 입장에 따르면, 국가가 추구하는 목표는 국내정치에 의하여 결정된다. 외부환경이 동일하더라도 상이한 국내정치과정을 거치면서 상이한 외교정책을 도출할 수 있다. 따라서 이 입장에 의하면, 각국의 외교정책은 국내적 요인으로 설명되어야 한다.

외교정책과 국내정치의 관계에 대한 두 입장은 각각 외교정책현상의 차이점과 유사점에 초점을 맞추고 있다. 외교정책이 국내정치에 의하여 추동된다는 입장은 각국 간 외교정책의 차이에 집중한다. 국외적 요인이 동일한 상황에서는 상이한 국내정치 또는 상이한 최고결정권자만이 외교정책현상의 차이를 설명할 수 있다. 반면, 외교정책이 국외적 요인에 의해 결정된다는 입장은 각국 간 외교정책의 유사점에 초점을 두고 있다. 국내정치 또는 최고결정권자가 상이하더라도 동일한 국외적 요인이 비슷한 외교정책현상을 이끌어낸다면, 동일한 국외적 요인으로 외교정책현상의 유사점을 설명할 수 있다.

---

4) 이석호, "약소국 외교정책론," 이상우·하영선 공편, 『현대국제정치학』 (서울: 나남, 1992), p. 457.
5) Helen M. Ingram and Suzanne L. Fiederlein, "Traversing Boundaries: A Public Policy Approach to the Analysis of Foreign Policy," *The Western Political Quarterly* Vol. 41 no. 4 (1988), pp. 725-745.

2.1 분석수준level of analysis은 사회현상의 원인을 체계적으로 분류하기 위하여 사용되는 개념이다. 국제정치현상의 원인과 외교정책현상의 원인은 크게 국제체제 수준, 국가 수준, 국내 수준, 개인 수준으로 분류할 수 있다. 외교정책이 국외적 요인에 의하여 영향을 받는다는 관점은 국제체제 수준, 외교정책이 국내정치구조에 의하여 영향을 받는다는 관점은 국가 수준, 외교정책을 국내정치의 연장으로 파악하는 관점은 국내 수준, 외교정책 결정과정에서 개별 행위자의 개성을 강조하는 입장은 개인 수준에 초점을 맞춘다.

2. 한국, 북한, 주변 4강의 국력

한반도는 강대국에 둘러 싸여 있다. 세계수준에서 강대국으로 인정받는 7개국(미국, 중국, 러시아, 영국, 프랑스, 일본, 독일) 가운데 중국, 러시아, 일본이 동아시아에 위치하고 있다. 또한 미국이 역내에 보유하고 있는 군사시설과 경제적 이해를 고려한다면, 미국도 동아시아에서 중요한 행위자이다. 동아시아에 강대국이 모여 있는 현상은 19세기 유럽의 정치지형에 비견할 만하다. 19세기 강대국이 결집되어 있는 유럽에서 세계정치의 균열선이 존재하였듯이, 20세기와 21세기 주요 강대국이 결집되어 있는 동아시아에도 세계정치의 주요 균열선이 존재한다.

〈표 2-1〉은 동아시아 국가의 경제규모를 보여준다. 미국은 2차대전 이후 초강대국으로 등장하였다. 미국의 경제규모는 상대적으로 작아지고 있지만, 21세기 초반에 들어서도 여전히 다른 국가의 경제력을 압도하고 있다. 전후 일본과 중국의 경제규모는 커졌지만, 미국에 비해서는 여전히 작다. 전후 구소련은 경제규모가 상당히 컸지만, 공산주의 경제체제의 한계를 극복하지 못하였다. 구소련을 승계한 러시아는 경제구조가 비효율적인 에너지 사용에 기반을 두는데, 21세기 초 경제적으로 부상했음에도

불구하고 여전히 경제규모가 작다.

〈표 2-1〉한국, 북한, 주변 4강의 경제규모(1950년부터 2000년까지 화석연료 사용량 기준, 2009년 명목 GDP 기준)

연도	한국	미국	일본	북한	중국	구소련/러시아
1950	0.04%	54.06%	n.a.	0.01%	1.29%	11.93%
1960	0.11%	35.10%	2.29%	0.22%	7.20%	15.55%
1970	0.42%	29.67%	4.51%	0.36%	4.61%	14.62%
1980	0.59%	24.88%	4.28%	0.47%	6.46%	17.10%
1990	1.03%	21.45%	3.83%	0.74%	8.24%	16.47%
2000	1.59%	25.37%	5.61%	0.73%	9.67%	7.04%
2009	1.38%	24.85%	8.80%	0.05%	8.29%	2.12%

(출처: Central Intelligence Agency, Correlates of War Project, 2004, "CIA World Factbook," https://www.cia.gov/library/publications/the-world-factbook/ (검색일: 2010. 5. 10).

〈표 2-2〉는 동아시아 국가의 군사비규모를 보여준다. 2차대전 이후 미국과 구소련은 대규모 군사비를 투자하였다. 양국 간 군비경쟁은 1980년대까지 지속되었지만, 구소련의 경제적 몰락과 체제 해체 이후 미국의 군사비규모에 필적할 국가가 없어졌다. 중국은 구소련과 갈등을 겪은 1960-70년대 초반에 군사비를 대규모로 지출했지만, 미국과 화해를 이룬 후 1970년대 중반부터 1990년까지 군사비를 줄였다. 냉전 이후 미·중 관계가 악화되면서 중국이 다시 군사비 규모를 늘렸지만, 경제규모의 한계와 경제성장 우선 정책으로 중국의 군사비는 일본의 군사비 수준에 머무르고 있다. 일본은 군사비 지출을 국내총생산의 1% 이내로 유지하지만, 경제규모가 크기 때문에 절대량은 상당히 큰 편이다.

〈표 2-2〉 한국, 북한, 주변 4강의 군사비규모

연도	한국	미국	일본	북한	중국	구소련/러시아
1950	0.09%	32.64%	n.a.	n.a.	5.74%	34.78%
1960	0.09%	39.32%	0.39%	0.17%	5.83%	32.03%
1970	0.14%	33.11%	0.70%	0.30%	10.11%	32.84%
1980	0.67%	22.66%	1.46%	0.22%	4.49%	31.64%
1990	1.29%	34.60%	3.43%	0.62%	0.72%	15.38%
2000	1.36%	36.81%	5.50%	0.25%.	5.10%	6.31%
2008	1.99%	44.91%	3.55%	n.a.	3.74%	2.84%

(출처: The Stockholm International Peace Research Institute, "The SIPRI Military Expenditure Database," (2009) http://www.sipri.org/ (검색일: 2010. 5. 10))

참고   미·중화해

2.2 1949년 중국 공산화 이후 1960년대 후반까지 미국과 중국은 심각한 이념 갈등과 군사적 대치를 유지했다. 양국은 1960년대 후반과 1970년대 초반 극적으로 관계 개선에 성공하였다. 미국은 중국이 북월남을 압박하여 월남 상황을 안정화시켜 월남에서 철수하기를 원했고 중국은 구소련의 군사적 위협에 집중할 필요가 있었다. 양국은 비밀외교를 통하여 동아시아의 현상을 유지한다는 전략적 합의에 이르게 되었다. 미·중화해는 양진영 간 갈등을 중심으로 하는 냉전 구조를 변경하였다.

한국의 경제규모와 군사비규모는 1960년대까지 미약한 수준이었다. 1960년대 이후 경제성장과 군사비 증액으로 절대적 규모면에서는 지역 강대국 수준에 이르렀지만, 주변 강대국에 비하면 한국의 국력은 약하다. 주변 4강 가운데 러시아가 군사비규모와 경제규모가 제일 작은데,

한국의 군사비는 러시아 군사비의 70% 수준(핵전력 제외), 경제규모의 65%에 불과하다. 미국, 중국, 일본과의 격차는 상대적으로 더 커서, 한국의 절대적 경제규모와 군사비규모가 가질 수 있는 영향력은 미미하다. 강대국이 결집되어 있지 않은 아프리카의 경우, 한국 경제규모의 30%, 군사비의 20% 수준에 있는 남아프리카가 역내 최강국의 지위를 누리고 있다.

3. 체제변화와 한국 외교정책

강대국이 결집된 동아시아의 정치지형으로 인하여 한국 외교정책은 국제체제 차원의 변화에 민감하게 반응한다. 한국 외교정책의 특징을 시기별로 구분하면 (신)냉전, 데탕트, 냉전 이후로 나눌 수 있다.[6] 냉전과 데탕트 사이에 한국에서는 대통령이 세 번 바뀌고 한강의 기적과 정변이 있었지만, 냉전이 한국 외교정책에 결정적 요인이기 때문에 하나의 시기로 구분한다. 데탕트 시기는 상대적으로 짧지만 한국 외교정책의 방향을 바꾸었다. 데탕트가 끝나자 신냉전이 도래하고 한국 외교정책은 냉전기로 회귀하였다. 데탕트와 신냉전기에도 한국 외교정책의 결정적 요인은 미국, 구소련, 중국 간 관계였다. 냉전 이후 한국에서 대통령이 세 번 바뀌고 국내적으로 많은 변화가 있었지만, 여전히 한국 외교정책의 결정적 변수는 국제체제 수준의 변화였다.

냉전[1947-1968]과 신냉전기[1979-1989] 한국 외교정책의 특징은 미국 질서로의 적극적 편승이다. 한국은 한국전쟁 발발 이전 주한미군이 한국에 주둔할 수 있도록 노력했고, 한국전쟁 이후 군사 작전권을 미국에 이양할 정도로 미국이 구축한 질서에 자발적으로 편입했다. 또한 유사시 미국의 호의를 확보하기 위하여 미국이 주도한 해외파병에도 자발적으로 참여했다. 1954년 인도차이나 위기가 발생했을 때 이승만 정부가 먼저 파병을 제의

---

6) 외교통상부, 『한국외교 60년, 1948-2008』 (서울: 외교통상부, 2009), pp. 38-50.

했고, 1960년대에도 박정희 정부가 먼저 월남 파병을 제의했다. 경제영역에서도 미국 질서로의 편승현상이 나타났다. 한국이 반공산주의 전선의 최전방 기지로 인정을 받았기 때문에, 미국은 한국의 경제성장을 위하여 경제 원조를 제공하고 상품구매자의 역할을 맡았다. 한국은 미국이 제공한 경제 질서를 활용하여 세계시장으로 진출하였다.

미중화해에서 구소련의 아프가니스탄 침공까지 시기를 칭하는 데탕트 시기 한국 외교정책은 다변화를 모색하는 것을 특징으로 한다. 데탕트 시기 미국의 안보 공약이 약화되자 한국은 미국 중심의 질서에서 벗어나 다변화를 모색하였다. 한국 외교정책의 다변화 모색은 다음 세 가지로 요약된다. 첫째, 서유럽 국가와의 유대관계의 강화이다. 서유럽에서 비록 미국을 대체할 수 있는 새로운 지원국을 찾을 수는 없지만, 미국을 제외한 다른 국가의 도움을 받을 수 있는 위험분산책을 택했다. 둘째, 비동맹권의 관계증진 모색이다. 비동맹권에서 북한의 영향력이 증가하고 미국의 영향력이 쇠퇴하자, 한국이 직접 비동맹 외교에 나서게 되었다. 셋째, 공산권 국가와 관계 개선 모색이다. 박정희 대통령은 1973년 6·23 선언을 통하여 "이념과 체제를 달리하는 국가들도 우리에게 문호를 개방할 것을 촉구"하면서 공산권과의 관계개선을 시도하였다. 한국 외교의 다변화 모색은 미국 질서로부터 이탈을 의미하지 않지만, 미국 질서로의 편승이 가질 수 있는 위험을 분산시키려는 의도를 가지고 있었다.

냉전 이후 한국 외교정책에는 미국 질서로의 편승과 미국 질서와 거리두기가 혼재한다. 미국 질서와 거리두기는 김대중/노무현 정부의 균형자론에서 잘 나타난다. 동아시아의 미·중경쟁에서 김대중/노무현 정부는 특정 국가에 편승하기보다 양자 사이에서 균형자의 역할을 담당하고자 미국 질서로부터 일정 거리를 두려고 하였다. 반면, 김영삼/이명박 정부는 외교정책에서 미국과 긴밀한 공조로 동아시아의 주요 문제를 해결하려는 경향이 있다. 상충하는 두 경향은 북핵문제에 대응하는 방식에서 선

2.3 '균'^均은 국가들 사이의 힘을, '형'^衡은 저울대를 의미한다. '균형자'는 저울대가 어느 한쪽으로 기울지 않도록 외교 전략을 구사하는 국가를 말한다. 균형자 전략은 정책 선택의 폭이 넓어야 하기 때문에 여타 국가들을 압도할 수 있는 강력한 군사력과 경제력에 의해 뒷받침되어야 한다.

명하게 드러난다. 김대중/노무현 정부는 북핵문제 해결에 중국의 협력을 유도하는 반면, 김영삼/이명박 정부는 미국과의 공조를 강조한다. 이러한 두 경향은 한국이 중국과 경제적 이해관계를 가지는 동시에 미국과는 경제적/군사적 이해관계를 가지기 때문에 나타나는 필연적인 결과이다.

III. 외교정책에서 "황제 대통령"

대통령제 국가인 한국의 대통령은 외교정책 결정과정의 정점에 위치하며, 그 과정을 거의 독점한다. 반면, 입법부와 사법부는 잠재적으로 외교정책 결정과 집행 과정에 중요한 역할을 할 수 있지만 실제로는 제 역할을 수행하지 못한다. 이 절에는 한국 외교정책 결정과 집행 과정에서 행정부, 입법부, 사법부의 법적 역할을 검토하고, 대통령이 외교정책에서 "황제"처럼 활동할 수 있는 이유를 검토한다.

1. 외교정책에서 대통령, 국회, 헌법재판소의 역할

외교정책이 최고결정권자의 고유영역이라는 인식은 절대왕정 시기 왕이 외교를 독점한 역사적 경험에서부터 비롯되었다. 유럽 국제체제에서 외교사절이 파견국 왕의 대리인으로 대우받아야 한다는 원칙이 수용되면서 대사는 외교사절 수용국의 군주와 동격으로 간주되었다. 외교사절의 수장이 군주처럼 대우를 받는 관행은 면책특권으로 정착되었다. 외교사절이 공식적으로 업무를 수행하는 공간은 외교사절 파견국의 영토로 간주되었다. 절대왕정 시기 정착된 외교관행이, 민주주의가 확산되면서 일부 변경되었지만, 21세기에도 여전히 남아 있다.

한국에서 대통령은 최고결정권자로서 외교정책에서 가장 중요한 행위자이다. 대통령은 "국가의 원수이며, 외국에 대하여 국가를 대표"하며 (헌법 66조 1항), "조약을 체결·비준하고, 외교사절을 신임·접수 또는 파견하며, 선전포고와 강화를 한다"(헌법 73조). 대한민국 헌법은 대통령을 주권국 대한민국의 대표로 명시하여, 외국과 교섭은 물론 전쟁을 결정할 권한을 부여한다. 또한 대통령은 외교정책을 집행할 수 있는 기관을 통제할 권한을 가진다. 대통령은 행정권을 가진 정부의 수반이며(헌법 66조 3항), 국군을 통수한다(헌법 74조 1항). 그리고 대통령은 외교정책의 주요 집행기관인 외교통상부와 국군을 통제함으로써 외교정책의 결정과정과 집행과정을 장악한다.

대통령은 국가안보위기에 대처하는 비상정책의 입안과 수행을 독점한다. "국가의 안전보장"을 "유지하기 위하여 긴급조치가 필요하고 국회의 집회를 기다릴 여유가 없을 때" 대통령은 "재정·경제상의 처분을 하거나 법률의 효력을 가지는 명령"을 내릴 수 있고(헌법 76조 1항), 교전상태가 발생한 경우 필요한 조치를 취할 수 있다(헌법 76조 2항). 위기상황에서 대통령의 명령과 처분에 대한 국회의 승인이 사후에 필요하다고 규정되어 있지만(헌법 76조 3항), 비상 상황에서 국회가 제대로 작동할 수 없음을 고려한다면, 국가 위기 시 대통령이 외교정책을 독점한다고 할 수 있다.

국회는 포괄적 입법권을 가지고 있기 때문에 외교정책 결정과 집행과정에 관여할 수 있다. 국회가 외교정책에 직접적으로 관여하는 통로는

참고   국제연합 평화유지활동 참여에 관한 법률(법률 9939호)

2.4   상기 법률은 국제연합 평화유지활동에 참여할 한국군 부대의 창설, 파견, 철수에 관한 사항을 규정한다. 상기 법률은 국제기구, 행정부, 국회 사이에 존재하는 상충하는 이해관계와 법적 근거를 아우른다. 먼저, 국제연합은 국제분쟁과 참상의 확대를 막기 위하여 한국군의 신속한 파견을 원한다. 구체적으로 한국군의 신속한 해외파병을 위하여 한국이 해외파병을 전담하는 상비부대를 유지하고 한국과 해외파병에 관한 구체적 양해협정을 맺기 원한다. 한국 외교통상부는 해외파병의 국격 상승효과, 국방부는 민사작전경험을 습득하기 위하여 해외파병을 선호한다. 또한 파병기간의 연장에 관하여 국회의 동의를 얻기보다는 정부가 결정하기를 원한다. 반면, 국회는 해외파병과 파병기간 연장에 관한 동의권을 유지하여, 대통령의 외교정책 결정과 집행을 견제하려고 한다.

상기 법률은 상충하는 요구를 절충한다. 첫째, 정부는 상시적으로 해외파견을 준비하는 국군부대를 설치·운영할 수 있다(3조 1항). 상비부대의 설치 및 운영은 대통령령으로 정해진다(3조 2항). 둘째, 파병규모가 1천 명 이하 해외파병이며 "국제연합이 신속한 파병을 요청하는 경우," 정부는 "잠정적으로" 해외파병을 국제연합과 합의할 수 있다(6조 3항). 셋째, 국회는 국군부대의 파견에 대한 국회의 "사전" 동의권(6조 1항), 1년 단위의 파병연장에 대하여 동의권을 가진다(8조 1항, 2항). 이처럼 해외파병을 둘러싼 정책 결정과 집행 과정에는 국제연합, 대통령, 행정부의 관계 부처, 국회가 복합적으로 관여한다.

(출처: 법제처, "국제연합 평화유지활동 참여에 관한 법률" (2010. 1. 25 제정))

동의권이다. 국회는 상호원조, 안전보장, 국제기구 창설 및 가입, 통상, 항해, 강화 등에 관련된 조약의 체결·비준에 대한 동의권과 선전포고, 국군의 해외파병, 외국군대의 주둔에 대한 동의권을 가진다(헌법 60조 1항, 2항). 국회의 동의권은 "주권의 제약에 관한 조약," "국민에게 중대한 재정적 부담을 지우는 조약," "입법 사항에 관한 조약"에도 적용되기 때문에 매우 포괄적이다(헌법 60조 1항). 이처럼 국회는 대통령이 외교정책을 집행한 결과인 조약에 대한 사후 동의권을 가진다.

국회가 외교정책에 간접적으로 관여하는 통로는 세 가지로 나누어 볼 수 있다. 첫째, 국회는 행정부의 "예산안을 심의·확정한다(헌법 54조 1항)." 새로운 회계연도가 시작하기 전까지 예산안이 의결되지 못할 경우 전년 예산에 준하여 제한적으로 예산 집행이 허용되지만(헌법 54조 3항), 국회가 예산을 의결하지 않으면 외교정책의 주요 집행기관인 외교통상부와 국방부가 움직일 수 없다. 둘째, 국회는 외교통상부와 국방부에 대한 국정감사를 실시한다. 국회는 매년 9월 10일부터 20일간 "국정전반에 관하여 소관 상임위원회별로" 감사를 실시한다(국정감사 및 조사에 관한 법률 2조 1항).[7] 국회 통일외교통상위원회가 외교통상부에 대한 국정감사를 실시하면서 외교정책 결정과 집행 과정을 검토한다. 또한 통일외교통상위원회는 국회 재적의원 1/4 이상이 요청하면 외교통상부에 대한 국정조사를 실시할 수 있다(상기 법률 3조 1항). 셋째, 국회는 회기 중 외교통상부 직원을 출석시켜 외교정책의 집행을 점검하고, 외교정책 집행의 방향과 속도에 영향을 미칠 수 있다.

헌법재판소도 외교정책에 간접적으로 관여할 수 있다. "일반적으로 승인된 국제법규"가 "국내법과 같은 효력"을 가지기 때문에(헌법 6조 1항), 법률의 위헌여부와 헌번소원을 담당하는 헌법재판소가 외교정책에 관여할 수 있다. 또한, 헌법재판소가 권한쟁의를 판결할 수 있는 권한을 가지기 때문에(헌법 111조 1항), 외교정책 결정과 집행 과정에서 국가기관 간, 권한 갈등이 발생할 경우 외교정책에 관여할 수 있다. 헌법재판소가 외교정책에 간접적으로 관여하는 현상은 1990년대 후반부터 본격화되었다. 한·일어업협정의 위헌 논쟁,[8] 쌀 협상 과정에서 한국이 쌀 수출

---

7) 법제처, "국정감사 및 조사에 관한 법률"(2010. 3. 12 제정).
8) 헌법재판소, "대한민국과 일본국간의 어업에 관한 협정비준 위헌확인"(99헌마139) 판례집 제13권 (1)집 (2001), pp. 676-735.

2.5　2003년 3월 20일 미국과 영국은 이라크의 대량살상무기 보유 의혹을 이유로 이라크를 공격하였다. 노무현 대통령은 대국민 담화를 통하여 미국과 영국의 공격을 지지하는 입장을 표명하였고, 노무현 정부는 2003년 3월 21일 임시 국무회의에서 600여 명 규모의 건설공병지원단과 100명 이내 의료지원단의 파병을 담은 "국군부대의 이라크전쟁 파병동의안"을 의결하였다. 국회는 2003년 4월 2일 파병동의안에 대하여 출석 의원 256명 중 찬성 179표, 반대 68표, 기권 9표로 동의하였다.

반전단체에 소속된 최병모 외 16인은 노무현 대통령의 이라크전쟁 파병동의안과 국회의 파병동의가 인간으로서의 존엄과 가치·행복추구권을 침해한다고 주장하면서 2003년 4월 3일 파견동의안과 파견동의에 대한 헌법소원을 청구하였다. 헌법재판소는 최병모 외 16인이 노무현 대통령의 파병동의안과 국회의 파병동의로 인하여 직접적 피해를 받지 않았다는 이유로 헌법소원을 기각하였다. 청구인 가운데 최현숙의 경우 아들이 현역 군인이라도 자원자만 해외파병에 참가하기 때문에 헌법소원의 주체일 수 없다고 판결하였다. "간접적이거나 사실적인 이해관계를 가진 제3자"는 헌법소원을 제기할 능력이 없다는 취지였다. 재판관 김영일, 권성, 주선회, 전효숙은 별개 의견을 통하여 외교정책에서 사법부의 역할에 대하여 중요한 의견을 제출하였다.

> "국방 및 외교에 관련된 고도의 정치적 결단을 요하는 문제로서, 헌법과 법률이 정한 절차를 지켜 이루어진 것임이 명백한 이 사건에 있어서는, 대통령과 국회의 판단은 존중되어야 하고 우리 재판소가 사법적 기준만으로 이를 심판하는 것은 자제되어야 한다. 오랜 민주주의 전통을 가진 외국에서도 외교 및 국방에 관련된 것으로서 고도의 정치적 결단을 요하는 사안에 대하여는 줄곧 사법심사를 자제하고 있는 것도 바로 이러한 취지에서 나온 것이라 할 것이다. 이에 대하여는 설혹 사법적 심사의 회피로 자의적 결정이 방치될 수도 있다는 우려가 있을 수 있으나 그러한 대통령과 국회의 판단은 궁극적으로는 선거를 통해 국민에 의한 평가와 심판을 받게 될 것이다."

(출처: 헌법재판소, "이라크전쟁파견결정 등 위헌확인" (2003헌마255), 판례집 제15권 (2)집 (2003), pp. 655-663.)

국과 맺은 합의문의 위헌 논쟁,[9] 한국과 중국 간 마늘 교역에 관한 합의서의 위헌 논쟁[10] 등 주요한 외교정책의 쟁점이 헌법재판소에서 다루어졌다. 지금까지 헌법재판소가 대통령이 수행하는 외교정책의 위헌성을 판결한 사례는 없지만, 헌법재판소도 잠재적으로 외교정책에 관여할 수 있는 기관이다.

한국의 헌법이 외교정책에서 대통령, 국회, 헌법재판소의 역할을 정한 조항을 검토하면, 대통령은 외교정책 결정과정과 집행과정에서 "황제"의 지위를 가진다. 한국에서 대통령이 외교정책영역에서 "황제"의 지위를 가지는 이유는 제도 영역에서 두 가지로 나누어 볼 수 있다. 첫째, 외교정책영역에서 대통령이 막강한 권한을 가지고 있는 반면, 국회와 헌법재판소는 외교정책 결정과정에 직접 참여하기보다는 외교정책의 집행과정에 참여할 권한을 가지고 있다. 둘째, 대통령은 외교정책 집행기관을 장악하고 있다. 외교통상부와 국방부의 인사권을 가진 대통령은 관료조직을 통제하면서 외교정책을 집행할 수 있다. 특히 국회나 헌법재판소와 달리 정부 부처는 위계적으로 구성되어 있어 집행기관으로서 효율성을 가지고 있다.

제도적 권한을 제외하고라도 한국 대통령이 외교정책영역에서 "황제"처럼 활동할 수 있는 이유는 두 가지로 요약될 수 있다. 첫째, 위기의 상시화이다. 건국 이후 남북대치 상황이 지속되면서, 외교정책영역에서 국가안보에 관련된 쟁점이 압도적이었다. 위기상황에서는 신속한 대응이 필요하기 때문에 대통령에게 외교정책의 결정과 집행을 전담시킬 필요가 있다. 또한, 국가안보와 관련된 쟁점에서는 초당파적 협조가 관행적이기 때문에 대통령은 국내정치적 제약으로부터 상대적으로 자유롭다. 둘째,

---

9) 헌법재판소, "국회의원과 정부 간의 권한쟁의" (2005헌라8) 판례집 제19권 (2)집 (2007), pp. 26-40.

10) 헌법재판소, "대한민국정부와 중화인민공화국정부간의 마늘교역에 관한 합의서 등 위헌확인" (2002헌마579) 판례집 제16권 (2)집 (2004), pp. 568-580.

2.6 "황제 대통령"이라는 용어는 미국 대통령이 정책을 결정하고 집행하는 과정에서 의회의 통제를 받지 않고 헌법이 정한 한계를 넘어서는 현상을 지칭한다. 존슨 대통령Lyndon B. Johnson, 1963-1969년 재임과 닉슨 대통령Richard Nixon, 1969-1974년 재임이 전형적인 "황제 대통령"으로 분류되며, 아이젠하워 대통령Dwight D. Eisenhower, 1953-1961년 재임과 케네디 대통령John F. Kennedy, 1961-1963년 재임도 포함된다. 이 용어는 1960년대 유행하기 시작하다가 1973년 슐레진저Arthur M. Schlesinger, Jr.의 저서 *The Imperial Presidency*에서 학술적 용어로 정착되었다.

약한 민주주의 전통이다. 민주주의적인 대통령제에서는 3권의 분립이 확립되고 견제와 균형이 이루어진다. 하지만 한국의 경우 건국 이후 40년 동안 실질적 민주주의를 경험하지 못하였다. 대통령이 장악한 행정부가 국정운영에서 압도적 우위를 차지했고 국회와 사법부는 실질적으로 중요한 역할을 담당하지 못하였다. 1988년 이후 민주화가 진행되었지만, 여전히 행정부가 국정운영에서 주도적 역할을 담당하고 있다. 외교정책영역에서 행정부의 우위는 다른 영역에 비하여 더욱 강하다.

2. 국내 정치지형의 변화와 외교정책 행위자의 영향력

대통령이 외교정책영역에서 제도적 권한을 보유한다고 하더라도, 대통령의 영향력은 국내 정치지형에 따라 달라진다. 예를 들어 동일한 헌법 아래서, 2차대전 후 미국 대통령은 외교정책영역에서 "황제"와 같이 활동할 수 있었지만, 1970년대 이후 의회가 이민, 통상원조, 국제기구 분담금, 방위예산 등 여러 영역에서 "절대적인 절차적 권한"을 가지게 되면서 대통령의 활동이 제약을 받기 시작했다.[11] 대통령은 의회의 협조 없이

---

11) 배종윤, 『한국 외교정책의 새로운 이해』 (서울: 한국학술정보, 2006), p. 94.

외교정책을 집행할 수 없으며, 의회는 국가위기 상황을 제외하고는 외교정책 결정에까지 관여하고 있다. 외교정책 결정의 집행에서 초당파성 협력이 사라지고 대통령이 소속된 정당과 의회 다수당의 의견이 엇갈리면서 의회가 외교정책영역에서 주요 행위자가 되었다. 이처럼 대통령이 외교정책에서 미치는 영향은 동일한 대통령제 국가에서도 국내 정치지형에 따라 달라질 수 있다.

한국이 민주화되어 감에 따라 국회와 사회세력이 외교정책영역에 관여할 수 있는 범위가 넓어졌다. 특히, 오랫동안 여소야대 정국이 유지되면서 국회가 외교정책에 미치는 영향력이 커졌다. 국회의 예산배정이 필요한 영역에서 정파 간 경쟁과 갈등은 상존한다. 외국과의 교섭을 둘러싼 정당 간 균열선이 이념 경쟁과 중첩된다. 더욱이 국가안보와 관련된 쟁점에서도 이념 갈등이 나타난다. 예를 들어, 이라크 파병을 결정하는 과정에서 행정부, 국회, 사회세력은 치열하게 경쟁하였다. 대북정책에서도 행정부, 정당, 사회세력이 첨예하게 대치하고 있다. 권위주의 시대에는 상상할 수 없는 이념 갈등이 외교정책영역에서 진행되고 있다.

〈표 2-3〉 한국 민주주의 지표

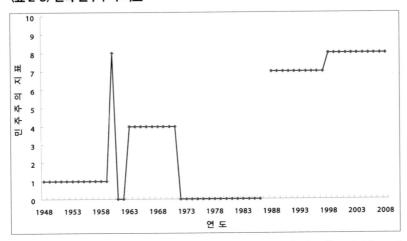

(출처: Monty G. Marshall and Keith Jaggers, "Polity IV Project: Political Regime Characteristics and Transitions, 1800-2008," (2010) http://www.systemicpeace.org/polity/polity4.htm (검색일: 2010. 5. 10))

헌법재판소의 역할도 1990년대 이후 증가하고 있다. 1990년대에는 외교정책으로 인하여 손상을 받은 개인의 기본권을 구제하기 위한 헌법소원이 제기되었다. 주한 외국대사관의 임대료 체불,[12] 한·일어업협정으로 인한 어획 손실[13] 등이 주된 의제였다. 반면, 2000년 이후 헌법재판소는 외교정책의 위헌성 여부를 직접 판결하게 되었다. 정당과 사회세력이 직접 외교정책의 위헌성을 판단해 달라는 요청을 헌법재판소에 제기하면서, 대통령을 피청구인으로 지정하는 사례가 늘어났다. 전략적 유연성의 위헌 확인,[14] 이라크 파병의 위헌 확인[15] 등 첨예한 외교정책 사안이 주된 의제로 등장했다. 현재까지는 헌법재판소가 외교정책에 개입을 하지 않는 경향을 보였지만, 헌법재판소 재판관의 변화에 따라 헌법재판소도 외교정책에서 상당한 영향을 미칠 수 있는 여건이 마련되었다.[16]

3. 2008년 광우병 파동에서 나타난 행정부, 국회, 사회세력 간 관계

2008년 미국산 쇠고기 수입을 반대하는 촛불 시위는 한국 외교정책에서 행정부, 국회, 사회세력의 관계를 상징적으로 보여주었다. 2008년 4월 18일 타결된 한·미 쇠고기 협상은 2008년 4월 29일 'MBC PD수첩'이 방영된 이후 광우병 공포로 이어졌다. 이명박 정부는 미국이 원하는 미국산 쇠고기 수입을 수용함으로써 한·미동맹을 강화하려 하였지만, 이는

---

12) 헌법재판소, "입법부작위 위헌확인" (96헌마 44) 판례집 제10권 (1)집 (1998), pp. 687-694.
13) 헌법재판소, "대한민국과 일본국간의 어업에 관한 협정비준 등 위헌확인"(99 헌마 139 · 142 · 156 · 160 (병합)) 판례집 제13권 (1)집 (2001), pp. 676-736.
14) 헌법재판소, "한 · 미간 전략적 유연성 합의 위헌확인"(2006헌마500) 판례집 제20권 (2)집 하 (2006), p. 667.
15) 헌법재판소, "일반사병의 이라크 파병 위헌확인(2003헌마814) 판례집 제16권 1집 (2004), pp. 601-608.
16) 헌법재판소의 재판관은 총 9명이며 대통령에 의하여 임명된다. 대통령은 재판관 9명 가운데 "3인은 국회에서 선출하는 자를, 3인은 대법원장이 지명하는 자를 임명"해야 한다(헌법 111조 5항).

광범위한 사회세력의 반발을 초래하였다. 2008년 5월 2일 청계광장에서 소규모로 시작된 촛불 시위는 정권퇴진운동으로까지 확산되었다. 2008년 6월 촛불 시위에 종교계가 가세하면서 1987년 이후 최대 규모의 반정부 시위로 확대되었다.

2008년 6월 3일 이명박 정부는 긴급기자회견에서 미국에 30개월 이상 쇠고기의 수출중단과 추가협상을 요청하였다. 2008년 6월 7일 이명박 대통령은 부시 대통령과 전화통화를 하여 추가 협상의 계기를 마련했다. 청와대 외교안보수석을 중심으로 하는 정부대표단, 집권당인 한나라당의 대표단은 미국을 방문하여 추가 협상의 필요성을 전했다. 김종훈 통상교섭본부장은 미국 무역대표부와 추가 협상을 시작하였다. 미국 무역대표부가 추가 협상에 부정적 반응을 보이자, 이명박 대통령은 6월 19일 기자회견에서 "이것을 미국이 받아들일 것이라고 믿고, 만일 받아들이지 않는다면, 우리는 받아들일 때까지 고시를 보류할 것이고 수입하지 않을 것"이라고 밝혔다. 이 기자회견은 한국인의 광우병 공포를 해소하는 동시에 미국을 압박하는 효과를 가져왔다. 양국은 6월 20일 미국 수출업자가 30개월 이상 쇠고기 수출을 자율적으로 금지하는 합의에 도달하였다.[17]

미국산 쇠고기 수입을 둘러싼 외교문제는 2008년 6월 26일 농림수산식품부가 고시 제2008-15호 '미국산 쇠고기 수입위생조건'을 발표하면서 국내법 논쟁으로 확대되었다. 진보신당과 일부 시민들은 개별적으로 상기 고시가 국민의 기본권을 침해한다고 주장하면서 헌법소원을 하였다. 헌법재판소는 다수 의견으로 상기 조치의 적법성을 판결하였다.[18] 국회도 상기 고시의 상위법인 '가축전염예방법'을 개정하여 국회의 심의 조항을 추가하였다. 외국산 쇠고기 수입에 국회의 동의를 도입하려는 민

---

17) 황정욱, "쇠고기 협상, '5단계 전략 주효'" 연합뉴스 (검색일: 2008. 6. 22).

18) 헌법재판소, "미국산 쇠고기 및 쇠고기 제품 수입위생조건 위헌확인" (2008헌마419, 2008헌마423, 2008헌마436) 판례집 제20권 (2하)권 (2008), pp. 960–1012.

2.7 2003년 12월 미국 워싱턴 주에서 광우병에 걸린 소가 발견된 후, 2003년 12월 27일 한국 정부는 미국산 쇠고기 수입을 금지하였다. 미국은 미국산 쇠고기 수입 재개를 한·미 자유무역협정의 타결과 결부시켰다. 2007년 4월 2일 한·미 자유무역협정이 타결된 후, 한국은 광우병 감염 가능성이 상대적으로 높은 뼈와 내장을 제외한 미국산 쇠고기를 수입하기로 합의하였다. 미국에서 수입한 쇠고기에서 갈비와 척수 뼈가 발견되면서 한국은 수입 금지와 재개를 반복하다가, 2007년 10월 5일 검역을 전면 중단하기로 결정하였다.

2008년 이명박 정부의 출범 이후 미국은 미국산 쇠고기의 수입을 재개하도록 한국 정부에 요청하였다. 2008년 4월 11일 양국은 미국산 쇠고기 수입조건을 개정하기 위한 협상을 재개하였다. 양국 협상에서 쟁점은 한국이 미국산 쇠고기의 수입을 금지할 수 있는 조건이었다. 미국은 미국에서 광우병이 추가로 발생한다 하더라도 한국이 미국산 쇠고기 수입을 막지 않기를 원했다. 광우병에 감염될 위험이 높은 부위specific risk materials가 수입 과정에서 발견될 경우, 전체 미국산 쇠고기에 대한 수입 중단이 아니라 해당 쇠고기가 처리된 작업장에서 생산된 쇠고기의 수입 중단을 원했다. 반면, 한국은 미국에서 광우병이 추가 발생하거나 광우병에 감염될 위험이 높은 부위가 수입된 쇠고기에 포함될 경우 전면 수입 중단을 원했다.

양국은 2008년 4월 18일 한·미 쇠고기 협상을 타결하였다(협상문의 영문제목은 "Import Health Requirements for U.S. Beef and Beef Products"이다). 협상 결과, 국제수역사무국이 미국의 광우병 지위를 하향 조정adverse adjustment할 때, 한국 정부가 미국산 쇠고기 및 쇠고기 제품의 수입을 중단할 수 있으며(5조), 한국은 광우병 감염 위험이 높은 부위를 완전히 제거하지 않은 작업장으로부터 수입을 중단할 수 있게 되었다(24조).

주당과 국회 동의의 제한성을 강조하는 한나라당이 타협점을 찾아, 쇠고기의 수입에 국회 "심의" 조항을 만들었다. 농림수산식품부가 특정 국가로부터 최초로 쇠고기 또는 쇠고기 제품의 수입을 허가하거나, 광우병 발생 국가로부터 쇠고기 또는 쇠고기 제품의 수입을 재개할 경우 "국회의 심의를 받아야 한다"는 새로운 조항을 만들었고(동법 32조 3항), 30개월령 이상 쇠고기 또는 쇠고기 제품을 반입하고자 하는 경우에도 국회의 심의를 받게 되었다(동법 부칙 2조).

광우병 파동은 대통령이 외교정책 결정에서 압도적 우위를 차지하지 못한 예외적 경우다. 민주주의가 정착되고 사회세력이 분화되면서 외교정책이 첨예한 정치적 쟁점이 될 가능성이 현실화되었다. 이 사례는 국가안보 이외의 쟁점에서 외교정책이 중요한 국내정치적 함의를 가질 수 있음을 보여준다. 하지만 여전히 외교정책의 집행과정에서는 대통령의 압도적 우위가 이 사례에서도 확인된다. 이 사건의 시작부터 종결까지 이명박 대통령이 미국과의 교섭을 통제하였다. 청와대 참모진, 한나라당, 외교통상부를 통하여 이명박 대통령의 주요 결정이 집행되었다.

IV. 한 지붕 아래 두 가족: 외교통상부

외교통상부는 평시 한국외교정책의 집행기관이다. 외교통상부는 외무와 통상업무를 동시에 수행하는데, 이러한 조합은 흔하지 않다. 외무와 통상업무를 동시에 담당하면서 웹사이트를 가진 기관은 총 12개 국가(뉴질랜드, 호주, 브루나이, 자메이카, 캐나다, 바베이도스, 한국, 벨리즈, 몽고, 사모아, 라이베리아, 스와질란드)에 불과하다. 대다수 국가에서는 외무와 통상업무를 두 기관이 분리하여 담당한다. 이 절에서는 외교통상부의 조직과 변천과정을 검토한다.

1. 외무와 통상의 분리 (1948-1997)

정부수립 후 외무부가 대외교섭을 전담하였다. 외무부의 모체는 미군정청의 외무처로서 해방 이후 영사업무를 담당하였다. 외교권이 없는 상태에서 외무처는 동경에 연락사무소, 대만, 후쿠오카, 천진에 출장소, 상해에 총영사관을 두어 재외교민의 송환을 담당하였다. 1948년 7월 17일 제정된 정부조직법(법률 1호) 4조와 16조는 외무부장관의 소관업무를 "외교·외국과의 조약, 협정과 재외교민에 관한 사무"로 정했다. 1957년 5월 개정된 정부조직법(법률 354호) 14조에 따라 외무부장관의 업무에 "국제사정조사"가 추가되었다.

〈표 2-4〉 외무부 본부 직제(1948년 11월 4일 공포)

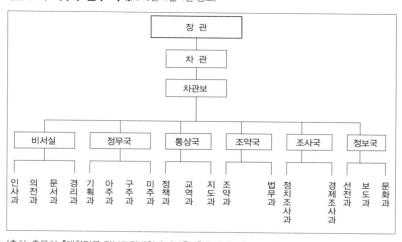

(출처: 총무처, 『대한민국 정부조직변천사』 (서울: 총무처, 1987), p. 410.)

〈표 2-4〉는 대통령령 제19호에 따라 만들어진 외무부의 조직(1실 5국)이다. 신생독립국인 한국은 기초적인 외무부를 유지할 수 없어, 조약국과 조사국을 폐지하였고(1949년 5월 5일 대통령령 제86호), 차관보와 비서실도 폐지(1950년 3월 31일 대통령령 제305호)하였다. 이후 몇 차례

직제 개편을 거치면서 통상국, 정보국, 조약국의 규모가 점진적으로 확대되었다. 통상국은 1948년 1국 2과에서 시작하여, 1987년 직제 개편 당시 2국(국제경제국과 통상국) 총 7과로 성장하였다. 정보국은 3과에서 시작하여, 1987년 6과로 성장하였다. 폐지되었던 조약국은 국제기구조약국으로 부활하여 1987년 5개 과를 가지게 되었다. 반면, 정무국은 1987년 4국(아주국, 미주국, 구주국, 중동아프리카국) 14과로 급격하게 성장하였다. 통상국도 1987년 2국(국제경제국과 통상국) 7과로 성장하였다.

〈표 2-5〉에서 보이듯이 상공부도 통상 업무에 관여했다. 상공부의 무역국은 수출입과 통상업무를 기획하였다. 상공부의 무역국은 경제성장과 더불어 급속도로 성장하였다. 무역은 1978년 상역국, 통상진흥국, 수입국으로 확대 성장하였고, 13개 과로 분화되었다.

〈표 2-5〉 상공부 직제(1948년 11월 4일 공포)

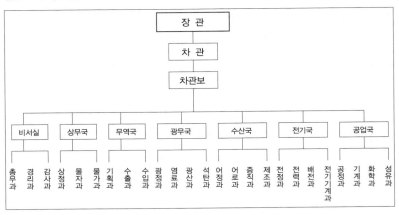

(출처: 총무처, 『대한민국 정부조직변천사』 (서울: 총무처, 1987), p. 783)

2. 외교통상부

1998년 김대중 정부는 외무부, 통상산업부, 재정경제부의 대외업무를 통합하여 외교통상부를 조직하였다. 통상업무를 외무부로 이관한 이유는 두 가지로 요약할 수 있다. 첫째, 과도한 경제부처의 영향력을 줄이기 위해서이다. 국가주도의 경제성장 시기 경제부처의 규모가 확대되었고 정부 내 영향력도 커졌다. 1997-98년 경제위기 때 출범한 김대중 정부는 비대한 경제부처의 과도한 규제를 경제위기의 원인으로 지목하면서 통상산업부와 재정경제부로부터 통상업무를 분리하여 외무부 내 통상교섭본부로 이관하였다. 둘째, 세계경제환경의 변화이다. 국가가 통상업무에 전략적으로 개입하는 관행이 국제사회에서 더 이상 용인되지 않게 되면서 수출진흥보다는 자유무역협정과 같은 안정적인 통상 환경이 중요성이 커졌다. 통상전문가를 전략적 수출 진흥책에 익숙한 부처가 아닌 새로운 부처에 배치함으로써 변화된 경제 환경에 대처할 필요가 있었다.

외교통상부에는 2명의 장관이 있다. 외교통상부장관이 통상교섭본부장의 상급자이지만, 통상교섭본부장도 장관급으로 대우를 받으며 외교통상부장관의 업무 지휘에서 벗어나 일정 정도 업무 자율성을 갖는다. 외교통상부장관이 직접 관할하는 부서는 기존 외무부의 부서에서 유래한다. 따라서 외교통상부장관이 관할하는 부서에서 근무하는 직원과 외무부에 근무하는 직원 사이에는 업무와 인사의 연결성이 있다. 반면, 통상교섭본부는 세 부처가 융합되어 만들어졌다. 통상교섭본부가 출범할 당시 90여명 중 과천청사(타 부처)에서 34명이 전출되었다. 외무부 출신이 통상교섭본부에서 다수를 차지하지만, 통상업무 전문가가 영입되면서 타 부처 또는 민간 기업에서 온 직원이 중요한 역할을 하고 있다.

V. 맺음말

한국외교정책의 특징은 세 가지로 요약할 수 있다. 첫째, 외교정책의 결정요인으로서 국제체제와 지역질서의 영향력이 매우 크다. 이는 동아시아에 강대국들이 결집되어 있고 세계정치의 갈등선이 동아시아에서 선명하게 드러나기 때문이다. 이에 따라 한국의 운명은 외교정책에 따라 큰 영향을 받는다. 또한 남북대치 상황의 상시화로 국가안보위기와 관련된 쟁점이 외교정책영역을 압도하기 때문이다. 둘째, 대통령이 외교정책 결정과 집행 과정에서 매우 중요한 역할을 수행한다. 대통령은 제도적으로 규정된 권한을 가지고 있으며, 외교정책을 집행하는 부처를 장악하고 있다. 오랜 세월 동안 권위주의 정권 아래서 외교정책을 대통령의 고유 영역으로 간주하는 관행의 영향으로 여전히 대통령이 외교정책에서 차지하는 비중이 크다. 민주화가 진행되고 사회분화가 이루어짐에 따라 외교정책의 결정과정에 국회와 사회세력의 참여가 늘어나고 있지만, 대통령은 여전히 외교정책의 집행을 독점한다. 셋째, 평시 외교정책의 집행기관인 외교통상부는 외무부의 조직을 이어받은 부서와 통상교섭본부로 구성되어 있다. 외교통상부는 외형상으로 하나의 조직이지만, 부서 간 교류가 긴밀하지 않다.

3

한국 외교정책 환경의
역사적 궤적과 시대적 과제

마상윤(가톨릭대학교)

목차

주요어   건국, 국가이익, 근대국가, 냉전, 대한민국 임시정부, 문명표준, 민주화, 분단, 산업화, 서세
동점, 을사조약, 저항민족주의, 주권회복, 중화질서, 통일, 한·미동맹

요점정리

1. 외교는 대외관계의 측면에서 국가적 과제를 달성하기 위해 사용되는 하나의 수단이다. 외교를 통해
   추구되는 국가적 과제는 국가이익이라는 국제정치학 개념으로 표현될 수 있으며, 그 기본은 국가의
   생존과 번영에서 찾을 수 있다. 하지만 그 구체적 의미와 내용은 시대와 장소에 따라 다를 수 있다.

2. 전통적 중화질서하에서 조선은 유교적 예법에 따른 대외관계를 행하면서 중국과는 사대관계를, 그리
   고 일본과는 교린관계를 유지하였다. 그러나 서세동점의 국제적 환경 변화 속에서 조선은 전통적 유
   교국가에서 근대국가로의 자기변모에 실패한 채 일본의 식민지로 전락하였고, 이러한 경험은 한국
   외교의 심리적 기저에 저항민족주의적 성향을 남기게 되었다.

3. 대한민국의 건국과 이에 대한 유엔의 승인으로 조선의 식민지화로 잃었던 주권이 회복되었다. 대한
   민국은 헌법제정을 통해 자유민주주의와 시장경제를 근간으로 하는 정치경제체제를 도입하였다. 하
   지만 현실에 있어서는 정치적으로 민주주의보다는 권위주의가 강력히 작동하였고, 스스로를 지탱할
   수 있는 경제적 능력도 결여하고 있었다.

4. 대한민국 건국 이후 한국외교는 안보를 유지하면서 동시에 산업화와 민주화라는 근대화의 핵심과제
   를 달성하는 데 크게 기여해왔다.

5. 한국의 민주화는 외교정책에도 큰 영향을 미쳤다. 민주화 이전의 한국외교가 소수 정치지도자와 엘
   리트 외무 관료에 의해 독점되었지만, 민주화 이후에는 주요 외교 사안에 대한 국내적 논의와 이를
   둘러싼 정치적 대립이 흔히 일어나고 있다.

6. 한국의 외교는 유동적 동아시아질서에 대응해 나가면서 동시에 통일국가건설을 통한 근대국가의 완
   성을 모색해야 한다. 하지만 이러한 근대적 과제와 더불어 한국의 외교는 탈근대적 변환의 과제에
   또한 직면해 있다. 초국가적 지역공동체와 초국가적 행위자의 중요성이 커지고, 인간안보 및 지속가
   능한 성장과 같은 개념이 강조되는 등 빠르게 변화하는 세계질서 속에서 이에 적응해 나가기 위한
   새로운 형태와 내용의 외교가 요청되고 있는 것이다.

I. 머리말

외교는 대외관계의 측면에서 국가적 과제를 달성하기 위해 사용되는 하나의 수단이다. 국가가 추구하는 목표와 과제는 군사력의 사용과 같은 외교 이외의 다른 방법을 통해서도 추구될 수 있다. 하지만 무력사용은 종종 예기치 못한 희생과 비극적 결과를 초래하기 때문에 일상적 현상이라고 보기는 어렵다. 이에 비해 외교는 폭력 행사를 수반하지 않는다는 점에서 보다 평화적일 뿐 아니라 국가적 과제의 달성을 위해 보다 일반적으로 사용되는 수단이다.

외교라는 수단을 통해 추구되는 국가적 과제는 국가이익national interests이라는 국제정치학의 개념으로 표현될 수도 있을 것이다. 많은 국제정치학자들은 국가이익의 기본을 국가의 생존과 번영에서 찾는다. 그런데 생존과 번영은 시대와 장소에 따라 다른 의미를 지닐 수 있다는 점에 유의할 필요가 있다. 예를 들어 노예제의 기반 위에 유지되던 고대국가의 생존과 번영은 현대 민주주의 국가의 그것과는 차이가 있다. 또한 동시대를 사는 국가들이지만 미국과 같은 초강대국이 추구하는 생존과 번영은 기아와 내전의 악순환에서 벗어나지 못하고 있는 저개발 국가들이 필요로 하는 생존 및 번영과 사뭇 다른 의미를 지닌다.

한국이 추구하는 생존과 번영의 의미도 시대적 변천을 겪었다. 이를 우리는 시대에 따른 국가적 과제의 변화로 이해할 수 있을 것이다. 본 장에서는 이러한 한국외교가 추구하는 시대적 과제의 변천에 따라 한국 외교정책의 역사를 다섯 개 시기 또는 주제로 나누어 개괄적으로 살펴본다.

첫 번째 시기는 조선이 근대국가 수립에 실패하고 망국에 이르는 기간이며, 이어지는 두 번째 시기는 일제 식민통치하의 기간이다. 일반적으로 한국외교라 할 때에는 주로 대한민국의 외교적 활동을 의미하며, 이 책에서 다룬 한국외교의 시기적 범위도 1948년 대한민국 건국 이후로 맞

취지고 있다. 하지만 본 장에서는 한국외교의 대상 시기를 확장해서 설정하여 대한민국 건국 이전의 조선왕조가 몰락해가면서 망국으로 향하던 시기 그리고 일제 식민지 시기도 역사적 개관에 포함하고자 한다. 그 이유는 근대국가 건설이라는 시대적 과제가 이 시기에 최초로 등장했기 때문이다. 또한 망국과 식민지의 역사적 경험은 이후 대한민국의 외교를 이해하는 데 큰 중요성을 갖는다. 예를 들어 대한민국이 일본에 대해 오랫동안 취해온 반일反日 또는 극일克日의 태도는 이 시기의 경험에 대한 이해 없이는 쉽게 이해될 수 없는 일이다. 21세기의 새로운 외교적 환경에 대응하기 위한 우리의 국가전략을 논의하면서 피해야 할 역사적 경험으로서 19세기 말에서 20세기 초의 망국의 과정이 종종 거론되고 있다는 점도 이 시기의 중요성을 나타낸다.

이어지는 세 번째와 네 번째 그리고 다섯 번째 시기는 대한민국이 건국되고, 산업화 및 민주화가 이루어지던 과정이다. 이상의 과정은 모두 근대국가건설이라는 근대적 과제를 실현해가는 연장선상에 있다. 하지만 이러한 성취가 이루어진 국제적 환경은 결코 우호적이지 않았다. 한반도는 국제냉전의 중심세력이 아니면서도 냉전이라는 국제적 소용돌이의 중심에 위치하게 되었고, 한국의 외교는 이러한 외부적 악조건 속에서 생존과 번영을 위한 근대적 과제를 달성하기 위해 필사적 노력을 기울이지 않을 수 없었던 것이다.

아래에서는 한국의 시대적 과제가 무엇이었으며, 그러한 과제를 달성하기 위한 한국은 어떠한 외교적 노력을 기울였는가를 살펴볼 것이다. 서술 방법과 관련하여 한 가지 미리 밝혀두고자 한다. 본 장은 그 취지상 자세하고 꼼꼼한 역사기술보다는 한국외교가 그려온 큰 역사적 흐름을 드러내 보이는 데 보다 중점을 둘 것이다.

II. 국제질서의 대변환과 조선의 운명

전통적 중화中華질서 또는 천하天下질서 아래에서 조선은 중국과의 사대事大관계와 일본과의 교린交隣관계로 요약되는 대외관계를 유지하여 왔다. 사회관계와 마찬가지로 대외관계는 유교적 예법에 따라 행해졌으며, 따라서 중국의 예부禮部에 해당하는 조선의 예조禮曹가 대외관계와 관련된 일을 관장하였다. 조선은 자율적인 정치단위체였으나, 중국에 조공朝貢을 바쳤고, 조선의 왕도 적어도 형식에 있어서는 중국 천자의 책봉冊封을 받아야 했다. 이러한 점들에서 조선의 국가로서의 성격은 근대적 의미의 주권국가와는 다른 것이었고, 국가들의 관계도 근대주권국가들이 이루는 유럽근대국제관계와 성격이 달랐다. 그러나 이러한 전통적 질서는 19세기 후반 이후 서양세력의 동양으로의 팽창과 함께 점차 붕괴의 과정을 밟게 된다.

19세기는 제국의 시대였고, 세계무대의 주인공은 유럽의 열강들이었다. 항해기술의 발달, 산업혁명의 성공, 군사력의 발전 등은 유럽의 국가들이 유럽을 넘어 세계로 팽창할 수 있는 물리적 기반을 제공하였다. 그리고 서구문명을 표준으로 삼는 유럽국제법 체계는 이러한 팽창을 정당화했다. 17세기 이후 유럽은 근대주권국가를 단위로 하는 독특한 국제사회를 발전시켜왔는데, 유럽국가들 또는 '문명표준standard of civilization'에 합당한 국가들만이 국제사회의 구성원이자 국제법의 당사자로 여겨졌다. 하지만 그렇지 못한 지역은 '야만의 세계'로서 정복과 교화의 대상으로 취급되었던 것이다.

서세동점西勢東漸으로 일컬어지는 서구세력의 동양 진출은 매우 폭력적인 과정이었다. 경제적 이익은 서구열강의 팽창을 유인한 주된 동기였고, 그들의 앞선 군사력은 서세동점의 주된 수단이었다. 중화질서 몰락의 신호탄이 된 아편전쟁은 이를 잘 보여준다. 중국으로부터 차를 수입하던 영국은 무역수지를 맞추기 위해 중국에 아편을 팔았는데, 청나라가 아편을 단속하자 영국은 당시 광저우에 한정되어 있던 무역항을 확대한다는 명분으로 전쟁을 일으켰다. 영국은 단 2척의 군함으로 29척의 중국선단을 격파했다. 아편전쟁으로 체결된 난징조약[1842]에서 중국은 영국에 홍콩을 할양하고 5개의 치외법권무역항treaty ports을 개방하게 되었다. 이어 거듭된 전쟁의 결과 톈진조약[1858]이나 베이징조약[1860]과 같은 불평등조약이 체결되었으며, 중국은 '조약체제treaty system'라는 새로운 방식에 따라 서양 제국과 접하게 되었다.

서양의 팽창은 유럽에서 형성되어온 근대민족국가들 사이의 질서가 다른 지역으로까지 퍼지게 됨을 의미한다. 유교적 예에 따라 행해지던 동양의 전통적 대외관계는 자강과 균세의 원칙에 따르는 근대유럽식 질서로 대체되었으며, 이러한 질서는 동양에서는 만국공법萬國公法에 따른 질서로 인식되었다. 1860년 이후 베이징에는 서구 열강의 외교사절이 상주하기 시작하였고, 1861년에는 조약체결국과의 관계를 담당하는 중국 최초의 근대적 외교담당기구인 총리아문이 설치되었다. 이러한 변화는 중국 천하질서 또는 중국 중심의 동양전통질서가 붕괴하기 시작하였음을 상징적으로 보여준다.[1]

서양세력의 팽창과 더불어 시작된 국제질서의 거대한 변화는 동양의 국가들에게 새로운 도전을 제기하였던 바, 이러한 도전에 가장 기민하게 대응한 나라는 일본이었다. 1854년 미국의 페리제독에 의해 개항한 일본은 1868년 메이지정부가 들어선 이후 적극적으로 서구화를 통한 부국강병을 추진하였다. 일본 개화정책의 사상적 기초를 제공한 후쿠자와 유키치는 이러한 정책방향을 탈아입구脫亞入歐라고 표현했다. 일본은 1871년부터 2년에 걸쳐 이와쿠라 도모미를 대표로 하는 사절단이 구미에 파견되

---

1) 강상규·이혜정, "근대국제정치질서와 한국의 만남," 하영선·남궁곤 (편), 『변환의 세계정치』 (서울: 을유문화사, 2007), pp. 46-49.

3.1 만국공법은 미국의 법학자 휘튼ʰᵉⁿʳʸ ᵂʰᵉᵃᵗᵒⁿ의 국제법 저서 *Elements of International law*를 중국에서 활동하던 미국인 기독교선교사 윌리엄 마틴ᵂⁱˡˡⁱᵃᵐ ᴬ·ᴾ·ᴹᵃʳᵗⁱⁿ이 1864년 한역漢譯하여 출판한 것이다. 마틴의 번역서는 1868년 다시 일본어로 번역되어 일본에서의 최초 서양 법학서가 되었으며, 조선에도 유입되어 고종의 대외정책과 당시 대외정책 논의에 많은 영향을 끼쳤다.

만국공법은 주권국가라는 새로운 국가형식과 함께 조약체제라는 새로운 국가 간 교섭방식 등을 다루면서 서양의 팽창과 함께 동아시아로 전래된 새로운 국제사회의 법칙을 표상하였다. 오늘날과 다른 용어도 일부 있으나, 권리權利, 국가國家, 주권主權 등 오늘날 사용되고 있는 국제관계의 주요용어가 만국공법에서 나왔다. 그러나 마치 사대질서가 중국의 회전會典에 의해 규정되었듯이 만국공법이 서양의 국제사회를 규율하는 성문법인 것으로 오해되었던 측면도 있다.

(참고: 강상규, 『19세기 동아시아의 패러다임 변환과 한반도』 (서울: 논형, 2008); 김용구, "번역의 국제정치학: 마틴과 휘튼," 『개념과 소통』 창간호 (2008))

어 서구문명을 시찰하였다. 일본은 메이지유신을 통해 대내적 개혁을 추진하는 동시에 대외적인 팽창을 도모하였다. 일본은 1871년부터 오늘날의 오키나와에 존재하던 류큐왕국을 일본에 귀속시키려는 노력을 기울여 마침내 1879년 완전병합에 성공하였다. 일본은 조선으로의 진출도 모색했다. 1873년 무렵부터 일기 시작한 소위 정한론征韓論 논쟁은 조선침략의 여부보다는 침략의 시기를 언제로 할 것이냐에 초점이 맞추어져 있었다. 일본은 함포를 앞세운 미국의 강압에 의해 스스로가 개항되었던 방식을 따라 1875년 운요호를 강화도에 보내 강화도사건을 일으키고, 이듬해 조선과의 수호조약을 체결했다.

동양국제질서의 거대한 변환 과정에서 조선도 새로운 질서에의 적응을 요구받고 있었다. 붕괴하는 전통적 중화질서에서 벗어나 근대국가를

3.2

"조선이라는 땅덩어리는 실로 아시아의 요충지에 있어 그 형세가 반드시 다툼을 가져오게 되어 있다. 따라서 조선이 위태로워지면 중동(중앙 및 동아시아)의 정세도 날로 위급해질 것이다. 그러므로 러시아가 강토를 공략하려 든다면 반드시 조선으로부터 시작할 것이다.

아! 러시아가 낭진처럼 영토확장에 주력해 온 지 3백여 년, 그 첫 대상은 유럽이었고 다음은 중앙아시아였으며 오늘날에 이르러서는 동아시아로 옮겨졌으니, 그 첫 번째 대상이 마침 조선이 되어 그 피해를 입게된 것이다.

그렇다면 오늘날 조선의 입장에서는 러시아를 막는 일보다 더 급한 일은 없을 것이다. 러시아를 막을 수 있는 조선의 책략으로는 어떤 것이 있을까? 그것은 오직 중국과 친하고 일본과 맹약을 맺으며 미국과 연계함으로써 자강을 도모하는 길뿐이다.

……

조선이 외교를 좋아하게 되어 그 기풍이 날로 열리고 견문이 날로 넓어져 갑옷과 창이 믿을 것이 못되고 또 돛대나 노가 쓸모없는 것을 알게되면 새 군비를 강구하고 새 길을 개척해야 한다는 것을 깨닫게 되어 변방을 튼튼히 하고 울타리를 단단히 할 수 있을 것이니, 이 또한 자강의터전이 될 것이다."

(출처: 황준헌 (김승일 편역), 『조선책략』 (서울: 범우사, 2007), pp. 68–69, 95)

세우고, 부국강병을 이루는 것이 19세기 후반 조선이 맞이한 시대적 과제였다. 조선은 나름대로의 대내적 개혁과 외교적 대응을 통해 생존의 방안을 모색하였다. 이양선의 출몰이 잦아지는 가운데 조선은 서양세력을 오랑캐로 여기며 쇄국鎖國을 고집했으나, 1873년 고종의 친정이 시작되면서 조심스럽게 개화開化를 모색하기 시작했다. 1876년 일본과의 수호조약이 체결되고, 1880년 근대적 대외관계를 담당하는 총리기무아문이 설치

3.3 "조선은 외국과 교섭을 하지 않아 해외사정에 어두운데, 작금의 세계의 대세는 춘추열국 시대를 방불케 하는 만국병립萬國竝立의 시대로서, 일본은 물론 중국까지도 만국공법 질서에 따라 평등한 입장에서 조약을 맺고 있다. 이번에 조선이 영국, 미국, 독일 등과 평등의 원리 하에 조약을 맺은 것은 이러한 대세에 따른 것으로 걱정할 문제가 아니다. 그런데 이를 반대하는 세력들은 오로지 척화론斥和論으로 일관함으로써 조선이 고립무원의 지경에 빠지고 있는 현실을 외면하고 있다. 또한 서양과 공법에 입각해 조약을 맺는 것과 사교邪敎의 확산은 별개의 문제로서 조선이 이룩한 문명의 성취는 앞으로도 지켜갈 예정이다. 사교邪敎는 배척하되 서양의 발달된 기器는 이용후생利用厚生의 차원에서 받아들여야 하며, 그렇지 않고 서양의 기器까지 배척하게 되면 외국에 비해 현저하게 약한 조선이 살아남을 방법이 없다. 얼만 전의 양이사건攘夷事件, 壬午軍亂으로 인해 나라는 위기에 노출되고, 막대한 배상금을 지불하게 되는 등 우리만 더욱 어려운 형국에 놓이게 되었음을 직시해야 한다. 최근 맺은 외국과의 조약은 세계의 대세에 동참하는 것이니 외국인에게 친절할 것이며, 만일 외국 측이 문제를 일으키면 조약에 근거하여 내가 문제를 풀어갈 것이다. 이제 외국과 선린관계에 들어감으로 전국의 모든 척화비를 없애니, 이러한 의도를 깊이 헤아리고 협력해 달라."

(출처: 『고종실록』 고종19년 8월 5일(戊午條). 강상규, 『19세기 동아시아의 패러다임 변환과 한반도』 (서울: 논형, 2008), p. 48에서 인용)

되었다. 1881년에는 신사유람단과 영선사를 각각 일본과 청에 파견하여 신식문물을 받아들이고자 하였다. 또한 조선은 1876년 5월 제1차 수신사로 김기수를 파견하고 이어 1880년 5월 제2차 수신사로 예조참의 김홍집을 일본에 파견하였는데, 김홍집은 특히 청국 공관을 왕래하면서 외교정책에 관해 의견을 교환하고, 귀국하는 길에 일본주재 청나라 외교관 황쭌셴黃遵憲이 저술한 외교방략서인 『사의조선책략私擬朝鮮策略』을 고종에게 바쳤다. 이 책은 러시아를 방어하기 위한 조선의 외교정책이 핵심 내용으로서 조선이 친중국親中國, 결일본結日本, 연미국聯美國하면서 자체의 자강을 도모해야 한다는 주장을 담고 있었다. 고종은『조선책략』을 유포시켜 개화 정책에 유리한 국내적 분위기를 조성하고자 했다. 이에 대한 조야의 반향은 컸다. 정부에서는 찬반 논의가 격렬하게 전개되었고, 재야에서는 보수유생들을 중심으로 위정척사운동이 일어났다.

불행히도 고종의 정책은 척사斥邪와 개화開化의 국내분열, 그리고 열강의 다툼이 심화되는 국제정세 속에서 실효를 거두기 힘들었다. 1882년 구식군인들에 대한 차별적 대우를 계기로 발생한 임오군란壬午軍亂은 청의 파병으로 진압되었다. 그러나 이후 청은 조선에 병력을 주둔시키며 조선에 대한 실질적 지배력을 강화하려 했다. 중국은 조선을 전통동양세계질서하에서의 조공국에서 근대국제질서하에서의 보호국으로 변경하여 종주권을 행사하려 한 것이다. 이는 근대국제질서로의 편입을 모색하면서 독립적인 주권국가로의 변신을 꾀하던 조선의 노력에 크게 반하는 일이었다. 1884년 김옥균과 박영효 등 급진적 개화파가 일으킨 갑신정변甲申政變은 중국의 종주권 행사 책동에 대한 반발이자 자주적 근대국가 형성을 위한 정치운동이었다. 하지만 정변은 실패로 끝났고, 그 결과 중국의 조선 지배력이 오히려 강화되고 말았다. 한편 중국의 지배가 강화되는 가운데 조선은 미국1882, 영국1883, 러시아1884 등과의 근대적 조약을 잇달아 체결하여 조선이 동양전통질서에 따르면 중국의 속국이지만, 근대국제질서하에서는 외국과의 조약체결권을 지닌 자주국임을 드러내보이고자 했다. 특히 미국과 러시아의 도움을 얻어 중국의 굴레에서 벗어나려는 시도를 했다.

1894년의 아래로부터의 개혁을 요구하는 동학농민봉기가 일어나자 중국이 이를 진압하기 위해 조선에 파병하고, 일본도 갑신정변 이후 중국과 맺은 톈진조약에 의거하여 군대를 파견함으로써 조선은 이듬해까지 이어진 중일전쟁의 장이 되고 말았다. 전쟁은 일본의 승리로 끝났다. 이는 전통적 질서의 최종 붕괴와 중국의 반식민지로의 전락을 고하는 사건이었다.

중일전쟁에서의 승리에도 불구하고 일본은 삼국(러시아, 독일, 프랑스)의 간섭으로 인해 중국과 조선에 대한 충분한 영향력과 이권을 얻어내지 못했다. 특히 삼국간섭 이후 조선에서는 친러파 내각이 출범하여 러시아의 영향력이 강화되었다. 1895년 일본은 실추된 세력을 만회하고자 친러파의 핵심인물인 명성황후를 살해하는 을미사변乙未事變을 일으켰다. 일본의 만행은 전국적으로 항일운동을 불러일으켜 조선에서의 일본의 지위는 오히려 약화되었다. 한편 고종은 광무개혁을 단행하고 대한제국을 선포하는 등 근대화를 위한 처절한 노력을 계속했다.

하지만 국제정치의 흐름은 결코 조선의 편이 아니었다. 1904년 한반도와 만주에서의 이권을 놓고 맞서던 러시아와 일본의 전쟁이 벌어졌다. 이미 일본은 1902년에 러시아의 팽창을 견제하는 데 깊은 이해를 지니고 있던 당시의 최강국 영국과 동맹을 맺어둔 상태였다. 일본이 러일전쟁에서 승리를 거두게 되었던 바, 이로써 일본은 조선에 대한 지배권을 확보했다. 1905년 을사조약乙巳條約으로 조선은 외교권을 상실하고 일본의 보호에 놓이게 되었다. 고종은 1905년 말 헐버트Homer B. Hulbert를 미국에 밀사로 파견하고, 1907년 헤이그에서 열린 평화회의에도 밀사를 파견하여 국제사회에 을사조약의 부당성을 알리려했으나 소용없었다. 결국 1910년 조선은 일본에 강제로 병합되고 말았다.

이렇게 한국근대외교의 서막은 비극으로 끝났다. 조선은 전통적 유교국가에서 근대국가로의 자기변모에 실패한 채 일본의 식민지로 전락한 것이다. 그리고 국제질서의 거대한 변화에 제대로 대응하지 못함으로써 빚어진 망국의 비극적 경험은 이후 한국 외교의 심리적 기저에 쉽게 지워지지 않는 깊은 상흔을 남겨놓았다.

III. 주권회복을 위한 외교적 노력

조선이 을사조약으로 외교권을 잃고 곧이어 일본에 강제 병합되어버린 이후, 공식적인 의미에서 한국의 외교는 존재하지 않았다. 식민지 시기는 곧 한국의 외교적 공백기인 셈이다. 국제적으로 승인을 받은 국가가 없었다는 사실은 곧 외교의 주체가 없었음을 의미한다. 물론 한국인들의 외교적 활동이 전혀 없었던 것은 아니다. 조선이 실패했던 근대국가의 수립은 여전히 한국이 달성해야할 과제로 남아있었으며, 이를 위한 일차적 목표는 일본으로부터 독립하여 주권을 회복하는 데 있었던 것이다.

일본의 조선 병합 직후 1910년대의 세계정세는 한국의 독립에 결코 우호적이지 않았다. 무엇보다도 일본이 동아시아의 최대 강국으로 부상했기 때문이었다. 1914년 발발한 제1차 세계대전으로 유럽열강의 관심이 유럽에 쏠리게 되었던 사실은 동아시아에서의 일본 세력 강화에 도움이 되었다. 전쟁으로 유럽 국가들의 힘은 약화되었다. 또 러시아에서는 1917년의 볼셰비키 혁명으로 제정이 무너졌다. 이러한 틈을 타 일본은 만주와 산둥 지방 및 시베리아로 진출하였다. 일본의 의도는 시베리아에서 양쯔 강 지역에까지 이르는 소위 '전후의 일본판도'를 구축하는 데 있었다.[2]

동아시아에서의 일본의 세력이 강화되는 가운데 한국이 독립을 이룰 가능성은 낮아 보였다. 그럼에도 일본의 식민통치에 대한 한국의 저항은 여러 방향에서 전개되었다. 일제의 탄압을 피하여 서간도 지방에 독립운동기지를 건설하기 위한 움직임이 나타났다. 한편 1919년 3·1운동을 계기로 임시정부를 수립하려는 움직임이 나타났다. 각각 한성과 노령 및 상해에 세 개의 임시정부가 세워졌다가 1919년 9월 상해 임시정부로 통합

---

2) 이정식, 『대한민국의 기원: 해방 전후 한반도 국제정세와 민족 지도자 4인의 정치적 궤적』 (서울: 일조각, 2006), p. 43.

되었다.

임시정부는 독립운동의 중추적 역할을 수행했다. 특히 외교를 통한 독립에 많은 노력을 기울였다. 국제여론에 호소하고 강대국들을 설득함으로써 일본의 지배에서 벗어나고자한 것이다. 즉 "세계열강으로 하여금 대한의 독립이 세계평화 유지상 필요함을 깨닫게 하여 아민국에 동정하게 하도록"하기 위해 "동아 및 구미 각국에 선전원을 파견하고, 혹은 연설이나 조서에 혹은 제국의 신문, 잡지에 저작가, 연설가 등을 이용하여 주의를 선전"하고자 했다.[3] 임시정부는 외교부를 설치하고, 또한 프랑스와 미국에 각각 파리위원부와 구미歐美위원부를 설치하여 적극적으로 외교활동을 펼쳤다.

1919년 3월부터 1차 세계대전의 전후처리를 위해 파리강화회의가 열리고 있었는데, 임시정부는 김규식 외무총장을 대표로 파견하여 독립청원의 호기로 삼고자 했다. 그러나 일본이 승전국으로 참가하고 있던 회의에 한국 임시정부 대표의 참가조차 허락되지 않았다. 파리강화회의 이후 임시정부의 외교적 노력은 1921년 11월부터 1922년 2월까지 열린 워싱턴 군축회의에 집중되었다. 임시정부는 이승만과 서재필을 각각 단장과 부단장으로 하는 대표단을 회의에 파견했다. 그러나 강대국들의 군축문제를 위해 개최된 회의에 국제적 승인도 받지 못한 임시정부가 참석할 자리는 없었다. 임시정부의 참가는 또다시 무산되었으며, 미국대표를 상대로 한국 독립의 당위성을 알리고 이를 위한 협조를 구하는 활동에 그치고 말았다. 국제사회에서 국가가 없는 상태에서 외교활동을 전개한다는 것은 사실상 불가능에 가까운 일로 보였다.

외교를 통한 독립청원활동이 사실상 실패하면서 임시정부는 내홍에 휩싸이게 되었다. 외교론의 한계에 직면하여 독립운동세력 내에서 무장을 통한 독립을 주장하는 목소리가 커졌다. 특히 이동휘가 이끄는 공산주

---

3) 윤대원, 『식민지시대 민족해방운동』 (서울: 한길사, 1990), p. 31.

의세력은 상해임시정부를 탈퇴하고 임시정부의 해산을 주장하였다.

1930년대 이후의 국제정세변화 속에서 임시정부는 외교활동을 다시 활발히 전개하였다. 일본과 미국의 갈등과 대립이 점차 심화되면서 대미외교를 통해 미국의 힘을 빌려 독립을 획득할 수 있는 가능성이 조금 더 커졌다. 1922년 워싱턴회의를 통해 미국은 일본의 세력 확장을 견제하고 중국을 보전하는 데 성공했다. 일본은 미국의 압력하에 산동반도로부터 철군하는 등 중국에 대한 여러 이권을 포기해야했다. 대신 미국과의 교역을 확대하여 경제적 이득을 누릴 수 있었다. 그러나 1929년 시작된 대공황의 여파로 미국으로의 수출이 크게 축소되자 일본은 경제적으로 큰 타격을 받았다. 이에 미국과의 협조에 근거한 대외정책을 폐기하고 대외팽창에 나서게 된다. 일본은 1931년 만주사변을 일으키고, 1932년 만주국을 세웠으며, 1937년에는 중일전쟁을 일으켰다. 그리고 일본의 동남아 침략에 반대하는 미국의 경제적 압박에 대응하여 급기야 1941년12월 미국의 진주만을 공격하여 태평양전쟁을 일으켰다.

일본이 대외팽창을 추구하는 가운데 일본의 한국식민통치에 대한 열강의 인식에 다소의 변화가 나타났다. 일본의 팽창정책에 대한 비판이 고조되면서 일본의 가혹한 한국통치정책과 한국인 차별에 대한 비판적 인식도 나타났다. 이러한 국제여론을 이용하여 임시정부는 일본의 팽창주의를 막기 위한 차원에서의 한국독립의 당위성을 강조하는 외교활동을 전개했다. 또한 태평양전쟁이 개시된 이후에는 임시정부가 연합국을 도와 대일전쟁에 참가할 것을 미국정부에 제안하기도 하였다.[4] 하지만 일본의 통치에 미국의 비판이 한국의 독립을 지지하는 적극적 주장이나 정책으로 표출된 것은 아니었다. 미국은 일본과의 관계악화가 심화되는 가운데에서도 한국인들에게 자치능력이 부족하다는 인식을 버리지 못한 채

---

4) 김용직, "대한민국 건국의 정치외교사적 소고: 1919년 3·1운동에서 1948년 건국까지," 이인호·김영호·강규형 (편), 『대한민국 건국의 재인식』 (서울: 기파랑, 2009), pp. 184-186.

한국의 독립문제에 대해서는 여전히 불개입 입장을 고수했다.[5] 특히 미국정부는 여러 독립운동단체들이 개별적으로 활동하면서 통일적 연합체를 구성하지 못하고 있었던 한국독립운동세력의 파벌주의 분열을 임시정부를 한국독립운동세력의 대표단체로 승인하지 않는 주요 이유로 지적했다.[6]

이상에서 살펴본 바와 같이 일본의 식민통치 아래에서도 임시정부를 위시한 한국의 독립운동세력은 한국의 주권회복을 위한 외교적 노력을 다각도로 기울였다. 하지만 임시정부는 국제사회로부터 망명정부로 공식 승인을 받지 못하였으며, 따라서 임시정부의 외교적 활동은 근본적 제약 속에서 이루어졌다. 근대국제정치에서의 외교를 주권국가들 사이의 관계를 조절하는 하나의 메커니즘이라고 이해한다면 주권을 상실한 민족의 대외활동은 언제나 비공식적 차원에 머물 수밖에 없었던 것이다.

한편 조선의 망국에서 식민지기에 이르는 역사적 경험은 한국의 강력한 저항민족주의가 형성되는 계기로 작용했다.[7] 이는 자주와 독립에의 열망이 외세에 대한 불신과 결합으로 특징지어지는데, 보다 적극적이고 긍정적인 차원에서 세계 속에서의 한국의 위상에 대한 전망을 제시하는 데까지 이르지 못한다는 한계가 있다. 식민지의 아픈 경험이 낳은 저항민족주의의 유산은 일본에 대한 적대적 감정이나 2008년 소고기 파동과 같은 미국과의 마찰에서 관찰하듯 오늘날까지도 그 흔적이 남아 있다.

---

5) 구대열, 『한국 국제관계사 연구 1: 일제시기 한반도의 국제관계』 (서울: 역사비평사, 1995), p. 395.
6) 김용직, "대한민국 건국의 정치외교사적 소고," p. 188.
7) 저항민족주의에 대해서는 이용희, 『한국민족주의』 (서울: 서문당, 1977), pp. 20–30 참조.

IV. 해방과 건국

한국의 해방은 1945년 8월 15일 태평양전쟁에서의 일본의 패망과 함께 찾아왔다. 그러나 해방이 곧 주권의 회복으로 이어지지는 않았다. 한반도는 위도 38도선을 기준으로 남북으로 나뉘었으며, 각각 미군과 소련군에 의해 통치되었다.

한국이 해방과 함께 곧바로 독립을 이루지 못한 이유는 2차 세계대전 중 이루어진 연합국들의 합의에 있었다. 1943년 12월 카이로에서 열린 연합군 정상회담에서 미국, 영국과 중국은 "적절한 절차를 거쳐서in due course" 한국을 독립시킨다는 내용을 담은 선언문을 발표한 바 있었다. 한국의 독립을 약속하는 내용이 선언문에 포함된 것은 중국의 장제스蔣介石의 요구에 의한 것으로서 당시 임시정부의 활동이 어느 정도 주효했음을 보여준다. 하지만 한국을 즉각적으로 독립시키지 않고 일정한 경과를 두도록 한 것은 식민지의 독립이 많은 식민지를 유지하고 있던 영국의 이해에 반할 뿐 아니라 당시 미국과 영국이 한국의 자치능력을 불신하고 있던 것에도 이유가 있었다.

또한 당시 연합국들은 일본의 패망 이후 한국에서 연합국들의 신탁통치를 실시하려는 생각을 가지고 있었다. 특히 미국 루즈벨트Roosevelt 대통령은 한국에 대한 연합국의 신탁통치가 소련의 협조하에 전후질서를 구축하려는 자신의 전후구상과 부합한다고 보았다. 동시에 신탁통치를 통해 한국에 대한 중국이나 소련의 일방적인 영향력 증대를 억제할 수도 있다고 생각했다. 즉 미국은 소련과의 협조적 틀을 유지하는 가운데 한반도에서의 실질적 영향력을 확보하려 했던 것이다.

1945년 8월 소련군은 평양에 도착하여 소련군정을 설립했고, 미군은 9월에 남한에 진주하여 군정을 시작했다. 이 당시만 하더라도 미국과 소련의 한반도 분할점령이 장기간의 고착화된 분단으로 귀결될 것으로 전

3.4 1945년 12월 27일 미국, 영국, 소련의 외상은 모스크바에서 회담하고 "한국 문제에 관한 4개항의 결의서"라는 제목의 합의문을 발표하였다. 이 합의문에서는 한국의 정부수립과 관련하여 다음과 같은 내용이 담겨 있었다.

1. 민주주의 원칙에 의해 임시정부를 건설한다.
2. 임시정부 수립을 돕기 위해 미·소공동위원회를 설치한다.
3. 미국과 소련, 영국, 중국은 임시정부 수립을 돕기 위해 최대 5년간 신탁통치를 실시한다.
4. 2주일 이내에 미·소 사령부의 대표회의를 개최한다.

망되지 않았다. 유럽에서 미국과 소련의 불신이 조금씩 쌓여가고 있었지만 아직 냉전이 본격적으로 시작되지는 않은 상태였다. 비록 1945년 4월 루즈벨트가 사망했지만 그가 그려왔던 미·소협조하에서의 전후질서구상이 당분간은 유효한 듯 보였다. 1945년 12월 모스크바회의에서 미국, 영국 및 소련의 외상들은 한반도를 공동으로 신탁통치하는 방안을 마련하기 위해 미·소공동위원회를 설립하기로 결정했다.

해방 직후 남한의 정치무대에는 다양한 이념적 성향의 정치세력들이 난립해 있었다. 좌익세력으로는 박헌영을 중심으로 하는 공산주의 세력인 조선공산당과 여운형 중심의 중도좌파세력인 조선인민당이 있었고, 우익으로는 김성수 등의 한국민주당과 이승만의 독립촉성중앙협의회, 임시정부 세력의 한국독립당, 그리고 김규식과 같은 중도우파 세력이 있었다.

미국은 모스크바외상회의 이후 남한의 정치세력을 중도노선으로 통합하고자 여운형과 김규식의 중도좌파 및 중도우파세력을 지원했다. 중도세력 중심의 좌우합작을 통해 신탁통치의 실현을 모색했던 것이다. 이승만과 김구 등 주요지도자들은 미국의 정책에 강력히 반발했다. 특히 이승만은 1946년 6월 정읍에서의 연설에서 공산주의의 위험을 경고하고, 미군정의 정책을 비판하면서 남한 단독이라도 반공정부를 수립할 것을 제안했다. 북한에서 소련의 진주 이후 우익세력 제거가 시작되어 1946년 초에 벌써 좌익의 주도권이 확립되었다는 사실을 고려할 때, 이승만의 경고가 전혀 허황된 것은 아니었다. 아무튼 첨예한 정치 대립 속에서 미국의 좌우합작시도는 효과를 거두지 못했다. 여운형과 김규식은 모두 암살로 생을 마치고 말았다.

신탁통치문제를 둘러싸고 우익의 격렬한 반탁운동과 공산주의계열의 찬탁입장이 충돌하면서 미·소공위도 진전을 이루지 못했다. 반탁세력을 임시정부수립을 위한 협의대상에서 제외해야 한다는 소련의 입장과 이에 반대하는 미국의 입장이 평행선을 그렸던 것이다. 미·소공위는 아무런 성과를 내지 못한 채 결국 1947년 10월 소련의 대표단 철수로 해산되었다.

미소공위가 공전을 거듭하는 동안 미국의 정책에는 중요한 변화가 일어나고 있었다. 1946년부터 소련의 팽창에 대한 미국의 우려가 점차 증대되는 가운데 미국 트루먼Truman 행정부는 1947년 3월 트루먼독트린을 발표하여 소련의 팽창과 야심에 대한 경계심을 표출하였다. 미·소냉전이 점차 가시화되고 있었던 것이다. 이러한 정책기조는 한반도에도 적용되어 미국은 더 이상 한국에서 좌우합작과 소련과의 협조를 통한 한국문제해결을 도모하지 않고, 대신 남한단독정부를 세우는 쪽으로 정책을 바꾸었다.

1947년 9월 미국은 소련의 반대를 무릅쓰고 한국문제를 유엔총회에 상정했다. 유엔총회는 유엔감시하에 남북한 인구비례에 따른 보통선거를 실시하여 한국에 정부를 수립하기로 결정했다. 그러나 소련의 거부로 남한지역에서만 1948년 5월 총선거가 실시되었고, 이에 따라 제헌국회가 구성되었다. 이어 새로 만들어진 헌법에 기초해서 8월 15일에는 이승만을 초대 대통령으로 하는 대한민국 정부가 수립되었다. 북한지역에서도 9월에 소련의 지원하에 조선민주주의인민공화국이 세워졌다. 이로써 동서 냉전에 조응하는 남북분단체제가 형성되었다. 그러나 1948년 12월 파리에서 열린 제3차 유엔총회는 유엔이 정한 절차에 따라 수립된 대한민국을 한국에서의 유일한 합법정부로 인정하는 결의안을 채택했다. 이로써 한국은 국제사회에서 주권국가로 인정받게 되었으며, 이는 또한 북한과의 관계에 있어서 대한민국이 법적 정통성을 주장할 수 있는 근거가 되었다.

대한민국의 탄생과 이에 대한 유엔의 승인은 조선의 식민지화로 잃었던 주권의 회복이라는 의미를 갖는 중요한 사건이다. 또한 헌법제정을 통해 자유민주주의와 시장경제를 근간으로 하는 정치경제체제가 도입되었다는 점은 대한민국의 향후 발전 방향을 암시하는 의미심장한 것이었다. 그러나 정부수립만으로 근대국가의 수립이라는 과제가 완수된 것은 아니었다. 무엇보다도 분단으로 인해 통일된 민족국가를 이루지 못했다. 또한 신생국 대한민국은 군사적으로 또 경제적으로 스스로의 생존을 도모하기 어려울 정도로 취약하고 가난했다. 정치적으로도 자유민주주의의 외양은 도입되었으나 실제 작동과는 큰 괴리가 있었다. 근대주권국가로서의 형태를 갖추고 국제사회에서 이를 승인받았으나, 정작 국가로서의 존재를 뒷받침하는 내용은 비어 있는 상태였던 것이다. 그리고 그 빈 공간을 채우는 일은 이후 대한민국의 외교가 풀어가야 할 당면한 과제가 되었다.

V. 대한민국의 외교

1. 한·미안보동맹의 형성과 발전

1948년 대한민국의 탄생은 국제냉전의 초기전개와 깊은 관련 속에서 이루어진 사건이었다. 자유진영과 공산진영의 이데올로기 대립이 군사적 대립으로 발전해 가는 냉전사의 한가운데에 한반도가 있었다. 1950년 발발한 한국전쟁이 바로 그것이다. 한반도에서의 남북한 군사대립은 오늘날까지도 해소되지 못하고 있다. 남북한 간의 높은 군사적 긴장 속에서 대한민국 외교의 가장 높은 우선순위는 안전보장에 두어져왔다. 그리고 대한민국 안보의 근간은 미국과의 동맹관계였다.

대한민국은 수립과 함께 미국이 주도하는 자유주의적 세계질서에 편입되었다. 한국문제가 유엔으로 이관되어 총선거를 통해 대한민국이 수립되었던 과정이 미국의 정책적 결정에 의한 것이었음은 앞에서 살펴본 바와 같다. 이렇게 보면 한국과 미국이 동맹관계를 맺고 그 관계가 오늘날까지 지속되고 있다는 사실은 그다지 놀라운 일이 아닐지 모른다.

하지만 한·미동맹의 체결은 가만히 앉아 있는 데 생겨난 것이 아니라 대한민국의 적극적 외교적 노력이 이루어낸 값진 성과이다. 애당초 미국은 한국과 동맹을 맺을 의사가 없었기 때문이다. 물론 소련의 팽창에 대한 의심이 깊어가면서 한반도 전체가 소련의 세력이 지배하에 들어가는 것을 바라지는 않았지만, 그렇다고 해서 동맹관계를 맺어가면서까지 한국의 보호를 위해 나서고 싶어 했던 것은 아니다. 1949년 6월 한국에 주둔하던 미군을 철수시켰던 사실은 이러한 미국의 태도를 잘 보여준다. 대신 미국은 한국을 주로 경제적 측면에서 돕고 이를 통해 한국이 스스로의 안전을 지킬 수 있는 국가로 성장하기를 희망하고 있었다. 1950년 애치슨Acheson 미 국무장관의 내셔널프레스클럽에서의 발언은 한국과 관련하여 두 가지로 요약될 수 있다. 그것은 첫째, 한국이 미국의 극동 방어선에 포함되지 않는다는 것이고, 둘째, 한국에 대해 경제적 원조를 제공한다는 것인데, 이러한 발언은 당시 미국이 구상하던 한국정책의 요점을 반영했던 것이다.

1950년 6월 25일 북한의 전면적 남침으로 한국전쟁이 발발하였다. 남침은 북한이 소련 및 중국과의 공모 및 지원하에 한반도를 공산화하려는

3.5 "미국의 극동 방어선은 알류산 열도에서 일본을 거쳐 오키나와로 연장되는 선에서 다시 필리핀을 연결하는 선으로 결정한다. 일본은 미국이 멸망시키고 무장을 해제한 곳으로서 이곳에 미군이 주둔해 있게 때문에 중요하며, 유구열도는 태평양 방위에 아주 긴요한 부분이며, 필리핀은 미국과 동맹관계에 있으므로 미국은 이곳에 대한 침략을 용인하지 않을 것이다.

위와 같은 중요도에도 불구하고 분명한 사실은 어느 누구도 이 지역에서 일어나는 군사적 침략을 막아주리라고 보장할 수는 없다는 점이다. 이곳에서 군사적 침략이 일어난다면 그것을 막는 우선적 힘은 피침략국이며, 그 다음으로는 … 유엔의 헌장에 따라서 모든 문명세계의 보장에 의존해야 한다. 태평양이나 극동에서 일어나는 문제들은 군사적 수단에 의해서만 저지될 수 없다.

… 우리가 한국에 대한 원조를 포기해야 한다거나, 한국이 국가를 수립해가는 중에 원조를 중단해야 한다는 생각은 가장 철저한 패배주의이며, 아시아에서 미국의 이해관계와 관련해서 볼 때 가장 넋 나간 짓이다. 극동에서는 필리핀을 제외하고 남쪽으로 내려갈수록 우리의 책임은 적어진다."

(출처: 한국역사정치연구회, 김용직 편, 『사료로 본 한국의 정치와 외교: 1945~1979』 (서울: 성신여자대학교 출판부, 2005), p. 140 (문구는 저자가 약간 수정하였음))

모험주의적 시도였다. 미국의 트루먼 행정부는 북한의 공격을 단순한 국지적 전쟁이 아니라 공산주의 세력의 세계적 팽창기도의 일환으로 파악하고 즉각적으로 대응했다. 미국의 주도하에 유엔은 16개국으로 구성된 유엔군을 한국에 파견했다.

전쟁은 1953년 7월 27일 미국, 중국, 북한의 협정서명으로 휴전되었다. 북진통일의 완수를 주장하던 한국의 이승만 정부는 휴전에 반대하며 협정에 서명하지 않았다. 이승만 대통령은 한국군이 단독으로라도 전쟁을 계속할 수 있음을 천명했는데, 이는 조속한 전쟁중단을 바라던 미국과의 갈등을 야기했다. 통일완수에 대한 이승만의 강경한 입장은 그의 진정한 희망을 반영했지만 동시에 미국과의 협상을 위한 것이기도 했다. 한국으로서는 휴전협상이 진행 중인 상황에서 휴전 이후의 안보를 대비해야 할 필요가 있었으며, 이를 미국과의 방위조약을 통해 해결하고자 했다. 당시 미국은 방위조약 대신 병력증강 같은 군사적 지원을 제안하고 있었다. 한국은 북진통일이라는 카드를 통해 전쟁의 조속한 휴전을 바라던 미국을 압박했다. 그리하여 결국 1953년 10월 1일 한·미상호방위조약이 체결되었으며, 이듬해 11월에는 '경제·정치·군사적 원조를 위한 한·미 양해각서'가 서명되었다. 이로써 한·미동맹의 근간이 형성되었다.

한·미동맹은 기본적으로는 군사안보동맹이지만, 이는 또한 경제와 사회 및 문화 분야에서의 양국 간 교류가 활발하게 일어날 수 있는 조건을 마련했다. 미국의 군사원조 및 경제원조는 적어도 한국의 경제개발이 본격적 성과를 거두기 이전까지 한국의 경제적 생존을 지탱해주었다. 또한 사회·문화 분야에서도 미국은 한국에 많은 영향을 끼쳤다. 미국식 교육 제도와 콘텐츠가 한국의 학교교육에 도입되고, 풀브라이트 장학제도 등을 통해 한국사회 각 방면의 엘리트들이 미국사회를 직접 접할 수 있는 기회를 제공받았던 사실은 미국이 한국에 미친 광범위하고 장기적인 영향을 미루어 짐작할 수 있게 한다.[8]

물론 한·미동맹관계가 항상 원만하였던 것은 아니다. 앞에서 설명하였듯이 한·미동맹은 이승만 대통령의 요구를 미국이 마지못해 수용하는 방식으로 시작되었는데, 그 과정에서 동맹파트너로서의 상호신뢰에 문제가 생기기도 했다. 사실 미국의 입장에서 한·미동맹은 북한에 대한 억지 抑止 deterrence와 함께 한국의 '북진'에 따른 전쟁발발 가능성 차단이라는 '이

---

8) Gregg Brazinsky, *Nation Building in South Korea: Koreans, Americans, and the Making of a Democracy* (Chapel Hill, NC: University of North Carolina Press, 2007).

중봉쇄dual containment'의 목적을 지닌 것이었다.[9] 동맹국을 일종의 봉쇄 대상으로 본다는 것은 심각한 아이러니라 하지 않을 수 없는데, 그만큼 동맹관계에 긴장이 내재했음을 알 수 있다.

한국도 종종 미국의 대한방위공약 신빙성을 의심하고 우려했다. 북한과의 군사적 대치 상황에서 미국으로부터 방기放棄될 수 있다는 이러한 우려는 주로 주한미군철수논의와 관련되어 나타나곤 했다. 미국은 한국전쟁 이전에 그러했듯이 휴전 이후에도 한국에서의 군사적 비용을 가급적 줄이려 했으며, 한국에 제공되는 군사원조를 줄이고, 주한미군을 감축 내지 철수하는 것이 이를 위한 방안으로 고려되었다. 1950년대 중반 이후부터 적어도 1970년대까지는 미국의 이러한 관심은 상당히 지속적으로 나타났으며, 이러한 경향에 대해 한국은 크게 우려하고 반발하였다. 예를 들어 1960년대 미국의 케네디Kennedy 및 존슨Johnson 행정부는 당시 베트남전쟁에 집중하기 위해 주한미군의 철수를 심각히 고려했으며, 한국은 주한미군철수를 막기 위해 미국에 한국군의 베트남 파병을 제안했던 바 있다. 1970년대에 닉슨Nixon 행정부가 닉슨독트린에 따라 주한미군철수를 실행했을 때, 그리고 카터Carter 행정부가 또다시 주한미군철수를 추진했을 때에도 한·미 간에는 심각한 긴장이 발생되었다. 물론 이러한 경우마다 한국은 주한미군철수를 포기시키거나 최소한 그 시기를 늦추려는 외교적 노력을 경주하였다.[10]

이러한 긴장과 갈등에도 불구하고 미국과의 동맹은 한국의 안전보장을 위한 메커니즘으로서의 기능을 충실히 해왔다. 미국이 한국의 안보에 대한 책임을 진다는 약속과 이를 상징하는 미군전력의 한국 주둔은 북한

---

9) Victor D. Cha, "Powerplay: Origins of the U.S. Alliance System in Asia," *International Security* Vol. 34, No. 3 (Winter 2009/10); Stephen Jin-Woo Kim, *Master of Manipulation: Syngman Rhee and the Seoul-Washington Alliance, 1953-1960* (Seoul: Yonsei University Press, 2001).

10) 마상윤·박원곤, "데탕트기의 불편한 동맹," 역사비평 편집위원회 (편), 『갈등하는 동맹: 한미관계 60년』 (서울: 역사비평사, 2010).

의 도발을 억제하고 분쟁을 예방하는 데 큰 역할을 다했다. 특히 동서냉전이 지속되는 시기에 있어서 한국의 입장에서는 안보동맹 파트너로서 사실상 미국 이외의 다른 선택의 여지가 없었다.

1989년 냉전의 상징이었던 베를린장벽이 무너지고, 1991년 소련의 붕괴로 미·소 냉전이 끝났다. 더욱이 냉전이 끝나기 직전 무렵부터 한국은 북방정책을 통해 공산권국가들과의 관계개선 및 정상화에 적극적으로 나섰다. 그 결과 한국은 1990년과 1992년에 각각 소련 및 중국과 외교관계를 수립하는 중요한 성과를 거두었다. 아울러 한국의 경제적 발전으로 남북한에 각각의 정부가 수립된 직후부터 지속되었던 남북체제경쟁에 있어서도 한국의 우위가 분명해졌다. 그리고 이에 따른 자신감은 한국정부가 1991년 9월에 남북한 유엔동시가입을 성사시킨 데에서도 드러났다. 하지만 이 시기를 즈음하여 북한은 핵개발을 본격화하기 시작하였다. 그 결과 한반도는 국제냉전의 해체에도 불구하고 여전히 첨예한 군사적 긴장지대로 남아 있다.

이상과 같은 전개는 한·미동맹에도 중요한 영향을 미쳤다. 국제냉전의 종식과 한국의 자신감 강화는 한국정치의 민주화와 결합하면서 한국 국민들의 자주에 대한 열망을 강화시켰다. 한·미동맹은 그 출발에 있어서 한국의 미국에 대한 거의 일방적 의존을 제도화했던 것임에 비추어 볼 때, 한국의 성장과 함께 한·미동맹의 형식과 내용에 일정한 조정이 필요해진 것이 사실이다. 자주에의 열망은 한·미동맹이 폐기되어야 한다는 다소 극단적인 주장으로 나타나기도 한다. 특히 미국 부시 행정부의 대북강경정책이 북한에 대한 '포용정책engagement policy'을 유지하고자 했던 김대중 정부 및 노무현 정부의 정책기조와 충돌하는 가운데 한·미동맹의 해체가 거론되기도 했다. 그러나 이와 다른 차원에서의 한·미동맹의 조정을 주장하는 목소리도 있다. 한국의 국력이 신장된 만큼 국제사회에의 기여가 필요하며, 한·미동맹의 기능도 북한의 위협에 대응하는 차원에 국한시키지 않고 한반도 이외 지역에서의 문제 해결에 기여해야 한다는 것이다.

2. 산업화

대한민국은 불과 한 세대 만에 세계 최빈국에서 선진국으로 비약적인 성장을 이룩하였다. 이는 세계에서 유례를 찾기 어려운 일로서 1960년대 이후 국가적 차원에서 경제개발에 매진한 결과라 할 수 있다. 하지만 이러한 성과는 또한 국제정치적 맥락 그리고 한국외교의 흐름 속에서 이루어진 것임을 이해해야 한다.

무엇보다도 한국의 경제개발은 냉전이라는 국제적 조건, 특히 미국이 이끄는 자유진영에 속하면서 이루어졌다는 점이 중요하다. 한국의 경제성장이 이루어지기 전까지 미국이 제공하는 경제 및 군사 원조는 한국의 경제적으로 생명선이나 마찬가지였다. 1950년대 말부터 미국은 한국에 대한 경제원조의 부담을 줄이는 차원에서 한국이 경제개발을 통해 경제적 자립도를 높이기를 희망하였다. 한국의 경제개발이 본격화된 것은 1960년 중반 이후의 일인데, 이때에도 미국은 한국의 경제성장에 중요한 도움을 제공하였다. 산업화를 위한 각종 정보와 정책 아이디어를 제공함은 물론, 미국시장을 열어줌으로써 한국의 수출 신장을 도왔다. 수출이 한국경제성장의 원동력이었음은 주지의 사실이다.

미국의 원조는 1960년 이후 점차 감소하였는데, 마침 산업화 추진을 위한 자금을 필요로 했던 박정희 정부는 일본과의 국교정상화를 모색했다. 1965년 한·일국교정상화를 통해 한국정부는 '독립축하금'이라는 명목으로 일본으로부터 총 8억 달러를 받았고, 이후 일본 자본이 한국에 들어올 수 있는 길을 열었다. 국교정상화에 이르기까지의 한·일회담은 국내적으로 큰 반대와 의혹의 대상이 되었다. 제2차 세계대전에 패망하면서 한국을 떠나야 했던 일본이 이번에는 경제적으로 한국을 지배하려 한다는 의혹이 나타나기도 했다. 또한 군사쿠데타를 통해 집권한 박정희 정부가 정치적 정당성을 경제발전에 두면서 일본으로부터 산업화 자금을 얻고자 대일외교에 있어서 필요 이상으로 굴욕적 자세를 취하였다는 비판도 제기된 바 있다.

한국의 베트남 파병도 경제성장을 위해 필요한 자본의 유입에 큰 도움이 되었다. 앞에서 설명하였듯이 박정희 정부의 베트남 파병 구상은 처음에는 주한미군의 철수를 막는다는 차원에서 나왔다. 하지만 베트남 파병은 여러 경제적 이득도 선사하였고 한국정부는 이를 십분 활용하였다. 한국군 파병장병들에게 미국이 지급한 달러화 보수는 물론이고, 한국의 기업들이 미군의 조달사업에 참여하는 등 다양한 경제적 활동이 진행되었다. 물론 이러한 경제적 이득이 자동적으로 주어졌던 것은 아니다. 한국의 외교는 파병의 이면에서 이러한 이득을 확보하기 위해 노력하였다.

한국의 외교는 경제적 위기를 극복하는 데에도 기여했다. 1970년대의 제1, 2차 석유위기와 1997년 외환위기와 같은 상황 속에서 한국정부는 위기를 돌파하여 극복하기 위한 외교적으로 노력에 만전을 기하였다. 1970년대 중동 산유국들의 석유자원의 국유화에 대응하여 중동국가들을 대상으로 한 자원외교를 강화하였고, 1997년 달러 유동성 부족으로 발생한 외환위기 상황에서는 국제통화기금IMF과 미국, 일본 등을 상대로 유동성 공급을 위한 교섭을 벌였던 바 있다.

마지막으로 한국전쟁으로 인해 한국사회가 대단히 평등해졌다는 사실도 특기할 만하다. 물론 전쟁은 국토 전체를 황폐화하고 엄청난 인적 피해 및 물적 피해를 가져왔다. 하지만 전쟁은 전통적 사회구조를 파괴하여 신분제에서 벗어난 개인들의 사회적 이동성을 극대화한 측면도 있다. 타고난 신분에 따라서가 아니라 자신의 노력 여하에 따라 사회적 지위 상승을 기대할 수 있게 된 것이다. 한국의 외교와 직접적 관련은 없지만 전쟁을 통해 형성된 이러한 사회적 조건은 성공을 위한 개인의 노력을 장려하는 효과가 있었고, 이는 빠른 산업화를 가능케 하였다.

급속한 산업화와 경제성장의 결과 한국은 이제 세계 10위권의 경제규모를 지닌 고도산업국이 되었다. 경제적 성공은 한국의 대외적 위상을 제고하는 밑바탕이 되었다. 국가재정의 상당부분을 미국의 원조에 의존해야 했던 국가에서 스스로의 경제를 책임질 수 있는 실력을 지닌 나라로 성장한 것이다. 게다가, 아직은 시작 단계이지만, 한국은 강화된 경제력을 바탕으로 해외원조도 제공하는 국가로 변모하였다. 이뿐 아니라 한국의 개발경험은 저개발국의 발전을 위한 지침을 제공하고 있다.

3. 민주화

대한민국의 경험이 지닌 독특성은 급속한 산업화뿐만 아니라 민주화도 이루었다는 데 있다. 대한민국 정부수립부터 1980년대까지의 대부분 시기에 한국은 권위주의적 통치하에 놓여 있었으나, 1987년부터 정치적 민주화가 부분적으로 시작된 이래 이제 한국은 아시아에서 가장 역동적인 민주주의 국가가 되었다. 물론 한국정치의 민주화를 한국외교가 거둔 직접적 성과라고 말할 수는 없다. 하지만 한국의 민주화 역시도 한국의 외교적 선택과 전혀 무관하지만은 않다.

무엇보다도 한국이 해방 직후부터 맞이하게 된 냉전에서 미국 중심의 소위 '자유진영'에 속하게 되었다는 사실이 중요하다. 이는 외세에 의해 수동적으로 정해진 것이 아니라 대한민국의 건국을 이끌었던 정치지도자에 의한 명백한 선택이었다. 대한민국은 자유민주주의를 국가의 기본원칙으로 받아들였다. 물론 자유민주주의의 외양과 형식과 정치의 실제 작동은 큰 괴리가 있었다. 1980년대 후반 민주화 이전까지 한국의 정치는 권위주의 일색이었다. 그럼에도 불구하고 자유민주주의가 적어도 형식적으로나마 유지되어야 한다는 사실은 권위주의의 작동에 일정한 한계를 긋는 역할을 했다. 이와 관련하여 세 가지를 지적할 필요가 있다.

첫째, 미국이 한국의 권위주의가 지나치게 억압적인 방향으로 흐르지 않도록 견제하는 역할을 했다는 점이다. 미국은 냉전의 맥락에서 반공을 견지하는 한 권위주의 정부라도 지원했지만, 권위주의적 행태가 일정한 한도를 넘지 않도록 제한을 가하려했다. 지나치게 억압적인 정권에 대한 미국의 지원이 '자유세계'의 수호를 위한다는 미국 냉전정책의 명분에 정면으로 위배되기 때문이었다.[11]

둘째, 자유민주주의가 추상적 원칙과 명분으로 한국에 수입되면서 그것이 반드시 지켜져야 한다는 믿음을 생산해냈다는 사실도 중요하다. 물론 그러한 원칙은 현실과는 분명한 괴리가 있었다. 그럼에도 불구하고 아니, 오히려 그러한 괴리가 분명할수록 자유민주주의의 원칙이 더욱 잘 준수되어야 한다는 신념은 강화되었다. 즉 이데올로기로 수입된 자유민주주의는 그것의 작동을 위한 현실적 기반이 없는 상태에서도 현실의 권위주의를 비판하고 견제하도록 작용했던 것이다.[12]

셋째, 산업화의 성공적 수행에 따른 경제적 풍요가 가져온 정치적 효과이다. 한국의 경제개발이 진행됨에 따라 노동계층이나 중산층이 확대되었는데, 이러한 사회적 계층분화는 보다 다양한 사회적 요구를 낳았다. 그리고 이러한 요구는 다시 정치적 민주화를 지향하는 구조적 압력 요인으로 작용하였다고 볼 수 있다.

한편 민주화가 한국의 외교에 미친 영향에 대해서도 주목할 필요가 있다. 민주화 이전의 한국외교는 대체로 소수의 정치지도자와 엘리트 외무 관료에 의해 주도되었다. 물론 1963년 한·일회담 반대운동이 박정희 정부의 존속을 위험에 빠뜨렸던 만큼 외교문제에 관한 국민의 여론이 전혀 아무런 역할도 못 한 것은 아니다. 그럼에도 불구하고 민주화 이전의

---

11) 최장집 교수는 이를 '미국의 한계선'이라는 개념으로 표현한 바 있다. 한국의 권위주의 정부에 대한 미국의 정책이 "분단국가의 최소한의 안정이라는 하한선과 민주주의의 최소한의 유지라는 상한선 사이의 정치적 공간"에서 작동했다는 뜻이다. 최장집, 『한국민주주의의 조건과 전망』(서울: 나남출판, 1996), p. 22.
12) 노재봉, "이데올로기로서의 민주주의: 한국의 경우," 및 "한국민족주의와 자유주의," 『사상과 실천』(서울: 녹두, 1985), pp. 331-367.

맥락에서는 주요 외교 사안에 대한 국내적 논의와 이를 둘러싼 정치적 대립이 흔한 일은 아니었다.

하지만 민주화 이후의 상황에서 외교문제가 첨예한 국내정치 쟁점으로 부각되는 일이 많아졌다. 한·미동맹에 대한 문제, 북한에 대한 정책, 통상문제 등은 거의 언제나 국내정치의 진보진영과 보수진영이 의견을 달리하며 치열하게 대결하는 문제가 되어 버렸다. 특히 대북정책과 관련하여 소위 남남갈등이라 불리는 현상은 남북문제 및 외교문제의 국내정치화를 잘 보여준다. 그리고 이러한 외교문제의 국내정치쟁점화 현상 속에서 여론의 향방이 외교정책의 큰 흐름에 미치는 영향도 과거에 비해 매우 커졌다.

4. 통일

한국은 19세기 후반의 근대화에 실패한 채 망국을 맞이하였지만, 1945년 이후 독립, 건국, 안전보장, 산업화 및 민주화라는 근대국가건설의 주요과제를 대체로 성공적으로 수행해왔다. 그러나 아직 우리는 남북분단을 극복하여 통일을 이루지 못하고 있으며, 이는 한국의 근대국민국가수립 과제가 아직도 미완의 상태로 남아 있음을 의미한다. 분단은 한반도의 평화와 안정을 구조적으로 어렵게 만든다. 같은 민족이 한 나라를 이루어 살아야 한다는 강한 민족주의적 의식은 분단이라는 엄연한 현실을 당위의 차원에서 부정하지 않을 수 없게 하며, 끊임없이 현상의 변경을 위한 노력이 나타나도록 하기 때문이다.

해방과 함께 비록 분단이 찾아왔으나 통일의 당위성에 대한 의문은 없었다. 특히 1948년 남북한이 각각 정부를 수립한 이후, 남북한은 무력에 의해서라도 통일을 이루려했다. 1950년 6월 북한의 남침은 바로 그러한 목적을 가진 모험주의적 시도였다. 이승만 정부도 북진통일 정책을 추진했다. 하지만 이승만 정부는 북한의 김일성이 했던 것과 같이 전면적 전쟁을 감행할 수 없었다. 소련과 중국이 북한을 지원했던 것과 달리 한반도에서의 현상유지를 원했던 미국은 이승만의 북진통일정책에 협조하지 않았기 때문이다. 미국의 반대로 현실성은 크지 않았지만, 이승만 정부는 한국전쟁 휴전 이후에도 북진통일정책을 포기하지 않았다. 미국은 한국이 북진통일 대신 산업화에 보다 많은 노력을 기울일 것을 희망했지만, 이승만은 통일이 이루어진 상태에서야 비로소 경제개발이 의미가 있다고 인식했다.

1960년 4·19로 제1공화국 정부가 무너지면서 그동안 통일에 부여되었던 정책의 최우선순위는 경제개발이 차지하게 되었다. 물론 통일이라는 목표 자체가 사라졌던 것은 아니다. 하지만 통일은 매우 장기적인 또는 궁극적 목표로 제시되었을 뿐, 실질적 의미를 갖기는 힘들었다. 박정희 정부의 경우에는 경제개발을 통해 장기적 차원에서 대북우위를 차지하겠다는 방향으로 정책 변화를 추진했다. 북한에 비해 압도적 힘의 우위를 지닌 상태에서의 통일을 지향하겠다는 것인데, 그 시기는 사실상 먼 장래로 미루어졌다.[13]

1972년 7·4남북공동성명 발표로 상징되는 1970년대 초의 남북대화는 상당히 이례적 사건이었다. 하지만 통일을 위한 진지한 노력이었다고 말하기는 어렵다. 닉슨 행정부의 주한미군철수정책이 진행되고, 국제적으로도 데탕트의 분위기가 조성되는 가운데, 북한은 대남선전전을 강화해 주한미군의 전면철수를 노렸다. 한국은 이러한 상황에서 심각한 안보 위기감을 가졌으며, 당면한 위기에서 벗어나 시간을 번다는 차원에서 북한과의 대화에 임했다. 결국 1973년에 남북대화가 중단되었고, 그 뒤로 오랫동안 대화는 재개되지 않았다.

소련의 고르바초프 집권 이후 페레스트로이카(개혁) 추진과 함께 국

---

13) Sang Yoon Ma, "From 'March North' to Nation-Building: The Interplay of US Policy and Korean Politics during the Early 1960s," *Korea Journal* Vol. 49 No. 2 (Summer 2009).

제냉전의 찬 기운이 서서히 완화되어 가던 무렵에 이르러 한국은 새로운 대북정책을 내놓았다. 1988년 7월 노태우 정부는 북방정책을 발표하며 공산권 국가들과의 수교를 추진하는 한편 북한과 교역 및 인도적 차원의 교류를 증진할 것임을 밝혔다. 북방정책의 결과 한국은 소련, 중국 등과 국교를 맺었고, 북한과 유엔에 동시 가입하였으며, 1991년 12월 '남북화해와 불가침 및 교류협력에 관한 합의서'를 채택했다.

북방정책의 성과가 한반도의 해빙으로 이어지지는 않았다. 1989년에서 1991년 사이에 소련 및 동유럽 공산국가들의 붕괴로 국제냉전이 종언을 고하였다. 이러한 과정 속에서 경제난과 외교적 고립이라는 악조건에 놓이게 된 북한은 핵개발로 대응했고, 이는 북한 핵 위기를 초래했다.

북핵문제를 둘러싼 안보위기는 1994년 미국과 북한 간의 제네바합의로 일단 봉합되는 듯했다. 북한이 영변의 핵시설을 동결하는 대신 북한에 대해 중유를 제공하고, 경수로를 지어주겠다는 조건에서 이루어진 합의였다. 이후 김대중 정부가 본격적으로 흔히 햇볕정책이라 불리는 대북포용정책을 추진하면서 남북 간의 긴장은 크게 완화되었다. 특히 2000년 6월 김대중 대통령이 평양을 방문하여 김정일 국방위원장과 정상회담을 가진 일은 한반도 냉전의 근원적 해결을 암시하는 신호인 듯 보였다. 뒤를 이은 노무현 정부도 대북포용정책에 충실했다. 그러나 10년간의 포용정책에도 불구하고 북한은 2006년 핵실험을 실시하는 등 핵무기 개발과 보유를 향한 의지를 포기하지는 않았다. 오늘까지도 한반도는 분단의 불안정성을 해소하지 못한 상태로 남아 있다.

VI. 맺음말: 역사에서 미래로

이상에서 살펴보았듯이 19세기 후반 이래로 한국은 근대적 국가건설을 통한 생존과 번영이라는 중대한 도전과 과제에 직면해왔으며, 한국 외교의 역할도 이러한 과제의 달성에 맞추어져 있었다. 그러나 한국의 근대외교에 대한 첫 경험은 재앙에 가까웠다. 조선은 서세동점의 거대한 파도를 넘지 못하고 망국에 이르렀으며, 이후 한국인들은 식민지인의 삶을 살아야 했다.

해방 이후 대한민국은 국제적 냉전의 악조건 속에서, 그것도 비교적 짧은 시간 동안, 안전보장과 산업화 및 민주화를 성공적으로 달성했다. 오늘날 우리는 산업화와 민주화의 과제가 달성된 이후, 또 국제적 차원에서의 냉전이 종결된 이후의 시대를 살고 있다. 높아진 국력과 위상으로 한국은 국제사회에서 보다 많은 공공적 역할을 담당할 것을 요청받고 있다. 예를 들어 한국은 스스로의 산업화와 민주화 경험을 바탕으로 저개발 국가들의 빈곤문제 해결과 정치발전을 위해 기여할 수 있을 것이며, 중견 국가로서의 위상을 활용하여 여러 지구적 사안을 해결하기 위한 국제적 협력 창출의 과정에서 중재자로서의 역할을 창조적으로 수행할 수 있을 것이다.

하지만 산업화와 민주화, 그리고 탈냉전에도 불구하고 한국의 근대적 과제가 완전히 달성된 것은 아니다. 냉전의 틈바구니 아래에서 발생한 분단이 여전히 해소되지 못하고 있다는 점에서 특히 그러하다. 통일은 여전히 한국외교가 풀어야 할 근대적 과제로 남아 있는 것이다. 더욱이 한국이 위치해 있는 동아시아의 국제질서는 여전히 근대적 유동성이 강한 상태에 놓여 있다. 동아시아에는 유럽연합의 사례에서 찾아볼 수 있는 안정적인 지역질서가 없고, 역내 국가들 간의 경쟁이 치열하다. 특히 중국의 힘이 빠른 속도로 강화되고 있는 추세와 관련하여 미·중관계의 향방이 초미의 관심사가 되고 있으나, 이에 대한 확실한 전망은 어려운 형편이다. 다시 말해 근대적 세력균형의 유동성이 여전히 동아시아에 남아 있는 것이어서 한국외교는 이에 또한 대비하지 않을 수 없는 것이다.

통일 및 유동적 동아시아질서에의 대응이라는 근대적 과제와 더불어 한국의 외교는 빠르게 변화하는 새로운 세계질서에 적응해 나아가야 하는 탈근대적 변환의 과제에 또한 직면해 있다. 행위자의 측면에서 보면, 주권국가를 중심으로 하던 근대국제질서는 유럽연합과 같은 초국가적 지역공동체는 물론 초국적기업이나 NGO 심지어 테러조직과 같은 초국가적 행위자의 중요성이 커지는 새로운 양상의 질서로 탈바꿈하고 있다. 생존과 번영의 의미도 변화하고 있다. 예컨대 군사력을 중심으로 하는 전통적 안보는 인간의 존엄성 보호에 강조점을 두는 인간안보와 같은 광의의 안보개념으로 확대되고 있으며, 자연의 파괴를 전제로 하는 인간중심적 경제적 개발 대신 자연과 인간의 지속적 공존을 강조하는 새로운 성장개념이 부각되고 있다. 그리고 이러한 새로운 질서의 등장은 근대적 외교의 관념과 틀을 벗어난 새로운 형태와 내용의 외교를 요청하고 있다.

제1부 부록: 현대 한국 외교 연표

1948년

8. 15	대한민국 정부수립 선포
8. 16	대한민국 정부와 미국 사령부 민사처, 한·미 행정 이양에 관한 회담 시작
8. 22	대한민국 정부, 유엔임시한국위원단에 유엔 한국대표 자문 활동을 요청
9. 3	이승만 대통령, 트루먼 미국 대통령에게 보내는 서한에서 경제원조를 요청
9. 11	〈한·미 간 재정·재산에 관한 행정 이양 협정〉 조인
9. 24	유엔총회, 한국문제를 정식 의제로 상정
10. 1	유엔 정치위원회, 한국문제 토의를 결정
10. 4	미국의 한국 경제원조를 위한 제2차 한·미회담 개시
10. 12	한·미 경제원조회담 재개
10. 30	유엔한국위원회, 유엔총회에 남북 평화교섭 달성 시까지 점령군의 계속 주둔 요청
12. 8	유엔 정치위원회, 대한민국 정부 정식 승인과 유엔한국위원단 조직에 관한 공동결의안 가결
12. 12	유엔, 한국 정부를 유일한 합법정부로 승인

1949년

1. 1	미국 정부, 대한민국 정부를 정식 승인, 중화민국정부, 대한민국 정부를 정식 승인
2. 12	유엔한국위원단, 제1차 공개회의 개최
8. 1	외무부, 유엔대표부 설치
9. 4	유엔한국위원단, 사실상 활동 종료
10. 22	유엔 아시아극동경제위원회에서 한국의 준회원 가입 가결

1950년

1. 26	한국·미국 정부, 〈한·미상호방위협정〉〈한·미군사고문단설치협정〉 체결

4. 10	한·일 통상회담 최종합의 공동성명서 발표
5. 4	유엔한국위원단, 총선거 참관을 결정
6. 25	한국전쟁 발발, 이승만 대통령, 긴급 국무회의를 소집, 맥아더 극동군사령관에게 원조 요청
6. 26	국회 본회의, 북한국의 전면 남침에 대한 6개항 결의·미 대통령과 의회 및 유엔에 대해 지원 호소
7. 7	유엔 안전보장이사회, 유엔군 사령부 설치와 미국 측에 유엔군 사령관 임명을 요청하는 결의안 채택
7. 14	맥아더 유엔군총사령관에게 한국군 작전 지휘권 위임
8. 4	애치슨 미 국무장관, 맥아더가 군사 전권을 가지고 있음을 주한 미대사관에 통고

1951년

1. 13	유엔 정치위원회, 한국정전안 가결
7. 26	정전협정회담, 5개 항목의 의사일정 합의
9. 8	샌프란시스코 대일평화조약 체결
12. 5	한·일회담, 한국·일본·스캡 대표 회동
12. 10	정전회담 양측 대표, 비무장지대 북방 및 남방 경계선 결정 협정에 서명

1952년

1. 1	한국, 유엔 가입 신청
1. 26	〈한·일통상협정〉 갱신 협의, 〈휴전협정 초안〉 작성
3. 30	〈한·미 중석협정〉 체결
12. 14	한·미경제협정 조인

1953년

1. 27	한·일예비회담, 교토에서 개최
3. 11	유엔총회, 한국원조 및 재건에 관한 7개국 공동결의안 가결
3. 15	한·일회담, 도쿄서 재개
4. 11	휴전회담, 부상포로 교환 협정에 조인
7. 19	휴전회담, 휴전협정 조인에 동의

7. 24	휴전협정안에 한·미 간 합의
8. 12	미·영·프·소 4국 대표, 한국문제 개별 회담 개시
8. 17	유엔 임시총회, 한국 휴전협정 승인
10. 1	대한민국과 미합중국 간의 〈한·미상호방위조약〉 정식 조인

1954년

4. 26	제네바회의 개막, 19개국 참가하여 한국문제 해결 및 인도차이나 평화 협의
5. 1	제네바회의서 한국문제 '7국위원회' 구성
5. 22	제네바회의에서 변영태 한국대표, '한국통일에 관한 14개 원칙안' 제시
6. 11	제네바회의, 한국문제 중단선언 발표 합의
6. 15	제네바회의 한국참전 16개국 대표, 한국문제 토의 종결과 유엔감시하 한국통일 공동선언
11. 17	한·미 정부 공동성명, 수복지구 화천·양구·인제·고성·양양 행정권을 대한민국 정부에 이관, 〈한·미경제협정〉 조인

1955년

1. 17	한·미 군사원조 의정서 조인
11. 10	유엔총회 정치위원회, 한국문제 토의 개시
12. 13	유엔 안전보장이사회, 한국 등 일괄가입안 9대 1로 부결

1956년

5. 29	한국전 참전국, 유엔군 사령부에 중립국감시위원회 남한 철수지시 통고
5. 30	참전 16개국, 군사휴전위원회 해체 결의안 채택
6. 9	휴전감시위원회, 비무장지대로 이동
11. 8	유엔 한국대표단 구성 (수석대표 양유찬 주미대사)
11. 28	한·미우호통상 및 항해조약 조인
12. 7	유엔총회, 〈한국 재건 원조 결의안〉 채택

1957년

1. 8	유엔총회 정치위원회서 미국의 한국통일결의안 57대 8로 통과
1. 11	유엔총회, 한국통일 부흥에 관한 결의안 채택
1. 30	유엔총회 정치위원회에서 한국 유엔 가입안 통과
3. 28	한·일회담에서 을사조약 무효 및 재한 재산포기 등의 한·일 의정서 작성에 합의
8. 1	한국, 한·일교섭에 수정안 제의
8. 8	한국, 국제원자력기구 정식 가입
9. 9	유엔안보리, 소련의 81차 거부권 행사로 한국의 유엔 가입안 부결
9. 12	유엔안보리 10개국, 한국의 유엔 가입 재차 추진
10. 17	유엔총회 특별정치위원회 51:9로 한국의 유엔 가입 자격 재확인 결의안 채택
11. 7	한·미우호통상항해조약 발효
11. 13	한국전 참전 11개국, 유엔 정치위원회에 한국통일결의안 제출
11. 29	유엔총회, 54대 9로 '유엔감시하 자유선거' 한국통일결의안 채택

1958년

2. 9	한·미 당국, 원자력의 평화적 이용을 위한 쌍무협정 체결
5. 6	한·일회담, 기본관계·한국청구권·어업 및 이승만 라인·재일한국인 법적 지위 등 4위원회 설치 합의
9. 17	유엔총회위원회, 〈한국통일부흥위원단 보고서〉를 심의 의제로 채택
11. 11	유엔 정치위원회, 13개국 한국통일결의안을 54대 6으로 채택
12. 9	유엔 안보리, 한국 유엔 가입안 소련의 거부권 행사로 또다시 좌절

1959년

8. 18	제1차 한·일회담 실무자회의, 한국은 동포지위, 일본은 어부 석방 선결 등 요구
9. 17	정부, 한·일회담에서 동포지위문제 우선 해결 후 어업 및 평

	화선 문제 해결키로 결정
11. 23	유엔 정전위원회, 한국대표 초청 가결
12. 5	유엔총회, 유엔한국재건단보고서 승인
12. 30	한·일회담 중단

1960년

4. 15	한·일회담 재개
6. 20	아이젠하워 미 대통령 맞아 한·미수뇌회담 개최, 미국의 계속 지원 등 공동성명
8. 25	제17회 로마올림픽에 한국선수단 76명 참가
10. 13	한·미경제회담 개최, 한국 측 미국에 4억 2천만 달러 원조 요청의 각서 수교
10. 25	한·일예비회담, 한·미경제회담서 환율 1,000 대 1을 1961년 1월 1일부터 적용하기로 합의
12. 27	한·일경제협의회 구성

1961년

2. 8	〈한·일경제협정〉 조인, 기존 3개 협정 단일화
3. 3	〈한·중통상협정〉 조인
4. 22	〈한·일통상협정〉 조인
7. 22	종합경제재건 5개년계획(1962~1966) 발표
10. 20	제6차 한·일회담 개최, 일 외무성에서 회동
11. 26	경제개발 5개년계획 지표 제시, 전력 165% 무연탄 119% 시멘트 231.7% 비료 100% 쌀 30.9% 철광 53.6% 증산 목표, 국민총생산은 초년도 2조 3,207억 환에서 목표연도에는 약 40.8% 증가한 3조 2,691억 환으로 계획

1962년

1. 13	제1차 경제개발 5개년계획 실시
1. 30	〈한·독 원조각서〉 발표
3. 13	한·일 정치회담, 양측 수석대표 총괄적 의사교환, 의제에 합의
3. 21	한·미 고위군사회담에서 군사원조계획 등 합의

8. 10	제3차 한·미 경제회담, 미 경제협조처 차관 첫 케이스로 1,400만 달러 확정
8. 14	박정희 최고회의 의장, 한·일국교 타결 촉구
	대한올림픽위원회, 국제올림픽위원회 총회의 결의에 따라 남북한 단일팀 구성 회의 개최 동의
12. 18	제17차 유엔총회, 한국문제에 관한 15개국 결의안 투표, 찬성 65·반대 11·기권 26
12. 19	〈한국·베트남 무역협정〉 서명

1963년

1. 8	한·미 당국, 〈영사협약〉 서명
6. 13	한·일회담, 일본은 김종필·오히라 합의사항에 따라 국교정상화 전에 민간차관 1억 달러 제공을 표명
7. 30	김용식·오히라, 제2차 한·일회담서 어업문제에 양해 성립
10. 16	제60차 국제올림픽위원회 총회, 한국은 Korea, 북한은 North Korea로 호칭 결의
10. 19	국제올림픽위원회 제60차 총회, 도쿄올림픽에 남북한 두 팀 각각 출전 통고
11. 14	제35차 한·미 주둔군지위협정 체결 한·미실무자회의 개최
12. 11	유엔 정치위원회, 북한에 유엔 목적 수락을 촉구하는 참전 14개국의 결의안 가결
	제18차 유엔총회 제1위원회, 한국통일결의안 찬 64 반 11 기 22표로 채택

1964년

2. 14	〈한·미행정협정〉 실무자회의, 재판 관할권 초안 교환
3. 24	한·일회담, 청구권위원회 제1차 회의 개최
5. 20	한·일 당국, 국교 전 일본 차관 구체화·청구권 6억 중 1억 달러
7. 22	국무회의, 베트남 정부의 군사지원 요청 수락 및 이동외과병원 파견
7. 31	국회 본회의, 국군 베트남 파견 동의

9. 22	제1 이동외과병원 및 태권도 교관단 포함 한국군사원조단 140명 최초로 베트남 도착
9. 23	한국대사관·서독 탄광회사, 한국 광부 매해 2천 명 서독 파견 합의
10. 31	대한민국·베트남, 베트남 지원을 위한 국군부대 파견에 관한 협정 체결
12. 3	한·일회담 재개, 제2차 한·일회담 제1차 본회의 개최
12. 24	한국·파라과이 당국, 연 5백 가구·10년 5천 가구의 농업이민 합의
12. 31	한·미 당국, 4,500만 달러 규모의 미국 잉여농산물 도입협정 체결

1965년

1. 2	정부, 베트남에 1개 공병대대·1개 경비대대 등 비둘기부대 추가 파병
1. 18	한·일회담 제7차 본회담 재개
2. 5	주 베트남 한국군사원조단 비둘기부대 결단
2. 25	베트남 파병 비둘기부대 제1진, 사이공에 착륙
5. 17	한·미 정상회담, 한국 군사원조 등 14개항 공동성명
5. 23	박정희 대통령, 케이프케네디서 〈한·미행정협정〉 체결 및 베트남 방위 지원 언급
6. 22	한·일협정 정식 조인
9. 25	국방부, 주 베트남 한국군사령부 창설, 맹호부대 제1진 270명 베트남 도착
10. 3	해병 청룡부대 베트남으로 출발
12. 13	정부, 한국대표 초청 및 한국통일 방안에 관한 각서 유엔 제출
12. 17	박정희 대통령, 〈한·일협정 비준서〉에 서명
12. 18	한·일 국교 수립, 〈한·일협정〉 발효

1966년

1. 18	미국, 한국군 베트남 증파 요청
2. 11	미국, 한국군 베트남 파병 기간 중 대한군사원조 이관계획 중

지 약속

2. 14	베트남 정부, 한국군 증파 정식 요청
3. 4	한·미 정부, 한국군의 베트남 증파 조건에 대한 〈브라운각서〉 서명
4. 5	한국·타이완·베트남 3개국, 국제경제기구 내 협조 위해 3개국 간 블록 형성 합의
8. 30	백마부대 주력 5천 5백 명, 베트남 나트랑 도착
9. 9	〈한·미행정협정〉 조인
9. 14	한·미 양국, 평화봉사단협정 서명
10. 27	베트남참전 7개국 정상회담, 아시아태평양에 관한 선언 발표
11. 10	정부, 현 병력 4만 5천 명 이상의 베트남 파병 불가를 미국에 정식 통고

1967년

3. 15	정부, 가트(GATT) 의정서 서명으로 관세 및 무역에 관한 일반협정 정식 가입 발표
5. 28	정부, 케네디·라운드 협정에 따른 18개 품목 수입관세 인하조치를 가트(GATT) 사무국에 통고
7. 2	한·미·일·타이완 4개국 수뇌회담, 서울에서 베트남·중동사태 등 국제정세 및 아시아 공동시장 논의
9. 23	유엔총회, 유엔 한국통일부흥위원회 보고서 처리·외국군 철수안 등 한국문제 의제 상정 확정
10. 25	유엔 정치위원회, 〈한국통일결의안〉 가결

1968년

1. 5	정부, 외교 5대 목표 발표, 1968년을 '중립국 적극외교의 해'로 선정
2. 15	한·미 방위회담 공동성명 발표, 미국의 한국 군사지원 증강·향군무장 연례방위회담 개최 등 합의
4. 18	한·미 정상회담, 북한 침략 시 즉각적인 원조·미국의 한국 군사원조 증강 등 공동성명
	한·일 양국, 대일청구권 7,110만 달러 실시계획 서명

5. 12	정부, 유엔 회원국 및 우방 각국에 10개항의 〈북괴도발규탄 각서〉 전달
5. 27	한·미 국방장관회담 종료, 북한 도발 주시·군수공장 설립· 향군무장 등 공동성명 발표
9. 27	유엔총회, 한국문제를 단일의제로 확정
10. 8	한국·호주 당국, 경제협력위원회 구성
10. 25	유엔 정전위원회, 한국문제를 단일의제로 토의 결정
12. 13	유엔 정전위원회, 새 한국통일결의안 채택

1969년

3. 10	정부, 제1차 유엔 대책자문위원회 개최
6. 18	대한민국·프랑스 문화협정 조인
8. 19	한·일 법무장관 회담, 동포 영주권문제·사할린동포송환문제 토의, 한·일 무역회담 개최
8. 21	박정희 대통령·닉슨 미국 대통령, 주한미군 유지·방위조약 고수 등 공동성명
10. 6	정부, 유엔 한국통일원칙 지지 및 북한 규탄 공한을 유엔 정 치위원회에 제출
11. 25	유엔총회 본회의, 한국통일결의안을 찬 72·반 26·기 21·결 7표로 가결

1970년

3. 3	〈한·일 조세협정〉 체결
5. 16	〈대한민국 정부와 독일연방공화국 정부 간의 문화협정〉 서명 및 〈부산직업훈련소 설치에 관한 약정〉 발효
5. 19	정부, 아랍권 최초로 레바논대표부 설치·튀니지공화국과 〈무역 및 경제협력에 관한 협정〉 체결
7. 11	한·미 고위군사회담, 주한미군 감축·한국군 현대화 등 논의
7. 23	한·미 국방장관, 한국이 무력 침략 받으면 즉각적·효과적 원 조를 제공한다고 공동성명
9. 14	유엔 한국통일부흥위원회, 연례보고서에서 한반도의 긴장 여 전하며 대한원조 필요 지적

9. 17	유엔총회 본회의, 한국문제의제 통합안 채택
10. 14	한·미 군사회담, 국군장비 현대화 보장과 감군에 상호 합의
10. 30	유엔총회 정치위원회, 〈한국대표 단독초청결의안〉 가결

1971년

6. 12	군사정전위원회 유엔군 수석대표 로저스 미군 소장, 비무장 지대 무기 및 군인철수·군사시설 파괴 등 제의
6. 17	제네바 관세 및 무역에 관한 일반협정 국제수지협상회의, 제 네바대표부 대사 등 참석
6. 30	박정희·애그뉴 제1차 한·미 고위회담, 주 베트남 한국군철 수·중국 접촉·극동정세 등 의견 교환
9. 24	유엔총회, 금년 총회에서의 한국 문제 토의 1년간 연기안 가결
11. 16	중국 유엔대표, 유엔 가입 후 첫 연설에서 한반도 분쟁해결· 유엔군 철수·유엔 한국통일부흥위원회 해체 등 강경 입장 천명

1972년

3. 4	한·일 민간경제협력위원회, 경제·기술협력·무역협력의 촉 진을 위한 한·일 추진위원회 구성에 합의
7. 4	남북한 당국, 자주·평화·민족대단결 통일 등 공동성명 7개항 동시 발표
	유엔 한국통일부흥위원회, 남북공동성명을 환영한다는 성명 발표
8. 30	남북 적십자 제1차 본회담 개최
9. 7	정부, 주 베트남 한국군을 12월부터 단계적으로 전면 철수시 키기로 결정
	정부, 국제통화기금의 한국·타이완·베트남·필리핀 4개국그 룹서 탈퇴하고 동남아그룹에 가담키로 결정
10. 12	남북조절위원회 공동위원장 제1차 회의, 7·4공동성명 정신 을 재확인하는 공동 발표문
11. 30	남북조절위원회 공동위원장 3차 회의에서 남북조절위원회 구성에 합의

1973년

3. 19	한·미 원자력협력협정 체결
6. 23	박정희 대통령, 평화통일 외교대책 7개항 특별성명발표 (《6·23특별선언》)
7. 18	한·미 외무장관회담 개최
9. 1	제7차 미·일 정기협의회, 남북한 동시 유엔 가입 결의안을 미·일 양국이 공동 제출하기로 합의
9. 7	유엔 한국통일부흥위원회, 연차보고서에서 자진 해체를 유엔 총회에 건의 발효
9. 18	제28회 유엔총회 개회식에 남북한 옵서버로 동시 참석
11. 14	유엔 정치위원회, 남북한 대표 처음 동석한 가운데 한국문제 토의 시작
11. 30	외무부, 유엔 한국통일부흥위원회 해체에 즈음하여 한반도의 안정 평화 위한 공헌 영원히 잊을 수 없다고 성명 발표

1974년

3. 18	한국, 관세 및 무역에 관한 일반협정 직물협정에 정식으로 가입
6. 14	정부, 제3차 유엔 해양법회의에 해양법학자로 구성된 대표단 13명 파견
7. 10	남북적십자사 첫 실무회담
7. 16	박정희 대통령, 국방대학원 졸업식에서 우리가 원하는 통일 방안은 '선평화 후통일'이라고 언명
8. 12	한·인도 간의 무역 증진 및 경제기술협력 서명 발효
9. 27	대한민국·프랑스 정부 간의 원자력의 평화적 이용에 관한 협력 협정
12. 12	주한 유엔군 사령부, 작전명령권이 유엔에서 미 합참회의로 귀속 발표

1975년

1. 22	대한민국·프랑스, 〈대한 프랑스 투자의 촉진 및 보호에 관한 협정〉 서명 발표
3. 15	국회 외무위원회, 핵무기 비확산조약 비준안 통과

	의 방위력 증강문제 등 논의
8. 10	대한민국·유럽공동체, 제1차 석유회담
9. 8	제1차 대한민국·동남아시아국가연합 회의, 보호무역주의의 배제 등 공동발표
10. 18	박정희 대통령, 『르 몽드』와 회견에서 불가침협정·경계선개방·자유선거 등 통일 3원칙 북한에 제시
12. 31	한·미, 박동선 사건 상호협력 공동성명 발표

1978년

2. 18	정부, 외교기반 강화·수출증대·환경보호 등을 위해 주요 국제협약에 새로 가입할 방침 언명
4. 21	카터 미 대통령, 주한미군 철수계획 중 연차철수 6천 명을 3,400명으로 축소 발표
6. 23	박정희 대통령, 6·23선언 5주년 맞아 북한에 민간경제협력 기구의 구성 제의
8. 22	정부, 유엔·비동맹외교 강화 위해 정부고위층의 우방 각국 순방·각국 지도자 초청외교 천명
9. 4	제3차 한·일 각료회의, 남북대화 재개 촉구·대륙붕 개발·무역불균형 시정 등 공동성명
11. 8	정부, 미국의 철군계획 재고 요청
12. 29	정부, 1979년 초부터 한·미 정상회담 실무교섭 및 아시아·아프리카지역 국가원수 초청외교 추진 결정

1979년

1. 2	정부, 미·중 수교로 한국 외교의 장기 목표를 동북아 균형추 역할에 두기로 결정
1. 11	정부, 1월 말 미·중 회담서 한반도문제 거론 대비해 북한·중국과 평화공존 등 추구
1. 27	정부, 남북대화 실현 위해 미국 통한 중국 설득 등 다각외교 전개 결정
3. 5	정부, 유럽지역 공관장회의 개최해 동유럽권 관계 개선 추진 방안 등 모색

7. 1	박정희 대통령·카터 미 대통령, 남북한 및 미국의 3자회담 개최 제의
8. 6	한·일 정부, 정책협의회 구성 합의

1980년

1. 10	대한체육회, 북한의 모스크바올림픽 남북한 단일팀 구성 제의에 거부 방침
1. 15	대한민국·일본 정부, 교육시설 확충 및 국립의료·보건장비 현대화 등에 각서 교환·서명 발효
3. 21	대한민국·프랑스·가봉, 가봉의 우라늄광 공동탐사계약 체결
6. 7	정부, 한·미 간 경제유대 위해 미국 4개 도시에 25명의 민간 경제사절단 파견 결정
8. 26	국토통일원, 북한 남북연방제에 대한 비판 심포지엄 열고 남북조절위원회 정상화를 북측에 촉구
9. 12	정부, 최근 미국과 일본의 대 북한교류 확대 움직임에 대해 다각적 대응책 마련
10. 15	남북조절위원회 서울 이동복 대변인, 조선노동당 6차 당대회의 '고려연방공화국' 방안 비난 성명
10. 20	한·일 양국, 어로 자율규제 각서 교환하고 분쟁 타결
12. 15	대한민국·유럽공동체 석유회담

1981년

1. 12	전두환 대통령, 국정연설을 통해 평화통일을 위한 남북한당국 최고책임자 상호방문을 제의
2. 6	유엔 사무총장, 전두환 대통령의 1·12 제의를 북한에 통보했으나 북한이 거부 밝힘
4. 4	대한민국·프랑스, 〈원자력협정〉 체결
5. 26	한국, 싱가포르와 해운협정 체결
6. 10	미·일 안보실무협의회, 한반도 유사 시 미·일 공동 대처 지침 구상
9. 30	국제올림픽위원회 총회에서 제24회 하계올림픽 서울 개최 의결

11. 26	1986년 아시아경기대회 서울 개최 결정

1982년

1. 22	전두환 대통령, 국회 국정연설에서 통일헌법 마련 등 민족화 합민주통일방안 제의
3. 18	부산 미문화원 방화사건 발생
9. 22	한·독, 재정협력에 관한 협정에 서명
10. 18	국회, 비동맹 및 미수교국 의회 인사와의 교류 확대 등 의원 외교 강화 결정
12. 1	대한민국·네덜란드 정부, 경제·기술협력협정 체결

1983년

3. 5	외교부, 〈외교관 등 국제적 보호 인물에 대한 범죄의 방지 및 처벌에 관한 협약〉〈인질억류방지에 관한 국제협약〉 가입 동 의안 제출
5. 1	한·미 양국, 적정 시기까지 남북한 교차 승인을 거론 않기로 합의
11. 5	10. 9 버마 아웅산묘소 폭탄테러 사고와 관련 진의종 국무총 리, 국가안전보장회의에서 미얀마의 대북한 외교제재 조치 후 북한 대응책 협의
12. 8	정부, 86아시안게임·88올림픽 계기로 국제민속축제 등 63개 문화올림픽행사 개최 발표

1984년

1. 10	레이건 미 대통령, 남북한 및 미국·중국 간의 4자회담 제의
5. 9	정주영 대한체육회회장 겸 대한올림픽위원회 위원장, 북측에 남북 체육회담 속개 제의
5. 10	제16차 한·미 연례안보협의회에서 미국의 한국 군사지원 강 화 등 11개항 공동성명
7. 25	박종규 대한사격연맹 회장, 국제올림픽위원회 총회에서 국제 올림픽위원회 의원 피선
9. 29	대한적십자사, 북한적십자사의 수재구호물자 인수·북한 기

자 및 관계자 12년 만에 남측 구역에 들어옴

1985년

5. 31	한국, 유엔개발계획 집행이사국 아시아지역 선거에서 이사국으로 선출
6. 14	대한민국·영국, 과학 및 기술협력에 관한 협정 체결
7. 30	북한, 88서울올림픽대회 남북한 공동주최 제의
8. 22	남북 적십자 실무대표, 남북이산가족 고향방문단 및 예술공연단의 서울·평양 동시 교환방문에 합의
9. 17	장세동 대통령 특사·박철언 수석대표, 북한 김일성 주석과 비밀회담
9. 21	남북이산가족상봉에서 서울서 30가족, 평양서 35가족 상봉·평양대극장과 서울국립극장서 각각 남북 예술공연단 공연 개최
10. 8	남북체육회담, 국제올림픽위원회 주재로 북한의 88서울올림픽 참가 방법 논의
11. 19	한국, 남극해양생물자원보존위원회 위원국으로 가입

1986년

6. 11	국제올림픽위원회, 탁구·양궁 등 4종목 북한 개최 등 88올림픽 남북 분산개최 제의
7. 21	대한민국·미국, 미 〈통상법〉 301조 발동에 따른 보험 및 지적소유권에 관한 한·미 통상협상 일괄 타결
9. 20	제10회 아시아경기대회 잠실 올림픽주경기장에서 개막(10. 5 폐막, 한국 종합 2위)
12. 13	외무부, 한국이 유엔 전문기구인 국제농업개발기금 이사국에 피선
12. 20	한국·북한·일본·중국, 아시아·태평양지역 해상수색구조회담에서 해난구조 상호협력 합의

1987년

4. 20	제12차 한·미 통상장관회담, 한국은 컴퓨터수입 조기 개방

하고 미국은 한국산 자동차·반도체 등에 부당 수입규제 하지 않기로 합의

6. 25	정부, 생물무기금지협약(BWC) 가입
8. 3	정부, 북한에 남북한 외무장관회담 제의
10. 12	김영삼 통일민주당 총재, 자주평화통일을 위한 6대원칙과 5단계의 한민족공동체 통일방안 제시

1988년

4. 5	한국·호주 간 가트(GATT) 2차 쌍무협의 제네바에서 재개, 쇠고기 수입개방문제 협의
7. 7	노태우 대통령, 대북정책 6개 항 〈민족자존과 통일번영을 위한 특별선언〉 발표 (7·7특별선언)
7. 18	김재순 국회의장, 제142회 임시국회에서 채택한 〈서울올림픽대회에의 북한참가 촉구결의안〉과 서한을 북한최고인민회의 상설회의 양형섭 의장 앞으로 전달
8. 11	국제올림픽위원회, 서울올림픽 개폐회식에 남북한 선수단 공동입장을 양측 국가올림픽위원회에 제시
8. 21	서울올림픽국제학술대회, '후기산업시대의 세계공동체'를 주제로 개막
9. 13	서울올림픽 최종엔트리 160개국·1만 3840명의 선수단으로 확정
9. 17	제24회 서울올림픽 개막
10. 2	제24회 서울올림픽 폐막, 1위 소련·한국대표팀 금 12개로 4위
10. 15	제8회 서울장애인올림픽대회 개막
11. 25	한국 등 9개국, 남극협정 서명

1989년

1. 29	정부, 남북한 첫 구상무역 승인
2. 1	한국, 공산권 국가로는 최초로 헝가리와 공식수교
2. 2	정주영 현대그룹 명예회장, 북한 방문 마치고 귀국하면서 북한과 금강산 개발 등에 합의 발표
3. 9	제1차 남북체육회담, 판문점서 열려 베이징 아시안게임 단일

	팀 구성 논의
5. 2	정부, 서울 용산의 주한미군 시설과 한·미연합사령부를 1990년대 중반까지 이전 합의 발표
5. 19	정부, 남북한 간 소모적인 경쟁외교 지양하기 위해 아프리카와 중미지역의 4개 공관 폐쇄
9. 11	노태우 대통령, 신뢰구축협력·남북연합·단일민족국가 3단계의 〈한민족공동체 통일방안〉 발표
9. 19	한국, 1990년부터 미국·영국·캐나다·일본·호주와 환태평양 합동훈련에 첫 참가 발표
10. 20	남북체육회담, 1990년 베이징아시안경기대회 단일팀 구성 협의
11. 29	한국과 소련, 영사관계 수립에 합의
12. 8	한국·소련 영사관계 의정서 발효

1990년

1. 30	한·미 양국 정부, 현재 주한 미공군이 사용 중인 5개 기지 중 3개 기지 철수 통합에 합의
5. 31	한·일 첫 공정거래회의, 불공정행위에 대해 '역외(域外)적용 원칙' 확립 결정
6. 2	정부, 한·소 관계 급진전에 따라 북한이 대미관계 개선에 나설 경우 반대 않기로 결정
6. 5	노태우 대통령·고르바초프 소련 대통령 샌프란시스코에서 첫 정상회담 갖고 한·소 조속 수교 합의 정부, 한·소 정상회담 후속조치로 한·소 경제협력위원회 개최 추진 결정
7. 3	남북 고위급회담 개최 위한 제7차 예비회담, 8월 25일 전에 서울에서 남북총리회담 열기로 합의
7. 26	남북한, 남북 고위급회담 개최 등 19개 항에 합의
8. 14	노태우 대통령 제의한 '8·15민족대교류', 남북 양측의 지속적 이견으로 사실상 무산
9. 18	남북한 유엔가입문제 협의, 남쪽은 통일까지 유엔동시가입 제의하고 북쪽은 코리아로 단일의석 갖고 대표권을 상호 교

대로 갖자고 제의

10. 11	남북통일축구대회, 평양 능라도 5·1경기장에서 2대 1로 북
	한 승리
10. 23	남북통일축구대회, 서울 올림픽경기장에서 열려 1대 1 무승
	부 기록
12. 14	방소 중인 노태우 대통령, 고르바초프 소련 대통령과 정상회
	담 갖고 〈모스크바 선언〉 채택

1991년

1. 5	정부, 100여 명의 군 의료지원단 사우디아라비아 파병 결정
1. 14	한국의료지원단 선발대 26명, 걸프전의 다국적군 지원을 위
	해 사우디아라비아로 출발
1. 21	걸프전 파견 국군의료지원단 창설, 사우디아라비아에 파견
2. 1	대한민국·미국, 〈대한민국에서의 미군 지위에 관한 협정〉과
	관련 합의의사록의 시행에 서명·발효
	국무회의, 〈한국 공군수송단의 걸프지역 파견 동의안〉 의결
2. 19	남북 간 〈화해·불가침·교류협력 기본합의서〉〈비핵화 공동
	선언〉 비준 교환
6. 16	남북 축구단일팀 코리아, 제6회 세계청소년축구선수권대회
	에서 아르헨티나에 승리
7. 1	정부, 1996년까지 외국인 투자 완전개방 등 경제사회발전 5
	개년계획 국제화부문계획안 확정
	한·미연합군사령부 해체
7. 13	국회 본회의, 유엔 가입을 위한 정부의 유엔헌장수락 동의안
	통과
7. 19	대한민국·미국, 미8군 용산기지를 1997년까지 경기도 오산·
	평택으로 이전 합의
8. 1	외무부, 〈한국 인권보장에 관한 보고서〉를 유엔 인권국에 제
	출 발표
8. 6	유엔 안전보장이사회, 남북한의 유엔가입신청안 채택
9. 18	제46차 유엔총회, 대한민국·조선민주주의인민공화국의 유엔
	가입을 만장일치로 승인

9. 23	정부, 남북한의 유엔 가입에 따라 7개국 참여 동북아경제협력체 구성 추진 결정
12. 16	정부, 남북합의서 채택에 따라 국방부 내 군비통제관실을 관계부처 합동의 군비통제본부로 확대 개편 결정
12. 31	남북한, 핵관련 제3차 대표접촉에서 〈한반도의 비핵화에 관한 공동선언〉 최종 합의

1992년

2. 7	남북한, 남북합의서에 따른 정치·군사·교류협력 3개 분과위원회 운영방안 합의
2. 19	정원식 총리·연형묵 북한총리, 평양에서 남북고위급회담 갖고 〈남북사이의 화해와 불가침 및 교류협력에 관한 합의서〉 〈한반도 비핵화에 관한 공동선언〉등 합의서 본문 교환·발효
3. 20	남북한, 〈남북사이의 화해와 불가침 및 교류협력에 관한 합의서〉〈한반도 비핵화에 관한 공동선언〉 유엔에 공동 제출
4. 10	정부, 우루과이라운드협상 관련 쌀 제외 모든 농산물 지방 이행계획서 가트(GATT)에 제출
5. 7	남북 고위급회담, 군사·경제교류협력 및 사회문화교류협력 공동위원회와 남북연락사무소 설치 등 4개 기본합의서 이행기구 발족 결정
5. 23	한국·러시아, 대한민국·러시아 에너지자원협력위원회 설치 합의
6. 13	북한 외교부, 국제원자력기구 탈퇴 발표
7. 18	정부, 남북 핵 상호사찰 문제 협의와 관련 일방이 지정하는 대상에 24시간 전 통고로 사찰 가능케 하는 특별 사찰 관철 결정
11. 19	노태우 대통령·옐친 러시아 대통령, 한·러 기본관계조약 서명 및 북한 핵개발문제 관련 남북 상호사찰 조속 실시에 합의
11. 30	정부, 관세 및 무역에 관한 일반협정(GATT)에 쌀시장개방 불가방침 재차 통보
12. 22	한국·베트남, 〈한국·베트남 외교관계 수립에 관한 공동성명〉 서명·공식 외교관계 수립

1993년

2. 2	대한민국·베트남,〈경제·기술협력에 관한 협정〉서명
3. 12	북한, 국제원자력기구의 대북 특별사찰 주장 관련 핵확산금지조약 탈퇴 선언
4. 7	정부, 유엔의 소말리아 평화유지활동에 건설공병부대 파견 최종 확정
5. 11	유엔 안전보장이사회, 핵확산금지조약 탈퇴 선언 재고와 핵안전협정 이행 촉구 대북 결의안 채택
8. 3	한·미 연례안보협의회, 북한·핵·방위비분담·기술이전문제 등 협의
11. 23	김영삼 대통령·클린턴 미 대통령 정상회담, 핵사찰 수락 등을 핵문제 해결 전제조건으로 합의
	한·미 정부,〈정부 간 방위비 분담 특별협정〉체결
12. 13	한·미 정부, 10년간 관세화 유예기간 중 1~4%의 최소시장 접근 허용 방식으로 한국 쌀시장 개방안 완전 타결

1994년

3. 18	소말리아 국제연합군 공병대대 철수 완료
6. 4	김영삼 대통령·클린턴 미국 대통령·보라스 옐친 러시아 대통령, 3각 전화회담 통해 유엔 안전보장이사회의 대북한 제재결의안 지지 합의
6. 16	외무부, 유럽안보협력회의(CSCE)에 한국 참여 발표, 역외 국가로는 일본 이어 두 번째
6. 17	김영삼 대통령, 카터 전 미 대통령으로부터 김일성 북한 주석의 남북정상회담 의사를 전달받고 즉각 수락
6. 28	남북정상회담 7월 25~27일 평양 개최 합의
7. 9	김영삼 대통령, 김일성 북한 주석의 사망에 따라 전군에 특별경계령 발령 및 국가안전보장회의 소집
	북·미 3단계 고위급회담, 김일성 주석 사망으로 중단
10. 21	북·미, 북한 핵문제 해결에 관한〈제네바 기본합의서〉공식 서명
11. 30	한·미 정부, 평시작전통제권 환수관련 교환각서 서명

| 12. 16 | 국회, 〈세계무역기구(WTO) 가입 비준동의안〉 가결 |

1995년

3. 2	김영삼 대통령, 미테랑 프랑스 대통령과 고속전철(TGV) 조기 기술이전·외규장각도서 반환 등 합의
3. 9	한·미·일, 뉴욕서 한반도에너지개발기구 발족문서 서명·공식발족
3. 24	김영삼 대통령, 〈한반도에너지개발지구 설립에 관한 협정〉 공포
5. 19	한국, 유엔 가입 4년 만에 안전보장이사회 비상임이사국 진출 확정
9. 22	외무부, 유엔 제네바 군축회의 21일 본회의에서 남북한 동시 가입 결정 발표
11. 3	한·미, 27차 한·미 연례안보협의회(SCM)에서 주한미군 방위비 분담금 인상률 10%로 하향 합의
11. 9	한국, 유엔총회에서 1996~97년도 유엔 안전보장이사회 비상임이사국으로 선출
12. 15	한반도에너지개발기구·북한, 대북 경수로 공급협정에 공식 서명

1996년

3. 1	대한민국·유럽연합, 경제정치협력협정에 서명 유럽연합, 한반도에너지개발기구 참여 선언
3. 2	아시아·유럽정상회의 폐막, 아시아·유럽 비즈니스 포럼 창설 합의
5. 31	국제축구연맹, 2002년 월드컵 한·일 공동 개최 결정
6. 28	외무부, 세계무역기구의 〈서비스무역에 관한 일반협정〉 제2의정서 서명 발표
7. 3	한·유럽연합, 세관부문의 협력 및 상호지원협정에 가서명
7. 10	북한·한반도에너지개발기구, 통신의정서 등 3개 의정서에 공식서명
7. 24	한·미·일 3국, 북한의 4자회담 참여유도 위해 대북 유도책

136

추진 발표

10. 11 경제협력개발기구(OECD), 전체 이사회에서 한국 가입 만장
일치 승인

10. 28 대한민국·유럽연합, 무역과 협력을 위한 기본협정 체결

1997년

1. 9 한반도에너지개발기구·북한, 대북 경수로사업 서비스 및 부
지 의정서에 서명

2. 27 정부, 〈남북 사회문화분야 협력사업 처리에 관한 규정안〉 의결

5. 26 남북 적십자사, 민간차원 대북 식량지원 최종합의·공동선언
문 서명

6. 30 대한민국·홍콩, 투자보장협정 체결

7. 1 쌀·쇠고기 제외 전체 농수산물 수입 시장개방

8. 19 한반도에너지개발기구·북한, 대북경수로사업 착공식 개최

8. 30 재정경제원, 증시 안정대책 발표

11. 21 정부, 국제통화기금에 2백억 달러의 구제금융 지원 공식요청
발표

12. 2 재정경제원·국제통화기금협상단, 국제통화기금 긴급자금지
원협상 타결

12. 15 아세안·한·중·일 정상회담, 지역 금융협력체계 구성 합의

1998년

2. 8 정부, 금융시장 안정 및 단기 금융시장 개방계획 발표

4. 1 금융감독위원회 공식 출범

6. 10 김대중 대통령·클린턴 미 대통령 정상회담, 한·미 투자협정
체결 등 경제협력 방안 합의

7. 28 대한민국·러시아 외무장관, 외교분쟁 종결선언 및 양국관계
발전을 위한 상호 협력 합의

10. 8 김대중 대통령·오부치 게이조 일본 총리 정상회담, 21세기
향한 한·일 파트너십 공동선언

10. 20 정부, 일본 영화·비디오·출판만화 등 제1차 일본대중문화
개방 발표

| 11. 13 | 김대중 대통령·장쩌민 중국 국가주석, 핵확산 및 생화학무기 억제 공동보조 등 12개항 공동성명 |

1999년

3. 9	김대중 대통령·페리 미 대북정책조정관 회담, 포용정책에 기반한 포괄적 대북정책 합의
3. 20	김대중 대통령·오부치 일 총리, 대북 포용정책·한·미·일 공조·일본문화 추가개방 등 합의
4. 26	한·미·일, 대북 정책협의·조정 위해 3자 조정·감독 그룹 설치 합의
6. 3	임동원 통일부 장관, 남북 베이징 비공개접촉에서 21일 차관급회담 개최 합의 공개
6. 22	남북, 이산가족문제·비료지원문제 협의 위한 차관급회담 베이징 개최
10. 8	외교통상부, 인도주의 차원에서 탈북자문제 특별고려 중국에 요청
10. 24	한·일, 한·일어업협정에 따라 2000년 1월 1일부터 양국 배타적 경제수역 조업 합의
12. 2	한·일 협력위원회, 남북한과 미·중·일·러 등 6개국 참여 다자안보대화체제 구축 촉구
12. 13	한반도에너지개발기구, 도쿄 집행이사회서 한국전력과 대북 경수로 사업 주계약 승인

2000년

1. 5	국가안전보장회의, 2000년 대북정책 3대 방향 결정
3. 9	김대중 대통령, 〈베를린선언〉 발표
4. 10	통일부, 6월 12~14일 김대중 대통령과 김정일 국방위원장 간 정상회담 평양 개최 발표
4. 14	국가안전보장회의, 남북정상회담 실무기획단 구성
5. 18	남북, 남북정상회담 5차 준비접촉서 정상회담 실무절차합의서 서명
6. 13	김대중 대통령·김정일 국방위원장, 1차 정상회담

6. 14	김대중 대통령·김정일 국방위원장, 2차 정상회담 갖고 5개항의 남북공동선언문에 서명
6. 15	〈6·15남북공동선언〉 발표
8. 3	한·미, 한·미주둔군지위협정 개정 협상에서 피의자 기소 때 신병 인도 등 8개항의 합의문 공동 발표
10. 31	제55차 유엔총회, 남북한의 대화와 평화통일 지지하는 총회 결의안 채택
12. 28	한·미 양국, 환경보호 의무조항 신설 등 한·미주둔군지위협정 개정 협상 타결

2001년

2. 28	국회, 〈주한미군지위협정 개정안〉〈한·중 어업협정〉〈한·중 범죄인인도조약〉 등 3개 비준 동의안 처리
3. 15	남북 당국, 분단 이후 처음으로 이산가족 3백 명 서신 교환
4. 5	한·중 당국, 베이징에서 한·중 어업협정 타결
7. 5	한국·미국·캐나다·일본·러시아 등 태평양 연안 5개국, 해양경비분야 협력협정 체결
8. 23	정부, 국제통화기금으로부터 빌린 돈을 모두 갚아 IMF체제 공식졸업 발표
11. 17	유엔 아태지역경제사회이사회 제2차 인프라장관회의, 지속가능한 개발에 공동협력 등 〈서울선언〉 채택

2002년

1. 25	한·미·일, 대북정책조정감독그룹 회의 개최
4. 3	임동원 대통령외교안보통일특보, 대통령 특사로 방북해 김용순 노동당 비서와 회담
4. 4	임동원 대통령외교안보통일특보, 김정일 국방위원장 면담 후 남북공동보도문 6개항 발표
5. 31	2002 한·일 월드컵축구대회 개막
7. 13	한·일 외무장관회담, 서해교전에도 불구하고 대북한 대화 기조 유지에 합의
8. 15	8·15민족통일대회, 남북 대표단이 참석한 가운데 개막

9. 17	경의선·동해선 철도 연결공사에 따른 비무장지대 군사보장 합의서 교환·발효
9. 23	아시아유럽정상회의, 〈한반도 평화선언〉 채택 및 김정일 국방위원장의 한국 답방 촉구
10. 27	한·미·일 3국 정상, 정상회담에서 북한 핵의 신속폐기 촉구
11. 2	남북 당국, 개성공단 12월 착공·2003년 말 완공에 합의

2003년

1. 10	정부, 북한 핵확산금지조약 탈퇴 선언으로 국가안전보장회의 상임위원회 긴급 소집
1. 27	임동원 대통령특사, 평양에서 김용순 조선노동당 비서와 회담
2. 15	한·칠레 당국, 자유무역협정에 공식 서명
3. 18	이라크전쟁 관계장관회의, 공병부대 파병을 포함한 이라크전 종합대책 확정
4. 12	국방부, 이라크 파병 일정 확정
5. 14	건설공병 서희부대, 이라크로 출국
7. 1	국회, 〈북한인권 개선 촉구 결의안〉 채택
7. 7	노무현 대통령·후진타오 중국 국가주석 정상회담, 양국 관계를 전면적 협력동반자 관계로 격상
8. 27	북한 핵 관련 남북한·미국·일본·중국·러시아 6자회담 개최 (8·29공동발표문 채택 실패한 채 폐막)
11. 17	제35차 한·미 연례안보협의회, 한국의 이라크 추가 파병안 합의

2004년

2. 13	국회, 찬성 155명, 반대 50명, 기권 7명으로 〈이라크 추가 파병 동의안〉 의결
2. 23	국방부, 이라크 평화·재건사단('자이툰부대') 창설
2. 28	베이징 제2차 6자회담, 실무그룹 설치 등 7개 항의 의장성명 채택·폐막
4. 1	한·칠레 자유무역협정, 공식 발효
6. 15	6·15공동선언 4주년 기념 남북공동학술대회, 서울 개최

6. 18	정부, 이라크 북부 이르빌주 지역에 자이툰부대 파병 최종 확정
6. 26	제3차 6자회담, 한반도 비핵화 첫 단계 조치 구체화 등 8개 항 의장성명 채택하고 폐막
8. 28	자이툰부대 본진, 이라크로 출국
10. 6	한·미, 2008년까지 주한미군 1만 2,500명 감축 등 주한미군 감축협상 결과 발표

2005년

3. 17	정부, 국가안전보장회의 열고 대일 신독트린 발표
3. 22	노무현 대통령, 육군3사관학교 졸업식에서 한국은 동북아시아 평화·번영의 균형자 역할 발언
4. 16	대한민국·싱가포르, 자유무역협정 최종 협정문에 가서명
6. 17	정동영 통일부 장관, 김정일 국방위원장과 면담 후 한반도 비핵화원칙 확인·이산가족 상봉행사 재개 발표
7. 12	외교통상부, 한·유럽 자유무역협정 최종 타결 발표
9. 13	대한민국·중미 8개국 연합체 씨카(SICA), 〈경제협력 공동선언문〉 채택
9. 19	북핵 제4차 6자회담, 〈9·19공동성명〉 채택
11. 21	한반도에너지개발기구 집행이사회, 경수로건설사업 종료 합의
12. 13	한·아세안 자유무역협정 기본협정 서명

2006년

1. 20	한·미 외무장관, 장관급 전략대화 열어 주한미군의 전략적 유연성 합의·공동성명
4. 22	외교통상부·일본 외무성, 동해 수로측량 협상에서 양국 해양과학수사 중지·적절한 시기 국제수로기구(IHO)에 한국식 지명 등재·배타적 경제수역 국장급 협의 등 3개 항 합의
4. 30	외교통상부, 한국과 동남아국가연합 간 상품분야 자유무역협정 타결 발표
5. 16	외교통상부, 한·아세안 자유무역협정 중 상품무역협정에 최종 합의·정식 서명
6. 1	한반도에너지개발기구, 대북 경수로사업 종료 선언

9. 1	대한민국·유럽연합 간 자유무역협정 발효
10. 14	유엔총회, 반기문 한국 외교통상부 장관을 제8대 유엔 사무총장으로 선출
10. 15	정부, 유엔 안전보장이사회의 대북 제재결의 1,718호 지지 발표(만장일치로 채택)
10. 21	윤광웅 한국 국방부 장관·도널드 럼스펠드 미 국방장관, 한·미 연례안보협의회서 2009년 10월 15일에서 2012년 3월 15일 사이에 전시작전통제권 한국 환수작업 완료 합의
12. 22	국회, 〈이라크 자이툰부대 파병연장 동의안〉 의결해 자이툰부대 활동기간 1년 연장
	제5차 2단계 베이징 6자회담 합의점 없이 폐막

2007년

2. 13	제5차 6자회담, 북한이 핵시설 불능화하면 에너지 지원하는 〈2·13합의〉 채택
3. 19	제6차 6자회담, 북핵 불능화 로드맵 논의
4. 2	노무현 대통령, 한·미 자유무역협정 타결 관련 대국민 담화
5. 11	대한민국·유럽연합 자유무역협정 1차 협상, 10년 안에 공산품 관세 95% 이상 폐지 합의
6. 3	한·중·일 외교부 장관, 투자협정체결·에너지협력·공동문화사업 등 9개 항에 합의
6. 30	한·미 자유무역협정 추가협상 최종 타결
7. 16	대한민국·유럽연합, 자유무역협정 2차 협상 개시·자동차 개성공단 지적재산권 논의
10. 3	6자회담, 연말까지 북핵 불능화 조치 이행 합의문 채택
10. 4	노무현 대통령, 김정일 국방위원장과 남북정상회담 갖고 〈남북관계 발전과 평화번영을 위한 남북정상선언〉 발표
11. 8	한국, 유엔 경제사회이사회 이사국 진출
12. 10	제17대 대통령 이명박 후보 당선

제2부

한국 외교정책의
역사적 의제와 쟁점

4

이승만 정부의 한·미동맹 정책과 한·미상호방위조약

홍용표(한양대학교)

목차

주요어　냉전, 분단, 6·25전쟁, 동맹, 안보, 반공, 북진통일론, 한·미상호방위조약

요점정리

1. 약소국이 자국의 안보 이익을 위해 강대국의 군사적 지원을 확보하되, 그 대신 자국의 자율성 훼손을 감내하는 동맹관계를 '비대칭적(asymmetric)' 동맹이라고 하며, 한·미동맹은 이런 유형에 속한다.

2. 제2차 세계대전 이후 냉전이 확산되자, 미국은 공산주의 봉쇄를 위해 한국을 도와주어야 한다는 생각은 가지고 있었으나, 전쟁의 위험이 상존하는 아시아 대륙에 발이 묶이는 것을 우려하여, 한국과의 방위조약 체결에는 부정적인 태도를 보였다.

3. 분단과 전쟁을 거치며 이승만은 북한을 남한 안보에 대한 가장 큰 위협으로 인식하였고, 이에 대처하기 위해서는 미국과의 상호방위조약이 필요하였다.

4. 이승만은 상호방위조약을 확보하기 위하여 전쟁의 신속한 종결을 원하는 미국을 북진통일로 협박하며 자신의 협상력을 높였다. 전쟁을 지속할 수도, 남한을 포기할 수도 없었던 미국은 결국 한국과 상호방위조약을 체결하였다.

5. 이승만은 한·미합의의사록을 통해 미국으로부터 군사력 증강 지원과 경제지원을 확보하였고, 대신 한국군을 유엔사령부 작전지휘권하에 두기로 약속하였다.

6. 미국과 한국은 한반도 문제에 대한 인식이 서로 달랐지만, 반공이라는 공통분모를 통해 동맹을 맺을 수 있었다.

7. 한·미동맹 형성을 통해 한국은 미국의 안보공약을 확보할 수 있었으나, 미국에 대한 군사적 의존이 높아진 만큼 한국의 자율성은 어느 정도 침해될 수밖에 없었다.

사건일지

1948년 8월 16일
행정기구 인수에 관한 한·미회담 시작

1948년 8월 24일
'대한민국 대통령과 주한미군 사령관 간에 체결된 과도기에 시행될 잠정적 군사 안전에 관한 행정협정' 조인

1948년 9월 11일
'대한민국 정부와 미합중국 정부 간의 재정 및 재산에 관한 최초협정' 조인

1948년 12월 12일
유엔에 의한 대한민국 정부 승인

1949년 1월 1일
미국, 대한민국 정부 공식 승인

1949년 6월
고문단 500명을 제외한 주한미군 철수

1950년 1월 12일
애치슨 선언 발표. 미국의 극동 방위선에서 한국 제외

1950년 6월 25일
6·25전쟁 발발

1950년 7월 15일
이승만 대통령, 한국군 작전권을 맥아더 유엔사령관에 이양

1951년 7월 10일
개성에서 유엔 측과 공산 측과의 정전회담 시작

1952년 3월 21일
이승만 대통령, 트루먼 대통령에게 상호방위조약 체결 요구

1952년 12월 3일
아이젠하워 대통령 당선자 한국 방문

1953년 3월 초
덜레스 미국 국무장관 한국 방문, 정전 후 한국 방위문제와 정전협정에 규정된 정치회담 문제 협의

1953년 5월 30일
이승만 대통령, 아이젠하워 대통령에게 휴전 조건 제시. 첫째, 한·미상호방위조
약 체결, 둘째, 한국군을 미군의 도움 없이 국방을 수호할 수 있는 규모로 강화,
셋째, 적의 재침을 억제하기 위해 미국의 해·공군 한국에 계속 주둔

1953년 6월 18일
반공포로 석방

1953년 6월 25일
미국 대통령 특사 로버트슨 한국 방문, 한·미상호방위조약 협상 개시

1953년 7월 12일
한·미 공동성명 발표, 이를 계기로 '한·미상호방위조약'의 기틀 마련

1953년 7월 27일
정전협정 체결

1953년 8월 4일
덜레스 미 국무장관 방한, 한·미상호방위조약 체결을 위한 한·미 회담 시작

1953년 8월 8일
'한·미상호방위조약' 가조인

1953년 10월 1일
변영태 외무장관 워싱턴 방문하여 '한·미상호방위조약' 정식조인

1954년 4월 26일
한반도 문제의 정치적 해결을 위한 제네바 회담 개최

1954년 7월 26일
이승만 대통령 미국 방문

1954년 11월 17일
한·미합의의사록 합의, 한·미상호방위조약 발효

I. 머리말

외교정책이란 한 국가가 국제사회에서 행하는 모든 대외행위[foreign behavior]를 일컫는 말이다. 한 국가의 대외행위에는 여러 가지 종류가 있을 수 있고, 그 중 어떤 것을 중요시하느냐에 따라 외교정책의 개념과 방향은 달라질 수 있다. 그러나 어떠한 종류의 외교정책이든 그 궁극적인 목표는 "국가이익[national interest]의 극대화"라고 할 수 있다.[1] 국제관계에서는 "영원한 벗도, 영원한 적도 없으며 오로지 국가이익만이 있을 뿐이다."라는 말은 외교정책에서 국익의 중요성을 잘 대변해 준다.

한 국가가 지키고자 하는 국가이익에는 여러 가지가 있을 수 있으나, 일반적으로 국토의 방위(국가안보), 경제의 번영, 자국의 가치증진, 유리한 국제질서의 창출 등이 모든 국가가 공통적으로 추구하는 기본적인 국가이익이다.[2] 이 중에서 가장 중요한 것은 무정부 상태에 가까운 국제환경 속에서 외부의 침략 또는 위협으로부터 국가의 생존, 즉 안보[security]를 지키는 일이다. "안보는 산소와 같다[Security is like oxygen]"는 말이 있다. 산소가 없으면 숨을 쉴 수 없듯이, 안보를 유지하지 못하면 그 밖에 다른 어떤 것도 생각할 수 없다는 것이다.[3] 따라서 세계의 모든 국가는 국가의 안전보장, 즉 국민의 생명과 재산 그리고 영토와 주권을 지키는 것을 외교의 가장 중요한 과제로 인식하고 있다.

국가의 안보를 위해 국방력을 강화하는 데는 크게 두 가지 방법이 있다. 첫째, 스스로 군비를 증강시키는 것이다. 이는 주로 국방정책의 영역에 속한다. 둘째, 자국의 능력만으로는 외부로부터의 위협을 막지 못할

---

1) 박한규, 『외교정책의 이해』 (서울: 경희대학교 출판국, 2005), p. 17. 외교정책의 개념에 대한 자세한 논의는 이 책의 제1장 참조.
2) 구영록, 『한국의 국가이익: 외교정책의 현실과 이상』 (서울: 법문사, 1996), p. 31.
3) Joseph S. Nye, Jr., "The Case for Deep Engagement," *Foreign Affaires*, Vol. 74 no. 4 (July/August 1995), p. 91.

때, 외부의 도움을 받아 방어력을 높일 수 있다. 이를 위해서는 외교적 행위가 필요하며, 가장 대표적인 것이 다른 나라와 동맹alliance을 맺는 것이다.

동맹은 제3자의 침략이 있을 경우, 동맹 당사국들이 군사적 지원을 통해 그 침략을 막는다는 국가 간 합의를 의미한다. 동맹에는 다자동맹과 양자동맹이 존재하는데, 양자동맹은 대부분 강대국이 위험에 처한 약소국을 지켜주겠다고 약속하는 형태로 맺어진다.[4] 그런데 강대국과 약소국 간에 맺어지는 동맹에서는 대개 그 서명국들이 서로 다른 정책 목적을 지니고 있다. 약소국은 동맹 결성을 통해 강대국으로부터 군사적 지원을 확보하고자 한다. 그러나 강대국의 경우에는 약소국과의 동맹이 안보적인 측면에서 항상 유리한 것은 아니다. 유사시 약소국으로부터 지원받을 수 있는 군사력은 상대적으로 미미한 반면, 약소국과의 동맹관계로 인해 원치 않는 분쟁에 휘말릴 수 있기 때문이다. 대신 강대국은 동맹 상대국인 약소국의 정책결정 과정에 간섭함으로써, 그 국가 또는 그 국가가 속해 있는 지역에 영향력을 행사할 수 있는 이득을 얻을 수 있다. 이는 약소국의 입장에서 보면 자율성의 훼손을 의미한다. 이와 같이 약소국이 자국의 안보를 위해 강대국의 군사적 지원을 확보하되, 그 대신 자국의 자율성은 그만큼 상실하게 되는 동맹관계를 '비대칭적asymmetric' 동맹 또는 '자치·안보 교환적' 동맹이라고 한다.[5]

1953년 한·미상호방위조약에 의해 형성된 한·미동맹은 바로 이런 유형의 동맹이었다. 다음에서는 1950년대의 대내외 환경, 당시 한·미상호방위조약 체결을 주도한 이승만 대통령의 대내외 인식과 전략을 살펴봄

---

4) Jack C. Plano & Roy Olton, *The International Relations Dictionary* (Oxford: Clio Press, 1988), pp. 169-172. 탈냉전 이후 많은 동맹들이 군사적 문제뿐만 아니라 정치, 경제, 사회적 문제에 대한 협력을 모색하는 방향으로 성격이 변화하고 있다. 그러나 동맹의 원래 의미는 공동의 적이 존재할 때 이에 대처하기 위해 군사적으로 협력하는 것이다.

5) 김우상, 『신한국책략: 동북아시아 국제관계』 (서울: 나남출판, 1998), pp. 37-39.

으로써 이승만 정부의 동맹정책을 구체적으로 알아볼 것이다.

II. 한·미동맹 형성의 배경

1. 대내외 환경

(1) 냉전과 미국의 대한반도 정책

냉전Cold War은 국제체제를 자신에게 유리한 방향으로 재구성하려는 미국과 소련의 경쟁에서 비롯되었다. 두 국가는 제2차 세계대전 당시 연합국으로서 독일과 일본 등에 대항하여 같이 싸웠다. 그러나 전쟁을 거치며 초강대국으로 부상한 미국과 소련은 전쟁이 끝나자 상대방에 대한 불신과 경쟁의식을 나타내기 시작하였다. 양국 간의 이데올로기적 대립은 이러한 영향력 다툼을 더욱 심화시켰다.

2차대전이 끝난 직후 소련이 폴란드에 위성정권을 세우는 등 동유럽에 자신의 세력권을 구축해 나가자 미국은 소련의 팽창정책을 우려하기 시작하였다. 결국 이는 '봉쇄정책containment policy'으로 이어졌다. 1947년 3월 미국의 트루먼Harry Truman 대통령은 공산주의의 위협에 대처하기 위해 그리스와 터키에 대한 원조가 필요하다는 '트루먼 독트린Truman Doctrine'을 발표하였다. 이어 같은 해 6월에는 서유럽의 경재 재건을 목표로 한 '마셜 플랜Marshall plan'이 추진되었다. 이러한 미국의 움직임에 대항하여 소련은 1947년 9월 '코민포름Cominform'을 결성하여 국제공산주의운동에 대한 소련의 통제와 주도권을 강화하였다. 이로써 유럽에서 미·소 간의 갈등은 되돌릴 수 없는 상황에 이르렀다. 1949년 4월에는 미국과 서유럽 국가들 사이의 '북대서양조약기구NATO'가 설립되었다. 소련의 위협에 대응하는 것을 목적으로 하는 군사동맹이 결성됨으로써 동·서 양 진영 간 대립의

4.1 소련 전문가로 주소련 미국 대사관에서 근무하던 케넌은 1946년 2월 22일 워싱턴으로 소위 '긴 전문A long telegram'을 발송하여 소련의 팽창을 막기 위한 봉쇄정책을 제안하였다. 이 내용은 이듬해 'X'라는 필명으로 *Foreign Affairs*에 실린 "소련 행동의 근원The Sources of Soviet Conducts"이라는 논문으로 발표되었다. 케넌은 여기서 소련은 대외적으로 팽창하려는 경향을 지니고 있으므로 미국은 소련의 대외정책에 대하여 장기적으로 참을성이 있으면서도 확고하고 주의 깊은 봉쇄정책을 전개해야 한다고 역설하였다. 특히 케넌은 세계의 4대 핵심적 산업지역(미국, 영국, 라인연안, 일본)이 러시아의 압력을 막아낸다면 봉쇄가 달성될 수 있다고 강조하였다.

군사적 성격이 강화되었다. 1949년 8월 소련의 핵실험 성공으로 양측의 군사적 대립은 더욱 격화되었다.[6]

　유럽에서의 냉전은 곧 아시아로 확대되었다. 특히 1949년 10월 중국의 공산화는 아시아에서의 냉전을 재촉하였다. 아시아 대륙에서 공산주의의 세력이 확대되자 미국은 일본의 전략적 중요성을 재인식하게 되었다. 따라서 미국의 정책목표는 일본의 비군사화와 민주화를 통해 "아시아의 스위스"로 만들겠다는 것에서 "반공의 보루"로 만드는 것으로 전환되었다.[7] 아울러 1950년 4월 미국의 국가안전보장회의NSC는 유럽에서뿐만 아니라 전 세계적으로 봉쇄정책을 추진하는 것을 골자로 하는 NSC-68이라는 정책문서를 작성하였다. 한반도에서 전쟁이 발발하자 여기서 제안된 정책방향은 미국의 세계전략 그대로 투영되기 시작하였다. "냉전 속의 열전"인 6·25전쟁으로 공산주의 위협은 현실화되었고, 냉전은 심

---

6) 하영선·남궁곤 편저, 『변화의 세계정치』(서울: 을유문화사, 2007), pp. 66-71.
7) 이기택, 『국제정치사』(서울: 일신사, 1995), pp. 456-463.

4.2 "국가안보를 위한 미국의 목표와 계획"이라는 제목의 NSC-68은 소련이 전 세계로 영향력을 확장하려 하고 있으며, 이러한 위협을 막기 위해서는 자유세계의 정치·경제·군사적 능력을 빠르고 지속적으로 강화해야 한다고 강조하였다. 특히 NSC-68은 미국이 힘의 우위를 확보할 때에만 소련을 제대로 다룰 수 있으며, 이를 위해서 미국의 국방력을 대폭 증강해야 한다고 주장하였다. 애초 트루먼 대통령은 막대한 국방예산이 필요한 이 정책제안을 수용하려 하지 않았다. 그러나 6·25전쟁이 발발하자 공산주의 팽창은 현실적인 위협으로 받아들여졌고, 결국 미국의 세계전략은 NSC-68이 제시한 방향을 따르게 되었다. 이런 점에서 6·25전쟁은 미국의 봉쇄정책을 군사화한 데 결정적인 계기를 제공한 사건으로 평가된다.

화되었다.

　미국의 대한반도 정책은 이러한 냉전의 구도 속에서 전개되었다. 제2차 세계대전을 마무리하기 위한 전시외교 초기, 미국은 한국에 대해 일정한 기간의 신탁통치를 실시한 후 독립시킨다는 막연한 구상만을 가지고 있었다. 하지만 미국은 일본의 항복이 임박하자 보다 구체적인 한반도 정책을 세우기 시작하였다. 주요 목표는 소련과의 갈등은 피하되, 대일 선전포고 이후 한반도로 빠르게 진격하고 있는 소련이 한반도 전체를 지배하는 것을 막아야 한다는 것이었다. 미국의 38도선 분할점령안은 이런 맥락에서 제안된 것이다. 당시 소련은 미국에 비해 한반도에서 유리한 위치에 있었으나, 미국의 분할점령안을 받아들였다. 미국과 불필요한 마찰을 피하고 일본 등 다른 지역에서의 이권을 얻어내길 원했기 때문이다.[8] 한마디로 미·소 양국 모두 한반도에서 상대방이 우위를 점하는 것을 막고, 자국의 이해를 지킨다는 소극적인 정책 목표만을 가지고

---

8) 이완범, 『한국해방 3년사: 1945-1948』 (서울: 태학사, 2007), pp. 38-48.

있었던 것이다.

이 당시까지만 해도 미국은 소련과 협력관계를 유지하고자 하였다. 따라서 미국은 1945년 12월 소련과 한반도에 대한 신탁통치안에 합의하였다. 그러나 앞에서 살펴본 것처럼 1946년에 들어와 소련과의 대립관계가 형성되었고, 한국 내에서도 신탁통치에 대한 찬·반을 둘러싸고 좌·우익 간의 갈등이 심화되었다. 따라서 미국은 남한에 자신에게 우호적인 정부를 수립하는 방향으로 정책을 바꾸기 시작하였다. 결국 1947년 신탁통치 실시에 필요한 구체적 방안을 만들기 위해 개최된 미·소공동위원회가 완전히 결렬되자 미국은 신탁통치안을 파기하고, 자신이 영향력을 행사할 수 있는 국제연합UN에 한국문제를 넘겼다. 미국의 의도대로 유엔은 인구비례에 따른 남북총선거 실시를 결정하고, 이를 위해 한국임시위원단을 한국에 파견하였다. 그러나 소련과 북한의 거부로 1948년 5월 10일 남한에서만 선거가 실시되었고, 이를 통해 8월 15일 대한민국이 수립되었다. 이미 소련의 지원하에 단독정부 수립을 추진해오던 북한도 9월 9일 조선민주주의인민공화국 수립을 선포하였다.

비록 미국은 자신의 영향권 확보를 위해 단독정부 수립을 추진하였으나, 한반도 문제에 계속 개입하기보다는 가능한 한 부작용을 최소화하기 위해 손을 떼려고 하였다. 따라서 미국은 주한미군을 철수시키는 한편, 정치·경제적 지원을 통해 남한 정부의 공산화를 방지하고자 했다.[9] 1949년 6월 미국은 500여 명의 군사고문단만을 남기고 주한미군을 철수시켰다. 당시 한국은 미국에 무기지원을 요청하였으나, 미국은 남북한 간의 군비경쟁과 무력충돌을 우려하여 군사지원을 최소화하였다. 아울러 1950년 1월 미국 국무장관 애치슨Dean Acheson은 미국의 극동 방위선을 제

---

9) Donald Stone Macdonald, *U.S.-Korea Relations from Liberation to Self-Reliance: The Twenty-Year Record* (San Francisco: Westview Press, 1992), 도날드 스턴 맥도날드, 한국역사연구회 역, 『한미관계 20년사: 1945~1965』 (서울: 한울아카데미, 1992), pp. 28~32.

시하며 여기서 대만 등과 함께 한국을 제외하였다.

그러나 이와 같이 소극적인 대한반도 정책은 6·25전쟁이 발발하자 적극적인 개입정책으로 전환되었다. 1950년 6월 25일 한반도에서 전쟁이 발발하자 미국은 이를 소련의 주도에 의한 것으로 간주하며 즉시 참전을 결정하였다. 미국은 북한 공산주의자들의 도발을 방치할 경우 소련이 자유세계에 대한 또 다른 공격을 감행할 수 있으며, 냉전에서의 미국의 위신과 지위가 저하될 것이라고 생각했다. 다시 말해 전 세계적으로 반공주의 세력이 약화될지 모른다는 우려에서 6·25전쟁에 신속히 개입한 것이다. 미국은 전쟁발발 즉시 유엔에 긴급 안전보장이사회 개최를 요청하였으며, 군사원조를 위한 결의문을 통과시켰다. 인천상륙작전의 성공으로 전세를 역전시킨 미국은 한때 38도선을 넘어 북한으로 진격하며 롤백 rollback 정책을 추진하였다. 그러나 중국이 개입하자 다시 분단 상황을 받아들이는 현상유지 정책으로 복귀하며 휴전을 모색하였다. 이후 미국은 ① 군사적 통일 포기, ② 만족스러운 휴전 체결, ③ 남한 정부의 안정성 확립, ④ 전쟁 재발을 막기 위한 한국군의 군사력 증강, ⑤ 적절한 시기에 외국군 철수 등을 주요 정책 목표로 설정하였다.[10]

이와 같이 당시 미국이 휴전 이후에도 한국을 도와주어야 한다는 생각은 가지고 있었으나, 한국과 공식적인 동맹조약을 맺는 것은 고려하지 않았다. 미국은 6·25전쟁이 터지자 공산주의 위협을 실감하고, 이를 봉쇄하기 위해 1951년 일본, 필리핀, 호주, 뉴질랜드 등과 상호방위조약을 체결하였다. 그럼에도 불구하고 실제 공산주의로부터 침략을 당한 한국과의 동맹조약을 꺼린 이유는 전쟁의 위험이 상존하고 있는 아시아 대륙에 발이 묶이는 것을 우려하였기 때문이다.[11] 그러나 북한의 침략으로 공

---

10) 맥도날드 (1992), p. 37.
11) Yong-Pyo Hong, *State Security and Regime Security: President Syngman Rhee and the Insecurity Dilemma in South Korea, 1953-1960* (London: Macmillan, 2000), p. 45.

산주의의 위협을 누구보다도 직접적으로 실감한 한국은 자신의 생존을 위해 미국의 확실한 안보 공약이 필요했다. 따라서 방위조약을 강력하게 요구하는 한국과 이를 원치 않은 미국 사이에 길고 어려운 협상이 진행될 수밖에 없었다.

(2) 분단과 전쟁, 그리고 북한의 위협

1948년 한반도에 두 개의 정부가 수립된 이후 남북한은 서로 자신만이 정통성을 갖춘 정부라는 주장을 굽히지 않았다. 남한의 경우 유엔의 감시하에 선거가 실시되고 유엔총회에서 정식으로 인정받았기 때문에 자신이 한반도의 유일한 합법정부이고, 따라서 주권이 38선 이북에까지 미친다고 주장하였다. 북한도 자신이 전체 인민의 의사를 대표하는 합법적 정부라고 주장했다. 남북이 모두 정통성을 주장하며 상대방의 존재를 인정하려 들지 않았기 때문에 배타적인 통일방안이 제시될 수밖에 없었고, 이는 점차 무력통일론으로 이어졌다.

북한의 경우 남쪽의 이승만 정부를 "미제국주의자들의 괴뢰"로 비하하고, 이들에 대한 적개심을 노골적으로 표현하며, 소위 '국토완정론'을 내세웠다. 미군을 몰아내고 남한 "괴뢰정부"를 "타도 분쇄"함으로써 통일이 이루어졌을 때 자주독립이 이루어진다는 것이다. 당시 김일성은 평화통일은 불가능하다고 믿고 있었다. 무력침공을 빨리 시작하지 않을 경우, 통일은 지연될 것이며 그 동안 남한이 군사력을 길러 북한을 먼저 침공할 것이라고 생각한 것이다.[12] 김일성은 전쟁에 대한 소련의 지원을 얻기 위해 1949년과 1950년 두 차례 모스크바를 방문하였으며, 스탈린이 전쟁에 동의하자 6월 25일 마침내 전면전을 개시하였다.

남한 역시 무력통일의 필요성을 숨기지 않았다. 특히 이승만 대통령

---

12) 홍용표, "이승만과 김일성, 그리고 한반도 냉전체제의 형성," 『한국 현대사의 재조명』 (서울: 명인문화사, 2007), pp. 218-219.

4.3 김일성은 1949년 3월 소련을 방문하여 스탈린에게 무력통일의 의사를 나타내었으나 스탈린은 북한이 남한에 대한 확실한 군사적 우위를 확보하지 못하고 있으며, 미국이 개입할 가능성이 있다는 등의 이유로 남침에 반대하였다. 그럼에도 불구하고 김일성은 무력통일을 포기하지 않았다. 당시 주평양 소련대사였던 슈티코프Terenti Shtykov는 김일성이 "항상" 남침계획만 생각하고 있다고 말하였을 정도다. 또한 김일성은 남한의 선제공격을 우려하고 있었다. 당시 북한에는 남한이 대규모 기습공격을 시도할 것이라는 첩보가 수차례 입수되고 있었다. 특히 김일성은 주한미군이 철수할 경우 이승만이 "자유롭게" 군사행동을 감행할 수 있다는 점을 걱정하였다.

은 통일을 공산당에 의해 점령당한 영토를 되찾는다는 "실지 회복"으로 간주하였고, 궁극적으로는 군사력을 사용한 '북진통일'을 원하였다. 아울러 이승만은 북한 공산주의자들의 위협이 매우 심각하며, 그 위협이 가까운 장래에 현실화될 것이라는 인식을 지니고 있었다. 1949년 중국 대륙이 공산화되자 이러한 우려는 더욱 커졌다. 예를 들어 이승만 대통령은 남한이 "또 다른 중국"이 되기 전에 공산주의자들을 한반도에서 몰아내야 한다고 주장하였다. 또한 남한 내에서의 게릴라전과 38선에서의 국경분쟁이 심화되자 이승만 대통령은 공산주의자들이 공격하기 전에 먼저 공격을 가하여 기선을 제압하는 '예방전쟁'의 필요성까지 피력하였다.

이와 같은 공산주의에 대한 적개심과 두려움은 전쟁을 치르며 더욱 심화되었다. 북한의 침략은 공산주의자의 위험성을 확인시켜 주었고, 따라서 어떠한 방법을 써서든지 공산주의 위협을 막아야 한다는 믿음이 굳어진 것이다. 일반적으로 국가 간 관계에서 '위협'은 상대국가의 군사력, 지리적 근접성 그리고 공격적 성향 등에 의해 결정된다.[13] 이런 기준에

---

13) Stephen Walt, *The Origins of Alliances* (Ithaca: Cornell University Press, 1987), p.

비추어 볼 때, 38선 바로 이북에 위치한 북한의 공격능력과 공격적 성향은 6·25전쟁으로 너무도 명확히 판명되었다. 따라서 이런 위협에 스스로 대처하기 어려웠던 남한은 미국과의 동맹이 절실했다.

국내정치적으로 공산주의가 일으킨 전쟁의 경험으로 인해 남한사회에서 반공이념이 강화되었으며, 이는 전쟁 이전부터 반공을 강조해온 이승만 대통령의 정치적 입지를 확대시켰다. 6·25전쟁 이전 이승만 대통령은 좌파 및 중간파의 도전에 시달렸다. 그러나 이들 대부분이 전쟁 중에 월북했거나 납북됨으로써 그 세력이 크게 약화되었다. 또한 일반 국민들도 전쟁 초기 공산주의자들의 만행을 직접 체험함으로써 공산주의에 대한 증오심이 매우 깊어졌으며, 반공태세를 강화하지 않는다면 대한민국의 국기가 흔들릴 수 있다는 믿음을 갖게 되었다. 이에 따라 남한에는 보수우파 중심의 반공체제가 확고히 자리 잡게 되었다.

더욱이 6·25전쟁은 결과적으로 공산주의자들의 위험성을 경고해 왔던 이승만 대통령의 판단이 옳았음을 확인해 주었다. 이에 이승만은 더욱 자신 있게 반공에 기초한 북진통일 정책을 주장할 수 있었고, 일반 국민들은 물론 이승만과 대립관계에 있던 야당도 이런 정책을 지지하게 되었다. 그리고 이러한 남한에서의 반공 분위기는 한·미상호방위조약 체결을 위한 한·미협상에서 이승만 대통령에게 큰 힘이 되었다.[14]

2. 이승만의 대외인식과 전략

이승만 대통령은 미국에서 국제정치를 공부하여 박사학위까지 받았으며, 독립운동 시기에도 외교의 중요성을 강조하며 미국을 상대로 독립외교를 펼친 외교전문가였다. 대통령이 된 이후에도 외교문제, 특히 대미협상에는 이승만 자신이 직접 나섰다. 당시 외무부 장관과 주미대사도 정

22.
14) Hong (2000), pp. 38–39.

책결정과정에서 자신의 목소리를 내지 못하였고, 단지 이승만 대통령의 지시에 따르며 그의 의견을 미국에 전달하는 정도의 역할에 그쳤다. 따라서 대미 동맹정책 수립에 있어 한국의 전략을 파악하기 위해서는 이승만 대통령의 국제관계 인식과 이에 기초한 대외전략을 살펴볼 필요가 있다.

이승만은 자타가 공인하는 철저한 반공주의자였다. 그는 공산주의를 콜레라와 같은 전염병으로 간주하며, 공산주의와의 타협이나 공존은 불가능하다고 믿었다. 이러한 이승만의 반공노선은 현실주의적 국제정치관에 입각한 반러의식에서부터 출발하였다. 이승만은 일본과 서구열강이 한반도에서 쟁탈전을 벌이던 19세기 말 정치활동을 시작하였다. 적자생존의 원칙이 냉혹하게 적용되는 현실을 경험하면서 그는 국제정치가 강대국의 이익과 권력을 중심으로 하는 권력투쟁임을 깨닫게 되었다. 특히 아관파천 등으로 러시아의 영향력이 지배적이었던 1898년 독립협회의 반러운동에 가담한 이승만은 러시아를 약육강식 세계의 "탐욕스러운 호랑이"로 인식하며 반러의식을 키워나갔다. 1941년 태평양 전쟁의 발발로 소련이 전쟁에 참여하게 되자 이승만은 소련이 다시 한반도로 영향력을 확대할 수 있다는 경계심을 갖기 시작하였으며, 소련이 채택하고 있는 공산주의에 대한 반감을 나타내기 시작하였다. 해방과 함께 한국에 돌아온 이승만은 반공노선을 점차 강화하였으며, 이는 소련의 야욕에 의한 한반도의 공산화를 막기 위해 남한에 단독정부를 수립해야 한다는 주장으로 이어졌다. 냉전이 확산되고 소련의 통치하에서 북한의 공산화가 기정사실로 되어가는 상황에서, 이승만은 남한에 민주주의 정부가 하루 빨리 설립되어야 북으로부터의 공산주의 침투와 이를 통한 전 한반도의 공산화를 막을 수 있다고 판단한 것이다.[15]

이러한 인식은 분단이 공식화된 이후에도 지속되어, 이승만 대통령은

---

15) 홍용표, "현실주의 관점에서 본 이승만의 반공노선," 『세계정치』 제28집 2호 (2007년 가을·겨울), pp. 53-80.

소련과 그 "괴뢰"인 북한을 남한 안보에 대한 가장 큰 위협으로 간주하였다. 그리고 이는 북진통일론으로 이어졌다. 이승만 대통령의 북진통일 주장에는 북한과의 긴장을 고조시킴으로써 내부의 통합을 고취하고 정권의 안정을 꾀하고자 한 정치적 목적이 담겨 있었던 것도 사실이다. 그러나 당시 이승만이 북진통일을 외친 보다 중요한 이유는 공산주의를 제거해야만 남한의 안전이 보장된다는 믿음 때문이었다.[16]

아울러 이승만 대통령은 공산주의 위협을 막기 위해서는 미국의 도움이 필수적이라고 생각했다. 이승만은 독립운동 초기부터 미국이 한국을 도와줄 우호적인 국가라는 인식을 지니고 있었다. 이승만의 친미성향은 미국을 직접 체험하며 더욱 강화되었다. 이승만은 미국의 외교정책을 선의로 해석하며, 미국이 세계의 평화를 증진시켰다고 생각하였다. 따라서 이승만은 미국을 가장 중요한 독립외교의 대상으로 간주하였다.[17] 해방정국에서도 이승만은 미국이 소련의 위협을 막아줄 수 있는 유일한 국가라고 생각하며, 남한에 미군을 계속 주둔시켜야 한다고 주장하였다. 정부 수립 이후 이승만 대통령이 북진통일을 외친 이유 중의 하나도 미국의 군사지원 확보였다. 즉, 이승만 대통령은 북진통일 가능성을 강조하고 남북 충돌을 격화시킴으로써 미국으로부터 더 많은 군사 원조를 받아내려 한 것이다.

같은 맥락에서 1949년 미군이 철수하려 하자 이승만 대통령은 남한에 대한 공산주의 세력의 심각한 위협과 침략 가능성에 효율적으로 대처하기 위해 세 가지 방안 중 하나를 미국이 선택해야 한다고 주장하였다. ① NATO와 비슷한 태평양조약의 결성, ② 외부의 침략에 대한 상호방위를 목적으로 하는 미국과 한국 간의 협정 체결, ③ 반공정책에 따라 한국

---

16) Hong (2000), pp. 24-31.
17) 이호재, 『한국인의 국제정치관: 개항 후 100년의 외교논쟁과 반성』 (서울: 법문사, 1994), pp. 159-164; 유영익, 『이승만의 삶과 꿈: 대통령이 되기까지』 (서울: 중앙일보사, 1996), pp. 221-222.

을 방위하겠다는 미국의 공개적인 약속 등이 그것이다.[18] 당시 미국은 이 제안을 수용하지 않았다. 그러나 6·25전쟁으로 북한의 위협이 현실화되고, 상호방위조약 체결에 대한 이승만의 요구가 거세지자 미국은 결국 한국과 동맹조약을 체결하게 된다.

III. 한·미상호방위조약과 이승만의 동맹정책

1. 조약 체결을 위한 이승만의 노력

(1) 휴전회담의 개시와 이승만의 상호방위조약 요구

1950년 6월 25일 북한이 침공하자, 이승만 대통령은 이를 당연히 소련의 사주에 의한 전쟁으로 인식하며 이 전쟁은 "한국과 러시아가 싸우는 전쟁"이라고 규정하였다. 그러나 한국은 공산주의의 군사력을 스스로 방어할 수 없었다. 다행히 미국 역시 이 침략을 소련의 주도에 의한 것으로 간주하고 유엔의 이름하에 한국전에 참전하자, 이승만 대통령은 한국군에 대한 작전지휘권을 맥아더 유엔군 사령관에게 이양하였다. 이에 따라 한국과 미국은 여타 참전국들과 함께 단일한 지휘체계하에서 공산주의자들의 침략에 대항한 전쟁을 수행하게 되었다. 한국과 미국은 '반공'이라는 공동이익을 위해 전시동맹을 구축하게 된 것이다.

그러나 한국과 미국의 반공에 대한 인식에는 차이점이 존재하였다. 미국의 반공은 소련 공산주의의 팽창을 봉쇄한다는 '현상유지'적인 것이었다. 이에 반해 한국의 반공은 궁극적으로 남북통일을 지향하는 것으로서 '현상타파'적인 성격을 지니고 있었다. 한·미 양국의 전쟁 목적 또한 서로 달랐다. 세계전략 차원에서 6·25전쟁에 개입한 미국은 전쟁 초기

---

18) 차상철, 『한미동맹 50년』 (서울: 생각의 나무, 2004), p. 32.

한국과 함께 한반도 통일을 시도하기도 하였으나, 중국의 참전 이후 세계대전의 가능성을 우려하며 전쟁 개시 이전의 상태를 복원하는 선에서 적대행위를 종결하려고 하였다. 그러나 이승만 대통령은 전쟁을 역이용하여 공산주의자들을 한반도에서 몰아내고 통일을 달성하려고 하였으며, 이를 위하여 북진통일을 지속적으로 주장하였다.

이와 같은 인식의 차이는 휴전이 모색되면서 한·미 간에 갈등을 가져왔다. 1951년 7월 유엔군과 공산군 측 사이의 휴전회담이 시작되었고 이후 10개월간의 협상을 통하여 양측은 전쟁포로 문제를 제외한 대부분의 안건에 대해 합의를 이루었다. 그러나 이와 같은 휴전회담의 진전에도 불구하고 이승만 대통령은 휴전은 한국에 대한 "사형선고"나 다름없다며 확고한 반反휴전 태도를 견지하였다. 이승만 대통령은 국민들의 통일에 대한 열망을 이용하여 전국적으로 반휴전 데모를 장려하는 한편, 공산주의자들을 제거하기 위하여서는 단독 북진을 감행할 수도 있음을 천명하기 시작하였다.

현상유지에 만족하며 전쟁을 마무리하려는 미국으로서는 이승만 정부의 호전적인 태도를 방치할 수 없었다. 따라서 트루먼 대통령은 1952

참고   이승만과 아이젠하워의 서신 교환(1953. 4. 9)

4.5 "……만일 현 상황이 계속된다면, 한국은 독립국가로 생존할 수 없으며, 또 하나의 중국이 될 것입니다……. 중공이 한국에 남아 있는 채 휴전조약이 체결될 경우, 우리는 공산주의자들을 패배시키고 그들을 압록강까지 밀어내고자 하는 우리의 의지에 동참하지 않는 모든 우방국들에게 한국으로부터 철수하라고 요구할 수밖에 없습니다."

아이젠하워 대통령은 이승만 대통령의 편지에 대해 "매우 불쾌했다."는 답장을 보냈으며, 후에 자신의 회고록에서 이 편지의 어조가 "매우 거칠고 극단적인 단어들이 들어 있었다."고 적었다.

(출처: 한국역사정치연구회, 『사료로 본 한국의 정치와 외교: 1945-1979』 (서울: 성신여자대학교 출판사, 2005), p. 149)

년 3월 이승만 대통령에게 유엔 사령부와의 지속적인 협력을 요청하였다. 이에 대해 이승만 대통령은 미국과의 협력을 약속하는 대가로서 한·미 간 상호방위조약 체결과 한국 병력의 증강을 요구하였다.[19] 당시 트루먼 정부는 미국과 유엔이 휴전 이후 한국에 대한 공산주의자들의 재침을 결코 허용하지 않을 것이라는 점을 한국 국민들에게 보장할 필요가 있다고 인식하였다. 그러나 앞에서도 언급하였듯이 대륙과 연결되어 있는 한국에 방위조약과 같은 강력한 안보 공약을 제공할 의사는 없었다. 따라서 미국 정부는 이승만 대통령의 요구를 거절하였고, 이에 이승만은 북진통일을 앞세우며 휴전을 원하던 미국을 압박하기 시작하였다.

  (2) 이승만의 협상전략과 북진통일론

  1953년 4월 중국이 휴전회담의 가장 큰 걸림돌 중의 하나였던 전쟁포로 문제에 대해 양보 의사를 나타냄으로써 휴전회담은 그 막바지 단계에

---

19) Hong (2000), pp. 34-37.

들어섰다. 그러나 이승만 대통령의 반휴전 입장은 바뀌지 않았을 뿐만 아니라, 오히려 북진통일 주장을 더욱 강화하였다. 물론 이승만 대통령은 미국이 휴전을 결심한 이상 자신의 반대와 상관없이 휴전이 이루어질 것이고, 미국의 도움 없이는 북진통일이 불가능하다는 것을 잘 알고 있었다. 그럼에도 불구하고 북진통일을 더욱 소리 높여 외친 것은 전쟁을 하루빨리 종결하려던 미국을 협박하여 상호방위조약을 얻어내기 위해서였다.[20]

이승만은 단독 북진의 목소리를 높이는 한편, 미국 관리들과의 접촉을 통해 만일 미국이 한국과 상호방위조약을 체결한다면 휴전을 받아들일 의향이 있음을 표시하였다. 그러나 미국은 안보조약 대신 병력 증강을 포함한 지속적인 군사원조를 통하여 휴전 후 남한의 안보를 보장해 줄 것을 약속함으로써 이승만을 달래려고 하였다. 하지만 이승만 대통령은 이에 만족하지 않고 미국이 상호방위조약을 체결하지 않는 한 휴전에 협조하지 않을 것임을 분명히 하였다. 아이젠하워 대통령에게 미국도 싸움을 원치 않는다면 철수해도 좋다는 말까지 하였다.

미국 관리들도 이승만 대통령의 북진통일론이 자신의 협상력을 "극대화"시키기 위하여 "허세bluffing"를 부리는 것임을 짐작하고 있었다. 그럼에도 불구하고 미국 정부는 이승만이 실제로 단독 군사행동을 취할 가능성을 완전히 배제할 수 없었다. 이승만 대통령이 미국을 위협하기 위하여 무력통일의 필요성을 과도하게 강조한 것은 사실이었다. 그러나 그것이 그의 신념에 기초한 것이었기 때문에, 이승만을 만난 여러 미국인들은 그가 북진통일을 주장함에 있어서 "매우 진지하며 흔들림 없는 확신"을 가지고 있다고 믿게 되었다. 또한 이승만 대통령은 의도적으로 미국에 협조적인 듯했다가 다시 비협조적으로 나오는 등의 행위를 반복하고, 때로

20) 1952년 12월 미국의 대통령에 당선된 아이젠하워(Dwight D. Eisenhower)는 6·25 전쟁의 "신속한 종결"을 선거공약으로 내세웠고, 이를 위해 당선자 자격으로 한국을 방문하였다. 따라서 아이젠하워 정부는 하루속히 전쟁을 끝낼 필요가 있었다.

미국의 이승만 제거 계획: 에버레디 작전(Operation Everready)

4.6 에버레디 작전은 1952년 5월 부산정치파동을 계기로 처음 수립되었다. 당시 이승만 대통령은 야당의 반대를 물리치고 대통령 직선제 개헌안을 통과시키기 위해 계엄령을 선포하였다. 이런 사태가 전쟁수행에 방해가 된다고 판단한 클라크Mark Clark 유엔사령관은 이승만에게 계엄령 해제를 요구하고, 이를 거부할 경우 이승만을 감금하고 유엔사령부가 임시정부를 세운다는 계획을 세웠다. 미국 정부는 1953년 5월 이승만 대통령이 휴전체결에 비협조적으로 나오자 이 계획을 보완하여 유엔사령부에 의한 군사정부 수립을 고려하였다. 미국은 이승만 대통령이 반공포로를 일방적으로 석방하자 또 다시 이승만 제거 계획을 세웠으나, 실행에 옮기지는 않았다.

는 돌발적인 언행을 보였다. 그럼으로써 미국 관리들이 그를 예측 불가능하고 무모한 행동을 저지를 수 있는 사람으로 인식하게 만들었다. 즉, 이승만 대통령은 통일 논의에 대한 그의 진지성과 행동의 예측 불가능성 등을 통하여 그의 북진 위협이 단지 위협에 그치지 않을 수도 있음을 미국에 인식시키는 '전략적 행동'을 수행함으로써 자신의 협상력을 높인 것이다.[21]

이승만이 신속히 전쟁을 마무리 지으려는 미국의 정책에 계속하여 비협조적인 태도를 보이자 1953년 5월 미국 정부는 세 가지 정책 대안을 수립하였다. 그것은 ① "에버레디 작전Operation Everready"을 통하여 이승만을 축출하고 유엔사령부하의 군사정부를 세우는 방안, ② 유엔사령부를 한국으로부터 완전히 철수시키는 방안, ③ 한국 정부가 휴전협정을 준수한다는 조건하에 한·미상호방위조약을 체결하는 방안 등이었다. 결국 미국은 세 번째 대안을 선택하였다. 미국은 이승만 정권을 합법 정부로 인정하였던 기관인 유엔의 이름하에 그 정권을 전복시킬 수 없었다. 더구나 3

---

21) Hong (2000), pp. 41-44.

년간 남한의 공산화를 막기 위해 수많은 피해를 감수하며 싸운 후에 남한을 공산주의들의 손에 넘겨줄 수도 없었다. 따라서 미국 정부는 "휴전협정이 체결되고 한국 정부가 이를 인정하는 즉시" 한·미상호방위조약을 위한 협상을 시작할 것임을 이승만 대통령에게 약속하였다.[22]

그러나 미국 정부의 기대와는 달리 이승만 대통령은 미국의 제안에 냉담한 반응을 나타냈다. 이승만 대통령은 미국의 당면 목표인 전쟁 종결이 일단 성사되면 자신의 대미 협상력이 현저히 약화될 것이라는 점을 인식하고, 휴전협정 체결 이후가 아닌 체결 이전에 한·미방어조약을 구체화시키길 원했기 때문이다. 따라서 이승만 대통령은 단독 북진 위협을 지속하는 한편, 미국 정부에 휴전협정 체결 이전에 문서 형식으로 "한국이 공격당할 경우 미국이 도와주러 올 것이라는 점을 명시"해 줄 것을 요구하였다. 이와 같이 완강한 이승만 대통령의 태도에 직면하여 미국 정부는 결국 한국의 단독 행동 가능성을 줄이고 신속히 휴전회담을 매듭짓기 위하여 이승만이 휴전협정을 받아들일 수 있는 명분을 제공하기로 하였다. 아이젠하워 행정부는 미국의 안보 공약에 대한 구체적인 논의를 위해 로버트슨Walter S. Robertson 국무부 극동담당 차관보를 대통령의 전권을 위임받은 특사로 서울에 파견할 것을 결정한 것이다.

하지만 이승만 대통령은 이에 만족하지 않고 다시 한 번 자신의 협상력을 높이기 위한 행동을 감행하였다. 반공포로 석방이 그것이다. 1953년 6월 18일 새벽 이승만 대통령은 유엔사령부와의 협의 없이 북한으로의 송환을 원치 않던 25,000여 명의 반공포로들을 석방시켰다. 당시 판문점에서 합의된 휴전협정안은 본국으로 돌아가기를 원치 않는 포로들은 '중립국 송환 위원회'가 처리하도록 규정하고 있었다. 그러므로 이승만의 일방적인 반공포로 석방은 휴전 체제에 대한 중대한 도전이었다. 이승

---

22) 김계동, 『한반도의 분단과 전쟁: 민족분열과 국제개입·갈등』 (서울: 서울대학교출판부, 2000), pp. 545-549.

만 대통령은 이와 같이 도발적인 행동을 통하여 그가 휴전을 방해하기 위하여 어떠한 일이라도 저지를 수 있다는 것을 보여주었으며, 따라서 그의 단독 북진 위협에 더욱 무게를 실을 수 있었다. 또한 이승만은 일단 휴전 협정이 정식으로 발효되고 나면 그의 협상력이 떨어질 것이라는 점을 예상하여, 반공포로 석방이라는 돌발 사태를 일으켜 휴전협정의 체결을 될 수 있는 한 늦추고, 그 동안 보다 유리한 위치에서 미국과 협상을 벌이고자 한 것이다.[23]

이승만이 기대하였던 대로 반공포로 석방 이후 휴전회담은 중단되었다. 뿐만 아니라 공산군 측은 한국이 휴전을 준수할 것이라는 보장이 있어야만 회담을 재개할 것이라고 유엔 측에 통보하였다. 따라서 미국 정부는 남한의 협조가 더욱 절실히 필요하였으며, 그만큼 이승만의 대미 협상력은 높아졌다.

2. 한·미상호방위조약 합의

(1) 이승만-로버트슨 회담

1953년 6월 25일 서울을 방문한 로버트슨 특사는 2주일간 이승만 대통령과 한·미상호방위조약 체결을 위한 줄다리기를 벌였다. 첫 회담에서 이승만 대통령은 미국 특사에게 상호방위조약의 "즉각적인" 체결, 경제원조, 그리고 육군 20개 사단의 증강 등을 요구하였다. 이에 대해 로버트슨 특사는 한국 정부가 휴전협정체결에 협력하고 휴전 이후에도 한국군을 유엔군 사령관의 작전지휘권 아래에 두는 것에 동의한다면, 미국 정부는 미국-필리핀 상호방위조약과 유사한 조약을 체결하기 위한 협상을 시작할 용의가 있음을 밝혔다. 하지만 이승만은 휴전협정이 체결되기 전에 단순한 협상의 개시가 아닌 협정의 체결이 이루어져야 한다는 입장을 고

---

23) Hong (2000), pp. 46-52.

수하였다.

미국 측은 이승만의 "고집"을 꺾기 위하여 압박과 회유책을 모두 사용하였다. 우선 미국은 휴전을 받아들이지 않으면 한국에 대한 군사적·경제적 원조를 중단할 것이라는 아이젠하워 대통령의 의지를 이승만 대통령에게 전달하였다. 다른 한편 로버트슨은 이승만에게 휴전문제에 대해 미국과의 협력을 약속한다면 "즉시" 상호방위조약 초안 작성을 시작할 수 있다는 입장을 표명하였다. 단, 조약의 발효는 미 상원의 비준이 필요하다는 단서를 붙였다. 이에 이승만 대통령은 미 상원이 한·미상호방위조약을 승인할 것이라는 점을 확인해 줄 것과 미국 측 초안을 보여줄 것을 요구하였다. 이후 미국의 초안을 확인한 이승만은 여기에 조약 체결 당사국 중 어느 한쪽이 무력공격을 받을 경우 다른 쪽이 "즉각적이고 자동적으로" 지원한다는 조항이 없다는 점에 실망을 표시하였다. 이승만 대통령은 한국은 필리핀, 호주, 뉴질랜드 등과는 달리 "순식간에 치명타"를 당할 위험성이 항상 존재하는 나라라는 점을 강조하며, 최소한 일본에 미군의 주둔을 허용한 미·일안보조약과 유사한 조약을 원한다는 입장을 나타내었다. 결국 미국은 덜레스 국무장관이 주요 상원위원들로부터 상호방위조약에 대한 지지 의사를 확인하였다는 사실을 알려 주었으며, 한국 내 미군을 주둔시킬 의향이 있음을 밝혔다.[24]

이와 같은 미국 측의 양보에도 불구하고 이승만 대통령은 휴전 문제에 대한 미국의 요구를 받아들이는 데 매우 인색하였다. 이승만은 한국군을 유엔사령부의 관할하에 계속 남겨둘 것인지의 문제에 대하여 구체적인 언급을 회피하였다. 휴전 문제에 대해서도 적극적으로 휴전협정 준수를 약속하는 대신 다만 휴전을 "방해하지 않겠다."라고 언급하였을 뿐이다. 이는 미국의 기대에 미치지 못하는 수준의 약속이었다. 그러나 미국 정부는 현재 상황에서는 이승만으로부터 더 이상의 양보를 얻어내기 힘

---

24) 차상철 (2004), pp. 54-59; Hong (2000), pp. 52-55.

들 것이라는 판단 하에 한국과의 협상을 일단 마무리하였다.

(2) 이승만–덜레스 회담

한·미상호방위조약 체결을 마무리하고 한국에 대한 미국의 군사·경제적 원조를 논의하기 위해 휴전협정 체결 직후인 8월 4일 덜레스 국무장관이 한국을 방문하였다. 이미 미국은 한국을 "냉전의 상징"으로 인식하며, 한국을 "반공의 보루"로 만듦으로써 자유세계의 리더의 위치를 굳건히 하고자 한 만큼, 군사·경제 지원에 있어서는 큰 어려움 없이 합의가 이루어졌다. 미국은 한국에게 2억 달러 규모의 경제 지원 프로그램을 약속했고, 한국이 요구한 20개 사단 규모의 군사력 증강 계획도 수용하였다. 그러나 상호방위조약 체결 문제에 대해서는 여전히 이견이 존재하였다.

이승만 대통령은 덜레스 장관 등 미국대표단과의 첫 회의에서 상호방위조약에 "우리의 모든 삶과 희망"이 달려 있다고 하였다. 그는 한국과 미국을 가능한 한 강력하게 묶을 수 있는 조약 체결을 원한 것이다. 이 회담에서 덜레스 국무장관이 제시한 상호방위조약 초안에는 이승만 대통령이 로버트슨 특사에게 요구하였던 미군의 한국 주둔과 관련된 조항이 포함되어 있었다. 미군의 한국 주둔은 한국이 공격당할 경우 미국의 "즉각적이고 자동적인" 개입을 사실상 보장함을 의미하는 것이었다. 그러나 이승만 대통령은 덜레스 장관에게 유사시 "자동개입"에 대한 미국의 직접적 약속이 조약에 명시되어야 한다고 주장하였다. 이에 대해 덜레스 장관은 전쟁 참여 문제는 상원이 결정하도록 미국 헌법에 명시되어 있으므로 그러한 내용을 조약에 삽입할 수 없다는 점을 거론하며 상원이 인준할 수 있는 방향으로 조약의 내용이 합의되는 것이 중요하다고 강조하였다.[25]

또한 이승만 대통령은 상호방위조약의 효력이 "영구히indefinitely" 지속되어야 한다고 주장하였다. 이승만 대통령은 미국 측 초안에 조약이 "무기한" 유효하나, 한 당사국이 타 당사국에게 통고한 1년 후에 조약이 종결될 수 있다는 단서에 불만을 품은 것이다. 이에 대해 덜레스 국무장관은 한·미상호방위조약의 효력이 영구히 지속될 것으로 기대할 수는 있으나, 그와 관련된 조항의 표현은 필리핀 등 다른 나라와 체결된 방위조약과 같아야 한다는 점을 분명히 하였다.[26]

결국 보다 강력한 조약을 만들기 위한 이승만 대통령의 의사는 거의 반영되지 않은 채 미국 대표단이 가져온 초안을 중심으로 한·미상호방위조약의 내용이 확정되었다. 이에 8월 8일 변영태 외무장관과 덜레스 국무장관은 "대한민국과 미합중국 간의 상호방위조약Mutual Defense Treaty between the ROK and the USA"에 가조인하였고, 양국 장관은 10월 1일 워싱턴에서 이 조약에 공식 서명하였다.

(3) 상호방위조약의 내용

한·미상호방위조약은 전문과 본문 6개 조항으로 이루어져 있다. 조약의 전문은 "태평양 지역에 있어서의 평화기구를 공고히 할 것을 희망하고 당사국 중 어느 일방이 태평양지역에 있어서 고립하여 있다는 환각을 어떠한 잠재적 침략자도 가지지 않도록 외부로부터의 무력공격에 대하여 그들 자신을 방위하고자 하는 공통의 결의"를 선언하였다. 또한 "태평양지역에 있어서 더욱 포괄적이고 효과적인 지역적 안전보장 조직이 발달"될 때까지 "집단적 방위를 위한 노력을 공고히 할 것"이라고 천명하였다.

제1조는 분쟁의 평화적 해결 원칙을 언급하고 있다. 즉, 어떠한 국제적 분쟁이라도 "국제평화와 안전과 정의를 위태롭게 하지 않는 방법으로

---

25) Robert T. Oliver, *Syngman Rhee and American Involvement in Korea, 1942-1960* (Seoul: Panmun Book, 1978), p. 427.

26) 한표욱, 『이승만과 한미외교』 (서울: 중앙일보사, 1996), pp. 172-175.

4.7

1953년 10월 1일 워싱턴에서 서명
1954년 11월 18일 발효

본 조약의 당사국은,

모든 국민과 모든 정부가 평화적으로 생활하고저 하는 희망을 재확인하며 또한 태평양 지역에 있어서의 평화기구를 공고히 할 것을 희망하고,

당사국 중 어느 1국이 태평양 지역에 있어서 고립하여 있다는 환각을 어떠한 잠재적 침략자도 가지지 않도록 외부로부터의 무력공격에 대하여 자신을 방위하고저 하는 공통의 결의를 공공연히 또한 정식으로 선언할 것을 희망하고,

또한 태평양 지역에 있어서 더욱 포괄적이고 효과적인 지역적 안전보장조직이 발달될 때까지 평화와 안전을 유지하고저 집단적 방위를 위한 노력을 공고히 할 것을 희망하여 다음과 같이 동의한다.

제 1 조

당사국은 관련될지도 모르는 어떠한 국제적 분쟁이라도 국제적 평화와 안전과 정의를 위태롭게 하지 않는 방법으로 평화적 수단에 의하여 해결하고 또한 국제관계에 있어서 국제연합의 목적이나 당사국이 국제연합에 대하여 부담한 의무에 배치되는 방법으로 무력으로 위협하거나 무력을 행사함을 삼가할 것을 약속한다.

제 2 조

당사국 중 어느 1국의 정치적 독립 또는 안전이 외부로부터의 무력공격에 의하여 위협을 받고 있다고 어느 당사국이든지 인정할 때에는 언제든지 당사국은 서로 협의한다. 당사국은 단독적으로나 공동으로나 자조와 상호원조에 의하여 무력공격을 방지하기 위한 적절한 수단을 지속하며 강화시킬 것이며 본 조약을 이행하고 그 목적을 추진할 적절한 조치를 협의와 합의하에 취할 것이다.

제 3 조

각 당사국은 타 당사국의 행정 지배하에 있는 영토와 각 당사국이 타 당사국의 행정 지배하에 합법적으로 들어갔다고 인정하는 금후의 영토에 있어서 타 당사국에 대한 태평양 지역에 있어서의 무력공격을 자국의 평화와 안전을 위태롭게 하는 것이라고 인정하고 공통한 위험에 대처하기 위하여 각자의 헌법상의 수속에 따라 행동할 것을 선언한다.

제 4 조

상호적 합의에 의하여 미합중국의 육군해군과 공군을 대한민국의 영토 내와 그 부근에 배비하는 권리를 대한민국은 이를 허여하고 미합중국은 이를 수락한다.

제 5 조

본 조약은 대한민국과 미합중국에 의하여 각자의 헌법상의 수속에 따라 비준되어야 하며 그 비준서가 양국에 의하여 「와싱톤」에서 교환되었을 때에 효력을 발생한다.

제 6 조

본 조약은 무기한으로 유효하다. 어느 당사국이든지 타 당사국에 통고한 후 1년 후에 본 조약을 종지시킬 수 있다.

이상의 증거로서 하기 전권위원은 본 조약에 서명한다.

본 조약은 1953년 10월 1일에 「와싱톤」에서 한국문과 영문으로 두벌로 작성됨

대한민국을 위해서 변 영 태
미합중국을 위해서 존 포스터 덜레스

평화적 수단에 의하여 해결하고,"유엔헌장의 목적과 의무에 배치되는 방법으로 "무력의 위협이나 무력의 행사를 삼갈 것"을 약속하였다. 제2조는 조약국의 의무에 대한 내용으로 "외부로부터의 무력공격에 의하여 위협받고 있다고 어느 당사국이든지 인정할 때" 공동으로 또는 상호원조

에 의하여 무력공격을 방지하기 위해 노력한다고 규정하고 있다. 이어 제 3조는 유사시 헌법적 절차에 따른 개입을 명시하고 있다. 즉, 타 당사국에 대한 "태평양 지역에 있어서 무력공격을 자국의 평화와 안전을 위태롭게 하는 것이라고 인정"하고, 공통된 위협에 대처하기 위하여 "각자의 헌법상의 절차에 따라 행동"할 것임을 밝히고 있다.

한·미상호방위조약의 제4조는 미군의 주둔 문제를 규정하고 있다. 이 조항은 "상호합의에 의하여 미합중국의 육군, 해군과 공군을 대한민국의 영토 내와 그 부근에 배치하는 권리를 대한민국은 이를 허여하고 미합중국은 이를 수락한다."고 함으로써 사실상 미국이 자국 군대를 대한민국 어느 곳에나 배치할 수 있게 했다. 제5조와 6조는 비준절차와 효력, 그리고 유효기간을 다루고 있다. 유효기간과 관련, 제6조는 이 조약이 "무기한"으로 유효하나, 어느 당사국이든지 타 당사국에 통고한 1년 후에 이 조약의 효력을 정지시킬 있다고 규정하였다.

이와 같은 조약의 체결로 이승만 대통령은 공산주의 세력으로부터 위협받고 있는 한국의 안보를 미국으로부터 보장받는 데 성공하였다. 비록 이승만 대통령이 원했던 '자동개입'을 보장 받지는 못했지만, 미군의 주둔을 명시함으로써 '인계철선tripwire'을 통한 미국의 개입을 확보할 수 있었다.[27]

1954년 1월 한국 국회 및 미국 상원이 이 조약을 비준했고, 3월 양측이 비준서를 교환함으로써 효력이 발생될 예정이었다. 그러나 아래에서 살펴볼 것처럼 한국군 증강 문제와 이승만의 북진통일론 포기 약속을 둘러싸고 한·미 간에 또다시 갈등이 발생하여, 비준서 교환은 연기되었다.

3. 한국 군사력 증강과 한·미합의의사록 체결

---

27) 김일영·조성렬, 『주한미군: 역사, 쟁점, 전망』 (서울: 한울아카데미, 2003), pp. 70-71.

1953년 7월 27일 한국전쟁이 공식적으로 종결되었고, 곧 이어 이승만 대통령은 그토록 원하던 미국과의 상호방위조약을 체결하였다. 그럼에도 불구하고 그는 북진통일 주장을 굽히지 않았다. 이승만은 만일 휴전 조약에 명시된 대로 3개월 이내에 정치회담을 통해 한국문제를 평화적으로 해결하지 못할 경우, 다시 무력통일을 시도해야 한다고 주장하였다.[28] 휴전 이전의 시기에서와 마찬가지로 이러한 이승만의 태도는 통일에 대한 그의 신념을 반영하는 것인 한편, 미국으로부터 더욱 많은 안보 공약을 얻어내려는 전술적인 목적을 지니고 있었다. 휴전 이후의 시기에 이승만 대통령이 대미 협박외교를 통해 노린 것은 한국의 국방력을 강화시키는 것이었다.

한·미 양측은 덜레스-이승만 회담을 통해 한국 육군의 병력을 20개 사단으로 증강시키며, 그에 비례하여 해군 및 공군 전력을 강화하기로 합의하였다. 그러나 1953년 12월 미국이 주한미군 2개 사단을 철수시키기로 결정하자 한국 정부는 더 많은 한국군 병력 증강을 요구하기 시작하였다. 미국 정부는 미군 2개 사단이 철수하더라도 20개 사단의 남한 병력과 미군의 공군력은 공산주의자들의 위협을 막아내기에 충분하다고 생각하였다. 또한 미군을 철수시킴으로써 남한이 전쟁을 일으킬 경우 미국은 결코 이를 돕지 않을 것이라는 점을 이승만에게 분명히 인식시키려고 하였다. 반면 이승만 대통령은 미군의 철수는 남한의 방위 수준을 약화시킴은 물론, 북한의 재침략 의도를 자극할 것이므로 남한의 병력을 35 내지 40개 사단으로 증강시켜야 한다고 주장하였다. 아울러 이승만 대통령은 이

---

28) 휴전협정 제60항은 "한국문제의 평화적 해결을 위하여 정전협정이 효력을 발생한 후 3개월 내에 정치회의를 소집하고 한국으로부터의 모든 외국군대의 철수 및 한국문제의 평화적 해결문제들을 협의할 것"을 규정하고 있다. 이승만 대통령은 상호방위조약 서명 이전에도 이 조항을 근거로 미국에게 정치회의가 실패할 경우 전쟁을 다시 시작해야 한다고 주장하였다. 이에 미국은 이승만의 요구를 일부 받아들여, 정치회담이 90일 이내에 한국의 통일을 가져오지 못할 경우 그 회의에서 철수하며, 차후 대책을 위하여 남한과 "협의(consult)"할 것임을 약속하였다.

정도의 병력이면 미국의 도움 없이 북침을 단행할 수도 있을 것이라는 점을 고려하였다.[29]

이승만 대통령은 남한의 병력 증강을 위한 미국의 원조를 더욱 많이 받기 위해 때마침 불거져 나온 제네바 정치회담 참석 여부 문제를 이용해 자신의 협상력을 강화시키려 하였다. 1954년 2월 베를린에서 미국, 소련, 영국, 그리고 프랑스는 한국 문제 해결을 위한 교전 당사국 간의 회의를 제네바에서 개최하기로 결정하였다. 미국 정부는 제네바 회담이 한반도의 평화적 통일을 가져올 것이라고 기대하지는 않았으나, 이 회의를 통하여 미국이 세계 평화를 위해 노력하고 있다는 것을 대외적으로 선전하려고 하였다. 이러한 목적의 달성을 위하여 미국은 제네바 정치회담 개최에 대한 남한의 협조가 필요하였다.[30]

이승만 대통령은 이러한 미국의 입장을 간파하고 그 협조의 대가를 높이려고 하였다. 비록 이승만이 정치회담을 통한 통일의 실현에 대해 비관적인 입장을 견지하여 왔지만 제네바 회의를 거부할 생각은 없었다. 그러나 이승만은 미국 정부가 한국이 제네바 회의에 참석할 것이라는 사실을 알게 되면 남한의 협상력이 떨어질 것을 우려하여 한국의 참석 여부를 밝히지 않은 채 미국과 군사력 증강을 위한 줄다리기를 시작하였던 것이다. 이승만 대통령은 1954년 3월 아이젠하워 대통령에게 남한과 함께 전쟁을 재개하든지, 아니면 남한이 제네바 회담에 참여하는 대가로 한국군의 병력을 35 내지 40개의 사단으로 증강하고, 이들을 훈련시키기 위해 밴 플리트James Alward Van Fleet 전 미8군 사령관을 한국에 파견하여 줄 것을 요구하였다. 미국 정부는 이승만의 전쟁 요구는 물론 병력 확대 제안을 받

---

29) 당시 CIA 정보에 의하면 이승만은 그의 미국인 고문에게 만일 남한이 35 내지 40개 육군 사단을 갖추게 되면 모든 외국 군대를 한국으로부터 떠나게 한 후 자신이 직접 "상황을 주도할 것"이라고 말하였다. Hong (2000), p. 66.
30) 나종일, 『제네바 정치회담에 관한 연구』, 연구논문 시리즈 88-06 (서울: 일해연구소, 1988).

아들이기 힘들었다. 무엇보다도 미국 정부로서는 남한이 40여 사단 병력을 보유할 경우 북침을 개시할 수도 있다는 점을 우려하지 않을 수 없었다. 그러나 이승만 대통령이 같은 요구를 반복하자, 그의 요구를 일부 받아들이기로 결정하였다. 즉, 철수하는 미군의 장비를 한국 육군에 제공하고, 해군과 공군을 확대·재편하고 현대화시키며, 예비 사단을 창설하며, 필요한 병력의 규모를 조사하기 위하여 밴 플리트 장군을 한국에 보내기로 하였다.[31]

위와 같은 한국군 군사력 증강에 관한 미국의 결정은 비록 이승만이 처음 제안했던 수준에는 못 미치지만 미국의 원안보다는 훨씬 증가된 군사 원조를 약속한 것이다. 이승만 대통령은 이에 만족을 표시하고, 드디어 제네바 회담에 남한 대표를 파견할 것임을 공식적으로 발표하였다. 그러나 이승만 대통령은 그 발표문에서조차 만일 제네바 회담이 실패할 경우 미국은 공산주의자들과의 협상은 무익하며 위험한 것이라는 점을 깨닫고 남한과 함께 공산주의자들을 한반도에서 내몰 것을 희망한다고 말하였다.

1954년 4월 26일 개최된 제네바 회담은 이승만과 미국이 예상했듯이 한반도의 평화적 통일에 대한 아무런 합의도 이루지 못한 채 두 달 후 막을 내렸다. 제네바 회담이 실패로 끝나자 미국은 한·미동맹관계를 마무리하기 위해 이승만 대통령을 워싱턴으로 초청하였다. 미국은 이승만-아이젠하워 정상회담을 통해 한국에 지속적인 군사·경제 원조 제공을 약속하는 대신 이승만 대통령으로부터 무력통일 포기 약속을 받아내고자 하였다. 반면 이승만 대통령은 미국으로부터 보다 많은 군사적 지원을 받아내는 한편, 가능하다면 북진통일 정책에 대한 미국의 지지를 확보할 수 있기를 기대했다.

1954년 7월 27일 개최된 정상회담에서 아이젠하워 대통령은 미국이

---

31) 차상철 (2004), pp. 73-74.

4.8 한국 전선에서 이 순간 총성은 멈췄습니다. 그러나 그것은 현명치 못한 휴전협정 때문에 잠시 멈춰 있을 뿐이며, 적들은 이 기회를 이용하여 힘을 키우고 있습니다. 이제 예상했던 대로 제네바 회담이 아무 결과 없이 결렬되었으니, 휴전의 폐기를 선언할 때입니다……. 수년 안에 소련은 미국을 궤멸시킬 수단을 소유하게 될 것입니다. 우리는 지금 행동해야 합니다. 어디서 시작할 수 있겠습니까? 바로 극동지역입니다……. 한국 전선은 우리가 승리하고자 하는 전쟁, 즉 아시아를 위한 전쟁, 세계를 위한 전쟁, 지구상의 자유를 위한 전쟁 중 작은 일부일 뿐입니다……. 이 세계의 반을 공산주의자들이 차지하고 있는 이상 평화를 회복하기는 불가능하다는 것을 우리는 기억해야 합니다.

결코 무력통일에 동참하지 않을 것임을 여러 차례 강조하였다. 그러나 이승만 대통령은 한국의 평화는 물론 세계 평화를 위해 공산주의자들을 제거해야만 한다는 주장을 지속하였다. 특히 이승만은 미 의회에서 행한 연설에서 공산주의자들을 뿌리 뽑기 위한 전쟁을 개시해야 하며 이를 위하여 우선 중국을 공격할 것을 강변하였다.[32] 그러나 이러한 대중국 선제공격의 주장은 미국 내에서 이승만에 대한 부정적 인식만을 심화시켰을 뿐이다.

　한국군 증강 및 현대화 문제에 대한 합의도 쉽지 않았다. 미국은 한국 정부가 한국군의 작전지휘권을 계속 유엔사령부에 위임한다는 조건하에 한국군 병력 증강을 위해 10개 예비사단을 추가로 신설하고 철수할 미군의 장비를 한국에게 이양하며, 공군 및 해군의 현대화를 지원해

---

32) 이승만 대통령의 고문이었던 올리버(Robert Oliver)에 따르면 이승만 대통령이 이전에는 각종 연설문 내용을 자신과 상의하였으나, 이 연설문에 대해서는 "나는 휴전에 대한 내 자신의 생각을 말하려고 미국에 왔으며, 내 방식대로 그것을 결행할 것"이라며 초안을 보여주지 않았다고 한다. Oliver(1978), pp. 446-447.

주기로 방침을 정하였다.[33] 미국 정부는 이러한 내용을 '합의의사록Agreed Minute'에 담아 이승만의 서명을 받고자 하였다. 그러나 이승만 대통령은 이에 만족하지 않았다. 특히 주한미군 철수 규모가 기존에 미국이 발표했던 2개 사단이 아니라 4개 사단이 될 것이라는 사실을 워싱턴에 와서 알게 된 이승만 대통령은 보다 많은 군사적 지원을 원하였다. 따라서 미국이 제시한 합의의사록에 대해 좀 더 생각해 보겠다며 서명하지 않은 채 한국으로 돌아왔다. 이어 이승만은 미군 철수는 한국을 포기하는 행위라고 비난하며 관제데모를 일으키는 등 미군철수 반대운동을 시작하였다. 당시 국회도 미군철수에 반대하는 결의안을 만장일치로 통과시켰다.[34]

이런 상황 속에서 한·미 정부 실무자들은 여러 차례의 협상을 거쳐 1954년 9월 합의의사록 수정안을 만들었다. 이 안에서 미국은 군사지원과 경제 원조를 포함 7억 달러를 한국에게 제공하고, 10개 예비사단의 추가 신설과 79척의 군함과 약 100대의 제트전투기를 제공하기로 약속하였다. 대신 한국은 "유엔사령부가 한국의 방위를 책임을 지는 동안 한국군을 유엔사령부의 작전지휘권하에 둔다."는 데 동의하였다.[35] 합의의사록에 명시된 미국의 지원 액수는 단일 지원으로는 역사상 최대의 규모였다. 그러나 이승만은 이를 받아들이지 않았다. 합의의사록에는 미국이 "모든 평화적 수단"으로 한국의 통일을 지원한다는 내용이 포함되어 있었고, 북진통일의 가능성을 열어두고 싶었던 이승만 대통령은 이 표현을 "모든 수단"을 동원하여 통일을 지원한다는 것으로 바꾸고

---

33) 1950년 7월 이승만 대통령은 맥아더에게 "현재의 전투행위가 지속되는 동안" 작전지휘권을 유엔사령부에 위임한다고 약속하였다. 따라서 전쟁이 끝나자 한·미 간에는 작전지휘권 관계를 재정립할 필요가 있었다. 특히 한국이 실제로 전쟁을 일으킬 것을 우려한 미국은 한국군에 대한 작전지휘권을 유엔사령부가 지속적으로 행사할 수 있는 새로운 합의를 만들고자 하였다.

34) Hong (2000), pp. 71-75.

35) 한표욱 (1996), pp. 238-239.

싫어 한 것이다.

그러나 이번에는 미국도 단호하였다. 미국은 합의의사록에 이승만이 서명하지 않을 경우 한국에 대한 군사·경제 지원을 제공하지 않을 것이라는 점을 분명히 하였다. 미국은 과거에 미국의 "협조적, 유화적" 태도가 오히려 이승만의 입지를 강화시켰다는 판단 아래 이승만의 위협에 강경하게 대처하기 시작한 것이다.[36] 결국 이승만 대통령은 기존 입장에서 후퇴하여 통일에 대한 미국의 지지 방법과 관련된 조항을 아예 빼달라고 요청했고, 미국은 이를 받아들였다.

이에 따라 1954년 11월 17일 한·미합의의사록에 두 나라는 정식 조인했다. 또한 같은 날 그 동안 미뤄왔던 한·미상호방위조약의 비준서도 상호 교환됨으로써 비로소 그 법적 효력이 발생하게 되었다.

IV. 맺음말

철저한 반공주의자였던 이승만 대통령은 공산주의자들이 한반도에 남아 있는 한, 남한의 안전은 보장될 수 없다는 신념을 가지고 있었다. 그는 한국 안보에 대한 위협의 근원인 공산주의자들을 무력으로 격퇴시키길 원하였다. 그러나 위협의 제거가 불가능해지자 이승만은 미국의 안보 공약을 확보함으로써 북한의 위협에 대한 방어력을 높이고자 하였다. 특히 이승만 대통령은 미국과 방위조약을 체결함으로써 동맹관계의 제도화를 꾀하였으며, 이 과정에서 북진통일론을 자신의 협상력을 높이는 데 효과적으로 사용하였다.[37]

---

36) Hong (2000), pp. 75-79.
37) 미국이 휴전 직후 "Reaction of Far Eastern Leaders to Rhee's Success in Obtaining US Concession"이라는 보고서를 만들어, 아시아의 다른 지도자들이 이승만의 사례에 고무되어 미국으로부터 보다 많은 양보를 얻어내려고 할 가능성에 대

미국의 대한반도 정책은 기본적으로 소련의 영향력이 한반도 전체에 미치는 것을 막아야 한다는 소극적인 것이었다. 비록 6·25전쟁 발발을 계기로 미국의 정책이 적극적 개입으로 전환되었으나, 미국 정부는 대륙 세력과 전쟁에 휘말릴 것을 우려하여 한국과의 상호방위조약 체결은 꺼려하였다. 하지만 이승만 대통령이 단독북진 가능성을 앞세우며 벼랑 끝 외교를 펼치자 미국은 한국의 요구를 수용하지 않을 수 없었다. 공산주의 확산 봉쇄라는 세계전략을 추진해온 미국은 남한의 공산화를 방치할 경우 전체적인 국제 질서가 흔들릴 수 있다는 점과, 세계 지도자로서 미국의 체면이 손상될 수 있다는 점 때문에 남한을 포기할 수 없었다.[38] 다른 한편 미국은 한반도에서의 전쟁이 세계대전으로 확산되는 것을 방지하기 위해 현상유지 상태에서의 휴전을 원하였다. 더구나 아이젠하워 대통령은 그가 미국민에게 공약한 대로 한국전쟁을 "명예롭고 신속하게" 종결할 필요가 있었다. 이승만 대통령은 바로 미국의 이러한 정책적 제한을 이용하여 북진통일의 기치를 높인 것이다.

미국이 여러 차례 이승만을 제거하거나 한국으로부터 철수할 계획을 세웠던 사실에서 알 수 있듯이 북진통일론을 앞세운 협박외교는 매우 위험한 곡예였다. 그러나 양측이 첨예한 갈등에도 불구하고 최악의 상황을 피할 수 있었던 것은 반공이라는 공통인식 덕분이었다. 반공을 위하여 자국민의 목숨까지 희생시킨 미국은 반공을 강력하게 외치는 이승만을 저버릴 수 없었다. 마찬가지로 미국의 도움 없이는 공산주의의 위협에 대처할 수 없는 이승만으로서도 미국이 자신을 포기할 정도로 무모한 행동을 해서는 안 된다는 사실을 잘 알고 있었다.

한 대비책을 마련할 정도로 이승만의 협상전략은 성공적이었다. Hong (2000), p. 56.

38) John Lewis Gaddis, *Strategies of Containment: A Critical Appraisal of Postwar American National Security Policy* (Oxford: Oxford University Press, 1982), p. 109.

한국은 미국과 상호방위조약을 체결함으로써 자체의 군사적 능력이 부족한 상황에서 안보에 대한 확실한 보장을 확보할 수 있었다. 또한 한·미합의의사록을 통해 미국으로부터 대규모의 군사·경제적 지원을 약속받았다. 이렇게 완성된 한·미동맹체제는 이후 한반도에서 전쟁의 재발을 억제하는 데 중요한 기능을 담당하게 되었다.

하지만 이승만 대통령의 동맹정책이 몇 가지 문제점을 안고 있었던 것도 사실이다. 우선 한·미상호방위조약은 북한의 침략에 의한 전쟁으로 인해 안보 불안감이 극대화되었던 상황에서 미국에 사정하다시피 하여 만들어졌기 때문에 불평등한 요소를 포함하고 있었다. 같은 맥락에서 한국군에 대한 작전통제권을 유엔사령부에 이양함으로써 한국은 주권의 일부를 침해당하는 대가를 치러야 했다.[39]

근본적으로 한·미동맹은 전형적인 비대칭 동맹이었으며, 따라서 미국에 대한 군사적 의존성이 높아진 만큼 한국의 정치·외교·경제적 자율성이 침해될 수밖에 없었다. 정치적 측면에서 미국은 이승만 대통령의 제거를 지속적으로 고려하였으며, 중요 정치적 이슈에 대해 직·간접적으로 개입하였다.[40] 대외관계에 있어서도 한국은 미국의 정책 기조를 벗어날 수 없었다. 한국은 기본적으로 미국의 현상유지 정책을 따르지 않을 수 없었다. 따라서 이승만은 자신의 신념이었던 북진통일을 (그 방법의 옳고 그름을 떠나서) 포기해야만 했다. 또한 이승만 대통령은 미국의 요구에 따라 자신이 원치 않던 일본과의 대화에 나서야만 했다. 경제적으로도 한국은 미국이 제시한 정책틀과 원조규모 안에서 경제정책을 추진할 수밖에 없었다.

이승만은 한·미상호방위조약이 체결된 직후 이 조약의 혜택이 "대대손손" 이어지길 기대한다고 말하였다. 그가 희망했던 대로 여전히 한국

---

39) 김일영·조성렬 (2003), p. 74.
40) 이완범, "한국 정권교체의 국제정치," 『세계정치』 제27집 2호 (2007년 가을·겨울).

은 안보에 있어서 한·미동맹의 도움을 받고 있다. 그러나 그 당시 잉태된 문제점 역시, 비록 그것이 어쩔 수 없는 상황에서 만들어진 것이라 하더라도, 현재의 한국에 영향을 미치고 있는 것이 사실이다.

5

박정희 정부의 경제개발과 수출지향 전략

류상영(연세대학교)

목차

주요어   수출지향 전략, 개발국가, 5·16군사쿠데타, 박정희 정부, 한·미관계, 경제개발정책, 외
         교정책

요점정리

1. 1960년대 한국 외교정책의 환경은 냉전구조와 한·미동맹으로 특징지을 수 있고, 대전략은 국가안
   보와 경제개발로 요약할 수 있다.
2. 박정희 정부가 1964년 수출지향 전략으로 선회하게 된 사실은 한국의 경제개발 역사에 매우 중요한
   의미를 갖는다. 한국이 단시일 내에 경제성장에 성공할 수 있었던 이유는 수출지향 전략으로의 전환
   또한 국가 대전략의 테두리 내에서 복잡한 대내외적 환경과 많은 변수들이 작용하는 역동적인 과정
   을 거쳐 이루어졌기 때문이다.
3. 냉전구조가 한국의 경제성장에 어떤 영향을 미쳤는지에 관하여 크게 두 가지의 상반된 시각이 존재
   한다. 냉전수혜론은 냉전에 의하여 한국의 지정학적 중요성이 부각되어 많은 군사적 경제적 원조가
   유입됨으로써 경제발전에 도움이 되었다는 주장이다. 냉전피해론은 냉전이 한국의 경제발전에 도움
   이 되는 것이 아니라 부담이 되었지만, 한국 국민들의 노력과 전략에 의하여 냉전에 의한 구조적 제
   약을 극복하고 경제발전에 성공하였다는 주장이다.
4. 1960년대 초반 국제환경과 국내정치 사이에서 벌어진 구체적인 상호작용과 행위자들 간의 실질정
   치를 포착해내는 데 결정적 순간 시각(critical juncture perspective)의 개념틀은 유용하다. 이 분
   석방법은 현실주의와 역사적 제도주의를 결합하고 결정적 순간에서의 개별 정책결정자(individual
   decision maker)의 정치적 선택과 대내외적 시기적 압력(time pressure)이 주는 제약요인 사이
   의 상호작용에 주목한다. 결정적 순간 시각은 국내정치와 국제환경의 상호작용과 그 결과를 보다 구
   체적으로 설명해 줄 수 있을 것으로 기대된다.
5. 박정희 정부의 경제정책은 국내정치와 대미 외교정책 사이의 상호작용의 결과이다. 박정희 정부의 수
   출지향 전략으로의 전환은 미국과의 관계에서 민족주의를 후퇴시키고 보다 현실주의적인 대미협력
   주의를 채택하게 되었음을 의미하는 것이다. 경제개발정책을 이행하는 과정에서는 일본의 국가 중심
   적 개발 국가론의 입장에서 국가개입과 산업정책의 효과성을 강조하는 등 일본모델의 영향이 컸다.

사건일지

1961년 5월 16일
5·16 군사 쿠데타 발발, 경제개발 3개년계획 집행 중단

1961년 5월 27일
박정희 군부정권, 부정축재처리 기본요강 공포, 부정축재처리위원회 및 부정축재처리 기본요강 공표

1961년 7월 17일
'경제재건촉진회' 발족

1961년 7월 22일
경제기획원 신설

1961년 8월 12일
군부 집권세력 민정이양계획 발표, 부정축재처리 제1차 조사 결과 발표, 27개 기업 약 470억 환 최종 결정액 통고

1961년 8월 16일
'경제개건촉진회', '한국경제인협회'로 개칭

1961년 9월
미국 케네디 정부 '대외원조법(The Foreign Assistance Act of 1961)' 제정

1961년 11월
미국 국제개발국(Agency for International Development: AID) 발족

1961년 11월 10일
부정축재환수관리위원회 발족, 환수금을 국고로 납입하여 경제 발전 재원으로 활용 방안 고려

1961년 11월 20일
부정축재처리 제2차 조사 결과 발표, 30개 기업에 대해 약 500억 환 수정 통고

1962년 1월 13일
경제기획원, 제1차 경제개발 5개년계획 공표

1963년 10월 15일
제5대 대통령 선거, 민주공화당 박정희 후보 대통령 당선

1964년 3월
경제기획원 제1차 경제개발 5개년계획 수정안 최종 보완계획 발효

1966년 7월 29일
경제기획원 제2차 경제개발 5개년계획 공표

1967년 3월 15일
관세 및 무역에 관한 일반협정(General Agreement on Tariffs and Trade: GATT) 가입

1968년 8월 28일
'한국경제인협회', '전국경제인연합회'로 개칭

1977년 12월 22일
1백억 달러 수출달성 기념식 개최

I. 머리말

박정희 정부가 1964년 수출지향 전략으로 선회하게 된 사실은 한국의 경제개발 역사에 매우 중요한 의미를 갖는다. 한국이 단시일 내에 경제성장에 성공할 수 있었던 이유 중의 하나로도 한국이 늦지 않게 외향적 산업화 전략을 채택한 점이 강조되고 있다. 하지만 이와 같은 정책의 전환은 결코 우연히 또는 저절로 이루어진 것도 아니며 쉽게 이루어진 것도 아니다. 그리고 어떤 한 요인에 의하여 결정되거나 선택, 제약된 것도 아니다. 여느 외교정책 결정과정에서와 마찬가지로, 수출지향 전략으로의 전환 또한 국가 대전략의 테두리 내에서 복잡한 대내외적 환경과 많은 변수들이 작용하는 매우 정치적이고 동태적인 과정을 거쳐 이루어졌다고 할 수 있다.

국내 경제정책은 본질적으로 외교정책 및 대외 경제정책과 완전히 분리되기는 힘들다. 특히, 1960년대 초반 한국의 경제개발정책과 수출지향 전략으로의 전환은 단순히 국내문제로만 환원될 수 없는 문제였고 미국을 비롯한 국제적 변수에 더 큰 영향을 받지 않을 수 없었기 때문에 외교정책으로서의 성격이 두드러졌다. 당시 한국과 박정희 정부가 처했던 국내외적 위상이 높지 못한 상태에서, 박정희 정부는 국내적으로는 새로운 지배연합을 구성하면서 국제적으로는 국내 경제정책에 대한 미국 등 국제사회의 협력을 구하는 것이 급선무였다. 경제개발 계획을 추진하는 데 필요한 자본과 기술이 절대적으로 부족했던 한국으로서는 미국, 일본 등 국제사회로부터의 자금 및 기술 지원이 국내정책의 성공을 결정할 수 있는 환경이었다. 이 논문에서는 박정희 정부의 경제개발계획 수립과 수출지향 전략으로의 전환을 둘러싼 정치과정 및 정책결정과정을 국가 대전략과 외교정책의 시각에서 분석하고자 한다. 구체적으로 박정희 정부가 어떤 외교정책의 환경과 대전략 속에서 국내 경제개발정책을 성공시키기 위하여 어떤 정치적 선택과 정치과정을 연출해 갔는지를 살펴보고자 한다.

대체로 그동안의 외교정책과 대외 경제정책에 관한 국제정치적 이론들은 안보와 국가이익 개념을 강조하면서 국가전략의 수행자로서 국가의 중립적 역할과 비정치적 정책결정 과정을 강조해 왔다. 특히 현실주의적realist 이론들은 해당 국가 간에(주로 강대국과 약소국 사이) 형성된 거시적인 시스템을 강조하는 경향이 강했다. 반면 자유주의적liberal 이론들은 보다 미시적인 차원에서 애매모호한 국가이익 개념에 반론을 제기하면서 강대국과 약소국 간에 벌어지는 외교적 혹은 대외 경제적 사안의 배후에 있는 국내정치와의 연관성에 관하여 주목하기 시작했다. 중립적인 국가역할의 범주는 매우 제한적이며 국가이익 개념도 국내정치와 지배연합의 성격에 따라 다양하게 정의될 때 보다 구체화될 수 있다는 것이다. 즉, 이 이론들은 대외경제정책은 국내정치와 분리되기 힘들 뿐만 아니라 더욱 정치화될 수 있다는 인식을 전제하고 있다. 전쟁 기간이든 평화 기간이든 전략은 정치에 의해 좌우된다.[1] 이 연구는 후자의 시각을 수용하면서 1960년대 박정희 정부의 경제정책은 국내정치와 대미 외교정책 사이의 상호작용의 결과이며, 수출지향 전략으로의 전환은 박정희 정부의 대미 외교정책의 전환과도 연관되어 있다는 인식에서 출발하고자 한다.

제2절에서는 경제개발정책과 외교정책의 환경으로서 냉전구조를 간략히 설명하고 이것이 경제개발정책 및 한국의 대전략에 어떤 영향을 미쳤는지를 다루게 될 것이다. 특히, 미국의 동아시아 통합구상과 한국에 대한 원조정책의 변화가 한국의 경제개발정책 수립에 중요한 영향을 미쳤음을 강조하게 될 것이다. 제3절에서는 제1차 경제개발 5개년계획이 1962년 원안의 내포적 전략에서 1964년 수정안의 수출지향 전략으로 전

---

1) Kevin Narizny, *The Political Economy of Grand Strategy* (Ithaca : Cornell University Press, 2007), pp. 3-9; Gourevitch, P., *Politics in Hard Times: Comparative Responses to International Economic Crises* (Ithaca : Cornell University Press, 1986), p. 235.

환되게 되는 정치적 과정을 분석하게 될 것이다. 이를 통해 결정적 순간에 국내정치와 대외환경이 어떻게 상호작용하는지를 보여주게 될 것이다. 제4절에서는 경제개발정책의 집행 및 작동과정으로서 개발국가의 구조와 성격을 간략하게 설명하고, 개발국가가 대외경제정책, 외교정책, 한·미관계 등과 갖는 이론적, 경험적 연관성에 대하여 언급하고자 한다.

II. 경제개발과 외교정책의 환경 및 대전략: 냉전과 경제개발

1960년대 한국 외교정책의 환경은 냉전구조와 한·미동맹으로 특징될 수 있고, 대전략은 국가안보와 경제개발이었다고 요약될 수 있다. 박정희 정부는 대전략을 잘 수행함으로써 정권의 정통성을 보강하고 새로운 지배연합을 구축하고자 했다. 한국이 1950년 6월 한국전쟁 발발과 1953년 10월 한·미상호방위조약 체결 이래 미국의 핵우산과 군사적 헤게모니하에 놓여 있었다는 것에 대해서는 논쟁의 여지가 없다. 하지만 한·미 군사동맹과 냉전구조의 내용과 성격은 꾸준히 변화되어 왔으며, 군사동맹이 한국의 정치나 경제에 미친 영향도 다양하게 변화되어 왔다. 물론 정치적 쟁점이나 경제관계에서도 한·미 간에 많은 협력, 경쟁, 갈등이 있었고, 이에 대하여 한·미 양국은 각각의 국익과 국내정치에 따라 전략적 선택을 해온 게 사실이다. 어쨌든 한국은 냉전 구도하에서 신속한 경제발전에 성공했고, 이의 배후에는 한·미동맹의 정치군사적 구조가 자리 잡고 있었다. 냉전 구도하의 군사동맹과 경제발전은 불가분의 관계에 있다. 미국은 제2차 세계대전 이후 동서 대결 구도하에서 사회주의와의 체제경쟁에서 승리하기 위하여 자본주의 우방에 대한 경제적·정치적 지원을 실시했다. 군사적 승리를 위해서는 정치적 안정이 필요하고 정치적 안정을 위해서는 경제가 성장해야 한다는 철학에 기초하여 우방에 대한 경제적 지원을 아끼지 않았다.[2] 마셜플랜도 크게는 이 같은 전략의 일환이라 할 수 있다. 한국의 경우는 구소련, 중국, 북한 등에 의한 공산주의의 확산을 막기 위한 동아시아의 반공보루로서, 그리고 한·미·일 삼각관계를 완성하기 위한 핵심 연결고리로서 전략적으로 고려되었다. 실제로 미국은 한국전쟁 이후 대규모의 군사적·경제적 원조를 한국에 제공했다. 하지만 군사동맹과 경제발전의 관계는 이론적으로나 실제적으로 여전히 논쟁적이다. 군사동맹이 자동적으로 경제발전을 보장하는 것은 아니며, 경우에 따라서는 군사동맹이 경제발전을 저해할 수도 있기 때문이다. 따라서 성공적으로 군사동맹을 경제발전으로 이어가기 위해서는 해당 국가의 국내정치나 경제 제도적 여건 등을 총체적으로 분석할 필요가 있을 것이다.

같은 맥락에서 냉전구조 및 한·미동맹과 경제발전에 관하여 한국 내에 크게 두 가지의 상반된 시각이 존재한다. 이 쟁점은 냉전구조가 한국의 경제성장에 어떤 영향을 미쳤는지에 대한 논쟁과 직결된다. 냉전에 '의하여'와 냉전에도 '불구하고'의 논쟁이다. 전자(냉전수혜론)는 주로 현실주의적 시각을 가진 국제정치학자들이나 경제학자들에 의하여 제기되는데, 냉전에 의하여 한국의 지정학적 중요성이 부각되어 많은 군사적·경제적 원조가 유입됨으로써 경제발전에 도움이 되었다는 주장이다. 미국이 주도하는 냉전 구도하에서 미국은 한국의 수출상품에 대하여 미국시장을 열어주었고, 한국이 GATT나 IMF 등 국제 금융통화 질서에도 무임승차할 수 있도록 국제적으로 지원했다는 것이다. 한국은 이 같은 국제질서를 최대한 활용하여 국제적으로는 수출지향 산업화를 통하여 주변부에서 반주변부로 승진할 수 있었고, 국내적으로는 정치적 안정을 유지하면서 급속한 경제성장에 성공할 수 있었다고 해석된다. 이 주장에 의

---

2) Ikenberry, G. J., *After Victory: Institutions, Strategic Restraint, and the Rebuilding of Order after Major Wars* (Princeton: Princeton University Press, 2001), pp. 253-254.

하면 한국은 냉전의 피해자가 아니라 수혜국이라 할 수 있다. 반면, 후자 (냉전피해론)의 주장은 냉전이 한국의 경제발전에 도움이 되는 것이 아니라 부담이 되었지만, 한국 국민들의 노력과 전략에 의하여 냉전에 의한 구조적 제약을 극복하고 경제발전에 성공했다는 주장이다. 이 주장은 주로 한국 내의 비판적 시각을 가진 역사학자나 사회학자들에 의하여 제기되고 있는데, 이들은 경제발전의 성과 자체보다는 경제발전의 내용이나 과정에 대한 재해석을 중시하고 있다. 냉전 구도하에서 군사 및 경제원조가 많이 유입된 것은 사실이지만 냉전논리에 의하여 정치적 권위주의 및 사회적 불균형 등이 구조화되었고 경제발전의 내용도 지속가능하지 않았다는 점이 강조되고 있다. 즉, 군사독재의 지속과 중화학공업화가 가져온 부패와 민주주의 왜곡 등의 부작용은 한국경제의 구조를 왜곡했고 자원의 효율적 배분을 저해함으로써 사회적 후생을 줄이고 사회적 비용을 높이는 결과를 초래했다고 주장되고 있다. 특히, 과도한 군사비 지출은 한국의 경제발전에 현재까지도 부담으로 남아 있다고 주장되고 있다. 따라서 이 주장에 따르면 냉전구조가 없었다면 한국의 경제가 더욱 발전했을 것이라는 논리가 가능하다. 물론 군사비 지출과 경제성장의 인과론이나 상관관계에 관해서는 국제적으로도 수많은 경제적 분석 결과가 있지만 일치된 견해는 존재하지 않으며 연구자의 시각이나 방법론, 분석 대상에 따라 다양한 해석이 도출될 수밖에 없다. 한국의 사례에 대하여도 일치된 결론을 얻기 힘든 현실이고 현재 위의 두 시각이 각자의 근거를 갖고 대립하고 있다고 볼 수 있다.

그럼 한국의 대외경제정책 및 외교정책의 환경을 구성하는 주된 요소로서의 미국의 대한 외교 및 경제정책은 어떠했는가?[3] 한국의 경제개발정책은 결코 당시 국내의 경제문제로만 환원될 수 없는 보다 포괄적이

---

3) 이 부분은 류상영, "한국의 경제개발과 1960년대 한미관계: 중층적 메커니즘," 『한국
   정치학회보』 제36집 (3)호 (2002 가을), pp. 225-230의 내용을 기초로 했다.

고 역사적인 배경을 갖는다. 박정희 정부가 취할 수 있는 산업화전략 또한 어느 정도 이러한 배경하에서 형성된 복합적인 선택구도 속에서 결정되고 수행될 수밖에 없는 것이었다. 그리고 이 동태적인 선택구도를 구성하는 가장 중요한 외부적인 규정력의 한 축으로는 미국의 동아시아전략과 대한정책[4]을 들 수 있겠다. 미국의 동아시아전략은 '지역통합전략'으로 특정될 수 있는데, 이는 제2차 세계대전 이후 미국의 전후 동아시아전략의 핵심이념으로 구상되었고, 동아시아지역에 대한 미국의 정치경제적이고 군사적인 제반 원조정책을 결정하는 과정에서 일관된 하나의 정책으로 구체화되었다. 미국 내에서 동아시아 지역통합전략이 처음으로 구상되기 시작한 것은, 미국의 전후 대일정책에 있어서 이른바 '역코스reverse course'로 지칭되는 전면적인 정책변화가 결정된 1947년 이후의 일이라 할 수 있다. 1947년 3월 트루먼 대통령의 지시를 받은 3성 조정위원회SWNCC는 대외정책의 전반적 개편작업에 착수해 그 결과를 SWNCC/360 시리즈로 제출했다. 그 속에서 일본을 아시아의 중심으로 위치 지우고, 아시아 유일의 공업국가로서 원료공급지와 판매시장 확보가 가장 중요함을 지적했다.[5] 아울러 일본의 경제재건을 서두르고 이를 뒷받침하기 위한 구체적인 방안과 미국의 원조정책 운용방침들이 논의되기 시작했다.

1949년 8월 소련의 원폭실험 성공, 10월의 중화인민공화국 성립 등을 계기로 세계적인 수준에서의 미국의 대외정책이 NSC/68시리즈로, 아시아 수준에서의 미국의 대외정책이 NSC/48시리즈로 전면 개편되어 정리되었다. 이 두 가지 정책보고서가 토의되는 과정에서 아시아 경제의 중

---

4) 당시의 한·미관계에 발생하는 대부분의 사건은 "보다 커다란 국제적 상황전개의 산물"이기 때문에, "미국 대외정책의 국제적 맥락" 속에서 고려되어야만 한다. John L. Gaddis, "Korea in American Politics, Strategy, and Diplomacy, 1945-1950," in Yonosuke Nagai & Akira Iriye (eds.), *The Origines of the Cold War in Asia* (Tokyo: Tokyo University Press, 1977), p. 277.

5) Matray James, *The Reluctant Crusade* (Honolulu: University of Hawaii Press, 1985), p. 3, 28.

요성이 강조되었고 일본과 동남아시아 간의 수직적 지역통합의 필요성이 본격적으로 논의되기 시작했다. 예컨대 1949년 10월 14일 NSC/48의 아래와 같은 초안에서 동아시아 수직적 통합구상의 구체화된 내용을 읽을 수 있다.

> …… (계서적 구조에서는) 면, 밀, 석탄 그리고 전문화된 산업기계류 등과 같은 상품을 미국으로부터 일본으로 수출하게 되고, 일본은 저비용의 농업 및 수송 장비, 섬유 그리고 선적용역 등을 동남아시아에 수출하게 되며, 동남아시아로부터는 주석, 망간, 고무, 납, 아연 등을 미국에 수출하게 된다……. 이러한 복잡한 성격의 국제무역에 비추어 볼 때, 민족적 자긍심이나 야심에 의해 도모되는 몇몇 국가의 덧없는 공업화 노력들은 필요한 수준의 국제적 협력달성에 방해가 될 수 있으며 경제 확대를 증진시키는 우호적인 분위기와 조건의 성숙을 막을 수 있다는 것을 명심해야 할 것이다.[6]

1950년 5월 16일 국가안전보장회의의 최종보고서인 '대극동지역 미국원조계획의 조정'NSC/61-1이 확정될 때까지 국무성, 육군성, 경제협력국 등 미국 내 국가관료 사이에 많은 논의가 지속되었다. 당시 지역통합구상에 가장 적극성을 보인 곳은 육군성이라 할 수 있는데, 신임 육군차관 보히스Tracy S. Voorhes의 주도하에 작성된 보고서의 내용을 보면 ① 수직적 국제 분업에 의한 '지역적 경제통합' 또는 각국의 생산구조의 재편 조정, ② 이러한 지역통합을 촉진시킬 매개체로서 원조의 운용, ③ 대아시아 원조를 통합 관리할 중앙집권기구의 설립 등을 주장하고 나아가 미국원조를 대일구매와 연결시킬 것을 제안한 바 있다. 동아시아 지역통합구상의 구체화 과정 속에서 한·일경제통합의 문제는 미국의 대한경제정책의 전

---

6) Cumings Bruce, *The Origins of the Korean War* Vol.2 (Princeton: princeton University Press, 1990), p. 172.(강조 필자 추가)

환으로 나타났는데 크게 ① 현상유지적 소극적 경제운영으로부터 미국의 원조공여를 전제로 한 장기적 경제계획의 수립, ② 일본경제블록의 해체로부터 한·일경제관계의 재구축 모색 등으로 요약될 수 있다. 한·일 간의 경제통합에 관한 미국의 입장을 명시한 미국정부의 공식적인 문서로는 1947년 1월 29일 마셜 신임 국무장관이 빈센트 극동국장에게 보낸 전문을 들 수 있다. 이 지시에서 마셜은 빈센트에게 "남한에 정식정부를 수립하고, 그 경제를 일본경제에 연결시키기 위한 계획을 세울 것"을 명한 바 있다.[7] 한국의 경우 1947년 당시에는 구체적인 정책목표와 수단이 결정되어 있지는 않았지만 동남아시아 제국의 경우와 달리 완전한 일본경제의 배후지로서보다는 평화적 수단에 의한 봉쇄정책의 연장선상에서 한국경제 자체로서의 중요성과 정치 군사적 고려를 무시하고 있지 않았던 것으로 이해되고 있다.

한편 한국전쟁의 발발은 미국의 동아시아 지역통합구상에 중요한 변화를 가져왔다. 지금까지 원조조정에 미국정부 내 관료기구 간 의견대립이 완전히 해소되고 아시아 각국에 공여되는 ECA 원조물자의 대일발주를 제도화하기 위한 조치들이 서둘러 이루어졌다.[8] 한국전쟁은 특히 지역통합구상과 관련하여 미국의 대한정책에 있어서는 ① 지역통합의 중점이 경제에서 정치와 군사로 옮겨가는 계기가 되었고, ② 한국의 공업화 기반 형성보다는 군사력을 유지하기 위한 정치안정 달성이라는 단기적인 목표와 함께 장기적으로는 일본경제를 중심으로 하는 수직적 분업체제에 편입시키는 것이 바람직하다는 방향으로 정책이 굳어져 갔다. 하지만 한국전쟁이 휴전상태로 전환되고 미·소관계가 장기적인 대립적 냉전국면으로 접어들게 되자 미국의 대한정책은 다시 한 번 변화의 계기를 맞게

---

7) U.S. Government, *Foreign Relations of United States*, (Washington, D.C.: Government Printing Office), vol.7, p. 603.

8) 李鐘元, 「戰後アジアにおける美國の地域統合構想と韓日關係, 1945-1960」東京大學 法學部 助手論文, (1991), p. 21.

된다. 물론 이는 아이젠하워Dwight D. Eisenhower 정권이 추진하는 전체적인 미국 외교정책 변화를 반영하는 것이다. 아이젠하워 정권은 이른바 뉴룩New Look전략으로 지칭되는 새로운 외교정책을 수립했는데, 이는 1953년 10월 30일자의 '국가안전보장을 위한 기본정책'NSC/162-2이라는 문건으로 정리되었다. 이 정책은 미국의 대소 핵우위가 붕괴된 사실과 전면전의 가능성은 줄어들었다는 인식 아래, 전면전에 대하여는 대량보복능력을 갖추고 국지전에 대하여는 고도의 기동성을 가진 즉응능력을 갖추어야 한다는 군사정책을 세운 것이었다. 이를 위해서 거대한 대량보복의 핵전력과 적정 규모의 신속한 즉응전력 그리고 궁극적으로는 건전한 경제가 건설되어야 한다고 주장했다. 1953년 4월 7일 국가안전보장회의의 토의과정에서 뉴룩전략의 내용을, ① 현대무기(즉, 핵), ② 건전한 경제, ③ 사적 자본, ④ 국제무역, ⑤ 지역적 중심의 강화 등으로 요약한 바 있다.[9] 아이젠하워의 뉴룩전략은 대외경제정책 면에 있어서는 '원조가 아닌 무역trade not aid'으로 평가되었고,[10] 이는 대한정책에 있어서도 중요한 영향을 끼쳤다.

대한정책의 재검토작업의 일환으로 여러 차례 현지 조사활동을 마쳤는데, 1956년 9월 18일부터 약 1개월간 한국과 일본에서 조사활동을 행한 예산국의 매시Robert Macy는 1956년 한국의 대통령선거 결과 및 경제상황 분석을 토대로, ① 대한정책의 중점을 국방에서 국내 상황 대응으로 이동시킬 것, ② 중소기업을 중심으로 한 경제개발을 추진하고 일본과의 경제관계를 강화시킬 것, ③ 한국군의 목적을 명확히 하고 적절한 병력수준을 설정할 것 등을 제안했던 것이다.[11] 이러한 미국의 대한외교정책의 변화

9) Memorandum of NSC Special Meeting (March 31), April 7, 1953, Papers of Dwight D. Eisenhower as President of the United States, 1953–1961, NSC Series, box 4. 李鍾元 (1991), p. 78에서 재인용.

10) Kaufman, Burton I., *Trade and Aid: Eisenhower's Foreign Economic Policy 1953-1961* (Baltimore & London : The Johns Hopkins University Press, 1982), p. 57.

11) 李鍾元 (1991), p. 211.

흐름은 몇 가지 구체적인 사안에 있어 논쟁이 지속되기는 하지만, 1960 년에 접어들어 새로이 모색되는 대한정책의 기본적인 맥락으로 작용하게 된다. 1960년대 대아시아정책에 있어서 미국은 향후 몇 년 동안 극동지역이 권력경쟁의 현장으로 남게 될 것이며 스스로가 권력의 중심으로 성장하게 될 것이라는 기본인식하에 접근했다. 이러한 접근에는 물론 한국의 5·16쿠데타가 좋은 계기를 제공했지만, '외부적 방위external defense'역량이란 반드시 '내부적 방위internal defense'의 개발 및 유지 필요성과 조화되어야만 한다는 인식이 기반이 되었고, 이는 미국의 방위존재를 대신할 지역 내의 내부세력을 창출해 내야 한다는 정책과제 설정으로 연결되었다.[12] 이처럼 1960년대 미국의 아시아정책은 첫째, 상시적인 불안정과 평화위협에 대한 지속적 대응 노력, 둘째, 아시아의 생존력과 힘을 건설하는 것으로 요약할 수 있다. 전자는 기본적으로 군사적인 문제인데 미국의 동맹국들과의 양자간 혹은 다자간 방위협정의 강화와 군사원조 실시이고, 후자는 좀 더 장기적인 정치경제적 문제로서 경제성장과 정치안정을 추구하는 국가의 경제건설 지원 등이다.[13]

물론 미국의 이러한 지역통합전략에 있어서 미국과 일본 간에 갈등의 소지가 전혀 없었던 것은 아니었다. 즉, 일본의 중요성을 충분히 인식하고 있으면서도 미국은 일본의 아시아에 대한 경제재침투와 헤게모니 확대의 위험성에 관해서도 항상 주의를 게을리 하지 않았던 것이다. 예컨대 미국이 한국에 대하여 PL480 곡물원조를 삭감하지 못한 이유 중의 하나는 삭감될 경우 그 부족비용을 보충하기 위해 한국이 일본에 쌀을 수출하게 될 것이고 이는 한국과 일본에서의 미국의 이해에 맞지 않는다는 것이었다.[14] 그리고 한국의 비료공장건설 계획에 있어서도 한국에 비료공

---

12) Department of State, "The Far East: Department of State Guidelines For Policy and Operations," (May 1962), Thompson Paper, Box.17, JFK Library, pp. 1-3.

13) *ibid*, p. 2.

14) Macdonald Donald, *U.S.-Korea Relations from Liberation to Self-Reliance: The*

5.1 1961년 5월 16일 소장 박정희의 주도로 육군사관학교 8기생 출신 군인들이 제2공화국을 무너뜨리고 정권을 장악한 군사정변으로 군사혁명위원회를 조직하여 전권을 장악하면서 군사혁명의 성공과 6개항의 '혁명공약'을 발표했다.

그 6개항이란 ① 반공을 국시의 제일로 삼고 반공태세를 재정비 강화할 것, ② 미국을 위시한 자유우방과의 유대를 공고히 할 것, ③ 모든 부패와 구악을 일소하고 청렴한 기풍을 진작시킬 것, ④ 민생고를 시급히 해결하고 국가자주경제의 재건에 총력을 경주할 것, ⑤ 국토통일을 위하여 공산주의와 대결할 수 있는 실력을 배양할 것, ⑥ 양심적인 정치인에게 정권을 이양하고 군은 본연의 임무로 복귀한다는 것이었다.

군사 쿠데타는 초기에 미8군사령관 C.B.매그루더, 야전군사령관 이한림 등의 반대로 잠시 난관에 부딪히지만, 미국 정부의 암묵적 지지표명, 장면張勉 내각의 총사퇴, 대통령 윤보선尹潽善의 묵인 등에 의하여 성공했다. 군사혁명위원회는 '국가재건최고회의'로 재편하여 3년간의 군정통치에 착수했다.

장이 건설되어 일본이 수출시장을 잃게 되면 일본기업인들이 중국본토에 수출하기 위하여 일본정부에 교섭압력을 넣을 것이고, 이는 일본의 세력확장과 함께 미국의 입지상실을 초래할 가능성이 없지 않기 때문에 세심한 연구가 요구된다고 지적된 바 있다.[15]

미국의 외교정책의 변화는 곧 원조정책의 변화에 구체적으로 반영되었다. 케네디는 취임 직후부터 대외원조정책을 재검토하기 시작했고, 이는 1961년 9월의 '대외원조법The Foreign Assistance Act of 1961'으로 구체화되었다. 경제원조와 군사원조의 균형재고再考 및 분리를 특징으로 하는 케네디 정

Twenty-Year Record (Boulder: Westview Press, 1992), p. 300.

15) "Memorandum for Mr. Carl Kaysen: Aid-Financed Nitrogenous Fertilizers for Korea (March 30, 1962)," NSF, JFK Library.

5.2 미국의 농업수출진흥 및 원조법Agricultural Trade Development and Assistance Act

미국은 자국의 농산물 가격을 유지하고 농산물 수출을 진흥하는 한편 저개발국의 식량부족을 완화하기 위하여, 1954년에 법제화하여 그 규정에 따라 잉여농산물원조를 각국에 제공하고 있는데, 이 법이 미공법 480호이며, 이를 줄여서 PL 480이라고도 한다.

이 법은 미국의 정상적인 농산물의 대외수출에 일정량 이상을 더하며, 국제시장을 교란시키지 않는다는 2가지 전제조건에 따라 제1관 '현지통화에 의한 판매', 제2관 '기근機饉 기타의 외국구제', 제3관 '국제적인 무상공여, 잉여농산물과 전략물자의 교환 기타' 등의 3개 항목으로 구분하여 수출하도록 되어 있다.

한국은 1955년 이 법의 제1조에 따라 협정을 체결하여, 1956년부터 잉여농산물 원조를 받기 시작했으며, 61년에는 국토건설사업을 위하여 제2조에 의한 잉여농산물 원조를 받은 일도 있으나, 이 법에 의한 원조는 1981년으로 일단 종료되었다.

권의 원조정책의 내용은 다음과 같은 몇 가지로 요약된다. 첫째, 1959년 아이젠하워에게 군사원조 축소와 경제원조 확대를 요구하는 의견서를 제출했던 민주당 상원의원 그룹 중의 하나였던 케네디는 그것을 새로운 원조정책의 기본으로 추진했다. 군사원조와 경제원조의 분리를 명확히 하기 위하여 경제원조를 담당할 국제개발법과 군사원조를 담당할 국제평화안전법을 이원화하여 의회에 분리 심의를 요청했던 것이다. 둘째, 경제원조를 중요시했다. 구체적으로 아이젠하워 정권이 의회에 제출했던 1962년도 예산요구를 변경하여, 군사원조를 18억 달러로부터 16억 달러로 2억 달러 감축한 반면, 이를 경제원조로 돌려 경제원조는 22억 달러로부터 24억 달러로 증가했다. 셋째, 단순히 공산주의 위협이나 일시적인 위기사항에 대한 대응책에 그쳐서는 안 되고, 경제원조를 일관된 경제논리로 추진하기 위하여 '국가개발계획National development program'방식을 도입했다. 기존의 개별 프로젝트 원조방식을 바꾸어서 원조대상국별로 개발목표를 설정하고, 피원조국의 자주개발역량의 한계 및 개발수단 등을 종합적으로 판단한 다음, 그 결과에 따른 경제원조를 실시하기로 한 것이다. 결국 기존의 프로젝트 원조방식으로부터 프로그램 원조방식으로 그 중심이 이동하게 되었고, 자연히 경제원조의 분야에 있어서도 변화가 있었다.[16] 의회의 반대에 부딪쳐 군사-경제 분리원칙은 철회되기는 했지만 대외원조의 중심은 경제원조 중심으로 이동하고 있었음에 틀림없다. 장기자금의 도입, 공여로부터 차관으로의 전환 가속화, 차관변제에 있어서 상대국 통화가 아닌 달러에 의한 상환의 조건화 등이 중심 원조수단으로 체계화되어 갔다. 이러한 케네디의 경제원조를 뒷받침하기 위하여 1961년 11월 국제개발국Agency for International Development: AID이 발족되었다. 이 기구는 기존의 국제협력국, 개발차관기금, 국무성의 기술원조국 및 수출입은행의 일부 업무를 흡수 통합하여 발족되었는데, 장기적 프로그램방식의 경제원조에 대응하기 위하여 지역별·국가별 기능이 현저히 강화되었다.

1960년대 초반 미국의 대한 경제정책의 기본핵심은, 비교우위와 국제분업론에 기초하여 한국의 경제안정 유지와 한·일경제통합의 모색으로 구성된다. 한국의 정치적 안정과 군사력 유지에 필요할 만큼의 경제성장과 안정, 그리고 동아시아 지역통합전략의 틀을 깨뜨리지 않는 범위 내에서의 한국의 수출산업 육성과 이의 일본경제와의 분업관계 회복이 미국의 주요 정책목표였다. 미국은 이러한 정책목표를 달성하기 위하여, 군사원조와 경제원조 사이의 균형 재고 논의와 함께, 한국에 대하여는 개발원조 제공의 조건으로 국내경제에서의 지속적인 안정화계획의 수립과 추

---

16) 川口融, 『アメリカの對外援助政策: その理念と政策形成』(東京: アジア經濟硏究所, 1980), p. 61.

5.3 국민경제의 획기적인 발전을 도모하여 양적量的 성장과 아울러 질적質的 발전과 국민생활의 향상에도 중점을 둔 5개년 단위의 경제계획.

1962~1981년까지 4차에 걸쳐 경제개발계획이 실시되었으며 1982년부터는 그 명칭이 경제사회발전계획으로 바뀌어 실시되고 있다. 1982~1986년의 제5차, 1987~1991년의 제6차, 그리고 1992~1996년의 제7차 경제사회발전 5개년계획으로 이어졌다.

진을 강력히 요구했고, 일본에 대해서는 한·일국교정상화 압력과 아울러 한·일경제관계의 회복을 위한 각종 방안들을 제의했던 것이다.

미국은, 북한 공산주의세력이 직접적인 군사공격보다는 정치경제적인 공격을 주요 전략으로 삼기 시작했다고 판단하고, 박정희 정부의 경제개발 성공은 정치적 안정과 군사력유지를 위한 기반조성에 결정적으로 중요하며, 원조의 절대량이 증가하지 않는다면 군사원조와 경제원조 간의 균형을 재고해 볼 필요가 있다고 인식했던 것이다.[17] 주한 미 대사 버거Samuel D. Berger는 이와 관련하여, "한국이 경제성장과 군사안보유지 사이의 자원배분에 있어서 어쩔 수 없는 딜레마에 봉착하게 되면, 박정희 정부는 경제성장 우선전략을 선언하게 될 것"이라고 지적하고, "한국이 자유세계의 공동방위에 공헌하고 있는 것은 사실이기 때문에, 미국이 한국에 대한 공여를 차관으로 전환하는 비율을 결정하는 데 있어 현군사력을 유지하는 대가라는 형태로서 원조계획의 지지원조supporting assistance[18] 부분을

---

17) "Chairman Park's Visit: Military Assistance and Modernization," NSF, JFK Library.

18) 주로 단기적인 외교 군사상의 요청으로, 경제원조의 일부로 계산되지만 장기적인 경제원조계획에 이루어지는 경제원조와는 구별되는, 지지원조를 말한다. 안전보장지원조(Security Supporting Assistance)로 불리기도 한다.

충분히 고려해야만 한다."고 주장했다. 같은 전문에서 버거는 대한원조
전략에서 미국이 견지해야 할 구체적 대응방안에 관해 아래와 같이 제안
한 바 있다.

> 미국의 대한원조전략은, 군사방위와 경제개발에 있어서 한국 자신의 공
> 헌을 최대화시키고자 노력하는, 제반 유인(Inducement)과 압력(Pressure)
> 사이의 미묘한 균형을 유지할 것을 요구한다. 이 점과 관련하여, 한국에게 그
> 들의 협상위치가 기본적으로 제약을 받기 쉬운 상황 아래 놓여 있다는 사실
> 과, 미국의 대한 원조 규모는 한국의 자의적인 요구량과 제공가능성 사이의
> 차이의 폭보다는 오히려 한국정부의 자조적인 노력 및 조치들과 상호 관련되
> 어 있다는 사실을, 미국이 인식시킬 수 있기만 한다면, 미국은 미국에 대한
> 한국의 의존(Dependence)을 줄이는 데 있어서 어느 정도 계산된 모험에 착
> 수할 준비가 되어 있어야만 한다.[19]

즉, 미국은 대한정책의 목표를 지속적으로 추구하면서도, 구체적인
정책과 대응방식에 있어서는 되도록이면 미국의 비용과 개입을 줄이면서
최대의 효과를 달성하기 위하여 박정희 정부에 대하여 다양한 수준의 치
밀하게 계산된 압력과 유인수단을 구사했던 것이다. 이상과 같이 박정희
정부에 대한 미국의 정책에 깔린 기본적이고 지속적인 딜레마는 어떻게
하면 한국을 동아시아의 반공우방국가로서 군사적·정치경제적 면에 있
어서 지속적으로 강화시키면서도 미국의 직접적인 개입과 비용을 줄여나
갈 것인가 하는 문제였다.[20]

---

19) "Department Circular Telegram 659 and AID FY 62-63 Program Guidance
   (November 17, 1961)," NSF, JFK Library.
20) Macdonald (1992), p. 26.

III. 수입대체에서 수출지향으로 전환: 외압인가 선택인가?

외교정책과 대외 경제정책의 환경이 국내 경제개발정책의 방향과 과정을 압도적으로 결정할 수 있을 것인가, 아니면 어느 정도로 제약하거나 촉진할 것인가? 과연 국가, 정치지도자, 지배연합 등 국내 행위자들의 역할은 어떻게 형성되고 활성화될 것인가? 1960년대 초반 한국의 경제개발 전략이 내포적 수입대체형에서 외향적 수출지향 전략으로 전환되는 정치과정에 대한 분석은 위의 질문에 해답하기 위한 좋은 사례가 될 수 있다. 그 동안 이 쟁점을 분석하는 데 있어서 다양한 이론적 시각이 있어 왔다. 현실주의와 국가중심주의, 신고전주의 그리고 신제도주의 등이 그것이다. 현실주의는 행위자로서의 국가의 역할과 한·미 간의 국력 차이를 강조하면서, 수출지향 전략의 채택에 있어서 외부환경으로는 미국의 압력이 결정적이었고 국내적으로는 외압을 수용하거나 적절히 매개한 국가의 전략적 선택이 작용했다고 주장한다. 따라서 현실주의적 시각에 의하면 경제개발정책의 수립, 집행 등의 과정에 대한 해석도 지극히 국가중심적으로 이루어진다. 반면, 신고전주의는 국가 간의 외교 및 무역관계도 결국은 시장의 힘이 결정하게 되며, 한국이 수출지향 전략으로 전환하게 된 것도 결국은 자본, 기술 등 시장요인들과 거시경제적 변수들이 작용한 결과라는 것이다. 신고전주의적 해석에 의하면 미국이 한국에 압력을 가하게 된 것도 그들이 갖고 있던 신고전주의적 정책이념에서 출발한 것이라는 점을 감안하면 미국의 외압과 한국 국가의 전략적 선택을 최종적으로 규정하는 것은 시장이 된다. 한편, 신제도주의는 현실주의와 신고전주의의 시각을 부분적으로 수용하면서도 개별 경제제도의 역할을 강조한다. 내포적 수입대체형 전략이 기반을 두었던 경제제도들이 경제적 합리성을 갖지 못하고 효율성이 저하되면서 한국은 수출지향 전략으로 전환하게 되었고, 이 전략이 성공하여 급속한 경제성장이 가능하게 된 배후에도 항상 효율적인 경제제도가 작용했다는 것이다. 신제도주의에 따르면, 한국의 국가 시장관계의 역동적 변화에 대한 설명도 결국은 제도변동과 제도적 역동성을 통하여 가장 생생하게 해석될 수 있게 된다.

하지만 위의 세 가지 시각들은 1960년대 초반 국제환경과 국내정치 사이에서 벌어진 구체적인 상호작용과 행위자들 간의 실질정치를 포착해 내는 데는 상당히 한계가 있다. 비교적 짧은 시간에 복잡한 요인들이 복합적이고 응축적으로 작용하는 전략적 선택의 블랙박스를 해독해 내기 위해서는 위의 세 가지 시각들의 장점들 이외에 보다 미시적이고 행위자 중심의 개념 틀이 필요하다. 결정적 순간 시각critical juncture perspective의 개념 틀이 제공하는 이론적 유용성은 흥미롭다. 이 이론은 현실주의와 역사적 제도주의를 결합하고 결정적 순간에서의 개별 정책결정자individual decision maker의 정치적 선택과 대내외적 시기적 압력time pressure이 주는 제약요인 사이의 상호작용에 주목한다. 이 시각에 의하면 결정적인 순간에는 개별 정책결정자가 여러 선택지 중에서 하나를 결정할 수밖에 없고, 유동적이고 불확실한 위기의 순간에 이루어지는 결정이 반드시 기존의 제도적 배열에 의하여 사전적으로 결정된다고 볼 수는 없다.[21] 결정적 순간 모델은 제도형성의 결정성determinacy보다 결정적 순간이 갖는 사건의 우연성contingency on event을 포착하고자 한다.[22] 결국 결정적 순간 시각이 국내정치와 국제환경의 상호작용과 그 결과를 보다 구체적으로 설명해 줄 수 있을 것으로 기대된다.

그동안 박정희 정부의 수출지향 산업화 전략 선택과정에 대한 연구들을 정리해 보면 다음과 같다. 대체로 거시구조적 차원에서 미국의 일방적 영향을 강조하는 연구가 많았다. 이종원은 일본과 한국의 국내조건을 논

---

21) Calder, K. and M. Ye, "Regionalism and Critical Junctures: Explaining the "Organization Gap" in Northeast Asia," *Journal of East Asian Studies* no. 4 (2004), p. 195.

22) *ibid*, p. 197.

의하기는 하지만 미국의 세계전략과 아시아 지역통합 구상이 1950년대 미·일관계와 한·미관계 및 한·일관계를 결정했음을 강조하고 있고,[23] 이철순은 미국 정부가 가진 한반도에서의 위협인식의 변화가 1948년 이후 미국의 대한정책과 한·미관계를 결정짓는 핵심 요인이었다고 주장하고 있다.[24] 이병천은 미국의 압력에 의하여 민족주의적 수입대체전략이 좌절되었다고 보고 미국의 일방적 압력을 강조했다.[25] 박태균은 미국 내에서 경제개발론이 확산되고 미국의 대한정책이 변화되면서 한국의 경제개발 계획이 외향적 전략으로 전환되었고 주장하고 있다.[26] 한편, 미국의 대한 정책 변화가 한국의 국내조건과 밀접히 연관되면서 결정되었다는 연구도 많다. 이완범과 기미야 다다시木宮正史는 거시구조와 미시행위를 동시에 분석하고 있다.[27] 이완범은 박정희-기업가-미국이라는 삼자관계를 중시하면서 한국의 수출지향 전략을 채택하는 데 어떤 요소가 더 중요한 역할을 수행했는지를 분석하고 있다. 최근 이완범은 미국이 박정희 정부에 요구한 것은 수입대체화 산업을 통한 자립경제의 구축이었을 뿐이고, 수입대체 산업을 수출지향 산업으로 전환한 것은 미국의 압력이 아니라 박정희의 주도적 선택이었다고 주장했다.[28] 이완범의 견해는 박정희 정부의 주도성을 너무 강하게 주장한 것으로 보인다. 경제개발 계획의 원안은 내포적 성격이 강한 수입대체산업화를 지향한 계획으로서 민족주의적이고 사

---

23) 이종원 (1991).

24) 이철순, 「이승만정권기 미국의 대한정책 연구(1948-1960)」 서울대 대학원 정치학과 박사학위논문 (2000).

25) 이병천, "냉전기 분단체제와 권위주의적 자본주의 산업화," 『동향과 전망』 28 (1995), pp. 64-94.

26) 박태균, 「1956-1964년 한국 경제개발계획의 성립과정: 경제개발론의 확산과 미국의 대한정책 변화를 중심으로」 서울대 대학원 국사학과 박사학위 논문 (2000).

27) 이완범, "제1차 경제개발 5개년계획의 입안과 미국의 역할," 한국정신문화연구원 (편), 『1960년대의 정치사회변동』(서울: 백산서당, 1995).

28) 이완범, "한국경제도약의 지렛대: 박정희의 수출드라이브," 『신동아』 (2007. 1), pp. 636-643.

회주의적 성격이 강했다. 미국이 자국의 부담을 줄이기 위하여 한국의 자립형 경제를 바란 점은 없지 않으나 더 중요하게는 민족주의적 성향이 강한 수입대체산업화 전략을 바람직하지 않다고 보고 있었기 때문이다. 사실 미국보다는 한국의 장면 정부와 박정희 정부가 모두 자립적 경제체제 구축을 간절히 염원하고 있었기 때문에, 당시 미국과 한국 정부 사이에는 자립경제 구축을 위한 방법론상의 차이가 있었다고 보는 것이 더 정확한 해석일 것이다. 또한 박정희의 전략적 선택을 전면 부인할 수는 없지만 왜 그렇게 결정했는지에 대한 당시 한국의 국내정치와 지배(사회)연합에 대한 정치경제적 분석이 수반되어야 할 것이다. 아무리 독재적이고 강력한 지도자라 해도 본인의 정치적 선호나 정책이념만으로 한 국가의 정책을 결정하거나 집행할 수는 없다. 이 점과 관련하여 1960년대 초반의 박정희도 예외가 아니었다. 기미야 다다시는 미국과 한국의 상호관계를 관찰하면서 내포적 전략의 실패로 어쩔 수 없이 외향적 전략을 선택하게 되었다는 '잔여적 선택론'을 주장하고 있다.[29] 한국의 국내 자본가의 전략을 부각시키면서 이들의 압력에 의하여 수입대체산업이 실패로 돌아갔으며 수출지향 전략의 채택은 '예정된 조응화'였다고 주장하는 견해도 있다.[30] 같은 맥락에서 박동철은 4·19와 5·16을 1950년대 경제적 재생산과정과 국가권력 사이의 연관의 파괴와 재편과정이라는 관점에 입각하여 원안 수정의 원인은 1962-64년의 국내경제 사정의 악화이지만 국가 주도적 자본주의 발전방식을 채택한 박정희 정권이 대내외 체계를 형성하는 과정에서 프티부르주아적 요소를 탈각함으로써 나타난 결과라고 해석하고 있다.[31] 또한 정치적·제도적 맥락을 중요시하면서 외향적 전략으로의 이행

---

29) 木宮正史 (1991).
30) 손호철, "5·16 쿠데타의 재조명," 『한국정치학의 새 구상』 (서울: 풀빛, 1991), p. 191.
31) 박동철, 「한국에서 '국가 주도적' 자본주의 발전방식의 형성과정」, 서울대 대학원 경제학과 박사학위논문 (1993), p. 74.

은 미국이라는 외부적 압력과 국내정권의 정치적·제도적 변동이 결합하여 이루어진 것으로 분석되기도 한다.[32] 이들 연구들은 대체로 거시구조와 미시행위를 결합하여 분석하려는 시도들로 평가될 수 있다.

한편, 박정희 정부가 경제개발계획을 수립하는 과정을 이전의 장면 정부의 정책과 연속적으로 보는가 아니면 단절적으로 보는가에 따라 견해가 나뉜다. 박태균과 쉐터화이트David Hunter Shatterwhite는 대체로 민주당 정부의 경제개발 5개년계획이 박정희 정부의 경제개발 5개년계획의 원형이고 연속적이라고 주장한다.[33] 반면, 경제개발 계획의 초안을 거의 그대로 채용한 것은 사실이지만 보다 중요한 것은 정책이념이나 계획안이 아니라, 해당 정부가 그 계획을 일관되게 집행할 수 있는 정치적 의지와 행정적 역량을 가졌는가에 달려 있다고 인식하고 국가 능력 면에서 박정희 정부와 민주당 정부의 차이를 지적하는 견해도 있다.[34] 대체로 역사학계에서는 역사의 연속성을 강조하면서 박정희 정부에 대한 비판적 평가와 함께 민주당 정부의 경제개발계획이 한국 경제개발의 시원이라고 평가하는 분위기가 강하다. 실제로 장면 정부는 1958년 3월 부흥부를 중심으로 산업개발위원회를 설립하고 "자립경제체제의 확립이라는 장기적 문제를 해결할 수 있는 기초로서 우선 자립화의 기반 조성"으로 경제개발 3개년계획을 수립했다. 하지만 실행을 며칠 앞두고 5·16군사쿠데타의 발발로 이 계획의 집행이 중단되었던 것이다.

박정희 정부의 경제개발정책은 1962년 제1차 계획의 원안이 작성되

---

32) Haggard, Stephan, *Pathways from the Periphery: The Politics of Growth in The Newly Industrializing Countries* (Ithaca and London: Cornell University Press, 1990), p. 62.

33) 박태균 (2000); Shatterwhite, David Hunter, The Politics of Economic Development : Coup, State, and the Republic of Korea's Five-Year Plan, 1962–1966, University of Washington Ph.D. Dissertation, (1994).

34) 류상영, 「한국산업화에서의 국가와 기업의 관계: 포항제철과 국가자본주의」연세대학교 대학원 정치학과 박사학위 논문(1995); 류상영, "박정희정권의 산업화전략 선택과 국제 정치경제적 맥락," 『한국정치학회보』30집 1호 (1996).

어 얼마간 집행되다가 일련의 경제적 어려움을 겪은 후 1964년 수정안으로 변경되었다. 이 과정에 나타난 주요 정책의 변화내용, 관련 행위자의 반응과 역할 등을 통해서 초기 한국 경제개발정책의 방향과 정치경제적 성격을 읽을 수 있다. 제1차 계획의 원안은, 건설부안과 최고회의안을 경제기획원이 종합적으로 비교 검토한 후 경제기획원안으로 완성하여, 1962년 1월에 공포되었다.[35] 경제기획원안으로 제1차 계획이 확정되는 과정에서 처음으로 경제개발정책과 산업화를 둘러싼 논쟁이 표출되기 시작했다. 이 논쟁은 대체로 연간 GNP성장 목표, 투자재원 조달방법, 수출품목의 산업별 목표 등에서의 견해 차이로 전개되었다. 이러한 쟁점은 경제기획원이 두 시안을 종합적으로 검토 확정하는 과정에서 최고회의 내부와 전문경제관료, 민간경제인, 그리고 미국 정부의 견해에 이르기까지 보다 광범위한 논쟁으로 발전했고 논쟁의 내용도 산업화전략의 기본 방향을 둘러싼 보다 근본적인 사항에 관한 것까지 확대된 바 있다. 구체적으로 무엇을 전략산업으로 설정할 것인가, 자금조달원을 어디로 할 것인가, 경제성장의 중심을 어디에 둘 것인가 등에 관하여 각 견해의 정치경제적 입장들이 개진된 바 있다. 최고회의 내 군사 쿠데타 주도세력을 중심으로 자신들의 정책이념을 상기시키면서 농업의 우선 육성을 주장하는 농업우선론이 있었던 반면, 농업우선론의 한계를 지적하고 공업육성의 필요성을 강조한 민간경제인들 중심의 공업우선론이 있었다.[36] 자금조달원에 있어서도 국내저축과 정부중심의 내자동원을 강조하는 견해가 있었는가 하면, 모자라는 투자재원을 충당하기 위하여 외자를 적극 유치해야 한다는 견해가 있었다. 경제성장의 중심을 어디에 둘 것인가 하는 점에

---

35) 각 시안들에 관하여는 건설부, 「제1차 5개년경제개발계획(시안)」 (1961년 5월), 국가재건최고회의 종합경제재건기획위원회, 「종합경제재건계획(안)」 (1961년 7월), 경제기획원, 「제1차 경제개발 5개년계획」 (1962년 1월)을 참조. 1차 계획의 각 안에 대한 자세한 비교와 수정안 마련 과정에 대하여는 이완범 (1999), pp. 99-117.

36) 당시 민간경제인들의 공업우선론에 관하여는 이원만, 『나의 정경 오십년사』 (서울: 주식회사 코오롱, 1977), pp. 247-272.

있어서도 농업생산성을 높여 전체 국민의 구매력을 향상시킴으로써 국내
시장의 성장을 도모하자는 국내시장 육성론이 있었던 반면, 협소한 국내
시장을 육성하기보다는 해외시장을 상대로 한 수출을 증가시킴으로써 국
내경제의 재건을 도모하자는 해외시장 이용론이 대두된 바 있다. 같은 맥
락에서 공업우선론의 내부에도 외자유치에 의한 기간산업의 신속한 건설
을 주장하면서도 동시에 섬유산업 등 경공업에 먼저 투자하여 수출우선
의 정책을 펴야 한다는 경공업 중심의 수출우선론과 비료, 정유 등을 시
급히 건설하여 수입대체에 임해야 함과 동시에 전력, 철강, 기계 등을 중
점적으로 건설해야 한다는 중공업 중심의 수입대체우선론이 대립한 바
있다.[37] 이러한 두 가지 산업화전략은 제1차 계획 원안이 실패로 평가되
고 수정안이 이루어지기까지 커다란 흐름으로 존재했다.

　미국은 한국의 산업화전략에 관하여 기본적으로 경제안정화를 전제
조건으로 요구해 왔는데, 주한 미국대사 버거와 주한 미국경제원조기구
USOM의 킬렌James S. Killen 국장의 견해를 담은 보고서는, 토의중인 경제기획
원안에 관하여 현재까지 제안된 계획에 비교하면 가장 포괄적이고 신중
히 마련된 것이고 중앙계획방식을 많이 도입한 것으로 평가했다. 그러면
서도 기본적인 한계로 현재 이용가능한 자원에 대한 객관적인 평가 없이
필요한 것만을 선험적으로 판단하여 열거했다고 지적했다. 구체적으로
연평균 GNP성장률을 7.1%로 설정한 것은 과도한 의욕이고, 해외자금
조달계획에서 5년간 전체 24억 달러를 도입하고 그 중 14억 달러는 해외
원조를 통해 충당한다는 것은 의문이며, 내자동원계획도 무리라고 비판
한 바 있다.[38] 또한 너무 성급한 중화학공업 발전을 기대하고 있다는 비
판도 없지 않았다.[39]

　한편, 제1차 계획 원안에 의하여 1962년과 1963년에 걸쳐 시행된 경

37) 이병철, 『호암자전』 (서울: 중앙일보사, 1986), p. 123.
38) "From Seoul to Secretary of State," (November 11, 1961), NSF, JFK Library.
39) 『동아일보』, 1961년 11월 17일.

제개발은 사실상 실패하고, 원안을 수정하지 않을 수 없게 되었다. 예컨대, 1962년의 GNP성장률의 경우, 원계획의 5.7%에 크게 못 미치는 2.2%에 그치고 말았고, 1차 산업의 1962년 성장목표는 5.3%였지만 실제로는 마이너스 6%성장을 기록했다. 또한 연이은 가뭄과 흉작의 여파도 있지만 1964년의 도매물가지수가 34.6%에 이르는 등 높은 인플레가 초래되었고, 외자 및 내자 동원도 계획에 못 미치는 결과를 낳았던 것이다. 원계획의 내용을 사실상 수정하는 정책들은 원계획 실시 직후부터 이미 진행되었다고 볼 수 있다. 인플레를 막기 위해 1963년부터 부분적으로 추구되기 시작한 안정우선의 금융재정정책이 1964년에 들어서는 더욱 일관된 정책으로 집행되었고, 경제기획원은 1962년 11월에 원계획의 전면적인 수정작업에 착수하여 1964년 2월에 최종 보완계획을 작성 발표했다. 수정안은 경제 성장률을 비롯하여 투자규모와 자본조달계획 등을 조정하고 투자기준을 전면적으로 개편하여 실현가능성을 제고했다. 연평균 성장률을 5%로 축소 조정하여 안정 성장을 이루도록 했고, 광공업 및 전력부문 성장목표도 축소 조정했다. 또한 총 가용 자원에 대한 투자비율을 21%에서 15.5%로 수정하고 소비율을 79%로부터 84.5%로 확대하여 자원배분의 현실성을 반영하도록 했으며, 외국원조 등 정부증여수취와 해외 순차입을 낮게 책정했다. 투자재원 조달에 있어서도 국내 저축률을 7.2%로 해외 저축률을 9.9%로 각각 축소 조정하여 총투자율을 17%로 수정했다.[40] 수정안이 마련되고 탄력적인 정책전환이 수시로 이루어진 결과 제1차 경제개발 5개년계획은 연평균 성장률 8.5%를 기록해 계획치를 상회했다. 1966년의 산업구조도 1960년에 대비해 볼 때 1차 산업은 35.2%에서 31.7%로 줄어든 반면, 2차 산업은 19.2%에서 25.7%로 증가함으로써 광공업 중심의 성장전략이 시작된 것으로 해석할 수 있다.

---

40) 경제기획원, 『개발년대의 경제정책: 경제기획원 20년사』(서울: 동원, 1982), pp. 38-39.

제1차 계획의 원안내용과 이의 수정은 초기 산업화전략의 방향전환에 매우 많은 의미를 갖는다. 수정안에서는 안정 기조 회복과 순조로운 진행, 국내외 민간기업 및 자금의 활동과 동원을 강조하여[41] 과도한 성장위주의 팽창정책을 안정화정책으로 전환하고 원계획에서 강조되었던 국가의 역할을 줄이고 민간기업의 자발적인 기업 활동을 더 권장한다는 정책의 방향전환을 예고했다고 할 수 있다.

이러한 변화의 배경에는 미국의 압력과 이를 극복하려는 박정희 정부의 적극적 선택, 그리고 이와 조응하는 군사정부 내의 세력재편, 정치경제적 지배연합의 변동 등이 있었음을 무시할 수 없다. 중앙정보부와 민주공화당이 창설되고, 내포적 산업화를 주장한 대부분의 세력들이 이들 정치기구로 옮겨가거나 아니면 최고회의 내부의 권력투쟁에서 패배함으로써 자연스레 내포적 산업화전략이 약화된 점도 지적하지 않을 수 없다.[42] 한편 경제개발에 우선순위를 둔 박정희 정권에게 내향적 산업화전략은 새로이 형성되기 시작한 국제분업이나 국내경제의 발전방향 및 지배연합의 성격 등을 고려할 때 구조적으로 일찌감치 철회될 수밖에 없는 성질의 것이었다.

IV. 개발국가의 형성과 경제정책의 국내정치

수출지향형 산업화로 전환하게 된 1964년 전후의 기간이 왜 결정적 순간이고 이 과정에 외교환경과 국내정치 사이에 어떤 상호작용과 관계가 형성되었으며, 이 결정적 순간에 박정희와 박정희 정부는 어떤 정치적 선택을 했는지는 당시 개발국가의 형성과정과 경제정책 선택의 국내정

---

41) 경제기획원, 「제1차 경제개발 5개년계획 수정안」 (1964), pp. 6-7.
42) 백준기, 「5·16 군정기(1961.5·16-1963.12.16)의 정치지형재편과 그 의미에 관한 일연구」, 고려대 대학원 정치학과 석사학위논문 (1992), pp. 68-76.

치를 규명함으로써 더 정확하게 분석될 수 있을 것이다. 박정희 정부로서는 제1차 경제계획의 원안이 실패로 돌아가면서 대내외적으로 새로운 경제성장의 동력을 찾지 않으면 안 되었다. 비록 군사 쿠데타에 의하여 정권을 창출하고 형식상의 민정이양으로 권력을 유지했지만, 정통성의 결여 속에서 구체적인 경제적 성과를 보이지 못할 경우의 정치적 부담이 적지 않았을 것이다. 한편 당시의 경제적 불황과 거시경제의 불안정은 박정희가 자신이 가지고 있던 초기의 정치적 선호나 민족주의적 성향을 지켜내기에 커다란 제약요인으로 자리 잡고 있었다. 게다가 미국 등 대외관계도 완전히 정착되기에는 갈등 요인과 앙금이 적지 않게 남아 있었다고 할 수 있다. 특히, 쿠데타 직후 미국이 박정희의 사회주의적 이념성향과 이력 등에 대하여 강한 의심을 갖고 있던 상황에서[43] 민족주의적 성향을 가진 내포적 공업화 전략을 지속하는 것은 큰 정치적 부담일 수밖에 없었다. 즉, 박정희 정부로서는 정치권력 강화와 경제성장 이라는 정책목표와 전략의 달성을 확신할 수 없는 상황이었다. 이 같은 결정적인 순간에 박정희에게는 현실을 타개하고 새로운 상황을 만들어 내기 위한 정치적 결단의 압력이 가중되고 있었고, 이는 수출지향 전략의 적극적 수용으로 나타나게 되었던 것이다.

　　미국의 압력이나 국내 거시경제적 한계와는 달리, 한국의 개발국가 형성과정은 박정희의 수출지향형 산업화 전략으로의 전환에 매우 우호적인 국내 요인으로 작용했다. 박정희 정부의 등장은 한국자본주의가 본격적으로 발전을 시작하게 되는 역사적 계기로서의 의미가 크다. 이후 한국사회의 발전방향과 변동유형은, 군부권위주의 정권에 의해 연출된 위로

---

43) 미국은 쿠데타 직후 박정희에 대하여 그의 공산주의 연루 이력 등에 대한 의구심을 품고 경계하다가, 2개월여가 지난 이후 처음으로 이에 대한 생각을 바꿔나가기 시작한다. 주한 미대사가 국무성에 보낸 전문에서 아래와 같이 언급하고 있다. "박정희를 공산주의자 범주에서 제외시키기로 했다. 공산주의자들이 현 정권을 전복하면 그 자신이 제1호 희생자가 될 것이기 때문이다" ("From Seoul to Secretary of State (July 15, 1961)," NSF, JFK Library).

부터의 정치권력 변동과 국가자율성 강화로 특징되었다. 시민사회의 취약함 혹은 자본의 미성숙 등으로 곧잘 평가되는 당시 상황에서, 5·16쿠데타로 국가권력을 장악하게 된 박정희를 중심으로 한 한국 군부는 가장 핵심적이고 조직적인 정치세력으로 등장하게 되었다. 이들에 의해 새로이 구축되고 형성된 국가제도와 지배연합은 박정희 정권이 채택하게 되는 한국 산업화전략의 국내적 형성기반이 되었다. 박정희에 의한 국가제도 구축은 크게 '정치적 통치reign 44)를 담당하게 될 중앙정보부KCIA와 민주공화당DRP의 창설 그리고 '경제적 지배rule'를 담당하게 될 경제기획원EPB의 설립으로 이루어진다.45)

박정희 정부의 정치권력 변동의 정치과정은 1961년 5월 16일 정권장악 성명과 함께 발표된 '혁명위원회'46)의 구성으로부터 시작된다. 이 혁명위원회 소속의 5인 혁명위원과 정치, 경제, 정보 등 각 활동부서의 소속군인들이 쿠데타 모의과정에서부터 이미 주도적 역할을 수행했고, 이후의 변화과정에서도 핵심세력을 형성하게 된다. 이 혁명위원회는 5월 18일 쿠데타가 성공하게 된 결정적인 계기들을 확인한 다음 확대개편되고, 드디어 5월 19일에는 '국가재건최고회의'로 개칭된다. 이어 5월 20일

---

44) 지배(ruling)와 통치(reigning)라는 개념은 찰머스 존슨이 '자본주의적 개발국가'의 관료자율성을 분석하면서 사용한 것으로, 경제전문 기술 관료들이 국가의 공공선과 관련된 중요한 정책결정을 내리게 될 때 직접적인 정치적 압력을 받는지의 여부가 개념의 분류기준이 된다. 그는 한 국가의 산업화전략은 이 두 개념의 암암리의 분리를 통해 주요 정책결정이 '비정치화'될 때 비로소 성공적으로 수행될 수 있다고 한다. Chalmers Johnson, "Political institutions and economic performance: the government-business relationship in Japan, South Korea, and Taiwan," in Frederic C. Deyo (ed.), *The Political Economy of the New Asian Industrialism*, (Ithaca: Cornell University Press, 1987), p. 152.

45) 이하 부분은 류상영 (2002), pp. 236-238의 내용을 수정 보완했다.

46) 박정희 소장, 채명신 준장, 윤태일 준장, 송찬호 준장, 김동하 예비역 소장 등 혁명 5인위원회가 중심이 되어 구성된 이 혁명위원회는, 쿠데타가 아직 기정사실화되지 않은 유동국면에서 전국에 계엄령을 선포하고 전국경찰망을 장악함으로써 물리적 저항을 봉쇄하는 주도적 역할을 수행했다. 한국군사혁명사편찬위원회, 『한국군사혁명사』 제일집(上), (1964), pp. 243-247.

〈표 5-1〉 한국의 무역 규모 변화 추이(단위: 백만 달러)

	무역 규모	수출	수입
1950	38	33	5
1960	377	33	344
1970	2,819	835	1,984
1980	39,797	17,505	22,292
1990	134,860	65,016	69,844
1998	225,595	132,313	93,282
2008	857,281	422,007	435,274

(출처: 외교통상부, 『한국외교 60년』(서울: 외교통상부, 2009) p. 256)

에는 국가재건최고회의의 직접적인 통제를 받는 초대 군사내각이 장도영 중장을 수반으로 하여 출범하게 되었다. 이로써 국가재건최고회의는 1963년 12월 16일 민선정부의 출범으로 해체될 때까지 박정희 정부의 최고 정치권력기구로 존재하게 되었고, 5·16군사정부의 정치권력 장악과 구축의 초기과정이 일단락되었다.

하지만 이 국가재건최고회의는 민정이양이 완전히 이루어지기까지, 민정이양의 시기와 방식, 중앙정보부와 민주공화당 창당과 관련된 김종필을 둘러싼 권력 갈등 등을 쟁점으로 몇 번의 조직재편과 구성변화를 거치고,[47] 결국은 박정희와 김종필을 중심한 핵심 주도세력들이 민정이양을 위한 선거에 임하게 되었다. 중앙정보부는 쿠데타 직후부터 그 임무를 수행하고 있었으나, 1961년 6월 10일 최고회의법 제18조에 따라 중앙정보부법을 법률 제619호로 공포함으로써 최고회의 직속기관으로 정식 발족하게 되었다. 3천여 명의 군특무부대 요원들과 민주당시절 중앙정보연구실을 기반으로 김종필에 의해 창설된 중앙정보부는 1964년경에 직원이 3만 7천 명에 이르는 거대조직으로 급성장한다.[48] 처음부터 쿠데타 핵심세력들에 의해 조직 운영된 중앙정보부는, 박정희의 쿠데타 성공과 정

---

47) 백준기 (1992), pp. 68-76.

48) Kim, Kwan-Bong, *The Korea-Japan Treaty Crisis and the Instability of the Korean Political System* (New York: Praeger Publishers, Inc., 1971), p. 16.

5.4

국가재건최고회의는 5·16군사쿠데타 이후 정변 주도 세력이 5월 18일에 군사혁명위원회를 국가재건최고회의로 이름을 바꾸면서 발족시킨 입법·사법·행정의 3권을 행사했던 기관이다. 첫 번째 군사내각은 5월 20일에 발표되었으며, 1963년 12월 17일 제3공화국이 수립되면서 해체되었다.

5·16 군사정변에 있어서 박정희는 초창기부터 군사정변의 최고 지도자인 것은 아니었다. 정변 당일, '군사혁명위원회'를 설치하고, 장도영을 의장으로 하고, 자신은 부의장으로 취임했다. 거사 3일째인 5월 18일 군사혁명위원회를 '국가재건최고회의'로 개칭하고 장도영을 의장으로 하고, 자신은 부의장에 취임했다. 6월 10일에는 비밀 첩보 기관이자 동시에 국민 감시 기관이었던 중앙정보부를 발족시켰다. 이후 '군 일부 반혁명사건(알래스카 토벌작전)'을 일으켜 군부 내의 반대 세력을 숙청했고 7월 3일에는 장도영마저 이에 관련시켜 의장직에서 추방하고 박정희는 국가재건최고회의 의장에 추대되었다.

권강화 과정에 가장 결정적인 역할을 한 기구라 하지 않을 수 없다. 초대 중앙정보부장을 역임한 김종필에 의하면 국내 공산세력의 근절과 함께 반혁명세력을 근절시키고 하루라도 빨리 혁명을 기정사실화시키며 최고회의가 필요로 하는 정보를 적시적절하게 제공하기 위해서 중앙정보부의 역할이 필요했다고 한다.[49] 중앙정보부가 공식적으로 수행한 이른바 '반혁명 반국가음모' 사건들은 상당부분 당시 치열하게 전개되었던 권력투쟁 및 정치과정과 무관하지 않았다.[50] 특히 장도영, 김동하 등 최고회의 내부세력들에 대한 중앙정보부의 활동결과는 중요 정치쟁점에 관한 견해 단일화와 반대세력 제거에 의해 결국은 박정희와 김종필을 중심으로 한

---

49) 김종필, "5·16군사혁명과 나" 권오기(편), 『정계비화대담: 현대사주역들이 말하는 정치증언』, (서울: 동아일보사, 1986), p. 32.

50) 한국군사혁명사편찬위원회 (1964), pp. 1743-1746.

핵심세력의 정치권력 공고화로 직결되었다. 그만큼 중앙정보부가 군사정권의 권력재편과 정치일정에 끼친 영향력은 광범위하고 결정적인 것이었다. 물론 권력투쟁의 결과 중앙정보부장이 교체되기도 하고,[51] 이것이 중앙정보부의 활동방향에 변화를 가져오기도 했지만 '자금과 조직에서 절대적인 위력을 갖춘'[52] 중앙정보부는 그 후 줄곧 박정희와 한국정치에 많은 영향력을 발휘하게 된다.

중앙정보부와 김종필이 박정희와의 암묵적인 합의 속에서 민정이양 준비의 일환으로 추진한 작업 중 가장 중요한 것은 민주공화당의 창당이었다. 민주공화당의 창당과정에는 번복되는 박정희의 민정이양 입장, 당권과 당기구를 둘러싼 친김종필파와 반김종필파의 권력투쟁, 최고회의와 민주공화당 사이의 의견대립, 중앙정보부와 공화당의 관계, 자금동원과 관련된 각종 의혹사건 등 당시 정치권력 재편과 관련된 많은 쟁점들이 내포되어 있었다. 1963년 2월 26일 창당대회가 개최되지만 사실상의 사전 조직은 정치활동이 허용되기 전부터 시작되어 1963년 1월에는 거의 완료된다.[53] 박정희가 1961년 8월 12일 '1963년 여름에는 민간정부에 정권을 이양할 것'[54]이라는 민정이양계획을 발표하자, 핵심세력은 민정이양 시기를 1963년 8월 15일로 예정하고 민정에서의 정권재창출을 위한 대안조직으로서 창당 작업을 시작하게 된다. 사전조직은 김종필의 지휘 하

---

51) 정기의 중앙정보부장의 교체상황을 보면, 김종필 육군대령(1961. 6. 10-1963. 1. 4), 김용순 육군소장(1963. 1. 4-1963. 2. 21), 김재춘 육군준장(1963. 2. 21-1963. 7. 12), 김형욱 예비역육군준장(1963. 7. 12-1970. 12) 등이다.

52) 류혁인, "박대통령을 움직이는 사람들," 『신동아』 (1964. 10), p. 156.

53) 김영수, "민주공화당 사전조직," 『신동아』 (1964. 12), pp. 169-187.

54) 대통령비서실, 『박정희장군담화문집』 (1965), p. 37. 박정희는 이 성명에서, 1962년은 제1차 경제개발 5개년계획 1차년도로, 강력한 행정력으로 혁명정부가 이를 추진할 것이기에 민정이양이 불가능함을 전제하고, "이상은 혁명정부가 혁명공약을 실천하고 조국의 민주적인 번영을 기할 수 있는 확고한 토대를 마련하기 위한 최소한도의 시기라고 판단하며 정부형태 국회구성 등은 앞으로 국민여론을 참작하여 신헌법에 반영할 것"이라고 밝혔다.

참고　민주공화당

5.5 한국 제3·4공화국 때의 집권여당으로 1963년 설립되었다. 1963년 8월 31일 국가재건최고회의 의장 박정희朴正熙가 입당하여 총재직을 맡았으며, 10월 이후의 대통령선거와 국회의원선거에서 승리함으로써 제3·4공화국의 여당이 되었다. 창당 초부터 김종필金鍾泌계열과 반대계열 간의 갈등이 심했으나, 총재 박정희의 권위주의적 지도체제하에서 정당의 조직과 선전 등을 전문화·당료화시켜 강력한 대중정당체제를 지향했다.

반공안보 및 경제개발이라는 기치를 내걸고 조국 근대화의 기수를 자처한 반면, 체제의 민주성보다는 효율성을 강조하여 통치자의 카리스마적 조작과 경쟁적 정당체제의 억압을 반복했다. 제4공화국에서는 체제논쟁과 개헌요구를 철저히 봉쇄하고, 유신헌법의 당위성을 강화시키는 데 총력을 기울였다.

1979년 10·26사건으로 당의 상징이던 대통령 박정희가 급서하자 여당의 위치에서 밀려났다. 당의 기능이 마비된 가운데 창당의 산파역을 한 김종필이 당 총재에 취임하여 재건을 위하여 노력했으나, 1980년 10월 27일 공포된 제5공화국 헌법 부칙에 의하여 자연 해산되었다. 당의 재산은 정당법 제41조에 의거한 청산위원회의 결정에 따라 12월 10일 제5공화국의 여당인 민주정의당(민정당)에 양도되었다.

에 재건동지회와 중앙정보부 산하의 대외문제연구소를 중심으로 극비리에 진행되었다. 창당준비위원회는 성명에서 "…… 5·16군사혁명의 산증인인 우리는 …… 혁명과업을 계승 완수하는 길만이 우리의 바른 길이요 살길임을 재확인한다"라고 밝히고, 기본정책으로 민주정치 실현, 자립경제 확립, 사회 안정 및 복지 증진, 국방력 강화 등을 내걸었다.[55] 원외 대중정당을 지향하여 쿠데타 주체세력에게는 되도록이면 창당준비위원회의 요직을 주지 않았으며,[56] 당무위원들도 대부분 외부 인사들이 기용되

---

55) 중앙선거관리위원회, 『대한민국정당사, 제1집』(1981), pp. 294-309.

었다고 하지만, 사무국 중심의 당조직과 운영은 궁극적으로 박정희와 김종필계에 의하여 좌우되었다고 보아야 할 것이다.

1963년 8월 31일 제3차 전당대회에서 전날 예편과 동시에 민주공화당에 입당한 박정희는 총재에 추대되었고, 제5대 대통령선거의 후보지명을 수락했던 것이다. 박정희는 당의장에 윤치영을 유임시키고, 사무총장에 김동환의 후임으로 장형순을 임명함으로써 그동안의 당내 분열과 권력투쟁을 일소시키고 새로운 지도체제와 함께 민정이양을 위한 대통령선거전에 임할 수 있었다. 1963년 10월 15일에 실시된 제5대 대통령선거에서 민주공화당의 박정희후보는 유효투표 총수의 46.6%에 해당하는 4,702,640표를 획득하여 유효투표 총수의 45.1%에 해당하는 4,546,614표를 얻은 민정당의 윤보선후보를 누르고 대통령으로 당선되었다.[57] 이어 1963년 11월 26일에 실시된 제6대 국회의원선거에서 민주공화당은 유효투표 총수의 33.5%에 해당하는 3,112,985표를 획득하고 전체의석 175석 중 야당인 민정당의 41석을 훨씬 넘는 110석이라는 압도적인 다수를 차지하게 되었다.[58]

한편, 박정희는 쿠데타 직후부터 경제개발에 우선순위를 두고 국가주도의 경제정책을 펴나갔으며 제1차 경제개발 5개년계획의 성공에 모든 노력을 기울였다. 예컨대, 혁명공약에서도 "절망과 기아선상에서 허덕이는 민생고를 시급히 해결하고 국가자주경제 재건에 총력을 경주할 것"[59]을 강조한 바 있다. 이러한 배경하에 경제기획원은 1961년 7월 22일 '국민경제의 부흥개발에 관한 종합적 계획의 수립과 그 실시에 따르는 관리 및 조정에 관한 사무를 처리'하기 위하여 건설부의 종합계획국, 물동계획국, 내무부의 통계국, 재무부의 예산국을 흡수하여 4국 19과의 골격으로 발족되

었다.[60] 군정기의 경제기획원은 최고회의에 종속[61]되어 있어 그의 기능이 경제부처 간의 업무조정과 협조기능에 불과했던 점이 없지 않지만, 박정희의 '지도받는 자본주의guided capitalism'[62]이념을 구현시키기 위한 국가제도였고 당시 박정희 정권의 경제개발에 관한 의지를 반영한 산물이라 할 수 있겠다. 1963년 민정으로 이양하면서 그동안의 최고회의와의 알력 및 각 부서 간의 어려운 조정기능을 강화하는 목적으로 경제기획원 장관이 부총리로 격상되면서 경제기획원의 역할은 훨씬 강화되고 확대된다. 결국 경제기획원의 설립은 기획, 집행, 조정기능을 집중시켜 제도적 자율성을 극대화시킴으로써, 국가 주도적 자본주의 발전전략을 추구하기 위한 제도적 기반을 형성하는 의미를 갖는다.[63] 아울러 경제기획원 설립을 계기로 기존 경제 관료와 전문성을 선호하는 최고회의 내의 일부인사들이 결집하여, 경제전문 국가관료집단이 형성되기 시작했고, 이는 향후 박정희 정부가 채택한 국가주도 산업화전략의 수행에 매우 중요한 역할을 하게 된다. 이처럼 국가자율성이 극대화되는 군사 쿠데타라는 비정상적 정치상황 속에서 군부권위주의 정치권력으로의 정치권력 변동은 급진적으로 진행되었고, 이 변동의 내용과 방향은 경제구조를 포함한 총체적인 한국의 국가구조 변동으로 연결될 것임을 예고해 주는 것이었다. 박정희 정부가 탄생하고 짧은 기간 안에 이루어진 정치권력 변동과 정치경제적 주요 국가제도 설립은 한국의 후발자본주의화 추진에있어서 '강력한 국가strong state', 즉 '국가자율성'을 지닌 국가가 형성되기 시작했음을 말해준다.

1960년대 초반 박정희의 개발국가는 위에서 다룬 권위주의적 구조와 작동 메커니즘에 의하여 제도적 측면에서는 대통령이 정부 부서 간 관료

---

60) 경제기획원, (1982), p. 7.
61) 당시 최고회의와 경제기획원의 관계는 이선희, 'EPB는 순산하였는가,' 『경우』, 통권 4호(1988. 10), pp. 64-65.
62) 박정희, 『국가와 혁명과 나』(서울: 향문사, 1963).
63) 이만희, 「한국의 산업정책에서의 경제기획원의 역할」, 연세대 대학원 정치학과 박사학위논문 (1992. 8), p. 44.

정치를 강력하게 봉합했고, 정책이념의 측면에서는 수출지향형 조국근대
화론에 대항하는 다른 정책이념들을 배제하거나 봉쇄했다. 개발국가에서
는 관료자율성이 중요한 성공요인의 하나로 강조된다. 하지만 1960년대
초반의 박정희 정부에서 관료자율성은 그렇게 크지 않았다. 일반적으로
각 관료부서는 고유영역의 성격에 따라 산업정책에 관한 정형화된 정책
이념을 가지며, 이른바 이념-제도 결합idea-institution nexus이 형성 된다.[64] 예를
들면 거시경제적 안정을 우선시하고 재정건전성을 강조하는 재무부와,
성장 지향적이고 국가주도적인 산업화 정책을 주도하는 산업자원부는 경
제정책에서 다른 이념과 선호를 갖기 마련이고, 때로는 양부서간의 갈등
이 표면화되기도 한다.[65] 각 부서는 자기부서의 정책이념과 제반 이익을
유지 확대하기 위하여 대통령을 비롯한 정치계에 로비를 하는 등 정치적
활동을 전개하기도 한다. 한국의 경제개발정책을 둘러싸고 관련 부서 사
이에 위와 같은 관료정치가 발생할 가능성이 없지 않았으나, 1960년대 초
반에는 대통령과 청와대가 관료와의 수직적 관계 하에서 직접 통제하거
나 어떤 특정부서에 대통령의 권한을 위임해 줌으로써 관료정치의 폐해
를 최소화하면서 관료자율성의 장점을 최대화할 수 있었다.

한편, 박정희 정권은 제도형성과 함께 경제정책과 관련한 정책이념
도 강화해 나갔다. 수출지향형 산업으로의 전환 이후 조국근대화와 수출
의 논리가 한국 사회를 지배하게 되었고, 다른 정책이념이나 대항 이념들
은 권위주의적 정치권력에 의하여 무력화되어 갔다. 예를 들면 5·16쿠데
타 직후에 군사정부의 정책이념과 경제철학을 대표했던 서울 박희범 교수

---

64) Judith Goldstein, "Ideas, Institutions, American Trade Policy," *International Organization* vol. 42 no. 1 (winter 1988), pp. 179-217.

65) 국내 경제정책뿐만 아니라 외교정책 분석에서도 관료정치 모델이 적용되고 있다. 배
종윤, "한국외교정책 결정과정과 관료정치," 박사학위논문, 연세대학교 대학원 정치
학과, 2001. 이 논문은 외교정책에 미치는 '압력의 강도'를 독립변수로 하고, 그 압력
의 강도에 따라 발생되는 관료 정치적 현상의 '상이한 패턴'들을 종속변수로 설정하
고 있다.

의 속성공업화론이나, 박희범 교수로부터 많은 영향을 받은 당시 군사혁명위원회 경제위원회 위원이었던 유원식 육군준장의 민족주의적 내포적 공업화론도 유원식이 정치권력으로부터 배제되면서 더 이상 힘을 발휘할 수 없게 되었다. 이들의 논리에 반영되어 있었던 민족주의적 성격과 재벌에 대한 부정적 인식 등은 1964년 수출지향 전략이 도입되고 박정희와 재벌 간의 새로운 개발형 지배연합이 구축되면서 더 이상 정책이념으로서의 생존력을 가질 수 없게 되었다. 한편, 당시 박정희의 조국근대화론에 대한 대항이념으로 형성되기 시작한 박현채의 민족경제론이나 김대중의 초기 대중경제론 등도 당시로서는 대항이념으로서 지배연합의 경제정책에 간접적인 영향을 미칠 수는 있었지만, 직접적인 영향을 미칠 수는 없었다.

　박정희 정부는 국가제도를 정비하고 위로부터 강력한 정치권력을 창출함과 동시에 정치권력을 공고화해 줄 경제성장에 국가정책의 최고목표를 두었는데, 이는 구체적으로 새로운 '발전 지배연합'의 기초가 될 산업자본의 육성으로부터 시작되었다. 박정희 정부는 "사회의 모든 부패와 구악을 일소"한다는 혁명공약과 함께 건전한 경제적 토대를 마련한다는 목적 아래 부정축재처리를 주장했다. 1961년 5월 27일 부정축재처리 기본요강을 공포하고 최고회의령 제22호로 민주당정권에서 제정 시행되었던 부정축재특별처리법의 효력을 정지시켰으며 5월 27일에는 '부정축재처리위원회'[66] 및 '부정축재조사단'을 구성하고 당일로 제1차 조사에 착수했다. 1961년 8월 12일에는 27개 기업에 대하여 약 470억 환이 최종결정 액으로 통고되었다. 이후 제2차 조사가 진행되어 1961년 11월 20일에는 30개 기업에 대하여 약 500억 환이 수정 통고되었다. 그리고 1961년 11월 10일에는 경제기획원장관 및 주요 장관들로 구성된 '부정축재환수

---

66) 5월 28일 구성된 부정축재처리위원회는 이주일 육군소장(위원장), 김진위, 송찬호, 김윤근, 유원식, 정세웅, 이석제 등 7인으로 구성되었다. 이는 1961년 11월 11일 조시형 육군준장(위원장), 박태준, 류병현, 김형욱, 길재호, 강상욱, 오정근 등으로 교체된다.

관리위원회'가 발족하고 환수금을 국고로 납입하여 경제발전 재원으로 활용하기 위한 구체적인 방안들이 고려되기 시작했다.[67]

하지만, 경제건설에 관한 군사정부의 대안과 정책능력 부재, 주요 기업인들을 구속하고 무거운 환수금을 부과하는 것이 갖는 혁명정부의 자본주의 발전노선과의 이념적 현실적 부조응, 기업인들의 적극적 대안제시 노력과 정책대담을 통한 박정희와의 정책합의 등으로 부정축재처리의 성격이 변화되었다. 결국 부정축재환수 대상자였던 주요 기업인들은 이제 국가경제 재건에 기여하는 것으로 그의 과제가 바뀐 것이다. 이병철은 박정희와의 면담에서 경제인들을 활용하는 방안을 적극 건의했고, 이에 박정희는 경제인들을 한데 묶는 경제인단체를 조직해 보도록 제안했다. 나아가 이병철은 "경제인들에게 벌금 대신 공장을 건설 하게 하여 그 주식을 정부에 납부하는 방안"을 제안했다.[68] 이 제안에 박정희가 합의하고 최고회의의 의결을 거쳐 '투자명령'이라는 법령으로 공포되었고 이에 따라 경제인들은 정부와 협의하여 주요 기간산업의 건설에 착수했다. 1961년 7월 17일 부정축재자로 분류되었던 경제인들을 중심으로 '경제재건촉진회'가 발족되었다.[69]

부정축재처리대상자 중 김용완(경성방적), 김형남(전남방적), 서정익(동양방적), 박흥식(화신산업), 홍석우(한국교과서), 최태섭(한국유리), 이석구(대림산업), 이건웅(유한양행), 김철호(기아산업), 배동환(한국타이어) 등은 통지액을 기일 내에 현금과 은행주로 전액 완납했다. 반면 백남일(태창방적), 이용범(대왕건설), 김영주(전주방적), 김진만(북삼화

67) 부정축재처리에 관한 자세한 사항은 한국군사혁명사편찬위원회 (1964), pp. 465-477와 김진현, "부정축재처리전말서," 『신동아』 (1964. 12).
68) 이병철 (1986), p. 116.
69) 동은기념사업회, 『동은 김용완』, (서울: 동회, 1989), p. 189. 경제재건촉진회가 1961년 8월 16일 '한국경제인협회'로 개칭되고, 1968년 8월 28일에는 현재의 '전국경제인연합회'로 성장하게 된다. 전국경제인연합회, 『전경련이십년사』, (서울: 동회, 1983), p. 171.

5.6 1961년 7월에 발족하여 국무총리 소속하에 둔 중앙행정부서이다. 국가경제발전을 위한 종합계획을 수립하고, 예산을 편성하며, 투자의 우선순위를 심의하고, 경제부처 간의 이견조정 및 물가안정과 대외경제정책을 총괄했다. 1948년 7월에 세운 기획처가 모체이며, 6·25전쟁 후 경제부흥을 위하여 1955년 2월 부흥부가 설치됨에 따라 폐지했다.

부흥부 산하에는 산업·경제의 부흥에 관한 종합적 계획을 심의하기 위한 부흥위원회를 두었으며, 여기서 한국 최초의 정부주도적인 경제개발을 이끌어가기 위한 '경제개발 7개년계획' 중 전반 3개년계획을 작성하여 1959년에 발표했다.

5·16군사정변 직후 군사정권은 경제발전을 정권의 주요 목표로 설정하고 각 부처에 분산된 경제정책과 관련된 조직을 하나로 묶어 경제기획원을 설치했다. 1963년 12월 경제기획원 장관을 국무위원으로 보하고 부총리로 격상시켜 정부 내에서의 위상을 강화했다. 이와 같은 경제기획원의 위상강화는 권력의 정통성을 고도경제성장을 통해 확립하려는 최고 권력자의 의지의 반영이었다.

창립 초기에는 창립 취지에 부합하여 고도의 자율성을 갖고 경제정책 전반에 대한 계획·집행·조정 기능을 주도했다. 그러나 1970년대에 들어서면서 8·3사채동결조치, 중화학투자조정 등에서 알 수 있듯이 산업환경의 악화와 유신체제에 대한 저항, 그리고 안보환경의 급격한 변화로 경제정책의 주요 기능은 권력의 핵심인 청와대가 주도하게 되었다.

따라서 제도적 자율성이 위축되었고 게다가 민간경제부문이 활성화됨에 따라 계획·집행·조정 기능이 모두 위축되었다. 1980년대에 들어서면서 한국경제가 국가주도경제에서 시장주도경제로 전환됨에 따라 경제기획원의 위상은 더욱 약화되어 부처 간 업무조정과 예산편성의 기능만이 남게 되었다.

1994년 12월 정부조직 개편에 따라 독립부서로서의 위치를 상실하고 재무부와 함께 재정경제원으로 통합했으며, 1998년 2월 정부조직법 개정에 따라 다시 재정경제부로 개칭되었다.

5.7 약칭은 전경련全經聯이다. 4대 경제단체(전국경제인연합회와 대한상공회의소·한국무역협회·중소기업중앙회) 중의 하나이다. 재정·금융·산업·통상 등의 제반 문제에 관한 재계의 의사를 통일하고, 이를 정부시책에 반영하기 위한 활동을 계속함으로써 주요 산업의 개발과 국제경제 교류를 촉진하여 건전한 국민경제의 향상·발전에 이바지하는 것을 목적으로 1961년 7월 임의단체인 '한국경제인협회'로 발족했다. 1968년 3월 현재의 이름으로 개칭한 사단법인체로서 국내 최대의 경제단체이며, 2001년 3월 사회에 공헌할 목적으로 1%클럽을 발족했다.

주요 사업내용은 다음과 같다. ① 산업·경제 각 부문의 연합으로 경제인의 자주 역량을 굳건히 하며, 경제정책·행정 및 제 법규의 개선에 관하여 공정한 의견을 관계기관에 제의하고 그 실현에 노력한다. ② 국제경제기구 및 외국 경제단체와 긴밀한 연계連繫를 기함과 동시에 해외진출과 경제협력의 강화를 위하여 적극적인 민간 경제외교를 전개한다. ③ 경제인들의 지식·경험·자본을 동원하여 산업의 개발, 기업경영의 합리화, 과학기술의 진흥을 촉진한다. ④ 국내외 경제에 관한 제 문제의 조사, 연구문헌·자료·통계의 수집·편찬 및 이와 관련된 조사기관과의 제휴와 정보교환을 도모하며, 아울러 산학협동産學協同의 구현에 기여한다. ⑤ 사회 각계와 유대를 강화하고 기업의 사회성을 창달하여 사회·문화의 개발 및 건전한 경제사회 풍토의 실현에 노력한다. ⑥ 회관 및 부대시설, 국제경영원 및 산업전시관을 설치·운영한다. ⑦ 산업경제에 관한 각종 연구·교육·훈련 및 연수사업의 수행과 이에 필요한 기구의 설치·운영 등을 추진한다.

학), 김성룡(대한중앙산업), 함창희(동립산업) 등은 공매 혹은 국유화 조치를 통하여 처리되었다. 나머지 기업들은 부정축재처리법 제18조 2항에 따라 공장을 건설하여 국가에 반납하는 방식을 택하여 업종별 투자공동체 및 투자자를 구성하여 공장건설이 계획되고 외자도입을 위한 교섭단이 파견되었다. 예컨대, 울산비료공장 설립을 위한 투자공동체에 이병철(제일모직), 김지태(조선견직), 정재호(삼호방적) 등이, 제철공동체에 이정림(대한양회), 설경동(대한방적), 이양구(동양시멘트), 남궁련(극동해운) 등이, 한영공업주식회사 건설에 이한원(대한제분)이, 삼양수산주식회사 건설에 김상홍(삼양사)이, 한국케이블주식회사 건설에 구인회(락희화학)가, 한국정기공업주식회사 건설에 김연규(대한중기)가, 쌍용양회 주식회사 건설에 홍재선(금성방적)이, 신한제철주식회사 건설에 이광우(한국강업)가 각각 선정되었다. 하지만 추진과정에서 내자동원 및 외자조달 실패로 건설계획이 취소되기도 하고 공장이 건설되었어도 대부분 주식 대신에 현금으로 납부했기 때문에 애초에 계획했던 국가소유의 공장건설은 실행되지 않았다.[70] 이 계획들은 군사정부에 의해 추진된 산업자본 육성 및 산업화 추진과 연결되면서 사적자본 재편의 한 계기가 되었다. 미국원조의 특혜운용과 지대추구 그리고 관료와의 유착에 의존하여 성장했던 기존의 상업 자본들을 산업자본으로 전환시키는 계기가 되었고, 국가로서는 기존의 수입대체산업의 자본가들을 통제하여 이들을 국가에 편입시키는 효과를 가져왔다.[71] 1950년대에 대종을 이루었던 섬유 및 방적 산업 또한 1960년대 국가주도 산업화전략에 부합할 수 있는 다른 산업으로 다양화되는 계기가 되었다. 재벌들 내부에서도 이북출신의 일부 재벌들이 쇠퇴하고 영남출신의 재벌들이 성장하는 계기가 되기도 했다.[72]

박정희와 이병철 대담 외에도 군사 쿠데타 세력들과 경제인들 사이

---

70) 한국군사혁명사편찬위원회 (1964), p. 474.

71) Frederic C. Deyo, "State and Labor: modes of political exclusion in East Asian development," in Frederic C. Deyo (ed.), *The Political Economy of the New Asian Industrialism* (Ithaca: Cornell University Press, 1987), p. 193-194.

72) 이 점은 '부정축재조사단 부정사건'에서 보여지듯이 최고회의 내의 김종필과 유원식 대 함경도 출신의 이주일위원장 사이의 권력투쟁과도 연결되었다. 이 당시 공장건설 취소 등에 의해 국가에 편입되지 못한 이북계 중심의 재벌 중에는 완전히 쇠퇴해 버린 재벌들이 많았다. 자세한 사항은 김진현 (1964), p. 173.

에는 적지 않은 정책협의가 있었다. 예컨대, 1950년대부터 대한해운공사 사장을 지낸 남궁련은 김종필과의 대담에서 "혁명은 잘했다. 이것을 살리기 위해선 모든 사람이 동참해야 하는데 제일 필요한 게 실업인이다. 이들을 활동하게 해주어야 혁명의 값어치가 나타난다."라고 주장했고, 이 견해에 동의한 김종필은 박정희와의 만남을 통해 경제인들을 석방하여 활용할 것을 건의했으며, 박정희는 최고회의에서 이를 구체적인 정책으로 성립시켰던 것이다.[73] 즉 부정축재처리법 제18조의 제2항은 부정이득자로서 "국가재건에 필요한 공장을 건설하여 그 주식을 납부코자 하는 자는 각의의 심의를 거쳐 내각수반이 승인하는 기한 기타조건에 의하여 1964년 12월 31일 이내에 공장을 건설하여, 그 주식 중 부정축재 통고액에 물가지수 상승률을 승한 금액을 가산한 액에 해당하는 부분을 정부에 납부함으로써 부정축재 통고액에 대할 수 있다."라고 규정하여 새로운 길을 열어 놓은 것이다. 또한 당시 정부와 새로운 관계를 형성하기 시작한 자본가들은 '한국경제인협회'를 중심으로 박정희 정부의 경제개발 5개년계획의 작성과 집행과정에 많은 영향을 미쳤다고 볼 수 있다. 국가는 산업자본을 육성함으로써 자신의 자율성을 담보해 줄 정치경제적 기반을 공고화시켰고, 자본은 국가의 상대적 자율성이 강화되면 될수록 더 유리하고 안정적인 성장을 이룩할 수 있었다. 박정희 정부 성립 직후에 형성된 이와 같은 국가와 자본의 상호협력관계는 이후의 국가의 산업화전략 변화과정과 경제발전과정에 그대로 반영되어 갔다.

V. 맺음말

박정희 정부의 경제개발정책이 수출지향 전략으로 전환하게 된 외교

---

73) 오효진, "현대사 추적 2: 김종필 입을 열다," 『월간조선』 (1986. 12), p. 339.

정책적 배경에는 미국의 압력이 존재했지만, 그 이후의 경제개발정책에는 일본과의 외교적 관계 또한 크게 작용했다. 미국이 신고전주의적 시각에서 정부에 의한 시장 왜곡을 우려한 반면, 일본은 국가 중심적 개발국가론의 입장에서 국가개입과 산업정책의 효과성을 강조했다. 따라서 1960년대 중반 이후의 박정희 정부의 경제개발정책과 개발국가 모델은 일본형 발전모델을 학습한 측면이 강하며, 이는 1965년 한·일 국교정상화와 그 이후의 일련의 한·일 경제협력 과정을 통하여 정책이념과 제도 양 측면에서 보다 구체화되었다고 할 수 있다. 이와 같은 박정희 정부의 경제개발정책이 일본과의 외교관계와 조응 속에서 진행된 점을 간과해서는 안 된다. 또한 한·일관계에서의 외교와 경제정책의 조응은 박정희 정부의 대미관계의 연장선상에서 이루어진 점도 부인할 수 없다. 즉, 수출지향 전략을 도입하기 이전의 내포적 수입대체화산업은 군사 쿠데타 이후 집권세력이 갖고 있던 강한 민족주의적 성향을 반영한 것이었던 반면, 수출지향 전략으로의 전환은 박정희 정부가 미국과의 관계에서 민족주의를 후퇴시키고 보다 현실주의적인 대미협력주의를 채택하게 되었음을 의미하는 것으로 보인다.

국내 경제정책과 외교정책의 연계성은 박정희 정부의 개발국가의 성격에도 분명히 반영되어 있다. 개발국가의 성공 요인의 하나로 수출지향 전략으로의 신속한 전환이 거론되고 있지만, 더욱 중요한 외부적 요인의 하나는 동서대립의 냉전구조 속에서 미국과 일본 등이 박정희 정부의 개발국가를 정치경제적으로 적극 지원했다는 사실이다. 특히 미국은 한국 수출상품에 대하여 자국 시장을 적극 개방해 주면서 정치적 안정을 위하여 권위주의를 지원해 왔음을 부인할 수 없다. 이와 같은 국제정치적 환경 하에서 박정희 정부는 권위주의와 개발독재를 통하여 민주주의를 희생하면서 지배연합이 선호하는 경제개발정책을 장기간 지속할 수 있었다. 하지만 이 기간의 경험이 남긴 유산과 부채는 여전히 논쟁거리로 남아 있다.

6

박정희 정부의
한·일국교정상화와 베트남 파병

최동주(숙명여자대학교)

목차

주요어 동아시아 분업체제, 베트남 파병, 양로전략(Two-Track Strategy), 한·일국교정상화, 개발지향국가, 근대화, 박정희 정부

요점정리
1. 1960년대 초반 한국의 새로운 지도자들에게 경제성장이 정치권의 생존과 국가안보의 확립을 위한 필수불가결의 요소로 여겨졌다.
2. 1960년대부터 한국은 미국 측과 참전의 궁극적 목표인 경제적인 이득을 위한 비공식적인 외교노력을 전개하기 시작했다.
3. 한·일국교정상화는 한국의 반공정권을 안정시키고 자국의 경제적 부담을 경감시키려는 미국의 의도와, 급격히 성장한 독점자본의 진출을 갈망하던 일본의 요구, 그리고 불안정한 정권의 기반을 외국으로부터의 경제원조에 의한 근대화로 강화하고자 한 박정희 정부의 이해관계가 맞아떨어진 결과였다고 볼 수 있다.
4. 양로전략(Two-Track Strategy)을 활용한 박정희 정부는 두 외교 사안을 동시에 추구하면서 협상 대상국인 미국의 압력이 일본에 작용하게 하는 데 성공하였고, 높아진 베트남 파병의 대가는 악화된 국내 경제문제를 해결하고 전쟁특수로 인한 경제적 이득을 극대화시키는 데 기여했다.
5. 미국의 동아시아 지역통합전략과 박정희 정부의 국가전략 상호간의 이익수렴, 한·일국교정상화 이후 형성된 두 국가의 정책이념 공유와 경제교류는 박정희 정부에게 기회조건으로 작용하였다. 특히 베트남 특수와 일본자금의 유입은 한국이 성장위주의 개발지향국가로 정착하는 데 긍정적인 기여를 하였다.

사건일지

1952년 2월
한·일회담 개최, 이후 4·19혁명과 5·16쿠데타로 중단

1964년 5월 9일
존슨 미국 대통령 자유우방 25개국에 남베트남 지원 요청

1961년 5월 16일
5·16군사쿠데타

1964년 6월 3일
박정희 정부 비상계엄령 선포, 한·일회담 반대시위 진압

1964년 7월 15일
응·웬칸 남베트남 총리, 한국군 파병 요청

1964년 7월 31일
국회 제1차 파병동의안 가결

1964년 9월 12일
제1차 파병단 사이공 도착(130명 규모의 이동외과병원, 태권도교관단 10명 등 140명)

1964년 10월 31일
'대한민국 정부와 월남 정부 간의 주월 한국원조단의 지위에 관한 협정' 각서 교환 형식으로 체결

1965년 1월 5일
베트남 전쟁에 파병 결정

1965년 1월 26일
국회 제2차 파병동의안 가결

1965년 3월 16일
건설지원단(비둘기 부대) 사이공 도착

1965년 5월 17일
박정희-존슨 미국 대통령 정상회담

1965년 8월 13일
국회 제3차 파병(전투부대) 동의안 가결

1965년 6월 22일
한·일 간의 기본 관계에 대한 조약을 포함하여 6개의 조약과 협정 조인

1965년 10월 14일
제2해병대여단(청룡부대) 깜리인 상륙

1965년 11월 2일
수도사단(맹호부대) 본대 뀌년 상륙

1965년 12월 18일
한·일협정 비준서 교환, 한·일국교정상화

1966년 3월
미국 상원의회 '브라운 각서(Brown Memorandum)' 통과, 이를 통해 한국의 베
트남 참전에 대한 한국정부의 요구 공식적 반영

1966년 3월 20일
국회 제4차 파병동의안 가결(전투부대 증파)

1966년 4월 19일
수도사단 제26연대 본대 뀌년 상륙

1966년 10월
월남 참전 7개국 정상회담 개최

1966년 10월 3일
제9사단(백마부대) 닌호아 및 깜라인 상륙

1966년 10월 21일
박정희 대통령 남베트남 방문

1969년 7월 25일
닉슨 미국 대통령, 새로운 대아시아정책인 닉슨독트린 발표

1971년 12월 4일
주월 한국군 제1단계 철수 시작(제2해병 여단)

1972년 4월 13일
주월 한국군 제1차 철군 완료

1973년 1월 28일
베트남 전쟁 평화협정(파리협정) 체결

1973년 3월 13일
주월 한국군 제2차 철군 완료(본대)

1973년 3월 23일
주월 한국군 후발대 철수 완료

1975년 4월 30일
북베트남에 의한 사이공 함락

I. 머리말[1]

약소국이면서 초강대국과 이념적 동질성을 갖는 국가로 분류되어온 국가들의 외교행위 및 그 결과와 관련된 냉전 기간의 연구들에 대하여 살펴보면 힘의 불균형을 근거로 하는 약소국-강대국의 역학관계dyad relationship 의 전통적인 이론 틀 속에서 분석되어 온 경향이 있다. 그러나 가우텀 센은 "민족국가의 생성 이후 군비경쟁을 통한 국제관계 갈등의 구조 내에서 급속한 산업의 성장과 변화는 다분히 중상주의적이고 군사적인 동기에 의해 이루어진다."고 주장한 바 있다.[2] 따라서 국가의 존립과 번영이라는 측면에서 볼 때, 군사전략상 중요한 국가의 지리적 여건과 산업의 발전은 불가분의 관계라고 할 수 있다.[3] 또한 리차드 쿠퍼가 설파한 바와 같이 2차 대전 이후 국제사회의 특징적 현상은 '국제경제관계의 정치화politicization of international economic relations'와 '경제목표 성취를 가장 우선시 하는 prioritization of economic goals 외교'의 추구이다. 특히 외부로부터의 재정지원이 절실한 시기에 국가가 지리적 위치를 포함한 외교 자원을 최대로 활용하여 경제적 목표를 달성하는 것은 매우 일반화되었던 외교 전략이었다.

1950년대와는 다르게 1960년대 미국의 냉전수행방식은 동아시아 자본주의 진영의 역할분담체제를 전제로 재조정되었다. 그런 의미에서 한·일국교정상화와 한국의 베트남 파병은 동아시아 자본주의 진영 국가들의 이익이 양극체제하에서 구조화되는 상황을 반영한 동아시아 국제정치

---

1) 이 장에서 활용된 대부분의 외교기밀문서들은 Dong Ju Choi, The Political Economy of Korea's Involvement in the Second Indochina War (Ph.D. Dissertation, University of London, 1995)에서 재인용되었음을 밝힘.

2) Sen Gautam, *The Military Origins of Industrialization and International Trade Rivarly* (London: Frances Printer, 1984).

3) Peter Evans and John Stephens, "Development and the World Economy," in N.J. Smelser (ed.), *Handbook of Sociology*, (Newbury Park: Sage, 1988); and Jiya Oenis, "The Logic of Developmental State," *Comparative Politics* 24-1 (1991), pp. 109-126.

체제의 변화를 추동하는 사안들이다.[4] 그러나 베트남 파병과 한·일국교
정상화라는 동시대에 동일한 환경을 갖는 두 정책의 추진과정은 이념 양
극화 시대인 냉전시대의 약소국 외교행위가 단지 동맹관계의 현상유지
나 강대국의 압력에 의한 피동적 정책과는 거리가 있음을 방증한다.[5] 박
정희 정부는 오히려 두 외교정책의 추진과정에서 약소국과 강대국의 정
책목표는 평행했고, 약소국의 외교행위가 이념의 동질성이나 국가의 안
위라는 일반적인 목표만을 추구하지 않으며, 오히려 두 외교 사안의 동시
추진을 통해 외교협상능력을 제고하면서 국가의 외교이익을 극대화시킬

---

4) 전재성, "1965년 한·일국교정상화와 베트남파병을 둘러싼 미국의 대한외교정책,"
『한국정치외교사논총』 제26집(1)호 (2004).

5) 베트남전에 군사작전에 참여한 미국 동맹들의 자율적 판단과 관련된 자료는 다음과
같은 자료들에 소개되어 있다. Glen St. J. Barclay, *A Very Small Insurance Policy:
The Politics of Australian Involvement in Vietnam 1954-67* (St. Lucia: University
of Queensland Press, 1988); Gregory Pemberton, *All the Way: Australia's
Road to Vietnam* (Sydney: Allen & Unwin, 1987); W. S. Thompson, *Unequal
Partners: Philippine and Thai Relations with the U.S., 1965-75* (Lexington:
Lexington Books, 1975). 미국의 베트남정책에 대한 일본의 자발적인 협조와 경제
이익의 극대화는 다음과 같은 자료들에 의해 소개되었다. Thomas R.H. Havens,
Fire Across the Sea: The Vietnam War and Japan 1965-75 (Princeton: Princeton
University Press, 1987); Sridhar Krishnaswami, A Study of Alliance Politics: The
Impact of the Vietnam War on American-Japanese Relations (Ph.D. Dissertation,
Miami University, 1988); John A. Clark, Japanese Foreign Policy and the War in
Vietnam, 1964-69 (Ph.D. Dissertation, University of Sheffield, 1986). 사회주의권
구소련 동맹국들의 대외 분쟁 참여와 의사결정의 자율성과 경제적 동기에 대해서는
다음의 자료를 참조할 수 있다. 최동주, "아프리카 내전과 쿠바개입의 배경에 대한 재
조명," 『한국아프리카학회지』 제8집 (1996. 12); P. Vanneman and M. James, "The
Soviet Intervention in Angola: Intentions and Implications." *Strategic Review*
(Summer 1976), pp. 92-103; R. E. Bissell, "Soviet Use of Proxies in the Third
World: The Case of Yemen," *Soviet Studies* 30-1 (1978), pp. 87-106; Jiri Valenta,
"The Soviet Cuban Intervention in Angola, 1975," *Comparative Communism*,
XI-1,2 (1978), pp. 34-74; William Durch, "The Cuban Military in Africa and the
Middle East: From Algeria to Angola," *Strategic Review* (Summer 1976), pp. 34-
74; Bertil Duner, "Proxy Intervention in Civil Wars," *Journal of Peace Research*
17-4 (1982), pp. 197-213.

수 있다는 사실을 잘 보여주고 있다.

이 장은 이러한 문제를 분석하기 위해 우선 1960년 초중반 한국의 새로운 외교정책 환경을 대외적 환경과 대내적 환경으로 분류하여 설명한다. 대외적 환경은 새로운 분업체제 구축을 통한 미국의 동맹전략과 인도차이나를 비롯한 동아시아 냉전의 심화 과정을 소개한다. 대내적 환경으로는 박정희 정부의 경제개발계획 추진과 심각한 사회불안 요인들 그리고 군사정부의 대내외 정통성 확보와 권력체제 확립을 위한 욕구와 노력에 대해 집중적으로 분석한다. 그 다음 장에서는 한·일국교정상화와 베트남 파병 결정과 추가 파병을 통한 외교 전략의 추진과정을 검토한다. 제4장에서는 정책 환경에 적극적으로 대응한 박정희 정부의 외교 전략이 궁극적으로 어떤 결과를 낳았으며 전략수립과 추진의 목표에 어느 정도 부합했는지 여부를 분석한다.

II. 1960년대 초반의 새로운 외교정책 환경과 목표

1. 대외적 환경

(1) 미국의 동아시아 동맹 분업체제 추구

1948년 대한민국 정부의 출범 직후부터 한·일국교정상화는 미국의 중요한 동아시아 정책과제 중 하나였다. 그러나 한·일국교정상화를 위한 1950년대의 양국 논리는 다분히 감정적이었을 뿐, 실질적이고 현실적인 협상은 전혀 이루어지지 않았다. 특히 일본의 재한재산권 반환문제는 타협의 가장 큰 걸림돌로 작용했으며 경제규모에 비해 부담 있는 배상금액인 20억 달러를 요구했던 이승만 정권 그리고 12억 달러를 요구했던 장면정부의 대일 요구에 대해 일본은 협상에 적극적이지 않았고 미국의 압력도 그다지 거세지는 않았다.

　그러나 1960년 미국 아이젠하워 정부는 경제개발 위주의 대한원조를 계획하는 NSC 6018을 발표하여 경제발전과 자조경제를 구축하도록 촉구하였고, 1961년 케네디 행정부의 등장 이후에는 '한국문제특별반'이 설치되어 기존의 대한정책을 재검토하게 되었다. 그 결과 대한정책의 목표를 "경제성장률의 향상, 실업문제의 축소, 농업소득의 증대, 국제수지의 개선"으로 설정하고, 한국의 안전보장은 경제개발의 성공적인 추진을 통하여 비로소 가능하다는 인식이 제기되었다. 즉 케네디 정부는 한국에 대한 경제원조가 감소될 수밖에 없는 가운데, 일본으로부터 자금과 기술을 한국으로 이전하는 것이 미국정책의 성패를 좌우할 것이며, 이를 위해서는 한·일 간의 국교정상화가 필수적이라는 사실을 강조하고 있다.[6] 이런 맥락에서 1961년 11월 케네디는 박정희를 만나 한·일국교정상화의 조기실현을 촉구하였고 박정희는 아이러니하게도 준비된 것처럼 한국 전투병의 베트남 파병 의지를 밝히면서 새로운 미국의 동아시아 분업체제에 대한 부응의 자세를 초기에 표명했다.

　한편 어떤 식으로든 한·일국교정상화 문제의 해결책을 찾아야 했던 일본 정치지도자들에게 한국 내 군사정권의 등장은 많은 심적 부담을 덜어주었다. 5·16군사쿠데타 이후 한·일국교정상화에 대한 미국의 견해는 대일외교에서 한 단면을 볼 수 있다. 1961년 11월 2월, 이케다 수상과 러스크 국무장관의 회담에서 러스크는 "한국의 정세가 상당히 악화되어 있고, 이후 어떻게 될지 걱정이다. 박정권은 곤란한 경제정세를 극복하기 위해 5개년 경제개발계획을 세웠고 이를 위해 7억 달러의 자금을 필요로 하고 있다……. 미국은 이후에도 경제 원조를 계속할 방침이지만 무엇보다도 한국의 대일재산청구권은 한국의 경제를 재건하는 데에 직접적인 관계를 가지고 있다……. 이 청구권 문제가 해결되지 않으면 미국은 대한

---

6) 전재성 (2004), p. 69.

원조를 구체화할 수 없다."면서 일본의 행동을 강하게 촉구하였다. 이어서 그는 "아시아의 중심문제는 한국문제이다. 한국문제는 미국의 아시아 정책의 큰 과제가 되고 있다. 베트남은 상당히 위험한 상태이다……. 더 나아가 한국에서 실패하는 것은 미국의 위신에도 관계된다. 한국은 일본과 지리적으로 가깝고 동아시아 정세를 개선하는 것은 우리 모두의 목표이다. 이런 상황에서 일본의 역할은 매우 중요하다. 일본은 빨리 한국과 국교를 정상화하고, 한국의 정치적, 경제적 안정에 협력하는 것이 좋다." 면서 일본의 중추적 역할에 대한 기대를 밝히고 있다.[7]

1년 후인 1962년 11월 소위 '김종필-오히라 메모'로 청구권문제와 배상금액의 문제가 어렵게 타결된 이후, 한·일국교정상화의 길이 열리는 듯 했으나, 한국 내에서의 민정이양문제, 국교정상화를 둘러싼 야당과 학생운동권의 격심한 반대, 일본 내 사회당의 반대, 한·일 간 어업경계선 문제 등의 요인들이 작동하면서 한·일국교정상화는 거의 2년간 또 다시 난관에 부딪히게 된다.[8]

하지만 1960년대 초 미국 달러화는 '기축화폐Top Currency'의 위치를 상실할 위기에 놓이게 되었는데, 이러한 현상은 2차대전 이후 미국의 대 우방국 무상원조정책의 후유증이었다. 미국은 우방국들에게 냉전의 유지에 소요되는 비용을 분담할 것을 요구하기 시작했다. 이러한 미국의 원조정책의 변화는 예상되어 왔으나, 모든 경제적 요소들이 미국의 원조와 직결되어 있던 한국에게는 큰 부담이 아닐 수 없었다. 케네디 정부가 경험하고 있던 재정악화의 구조적 여건이 유럽선진국과 일본의 개발원조 공동 분담에 대한 요구를 발생시킨 것이다. 결국 케네디 정부의 대한 원조정책 전환은 한국경제의 구조적인 변화를 촉발하는 계기가 되었고, 이러한 배경하에서 군사정권의 경제개발계획이 대두되었다. 그리고 군사정권

7) 전재성 (2004), p. 72.
8) 전재성 (2004), p. 74.

이 한·일청구권 문제를 경제협력방식에 의해 해결하기로 했던 이면에서는 경제개발계획의 수행이라는 강한 동기가 작용하고 있었다.[9]

(2) 동아시아 냉전의 심화와 미국의 인도차이나 직접개입

미국 국방성이 1971년에 작성한 「미-월 관계, 1945-67」라는 이름의 의회보고서는 1950년부터 1954년 3월까지 미국정부는 비공식적으로 인도차이나에서 "자유진영"을 대신하여 베트남 분쟁에 참여하고 있던 프랑스군을 지원키 위해 임금을 포함한 병력유지비용과 군사장비 지원 등의 제반 비용을 위해 12억 달러 이상을 쏟아 부었다고 밝히고 있다.[10] 인도차이나 분쟁에의 참여에 대한 한국의 관심은 한국전쟁 직후부터 시작되었다. 1950년 이후 미국이 엄청난 양의 재정적, 물질적 원조를 통해 베트남에서 프랑스를 지원했음에도 불구하고, 1954년 초 디엔 비엔 푸에서의 패배를 계기로 프랑스가 어려운 상황에 놓이게 되자 미국은 직접참전을 심각하게 고려했었다. 국가안보위원회의 한 보고서가 밝히고 있듯이 인도차이나 상황을 주시하고 있던 이승만 대통령은 1954년 1월말 한국군 1개 사단을 베트남에 즉시 투입하여 프랑스군을 도와 전쟁을 수행할 용의가 있음을 미국 측에 강력히 시사했다. 이승만 대통령의 동남아지역 분쟁에 대한 이와 같은 관심은 지금까지 한국전쟁에서의 미국의 지원에 대한 '보은'의 차원에서 이해되어 왔다.

그러나 당시 미 국무장관이었던 덜레스가 이승만 대통령을 "동양의 흥정가oriental bargainer" 혹은 "평계의 마술사master of evasion", 아이젠하워가 "공

---

9) 이원덕, 『한일과거사처리의 원점』(서울: 서울대학교출판부, 1996), p. 180. 전재성 (2004)에서 재인용.

10) U.S. Department of Defense, United States-Vietnam Relations, 1945-1967 (Washington D.C.: USGPO, 1971) p. 419. 인도차이나에서 미국의 프랑스 군 사지원에 대한 상세한 논의는 Dong Ju Choi and Insun Yu, "A Re-Examination of America's Indochina Policy during the French Presence," *Journal of International & Area Studies* Vol. 6(2) (December 1999)를 참조.

갈굼^{blackmail}"이라고 국가안보위원회의 정례 회의에서 토로했듯이 이승만의 자발적인 파병의지의 이면에는 크게 두 가지 숨은 목적이 있었다.[11] 우선 그는 아시아 반공전선의 지도자 위치에 올라 국제사회에서의 정치적 입지를 굳히려는 개인적 열망을 갖고 있었다. 또한 파병을 통해 당시 20개 사단으로 구성되어 있던 한국 육군의 규모를 25개 사단으로 늘리려는 계획을 미국이 허락하고 강력하게 지원해 줄 것을 요청하기 위해 자신의 입지를 조성할 필요가 있었다. 그러나 "미군이 한국에 주둔하고 있는 상황 하에서 한국군이 한반도를 떠나 타 지역의 분쟁을 해결하기 위해 파병된다는 것은 미국국민들에 의해 이해될 수 없다"는 이유로 미국의 아이젠하워 대통령에 의해 거절되었다. 하지만 당시 미군 당국은 그 이후 한국군을 전략상 동남아 분쟁을 해결하는 데 있어 항시 유용 가능한 병력으로 고려하게 되었다.[12]

SEATO와 ANZUS 회원국들을 제외한 아시아 태평양지역 내 국가들 중 대만과 한국만이 미국의 정책에 적극적으로 동의하고 있던 국가들이다. 그러나 "대만의 참전의지는 중국의 개입을 불러일으킬 가능성이 클 뿐 아니라 베트남에서 중국인에 대한 감정이 매우 좋지 않음"을 고려한 미국에 의해 최종적으로 거절되었다. 결국 한국군만이 유일하고도 지속적으로 미국 측의 동의하에 동원될 수 있는 병력이었다. 경제적인 어려움과 더불어 한·일국교정상화의 추진에서 비롯된 정치적 불안을 겪고 있던 상황하에서 한국정부의 파병결정은 매우 예민한 사안이었으나, 1965년 초반까지 미국은 "한국은 언제든지 파병할 준비가 되어 있는 상태였으며, 단지 남은 문제는 우리(미국)가 지불해야 하는 대가의 결정만이 남아 있을 뿐"이라고 믿고 있었다.[13]

---

11) Jung-eun Woo, *Race to the Swift: State Finance in Korean Industrialization* (New York: Columbia University Press, 1991), p. 44.
12) George McT Kahin, *Intervention: How America Became Involved in Vietnam* (Garden City, New York: Anchor Press, 1987), p. 42.

한편 1964년 초 이후 인도차이나 사태의 악화로 인해 한반도의 전략적 중요성이 크게 부각되면서 미국은 주한미군의 철수나 한국 정규군의 감축을 더 이상 고려하지 않았다. 미 국무부 산하의 정책기획위원회의 1965년 11월 9일자 보고서는 미국이 한반도의 전략적 중요성을 제고한 세 가지 요인을 명시하고 있다. 첫째, 일본의 오키나와 공군기지는 주력 폭격기인 B52를 보유하고 있었으며 전장에 투입될 고급 병력을 교육시키는 훈련장으로 활용되기 때문에 미국의 베트남 작전수행에 있어서 전략적으로 중요하였다. 둘째, 전쟁 물자의 주공급원인 일본의 사세보 항_港이 공격당했을 경우, 미국은 병참 보급 노선이 끊길 위험에 놓이게 되었다. 셋째, 전함의 주요 항로인 대한해협이 인도양, 필리핀해협, 그리고 사우스 차이나해협과 더불어 해군 전략상 필히 확보되어야만 하는 상황이었다.[13] 넷째, 1964년 10월 16일 중국 북서부의 신강에서 행해진 중국의 핵실험 성공은 베트남 사태의 악화와 더불어 미국의 동아시아 안보전선에 대한 심각한 위협이었다. 미국의 극동 아시아 안보 전략에서 일본 안보유지의 위한 첨병이었던 한국의 전략적 중요성이 베트남전의 악화와 함께 제고되었던 것이다. 또한 한·일외교관계의 조기정상화를 통해 동아시아에서의 재정적 부담을 줄이려는 노력을 지속해온 미국은 한국 국민들이 한·일국교정상화 이후 "미국이 안보책임자로서의 역할을 저버리는 것이 아니냐는 강한 의심을 하고 있다."는 한국정부의 우려에 대해 "절대로 한·일국교정상화 이후 한국 측에 사전에 통보 없이 미군을 철수하는 일은 없을 것"이라고 맥나마라 국방장관을 통해 거듭 밝혔다.[15]

이는 베트남 파병 결정이 '한국전쟁 당시 미국의 참전에 대한 보은,' '동아시아 공산화 도미노에 대한 박정희 정부의 우려' 혹은 '미국의 압력

---

13) The Policy Planning Council of the State Department, The National Policy Paper, ROK, (November, 1965).

14) Forrestal to the President, 8 December 1964, Box 11, LBJ Library.

15) Brown to Rusk, 18 March 1965, Box 254, LBJ Library.

6.1

한국은 베트남전쟁이 치열해지기 시작한 1964년부터 휴전협 정이 조인된 1973년까지 8년간에 걸쳐 자유 베트남을 돕기 위하여 국군을 파견하였다. 당시 한국과 자유 베트남은 공산집단에 의해 국토가 남북으로 분단된 점에서 비슷하였으며, 반공통일을 국가의 지상 목표로 삼고 있는 점에서도 입장이 비슷하여 오래 전부터 서로 깊은 우호 관계를 맺어오고 있었다.

원래 베트남전쟁은 선전포고도 없는 전쟁으로, 1960년 남베트남 해방전선(베트콩)이 결성되고 1962년부터는 미국이 참여함으로써 전쟁은 본격화하기 시작하였다. 특히 1965년 2월 미국이 월맹越盟에 폭격을 가하기 시작한 무렵부터는 전쟁이 급속히 확대되어 갔다. 이때 베트콩과 월맹의 배후에는 구소련과 중국이 있었고 베트남은 미국 등 6개국으로부터 직접적인 지원을 받아 그 양상은 날로 국제전의 성격이 짙어가고 있었다.

에 의한 결정'이라는 학계에서 주장되어 오던 기존의 연구결과들과는 다른 주도적이고 구조적인 비정치적 배경이 있었음을 의미한다.

2. 대내적 환경

(1) 대미원조 의존 경제의 구조적 병폐와 경제개발계획 추진

한국전쟁 이후 공산주의와 대치하고 있는 미국의 우방국가 중 1953-60년의 기간에만 총 17억 달러의 원조를 받은 한국은 1950년대에 가장 많은 액수의 미국원조를 수혜한 국가였다. 이러한 미국의 원조는 인플레이션을 억제하고 한국 총수입의 70%를 지원하였을 뿐만 아니라 전후 복구사업비용으로 활용되어 이승만 정권의 유지에 절대적인 기여를 했다. 그러나 막대한 액수의 무상원조로 한국은 전후복구사업과 기아 등 시급한 경제문제는 해결할 수 있었으나, 원조가 장기화되면서 한국경제는 심각한 구조적 문제를 노출하기 시작했다. 우선 무상원조의 대명사였던 대량의 곡물원조는 농촌을 재기불능의 상태로 빠뜨렸으며, 원조에 전적으로 의존한 완전가공품의 수입은 국내 산업의 생산기반을 극도로 취약하게 만드는 결과를 초래하였다. 특히 원조의 증대를 위해 행해진 고환율 정책과 곡물수확량에 대한 정부의 의도적인 조작은 이러한 결과를 결정적으로 촉진했다. 설상가상으로 1957년 이후 미국의 연간 원조액은 3년간 지속적으로 삭감되어, 1957년의 3억 8천3백만 달러에서 1961년에는 1억 9천만 달러로 축소되었고 원조의 성격은 무상원조에서 유상차관으로 변했다.[16)]

결과적으로 산업생산기반의 취약성은 지속적인 수입의 증가와 정치불안의 핵심요소인 심각한 실업률을 초래했다. 1965년 6월에 작성된 백악관 안보수석실 산하의 「국방전담팀의 보고서Military Assistance Reappraisal」에 의하면, 1960년대 상반기 한국의 실업률은 약 20-25%에 이르렀다. 따라서 당면한 정치사회적 문제를 해결할 최선의 방법은 조속한 시일 내에 노동집약적인 생산기반을 확립하고 과도한 농촌의 잉여 노동력을 해외로 진출시켜 심각한 사회불안 요소였던 실업률을 낮추는 일이었다. 그러나 자립적인 경제성장보다는 원조에 의존한 현상유지 경제정책의 운용에만 급급했던 이승만 정권의 통치능력은 혁신적인 정책수정을 요하는 이러한 작업들을 치러내기에는 역부족이었다.

이승만 정권의 몰락에 이어 탄생한 장면 내각정권에 대한 미국 측의 평가를 담은 외교 전보들은 당시 미국이 절실히 원하고 있던 한국정권의 성격이 무엇이었으며 장면 정권에 대한 미국의 불만과 불신이 그대로 나타나 있다. 이 전문들은 장면 정부는 한국의 정치경제적인 발전을 이끌 수 있는 어떠한 능력도 보유하고 있지 않으며 조만간에 결정적인 위기상

---

16) Choi (1995), Chapter II.

황을 초래할 수밖에 없는 것으로 예견되고 미국이 적극적인 원조를 퍼붓는다고 해도 이를 효율적으로 활용할 수 있는 능력을 절대적으로 결여하고 있다는 내용을 주로 하고 있다.[17]

1960년대 초반 미국의 대한 원조정책의 수정은 한국국방예산의 구성비율 변화에도 크게 영향을 미쳤다. 경제개발이 국방력의 강화나 유지보다 정책의 우선순위였기 때문에 한국정부는 1961년 이후 국방예산을 삭감하여 경제개발 계획을 위한 투자에 소요해 온 결과 미국과의 방위조약에 근거한 직접군사원조CPF: Counter Part Funds가 한국의 국방예산에서 차지하는 비율은 오히려 증가했던 것이다. 이렇듯 경제개발계획의 완수를 대내외 정책결정 및 집행에 있어서 최고 우선순위로 여겼던 박정희 정부의 노력은 직접군사원조금의 대부분을 차지했던 MAPMutla Assistance Program의 한국이관 계획을 연장하려고 했던 데에서 찾을 수 있다. 1960년대 중반에 이르러 한국은 경제적인 문제 외에도 기존 군사력의 유지도 힘겨운 실정에 이르렀으며, 1950년대부터 추진해온 무기 현대화계획은 추진조차도 어려운 상태에 이르게 된 것이다. 김성은 당시 국방부장관은 인터뷰를 통해 다음과 같이 회고했다. "당시 한국군 보유무기의 70% 이상은 전투수행이 불가능할 정도로 노후화되어 있었다. 베트남에서 어느 쪽이 승리를 하던지 우리에게는 큰 의미가 없었다. 한국전쟁의 경험으로 미루어볼 때 우리가 베트남전에 참여하게 되었을 경우 신무기를 얻을 수 있을 뿐 아니라 6·25 이후 겪지 못했던 전투경험과 신무기 조작능력을 배양할 수 있는 절호의 기회였다. 따라서 경제계획의 원활한 추진과 군사력의 유지를 위해서 군원이관 계획의 일시적인 연기는 필연적이었다."[18]

---

17) Memoranda: Komer to Rostow, 9 March 1961, Johnson to Rostow, 15 March 1961, and Komer to Rostow, 15 March 1961 in NSF, Country, Box 127, JFK Library; Seoul Embassy Telegram (Embtel) 1349, 11 April 1961, NSF, Country, Box 128, JFK Library.
18) 김성은 전 장관과의 인터뷰, 1993년 8월 24일. Dong Ju Choi (1995)에서 재인용.

외교정상화 논의가 활발해지기 시작하던 1963년 당시 한국의 군사정권은 이미 일본의 경제적 영향력으로부터 벗어날 수 없는 덫에 걸려 있었다. 1963년에 일본의 대한 수출총액은 이미 1억 6천2백만 달러를 기록하고 있었다. 이 금액은 이승만 정권 말기보다 4배 이상 증가한 액수였으며 외부원조금 지원으로 발생한 수입액을 제외하면 한국의 전체 수입액의 70%를 상회했다. 또한 한국은 1962년에 약 4천만 달러의 단기융자와 곡물수입을 위해 1천8백만 달러의 외채를 부담하고 있었다. 1963년에는 대일채무금이 이미 1억 3천만 달러를 넘어섰으며 대일 수출은 일본으로부터 수입액의 16%에 불과한 실정이었다. 이러한 부채부담을 해소하고 경제개발계획을 본격적으로 추진함에 있어서 한·일국교정상화 문제는 군사정권이 최우선적으로 해결해야 하는 외교과제였던 것이다.

한편 1차 경제개발계획의 성공적인 추진을 위해서는 약 7억 달러의 비용이 필요했는데, 그 중 외화가 차지하고 있던 예상 비율은 총비용의 62 %인 4억 2,600만 달러였다. 그러나 1964년 말까지 단지 30%만의 외화가 충당되었을 뿐이었다. 결국 국제신용도가 없는 상태에서 한국정부는 외화도입의 활로를 찾는 데 모든 정치 외교적 노력을 경주할 수밖에 없는 상황에 이르게 된 것이다.

(2) 박정희 정부에 대한 미·일의 신뢰와 안보 환경

명분과 실리 속에서 시간을 끌고 있던 한·일양국에 결정적으로 압력과 회유를 가한 것은 바로 미국이었다. 지지부진한 협상을 조기에 매듭짓기 위해 미국은 주일 미 대사관의 라이샤워 대사를 1964년 8월 서울로 급파하여 야당 지도자들에 대한 정치적 압력과 더불어 정상화의 조기 타결 시 미국의 대한 양보조건을 한국 측에 제시하였다. 당시 주일 미 대사의 방한 활동을 보고한 1964년 11월 17일자 주일 미 대사관의 국무장관 보고전문에 의하면 미국은 대한 경제원조(150만 달러)를 약속했을 뿐 아니라 한국의 야당 지도자들을 직접 만나 "박(정희)을 정치적 곤경에 빠뜨릴 경우 지속되어온 미국으로부터의 경제 및 군사 원조금 지원이 완전히 끊길 수 있음"을 상기시키며 위협하였다. 미국은 한·일국교정상화 추진과정에 있어서 한국에게 결정적인 정치적 배려도 아끼지 않았다. 특히 6·3사태가 발발하고 한국 측이 미군 명령하에 있는 군부대의 동원을 허락해 줄 것을 요청하자 주한미군 사령관이었던 하우즈 장군은 한국군 두개 사단의 동원을 한국군 측에 허락해주었다.[19]

박정희의 개인 리더십에 대한 미국의 상대적인 신뢰도는 높은 편이었다. 1963년 미국을 공식 방문한 이케다 수상은 러스크 미 국무장관과의 회담에서 "박정희 장군은 일제 강점기에 관동군사학교에서 교육받으면서 과거 대일 문제에 있어서 감정적이었던 이승만이나 장면(12억 달러 요구)보다 훨씬 수월한 협상 파트너이기 때문에 한·일국교정상화는 단지 시간문제"라며 러스크 장관에게 한·일문제의 해결에 대해 강한 자신감을 보이기도 했다.[20] 박정희 개인에 대한 신뢰를 갖게 된 미국은 한국의 국내정치 상황을 상세히 파악하고 권력투쟁에서 박정희가 안정된 리더십을 유지할 수 있도록 가능한 배려를 아끼지 않았다.

공화당 의장이었던 김종필이 6·3사태를 계기로 확대된 전 국민의 반발로 권좌에서 물러난 다음날 주한 미 대사관은 백악관과 CIA 등에 발신한 보고문을 통해 "김종필은 자신이 계속해서 한국에 머물 것이며 의원직과 당원의 자격을 고수할 것이라고 천명함. 김종필의 하야가 결코 김종필과 그의 추종자들의 권력욕을 포기한 것이 아닌 것으로 사료됨. 그의 하야는 단지 그의 추종자들의 패배감을 위장하고 있음. 최근 수집된 정보에 의하면 친 김종필 계열은 극단의 정치적 행동을 취할 것으로 보임. 따

---

19) Embtel 1589 (Seoul), AmEmb. SEL to SECSTATE, 3 June 1964, NSF., Korea Vol. I, Cables, Box 254, LBJ Library
20) Deptel. Conversation of Ikeda and Rusk, 26 November 1963. NSF, Box 254, LBJ Library.

라서 박정희 대통령도 초헌법적인 통치력을 갖기 위해 다각적인 시나리오를 작성 중에 있음. 이런 계획들 중에는 국회해산과 재신임 선거 등이 포함되어 있음……. 친 김종필 계열의 대령이 주도한 동아일보와 경향신문 피습사건은 친김 계열의 극단적인 행동의 시작으로 보이며……. 정치파벌의 적절한 균형을 위해 박대통령은 최치환과 민관식 등 반 김종필 계열의 국회의원을 축출할 계획을 갖고 있음……. 더 이상의 정치적 혼란을 야기하지 않기 위해서는 김종필의 출국이 절대적으로 요구된다고 (그는) 보고 있음."이 문서는 중간부분이 삭제되어 있기 때문에 문서상의 '그'가 누구를 지칭하는 지는 파악이 불가능하나 한국 측에서 미국 측에 정보를 제공할 수 있는 통치권의 핵심인물이라는 것은 쉽게 짐작할 수 있다.

김종필의 하야와 미국행은 한·일국교정상화의 지연을 우려한 미국 측의 압력과 회유에 의한 것이었다. 1964년 4월 9일 미 대사는 국무장관에게 "박대통령은 김종필 스스로 이 난국을 극복하길 바라고 있지만 그의 정치적 입지를 고려할 때 이는 현실적으로 불가능함. 그가 지금의 위치를 고수한다면 국민들로부터 최소한의 지지를 받는 한·일국교정상화는 불가능함……. 한·일국교정상화가 올해 내에 타결되기는 어려울 것으로 보이나……. 한국은 지금까지 미국의 격려와 가이드라인을 충실히 이행하고 있음……. 그러나 현재의 정치적 상황이 지속된다면 사회적으로는 큰 혼란public turmoil이, 정치적으로는 파벌경쟁으로 인한 쿠데타나 정치적 분열이 일어날 가능성이 큼……. 따라서 우리(미국)는 한·일국교정상화의 타결을 위해 노력하고 있는 박대통령에게 지속적인 경제, 군사적 지원을 약속하여야 할 것"이라고 보고했다.[21]

한·일국교정상화 협상의 주역이었으며 당시 한국정치 불안의 핵심인물이었던 김종필과 그의 추종자들은 미국 정보당국의 핵심 관찰대상이었다. 1966년 3월 18일에 CIA가 작성 보고한 「특별보고서: 한·일관계의

---

21) Dept 1277, Berger to Rusk, 9 April, NSF, Korea, Box 254, LBJ Library.

미래」는 "공화당이 1961년부터 1965년까지 당 운영비용의 3분의 2를 일본기업들로 조달하였는데, 6대기업이 지원한 총금액은 6천6백만 달러에 달하며 개인별 지원금도 1백만 달러에서 2천만 달러까지 다양함. 21개월 전에 당의장의 자리에서 축출되었다가 다시 그 자리에 복귀한 김종필에 의하면 공화당은 1967년의 대선을 치르기 위해 약 2천6백만 달러의 정치자금을 필요로 함. 게다가 김종필은 때로는 한·일국교정상화 추진을 위한 격려금조로 때로는 한·일양국 기업들로부터 각기 상대국 시장에의 진출을 도와달라는 명목으로 수뢰하였음. 이미 6만 톤의 정부방출미의 대일 수출에 참여한 한국의 8대기업은 공화당에 약 11만 5천 달러를 헌금하였음"이라고 밝히고 있는 점을 볼 때 당시 백악관은 공화당 운영자금의 상세 내역은 물론 김종필 개인의 정치자금원을 파악하고 있을 정도의 정보력을 갖고 있었다.[22]

미국은 박정권에 정면으로 대항하면서 극단적인 정치적 행동까지 모색하는 등 여당 정치권 내의 심각한 정치적 위기를 초래했을 뿐 아니라, 한·일국교정상화 협상과정에서 부정적인 행위로 인해 국민들로부터 심한 반발을 일으킨 장본인인 김종필의 거취에 대한 자세한 정보채널을 통해 당시 출국을 완강히 거부하던 김종필을 설득했을 가능성이 매우 높다.

미국은 트루먼 시대 이후 전 세계의 봉쇄선containment line 주요 전략지역에 전략핵을 배치하여 힘의 확실한 우위를 전시하는 전략을 주로 사용하고 이었으며, 이 전략은 아이젠하워 시대에 대량살상보복massive retaliation 개념을 새로이 추가하여 더욱 강화되었고, 케네디 정부의 출범 뒤로는 유연대응전략flexible response이라는 전략으로 대치되어 동맹국이 위협받을 경우엔 언제든지 핵무기를 이용, 보복하겠다는 전략의지를 지속적으로 표명해왔다. 이러한 미국의 동아시아정책의 큰 틀 안에서 1960년대 한국 외

---

22) CIA Special Report, "The Future of Japan-Korea Relations," NSF, Box 254, LBJ Library.

교정책 목표의 우선순위가 안보였는가 아니면 경제였는가에 대한 논의는 아직도 큰 논쟁거리의 하나다. 그러나 양대 외교과제 중 하나였던 베트남전 참전의 경우, 파병을 계기로 군사 현대화 혹은 미군철수 등 안보문제에 대한 미국으로부터의 양보를 얻기 위한 노력은 심각한 경제문제 타파를 위해 베트남전 참전을 지렛대로 이용하려는 한국정부의 정책에 차선할 수밖에 없었다. 파병 이후에도 미국은 군사원조의 현상유지만을 지속했고, 주요 신무기 지원을 계속 지연시켰으며, 정치적인 의도에서 '주한미군의 유지'만을 거듭 표명했을 뿐이다.

국방문제의 근본적인 해결에 미국 측이 소극적이었고, 한국도 적극적으로 요구하지 않았던 이유는 미국 국가안보위원회 소속의 한국 조사팀이 1961년 6월 5일 케네디 대통령에게 올린 비밀보고서의 내용이 밝혀주고 있다. "한국 정규 병력을 감축하기 위해서는 미국이 '적으로부터 위협받고 있는' 한국의 안보를 절대 도외시하지 않는다는 증표가 필요합니다……. 따라서 이 계획의 실행은 이미 비무장지대에 배치된 전략 핵(탄두)의 증가배치를 전제로 해야만 합니다……. 미국은 북의 적에 대한 군사적 우위를 확보하기 위해서라면 언제든지 이 핵무기들을 추가 배치시킬 준비가 되어 있습니다."[23] 위의 보고서가 의미하는 것은 결국 1960년대 초반까지 한국은 아이젠하워 시대의 '새로운 전략 기조New Look Strategy'의 혜택을 보고 있었다는 것이다.

이렇듯 한국이 군사적인 문제보다는 경제적인 대가만을 미국 측에 고집한 이유 중의 하나는 비무장지대에 투입한 전략핵의 파괴력과 전쟁억지 효과를 고려한 미국이 이미 한국의 안보상황에 대해 낙관적인 자세를 갖고 있었기 때문이다. 백악관 안보담당 수석보좌관실 소속 아시아 조사팀은 박대통령의 방미를 앞두고 한국의 안보상황의 조사결과를 담은 「박대통령 방미관련 요약보고: 한국의 군사력과 군사원조계획」이라는 1965

---

23) Presidential Task Force on Korea, "Report to." Box 51, JFK Library.

년 5월 17일자 보고서에서 기존의 일반론을 초월하는 내용을 보고하고 있다. "현재 한국의 군사능력은 북한을 압도하고 있으며……. 한·미양국의 합동군사력은 북한과 중국이 한반도에서 동원할 수 있는 군사력보다 현재 월등히 우수하다……. 설사 한국군과 주한미군의 병력이 다소 감축된다 하더라도 공산주의자들은 패배를 기대할 수밖에 없다."[24]

당시의 한·일관계의 성격을 살펴볼 때, 한국은 경제 면에서 일본에 구조적으로 얽매여 있었을 뿐만 아니라 정권의 유지를 위한 기본 정치비용까지도 일본자금으로 충당하고 있었기에 대부분의 협상조건들을 충분히 활용할 수 없는 상태였다고 볼 수 있다. 그러나 국내 정치 불안의 핵심인물이었던 김종필이 미국의 압력과 설득에 의해서 외유의 길을 떠나자 국내정치의 소용돌이가 일단 잠재워졌다. 뿐만 아니라 미국의 베트남 참전 결정과 더불어 한국군의 파병이 시급해지는 정책 환경의 변화 속에서 박정희 정부는 과거보다 다소 느긋해진 입장에서 외교 시나리오의 수정을 가할 수 있었다.

III. 양로(Two-Track) 외교 전략과 대미 협상력의 증대 과정

1965년 5월 박정희-존슨 정상회담에서 한·일국교정상화를 위한 최종합의가 이루어졌는데, 이는 한국의 베트남 파병문제와 밀접하게 연관되어 타결되게 된다. 정권을 안정시킬 필요가 있었던 한국의 쿠데타 주역들에게 한·일국교정상화와 일본의 경제원조는 필수적이었고, 한국의 경제개발 5개년계획은 미국과 일본으로부터의 경제원조에 자신감이 생기면서 성안된 것이다. 한·일국교정상화는 한국의 반공정권을 안정시키고 자

---

24) Presidential Task Force: Briefing Paper for Visit of President Park, May 17-19, 1965, Box 256, LBJ Library.

6.2 한국과 일본은 한·일기본조약(1965년 6월 22일 조인)에 의해 국교가 정상화되었다. 한·일기본조약은 한국의 외무장관 이동원李東元, 한·일회담 수석대표 김동조金東祚와 일본 외무장관 시이나 에쓰사부로椎名悦三郎, 수석대표 다카스기 신이치高杉晉一 사이에 조인된 '대한민국과 일본국 간의 기본관계에 관한 조약'(기본조약)과 이에 부속된 4개의 협정 및 25개의 문서(협정부속서 2, 교환공문 9, 의정서 2, 구술서 4, 합의의사록 4, 토의기록 2, 계약서 2, 왕복서간 1)의 총칭이다. 부속협정은 ① 어업에 관한 협정, ② 재일교포의 법적 지위 및 대우에 관한 협정, ③ 재산 및 청구권에 관한 문제의 해결과 경제협력에 관한 협정, ④ 문화재 및 문화협력에 관한 협정 등이다. 조약의 교섭(한일회담)은 14년 동안 우여곡절을 겪었으며, 최종단계에서는 두 나라에서 모두 야당과 학생 등의 강력한 반대에 직면하기도 했다. 이 조약을 통해 첫째, 기본조약에서 대한민국 정부만이 한반도에서 유일한 합법 정부임을 명시하여 일본의 대북한 접근을 봉쇄하고, 둘째, 청구권에 대한 대한민국의 권한 인정, 문화재 및 선박의 대한민국으로 반환 등 대한제국 이래 일본의 각종 불법적 행위에 대해 한국에게 보상해야 함을 명시하여 한국이 한민족을 대표하는 것임을 간접적으로도 확인시켰다. 셋째, 60여 만 재일한국인의 법적 지위와 대우를 향상시켜 민단계, 조총련계와 중립계로 삼분되어 있는 재일동포를 한국의 보호 아래 두도록 하여 재일 동포에 대한 북한의 침투와 교란을 견제하게 되었다. 마지막으로 한·일 간 안보협력의 기틀을 마련하였다.

국의 경제적 부담을 경감시키려는 미국의 의도와, 급격히 성장한 독점자본의 진출을 갈망하던 일본의 요구, 그리고 불안정한 정권의 기반을 외국으로부터의 경제원조에 의한 근대화로 강화하고자 한 박정희 정부의 이해관계가 맞아떨어진 결과였다고 볼 수 있다.[25] 인도차이나 전황의 악화

---

25) 정일준, 『미국의 대한정책 변화와 한국 발전국가의 형성, 1953-1968』(서울대학교

로 다급해진 미국과는 달리 국교정상화를 통해 일본 자금 8억 달러를 확보했고 추가적인 핵무기의 배치까지 고려할 정도로 한국의 안보지원에 적극적인 미국의 전략적 접근은 한국에게 파병이 좀 더 장기적이고 증대된 국가이익을 담보 받을 수 있는 협상의 기회로 제공되는 빌미가 되었다.[26]

1. 미국의 외교적 고립과 파병 조건의 극대화

한국이 당면한 정치 사회적 문제 중 가장 심각한 것은 바로 실업률 문제였다. 한·일국교정상화와 전투 병력의 파병을 앞두고 미국과의 협상을 진행 중이던 한국은 김현철 주미대사를 통해 1965년 초반부터 "한국의 고등실업인력들을 아프리카 혹은 여타의 저개발지역으로 파견하여 활용하려고 하나 외화부족으로 실행할 수 없으니 미국 측의 적극적인 협조가 필요함"을 강력히 시사했다.[27]

한편 이동원 장관이 3월 15일 미국을 공식 방문하여 "두 차례의 비전투병력 파병은 바로 브라운 대사가 골치 덩어리인 원내의 돌대가리 stoneheads 국회의원들의 동의를 얻어내는 데 협력한 바에 힘입은 바 크다."고 말한 것에서 알 수 있듯이 한국의 정책결정자들이 미국의 관여를 받는 외교 사안에 있어서는 최대한으로 미국의 협조를 받고 있었음을 알 수 있다. 또한 "북베트남으로부터의 남쪽으로의 대량 이주가 가장 큰 골칫거리 중의 하나"라는 러스크 국무장관의 입장표명에 이동원 장관은 "북베트남지역에 대량 폭격을 가하는 것도 북베트남 난민들의 난입을 저지할 수 있는 길"이라고 얘기한 후 "미국이 지금의 군사적 대응보다 더 강력

박사학위 논문, 2000) p. 282. 전재성 (2004) p. 78에서 재인용.

26) 최동주, "한국의 베트남 전쟁 참전 동기에 대한 재고찰,"『한국정치학회보』제30집, 2호 (1996) p. 281.

27) Memo of Conversation, Ball and Amb. Kim, 14 January, 1965, Box 254, LBJ Library.

한little tougher 조치를 취할 경우, 한국은 적극적으로 협조할 것"을 거듭 다짐하고 있다. 한편 같은 문서에는 이동원 장관이 미국 측에 한국정부와 자신의 한·일정상화에 대한 열정을 표현하는 문구가 눈길을 끈다. 이동원 장관은 "이번 일본방문을 통해 어떠한 일이 있더라도 협상을 마무리지어야 하며 그렇지 않을 경우 사토수상과 시이나 외상은 권총으로 자신을 쏴 죽여야 한다."고 말하자 러스크 장관은 약간 당황하여 "외무장관의 발언으로는 좀 지나치게 과격하다."라고 타이르듯 말했다.[28]

이 문서는 당시 이 장관이 대미 및 대일 협상에서 갖고 있던 기본적인 자세를 보여 준다. 이 장관은 한국이 주창하고 있던 동아시아 외무장관 회담에 대한 일본 측의 소극적 자세를 비난하면서 자신은 시이나 외상에게 "일본의 큰형big brother인 미국은 일본의 번영을 위해 모든 성의를 다 보여 왔소. 이제 일본은 아시아 국가들의 맏형이 되었다고 생각하오. 하지만 일본은 자국의 번영만을 추구할 뿐 아시아의 동생 국가들을 위해 아무런 노력도 취하고 있지 않는다고 자신은 충고했으나 시이나 외상은 여전히 군사적 목적이 배태되어 있을 수 있다는 우려를 표명하였다."고 다소 불만스런 어투로 러스크 장관에게 밝히고 있다.[29]

전투병력 파병을 위한 한국 측의 구체적인 노력은 비전투요원 파병과는 별도로 은밀히 추진되고 있었다. 1964년 12월 19일에 주한 미 대사관이 국무장관에게 발신한 전문은 한·일국교정상화에 관한 존슨 대통령의 친서를 수반한 버거대사와의 비공식 회담에서 박정희 대통령이 "한국은 이미 2개 사단을 언제든지 베트남에 파견하여 즉시 전쟁을 수행할 수 있도록 만반의 준비를 갖추고 있음"을 상기시켰음을 밝히고 있다.[30] 1964

---

28) Memo of Conversation, W. Bundy and ROK Foreign Minister Lee, "Vietnam," NSF., Korea, 15 March, 1965, Box 254, LBJ Library.

29) *ibid*.

30) Embtel (Seoul), AmEmb SEL to SECSTATE, 19 December 1964, NSF., Korea, Vol. II, Box, 254, LBJ Library.

년 12월 24일자 안보수석실의 대통령 보고와 1965년 1월 14일의 「백악관 대화록」에는 미국 국가안보회의NSC의 아시아 담당인 쿠퍼와 톰슨이 김현철 대사와 김종필을 통해 "존슨 대통령이 한국전투병력의 베트남 파병에 지대한 관심을 보이고 있음을 상기시키면서 이를 논의하기 위해 박정희 대통령이 빠른 시일 내에 한·일외교관계 정상화문제의 진전을 본 후 미국을 방문해 줄 것"을 요청한 사실이 기록되어 있다.[31] 박정희 대통령은 1965년 2월 미국 측의 요청을 받아들여 5월에 방문할 것을 통보했다.

1965년 2월을 전후하여 베트남해방전선NLF 게릴라의 공격과 이에 따른 민심의 동요로 인해 베트남의 전황은 더욱 악화되어 미국의 전면적인 개입을 필요로 하는 상황으로 치닫고 있었다. 1965년 2월 7일자 맥조지 번디의 대통령 보고 메모와 3월 20일 미국 합참회의 회의록은 당시 다급한 백악관의 분위기를 느낄 수 있게 한다. 베트남 주재 미국 군사고문단의 전황회복에 대한 회의적인 보고에 이어 번디는 "미국이 전면적으로 개입치 않을 경우 베트남은 공산주의자들의 손에 넘어가게 될 것"이라고 존슨 대통령에게 보고했다.[32] 한편 "베트남에서의 전황을 역전시키고 적을 완전히 격퇴시키기 위해 베트남군의 공격적 역할을 지원하기 위한 미군 1개 사단의 즉각적인 파병"을 강조하는 내용을 포함한 「21가지의 군사행동방침」이 육군총사령부에 의해 맥나마라 국방부장관에게 보고되었다. 맥나마라는 대통령에 올리는 보고서에 "위와 같은 미군의 역할을 한국군이 대신할 수 있는 방법을 모색함이 더욱 효과적이다"라는 내용을 첨부했는데 이는 미국 측에서 한국군의 중요성을 처음으로 시인한 내용이다.[33]

한국군의 파병을 전략적 필요조건으로 여기고 있는 미국 측의 다급

31) Cooper/Thomson to M. Bundy, 24 December 1964; Memo of Conversation, Cooper and Jong-Pil Kim, 14 January 1965, Box 254, LBJ Library.
32) Memo, M. Bundy to the President, 7 February 1965, Box 254, LBJ Library.
33) Joint Chiefs of Staff Memorandum, 204-65, 20 March 1965, Box 254, LBJ Library.

한 입장은 1965년 4월 1, 2일 이틀간에 걸친 국가안보위원회의 회의내용에 나타나 있다. 같은 해 10월까지 미군 15만 명의 파견과 더불어 한국군 21,000명의 파견을 작전의 핵으로 한 NSAM 328이 결국 4월 6일 존슨이 21개 작전 건의안에 동의함으로써 발효되었다. 이에 따라 존슨은 외무당국자들에게 "한국, 호주, 뉴질랜드 등 그 동안 참전의지를 표명해 온 국가들이 조속한 시일 내에 군대를 파병할 수 있도록 최선을 다할 것을 지시했다."는 사실은 1965년 4월 6일자 「국가안보회의 회의록」에 기록되어 있다.[34]

그러나 한국군을 항상 유용한 병력으로 판단하고 한국과의 협의 없이 독자적인 군사계획을 세운 미국은 한국이 파병문제에 대해 일정 기간 침묵을 유지하자 당황하기 시작했다. 1965년 중반으로 접어들면서 한국의 지도자들은 파병을 둘러싼 대미외교를 굳이 서둘러야 할 필요를 절실히 느끼지 않아도 되는 배경을 갖고 있었다. 이러한 한국의 외교적 입지는 한·일국교정상화를 위한 한·일 양국 간의 합의가 거의 마무리 단계에 접어듦으로써 가능해졌다. 우선, 한·일국교정상화에 따라 한국이 일본에 청구한 청구금과 융자금을 합친 8억 달러의 자금이 확보되어 대일 채무 이행이 부분적으로나마 이루어졌으며 제2차 경제개발계획의 추진이 다소 용이하게 되었다. 또한 한·일국교정상화로 인해 미국이 한국의 보호자적 위치를 일본에 넘기려 한다는 한국 측의 의심을 불식시키기 위해, 미국은 미군철수 계획의 포기와 더불어 한국의 안보와 경제개발에 결정적인 기여를 해온 무상원조액수도 당분간 현상유지를 할 것을 한국 측에 약속한 바 있다.

위와 같은 배경하에서 1965년 초부터 한국은 미국 측과의 전략적인 협의는 배제한 채 참전의 궁극적 목표인 경제적인 이득을 위한 비공식적인 외교노력을 전개하기 시작했다. 1965년 4월 2일자 「국무성 대화록」을

---

34) National Security Action Memorandum, 6 April 1965, Box 254, LBJ Library.

보면, 미국 국무차관 조지 볼George Ball과의 비공식 회담을 통해 과거와 다름없는 한국의 파병의지를 전달한 김현철 주미대사는 "한국의 잘 교육된 인력을 후진국지역에 진출시켜 실업률을 낮추려는 한국정부의 계획을 미국이 적극적으로 외화 지원을 통해 도와줄 것"을 요청했다.[35] 베트남 참전을 통해 근본적인 정치사회 불안요소인 실업률을 해소하려는 한국정부의 의지 표명이었다.

한국 측의 전쟁특수에 대한 관심도 같은 시기에 미국 측에 전달된다. 1965년 2월 7일 국무성이 주한 미 대사관에 보낸 전문에 의하면 러스크 국무장관을 만난 자리에서 김 대사는 "한국전쟁을 통해 미국이 산업 활성화를 유도했던 경험에 대한 얘기와 더불어 베트남전에서도 똑같은 계획을 갖고 있는지 여부를 질문하며, 간접적으로 한국이 베트남전으로 창출되는 막대한 수요로 인한 경제적 이득을 얻는 데 미국 측의 적극적인 협조를 요구"했다.[36]

전쟁수행을 위한 군사전략에 이미 포함되어 있던 한국군의 확보가 예상 외로 지연되자, 미국은 한국의 전쟁특수사업 참여에 전적인 지원을 거듭 확약한 내용은 1965년 5월 13일자 「한국의 베트남 지원」제하의 보고서에 상세히 나타나 있다. 그러나 한·미 양국의 생각처럼 한국 전투 병력의 파병과정이 "자유진영" 측에서 아무런 반대의사 없이 이루어진 것은 아니었다.[37] 미국의 베트남전 참전 준비 단계부터 정책결정 및 입안과정에 깊숙이 참여하였던 백악관의 동아시아 담당관 체스터 쿠퍼는 그의 저서 『마지막 성전Last Crusade』에서 "미국 동맹국들의 전쟁참전 과정의 가장 큰 걸림돌은 다름 아닌 베트남 당사국의 반대였다. 그들은 미국 외 국가

---

35) Memo of Conversation, Ball and Amb. Kim, 11 March 1965, NSF., Korea Vol. II, Box 254, LBJ Library.
36) Deptel (Seoul), Rusk to Brown, 7 February, 1965, NSF, Korea Vol. II, Box 254, LBJ Library.
37) Briefing Paper, "Korean Assistance to Vietnam," 13 May, 1965, NSF., Asia and the Pacific, Korea, Park Visit Briefing Book, Box 256, LBJ Library.

들의 참전을 미국의 소극적 자세로 인식하였으며 반미운동의 확대를 조장하기도 하였다."라고 쓰고 있다.[38] 그러나 가장 많은 병력을 보내기로 약속한 한국 측을 설득하기 위한 미국 측의 조치는 바로 취해졌다. 미 국무성은 주월 미 대사인 테일러에게 1965년 4월 5일 국방부/국무부 공동 발신 급전을 보내 베트남 정부가 즉각 한국 측에 파병을 요청하는 공문발송을 독촉할 것을 명하였다. 미국의 즉각적인 압력은 효력을 발휘하여 박 대통령이 미국을 방문하기 바로 전인 1965년 4월 말에 베트남이 파병요청 공문을 발송하게끔 했다.[39]

한국이 베트남 참전을 계기로 악화된 국내 경제문제를 해결하고 전쟁특수로 인한 경제적 이득을 극대화시키려는 노력은 박정희 대통령이 미국을 방문하여 존슨 대통령과 가진 회담의 내용이 담긴 「미한관계」라는 제하의 백악관 대화기록(1965년 5월 18일)을 살펴볼 때 더욱 분명해진다. 존슨 대통령이 먼저 "지속적인 군사원조와 주한미군의 주둔 그리고 한국 병력 수의 현상유지" 등 3월에 맥나마라 국방장관 방한 시, 조속한 한·일 외교정상화 추진을 전제로 박 대통령에게 약속한 내용을 그대로 확인하자, 박 대통령은 "무역량의 확대와 수출시장의 확보를 위해 한국이 미국의 지원으로 발생하는 특수에 참여하는 데 미국이 적극적으로 협조해 줄 것"을 요구했다. 존슨은 융자와 원조를 통한 수입 재정의 지원과 곡물원조를 통한 국방비 지원 등 과거 미국이 약속했던 내용을 거듭 확인하는 차원에서 대답을 마무리하고, 한국의 베트남 파병 의사를 박 대통령에게 타진했다. 박 대통령이 "개인적으로는 파병을 원합니다."라고 대답하자, 존슨은 "1개 사단을 파병해 준다면 베트남에서의 전쟁 수행에 큰 도움이 될 것"이라고 구체적인 병력 규모까지 제시를 했다. 그러나 박 대

---

38) Chester Cooper, *The Last Crusade: The Full Story of U.S. Involvement in Vietnam from Roosevelt to Nixon* (London: MacGibbon & Kee, 1970), p. 266.

39) Deptel (Seoul/Saigon) 948, "Joint State-Defense Message," 14 April 1965, NSF., Korea, Vol. II, Box 254, LBJ Library.

통령은 존슨의 기대와는 달리 "그러한 문제는 정책책임자들의 검토에 의해 결정될 사안이며, 지금은 아무런 확답도 할 수 없다."는 의외의 대답으로 존슨을 당혹스럽게 하였다.[40]

이 회담의 주요 내용을 통해 알 수 있는 것은 한국 측이 건국 이래 최초의 전투병력 해외파견을 앞두고 이를 지렛대로 하여 최대한의 경제적 이득을 확보하겠다는 박정희의 의지다. 즉 한·일외교정상회담과 베트남 파병은 한국의 대미 외교정책 추진과정에서 한국 측에 의해 완전 별도의 사안으로 구분되었던 것이다. 따라서 한국의 지도자들은 한국이 미국으로부터 확보해야 되는 사안별로 대가가 확실히 구분되어져야 한다는 논리를 갖고 있었다. 지금까지 살펴본 바와 같이 파병을 이유로 한국이 미국 측에게 요구한 대가는 바로 경제적인 것들이었다. 결국 베트남상황이 악화일로를 걷고 있는 상황에서 미국은 한국의 요구를 전면 수용하는 길 외에는 방안이 없었다. 그 결과 미국은 3차례의 파병을 위한 협상과정에서 약속된 경제적인 대가를 지불하게 된다.

2. 추가파병 협상을 통한 이익 추구

2차 전투병력 파병 협상의 초기였던 1965년 12월 말 국무장관 러스크는 주한대사 브라운에게 보낸 한국병력 관련 협상을 위한 훈련에서 "미국은 이미 한국군의 파병을 위해 지금까지 계획했던 미 원조국AID이 주도할 원조 패키지를 준비해 놓은 상태"라면서 "협상을 조기에 마무리 지을 것"을 독려하고 있다. 1994년 3월에 공개된 1965년 12월 22일자의 「대한 개발융자」라는 제하의 1965년 12월 22일 미 원조국AID 발신 대통령 수신 전문은 이 패키지의 구체적 내용과 개발계획을 밝히고 있다. "첫째는 서울 화력발전소 건설을 위한 2250만 불, 둘째는 서울의 수도시설 확장 자

---

40) Memo of Conversation, LBJ and Park, "US-Korean Relations," 18 May 1965, NSF., Korea Vol. II, Box 254, LBJ Library.

금 376만 불, 마지막으로 현대시멘트 공장의 설립을 위한 자금지원을 위해 300만 불" 등이었다. 특히 AID 의장인 벨은 대통령에게 "이미 베트남에 2만여 명의 전투 병력과 의료진들을 보내는 등 우리의 전략적 이익을 위해 적극적인 자세로 협력하고 있는 박대통령의 체면을 위해서라도 이 융자금의 지원이 올해 내에 이루어지게 하여야 할 것"이라고 보고하고 있다.[41]

구체적인 경제원조 다짐과 더불어 미국은 험프리 부통령을 한국에 급파하여 제2차 전투병력의 파병문제를 매듭지으려는 노력을 기울였다. 1966년 1월 1일 새해 벽두에 청와대에서 마주앉은 험프리 부통령과 박대통령, 정일권 국무총리, 이동원 외무장관 등은 베트남 사태에 대한 기탄없는 대화를 주고받았다. 그러나 베트남전 전황에 대한 한국 지도자들의 견해는 과거보다 더욱 강경해지고 있었다. 휴전과 강공의 양동작전을 구사하고 있던 미국정부의 전략에 대해 한국 측은 강한 거부감을 나타내었으며 오히려 더 많은 폭격과 물리적 대응으로 전황을 뒤집어야 한다고 주장하고 있다. 수많은 전쟁 경험을 갖고 있는 대만의 장개석이 당시 미국 측의 평화협상을 지지하는 발표를 했던 것을 상기해본다면 전 세계에서 거의 유일하게 미국의 강경전략 선택을 요구하고 있던 한국 지도자들 관점의 배경은 과연 무엇인가? 대화내용을 기록하고 있는 1966년 1월 1일자 전문은 그 협박과 간청이 담긴 한국 측의 주장을 구체적으로 설명하고 있다. 정일권 총리는 험프리 부통령에게 "한국은 더 많은 병력을 파병할 의향이 있는데…… 과연 미국은 건설 등 베트남 특수사업에 우리의 전적인 참여를 보장할 수 있는가?…… 우리는 한국전쟁 당시 어떤 한 나라가 군사적인 협력도 하지 않은 상태에서 엄청난 경제적 이익을 거둔 사실을 너무나도 정확히 기억하고 있다. 우리는 우리에게 모

---

41) Memo, Bell to the President, "Project Loans for Korea," 22 December 1965, NSF., File of M. Bundy, Box 15, LBJ Library.

든 경제적 이익을 확보해 달라는 것이 아니다. 하지만 이러한 일들이 다시 발생하여 우리에게 손해를 입히는 결과를 가져와서는 안 된다는 것이다."[42]

험프리는 같은 문서에 포함된 자신의 대통령전 보고서에서 "지금 한국의 경제는 시기적절한 투입의 효과만 있다면 성장의 길로 접어들 것입니다. 한국 지도자들은 베트남 전투병력 파병을 이용하여 '일석다조'의 효과를 노리고 있습니다. 공산주의와의 전쟁에서의 승리는 물론이고 일본이 한국전쟁에서 얻은 것과 같은 성격의 경제적 이익을 바라고 있습니다. 또한 그들은 무상원조의 단절을 대비하여 자립경제의 틀을 다지고자 베트남 특수를 이용하여 미국시장으로의 침투를 시도하고 있으며 개발원조금(융자)의 손쉬운 조달을 통해 국가의 경상수지를 정상화시키려고 하고 있습니다."[43]

보고를 받은 존슨 대통령은 미국의 전쟁확대 계획의 실행과 더불어 절실했던 한국의 전투병력을 확보하기 위해 한국 측이 요구한 거의 모든 경제적 요구를 수용하였다. 우선 존슨 대통령은 안보수석인 번디가 제의한 「한국군 파병을 위한 감미료Sweetener for another ROK division in Vietnam」라는 보고서에 사인하였으며, 5, 7, 8월에 연속적으로 한국군의 확보를 위해 여러 형태의 개발원조금을 지원할 것에 동의하였다. 그중 1,860만 달러의 개발융자는 국철의 현대화와 디젤기관차의 도입을 위해 지원되었고, 국가재건은행에 지원된 1,200만 달러는 사회간접자본의 확충과 한국과학기술 발전의 요람으로 성장한 과학기술원의 설립 및 교수요원 확보자금으로 사용되었다.[44]

---

42) Embtel 726 (Seoul), the Vice President to the President, 1 January 1966, NSF., Korea Vol. III, Box 254, LBJ Library.

43) *ibid*.

44) Memo, M. Bundy to the President, "Subject: Sweetener for Another ROK Division in Vietnam," 3 February 1966, NSF, Korea Vol. III, Box 255, LBJ Library.

한국의 베트남전 참전문제에 있어서 주목을 받아야 할 부분은 한국이 참전 초기에 확보한 작전지역 명령권뿐 아니라 지속적으로 민간 퇴역 군인들의 파병을 미국이 허락해 줄 것을 요구하는 과정에서 그들의 임금을 민간업체 출신 근로자 수준의 대우를 요구했고, 이들 민간 지원병들이 자체적으로 미군과 한국군의 보호 아래서 작전지역과 작전권을 할당받아 활동할 수 있도록 해줄 것을 요청한 사실이다. 이러한 사실은 1966년 6월 말 미 국방장관이 김성은 국방장관의 방미결과를 태평양지역 사령관에게 설명하는 전문에 기록되어 있다. 또한 1967년 초엽에 들어서면서 미국과 베트콩 사이의 휴전무드가 다시 형성되기 시작하자 한국 측은 당시 진행 중이던 「평화마을 건설작전pacification project」의 수행에 있어서 한국과 미국의 책임영역을 뚜렷이 구분할 것을 미국 측에 요청하였으며 동시에 지역을 담당하고 있던 사령관이 각기 해당지역의 군사작전은 물론 민간인의 일반 행위 규범까지 책임지게 할 것을 미국 측에 강력히 요청하였다.[45]

이러한 한국 측의 입장은 피크를 지난 전쟁의 시기, 갑자기 부상했던 미-월맹 간의 화해무드 등을 고려한 한국 측의 치밀히 계산된 행동임을 알 수 있다. 일반적으로 전쟁 진행 중에 나타난 한국 측의 이러한 요구는 미국이 우려했던 바와 같이 크게 두 가지 면에서 조명되어 볼 수 있다. 첫째, 미국 다음으로 많은 병력을 투입한 한국의 입장에서는 휴전협상 테이블에서 한국 측의 정치적 몫을 확보하려 했다는 사실이다. 둘째, 이러한 협상참여는 결국 휴전 이후 한국 측이 베트남 내 한국군의 작전 지역에 대한 정치적 역할을 주장할 수 있는 길을 확보할 수 있는 유일한 길이었으며, 한국의 지도자들은 한국의 희생이 이러한 몫을 주장하기에 충분하다는 믿음을 갖고 있었다는 사실이다.

1967년 중반을 넘어서면서 추가파병을 재고하고 있던 백악관 측에

---

45) Memo of Conversation, Minister of Finance Kim and Rostow, "Support for the Second Five-Year Plan," 1 November 1966, NSF., Asia and Pacific, Korea Filed by LBJ Library.

대해 박정희는 민간인 병력의 파병만을 지속적으로 고집하였다. 전황을 파악하기 위해 백악관에서 베트남으로 파견되었던 전역장군 클리포드와 테일러는 "한국은 지금도 군대의 추가 파병을 원하고 있으며 전쟁의 확전을 전혀 두려워하지 않음……. 한국 지도자들은 중국의 참전과 같은 일은 궁극적으로 중국의 패배만을 부를 뿐이라고 자신만만하게 얘기하고 있음"을 대통령에게 보고했다.[46] 그러나 1967년 11월 28일 경제수석인 로스토우는 대통령에게 "추가파병에 대한 한국 측의 요구는 지나치게 비싸며, 다양하고, 복잡한 성질을 띠고 있다."고 보고하고 있다.[47] 미국이 전쟁의 확전에 대해 확신을 보이는 어떠한 조치도 취하지 않은 채 몇 달을 보내자 한국 측은 베트남 정부에 직접 접근하여 한국의 민간인 병력 파병 의사를 전달했다. 1967년 12월 5일 티우 대통령의 취임식에 참석한 정일권 총리는 티우 대통령에게 직접 한국의 민간인 병력 파병에 대해 논의하면서 그 이점을 조목조목 설명하였고, 티우 대통령은 기본적으로 이 계획에 찬성하는 입장을 표명하였다.

같은 해 12월 18일 김성은 국방장관은 주한 미 대사관을 통해 웨스트모얼랜드 장군에게 두 개 여단을 포함한 총병력 1만 1천여 명의 "축소 사단"을 파병할 수 있음을 통보하였고 "1968년 1월 국회에서 통과되면 4월 말이나 5월 초에 베트남에 투입될 수 있을 것"이라고 밝히고 있다.[48] 양국 사이에 이 "축소사단"의 파병에 대한 구체적인 조건을 수록하고 있는 공식문서는 아직 공개되지 않았으나 12월 호주의 캔버라에서 열린 호주 수상의 장례식에 참석한 두 국가의 정상이 나눈 대화 내용을 담고 있는 서울발 보고서는 그 조건들이 대략 무엇이었는지를 말해주고 있다. 한국

---

46) Clifford-Taylor Report to the President, 5 August 1967, NSF., Vietnam 5D(1), Allies : Troop Commitments ; Other Aid, Box 91, LBJ Library.
47) Memo, Rostow to the President, 28 November 1967, NSF., Vietnam 5D(1), Allies : Troop Commitments ; Other Aid (General Material), Box 91, LBJ Library.
48) Embtel 2973 (Seoul), Porter and Bonesteel to Bunker and Westmoreland in Saigon, 18 December 1967, NSF., Vietnam 5D(3), ROK, Box 91, LBJ Library.

군의 베트남 증파로 인한 여러 가지 어려운 점을 이해한다는 말로 화두를 꺼낸 존슨 대통령은 "증가하는 북한의 침투를 제압할 수 있도록 두 대의 대형 폭격기와 다수의 정찰용 헬리콥터를 지원할 것이며 경찰장비의 현대화 또한 적극적으로 지원할 것입니다……. 당신이 신중하게 추진하고 있는 경부고속도로의 완성을 위해 미국정부는 완벽한 재정지원계획을 갖고 있으며 현대화된 장비와 기술 인력을 집중 지원할 계획도 갖고 있습니다……. 예산확보의 어려움을 이해하고 곡물원조를 증대할 것이며 베트남에 파병할 민간인 병력에 대한 지원도 아끼지 않을 것입니다……."[49]

그러나 민간인 병력의 파병에 대해 한국 측이 내세운 조건과 미국 측의 입장은 끝내 합의를 보지 못한 채 해를 넘기고 말았다. 한국은 1968년 1월 초에도 지속적으로 5,000명의 민간인 병력에 대한 파월을 위해 임금 등 여러 조건을 내세웠으나 미국 측은 계속 명확한 해답을 미루고 있는 상태였다. 그러나 1·21사태의 발발은 한·미 간의 제반 협상과정에서 한국 측에게 유리하게 작용했다. 이 사건을 계기로 한국은 미국의 미온적인 대북 자세와 군사원조의 감소추세에 강하게 반발하면서 베트남전 참전의 대가로 요구하기에 여러 배경에서 어려움이 있었던 군사적인 양보를 얻어낼 수 있는 절호의 기회로 작용했던 것이다. 군의 현대화에 대한 미국의 지원을 얻어내기 위해 한국은 주한 유엔군사령부를 통해 "베트남의 한국군 전원을 조기에 철수하기로 결정했음"을 미국 측에 통보했다.[50] 상황이 이 지경에 이르자 미국은 베트남전의 수행에 있어서 절대적인 위치를 차지하고 있던 한국군의 철수에 대한 정보가 새어 나가는 것을 막기 위해 모든 외교채널을 동원했던 사실이 동 전문에 자세히 나타나 있다. 결국 한국은 베트남에 병력을 증파하지 않고도 원했던 미국 측으로부

---

49) Embtel 3103 (Seoul), Porter to SECSTATE, 23 December 1967, NSF, Vietnam 5D(3), ROK, Box 91, LBJ Library.

50) Embtel 3668 (Seoul), Porter to SECSTATE, 26 January 1968, NSF. Asia and the Pacific, Korea-Pueblo Incident, Vol. I, Part A, LBJ Library.

터의 양보를 얻어낼 수 있었던 것이다. 따라서 한국은 1968년 전반기 동안 미국 측에게 증파를 위한 적극적인 자세의 표현을 자제하기 시작했으며 이러한 한국 측의 소극적인 태도와 민간인 병력의 파병을 위해 한국이 내세웠던 "과다"했던 조건들은 상호간의 합의를 보지 못하고 만 것이다. 1968년 9월 7일 미 합참본부가 백악관에 타전한 전문은 한국과의 증파에 대한 협상이 결렬되었으며 향후에도 없을 가능성을 비치는 내용이 담겨져 있다. "한국군의 증파와 민간 병력의 파병은 더 이상 고려대상이 아님. 민간 병력을 위한 인건비는 지나치게 높음. 파병이 예상되었던 '축소사단'을 위한 장비지원 계획은 베트남 정부군을 위한 지원 계획으로 대체되었음."[51]

1968년 닉슨독트린 이후 미국의 탈 아시아 정책이 추진되면서 베트남의 미군 수는 지속적으로 감소하기 시작했다. 그러나 전술한 바와 같이 종전시기와 형태는 한국의 정치경제적 국가이익과 긴밀한 관계에 있었고, 미국의 대 베트남 정책이 변화되어 가고 있는 과정에서도 한국은 1969년 이후 베트남에서 가장 많은 병력을 보유한 국가가 되었다.

IV. 결과 분석[52]

현대 세계사에서 전쟁은 항상 용역과 재화의 수요를 창출해왔으며, 특히 전후 폐허화된 일본이 경제적으로 성장할 수 있는 결정적인 기회를 한국전쟁이 제공해주었다는 사실을 누구보다도 잘 인지하고 있던 한국의 정치지도자들이 경제적 동기를 배제한 채 베트남 파병을 추진했을

---

51) Memo, JCS to Smith, White House, 7 September 1968, NSF., Vietnam 5D(3), Allies' Commitments ; Other Aid, Box 91, LBJ Library.
52) 4장에서 인용된 대부분의 통계자료는 Choi (1995)와 최동주, "베트남 파병이 한국경제의 성장과정에 미친 영향." 『동남아시아연구』, 제12집 (2001)에서 재인용되었음.

6.3

1969년 미국 대통령 R.M. 닉슨이 밝힌 아시아에 대한 외교
정책. 괌독트린Guam Doctrine이라고도 한다. 미국 대통령 닉슨은
1969년 7월 25일 괌Guam에서 그의 새로운 대아시아정책인 닉슨독트린을
발표하고, 1970년 2월 국회에 보낸 외교교서를 통하여 닉슨독트린을 세
계에 선포하였다. 내용은 다음과 같다.

　1. 미국은 앞으로 베트남전쟁과 같은 군사적 개입을 피한다.

　2. 미국은 아시아 제국諸國과의 조약상 약속을 지키지만, 강대국의 핵
에 의한 위협의 경우를 제외하고는 내란이나 침략에 대하여 아시아 각
국이 스스로 협력하여 그에 대처하여야 할 것이다.

　3. 미국은 '태평양 국가'로서 그 지역에서 중요한 역할을 계속하지만
직접적·군사적인 또는 정치적인 과잉개입은 하지 않으며 자조自助의 의
사를 가진 아시아 제국의 자주적 행동을 측면 지원한다.

　4. 아시아 제국에 대한 원조는 경제중심으로 바꾸며 다수국간 방식을
강화하여 미국의 과중한 부담을 피한다.

　5. 아시아 제국이 5~10년의 장래에는 상호안전보장을 위한 군사기구
를 만들기를 기대한다.

가능성은 매우 적다.[53] 또한 1960년대 초반 한국의 새로운 지도자들에
게는 경제성장이 정치권의 생존과 국가안보의 확립을 위한 필수불가결
의 요소로 여겨졌다. 이러한 '경제제일주의'의 정책기조는 한국의 세 차
례 전투요원 파병결정을 둘러싼 한·미 양국 간의 협상내용에 잘 반영되
어 있다. 따라서 가장 중요한 참전의 결과는 경제 부문에서 찾을 수 있
으며 그 밖의 다른 결과들은 경제적 결과에 의해 파생적인 영향을 받았
다고 볼 수 있다. 즉 전쟁이 진행되면서 군사 현대화 등의 안보 공약은
제대로 이행이 되지 않았던 데 비해, 경제부문에서는 미국이 밀약한 내

---

53) 홍규덕, "베트남전 참전 결정과정과 그 영향." 한국정신문화연구원(편), 『1960년대
　　대외관계와 남북문제』, (1999).

용들을 약속대로 이행한 결과로, 한국은 예상했던 것 이상의 경제적 이득을 얻었다.

〈표 6-1〉 연도별 참전 현황

연도	총계	육군	해군	공군	해병대	기타
1964년	140	140	0	0	0	-
1965년	20,541	15,973	261	21	4,286	-
1966년	45,605	40,534	722	54	4,295	-
1967년	48,839	41,877	735	83	6,144	-
1968년	49,869	42,745	785	93	6,215	31
1969년	49,755	42,772	767	85	6,096	35
1970년	48,512	41,503	772	107	6,096	34
1971년	45,663	42,354	622	98	2,558	31
1972년	37,438	36,871	411	95	28	33

(출처: 국방부 군사편찬연구소, 『한국군 파병과 철군』 www.imhc.mil.kr (검색일: 2010. 5. 2))

1. 경제적 수익과 사회적 영향[54]

1967년에 발간된 한 유엔보고서는 1960년대 한국의 고도성장을 유도한 가장 큰 요인은 "지역 내 수출시장의 시기적절한 등장"이라고 밝히고 있다. 즉 베트남 내전에 미국이 직접 개입함으로써 발생한 막대한 소비시장의 등장이 바로 그 요인이라는 것이다.[55] 베트남에서는 전쟁이 심화됨에 따라 미국 달러화의 유입이 급증하여 소비물품 중심의 수입량이 급격한 증가추세를 보였다. 따라서 수출 판로를 확보 못하고 있던 한국경제는 대 베트남 수출량이 급증하기 시작한 1965년을 계기로 크게 활성화되기 시작했다. 그러나 1967년 이후 미국이 베트남정부의 수입정책에 개

---

54) 보다 상세한 경제적 수익 분석에 대한 연구는 최동주 (2001)를 참조.
55) UN Economic Commission for Asia and the Far East, *Short and Medium Term Prospects for Exports and Manufactures from Selected Developing Countries: Republic of Korea*, ECAFE (1967).

입, "Buy American" 정책을 적용하기 시작하면서 한국은 새로운 수출품목을 선택하지 않을 수 없게 되었다. 이미 전투병력을 파견한 한국은 군수관계 물자의 수출을 지속적으로 추진함에 있어 나름대로의 당위성을 갖고 있었다. 그러므로 1967년 이후에는 소비물자의 수출이 점차 감소한 반면 전쟁관련 물자의 수출은 급격히 증가하게 된다.

대 베트남 무역으로 발생한 한국의 경제적 이득은 1965년부터 1973년까지 총 2억 8300만 달러에 달했다. 그 중 9400만 3000 달러는 상업수출로 인한 것이었다. 총 매출의 3분의 2는 전쟁관련 물자의 수출로 인한 것이었다. 무역부문의 경제적 수익이 한국의 수출위주 고도성장에 크게 기여한 것은 사실이지만 한국이 베트남전을 통해 벌어들인 전체 경제적 이득의 4분의 1 정도에 불과하다.

더 많은 경제적 수익이 창출된 비무역 부문은 주로 현지 진출 업체와 공사 및 용역 대금 그리고 민간 노무자와 군인의 송금 등이 주를 이룬다. 특히 군인을 포함한 베트남 진출 인력의 송금을 통한 저축률의 향상은 사회·경제적인 면에서 국내에 상당한 영향을 미쳤다. 특히 업체에서 근무한 근로자들의 귀국 당시 평균 저축액은 대개 5천 달러에서 8천 달러 사이를 기록했으며 1만 달러 이상을 벌어 들어오는 경우도 상당수 있었다. 대개가 농촌 출신이었던 연 30만 군인들의 송금으로 발생한 저축도 경제적으로 적지 않은 영향을 미쳤다.

〈표 6-2〉에서 보듯이 1965~1972년 기간 동안 위에서 살펴본 여러 부문의 총 경제적 이득은 10억 3600만 달러에 달한다. 파병 이후 급증한 미국의 무상원조를 포함하지 않은 이 금액은 같은 기간 외환보유고의 29.83%에 이르며 총 GNP의 2.07%에 이른다. 베트남 참전으로 발생한 외환보유고의 증가는 1966년에 시작한 제2차 경제개발 5개년계획의 추진에 절대적인 기여를 했다. 1966~1971년 기간 일인당 GNP는 약 11.7% 증가했으며 이는 1963~1971년 기간 연간 평균 증가율의 두 배에

<표 6-2> 베트남 파병으로 인한 경제적 이득(단위: 백만 달러)

	1965	1966	1967	1968	1969	1970	1971	1972	'65-'72	%
상업수출	14.8	13.9	7.3	5.6	12.9	12.8	14.5	12.5	94.3	9.1
군납	2.8	9.9	15.9	32.4	34.2	57.3	21.2	15.0	188.8	18.2
무역부문	17.7	23.8	23.2	38.0	47.1	70.1	35.7	27.5	283.1	27.3
군인급여	1.8	15.5	31.4	31.4	33.9	30.6	32.3	26.8	201.5	19.4
근로자송금	-	9.1	34.3	33.6	43.1	26.9	15.3	3.9	166.2	16.0
사상보상금	0	1.1	4.6	4.6	10.8	15.2	13.9	12.0	65.3	6.3
서비스업	0	8.3	35.5	35.5	55.3	52.4	32.0	9.2	238.8	23.1
건설업	0	3.3	14.2	14.2	11.5	10.7	8.5	3.1	61.7	5.9
지급보험금	0	1.1	4.6	4.6	3.8	2.1	1.3	0.7	19.4	1.9
비무역부문	1.8	38.4	123.6	130.7	158.4	137.9	103.3	55.7	752.9	72.7
계	19.5	62.2	146.8	168.7	205.5	207.8	139.0	83.2	1036.0	100

(출처: UN, *Commodity Trade Statistics*, Series D.; 대한상공회의소, 『월남휴전과 한국경제』(1969); 국가정보부 동남아연구반, 『기본정보: 월남경제 상황』(1970); 한국은행, 『수출입통계』(1961-1975); 대한무역협회, 『수출시장』(1964-1972); US Congress, Senate, Committee on Foreign Relations, *Republic of Korea and the Philippines: November 1972 Staff Report*, Washington D.C.: USGPO (18 February, 1973); 파월한국군사령부 (COMROKFV), 『월남종합연구』(1974); 아산복지재단, 『한국의 해외 취업』(1988) 등 Choi (1995, Chapter V)에서 재인용)

다다르는 것이다.[56]

참전으로 인한 직접수입은 전투병력이 본격적으로 파견되기 시작한 이듬해인 1966년의 6220만 달러에서 계속 급증, 1969년 2억 500만 달러, 1970년에는 2억 700만 달러를 기록했다. 70% 이상의 수입이 비무역 부문에서 비롯되었는데, 이는 원자재나 반가공품의 수입 등에 자금이 소요

---

56) U.S., Congress, Senate, Committee on Foreign Relations, *Korea and the Philippines* (Washington D.C.: USGPO, 1969/1970). 그러나 1971년 4분기부터 엔화의 재평가, 달러화의 절하, 미국 경제의 침체, 20,000명의 미군 철수, '베트남 수입'의 감소, 한·미 섬유 쿼터 체결, 해외 건설경기의 불황 등에 기인하여 국내 경기도 침체일로를 걷기 시작했다. 경기 침체는 1972년 전반기까지 계속되었으며 GNP 실성장률도 1971년 상반기의 15.1%에서 5.7%로 급격히 둔화되었다.

되는 수출과는 다르게 실질 수익의 폭이 크기 때문에 국가경제에 미치는 기여의 의미가 다르다고 할 수 있다. 한국정부은행의 외환보유고는 1965년에 1억 3800만 달러였으나, 1960년대 후반과 1970년대 초반에 서서히 증가하기 시작하여 1972년에 6억 9400만 달러를 기록했다. 외환보유고의 증가는 대외적인 재정 신용도의 확보로 차관이나 외국인 투자를 유리하게 하였으며, 수출입능력의 증진에도 크게 기여하였다.

'베트남 수입'은 국내 산업기반과 소비수요의 창출에도 크게 기여했다. GNP는 1965년의 30억 달러에서 1972년의 100억 2000만 달러로 증가했으며, GNP성장률은 참전 이전 7%에서 13%로 증가했다. 일인당 GNP도 1964년 105달러에서 1973년에는 373달러로 늘어나 300%의 증가율을 보였다. 이와 같은 변화는 외화수요의 주 공급원을 무상원조에서 외환보유로 바꾸는 데 결정적 기여를 했다.

2. "베트남 차관"과 산업인프라의 확충

참전 기간 동안 한국은 직접 수입을 제외한 막대한 공공 및 상업 차관을 미국과의 '베트남협상'을 통해 도입할 수 있었다. 이러한 자금의 대부분은 다른 용도가 아닌 사회간접자본의 확충과 전략적 기간산업시설의 확충에 집중적으로 활용되었다. 수년간에 걸친 미국과의 파병 협상과정에서 한국정부의 목적은 증명되고 있다. 한국은 세 차례의 파병에 대한 대가로 수많은 협상에서 "계획차관program loans에 더욱 관심이 있을 뿐 아니라, 항상 다른 목적을 위한 차관을 요청하였으며," 미국대표도 "원조정책을 유연하게 이용하여 계획차관을 파병협상의 도구로 적극 활용하였다."[57]

---

57) Memo, M. Bundy to the President, "Subject: Project Loans for Korea," December 22 1965, NSF., Files of M. Bundy, Non-Committee Memo, Box 15, LBJ Library; Embtel 726 (Seoul), the Vice President to the President, January 1966, NSF., Korea Vol. III, Box 254, LBJ Library; Memo, Bell to Rostow, "Subject: Second Program Loan for Korea," July 1966, *ibid*.

그러나 한·일국교정상화를 적극 추진하는 대가로 한국에 약속한 1억 5000만 달러의 차관이 한국의 지도자들을 만족시킬 수는 없었다.[58] 한국정부는 "1억 5000만 달러 외의 거래"를 요구하였다.[59] 미국은 한국의 참전에 대한 공식적 대가로 1966년 3월에 합의된 "브라운 각서Brown Memorandum"를 통해 이러한 한국의 요구를 반영시켰다.[60]

1966~1972년 기간에 35억 달러의 외자도입이 이루어졌는데, 그 중 45.6%에 달하는 19억 달러가 상업차관이었다. 한·일국교정상화 및 베트남 참전의 영향으로 1960년대 말까지 상업차관은 계속 증가하였으나, 부채부담의 증가로 1970년대 이후 급격히 줄어들었다. 반면 같은 기간 동안의 '베트남협상'에 크게 힘입은 공공차관은 11억 달러를 기록하여 총 외자도입액의 26.4%를 차지했다. 공공차관은 주로 발전소 건설과 철도 및 고속도로 건설에 그리고 상업차관은 정유, 화학, 시멘트, 철강 등의 전략적 기간산업시설의 확충에 투입되었다.

참전기간 동안 한국이 도입한 공공차관 총액의 60%가 미국으로부터 도입되었는데 〈표 6-2〉에서 알 수 있듯이, 파병이 이루어진 이듬해이거나 전쟁 말기 미국군의 철수 후 한국군만 베트남에 외국군으로 주둔하고 있던 1967, 1969, 1971, 1972년도들의 수치가 불규칙하게 급속히 증가한 것은 '베트남협상'의 결과이다.[61]

---

58) Memo, Ball to the President, "Subject: Development Loan Commitment to Korea," May 13 1965, NSF., Korea Vol. II, Box 254, LBJ Library.

59) Memo, Bator to M. Bundy, "Subject: Loans to Korea and A Second Korean Division to Vietnam," December 29 1965, NSF., Korea Vol. III, *ibid*.

60) U.S., Congress, Senate, Committee on Foreign Relations, *U.S. Security Agreements and Commitments Abroad*, (91st Congress, 1st & 2nd Session, Washington D.C.: USGPO, 1973) p. 1549.

61) Memo, Bell to the President, "Subject: Project Loans for Korea," *op.cit.*; Memo, Schultze to the President, "Subject: $12 million Loan to the Korean Restruction Bank," August 3 1966, NSF., Korea Vol. III, Box 255, LBJ Library; Memo of Conversation, Korean Minister of Finance Kim and Rostow, November 1 1966, *ibid.*; Embtel (Seoul), Porter to SECSTATE, March 4 1968, "Political Situation,"

미국으로부터 도입된 총 5억 2250만 달러의 '베트남전 관련 공공차관'은 공공차관 총액의 45.5%, 외국인 직접투자액을 합친 총 차관도입액의 16%, 총 외자도입액의 12.7%에 해당하는 규모의 자금이다. 주로 곡물차관PL-480이 '베트남협상'에 의해 지급되었으며, 이 자금은 주로 섬유산업 등의 수출 전략산업 부문에 집중 투자되었다.[62] 수출입은행에서 도입한 3250만 달러의 차관은 미국으로부터 산업 원료와 원자재 등을 수입하는 데 소요되었다.[63] 그 외의 차관들은 집중적으로 사회간접자본의 확충에 활용되었다. 2500만 달러는 증기기관차를 디젤기관차로 대체하기 위해,[64] 900만 달러는 서울시 수도시설 확충, 그리고 2100만 달러는 당인리 화력 발전소의 건설에 각각 쓰였다. 이와 같이 미국으로부터 도입된 공공차관은 베트남전에서 미국을 위해 "정치적 어려움을 무릅쓰고" 적극적으로 돕고 있는 박정희 대통령의 "체면matter of face" 때문에 약속된 시기에 정확히 미국으로부터 도입되었다.[65] 한편, 중소기업지원 명목으로 도입

MSF., Asia and the Pacific, Korea-Pueblo Incident, Box 259, LBJ Library.

62) Memo, for M. Bundy, December 24 1964, NSF., Vietnam Vol. XXIV, Box 11, LBJ Library; Embtel 4625 (Seoul), AMBSEL to State Dept., "Subject: ROKG PM's Visit: Military Questions," March 9 1967, NSF., Asia and the Pacific, Korea PM Chung Il-Kwon Visit Papers, Box 256, LBJ Library; In the Text of a letter from Johnson to Park in Deptel 3103 (Seoul), AMEMB to SECSTAE, December 23 1967, NSF., Vietnam 5D(3): ROK, Box 91, LBJ Library.

63) Memo, Bell to Rostow, "Subject: Second Program Loan for Korea," July 1 1966, NSF., Korea Vol. III, Box 255, LBJ Library; Memo, M. Bundy to the President: Sweetner for Another ROK Division in Vietnam, February 3 1966, ibid.; Memo, Gaud to M. Bundy, "Subject: FY 1966 Supporting Assistance Program for Korea," February 5 1966, ibid.; Embtel 4805 (Seoul), "Subject: PM's Visit-Status of Commitments Related to Second ROK Troop Deployment to Vietnam," March 12 1967, NSF., Asia and the Pacific, Korea: PM Chung Il-Kwon Visit Papers, Box 156, LBJ Library.

64) Memo, Schultze to the President, "Subject: Loan to Korea for Diesel Locomotives," May 28 1966, NSF., Korea Vol. III, Box 255, LBJ Library; 재무부 외 (1988).

65) Memo, Bell to the President, "Subject: Project Loans for Korea," op.cit.

된 2000만 달러의 차관은 한국과학기술의 요람이 된 한국과학기술원[KIST]의 1966년도 개원을 위한 교수확보와 교육자재 구입에 사용되었다.[66]

일본 및 유럽 국가들로부터의 상업차관이 주로 수출품 생산능력의 확충을 위한 경공업시설 투자에 투입된 반면, 미국으로부터 도입된 '베트남 관련 상업차관'은 사회간접자본 및 중화학 공업 등의 기간산업 기반 확충에 투자되었다. 이러한 차관들은 존슨 대통령이 한국군의 증파를 확답받기 위해 방한했던 1966년 11월에 실무장관의 비공식회담에서 결정되었다. 김정렴 당시 재무장관은 2차 5개년계획의 추진사안 중 첫째, 300메가와트 발전용량의 원자력 발전소 건설, 둘째, 석유화학공업단지 조성 지원을 위한 차관, 셋째, 가족계획 실천을 위한 기술적 지원 등을 위해 매년 1억 달러의 상업차관을 제공할 것을 미국 측에 요구했다. 거의 모든 요구가 미국 측에 의해 이행되었음을 1966년 11월에 존슨 대통령에게 보고된 내용을 통해 알 수 있다.[67]

3. 경제 및 산업구조에 미친 영향

앞에서 미국이 동맹국들의 참전을 유도하기 위한 주 수단으로 곡물원조를 이용하였음을 밝힌 바 있다. 미국 내수시장의 경기부침 여부와 깊이 관련이 있었던 이 정책은 한국에도 예외 없이 적용되었다. 미국 외교정책의 전략적 측면에서 곡물원조 정책은 크게 세 가지의 장점을 갖는다. 첫째, 쉽게 현찰화되며, 둘째, 의회의 동의 절차가 필요 없으며, 셋째, 외무당국이 임의로 양을 조절하여 여타의 원조정책들과 호환이 가능한 융통

---

66) Dr. D.F. Hong, "Report to the President: Regarding the Feasibility of Establishing in Korea with US Cooperation an Institute for Industrial Technology and Applied Science," August 4 1965m NSF., Korea Vol. II, Box 254, LBJ Library; Memo, Schultze to the President, "Subject: $12 Million Loan to the Korean Reconsturction Bank (Korean Industrial Bank)," August 3, *ibid.*

67) Summary Proposal for Economic Development of Korea, November 3 1966, NSF., Korea Vol. III, Box 255, LBJ Library.

〈표 6-3〉 공공차관 도입 내역, 1966~72(단위: 백만 달러)

	1962-65	1966	1967	1968	1969	1970	1971	1972	1966~72 액수	%
미국	38	54	71	42	105	86	140	187	685	60.6
일본	–	14	26	17	21	13	102	63	256	22.6
기타	25	5	9	11	13	16	61	74	189	16.8
계	63	73	106	70	139	115	303	424	1,130	100.0

(출처: Ministry of Finance, Korea, *Statistics of Public Loans* (1962–1973). Choi (1995, p. 214)에서 재인용)

〈표 6-4〉 베트남파병 관련 미국공공차관과 추진사업, 1966~72

도입기관	추진사업	차관 제공처	액수(백만 달러)	연도
농수산부	농산물 수입	PL-480	415	1968-71
수출입은행	산업원자재 수입	PL	32.5	1966
철도청	디젤기관차 수입	AID&EXIM	25	1966 & 68
서울시	수도시설 확장	ADB	9	1972
한국전력	당인리화력발전소	AID	21	1966
산업은행	중기지원, KIST설립	AID	12	1966
중소기업은행	중기지원	AID	8	1966
총계			522.5	

(출처: Ministry of Finance, Korea (1962–1973); LBJ 도서관 자료들. Choi (1995, p. 215)에서 재인용)

〈표 6-5〉베트남전 관련 미국상업차관과 추진사업, 1966~72

도입기관	추진사업	액수(백만 달러)	연도
한국전력	여수원자력발전소 건설	88	1970
한국석유공사	나프타융해공장 건설	47	1967 & 71
호남정유	제2정유공장 건설	45	1967
경인에너지	발전·정유설비 건설	60	1969
총계		240	

(출처: Ministry of Finance, Korea (1962–1973); LBJ 도서관 자료들. Choi (1995, p. 216)에서 재인용)

성을 갖는 정책이라는 점이다.[68]

---

68) Mitchel B. Wallerstein, *Food for War/Food for Peace: U.S. Food Aid in a Global Context* (Cambridge, Mass.: The MIT Press, 1980), p. 130.

〈표 6-6〉 PL-480(곡물원조) 중 면화와 밀의 비율

연도	면화/PL-480 (단위: %)	밀/PL-480 (단위: %)	계 (단위: 천 달러)
1956	24.7	75.3	32,955
1957	3.9	96.4	45,522
1958	0.9	99.1	47,896
1959	61.0	39.0	11,436
1960	3.8	96.2	19,913
1961	47.8	52.2	44,926
1962	46.4	53.6	67,308
1963	32.8	67.2	96,787
1964	50.0	50.0	60,985
1965	49.9	50.1	59,537
'56-'65 평균	32.1	67.9	
1966	70.4	29.6	37,951
1967	76.8	23.2	44,378
1968	44.0	56.0	55,027
1969	52.1	47.9	74,830
1970	44.4	55.6	61,703
1971	46.6	53.4	33,651
'66-'71 평균	55.7	44.3	

(출처: Bank of Korea, op.cit)

강력한 경제성장 드라이브를 추구하던 한국정부의 입장에서는 베트남 파병을 계기로 미국 측의 양보를 얻어내기 위한 유리한 입장에 서게 되자, 베트남협상 테이블에서 곡물원조의 품목 중 한국의 수출위주 경제성장 정책에 유리한 제조 원자재의 비율을 늘릴 수 있는 권리가 자연스럽게 부여되었으며, 이는 참전 기간 동안 한국 측에 의해 지속적으로 요구되었다. 그 대표적인 경우가 면화가 곡물원조 중 차지하는 비율이 급증하면서 한국의 수출전략산업인 섬유산업의 성장에 결정적 기여를 한 것이다.

〈표 6-6〉를 살펴보면 참전 이전인 1956~1965년 기간 면화가 곡물

원조에서 차지하는 비율이 32.1%에 불과했으나, 참전중인 1966~1972년 기간에는 55.7%로 크게 증가했음을 알 수 있다. 특히 1966, 1967년 두 해에는 면화가 곡물원조품목 중 70% 이상을 차지했다. 참전 기간 동안 약 1억 8000만 달러 가치의 면화가 무상지원되었으며, 같은 기간 미국의 경제원조액 5억 5200만 달러의 32.5%가 면화였다. 이렇게 무상원조된 면화는 한국의 수출주력산업인 섬유산업의 원자재로 공급됨에 따라 1960년대와 1970년대 한국의 수출총액 중 섬유류 수출의 비중이 가장 높아졌다.

박정희 정부는 5·16쿠데타 직후 급속한 경제성장의 지름길은 중앙집권화된 권력을 활용, 민간기업을 육성하여 지원하는 길이라는 믿음을 바탕으로 경제정책을 운용했다는 것은 주지의 사실이다. 그러나 민간기업의 발전여부는 국내외 투자자금의 분배권을 쥐고 있는 정부의 절대적 영향력하에 있었으므로 정부의 간섭과 정책적 유도에 의해 크게 영향을 받았다.

이로 인한 국가와 자본의 밀월관계는 베트남전 참전을 계기로 더욱 심화되었다. 몇 개의 건설, 운송, 섬유 산업 분야에서 독점적 대기업들이 새로이 떠올랐으며 이들 '베트남재벌'들은 정부의 특혜 속에 비관련 업종으로의 무분별한 다각화를 추진할 수 있었다.

1947년에 정주영에 의해 설립되어 1960년대 중반까지 교량수리, 도로굴착, 군대 막사 건축, 소형 댐이나 저수지 토목 등을 주 업종으로 하는 소규모 군소 건설업체 중의 하나였던 현대는 베트남전 확대로 인한 건설 붐 참여를 계기로 대기업으로 성장한 경우이다. 기존의 군사시설 건축 및 토목공사의 경험을 바탕으로 현대는 베트남 내의 항만 준설공사를 한국 정부의 지원하에 미국 측과 거의 수의계약 형식으로 발주받기 시작하면서, 1969년 현재 베트남에 진출한 한국 건설업체의 총 송금액의 절반 이상을 차지하는 실적을 올렸다.

〈표 6-7〉 부가가치세 납세실적으로 분류한 10대 기업(1966, 1975, 1986)

	1966	1975	1986	주력 업종
1	삼성	삼성	삼성	무역, 전자, 섬유, 보험, 제당, 반도체
2	삼호	LG	현대	건설, 자동차, 조선, 시멘트, 전자
3	삼양	현대	LG	정유, 전자, 부역, 보험, 금융
4	개풍	한진	대우	무역, 조선, 자동차, 전자
5	동아	효성	선경	섬유, 정유, 무역, 화학
6	럭키	쌍용	쌍용	시멘트, 정유, 건설, 무역
7	대한	대우	한진	항공, 해운, 육송, 관광
8	동양	동양맥주	효성	섬유, 무역, 기계
9	화신	동아건설	한화	화학, 식품, 보험, 증권
10	한국가스	신동아	롯데	식품, 유통, 호텔

(출처: 조동성, 『한국재벌연구』, 서울: 매일경제신문 (1990) p. 211. Choi (1995, p. 222)에서 재인용)

1945년 창사 이래 1965년까지 한진은 소규모 운송 및 수송 전문업체였다. 그러나 1965년 창업주 조중훈이 베트남에 육해상 운송 전문회사를 설립, 1966년 3월 베트남에서 첫 운송사업 계약을 따낸 뒤로 한진은 베트남전에서 주로 미군의 퀴논지역 중심의 전투수행을 지원하는 수송관련 사업을 확장하기 시작했다. 한진은 1966년 미국 및 일본 회사의 하청업체로는 한해 최고 매출액인 1580만 달러의 실적을 올려 200만 달러 이상의 순이익을 올리기 시작했다.[69] 한·미 양국의 행정적, 법적 지원에 힘입어 한진은 한국 업체로는 유일하게 군수물자의 해상수송계약을 독점하여 1966~1970년 기간 중 1450만 달러의 계약실적을 올렸으며, 조중훈은 1968년부터 1971년까지 국내 최고의 소득세 납부자가 되었다.

한편, 1967년 단돈 몇만 원의 자본으로 설립된 대우는 1967년 이후 미국이 베트남특수 정책에 "Buy American"정책을 적용하면서 한국정부가 수출품목을 변경하는 과정에서 군복 등의 섬유제품을 수출하기 시작

---

69) U.S. Civil Aeronautics Board, "Permit Application: Hanjin Transportation Co, Ltd., Air Korea," July 17 1967, White House Central File, EX CA 7/K, Box 13, LBJ Library.

하면서 급성장했다. 1967년도에 단지 58만 달러의 대 베트남 수출실적을 올렸던 대우는 1969년에 매출액이 400만 달러로 증가했는데, 미국 측으로부터 품질의 우수성을 평가받아 미국 내수시장을 향한 수출을 시작했다.[70] 이러한 성장가도를 달린 대우는 1975년 국내 기업 중 투자대비 최고의 수익을 올리는 기업으로 성장했다.

V. 맺음말

예로부터 중상주의적 정책을 지향하는 개발지향국가에는 경제와 정치의 긴밀한 상호관계가 존재하며, 이는 국가의 대외정책 결정과정에 큰 영향을 미쳐왔다. 따라서 국가의 생존과 번영이라는 측면에서 볼 때, 전략적으로 중요한 지리적 여건과 산업발전은 불가분의 관계라고 할 수 있는 것이다. 미국의 동아시아 지역통합전략과 박정희 정부 국가전략 상호간의 이익수렴, 한·일국교정상화 이후 형성된 두 국가의 정책이념 공유와 경제교류도 박정희 정부에게는 기회조건으로 작용하였다. 특히 베트남 특수와 일본자금의 유입은 한국이 성장위주의 개발지향국가로 정착하는 데 긍정적인 기여를 하였다.

한국을 중심으로 한 동아시아의 국제분업질서는 1960년대를 지나면서 미국의 군사적 헤게모니가 상대적으로 약화되고, 일본을 중심으로 한 경제적 헤게모니가 성장하는 이중적 체제가 형성되었다. 이와 같은 변동기에 있어서 한국정부가 누릴 수 있는 상대적 자율성과 정책선택의 폭은 다소 확대되었다고 볼 수 있다. 1960년대 초 미국의 대한對韓 경제정책의 기본핵심은 비교우위와 정태적 국제분업론에 기초하여 한국의 정치경제

---

70) Richard M. Steers, Yookeun Shin and Gerardo R. Ungson, *The Chaebol: Korea's New Industrial Might*, (New York : Harper & Row Publishers, 1989), p. 64.

6.4

선발로 공업화를 이룩한 국가들은 그 자체가 새로운 경제활동에 별다른 역할을 수행하지 않았지만, 19세기 말엽에 와서는 국가가 경쟁유지와 소비자보호 등을 위한 '규제적' 기능을 수행하기 시작하였다. 이에 반해 산업화를 나중에 시도한 국가들의 경우에는 국가 그 자체가 산업화를 추진하였으며 국가가 개발지향형 기능을 담당했다. 경제활동에 관한 서로 다른 두 지향, 즉 규제지향과 개발지향은 두 개의 서로 다른 정부와 경제의 관계를 형성시켰던 것이다.

개발지향형국가에서 중요하게 여겨지는 이 산업구조정책은 수요의 소득탄력성, 비교생산비, 노동흡수력, 환경적 고려, 연관 산업에 대한 투자, 그리고 수출전망 등을 그 기본으로 삼고 있다. 산업구조정책의 핵심은 개발이 필요시되거나 다른 부문으로 전환될 필요가 있는 전략산업의 선정에 있다. 개발지향적 측면에서의 수단으로는 개발중점산업부문에 대한 정부의 금융기관을 통한 저금리자금의 공급, 보조금 지급, 특별 분할상환 혜택, 주요 특수설비의 면세수입, 기술도입허가, 공공투자에 의한 민간기업용 산업단지 및 수송시설 제공, 그리고 통산성의 '행정지도' 등이 있다.

(출처: 찰머스 존스, 『일본의 기적』 장달중 (역) (박영사, 1984), pp. 21~31)

적 안정을 달성하고 한·일경제통합을 모색하는 것이었다. 한국의 정치적 안정과 군사력 유지에 필요한 만큼의 경제성장과 안정화, 그리고 동아시아 지역통합전략의 틀을 깨트리지 않는 범위 내에서 한국의 수출산업육성과 일본경제와의 분업관계 구축이 미국의 주요 정책목표였다고 할 수 있다. 미국은 이러한 정책목표를 달성하기 위해 군사원조와 경제원조 사이의 균형조정 논의와 함께, 한국에 대하여는 개발원조 제공의 조건으로 국내경제에서의 지속적인 안정화 계획의 수립과 추진을 강력히 요구하였고, 일본에 대하여는 한·일국교정상화 압력과 아울러 한·일경제관계의 회복을 위한 적극적 노력을 제의했던 것이다.

이러한 대외 환경하에서 신중상주의적인 대내외 정책기조를 바탕으로 개발지향형 국가의 운영을 시작하였던 박정희 정부는 자발적으로 베트남전쟁에 전투병력을 파견할 의사를 미국 측에 요청하였다. 한국의 베트남전 참전은 애초의 준비 기간부터 경제적인 이득을 최우선의 목표로 이루어졌다. 베트남전 참전을 통해 한국은 10억 달러 이상의 유형 이익을 거두었을 뿐 아니라, 국내 실업률을 안정시켰으며, 베트남이 최고의 수출시장으로 등장함으로써 국내 생산기반의 확충에 크게 기여했다. 더욱 중요한 것은 한국은 파병의 대가로 미국으로부터의 차관 도입을 적극적으로 추진한 점이다. 이는 박정희 정부가 미국의 원조정책이 무상원조에서 차관 위주로 변하고 있던 당시의 상황에 산업화 추진의 전략적 차원에서 적극적으로 대응한 것으로 볼 수 있다. 파병의 대가로 도입된 차관들은 개발지향적인 한국정부에 의해 사회간접자본의 확충을 위해 소요되었고, 1970년대 한국 수출산업의 핵으로 등장한 중화학공업 분야의 생산기반 확충에 집중적으로 쓰였다.

그러나 한국의 베트남전 참전 결정시기와 배경은 다소 복합적인 시대적 여건의 산물이다. 1960년대 초반에 미국이 추진하던 동아시아 지역통합전략의 큰 틀 속에서 미국에 의해 적극적으로 추진된 한·일국교정상화라는 큰 사건과 한국 내의 급박한 정치상황과 유기적인 관계를 배경으로 생산된 정책결과인 것이다. 특히 베트남전 참전과 한·일국교정상화, 두 가지 외교정책의 추진과정에서 박정희 정부는 치밀한 외교정책 추진의 우선순위 조정을 통해 국가이익의 극대화를 도모하였다.

2차 베트남전쟁 기간 10년간, 한국정부는 베트남전을 둘러싼 국제관계의 특수한 성격에 편승하여 전쟁 주도국인 미국으로부터 최대한의 경제 군사적 이득을 확보하는 데 성공했다고 평가할 수 있다. 한국이 얻어낸 파병의 대가에 있어서, 1950년대 말 미국에 의해 담보된 전략핵의 배치로 군사적 측면에서의 이득은 파병의 직접적인 이득으로만 볼 수 없는 반면, 파병의 경제적 대가는 모든 파병협상에서 상세히 분석되고 있다. 특히 협상테이블에서 항상 유리한 입장에 있던 박정희 정부가 얻어낸 경제적 대가는 경제개발의 초기단계에 있던 한국경제의 산업화 과정 전반에 걸쳐 상당한 영향을 미쳤는데, 긍·부정 양면의 경제적 영향은 최근 한국경제 상황에까지 장기적인 영향을 미쳤다고 볼 수 있다.

7

박정희 정부의 통일정책과 7·4남북공동성명

우승지(경희대학교)

목차

주요어   데탕트, 적십자회담, 7·4공동성명, 세력균형, 세력전이, 남북대화, 평화통일, 박정희, 김일성, 이후락, 남북조절위원회

요점정리

1. 1970년대 전반부 박정희 정부의 대북정책 및 통일정책은 대내외 정세의 변화로 크게 달라진다.

2. 국제환경변화 : 미국 국력의 쇠퇴와 소련의 군사력 성장이 맞물리면서 데탕트 시대가 열리게 된다. 미국은 아시아 지역에서 부분적 탈관여정책을 실시하면서 한국에 남북대화를 종용한다.

3. 국내환경변화 : 1970년대를 전후로 남한과 북한 사이에 세력 전이가 일어나면서 박정희 대통령은 국력격차를 더 벌릴 수 있다는 자신감을 얻고 8·15선언을 통해 체제경쟁을 선언한다.

4. 1971년부터 72년 말까지 박정희 정부는 남북대화를 적극적으로 추진했고, 이 기간 동안 적십자회담, 비밀회담, 남북조절위원회 등의 회담이 개최되어 7·4공동성명이 도출된다.

5. 회담 과정에서 남한과 북한은 의견 차이를 좁히지 못한 채 평행선을 달리다 1973년 8월 북한의 대화중단 선언으로 한반도의 해빙기는 일단 막을 내린다.

6. 1970년대 초반 박정희 정부의 남북대화는 이후의 남북대화의 원형을 제시하였으며, 한국 보수 정부의 대북정책의 전형을 보인다고 할 수 있다. 그러나 7·4공동성명을 둘러싼 박정희 정부의 통일노력이 유신의 전개와 얽혀 있었던 점은 그 한계점이라 할 수 있다.

사건일지

1969년 10월 17일
박정희 대통령 3선개헌, 국민투표로 통과

1970년 8월 15일
박정희 대통령 '평화통일 구상 선언(8·15선언)'

1971년 8월 12일
대한적십자사, 남북이산가족의 재결합을 위한 남북적십자회담 제의

1971년 8월 14일
북한, 남북적십자회담 승낙, 총 25차례의 예비회담과 10여 차례의 본회담 개최

1972년 5월 2일-5월 5일
이후락 중앙정보부장 방북 김일성, 김영주 회동

1972년 5월 29일-6월 1일
박성철 서울 답방

1972년 7월 4일
'7·4남북공동성명' 발표

1972년 7월 16일-10월 6일
남북조절위원회 실무자 접촉

1972년 8월 20일-9월 2일
제1차 본회담, 남북 인도주의 정신에 입각하여 이산가족의 고통을 덜어줄 것을
다짐하는 합의서 채택

1972년 10월 3일
소련·미국 제1차 '전략무기제한협정(SALT)' 조인

1972년 10월 12일-11월 30일
남북조절위원회 공동위원장 회의

1972년 10월 17일
전국에 비상계엄 선포, 10·17특별선언 발표

1972년 11월 21일
국민투표를 통해 유신헌법 통과

1972년 12월 1일
제1차 남북조절위원회 본회의, 남북조절위원회 정식 발족

1973년 3월 15일
제2차 남북조절위원회 본회의

1973년 6월 12-13일
제3차 남북조절위원회 본회의

1973년 6월 23일
박정희 대통령, '6·23평화통일외교정책선언'

1973년 8월 28일
북한 김영주 대화중단 선언

1973년 12월 5일-1975년 3월 14일
남북조절위원회 부위원장 회의 개최

I. 머리말

이 장은 1970년대 전반부 박정희 정부의 통일정책을 국제 및 국내 환경의 변화, 외교정책 목표와 전략, 정책결정과정, 정책집행, 그리고 의의 및 평가의 주제별로 분석해 보는 것을 목적으로 하고 있다. 박정희 정부의 대북정책 및 통일정책은 1970년대 초반을 기점으로 크게 변화를 겪게된다. 1960년대 박정희 정부가 북한을 멀리하고 통일 안건에 소극적인 자세로 일관하며 경제성장에 매진했다면, 1970년대에는 점차 북한의 실체를 인정하고 대화와 대결을 병행하는 노선으로 선회하게 된다. 이러한 노선 변화의 원인이 환경, 전략, 정책결정, 집행, 평가의 항목들에서 드러나게 될 것이다.

데탕트 시기 남북화해의 기간을 남북대화의 모색기, 남북대화 적극적 추진기, 대화의 쇠퇴기로 나누어 볼 수 있다.[1] 1969년부터 1971년 여름까지가 남북대화의 모색기에 해당한다. 이 기간은 국내외 정세가 급격하게 변화하고 박정희 정부가 이에 대한 대응 방안을 모색하기 위해 노력한 시기로 1970년 8·15선언을 통해 북한에 선의의 경쟁을 제안하게 된다. 1971년 여름부터 1972년 말까지를 남북대화의 적극적 추진기로 규정할 수 있다. 이 기간 동안 박정희 정부는 중앙정보부를 중심으로 남북대화를 적극적으로 추진했고 적십자회담, 비밀회담, 남북조절위원회 등 남북 사이에 각종 회담이 개최되어 7·4공동성명이 도출되는 성과를 얻었다. 또한 이 과정에서 박정희 정권은 헌법을 개정하여 권력을 강화하였다. 1973년을 대화의 쇠퇴기라고 부를 수 있을 것이다. 그간 일련의 회담을 거치면서 남과 북은 상호간의 입장 차이를 확인하였고, 이후 별 성과를 얻지 못한 채 양측의 입장은 평행선을 달리다가 8월 북

---

1) 우승지, "남북화해와 한미동맹관계의 이해, 1969-1973," 『한국정치외교사논총』 제26집 (1)호 (2004), pp. 91-126.

한의 대화중단 선언으로 70년대 초 한반도의 해빙은 일단 막을 내리게
된다.

II. 1970년대 국내외 환경의 변화

1970년대 초 남북화해는 국제정세와 국내정세의 변화에 많은 영향을
받고 있었다. 남북한의 국내정세 변화뿐만 아니라 남한과 북한의 동맹국
사이의 관계, 양자의 적대국가와 관계 등이 모두 미묘한 변화 과정을 거
쳤고, 그 사이에서 남북관계의 전환이 이루어졌다. 이즈음 2차 세계대전
이후 형성된 동아시아의 전후 냉전질서가 충격을 받아 새로운 모습으로
단장하게 된다.[2]

2차 세계대전 이후 압도적 우위를 차지하던 미국의 국력이 상대적으
로 쇠퇴하여 미국과 여타 국가들 사이의 국력의 차이가 많이 줄어들었
다. 국력분포의 변화는 전후 경제재건에 나선 국가들의 성공에 힘입은 바
도 컸으나 베트남전쟁 수행으로 미국의 재정 악화가 심화된 것도 한 요인
이 되었다. 미국의 국력이 쇠퇴하고 다른 국가들의 국력이 신장되는 즈음
에 국정을 맡은 닉슨 대통령은 키신저 박사와 함께 세력균형의 원리에 입
각하여 국제질서의 안정을 도모하려고 하였다. 미국은 혼자 힘으로 세계
질서를 유지하려는 구도에서 벗어나 열강들이 함께 세력균형의 원칙에
의거하여 질서를 유지하는 구도를 선호하게 되었다.

냉전 시기 초강대국이었던 미국과 소련의 국력이 1960년대 후반부터
상대적 균형의 시기에 접어들게 된다. 경제력에서는 미국이 압도적 우위
를 점하고 있었지만 군사력 면에서 소련의 추격이 이루어지고 있었다. 미

---

2) 통일노력60년 발간위원회 편, 『하늘길 땅길 바닷길 열어 통일로』 (서울: 통일부,
   2005), pp. 87-89.

7.1

국제관계 속에서 대립과 긴장이 완화되어 화해의 분위기가 조성되는 상태 또는 그것을 지향하는 정책으로 특히 역사적으로 미국과 소련이 첨예한 이념 대립에서 벗어나 평화적 공존을 모색한 정책과 노력을 가리킨다.

제2차 세계대전 말기부터 시작된 냉전체제는 1953년 이오시프 스탈린이 사망하고 한반도와 인도차이나에서 휴전협정이 조인된 후 흐루시초프 소련 공산당 제1서기가 '평화공존'을 표방하면서 해빙기를 맞게 되었다. 이와 때를 같이하여 공산권에서는 중·소분쟁이 일어났고 서방 측에서는 프랑스가 미국권에서 이탈하는 등 양극체제의 원심분리현상이 일기 시작했으며 서독과 일본의 급성장, 비동맹 제3세계의 대두 등이 겹치면서 국제질서의 다변화를 촉진시켰다. 여기에 영국, 프랑스, 중국이 새로운 핵보유국으로 등장함으로써 핵전력의 확산이 이루어진 것 또한 냉전체제를 변질시킨 주요 요인으로서 간과할 수 없을 것이다. 국제정치구도가 양극체제에서 다극체제로 전환되면서 종전의 대결시대는 긴장완화와 화해·협상이라는 새로운 단계로 접어들었다.

국제정치상의 행동유인은 이데올로기로부터 실익의 추구로 옮겨져 1967년 6월 미국의 리처드 닉슨 대통령은 '닉슨 독트린'을 발표, 데탕트에 임하는 미국의 의지와 행동강령을 내보였고 1972년에는 모스크바와 베이징北京을 방문하여 그 의의를 현실화시켰다. 유럽에서는 1970년 8월 소련-서독 불가침협정, 1971년 9월 4대국 베를린협정이 체결되었고 1975년 7월 헬싱키에서 개최된 '유럽 안보협력회의 35개국 정상회담'에서는 현상인정과 내정불간섭이 선언됨으로써 안정 기조는 절정에 이르렀다. 태평양 지역에서는 닉슨의 중국 방문에 이어 1972년 9월 일본 다나카 가쿠에이田中角榮 총리의 중국 방문이 실현되어 오랫동안 쌓여왔던 냉전의 잔설이 녹아내리기 시작했다.

그러나 이 모든 화해의 움직임은 도전받기 시작한 미·소의 이익을 현상대로 유지하려는 강대국 간의 질서이지 나머지 세계와의 평화공존을 지향하는 세계적 차원의 보편성은 아니었다. 데탕트 체제의 특징은 미·

소 초강대국이 직접적으로 충돌하지는 않았지만 소련의 사주에 의한 대리전쟁이 끊임없이 계속되었다는 점에 있다. 1973년 3월 미군의 베트남 철수 이후 동남아시아의 힘의 공백은 중·소의 분쟁을 더욱 가열, 인도차이나 제국에 중국과 소련을 구심점으로 하는 새로운 국제관계를 성립시켰으며, 중동전쟁 발발 후 아랍 측에 의한 석유무기화 조치는 세계를 심각한 경제적 위기로 몰아넣은 것은 물론, 각국에 이른바 '자원민족주의'를 촉발시킴으로서 '국익우선'이라는 새로운 국제정치 도의를 탄생시켰다(→ 유류파동). 한편 1955년 4월의 반둥회의, 1973년 9월의 알제리 비동맹국 정상회담 등으로 비롯된 제3세계의 대두는 '가진 나라와 못 가진 나라'로 대표되는 남북 간의 갈등관계를 조성하는 등, 강대국과 약소국, 부국과 빈국, 약소국 상호간의 국지적인 분쟁들은 오히려 증대되어 가기만 했다.

1980년대 후반 냉전체제와 데탕트는 파국을 맞이하게 되었다. 미하일 고르바초프 공산당 서기장이 '페레스트로이카'와 '글라스노스트'라는 일련의 개혁정책을 추진하고 동유럽 공산정권의 잇단 붕괴에 이어 동·서 냉전의 상징이었던 동·서독이 하나의 독일을 형성하게 되면서 미·소 양 진영의 데탕트는 실질적인 의미를 상실하게 되었다.

국과 소련은 이 시기 전략적 핵전력의 균형을 이루면서 소위 '상호확증파괴MAD: mutual assured destruction'의 시대로 접어들었다. 미국과 소련은 공히 상대방을 무력에 의해 제압하는 것이 많은 비용과 높은 희생을 가져온다는 점을 직시하여 평화공존의 원칙 아래 상대적인 안정을 추구하는 선택을 하게 된다. 미국과 소련이 상대방의 존재를 인정하면서 평화적인 방법으로 상호간의 문제를 해결한다는 데 합의하여 미·소 데탕트의 시대가 열린 것이다. 이것은 세력균형에 입각한 불안한 평화였다. 1972년 5월 소련의 브레즈네프 서기장과 미국의 닉슨 대통령은 모스크바에서 제1차 '전략무기제한협정SALT: strategic arms limitation talks'을 맺는다.

베트남전쟁의 장기화로 골머리를 앓던 미국은 북베트남의 후원국이었던 중국과 관계개선을 희망하게 된다. 중국 또한 소련, 미국 양국을 적대시하는 고비용 정책의 굴레에서 벗어나기를 희망하고 있었다. 이즈음 베이징은 1966년부터 시작된 문화혁명의 광풍에서 어느 정도 벗어나고 있었다. 적어도 대외정책의 면에서는 합리적인 사고가 혁명의 열정을 억누르게 된 것이다. 키신저 박사의 비밀외교에 이어 닉슨 대통령이 직접 중국을 방문, 1972년 2월 미국과 중국은 상하이 공동성명을 발표하였다. 이 공동성명에서 양국은 공히 아시아에서 패권을 지향하지 않을 것을 다짐하고 제3국의 패권 추구도 반대한다는 점을 천명했다. 상하이 공동성명의 등장은 미국이 중국을 아시아의 대국으로 인정하며 중국에게 지역 안정의 역할을 부과한다는 것을 의미하였다. 미·중 양국의 접근에 자극받은 일본 또한 적극적인 대중정책을 추진하여 동년 9월 다나카 총리가 중국을 방문하여 일본과 중국은 국교를 열게 된다.[3]

유럽의 분단국가였던 서독과 동독 사이의 접촉이 증가한 점도 한반도에 자극으로 작용하였다. 서독은 빌리 브란트 수상의 동방정책 추진으로 1970년 소련, 폴란드와 잇달아 무력 불사용과 경제협력을 다짐하는 양자조약을 체결하게 된다. 서독과 동독은 2차례의 수상회담을 통해서 유엔 동시가입과 상호 교류협력의 증진에 합의하였다. 같은 분단국가였던 한국의 지도자 박정희가 브란트 수상의 과감한 동방정책에 관심을 갖고 지켜보게 된 것은 어떻게 보면 당연한 귀결이었다.[4]

1969년 7월 괌 독트린 또한 박정희 정부에 큰 충격을 준 것으로 보인다. 당시 한국은 닉슨의 발표가 베트남에서 철수, 주한미군의 철수로 이어질 것을 우려하여 대북정책의 전환이 필요하다는 인식을 하게 되었다. 1969년 8월 미국의 초청으로 닉슨 대통령과 박정희 대통령이 샌프란시

---

3) 이리에 아키라, 이성환 역, 『일본의 외교』 (서울: 푸른산, 2001), pp. 255-259; 홍석률, "1970년대 전반 북미관계: 남북대화, 미중관계 개선과의 관련 하에서," 『국제정치논총』 제44집 (2)호 (2004), pp. 32-36.

4) 김정렴, 『한국경제정책 30년사』 (서울: 중앙일보사, 1990), pp. 379-389.

스코에서 조우했을 때 미국 정상은 한국의 정상에게 주한미군 철수에 대해 부정적으로 언급했다. 닉슨은 "김일성이 도발적인 행동을 하고 있을 때 한국에서 미군을 철수시키는 일은 생각하고 있지 않다."고 말했다. 그러나 닉슨의 언급에도 불구하고 당시 미국은 이미 미군철수의 가능성을 놓고 정책검토를 하고 있었다. 미국의 공식적인 부인에도 불구하고 1969년 내내 주한미군 철수를 둘러싼 소문들이 돌고 있었다.[5]

1969년 12월 말 미국정부는 김동조 주미대사에게 미군의 단계적 철군계획을 통보했고, 닉슨 대통령은 1970년 3월 20일 1개 사단 철수를 결정한 국가안보결정비망록 48호National Security Decision Memorandum 48에 서명했다. 동년 3월 27일 주한 미국대사 윌리엄 포터William J. Porter가 한국의 대통령에게 1970년 7월 1일부터 1971년 6월 30일 사이 미군 1개 사단의 철수를 공식 통보했다. 박 대통령은 닉슨 대통령에게 보내는 4월 20일자 서한을 통해 주한미군 감축이 한반도의 안보상황을 위태롭게 할 것이라며 우려를 표명했다. 한국의 주한미군 반대 여론을 무마하기 위해 애그뉴 부통령이 닉슨 대통령의 특사 자격으로 1970년 8월 24일 서울 방문하여 이튿날 박정희 대통령, 애그뉴 부통령, 최규하 외무장관, 포터 미국대사, 김정렴 비서실장이 참석한 1차 회담이 6시간에 걸쳐 진행되었다. 이 자리에서 박 대통령은 한국군의 현대화가 미군 감축에 선행되어야 한다는 점을 역설했다. 8월 26일 열린 오전 2차 회담에서 한국과 미국은 한국의 안전보장문제와 미군감축문제를 동시에 논의해 나가기로 합의했다. 1971년 2월 6일 최규하 외무장관과 포터 주한 미국대사가 1971년 6월 말까지 미 7사단 철수, 휴전선 전체 지상방어 임무의 한국군 전담, 한국군 현대화 5개년계획에 합의하게 된다.[6]

---

5) 중앙정보부에서 북한을 담당하고 있던 강인덕은 당시 미군철수를 막기 위한 여론조성을 위해 비밀리에 중앙정부를 중심으로 캠페인을 벌였다고 증언하고 있다. 강인덕 인터뷰, 2008년 1월 31일.

6) 김정렴 (1990), pp. 314-319.

7.2

상호확증파괴MAD는 두 국가 상호간의 절대적 파괴가 확실시 되는 상태를 의미한다. 이는 동등한 수준의 핵전력을 보유한 두 국가 간의 핵전쟁 상황을 가정한 것으로, 한 국가가 다른 국가에 대해 핵무기로 제1차 공격first strike을 가했을 경우 그것이 상대방의 파괴에 그치지 않고 거의 확실하게 자기 자신의 파괴로까지 이어질 것임이 인지되고 있음을 뜻한다. 이는 상대편의 보복공격 또는 제2차 공격second strike이 예상되기 때문이다. 이러한 상호확증파괴의 가정 아래에서 국가들은 동등한 수준의 핵전력과 제2차 공격능력을 확보하기 위한 핵무기 경쟁에 나서게 된다. 한편 상대편이 제2차 공격능력을 보유한 상태에서는 상호확증파괴를 합리적으로 예상할 수 있는 국가라면 섣불리 핵공격을 감행할 수 없을 것이라고 추론할 수 있다. 이렇게 핵무기 파괴에 대한 공포와 핵전력의 균형에 의해 유지되는 평화를 공포의 균형balance of terror이라고 한다.

(출처: 하영선·남궁곤(편), 『변환의 세계정치』(서울: 을유문화사, 2007), p. 78)

한국에 남북대화를 종용하는 미국의 입장도 박정희 정부의 대북정책 전환의 계기로 작용하였다. 당시 닉슨 대통령은 소련, 중국과 관계를 개선하고, 베트남전쟁의 조기 종결을 희망하고 있었다. 이것은 아시아에 대해 '부분적 탈관여정책partial disengagement policy'을 채택한 것이라고 평할 수 있는데, 아시아 문제에 적극적으로 개입하지 않으려는 미국의 의도가 깃들어 있는 것이었다. 이러한 전략 아래 미국은 한반도에서 분쟁이 재발되지 않도록 남한과 북한이 서로의 존재를 인정하고 대화를 통해 신뢰를 회복해 나가기를 희망하고 있었다. 남북대화를 은근히 바라는 미국의 태도는 7·4공동성명이 발표되자 미 국무부가 이를 전적으로 지지하는 성명을 내놓은 데서도 확연히 드러난다. 이 성명에서 미국은 남북한 대표자들 사이에 이루어진 합의를 환영하며 이 합의가 한반도의 평화와 안전에 유익

7.3 핑퐁 외교Ping-pong 外交는 1971년 4월 6일 폐막한 제31회 나고야 세계탁구선수권대회 출전 탁구선수 등 미국 대표단 15명과 기자 4명이 그달 10~17일 중국을 방문, 저우언라이 총리와 면담하고 베이징, 상하이, 광저우 등을 순방함으로써 20년 이상 막혔던 미국과 중국의 교류의 징검다리를 놓은 일을 말한다.

이 일을 계기로 그해 7월 헨리 키신저 당시 국가안보담당 보좌관의 극비 방중이 이뤄졌고 다음해 2월에는 리처드 닉슨 당시 대통령이 방중, 미국과 중국은 '상하이 공동성명'을 발표했다.

양국은 이 성명을 통해서 ① 평화 5원칙을 상호관계에 적용하며 ② 미국·중국관계의 정상화는 모든 나라에 이익이며 ③ 국제적인 군사 분쟁의 위험을 줄이고 ④ 양국은 아시아·태평양지역에서의 지배권을 갖지 않으며, 제3국의 지배권 확립에도 반대하며 ⑤ 양국은 제3국을 대리하여 교섭을 하거나 협정을 체결하지 않는다는 데 의견 일치를 보았다.

한편, 주목을 끈 타이완 문제에 있어서는 미국과 중국이 각각 그 견해를 따로 표명하였다. 중국은 타이완을 중국의 1개 성省이라고 주장한 데 대하여 미국은 "타이완해협을 사이에 둔 쌍방 중국인은 모두 중국은 하나이며 타이완은 중국의 일부라고 간주하는 것을 인지한다"고 성명하는 데 그쳤다. 그리고 이 성명에서 미국은 타이완으로부터 단계적인 철병을 약속하였다.

상하이코뮈니케의 취지는 닉슨 이후의 역대 대통령에게 이어져 왔고, 미국·중국관계는 계속 완화되어 오다가 카터 정부 때인 1979년 1월 1일 외교관계를 수립하였다.

한 영향을 미칠 것이라고 전망하면서 한국의 지도자들이 수행하고 있는 작업이 성공하기를 간절히 희망한다고 밝히고 있다.[7]

---

7) 조세형, "박대통령 단독결정이었는가: 72년 남북대화를 보는 미국의 시각," 『월간조선』 1월호 (1986), p. 404.

국제환경의 변화 못지않게 국내환경도 많은 변화를 겪고 있었다. 이 시기의 변화는 민주화 요구 증가, 노동운동의 성장, 통일운동의 성장으로 요약해 볼 수 있다. 경제성장은 다양한 사회세력을 양산하였고 새 주역들은 정치의 민주화와 경제의 정당한 분배를 주장하였다.[8] 경제의 성장과 독재의 지속은 체제에 불만을 품은 세력을 양산하였고, 이들의 요구가 점차 증폭하면서 정권안보 자체가 위협을 받고 있었다.

군사쿠데타로 정권을 잡은 박정희는 정통성 확보를 위해 국가주도형 경제개발정책을 채택하였다. 국가의 강력한 주도로 경제개발에 성공한 사례는 박정희가 일본제국주의와 만주국 건설에서 직접 목격한 것이었다.[9] 5·16 혁명공약은 박정희와 쿠데타 주도세력의 목표와 명분을 분명히 밝히고 있다. 혁명공약 1조는 "반공을 국시의 제1의로 삼고, 지금까지 형식적이고 구호에만 그친 반공태세를 재정비 강화"한다고 하여 반공을 화두로 삼았다. 군부가 전면에 나서 북한 공산주의와의 대결에 만반의 준비를 갖출 각오를 밝힌 것이다. 2조는 "유엔헌장을 준수하고 국제협약을 충실히 수행할 것이며, 미국을 비롯한 자유우방과의 유대를 더욱 공고히 할 것"을 적시해 우방의 승인과 협조를 얻으려 했다. 4조 "절망과 기아선상에서 허덕이는 민생고를 시급히 해결하고 국가자주경제 재건에 총력을 경주한다."와 5조 "민족적 숙원인 국토통일을 위해 공산주의와 대결할 수 있는 실력의 배양에 전력을 집중한다."에서 보듯 쿠데타의 주역들은 경제건설에 총력을 기울일 것을 다짐하고 있다.[10]

박정희 정부는 차관 도입과 가공무역을 중심으로 복지나 분배보다 성

---

8) 통일노력60년 발간위원회 편 (2005), pp. 89–92.
9) Bruce Cumings, *Korea's Place in the Sun: A Modern History* (New York: W. W. Norton, 1997), pp. 299–336; 마상윤, "5·16쿠데타와 제3공화국의 수립," 김용직 (편), 『사료로 본 한국의 정치와 외교: 1945~1979』 (서울: 성신여자대학교 출판부, 2005).
10) "5·16 혁명공약," 김용직(편)(2005), p. 311.

장과 생산에 중점을 둔 경제발전에 주력하게 된다. 경공업 위주로 추진된 제1차 경제개발 5개년계획(1962-1966) 기간 동안 GNP 연평균 실질 성장률이 8.3%에 달했다. 제2차 경제개발 5개년계획(1967-1971) 기간에는 포항종합제철과 울산석유화학공업단지 건설을 추진하였다. 1970년대부터는 중화학공업 육성과 더불어 자주국방을 위한 방위산업에도 주력하게 된다. 급속한 산업화로 공업노동자 수가 1962년 39만 명에서 1967년 130만 7천 명으로 늘었고, 국민소득 또한 1962년 83.60달러에서 1967년 123.50달러로 증가하였다. 경제성장은 박정희 정권의 정치력을 신장시키는 순기능을 담당하였다. 1967년 대통령선거에서 박정희 후보가 유효투표의 51.4%를 획득하여 41%를 얻은 윤보선 후보를 눌렀으며, 국회의원 선거에서도 민주공화당이 득표율 50.6%(의석수 129석)를 기록, 32.7%(45석)를 기록한 신민당을 앞질렀다. 그러나 1969년을 기점으로 고도성장이 둔화되고, 소득불균형의 심화, 계층간 갈등이 표출되면서 외형적 경제팽창에도 불구하고 내적으로 급속한 산업화의 모순들이 축적되기 시작하였다.[11]

　1969년 3선개헌은 야당과 재야가 더욱 치열하게 박정희 정권에 도전하는 계기를 만들어 주었다. 박정희 정권은 조국 근대화 과업 추진을 지속해야 하고, 사회안정과 경제성장을 위해 확고한 지도력이 필요하며, 북한으로부터 안보를 지키는 군부의 강력한 지지를 받고 있다는 점을 이유로 3선개헌을 추진하였다. 1971년 7대 대통령선거에서 신민당 김대중 후보는 비정치 분야의 남북교류, 주변 4강에 의한 한반도 안전보장 등 전향적인 정책을 내걸고 박정희 후보에게 도전했다. 1971년 대선과 총선에서 야당의 약진은 박정희 정부의 위기감을 고조시켰다. 4월 대선에서 김대중 후보가 45.3%, 박정희 후보가 53.2%의 득표를 하였고, 5월 총선에

---

11) 권장희, "박정희 대통령의 정치성향과 안보환경 인지가 통일정책에 미친 영향에 관한 연구," 서울대학교 박사학위논문 (1999), pp. 49-53.

7.4 1961년 5월 16일 소장 박정희의 주도로 육군사관학교 8기생 출신 군인들이 제2공화국을 폭력적으로 무너뜨리고 정권을 장악한 군사정변.

5·16군사정변은 당시의 정치·사회적 문제와 군軍 내부의 문제라는 두 가지 배경을 갖는다. 정치권은 집권당인 민주당이 신·구파 간의 갈등으로 분열되어 있었고 다양한 사회세력들은 각각의 정치적 요구를 주장하여 정국은 불안정한 상태에 놓여 있었다. 특히 혁신계 정치세력의 부상과 학생세력의 진출은 민족자주화운동, 통일촉진운동으로 전개되어 반공분단국가의 근본을 위협하기에 이르렀다.

한편, 6·25전쟁 이후 한국사회에서의 사회적 지위 신장과 더불어 권력에 대한 욕구가 충만되어 있던 군부 내에서는 육사 8기생을 중심으로 고급 장성의 부정부패와 승진의 적체현상을 공격하는 '하극상사건下剋上事件'이 일어났다. 이를 계기로 소장 박정희와 중령 김종필을 중심으로 한 8기생들은 1960년 9월 쿠데타를 모의하였다.

1961년 5월 16일 새벽, 제2군 부사령관인 소장 박정희와 8기생 주도세력은 장교 250여 명 및 사병 3,500여 명과 함께 한강을 건너 서울의 주요기관을 점령하였다. 군사혁명위원회를 조직하여 전권을 장악하면서 군사혁명의 성공과 6개항의 '혁명공약'을 발표하였다.

그 6개항이란 ① 반공을 국시의 제일로 삼고 반공태세를 재정비 강화할 것, ② 미국을 위시한 자유우방과의 유대를 공고히 할 것, ③ 모든 부패와 구악을 일소하고 청렴한 기풍을 진작시킬 것, ④ 민생고를 시급히 해결하고 국가자주경제의 재건에 총력을 경주할 것, ⑤ 국토통일을 위하여 공산주의와 대결할 수 있는 실력을 배양할 것, ⑥ 양심적인 정치인에게 정권을 이양하고 군은 본연의 임무로 복귀한다는 것이었다.

군사정변은 초기에 미8군사령관 C.B. 매그루더, 야전군사령관 이한림 등의 반대로 잠시 난관에 부딪히지만, 미국정부의 신속한 지지표명, 장면張勉 내각의 총사퇴, 대통령 윤보선尹潽善의 묵인 등에 의하여 성공하였다. 군사혁명위원회는 '국가재건최고회의'로 재편되어 3년간의 군정통치에 착수하였다.

군정기간 중 군사혁명세력은 '특수범죄(반혁명, 반국가행위)처벌법', '정치활동정화법' 등 법적 조치를 통하여 정치적 반대세력과 군부 내의 반대파까지 제거하였다. 또한 핵심권력기구로서 '중앙정보부'를 설치하고 '민주공화당'을 조직한 후 대통령제 복귀와 기본권 제한, 국회에 대한 견제를 골자로 하는 헌법 개정을 시행하였다. 1963년 말 대통령선거, 국회의원선거를 승리로 이끌고 제3공화국은 정식 출범하였다.

반공분단국가의 위기상황에서 권력을 지향한 군부세력이 불법적으로 합법적인 정부를 정복하여 권력을 장악한 사건이다. 이후 국가 주도의 급속한 경제발전으로 긍정적 평가를 받기도 하나, 군사문화의 사회 확산, 군의 탈법적 정치개입의 선례를 남겼으며, 민주적 정권교체의 지연, 산업화의 지역·계층 간 불균형 등의 부정적 결과를 낳기도 하였다.

서 공화당이 48.8%의 득표로 113석을 차지한 반면 신민당은 44.4%의 득표로 89석을 차지하여 개헌 저지선 확보에 성공하였다. 서울을 비롯한 대도시에서는 야당이 여당을 압도하는 현상 또한 벌어졌다. 1971년 양대선거의 결과를 지켜본 박정희는 선거라는 방식 자체에 깊은 회의를 갖게 되고 향후 직접선거를 거치지 않고 정권을 연장할 수 있는 방안에 골몰하게 된다.

또한 이 시기에 도시와 농촌의 격차, 사회계층 간의 격차가 벌어지고 인플레이션의 압박과 노동자들의 저항 또한 거세졌다. 민주화 세력이 진보적 통일논의를 들고 나오자 정권 차원에서 이에 대응해야 할 필요성 또한 커져갔다. 1971년 광주단지 폭동사건, 사법부 파동, 학원시위 등은 이 시기 한국사회의 혼란상을 여실히 증명해 주고 있다. 박정희는 1972년 10월 전국에 비상계엄을 선포하고 국회해산, 정당 활동의 중지, 비상국무회의에 의한 국회권한의 대행을 골자로 하는 10·17특별선언을 발표하였다. 1972년 11월 21일 실시된 국민투표에서 91.5%의 찬성으로 유신헌

7.5 유신헌법은 1972년 10월 대통령특별선언(10월 유신)에 따라 국민투표로 확정된 '조국의 평화통일을 지향하는 새 헌법개정안'의 통칭으로서 한국 헌정사상 7차로 개정된 제4공화국의 헌법이다. 1972년 5월 초부터 개헌작업은 구체적으로 추진되기 시작하여 같은 해 10월 17일 비상계엄령의 선포, 국회해산, 정당 및 정치 활동의 금지, 헌법의 일부 효력정지와 비상국무회의에 의한 대행, 새 헌법개정안의 공고 등을 내용으로 하는 '대통령 특별선언'이 발표되었으며, 10월 27일 평화적 통일지향, 한국적 민주주의의 토착화를 표방한 개헌안이 비상국무회의에서 의결·공고되었다. 이에 따라 11월 21일 유신헌법에 대한 국민투표가 실시되어 투표율 92.9%에 91.5%의 찬성으로 확정되었다. 12월 27일 박정희가 대통령에 취임하는 한편 유신헌법을 공포함으로써 유신체제는 수립되었다. 이로써 정치체제가 대폭 정비되고 통제기제가 강화되어 집권세력은 막강한 사회 통제력을 보유하게 되었다.

전문과 12장 126조 및 부칙 11조로 되어 있는 유신헌법은 삼권분립, 견제와 균형이라는 의회민주주의의 기본원칙에 대한 전면부정과 대통령에게 권력집중 및 반대세력의 비판에 대한 원천봉쇄를 그 특징으로 하고 있다. 주요 내용은 법률 유보조항으로 국민기본권의 대폭 축소, 입법부의 국정감사권 박탈과 연간회기 제한, 통일주체국민회의의 간선에 의한 국회의원 1/3 선출, 사법적 헌법보장기관인 헌법재판소를 정치적 헌법보장기관인 헌법위원회로 개편, 긴급조치권 및 국회해산권 등 대통령에게 초헌법적 권한 부여, 6년으로 대통령 임기 연장과 중임제한조항 철폐, 통일주체국민회의에서 대통령 간선, 헌법개정절차의 이원화, 통일 이후로 지방의회 구성 보류 등이다.

법이 통과되었다. 유신헌법은 형식상 삼권분립을 인정했지만 사실상 중요한 권력의 대부분을 대통령에게 집중시키는 기형적인 권력구조를 기초로 하고 있었다. 대통령 임기는 6년으로 중임제한이 철폐되었고, 통일주체국민회의에서 대통령을 선출하도록 규정하고 있었다. 대통령은 긴급

조치권을 행사할 수 있고, 국회의원의 1/3을 지명할 수 있는 권한을 갖고 있었다. 1972년 12월 23일 통일주체국민회의는 박정희를 대통령으로 선출하였고, 27일 그는 제8대 대통령에 취임하였다. 유신체제의 등장은 박정희의 영구집권을 가능하게 하는 것이었고 독재의 심화를 의미하는 것이었다. 이에 상응하여 야당, 재야, 종교계, 노동계, 학생 등에서 반체제 운동이 격화되어 독재와 저항의 갈등구조가 1970년대 한국의 정치지형을 형성하게 된다.[12]

국제환경, 국내환경의 변화와 더불어 간과할 수 없는 또 하나의 변화가 남북관계의 구조적 측면에서 나타났다. 이 시기 북한의 경제력이 약화되고 한국의 경제력이 신장되어 남북 국력의 전이가 나타난 것이다. 세력전이의 정치적 영향에 대해서는 여러 설이 분분하지만 '전이평화론transition peace theory'에 의하면 전이가 평화를 가져오게 된다. 전이평화론의 설명처럼 1970년대 한반도에서는 세력전이를 배경으로 남과 북의 협력이 증가하는 현상이 발생하였다. 세력전이를 맞는 두 국가는 상대의 전력과 의지를 탐지하기 위해 서로에게 다가서게 된다. 국력이 앞서 있던 국가는 세가 유리한 상황에서 평화조약을 맺기를 희망하게 되고, 국력이 상승하는 국가는 국력격차가 벌어질 동안 시간을 벌기 위해 평화조약에 동의하게 된다. 양국가의 세력전이가 항상 협력의 증가로 이어지는 것은 아니지만 양국 지도자가 모두 평화적 전이peaceful transition에 대한 믿음을 가지고 있는 경우 위와 같은 평화의 기제가 작동할 수 있게 된다.

남북간 세력전이의 시점에 대해서는 여러 주장이 엇갈리고 있으나 대체로 1970년대 전반부에 남과 북의 국력이 역전되었다는 점에서 공감대가 형성되고 있다. 1992년 출간된 민족통일연구원의 한 보고서는 남북 국력을 비교하면서 1972년 남한과 북한의 1인당 GNP가 316달러로 균형을 이루다가 1974년 535달러 대 461달러로 한국이 앞서는 것으로 평

---

12) 권장희 (1999), pp. 63-66.

가하고 있다. 중앙정보부 북한국이 1970년대 초 출간한 보고서는 1인당 GNP가 1968년에는 168달러 대 198달러로 북한이 우위를 보이다가, 1969년 208달러 대 194달러로 한국이 역전하는 것으로 분석하고 있다.[13]

2차 세계대전 이후 세계질서는 미국을 중심으로 한 세계자본주의체제와 소련을 축으로 하는 세계사회주의체제로 양분되었고, 양 세계 사이에 어느 이념과 체제가 더 생산적이고 효율적인가 하는 경쟁이 벌어졌다. 1970년대 시장경제를 택한 국가와 계획경제를 택한 국가 사이의 경제격차가 벌어지면서 냉전을 배경으로 한 자본주의와 공산주의의 체제경쟁은 한쪽으로 기울게 되었다. 이노베이션을 기반으로 한 과학기술의 발전과 이윤창출을 기반으로 하는 시장의 효능이 계획경제의 획일성과 비능률성을 앞지른 것이다. 1970~80년대 세계사회주의체제는 내부 모순의 축적과 대외경쟁의 수세로 인해 소련의 붕괴, 독일의 통일과 함께 연쇄적으로 몰락의 길을 걷게 된다.

북한도 체제의 붕괴는 간신히 면했지만 여타 사회주의국가들과 비슷한 쇠퇴의 경로를 걷게 된다. 북한은 1950~60년대까지 경제력 면에서 남한에 앞서갔으나 60년대 후반부터 대중동원에 의한 양적 경제성장의 한계에 부딪치고 높은 군비지출이 부담으로 작용하면서 성장 동력을 잃게 된다. 북한의 경제가 한계에 다다르는 시점이 한국에게는 경제성장의 동력이 활기를 띠는 때에 해당했다. 세력균형의 변화는 남과 북의 전략적 계산에 일대 변화를 가져왔다. 북한은 경제를 회복할 시간을 벌기 위해서, 또 한편으로 평화적인 방법으로 혁명을 수출할 수 있다는 판단에서 남한과 대화를 선호하게 되었다. 한반도에 새롭게 형성된 세력균형은 박정희 정부를 고무시켰다. 과거의 열등의식과 피해의식은 사라지고 그 자리에 확신과 자신감이 들어앉았다. 북한을 추월했으며 앞으로 남북간의 국력격차를 더 벌릴 수 있다는 자신감에서 박정희는 북한과의 체제경쟁

---

13) 강인덕 외, 『남북회담: 7·4에서 6·15까지』 (서울: 극동문제연구소, 2004), p. 75.

을 선언하게 되는 것이다.

III. 박정희 정부의 통일정책 목표와 전략

박정희 정부의 대북정책은 초기 선건설, 후통일의 입장에서 선평화, 후통일의 입장으로 선회하게 된다. 이러한 변화는 국내외 정세의 변화에 능동적으로 대처하여 국익을 수호하려는 당시 집권층의 의도가 실린 것이었다. 데탕트의 환경 아래 박정희 정부의 대북정책은 대화 없는 대결에서 대화와 대결의 병행으로 변화를 거치게 된다. 더 이상 북한과 대화를 미룰 수 없다는 판단이 박정희 정부로 하여금 북한과 협상채널을 모색하게 하였다. 집권 초기 박정희는 수출주도형 산업화로 한국경제의 양적 성장을 도모한다는 전략을 세우고 경제발전에 심혈을 기울였다. 경제성장은 쿠데타로 정권을 잡은 군부의 정통성을 보장하는 카드였다. 박정희는 북한, 통일문제에는 일정한 거리를 두는 소극적 정책을 펼치면서, 다른 한편으로 경제건설이 곧 통일의 기반을 닦는다는 '내적 경제주의internal economism'의 노선을 걷고 있었다. 1967년 1월 17일 발표된 연두교서에는 이런 박정희의 생각이 잘 드러나고 있다.

"통일은 단순한 염원이나 국토분단을 개탄하는 것으로만은 가까워질 수 없으며, 더욱이 현실의 냉엄한 사리에 어두운 사람들의 막연한 소망에 영합하려는 비현실적 통일론이나 방안은 도리어 백해무익한 것입니다. 착실하고 꾸준한 통일을 위한 과정에 있어서 수많은 정치적, 경제적, 문화적 과업에 충실하는 데서 소기의 성과를 쟁취할 수 있는 것입니다. 결국 이 단계에 있어서 통일의 길은 경제 건설이며 민주 역량의 배양입니다. 우리의 경제, 우리의 자유, 우리의 민주주의가 북한으로 넘쳐흐를 때 그것은 곧 통일의 길입니다."[14]

이 연설에는 박정희의 실용적 성격이 잘 드러나고 있다. 그는 구호뿐인 통일논의에 부정적 견해를 피력하면서 국력배양이 곧 통일을 연다는 준비론, 실력론, 국력배양론의 입장을 견지했다. 1970년대에 접어들면서 국내외 환경이 크게 바뀌자 박정희는 준비론을 벗어나서 보다 과감한 대북정책의 입안이 필요하다는 각성을 하게 된 것으로 보인다. 1969년 7월 괌 독트린을 통해 미국 닉슨 대통령은 아시아 국가들에 대한 안보공약을 준수하고 핵 공격 시 동맹국을 보호하겠지만 재래식 공격에 대해서는 당사국이 일차적 책임을 져야 한다는 당사자 책임론을 개진했다. 이듬해 2월 중순 닉슨 대통령이 의회에 제출한 '1970년대 미국의 외교정책: 평화의 구축'이라는 보고서에서도 "미국은 향후 베트남전쟁과 같은 군사적 개입을 회피할 것이며, 핵에 의한 위협을 제외하고는 내란이나 침략에 대하여 아시아 각국이 스스로 협력하여 대처해야" 한다는 입장이 반복되었다.

괌 독트린 발표와 함께 주한미군 철수 움직임이 일자 박정희 정부는 미국의 대한 방위공약이 취약해지고 있다고 판단, 자주국방 강화와 함께 북한과 직접 대화를 시도하게 된다.[15] 박정희는 미군 감축이 미국의 안보 공약 약화의 신호탄이라고 보고, 동맹관계의 약화를 숙적관계의 적대상황 경감으로 풀려고 시도한 것이다. 물론 이것은 박정희 정권이 북한의 위협이 약해졌다고 판단해서는 아니었다. 북한의 대규모 공세 가능성

---

14) 박정희, "1967년도 대통령 연두교서," 1967년 1월 17일.
15) 글랜 스나이더(Glenn H. Snyder)는 그의 논문에서 연루의 두려움(fear of entrapment)과 포기의 두려움(fear of abandonment)으로 이루어진 한 쌍의 동맹 안보딜레마를 소개하고 있다. 연루의 두려움은 자신의 동맹국의 무모한 정책으로 불필요하게 적과의 분쟁에 휘말리는 경우를 말하며, 포기의 두려움은 동맹국의 안보 의지가 약화되어 버림받게 되는 경우를 의미한다. Glenn H. Snyder, "The Security Dilemma in Alliance Politics," *World Politics* vol. 36 no. 4 (1984), pp. 461-495.

7.6

친애하는 국민 여러분!

나는 우리 조국의 평화와 통일, 그리고 번영을 희구하는 국민 모두의 절실한 염원을 받들어 우리 민족사의 진운을 영예롭게 개척해나가기 위한 나의 중대한 결심을 국민 여러분 앞에 밝히는 바입니다.

지금 우리를 둘러싼 국제정세는 심대한 변화를 일으키고 있습니다. 나는 인류의 평화와 번영을 위해 긴장완화의 흐름에 긍정적인 자세로 임해야 한다는 것을 이미 오래 전부터 밝힌 바 있습니다. 그러나 긴장완화의 본질은 아직까지도 열강들의 또 하나의 새로운 문제해결 방식에 지나지 않으며, 이 지역에서는 불행하게도 긴장완화가 아직 정착되지 못하고 있는 것으로 나는 보고 있습니다. 그렇기 때문에 긴장완화라는 이름 밑에 이른바 열강들이 제3국이나 중소국가들을 희생의 제물로 삼는 일이 충분히 있을 수 있다는 점을 우리는 경계해야 할 것입니다.

지금 우리 한반도를 둘러싼 열강들의 기존 세력균형 관계에는 커다란 변화가 일고 있습니다. 나는 이 변화가 우리 안전보장에 직접적 또는 간접적으로 위험스러운 영향을 끼치게 될 것으로 보고 있습니다. 왜냐하면 그 같은 변화는 곧 아시아의 기존질서를 뒤바꾸는 것이며 지금까지 이곳의 평화를 유지해온 안보체제마저도 변질시키려는 커다란 위협을 내포하고 있기 때문입니다. 그 누구도 이 지역에서 다시는 전쟁이 재발하지 않을 것이라고 장담할 수 없는 것이 또한 우리의 솔직한 현황인 것입니다.

국제정세가 이러할진대 작금의 변화는 확실히 역사상 그 어느 때보다도 뚜렷하게 우리의 운명은 우리 스스로의 힘으로 지키고 개척해나가지 않을 수 없다는 것을 엄숙히 가르쳐주고 있습니다. 이 같은 상황 속에서 전화의 재발을 미연에 방지하고 평화로운 조국통일의 길을 모색하기 위해 우리는 27년간의 기나긴 불신과 단절의 장벽을 헤치고 하나의 민족으로서 남북간의 대화를 시작한 것입니다. 이 대화는 결코 우리가 지금까지 추구해 온 기본 정책을 근본적으로 뒤바꾸려는 것이 아닙니다. 오히려 우리가 오래도록 추구해 온 평화통일과 번영의 터전을 굳게 다져 나가려는 민족적 결의의 재천명인 것입니다.

지금부터 2년 전인 1970년 8월 15일 나는 광복절 제25주년 경축사를 통해 조국의 평화통일을 위한 기반조성과 관련하여 북한 당국자들에게 무력과 폭력의 포기를 요구하고 그 대신 남과 북이 각기 평화와 번영을 위해 선의의 경쟁을 할 것을 제안한 바 있습니다. 그로부터 2년이라는 시일이 지난 오늘 남북 사이에는 많은 사태의 진전이 이루어졌습니다. 금년 5월 2일 이후락 중앙정보부장이 나의 뜻에 따라 평양을 방문하여 북한의 최고 당국자들과 만나 조국의 평화통일 방안을 포함하는 남북간의 현안문제들에 관하여 서로 의견을 교환한 뒤 지난 7월 4일에는 역사적인 남북공동성명이 서울과 평양에서 동시에 발표되었습니다.

남북적십자회담은 우리 대한적십자사의 제의에 따라 예비회담이 작년 9월 20일부터 판문점에서 개막된 뒤 금년 8월 11일 그 대단원을 이루어 본회담을 각기 평양과 서울에서 개최한 바 있으며, 제3차 본회담이 금년 10월 24일 평양에서, 그리고 제4차 본회담이 금년 11월에 서울에서 계속 열리게 되어 있습니다.

이제 남북간에는 남북조절위원회와 남북 적십자회담이라는 서로 차원을 달리한 두 개의 대화의 길이 마련되어 있습니다. 그러나 이 대화도 위헌이다 위법이다 하는 법률적 또는 정치적 시비마저 없지 않습니다.

친애하는 국민 여러분!

남북간의 이 대화는 흩어진 가족을 찾아야겠다는 1천만 동포의 대화이며, 전쟁의 참화를 방지하고 조국을 평화적으로 통일해야 하겠다는 5천만 민족의 대화입니다.

우리는 조국의 강토 위에서 다시는 동족상잔의 비극적인 총성이 들리지 않게 하겠으며 흩어진 1천만의 이산가족은 한시바삐 재결합되어야 하겠으며 분단된 조국은 기어코 평화적으로 통일해야 하겠습니다. 이 모든 것은 우리 민족의 긍지와 명예를 위하여 마땅히 성취되어야 할 우리 민족의 대과업인 것입니다. 이 민족의 과업을 이룩하기 위해서는 비록 이념과 체제가 다르다 하더라도 우리는 북한 공산주의자들과 대화를 계속해나가야 한다는 것이 나의 소신입니다. 나는 한반도의 평화, 이산가족의 재결합, 그리고 조국의 평화통일, 이 모든 것이 민족의 소명에 따라 남북의 성실한 대화를 통해서만 이루어질 수 있는, 진정으로 민족 중흥의 위대한 기초 작업이며 민족웅비의 대설계라고 믿습니다.

그러나 국민 여러분!

지금 우리의 주변에서는 아직도 무질서와 비능률이 활개를 치고 있으며 정계는 파쟁과 정략의 갈등에서 좀처럼 헤어나지 못하고 있습니다. 그뿐 아니라 이 같은 민족적 대과업마저도 하나의 정략적인 시빗거리로 삼으려는 경향마저 없지 않습니다. 이처럼 민족적 사명감을 저버린 무책임한 정당과 그 정략의 희생물이 되어온 대의기구에 대해 과연 그 누가 민족의 염원인 평화통일의 성취를 기대할 수 있겠으며 남북대화를 진정으로 뒷받침할 것이라고 믿겠습니까?

우리는 지금 국제정세의 거센 도전을 이겨내면서 또한 남북대화를 더욱 적극적으로 과감하게 추진해나가야 할 중대한 시점에 처해 있습니다. 이 같은 시점에서 우리에게 가장 긴요한 것은 줄기찬 예지와 불퇴전의 용기, 그리고 철통같은 단결이며 이를 활력소로 삼아 어렵고도 귀중한 남북대화를 굳게 뒷받침할 수 있는 모든 체제의 시급한 정비라고 믿습니다. 우리 헌법과 각종 법령 그리고 현 체제는 동서 양극 체제하의 냉전시대에 만들어졌고, 하물며 남북의 대화 같은 것은 전연 예상치 못했던 시기에 제정된 것이기 때문에 오늘과 같은 국면에 처해서는 마땅히 이에 적응할 수 있는 새로운 체제로의 일대 유신적 개혁이 있어야 하겠습니다.

국민 여러분!

이제 일대 개혁의 불가피성을 염두에 두고 우리의 정치현실을 직시할 때 나는 정상적인 방법으로는 도저히 이 같은 개혁이 이루어질 수 없다는 판단을 내리게 되었습니다. 오히려 정상적인 방법으로 개혁을 시도한다면 혼란만 더욱 심해질뿐더러 남북대화를 뒷받침하고 급변하는 주변정세에 대응해나가는 데 아무런 도움이 될 수 없다고 믿었기 때문입니다. 따라서 나는 국민적 정당성을 대표하는 대통령으로서 나에게 부여된 역사적 사명에 충실하기 위해 부득이 정상적 방법이 아닌 비상조치로서 남북대화의 적극적인 전개와 주변정세의 급변하는 사태에 대처하기 위한 우리 실정에 가장 알맞은 체제개혁을 단행해야 하겠다는 결심을 하기에 이르렀습니다.

나는 오늘 이 같은 결심을 국민 여러분에게 솔직히 알리면서 나의 충정에 대하여 깊은 이해를 구하고자 하는 것입니다.

이번 비상조치는 결코 한낱 정권의 입장에서가 아니라 국권을 수호하고 사상과 이념을 초월한 성실한 대화를 통해 전쟁재발의 위험을 미연에 막고 나아가서는 5천만 민족의 영광스러운 통일과 중흥을 이룩하려는 실로 우리 민족의 운명과도 직결되는 불가피한 조치라고 확신합니다.

이에 나는 평화통일이라는 민족의 대염원을 구현하기 위하여 우리 민족진영의 대동단결을 촉구하면서 오늘의 이 역사적 과업을 강력히 뒷받침해주는 일대 민족주체세력의 형성을 촉진하는 대전기를 마련하기 위해 다음과 같은 약 2개월간의 헌법 일부 조항의 효력을 중지시키는 비상조치를 앞에 선포하는 바입니다.

1, 1972년 10월 17일 19시를 기하여 국회를 해산하고 정당 및 정치 활동의 중지 등 현행헌법의 일부 조항 효력을 정지시킨다.

2, 일부 효력이 정지된 헌법조항의 기능은 비상국무회의에 의하여 수행되며 비상국무회의의 기능은 현행 헌법의 국무회의가 수행한다.

3, 비상국무회의는 1972년 10월 27일까지 조국의 평화통일을 지향하는 헌법개정안을 공고하며 이를 공고한 날로부터 1개월 이내에 국민투표에 부쳐 확정한다.

4, 헌법개정안이 확정되면 개정된 헌법절차에 따라 늦어도 금년 연말 이전에 헌정질서를 정상화시킨다.

친애하는 국민 여러분!

나는 지금 이상과 같은 비상조치를 국민 여러분에게 선포하면서 이

나라의 자유민주주의를 더욱 건전하고 알차게, 그리고 능률적인 것으로 육성, 발전시켜야겠다는 나의 확고한 신념을 밝혀두고자 합니다.

우리는 자유민주체제보다 더 훌륭한 제도를 아직 갖지 못했습니다. 그러나 아무리 훌륭한 제도라 하더라도 이를 지킬 수 있는 능력이 없을 때에는 이 민주체제처럼 취약한 체제도 또한 없는 것입니다.

나는 지금 우리 민주체제에 그 스스로를 지켜나가며 더욱 발전할 수 있는 활력소를 불어 넣어주고 이를 바탕으로 하여 남북대화를 굳게 뒷받침해 줌으로써 남북대화를 평화통일과 번영의 기틀을 마련하고자 이 개혁을 단행하는 것입니다. 조국의 통일과 번영을 바라는 그 마음으로 우리 국민 모두가 한마음 한뜻이 되어 이 비상조치를 지지할 것으로 믿기 때문에 나는 앞에서 밝힌 제반개혁이 공약한 시일 내에 모두 순조로이 완결될 것으로 믿어 마지않습니다.

그러나 만일 국민 여러분이 헌법 개정안에 찬성치 않는다면 나는 이것을 남북대화를 원치 않는다는 국민의 의사표시로 받아들이고 조국통일에 대한 새로운 방안을 모색할 것임을 아울러 밝혀두는 바입니다.

이번 비상조치는 근본적으로 그 목적이 제도의 개혁에 있는 것입니다. 따라서 국민의 일상 생업과 활동에는 아무런 지장이나 변동도 없을 것을 확실히 밝혀둡니다. 모든 공무원들은 국민에 대한 공복으로서의 사명감을 새로이 하고 맡은 바 직책에 가일층 충실할 것을 촉구합니다. 정부는 국민의 명랑한 생활을 보장하기 위해 사회질서 확립에 각별한 관심을 기울일 것이며, 경제활동의 자유 또한 확고히 보장할 것입니다. 새마을운동을 국가시책의 최우선 과업으로 정하며 이 운동을 통해 모든 부조리를 자율적으로 시정하는 사회기풍을 함양하여 과감한 복지균점 정책을 구현해나갈 것입니다. 그리고 이번 비상조치에 따라 개혁이 진행 중이라 하더라도 한반도의 평화화와 민족의 지상과제인 평화통일을 위한 남북대화는 계속 추진하겠다는 것이 정부의 입장임을 아울러 밝혀두는 바입니다.

친애하는 국민 여러분!

나는 이번 비상조치의 불가피성을 다시금 강조하면서 오늘의 성급한 시비나 비방보다는 오히려 민족의 유구한 장래를 염두에 두고 내일의 냉엄한 비판을 바라는 바입니다. 나 개인은 조국통일과 민족중흥의 제단 위에 이미 모든 것을 바친 지 오래입니다. 나 개인은 이 특별선언을 발표하면서 오직 민주제도의 건전한 발전과 조국통일의 영광된 그날만을 기원하고 있으며 나의 이 기원이 곧 우리 국민 모두의 기원일 것으로 믿고 있습니다.

우리 모두 일치단결하여 이 기원이 성취되는 그날까지 힘차게 전진을 계속합시다. 그리하여 통일조국의 영광 속에서 민주와 번영의 꽃을 영원토록 가꾸어 나아갑시다.

1972년 10월 17일
대통령 박정희

이 미약하다고 본 미국에 비해 박정희 정부는 계속해서 북한의 도발 가능성이 상당히 높다고 판단하고 있었다. 1960년대 후반 북한의 무력공세가 격화되었으며, 이것은 상당 부분 베트남전쟁의 전황에 김일성이 고무된 결과이기도 했다. 인도차이나에서 북베트남이 미국과 남베트남을 상대로 유리하게 전쟁 국면을 이끄는 모습은 북한으로 하여금 한반도에서도 미국과 한국을 상대로 한 무력투쟁이 승산이 있을 것이라는 판단을 하게 해주었다. 1968년에는 푸에블로 호 피랍, 청와대 습격 사건, 울진과 삼척 간첩침투 사건, 1969년에는 EC-121 미 정찰기 격추 등의 사건이 잇달았다.[16]

1969년 후반부터 조금씩 상황 변화가 감지되기 시작했다. 우선 북한

---

16) Bernd Schaefer, "North Korean 'Adventurism' and China's Long Shadow, 1966-1972," Cold War International History Project Working Paper no. 44 (2004); Sergey Radchenko, "The Soviet Union and the North Korean Seizure of the USS Pueblo: Evidence from the Russian Archives," Cold War International History Project Working Paper no. 47 (2005).

으로부터 직접적 무력대발이 격감했고, 미국의 전략 변화도 일어났다. 냉전구조에 일대 전환의 움직임이 일기 시작하자 외부로부터 오는 위협인식에도 변화가 생겼고 박정희 정부는 과거와는 좀 다른 차원에서, 변화된 전략을 가지고 북한을 대할 수밖에 없게 되었다.[17] 이제 김일성 정권이 사실상 북한을 지배하고 있는 현실을 인정하고 대화상대로 삼게 되는 것이다. 1960년대 박정희 정권의 대전략이 '개발'과 '안보'였다면 1970년대에는 여기에 '통일'이 덧붙여지게 된다. 외교정책의 목표는 평화공존, 체제경쟁이었다. 박정희 대통령은 남과 북이 평화적으로 공존하는 길을 찾기 위해 북한과의 대화가 필요하다고 인식하게 되었다. 대화는 북한의 의도를 탐색하는 기회를 제공할 수 있다는 점도 고려되었다. 무력을 사용하지 않고 평화적인 방법으로 한국중심의 시장경제와 개방된 사회로의 통일이 가능하다는 것이 박정희의 신념이었다. 박정희가 이즈음 체제경쟁을 목표로 삼은 이유 중의 하나는 경쟁에서 승리할 수 있다는 자신감이었다. 결국 두 목표를 합치자면 평화공존의 환경 아래 한국의 국력신장이 지속되고 북한이 뒤처져 남북대결에서 한국이 앞서가면 한국의 국제적 위신이 높아지고 북의 노선 전환의 환경이 마련되어 결국 한국 주도의 통일이 가능하게 된다는 것이다.

박정희 대통령이 남북대화 자체에 거는 기대는 그리 높지 않았다. 그는 남북대화를 통해서 우선 인도적 협력을 추진하고, 경제협력으로 양국의 실리를 보장하고, 신뢰구축이 된 이후 정치협력의 공간이 열릴 것이라는 판단을 하고 있었다. 그는 상당히 제한된 기대감을 가지고 북한과 대화에 임한 것이다. 전쟁과 분단으로 헤어진 가족들의 상봉과 서신왕래 등 인도주의적 목적을 가진 적십자 사업이 1970년대 한반도 데탕트의 주

---

17) Woo Seongji, "The Park Chung-hee Administration amid Inter-Korean Reconciliation in the Detente Period: Changes in the Threat Perception, Regime Characteristics, and the Distribution of Power," *Korea Journal* vol. 49 no. 2 (Summer 2009), pp. 40-45.

요 매체가 되었다. 그는 정치적 회담에 대해서는 이것이 북한의 선전에 휘말릴 수 있다는 가능성을 몹시 경계한 것으로 보인다. 동독과 서독 정상 간의 만남, 닉슨 미국 대통령의 베이징 방문에도 불구하고 그는 김일성을 만나기를 주저하였다. 정치적 회담은 당시 한국의 강력한 정보기관이었던 중앙정보부장의 선에서 마무리되었다. 당시 이후락 중앙정보부장은 경제협력에도 어느 정도 관심을 보였지만 실현되지는 못했다. 남북 사이의 대화는 남북 경제협력이 상호간에 이득이 될 것이라는 명분을 교환하는 차원에서 끝이 났다. 실질적 경제협력은 탈냉전의 공간과 포용정책의 등장을 기다려야 했다. 박정희 정부에서 실천되었던 점진적 접근, 기능적 접근, '선이후난先易後難'의 접근 등은 후에도 계속해서 한국의 대북정책, 통일정책의 기본 양식으로 남게 된다.

IV. 7·4남북공동성명 결정 과정

7·4공동성명에 이르는 주요 결정에는 박정희 정권의 핵심 엘리트가 참여하였다. 정책결정에는 소수의 고위급 엘리트만이 참여했으며 많은 경우 극도의 보안 속에 논의가 이루어졌다. 정책결정에는 대통령을 비롯하여 청와대 관련인사, 중앙정보부장, 외교안보와 관련된 부서의 장급이 참여하였다. 이산가족 상봉을 위한 프로그램에 참가한 적십자사는 주로 정책의 실행 부분에서 가담하였다.

박정희 정부 남북대화의 첫 단추였던 평화통일구상선언(이하 8·15선언)은 박정희 대통령의 주도로 학계와 언론계의 자문을 거쳐서 강상욱 청와대 대변인이 구성한 것으로 알려지고 있다. 1969년 7월 닉슨 괌 독트린에 자극받은 박정희 정부는 1969년을 기점으로 1인당 국민소득에서 한국이 북한을 앞질렀다는 판단이 서자 신장된 국력을 배경으로 북한과

선의의 경쟁을 제의하게 된다. 애초 선언에 대해 중앙정보부는 지지의 입장을, 국방부와 외무부는 시기상조라는 반응을 보였다. 8월 9일 대통령, 최규하 외무장관, 이호 법무장관, 김영선 국토통일원장관, 김계원 중앙정보부장, 김정렴 비서실장, 신직수 검찰총장, 유근창 국방차관, 강상욱 청와대 대변인이 대통령 집무실에 모여 연설문 초안을 검토하는 회의를 가졌다. 검토회의에서 최규하 외무장관은 초안의 내용에 동의했으나 이호 법무장관은 난색을 표명했다. 이호 장관은 "북한이 남침의 기회를 호시탐탐 노리고 있어서 국민들이 허리띠를 졸라매고 대북 경각심을 높여 나가야 한다."면서 "연설문 초안에 나와 있는 것은 시기상조이며 대통령의 통치권 행사라고 하여도 반공법의 테두리를 벗어나면 곤란하다."는 입장을 피력했다. 오랜 토론 끝에 대통령이 법무부의 강한 반대의견을 고려하여 연설문 초안에 있던 이산가족 상봉, 고향방문, 서신왕래, 비정치적 분야의 교류, 경제협력 등 구체적 내용을 삭제하기에 이른다. 8·15선언은 결국 "인도적 견지에서 통일기반 조성에 기여할 수 있고 남북한에 가로놓인 인위적 장벽들이 단계적으로 제거되면 남북한 간에 통일문제에 대한 현실적이고 획기적 방안을 제시할 용의가 있다."는 내용을 담게 된다.[18]

　　7·4공동성명에 이르는 정책결정과 집행의 핵심역할은 중앙정보부가 맡았다. 북한이라는 고도의 중앙집권화되고 권위적인 상대와 맞설 수 있는 한국의 기관으로 중앙정보부가 선택된 것이다. 청와대 박정희 대통령의 의중에 의해 중앙정보부가 남북대화의 핵심역할을 맡아 선두에서 진두지휘를 하고 여타 정부 기구와 대한적십자사가 참여하는 모습이었다. 박정희 대통령의 '선의의 경쟁' 제안 이후 중앙정보부는 8·15선언 실현 방안을 연구하던 중 적십자회담의 형식이 적합하다는 결론을 내린다. 김

---

18) 강상욱 외, "남북한 체제경쟁선언-8·15 평화통일구상선언 비화,"『월간조선』 8월호 (2003), pp. 232-237.

7.7 1970년 광복 제25주년 경축사에서 대통령 박정희朴正熙가 천명한 남북한 간의 평화통일정책선언. 박정희는 이 선언에서 북한에 대하여 무력적화통일의 야욕을 버리고 남북한이 평화공존하에서 평화통일기반을 조성하고 개발과 건설과 창조의 선의의 경쟁에 나설 것을 촉구하였다. 이 선언은 국제적 냉전기류의 퇴조와 평화공존기류의 고조, 닉슨 독트린에 따른 미국의 대對한반도정책의 변화와 한반도문제의 자주적 해결의 필요성, 북한의 무력도발의 방지와 통일기반의 조성, 한국의 국제적 우위성과 자신감이 반영된 외교적 결단 등을 그 배경으로 한다.

그 주요 내용은 다음과 같다. ① 긴장상태의 완화 없이는 평화적 통일이 불가능하다. ② 북한은 무장공비 남파 등의 전쟁도발행위를 즉각 중지하고 무력에 의한 적화통일의 야욕을 버려야 한다. ③ 이 요구를 북한이 수락하여 실천한다면 인도적 견지에서 통일기반조성에 기여할 수 있는 인위적인 장벽을 단계적으로 제거해 나갈 수 있는 방안을 제시할 용의가 있다. ④ 북한이 국제연합의 권위와 권능을 수락한다면 국제연합에서의 한국문제 토의에 북한이 참석하는 것을 반대하지 않는다. ⑤ 북한은 더 이상 전쟁준비에 광분하지 말고 보다 선의의 경쟁에 나서야 한다.

이러한 선언은 이후의 남북적십자회담과 7·4남북공동성명에 따른 일련의 남북대화 및 6·23평화통일외교정책선언 등으로 이어지는 대북한 및 대외정책의 획기적인 변화를 가져온 정책적 전환점이었다는 데 그 의의가 있다. 그러나 이러한 대북한관계의 변화가 박정희의 장기집권을 위한 유신체제로의 전환의 배경이 되었다는 점에서 그 의의가 평가절하되기도 한다.

정렴 청와대 비서실장의 회고에 의하면 비서실에서 운영하던 언론계, 학계 인사들의 모임인 수요회에서도 인도주의적 문제를 해결하기 위해 남북접촉이 필요하며 적십자회담이 중요한 방책이라는 보고서를 대통령에게 올렸다.[19] 데탕트의 국제조류와 보다 적극적인 대북정책을 원하는 국내의 요구가 점증하는 환경 속에서, 박정희 정부는 남북 사이의 인도주의적 문제를 우선 해결할 수 있고, 북한의 동참으로 성사 가능성이 높으며, 국제적인 환영과 지지를 받을 수 있는 적십자회담의 통로와 이산가족 상봉문제 협의라는 주제를 택하게 되는 것이다.

당시 박정희 정권에는 대화에 대해 서로 다른 이해와 관심을 가진 세력들이 존재했으며 크게 대화적극론자와 대화비판론자(대화신중론자)의 이분구도가 형성되어 있었다고 할 수 있다.[20] 대화적극론자는 남북대화를 적극적으로 이끌어 소정의 성과를 거두고 북한과 협상을 중요시하던 세력이었고, 이에 반해 대화비판론자는 북한과의 대화에 너무 많은 시간과 노력을 들이는 것에 대해 비판적으로 바라보던 세력이었다. 적극론자와 비판론자(신중론자)의 대립에는 전자가 정국의 분위기를 주도하는 것을 막아보려는 권력다툼의 양상도 끼여 있었다.

이후락 중앙정보부장은 남북대화의 총지휘자 역할을 수행했다. 그는 한국의 모든 정보를 총괄하는 입장에 있으면서 동시에 남북조절위원회 공동위원장 자리를 수행했다. 당시 이후락은 대북 채널과 미국 채널을 모두 가진 유일한 인물이었다. 이후락 부장의 활약에 김종필 국무총리는 이후락 부장의 개인 야심을 경계하면서, 그가 너무 서두르고 있다며 남북대화 '속도조절론'으로 맞섰다. 김종필-이후락 갈등설이 불거지자 급기야 국무총리가 국회에서 양자가 잘 협력하고 있다고 답변하는 사태까지 벌어졌다. 그러나 김종필 총리는 1972년 말 하비브 대사를 만난 자리에서 남북대화의 전개방향에 대해 부정적 견해를 피력하고 이후락에 대해 불편함을 토로했다. 김 총리는 유신헌법 유세기간 중 정부가 통

---

19) 김정렴 (1990), p. 380.
20) Woo Seongji (2009). 당시 김동조 주미 한국대사는 이동원과 최규하를 매파로, 이후락과 김용식을 비둘기파로, 매파에 가까운 중간파로 김종필을 들고 있다. 이흥환 편, 『미국 비밀문서로 본 한국 현대사 35장면』(서울: 삼인, 2002), p. 168.

일문제를 너무 전면에 내세운 것은 실수였으며, 남북대화는 인내력을 갖고 추진해야 하고, 박 대통령도 자신과 같이 속도를 늦춰야겠다는 의중을 갖고 있다는 것이었다. 하비브 대사가 전한 김 총리의 견해는 아래와 같다.

김총리는 말하기를, 이후락 자신이 협상을 지휘하기 때문에 매 단계에서 진전이 있어야만 자신의 위신이 서는 것으로 보았다는 것임. 이 때문에 이후락은 협상을 지휘하면서 지나치게 서둘렀고, 아주 신중하게 접근했어야 할 문제들에 대해 적절한 주의를 하지 않았다는 것임.

예를 들면 초기 단계에서 이후락은 조절위원회에 내각 각료들을 포함시키길 원했음. 이는 남북대화를 지나치게 빨리 정부 대 정부 차원의 대화로 옮아가게 만들 뻔했음. 국무총리는 이에 반대했고, 대통령도 이것이 바람직하지 않다는 데 동의했음. 김총리는 어느 누구도 남북대화에서 이후락 개인이 어떤 입장에 있는지를 명확하게 알지 못한다고 말했음.

어떤 점에서는 이후락이 정상회담의 조기 실현을 서두른 것처럼 보이는데, 박대통령은 이에 동조하지 않을 것이라는 것이 김총리의 언급이었음. 이는 언제든 가능한 것이긴 하지만, 김총리가 알고 있는 박대통령의 입장은 박대통령과 김일성 사이의 정상회담은 가까운 장래에는 없다는 것임.

김총리는 북한 대표단장 김영주가 물러나고 그 자리에 위원장 대리가 앉은 것처럼, 남북조절위원회의 위원장 자리를 격하시키고 남한 측 대표를 이후락이 아닌 다른 사람으로 교체하는 방안을 박대통령과 상의했다고 말했음.[21]

---

21) 이흥환 편 (2002), pp. 251-254.

대화적극론자와 대화신중론자 사이에서 박 대통령은 무게중심 역할을 하였다. 주로 초기에는 적극론자에게 힘을 실어주다가 유신 이후에는 신중론자의 입장에 더 지지를 보낸 것으로 관측된다. 애초부터 박정희는 대화를 통한 화해 가능성은 고려하지 않고 있었을 것이다. 대화를 통한 평화보다는 대화의 과정에서 북한의 동태와 의도를 살피고, 대화를 국제정세와 국내정세의 변화에 유리하게 이용하려는 대화 활용론의 입장에 섰을 것으로 보인다.

김용식 외무장관의 전언에 의하면 박 대통령이 정상회담 가능성에 대해 부정적 견해를 갖고 있었으며, 이 문제를 두고 논란이 이는 것에 짜증을 냈었다고 한다. 김성진 청와대 대변인의 회고에 의하면, 박 대통령은 이후락 부장의 평양 비밀방문에 대해서도 처음에는 반대의견을 갖고 있었다고 한다.

"2차대전 때 나치 독일의 루돌프 헤스도 화평조약을 체결하려 한다며 영국으로 단신 잠행했으나 영국에서 받아들이지 않고 감옥에 처넣었지 않았느냐. 이 부장은 우리나라의 정보 총책임자인데 그런 사태가 발생하면 중대한 문제가 된다."[22]

김정렴 비서실장도 이 부장의 평양행에 대해 대통령이 많이 염려하고 망설였다고 회고하고 있다.[23] 7·4공동성명의 문안에 대해서도 박 대통령은 조건부 지지를 보냈다. 박 대통령은 평화적인 방법의 통일에는 찬성하지만 자유민주주의 원칙에 입각한 통일을 주장하지 않은 부분에 대해 불만을 토로했다고 전해지고 있다.[24] 박정희는 통일은 시간이 걸릴 것이라

---

22) 『중앙일보』 2005년 4월 11일.
23) 김정렴 (1990), p. 385.
24) 청와대 공보실은 7·4공동성명에 대한 학계와 언론계의 반응을 조사하여 대통령에게 보고했다. 이 보고서는 북한의 평화통일 3대원칙을 그대로 받아들인 것은 실수이며,

는 판단을 내리고 있었으며, 남북대화를 통해 또 다른 분쟁의 발발을 방지하고 북한의 의도를 파악하는 데 더 많은 신경을 썼다.

V. 박정희 정부의 통일정책 집행과 현실

이 장에서는 1970년 한국의 8·15선언부터 1973년 북한의 8·28중단선언까지 박정희 정부의 대북정책과 관련한 정책집행에 대해 알아본다. 박정희 정부는 고위 외교안보 관리와 정보부처, 적십자사를 중심으로 신중하게 대북정책을 집행했다. 1960년대 소극적이던 대북정책의 전환을 알리는 신호탄은 8·15선언이었으며, 이 선언은 내외정세의 변화로 인해 박정희 정권이 새로운 대북정책, 통일정책 마련의 필요성을 절감하게 되어 나온 것이었다. 1970년 8월 15일 박정희 대통령은 '평화통일구상선언'을 발표하여 북한이 무력통일노선을 포기한다면 남북한 간에 놓인 인위적 장벽을 단계적으로 제거해 나갈 수 있는 획기적이고 현실적인 방안을 제시할 용의가 있음을 대외에 천명하였다. 그의 생각은 체제경쟁, 대화와 협상, 교류와 협력을 통해 평화통일의 여건을 조성해 나가자는 것이었다. 박정희의 체제경쟁 선언에는 무력에 의한 통일 시도에서 벗어나자는 북한에 대한 촉구와 그동안의 실력배양으로 향후 북한과의 경쟁에서 앞서나갈 수 있다는 자신감이 배어 있었다.

8·15선언 이후 구체적인 방법론을 모색하던 박정희 정부는 적십자회담에서 그 출로를 찾았다. 1971년 8월 12일 대한적십자사 최두선 총재가 이산가족 상봉을 위한 남북적십자회담을 제의하고, 8월 14일 북측이 이를 받아들여 25차례의 예비회담, 10여 차례의 본회담 등 적십자회

주한미군의 철수와 연계될 우려가 있고, 남북조절위원회라는 용어가 북측 용어이며 그 기능이 모호하여 권력구조상 '옥상옥'이 될 수도 있다는 내용을 담고 있었다. 『중앙일보』 2005년 4월 15일.

담이 열리게 된다. 남북적십자회담은 이산가족의 주소와 생사 확인, 서신 거래, 방문·상봉·재결합 문제를 비롯한 기타 인도적 문제에 대한 논의를 중심으로 이루어졌다. 1971년 9월 20일부터 1972년 8월 11일까지 열린 남북적십자 예비회담을 통해 남과 북은 적십자 본회담의 의제, 대표단 구성, 회담 장소와 시기 등에 대한 합의를 이끌어냈다. 1972년 6월 16일 개최된 제20차 예비회담에서 본 회담의제로 ① 남북으로 흩어진 가족과 친척의 주소와 생사를 알아내는 문제, ② 이들의 자유로운 방문과 상봉을 실현하는 문제, ③ 이들의 자유로운 서신거래를 실시하는 문제, ④ 가족의 자유의사에 의한 재결합 문제, ⑤ 기타 인도적으로 해결할 문제 등 5개 항목에 합의하였다. 1972년 7월 19일 열린 제23차 예비회담에서 양측은 대표단 구성 및 진행절차에 관해 합의를 보았다.

1972년 8월 30일부터 9월 2일까지 열린 제1차 본회담에서 남북은 인도주의 정신에 입각하여 이산가족의 고통을 덜어줄 것을 다짐하는 합의서를 채택하였고, 제2차 회담에서 2개항의 합의 문서를 교환했다. 1972년 10월 24~26일 평양에서 열린 제3차 본회담부터 적십자회담은 난항을 겪게 된다. 박정희 정부는 인도성, 중립성, 당사자 본위의 원칙을 제시하고 혈육상봉의 범위를 벗어나지 말자고 제의하였다. 이에 대해 북측은 회담에서 주체적 입장 견지, 자유와 민주주의 원칙 관철, 적십자 요해해설 인원 현지 파견 등을 주장하였고, 특히 남한의 모든 법률적, 사회적 장애의 제거를 요구하고 나섰다. 제4차 본회담(서울, 1972년 11월 22~24일)에서 한국이 적십자정신과 원칙이라는 테두리에서 회담을 진행할 것을 주장한 반면, 북한은 법률적, 사회적 조건과 환경 개선의 필요성을 역설하였다. 제5차 본회담(평양, 1973년 3월 20~23일)에서는 흩어진 가족과 친척의 범위를 정하는 문제, 그들의 주소와 생사를 알리는 방법을 놓고 남북이 대립하였다.

제6차 본회담(서울, 1973년 5월 8~11일)과 제7차 본회담(평양, 1973

년 7월 10~13일)에서도 별다른 진전이 없었다. 남과 북은 김영주 조직지도부장의 대화중단 선언 이후에도 1973년 11월 28일부터 1974년 5월 29일까지 모두 일곱 차례에 걸쳐 남북적십자 대표회의를 열었으나 성과를 내지는 못했다. 결국 최초의 이산가족 상봉은 10년도 훨씬 지난 전두환 정부 시절 1985년 9월 20일 남북이산가족 고향방문 및 예술공연단의 동시 교환방문 실현으로 분단 40년 만에 이루어지게 된다.[25]

1971년 11월 19일 제9차 남북적십자 예비회담 중 남한 대표 정홍진이 북한 대표 김덕현에게 실무자 간 비밀접촉을 제의하여 정치적 대화통로를 마련하기 위한 실무자 접촉이 1971년 11월 20일부터 1972년 3월 22일까지 11차례에 걸쳐 진행되었다. 남과 북은 이 비밀접촉을 통해 이후락 중앙정보부장과 김영주 노동당 조직지도부장 간의 회담 개최에 합의하게 된다. 한국은 회담장소로 파리, 제네바 등 제3국의 장소를 제의하였고, 북한은 이후락 부장의 평양 방문을 고집하였다. 결국 이후락과 김영주가 평양과 서울을 교차 방문하기로 하고, 이후락 부장이 먼저 평양을 방문하기로 합의하였다. 양측 고위인사의 교환방문을 위한 사전 정지작업을 위해 정홍진 대표가 1972년 3월 28일~31일 평양을, 김덕현 대표가 4월 19일~21일 서울을 비밀리에 방문하였다. 4월 말에는 서울의 중앙정보부장실과 평양의 노동당 조직지도부장실을 연결하는 직통전화가 가설되었다.[26]

이후락 부장의 평양방문 직전인 4월 26일 박정희 대통령은 '특수지역 출장에 대한 대통령 훈령'을 내리고 "남한국세가 절대 우위라는 자신으로 대화에 임함으로써 북이 우위라는 환상적 기를 겪고 평화통일을 위한 제 의견을 교환"하며 "상대방 요로의 사고방식 및 현재 북한의 실정을 파악하는 데" 관점을 둘 것을 지시하고 있다. 또한 박정희는 조국의 통일

25) 통일노력60년 발간위원회 편 (2005), pp. 107-113.
26) 정홍진과 인터뷰, 2005년 8월 24일.

은 평화적 통일을 원칙으로 삼아야 하며, 통일의 성취는 제반문제의 단계적 해결을 통하여 이루어져야 하고, 적십자회담을 촉진시켜 인도적 문제를 조속히 해결한 후, 다음 단계로 경제협력을 상정할 수 있고, 최종 단계로 정치적 문제를 다룰 수 있을 것이라고 언급하고 있다. 그는 또한 남북회담이 진행되는 동안 비현실적이고 일방적인 통일방안 발표 지양, 상호 비방과 중상 중지, 무력행동의 중지 등을 토론해 볼 것을 훈시하고 있다.[27)]

이후락 중앙정보부장은 3명의 수행원과 함께 1972년 5월 2일 판문점을 경유하여 평양에 도착, 5월 5일까지 3박 4일간 일정을 소화했다. 평양에 있는 동안 이후락은 김일성과 두 차례, 김영주와 두 차례 회동을 가졌다. 이후락-김영주 회담에서 이후락 부장은 한반도의 통일은 자주적이며 평화적으로 이루어져야 한다고 천명하고, 남북적십자회담의 조속한 추진과 인적·물적·통신 교류 실현을 위해 노력할 것과 대외선전용의 일방적 통일제안을 지양하자고 제안하였다. 김영주 부장은 정치협상을 잘 이끌어 정상회담을 개최하고, 자주적 통일 입장을 공동성명으로 발표하자고 제의하였다. 또한 주한미군 철수와 남북 쌍방의 군대를 각각 10만 명으로 감축하자고 제안하였다.

5월 4일 0시 15분부터 1시 30분까지 1시간 15분 동안, 이어 동일 오후 1시부터 2시 10분까지 1시간 10분 동안 두 차례에 걸쳐 이후락 부장은 김일성과 회담을 가졌다. 김일성은 이 자리에서 자주·민족대단결·평화의 통일원칙을 제시하였으며, 남북교류와 정치회담 등 사업 추진을 위하여 남북조절위원회를 구성해 운영하자고 제의하였다. 그는 또한 남북적십자회담의 추진을 약속하고, 청와대 습격사건에 대해서는 좌경맹동분자들이 저지른 사건이며 김일성 자신이나 당의 의사와 상반되는 일이라

---

27) 박정희, "특수지역 출장에 관한 훈령," 문화방송 시사교양국, 『MBC 스페셜 이제는 말할 수 있다』 (미발간 책자, 2004), pp. 102-105.

며 책임을 회피하였다.[28]

김영주를 대신한 박성철의 서울 답방이 5월 29일부터 6월 1일까지 3박 4일간 이루어졌다. 박성철의 서울 체류 동안 이후락 부장과 두 차례, 박정희 대통령과 한 차례 회담이 있었다. 남과 북은 남북조절위원회 구성 및 운영, 분야별 분과위원회 설치에 합의하고 다양한 교류와 협력을 다짐하였다. 5월 31일 오전 청와대에서 박 대통령은 박성철 일행에게 남북 사이의 신뢰회복을 당부하였다.

"남북이 평화적으로 통일되어야 한다는 데 찬성한다. 상비군을 줄이고 서로가 건설에 힘을 쏟는다면 훌륭한 나라를 만들 수 있다. 해방 직후 북한에는 스탈린 거리니 붉은 군대니 하는 말을 쓴다는 얘기를 듣고는 북한이 소련의 속국이 된 줄 알았다. 나도 여건이 성숙되면 김일성 주석과 만나겠지만 지금은 아직 그런 여건이 되어 있지 않다. 불신의 해소 같은, 먼저 해결해야 할 문제가 산적해 있는데 지금 만나봤자 오히려 만나지 않았던 것보다 못할 것이다."[29]

이 언급은 박 대통령이 정치회담보다 적십자회담에 더 무게를 두고 있었음을 보여준다. 정상회담은 시기상조라는 것이 박정희의 판단이었고, 이러한 판단의 배경에는 자칫 정상 간의 만남이 북한의 선전에 이용될 수 있다는 우려가 있었을 것으로 추정된다. 박성철이 남북조절위원회 개설, 박정희-김일성 조기 정상회담 개최, 교차 비밀방문 공개 제안을 해온 것에 대해 박정희는 정상회담과 비밀회담 공개 부분은 거절하였다.

---

28) 김일성-이후락 회동 내용에 대해서는 문화방송 시사교양국 (2004), pp. 124-135를 참조. 김일성 담화에 대한 북한 기록으로는 다음을 참조. 김일성, "북과 남 사이의 고위급회담에 참가한 남조선측 대표들과 한 담화," 1972년 5월 3일, 11월 3일. http://www.kcna.co.jp/tongil/t-1972-11-03.htm (검색일: 2007. 11. 22).
29) 『중앙일보』, 2005년 4월 12일.

7.8

1972년 7월 4일

최근 평양과 서울에서 남북관계를 개선하며 갈라진 조국을 통일하는 문제를 협의하기 위한 회담이 있었다.

서울의 이후락 중앙정보부장이 1972년 5월 2일부터 5월 5일까지 평양을 방문하여 평양의 김영주 조직지도부장과 회담을 진행하였으며, 김영주 부장을 대신한 박성철 제2부수상이 1972년 5월 29일부터 6월 1일까지 서울을 방문하여 이후락 부장과 회담을 진행하였다.

이 회담들에서 쌍방은 조국의 평화적 통일을 하루빨리 가져와야 한다는 공통된 염원을 안고 허심탄회하게 의견을 교환하였으며 서로의 이해를 증진시키는 데서 큰 성과를 거두었다.

이 과정에서 쌍방은 오랫동안 서로 만나보지 못한 결과로 생긴 남북 사이의 오해와 불신을 풀고 긴장의 고조를 완화시키며 나아가서 조국통일을 촉진시키기 위하여 다음과 같은 문제들에 완전한 견해의 일치를 보았다.

1. 쌍방은 다음과 같은 조국통일원칙들에 합의를 보았다.
첫째, 통일은 외세에 의존하거나 외세의 간섭을 받음이 없이 자주적으로 해결하여야 한다.
둘째, 통일은 서로 상대방을 반대하는 무력행사에 의거하지 않고 평화적 방법으로 실현하여야 한다.
셋째, 사상과 이념, 제도의 차이를 초월하여 우선 하나의 민족으로서 민족적 대단결을 도모하여야 한다.

2. 쌍방은 남북 사이의 긴장상태를 완화하고 신뢰의 분위기를 조성하기 위하여 서로 상대방을 중상 비방하지 않으며 크고 작은 것을 막론하고 무장도발을 하지 않으며 불의의 군사적 충돌사건을 방지하기 위한 적극적인 조치를 취하기로 합의하였다.

3. 쌍방은 끊어졌던 민족적 연계를 회복하며 서로의 이해를 증진시키고 자주적 평화통일을 촉진시키기 위하여 남북 사이에 다방면적인 제반교류를 실시하기로 합의하였다.

4. 쌍방은 지금 온 민족의 거대한 기대 속에 진행되고 있는 남북적십자회담이 하루빨리 성사되도록 적극 협조하는 데 합의하였다.

5. 쌍방은 돌발적 군사사고를 방지하고 남북 사이에 제기되는 문제들을 직접, 신속 정확히 처리하기 위하여 서울과 평양 사이에 상설 직통전화를 놓기로 합의하였다.

6. 쌍방은 이러한 합의사항을 추진시킴과 함께 남북 사이의 제반문제를 개선 해결하며 또 합의된 조국통일원칙에 기초하여 나라의 통일문제를 해결할 목적으로 이후락 부장과 김영주 부장을 공동위원장으로 하는 남북조절위원회를 구성·운영하기로 합의하였다.

7. 쌍방은 이상의 합의사항이 조국통일을 일일천추로 갈망하는 온 겨레의 한결같은 염원에 부합된다고 확신하면서 이 합의사항을 성실히 이행할 것을 온 민족 앞에 엄숙히 약속한다.

서로 상부의 뜻을 받들어
이후락 김영주

남과 북은 1972년 7월 4일 오전 10시 각각 서울과 평양에서 '7·4남북공동성명'을 발표하였다. 이후락과 김영주가 서명한 공동성명에서 양측은 외세에 의존하거나 간섭을 받지 않고 자주적으로, 무력행사에 의거하지 않고 평화적 방법으로, 사상·이념·제도의 차이를 초월해 민족적 대단결을 도모하는 방향으로 통일을 이룬다는 원칙에 합의하였다. 공동성명은 또한 상대방에 대한 중상과 비방을 중지하고 무장도발을 중지한다, 남북 사이의 다방면적인 제반교류를 실시한다, 남북적십자회담 추진을 위해 적극 협조한다, 서울과 평양 사이에 상설 직통전화를 설치한다, 이후락 부장과 김영주 부장을 공동위원장으로 하는 남북조절위원회를 구성, 운영한다는 조항을 담고 있다.

1972년 7월 16일부터 10월 6일까지 네 차례에 걸쳐 남북조절위원회 공동위원장 회의를 위한 실무자 접촉이 있었고, 10월 12일부터 11월 30일까지 남북조절위원회 공동위원장 회의가 세 차례에 걸쳐 열렸다. 제1차 남북조절위원회 공동위원장회의는 10월 12일 판문점 자유의 집에서 개최되었고, 남과 북은 공동성명 1항의 통일3원칙 해석과 구현방법을 놓고 격론을 벌이게 된다. 한국은 남북이 체제문제를 간섭하지 말고 교류와 협력을 통해 점진적으로 문제를 해결해 나가자고 제안한 데 반해 북한은 한국이 반공정책을 포기할 것, 통일문제에서 유엔을 배제시킬 것, 주한미군을 즉시 철수시킬 것, 한국군의 전략증강 및 군사훈련을 중지할 것을 요구했다.

2차 공동위원장회의는 한 달 뒤인 11월 2일, 3일 평양에서 열렸고, 박정희 정부는 이후락 공동위원장, 장기영 전 부총리 겸 경제기획원장관, 최규하 대통령 외교담당특보, 강인덕 중앙정보부 북한정보국장, 정홍진 중앙정보부 협의조정국장, 이동복 조절위원회 서울 측 대변인을 파견했다. 남북 대표단의 회담은 각자 자기주장만을 고집하여 평행선을 긋다가 이후락 부장의 김일성 면담이 이루어지면서 돌파구가 마련되었다. 11월 3일 김일성-이후락 회동에서 김일성은 연방의 전단계인 '합작'을 실시하자고 주장했고, 이후락은 이것이 성급하다며 단계적으로 남북이 협력하여 '공동보조'를 맞춰 나가자고 주장했다. 김일성이 박정희와 정상회담의 필요성을 역설했으나 이후락은 조건이 먼저 성숙되어야 함을 강조했다. 이튿날인 11월 4일 남과 북은 '남북조절위원회 구성 및 운영에 관한

합의서' 채택에 합의한다.[30]

1972년 11월 30일, 12월 1일 제1차 남북조절위원회 본회의가 서울에서 열려 남북조절위원회를 정식으로 발족시켰다. 남측 조절위원회는 이후락 위원장, 장기영 부위원장, 최규하 위원, 강인덕 위원, 정홍진 간사위원으로, 북측 조절위원회는 김영주 위원장, 유장식 부위원장, 이완기 위원, 한웅식 위원, 김덕현 간사위원으로 구성되었다. 남한은 비정치, 비군사 부문에서 정치, 군사 부문으로 발전해 가자는 점진적인 접근을 주장했고, 북한은 군사대표자회담과 정치, 군사, 외교, 경제, 문화 등 5개 분과위원회의 일괄 발족을 주장했다. 이후락이 공동위원회에서 먼저 성과를 내 남북화합을 앞당기자고 촉구하였고, 박성철은 남측이 정상회담에 별 관심을 보이지 않자 흥미롭게도 비밀 정상회담을 제안한다.

제2차 남북조절위원회 본회의는 1973년 3월 15일 평양에서 개최되었다. 남한은 남북조절위원회 운영세칙 마련, 공동사무국 설치규정 제정, 판문점 공동경비구역 내 남북조절위원회 건물 공동 건립 등의 제안을 내놓았다. 북한은 남북 군비경쟁 중지, 군대 10만 명 또는 그 이하 감축, 주한미군 철수, 남북간 평화협정 체결, 군사 분과위원회 우선 구성과 남북의 각 정당과 사회단체가 참석하는 연석회의의 개최를 주장했다. 동년 6월 12일, 13일 서울에서 열린 제3차 본회의에서 북한은 정당 및 사회단체 연석회의 개최, 5개 분과위원회 동시 설치 주장을 되풀이했고, 남한은 공동사무국 설치를 위해 북측이 성의를 보일 것과 경제 및 사회문화 분과위원회를 우선 설치할 것을 제의했다. 세 차례에 걸친 본회의에서 남과 북의 주장이 평행선을 긋다가 1973년 8월 28일 북한의 김영주가 대화중단을 선언함에 따라 회의가 결렬되게 된다. 회의 결렬 이후에도 1973년 12월 5일부터 1975년 3월 14일까지 판문점에서 남북조절위원회 부위원장

---

30) 이상우, 『비록 박정희 시대 1』 (중원문화, 1984), pp. 322-328.

회의가 개최되었다.[31]

데탕트와 남북대화의 환경 속에 남한과 북한은 국제무대에서 치열한 외교경쟁을 벌이고 있었다. 북한의 평화공세와 적극적인 서방외교가 성과를 거두어 한국과만 단독 수교하고 있던 나라들이 북한을 인정하고 있었다. 1972년 7월부터 1973년 3월 사이 한국을 승인하고 있던 11개국이 북한을 승인하게 되었고, 1973년 5월에는 북한이 세계보건기구[WHO]의 정식회원국이 되었다. 이런 배경 속에 박정희 정부의 '6·23평화통일외교정책선언'이 나오게 된다. 이 선언에서 박정희 대통령은 평화통일을 위해 모든 노력을 경주할 것, 남북한 유엔 동시가입을 반대하지 않으며, 호혜평등의 원칙 아래 모든 국가에 문호를 개방할 것 등을 선언하였다. 6·23선언 발표 두 달 후 북한의 김영주 부장은 김대중 납치사건을 이유로 대화중단을 선언했다. 이때는 이미 남북대화 동력이 많이 식은 상태였다.

VI. 맺음말

1970년 초 남북화해의 역사적 의의 및 한계는 무엇인가? 7·4공동성명을 위시한 1970년대 초반의 남북대화는 이후 남북대화 및 남북화해의 원형을 제시하였다. 냉전의 붕괴 과정에서 1990년대 초반의 남북화해와 김대중 정부 아래 2000년대 남북화해는 어떤 형태로든 7·4공동성명을 모태로 하고 있다. 물론 김대중 정부와 노무현 정부의 인사들은 독재시절인 박정희 정부 시기 대북정책, 통일정책과 자신들의 대북정책, 통일정책이 다른 궤도에 있음을 강조한다. 2000년대 이후의 대

---

31) 이상 비밀 회담과 남북조절위원회 진행과정에 대해서는 통일노력60년 발간위원회 편 (2005), pp. 99–106을 참조.

화 노력이 진정한 평화와 화해를 추구한 반면 1970년대의 대화 노력은 정권의 강화를 노린 '작전'의 성격이 강하다는 것이다. 그러나 탈냉전 이후 전개된 대북 포용정책의 결과로 한반도에 진정한 평화의 구축과 상호이해의 토대가 마련되었는가에 대해서는 아직 논객들의 평가가 엇갈리고 있다. 남과 북이 주체적으로 한반도의 운명을 개척하려 했다는 점, 갈등과 불신 속에서도 남북 사이의 합의를 도출하려 노력했다는 점, 남북 당국의 의지와 실천이 뒷받침되었다는 점에서 박정희 정부, 노태우 정부, 김대중 정부, 노무현 정부의 화해정책에 깃든 연속성을 부정하기는 힘들다.

연속성과 더불어 남북화해의 역사에서 주목할 점은 그 발전의 속성에 있다. 남북대화의 역사는 점진적으로 발전의 노정을 거쳤다. 1970년대 초반 남측 중앙정보부장과 북측 노동당 조직지도부장이 직책 명기 없이 서명한 공동성명을 낳았고, 1990년대 초반 양측의 총리가 서명한 기본합의서를 낳은 반면, 2000년에는 양측의 정상이 서명한 6·15공동선언을 잉태했다. 회담의 성격, 참여자 또는 서명자의 지위, 화해와 협력의 강도, 접촉의 폭 면에서 남북관계는 휴지기와 갈등기를 거치면서도 꾸준히 질적, 양적 성장을 기록하고 있는 것이다.

미국 유도설, 중국 유도설에도 불구하고 데탕트 시기 남과 북은 남북대화에 의해 한반도문제를 해결하기 위해 주체적으로 나섰다. 그러나 7·4공동성명에도 불구하고 진정한 평화를 이루는 데까지 발전하지 못하고 남북의 상대에 대한 적개심은 지속되었다. 7·4공동성명의 한계를 지적하는 논자들은 당시 남북대화가 국내정치 강화에 활용되었음을 강조한다. 주지하는 바와 같이 1971년 대선과 총선을 치른 후 남북대화가 본격화되었다. 당시 남북대화를 주도한 세력은 국내정치적으로 권력을 강화, 연장하고, 대외적으로 데탕트의 흐름에 적응하며, 한·미 동맹관계에서 협상력을 높이려는 의도가 있었던 것으로 추정된다. 1960년대에 경제개발과 안보가 정권유지의 큰 축이었다면 1970년대에는 경제성장과 안보 외에 통일의 의제가 추가되는 상황이었다. 박정희 정권은 통일의 기반을 확고히 하기 위해 권력의 집중과 강화가 시급하다는 논리를 개발, 활용하였다.[32]

박정희 대통령의 승인 아래 남북대화가 추진되었지만 그는 북한과의 대화로 화해와 통일의 문이 열리리라고 기대하지는 않았다. 박정희는 상당히 현실적으로 당시 남북관계를 해석하고 있었던 것으로 보인다. 7·4공동성명의 발표 이후 미국 국무부 차관보 마셜 그린을 만났을 때 박정희 대통령은 남북대화의 목적이 "김일성의 무모한 행동을 저지"하고 "전쟁의 가능성을 줄이기" 위한 것이라고 밝히고 있다. 박정희는 아직도 "한국이 북한을 의심하고 있지만, 그들의 의도를 진지하게 검토하기를 원한다."고 언급하고 있다. 적십자회담 실무회의가 답보상태를 보일 때 박정희는 김성진 청와대 대변인에게 "너무 급하게 서두를 것 없어. 최소한 우리를 치려는 상대방의 한쪽 손을 맞대고 있으면 그들이 우리를 치려고 할 때 금세 알아차릴 수 있으니깐 말이야."라며 다독이기도 했다.[33]

박정희 대통령은 대화를 통한 평화보다는 힘의 우위에 의한 평화를 믿었으며 그런 차원에서 박정희의 대북정책은 한국 보수 정부의 대북정책의 전형을 보인다고 할 수 있다. 이것은 교류와 협력의 증진을 통하여 평화공동체, 경제공동체를 이룩할 수 있다고 믿은 김대중 정부 또는 노무현 정부 대북정책의 기본전제와는 현격한 차이를 보이는 것이었다. 탈냉전의 공간에서 한국의 역대 정부 정책결정가들은 비교적 다양한 대북정책을 입안, 실험할 수 있는 기회가 있었다. 통신과 교통의 증가로 공동체를 형성하는 방안, 여러 분야 및 수준에서 남북을 잇는 제도를 건설하는

---

32) 이경재, "비상사태선언과 종신집권체제 완성,"『신동아』12월호 (1985), pp. 190-219.
33)『중앙일보』, 2005년 4월 8일.

방안, 경제협력의 확대를 통해 상대를 변화시키고 평화를 이룩하려는 방안 등이 탈냉전 공간에서 한국의 정권들이 실험한 방안이었다. 공동체 건설론, 제도평화론, 경제평화론의 기본전제들과 박정희의 대북 접근은 상당한 차이가 있었다. 박정희는 북한에 대한 적개심, 위협인식은 유지한 채 대북정책을 수행하였다. 박정희의 대화는 대화가 진행되는 동안만큼은 북한이 적화 시도를 하지 못할 것이라는 지극히 현실적인 사고에서 출발하였다.

남과 북은 당시 급변하는 국제정세에 적응하고 국내정치에 유리한 국면을 조성하기 위해 대화를 이용하였다. 박정희 정권은 일각에서 제기되는 진보적 통일논의에 대응하고, 보다 적극적으로는 권력 강화와 연장에 남북대화를 활용하였다. 북한과의 성공적 대화를 위해 국민들의 전폭적 지지와 국력배양이 필요하다는 논리였다. 7·4공동성명 발표 직후 개최된 7월 17일 제헌절 기념식사에서 박정희는 "남북간의 대결에 임하여 우리들의 민주제도는 보다 성과 있고 능률적인 것이 되지 않으면 안 된다."고 하여 향후 있을 체제변혁을 암시한다. 능률 향상은 박정희의 쿠데타 명분이기도 하였다. 이제 북한과의 대결, 남북대화의 진전이라는 배경에서 능률은 더 핵심적인 개념으로 나타나고 있었다. 박정희에게 있어 능률의 배양은 자신에게로 권력을 집중하는 것이었고, 이러한 조치는 곧 전통적인 민주주의 방식과 결별을 의미하는 것이었다. 10월 17일 계엄선포를 통해서 유신의 목표를 "평화적 통일의 지향과 한국적 민주주의의 토착화를 위해 구질서를 청산하고 통일을 향한 민족주체세력을 형성하며 능률을 극대화, 자주적인 총력체제의 구축을 방향으로 일대개혁을 단행하는 것"이라고 밝히고 있다.[34] 박정희는 유신의 필요성을 분단이라는 한국의 특수성과 북한의 직접적인 위협에서 찾았다. 7·4공동성명을 둘러싼 박정희 정부의 통일노력이 유신의 전개와 얽혀 있었던 점은 제3공화국, 제

---

34) 이상우 (1984), pp. 340–341.

4공화국의 대북정책의 성격과 한계를 동시에 보여주는 부분이라고 할 수 있다.

8

전두환 정부의 외교정책과 1988년 서울올림픽

정기웅(한국외국어대학교)

목차

주요어   서울올림픽, 전두환 정부, 정치와 스포츠, 외교와 스포츠, 전두환 정부 외교정책 특징, 서울올림픽 유치과정, 전두환 정부 정당성

요점정리

1. 전두환 정부 시기 스포츠는 국가정책결정의 중요한 모티프로 작동하였다.
2. 전두환 정부는 서울올림픽 유치와 개최를 통해 대외적 승인의 문제를 해결하고 국민적 관심의 전환을 유도함으로써 정권을 안정시키고 정당성을 확보하려 했다.
3. 서울올림픽은 전두환 정부에 의해 국민들의 민주화 및 개헌 열망을 억압하는 명분으로서 활용되었으나, 동시에 1987년 6월항쟁과 6·29선언을 통해 한국의 민주화를 앞당기는 촉매 역할을 했다.
4. 전두환 정부의 집권기간은 신냉전의 시작과 끝에 해당하며, 이런 시기적 상황은 군사독재와 제5공화국의 종말을 고하는 데 한 요인으로 작동하였다.
5. 스포츠의 정치적 도구성은 산업화의 진행 및 민족국가의 등장과 불가분의 관계를 갖는다.
6. 올림픽은 정치적, 외교적 의사표명의 장으로 사용되어 왔다.
7. 스포츠는 외교적 도구이자 국익달성의 목표로 작동하기도 한다.
8. 스포츠는 도구로서의 유용성을 갖고 있지만, 달성되어야 하는 목표로서 작동할 때는 도구적 사용자에 대한 족쇄로 작용하기도 한다.

사건일지

1979년 3월 16일
대한 체육회가 88 올림픽 서울 개최를 문교부에 첫 건의

1979년 4월 3일
서울특별시에 대하여 유치에 관한 객관적 가능성 및 시의성을 검토한 자료와 함께 아시아경기대회 유치에 필요한 자료협조 의뢰

1979년 8월 22일
"88 올림픽 대회 유치계획의 사회 경제적 실현가능성"이라는 자료를 포함, 문교부가 올림픽 유치를 위한 자료를 성안 제출

1979년 9월 3일
국민체육진흥심의회, 제24회 올림픽의 서울 유치계획 의결

1979년 9월 21일
박정희 대통령 서울올림픽 계획 재가

1979년 10월 8일
세종문화회관에서 내외신 기자회견, 제24회 올림픽의 서울 유치계획 정식발표

1979년 10월 26일
박정희 피살, 올림픽 유치활동 중단

1980년 1월 19일
"88년 서울올림픽 유치를 단념" 공식발표, 유치준비 철회

1980년 11월 6일
전두환 대통령 선출과 올림픽 개최 논의 재개

1980년 12월 2일
서울시는 88 올림픽 유치 후보국이 될 것을 IOC에 공식 통보

1980년 12월 4일
국제올림픽위원회(IOC: International Olympic Committee), 한국 서울, 일본 나고야가 후보도시임을 발표

1981년
올림픽 추진위원회(위원장: 국무총리) 조직 및 실무대책위원회 구성

1981년
2월 26일 IOC에 유치신청서 접수

1981년 9월 30일
IOC 총회에서 57:27의 득표율로 나고야 제치고 서울 유치 확정

1986년 4월
제5차 아시아 올림픽평의회 총회 서울에서 개최

1986년 9월 20일-10월 5일
제10회 아시안게임 서울, 경기, 부산, 대구, 광주, 대전의 6개 시·도에서 27개국 4,839명의 선수단이 참가한 가운데 95개 종목(169개 서부 종목)의 경기와 문화 예술축전 등 개최

1988년 9월 17일
제24회 서울올림픽게임 개최

1988년 10월 15일
제8회 서울장애자올림픽게임 개최

I. 머리말

캐나다 밴쿠버에서 개최된 2010년 제21회 동계올림픽에서 대한민국 선수단은 금메달 6개, 은메달 6개, 동메달 2개를 획득했다. 역대 동계올림픽에서 아시아 국가가 거둔 최고의 기록이었으며, 특히 쇼트트랙 한 종목에 치우쳐 있던 메달을 스피드 스케이팅과 피겨 스케이팅에서 획득했다는 사실은 전 국민을 흥분시켰다. 밴쿠버에서의 한국 선수단의 선전善戰은 개최 후 20여 년이 지난 서울올림픽을 다시 한 번 대중의 관심 속에 등장시켰다.

세계사의 흐름과 냉전해체의 시기 등을 감안했을 때 1988년 9월 17일부터 10월 2일까지 서울에서 개최되었던 제24회 올림픽은 매우 특별한 위상을 갖는다. 서울올림픽은 국내적으로는 민주화 열기의 분출과 군사독재정부의 종말을 이끌어내는 동력으로 작용하였고,[1] 국제적으로는 냉전과 탈냉전의 접점에서 본격적 냉전해체의 신호탄으로 작동하였다.[2] 서울올림픽 이후 지구촌은 냉전의 종식과 세계화·정보화의 물결 속에서 이전과는 전혀 다른 세상을 맞이하게 되었으며, 한국은 급격한 변화의 격류에 휩쓸리게 된다.

서울올림픽은 노태우 정부 기간에 개최되었다. 올림픽이 개최되었을

---

1) 김하영·임태성, "서울올림픽이 한국의 정치·외교적 변동에 미친 영향,"『한국체육학회지』제33권 2호 (1994); 이학래, 『한국체육백년사』(한국체육학회, 2000); 정찬모, "서울올림픽과 한국의 국가 발전,"『체육사학회지』제7호 (2001).

2) 언제부터를 2차 냉전의 해체로 간주하느냐에 대해서는 서로 다른 의견이 존재할 수 있지만, 소련의 해체가 본격적인 탈냉전 시대의 개막을 알렸다고 평가하는 데 큰 무리는 없을 것이다. 그렇다면 이와 같은 동구권의 개방과 소련의 해체를 가져오게 한 신호탄은 무엇인가? 여러 가지 국제적 요인들이 존재하지만 국내의 학자들은 88서울올림픽이 한 역할을 담당했다고 평가한다. 그러나 우리가 서울올림픽이 냉전해체에 담당한 역할을 높이 평가하는 것과는 달리 미약하게 여기는 시각도 존재한다. 이와 관련해서는 강규형, "한국과 냉전: 제2냉전 성립기의 KAL기 격추사건과 그 종식기의 서울올림픽이 냉전에 미친 영향을 중심으로,"『정신문화연구』제26권 2호 (2003)를 참조할 것.

때 전두환은 권좌에서 물러나 있었을 뿐만 아니라 올림픽 종료 후 개최된 5공청문회로 인하여 백담사로 유배생활을 떠나야 했다. 하지만 서울올림픽이 유치된 것은 전두환의 집권 기간 중이었으며, 일반의 인식 속에서도 서울올림픽은 자연스럽게 전두환 정부와 연결되어진다는 점에서 전두환 정부 외교정책의 가장 중요한 이슈로서 서울올림픽 유치를 제시하는 데에는 큰 무리가 없을 것이다.

전두환 정부의 외교에서 서울올림픽은 어떠한 의미를 갖는가? '행사공화국,' '올림픽공화국'이라고 불릴 만큼 국제행사와 스포츠 경기에 집중하였던 전두환 정부의 정책성향은 무엇으로부터 기인하는 것인가? 한국 역사에서 그 이전에도 그리고 그 이후에도 이 시기만큼 스포츠가 국가정책결정의 중요한 모티프로 작동한 적은 없었으며, 이는 무대를 세계로 넓혀 보아도 찾기 드문 사례 중의 하나인 까닭에 특별한 고찰의 대상으로서 작동한다.

제8장에서는 전두환 정부의 외교정책을 서울올림픽을 중심으로 분석한다. 논의의 틀은 제1장에서 밝히고 있는 바와 같이 외교정책의 환경/과정/제도와 목표/전략/실행에 대한 분석의 형식을 따른다. 이를 위해 먼저 전두환 정부의 출범 및 그 대내외적 전략 환경을 고찰하고, 스포츠가 갖는 정치·외교적 도구성을 살펴본 후, 올림픽 유치의 정책결정과정과 주된 행위자들을 확인하고, 유치결정 이후 행해진 전두환 정부의 주요정책들과 그 결정에 영향을 미친 요소 등을 고찰한 후, 이를 종합적으로 검토하는 순서를 취한다.

II. 전두환 정부 외교정책의 대내외적 환경

1. 정당성과 승인의 문제, 그리고 올림픽

1979년 10·26사건으로 대통령 박정희가 사망한 후 전두환·노태우·정호용 등의 하나회가 중심이 된 신군부세력은 12월 12일의 군사쿠데타를 통하여 정국의 주도권을 장악하였다. 박정희 사망으로 공석이 된 대통령의 자리에 12월 21일 최규하가 제10대 대통령으로 취임하였으나, 실권은 신군부세력에게 있었다. 1980년, 소위 서울의 봄은 5월 17일의 신군부세력에 의한 비상계엄령 전국 확대로 그 종말을 맞이하였고, 전두환은 9월 1일 제11대 대통령에 취임하였다. 10월 22일의 국민투표를 거쳐, 10월 27일 제5공화국 헌법이 공포되었고, 1981년 2월 25일 선거인단에 의한 대통령 선거에서 전두환 후보는 압도적 다수로 당선되었으며, 3월 3일 제12대 대통령에 취임함으로써 제5공화국이 정식 출범하였다.[3]

10·26사건, 12·12 신군부 쿠데타, 그리고 5월 광주에서의 무력진압 등 제5공화국의 집권세력들이 정권을 장악하는 과정에서 경험하고 저질렀던 사건들은 그들이 장악한 권력의 정당성에 심각한 손상을 입혔고, 정권의 주역들에게 국내적 지지기반과 대외적 승인의 문제에 대한 끊임없는 우려를 불러일으켰다. 그 결과 신군부세력은 자신들의 취약한 정치적 기반을 확보하기 위해 대내적으로는 억압적 통제 메커니즘을 구축하고 국내정치문제를 공동화시켰으며, 대외적으로는 안보를 강조하며 미국과의 관계를 긴밀히 함으로써 쿠데타에 의한 정권찬탈을 인정받는 동시에 끊임없는 정상외교와 올림픽 유치와 같은 이벤트성 행사를 개최하여 국

---

3) 전두환 정부의 대외관계를 논함에 있어 그 논의의 출발점을 어디에 둘 것인가 하는 것은 논란의 여지가 있다. 전두환이 대통령에 취임한 것은 1980년 9월 1일이고, 법적으로 제5공화국의 시작은 1981년 2월 25일 제12대 대통령의 임기 개시일부터이지만, 제4공화국이 실질적으로 종언을 고한 1979년의 10·26사건으로까지 거슬러 올라가야 한다는 의견도 존재한다. 본고에서는 전두환이 대통령에 취임한 1980년 9월 1일을 전두환 정부의 시작으로 간주한다.

8.1 1979년 10월 26일 중앙정보부장이었던 김재규가 박정희 대통령을 시해한 10·26사건으로 유신체제가 막을 내리고, 1979년 12월 12일 쿠데타로 정권을 잡은 전두환이 이끄는 신군부에 의해 1980년 5월 17일 비상계엄 전국 확대 조치가 단행되기 전까지의 정치적 과도기를 일컫는다.

이때까지 한국은 긴급조치로 일관된 정치의 암흑기였는데, 10·26사건을 계기로 암울한 유신체제의 터널을 빠져나와 새로운 민주사회로 갈 수 있을 것이라는 희망이 넘쳤다. 이 시기 동안 전국 곳곳에서 민주화를 요구하는 시위가 벌어졌다. 이러한 사회적 상황을 1968년 체코슬로바키아에서 있었던 민주화운동을 지칭하는 '프라하의 봄'에 비유한 것이다.

그러나 서울의 봄은 5월 17일 비상계엄 전국 확대 조치와 함께 민주화를 열망하며 시위를 벌였던 광주시민들을 신군부세력이 무참하게 학살하면서 비극적인 막을 내렸다.

민의 관심을 밖으로 돌림으로써 정권의 안정을 꾀하려 하였다. 이 과정에서 스포츠는 이와 같은 대내적 및 대외적 목적을 동시에 충족시킬 수 있는 효과적인 수단으로서 활용되었다.

자유주의 국제정치이론은 국가들의 국제적 행동을 설명하려고 할 때 국가들의 성격은 각자가 기초하고 있는 국내사회와 국제사회의 관계에 따라 결정되어지며, 국가들의 국제적 행위는 이러한 관계의 반영이라고 본다.[4] 모라브직Andrew Moravcsik은 "국가들과 국가들이 배태되어 있는 국내적·초국적 사회와의 관계가 국가의 선호를 밑받침하고 있는 사회적 목적

---

4) 왈츠는 국제정치이론과 외교정책이론을 구분하고 있다. 그에 따르면 외교정책이론은 외교정책 결정과정에 대한 이론이며, 국제정치이론은 외교정책을 통해서 나타나는 국가의 행동과 그것이 가져온 국제적 결과에 대한 이론을 뜻한다. Kenneth N. Waltz, *Theory of International Politics* (Reading, MA: Addison-Wesley, 1979), pp. 122-123.

8.2 1972년에 시작된 유신체제는 중화학공업에 대한 무리한 투자로 경제의 악화를 가져왔고, 대내적으로는 1인 장기집권을 위한 강압통치, 대외적으로는 한국 인권상황 개선을 종용한 미국 카터 행정부와의 불화 등으로 불안한 모습을 노정하고 있었다. 유신체제 말기의 정치·경제적 모순은 반정부 시위로 폭발하여 정치적 위기상황을 초래하였다.

이런 상황에서 1979년 10월 16일 부마민주항쟁이 일어나자 이를 진압하기 위해 18일 부산에 비상계엄령이, 20일 경남 마산·창원에 위수령이 발동되었다. 부마사건의 처리문제는 집권층의 내부갈등을 확대시켰다.

10월 26일 만찬 도중에 김재규는 박정희와 차지철을 살해하는데, 이에 대해서는 3가지 설이 있다. 우선 대통령 경호실장 차지철의 강경노선이 채택되자 그의 견제로 김재규가 진퇴위기에 몰렸다는 것이 가장 유력하다. 미국의 음모라는 설도 있으며, 김재규의 우발적인 살인이라는 설 또한 제기되고 있다. 이 사건으로 유신체제가 무너졌으며, 전두환 정부가 수립되는 계기가 되었다.

들에 영향을 미침으로써 국가들의 행태를 결정적으로 형성시킨다."고 주장한다.[5] 따라서 국가의 행위는 특정한 시점의 국가-사회관계(즉, 정권의 성격)에 따라 특정한 사회집단들의 이익을 반영하여 이루어진다고 볼 수 있다.[6] 이와 같이 결정되어 행해진 국가의 외교정책은 국제관계를 형성함으로써 다시 그 국가에 영향을 미치게 된다. 따라서 전두환 정부의 국제관계는 당시 한반도를 위요한 국제정세 속에서 정권의 태생적 한계로 인한 대내적 정통성의 결핍을 보완하고자 하는 정부의 의지와 내부적

---

5) Andrew Moravcsik, "Taking Preferences Seriously: A Liberal Theory of International Politics," *International Organization*, Vol. 51 No. 4 (1997), p. 516.
6) 정진영, "자유주의 국제정치이론," 우철구·박건영 편, 『현대국제관계이론과 한국』 (서울: 사회평론, 2004), p. 397.

8.3

10·26사건으로 대통령 박정희가 살해된 뒤 합동수사본부장을 맡고 있던 보안사령관 전두환과 육군참모총장이자 계엄사령관인 정승화 간에 사건 수사와 군 인사문제를 놓고 갈등이 발생하였다. 전두환을 중심으로 한 신군부세력은 군부 내 주도권을 장악하기 위하여 정승화가 김재규로부터 돈을 받았다고 주장하고, 10·26사건 수사에 소극적이고 비협조적임을 내세워 정승화를 강제 연행하기로 계획하였다.

이를 실천에 옮기기 위하여 전두환은 11월 중순 국방부 군수차관보 유학성, 1군단장 황영시, 수도군단장 차규헌, 9사단장 노태우 등과 함께 모의한 후 12월 12일을 거사일로 결정하고 20사단장 박준병, 1공수여단장 박희도, 3공수여단장 최세창, 5공수여단장 장기오 등과 사전 접촉하였다. 그리고 12월 초순 전두환은 보안사 대공처장 이학봉과 보안사 인사처장 허삼수, 육군본부 범죄수사단장 우경윤에게 정승화 연행계획을 수립하도록 지시하였다.

이 계획에 따라 12일 저녁 허삼수, 우경윤 등 보안사 수사관과 수도경비사령부 33헌병대 병력 50명은 한남동 육군참모총장 공관에 난입하여 경비원들에게 총격을 가하여 제압한 후 정승화를 보안사 서빙고 분실로 강제 연행하였다.

한편, 총장의 연행에 대해 저항할 가능성이 있는 것으로 분류된 특전사령관 정병주, 수경사령관 장태완, 육군본부 헌병감 김진기는 보안사 비서실장 허화평에게 유인되어 연희동 요정의 연회에 초대되었다. 연회 도중 총장의 연행사실이 전해지자 정병주, 장태완 등 육군장성들은 대응태세를 갖추려 하였으나, 이미 전두환이 박희도와 장기오에게 지시하여 국방부와 육군본부를 점령하게 함으로써 육군지휘부를 무력화시킨 후였다.

행위자들의 선호와의 상호작용이 표출된 정책과의 상호작용으로 결정되어졌으며, 전두환 정부의 외교정책은 이와 같은 국가의지 반영의 결과로

서 집행되어졌다고 말할 수 있을 것이다.[7]

전두환 정부의 외교정책의 특징을 몇 가지 키워드로 정리하자면 안보외교, 친미외교, 순방·정상외교, 올림픽 등으로 요약할 수 있을 것이다.[8] 특히 올림픽은 전두환 정부의 집권 기간 내내 모든 정책적 집행에 있어 최우선순위로 등장하였다. 무엇이 전두환 정부로 하여금 이와 같은 것들에 집중하게 하였는가? 여러 답변이 가능하겠지만, 무엇보다도 정권의 정당성 문제가 가장 먼저 지적될 수 있다.

흔히 국민국가는 국제정치와 국내정치가 상호작용하는 역동적인 과정에서 발생한 역사적 구성물로서 간주되어진다. 국민국가는 국가주권을 전제로 하여 존재하게 되며, 영토, 인구, 권위, 그리고 인정의 네 가지 요소는 국가주권을 구성하는 중요한 속성들이다. 이 속성들은 국민국가의 역사적 특징을 잘 보여주고 있다.[9] 전두환 정부의 집권기간 동안 국가는 영토, 인구, (강제된) 권위는 확보하였지만, (국민과 국제사회로부터의) 인정은 받지 못하고 있었다. 전두환 정부로서는 국가로서의 완전성을 확보하기 위해서는 어떻게 해서든지 인정의 문제를 해결해야만 했다.

일반적으로 권위주의적 정부에게 외부적 환경은 국내에서는 불가능

---

7) 국내정치와 국제정치의 연계에 관한 이론들로는 James N. Rosenau (ed.), *Linkage Politics: Essays on the Convergence of National and International Systems* (New York: The Free Press, 1969); Peter Gourevitch, "The Second Image Reversed: The International Sources of Domestic Politics," *International Organization*, Vol. 32 No. 4 (Autumn 1978); Robert O. Keohane and Joseph S. Nye, *Power and Interdependence: World Politics in Transition* (Boston: Little Brown, 1977); Robert D. Putnam, "Diplomacy and Domestic Politics: the Logic of Two-Level Games," *International Organization*, Vol. 42 No. 3 (Summer, 1988) 등을 참조할 것.

8) 외무부는 전두환 정부의 외교기조를 안보외교, 경제외교, 평화통일 기반조성외교, 문화외교, 북방외교로 정리하고 있다. 외무부, 『한국외교 40년』 (1990).

9) 국가주권의 이러한 속성에 관하여는 Thomas J. Biersteker and Cynthia Weber (eds.), *State Sovereignty as Social Construct* (Cambridge University Press, 1996)를 참조할 것. 유석진, "세계화와 국가주권," 국제정치경제연구회 편저, 『20세기로부터의 유산: 세계경제와 국제정치』 (서울: 사회평론, 2000), p. 320에서 재인용.

한 극적인 조치를 취하기 위한 기회를 제공하는 영역으로 지적된다. 외교정책의 가용한 목표와 그를 위한 방법들에 대한 국민적 합의가 이루어지게 되는 것은 국내 정치구조에서 무엇이 정당한가에 관한 인식의 일치가 어느 정도 이루어질 때 가능하다. 지도층과 국민들 간에 이와 같은 인식에 있어 차이가 존재하고 국내정치가 불안정하다면, 국내적 결집을 달성하기 위한 돌파구로 모험적 외교정책을 이용하고자 하는 유혹은 강해지게 된다.[10] 특히 권력의 정당성에 대한 견해의 차이가 크고 혁명적인 지도자일 경우 국내에서는 행하기 힘든 극적인 정책을 외부적 환경에서 추구함으로써 국내적 단결을 이루고 어려움을 벗어나고자 하는 시도를 행하게 된다.

1980년 5월 광주의 기억은 대내적 국민설득과 인정의 획득에 강한 족쇄로 작용하였던 까닭에 전두환 정부는 이를 대외적 노력을 통해 찾을 수밖에 없었다. 국제사회에의 끊임없는 참여를 통한 인정의 획득이야 말로 대내적 인정획득을 위한 우회로가 될 수 있었던 것이다. 전두환 정부에게 있어서 순방외교를 통한 정상외교, 국제회의의 개최, 올림픽 유치 등은 국내적 합의와는 상관없이 외부로부터의 승인을 획득하여 내부의 국민을 설득하는 효과적인 방법으로서 간주되었다. 더불어 국제 스포츠 무대에의 참여가 가져다줄 수 있는 승인과 인정의 문제는 전두환 정부의 태생적 한계를 극복하기 위한 노력과 절묘하게 맞아떨어짐으로써 올림픽의 유치와 성공적 개최는 정권의 명운을 건 사업이 될 수밖에 없었다.

전두환 정부에 있어 올림픽의 개최는 또 다른 정치적 효용성을 갖는다. 올림픽 개최는 승인과 인정의 획득을 위한 것이었기도 하지만, 국민들의 민주화 및 개헌 열망을 억압하는 명분으로서도 활용되었다. 올림픽의 성공적 개최는 전두환 정부 초기에는 절대호헌의 논거로서 제시되었

---

10) Henry A. Kissinger, "Domestic Structure and Foreign Policy," James Rosenau (ed.), *International Politics and Foreign Policy* (New York: The Free Press, 1969), pp. 161-175.

8.4

1985년 2·12총선 이후 야당과 재야세력은 간선제로 선출된 제5공화국 대통령 전두환의 도덕성과 정통성 결여, 비민주성을 비판하면서 직선제 개헌을 주장하였다. 1986년 2월 각계각층에서 대통령 직선제를 중점으로 하는 민주헌법쟁취 투쟁이 확산되고, 신한민주당이 1000만 개헌 서명운동에 돌입하면서 개헌 논의가 더욱 확산되었다.

이어 같은 해 7월 30일에는 여야 만장일치로 헌법개정특별위원회가 발족하였다. 그러나 집권 여당인 민주정의당은 의원내각제를, 야당은 대통령 직선제를 주장함에 따라 개헌 논의는 처음부터 난관에 부딪혔다. 그 후 1987년 1월 14일 서울대생 박종철이 치안본부 남영동 대공분실에서 조사를 받다 고문과 폭행으로 사망한 사건이 일어났다.

이로 인해 국민들의 민주화 요구는 거세지고, 대통령 직선제 개헌 논의가 활발하게 이루어지자, 정권 유지에 불안을 느낀 전두환은 그해 4월 13일 모든 개헌 논의를 금지하는 조치를 단행하였다. 이 조치가 4·13호헌조치이다. 여야가 헌법안에 합의하면 개헌할 용의가 있지만, 야당의 억지로 합의가 불가능해졌기 때문에 어쩔 수 없이 간선제인 현행 헌법을 고수할 수밖에 없다는 것이 주요 내용이었다. 일체의 개헌 논의를 중단시키고, 1988년 2월 정부를 이양하겠다는 것이 4·13호헌조치의 요지이다.

그러나 군사독재정권이 발표한 4·13호헌조치는 독재정권의 기대와는 반대로, 오히려 국민들의 민주화 요구에 불을 댕기는 역효과를 낳았다. 조치가 발표되면서 전국 각지에서 장기집권의 음모를 비난하고, 개헌을 요구하는 시위가 잇따랐다. 이 와중에 박종철의 사망이 애초에 당국이 발표한 내용과는 달리 고문치사로 인한 사망임이 밝혀졌다. 이후 국민들의 시위는 더욱 격렬해져 1987년 6월 10일에는 전국 18개 도시에서 민주헌법쟁취국민운동본부가 주최하는 대규모 가두집회가 열렸다.

같은 달 26일에는 전국 37개 도시에서 사상 최대 인원인 100만 명 이상이 밤늦게까지 격렬한 시위를 벌였다. 전국적인 대규모 시위가 계속되자 전두환 정권은 어쩔 수 없이 4·13호헌조치를 철회하고, 6월 29일 민정당 대표 노태우가 국민들의 민주화와 직선제 개헌 요구를 받아들인다는 특별선언을 발표하였다. 이 선언이 6·29선언이다.

으며, 민주화의 열기가 전 방위적으로 분출되고 있던 1987년에도 4·13 호헌조치의 중요한 명분 가운데 하나가 올림픽의 성공적 개최였다. 대통령 직선제의 요구와 장기집권을 반대하는 한국민의 뜨거운 열기(그리고 한국민의 요구에 대해 전두환 정부 탄생과 존속에 있어 중요한 역할을 담당하였던 미국이 지지 입장을 표명하였음)에도 불구하고,[11] 전두환 정부는 개헌논의를 88서울올림픽 이후로 미룬다는 4·13호헌조치를 취함으로써 한국의 민주화 열기에 찬물을 끼얹었다.

그러나 4·13호헌조치 이후에 이루어진 6월민주항쟁과 그 결과 탄생한 6·29선언을 감안한다면, 1987년의 상황은 다른 맥락에서 해석될 수도 있다. 즉 1987년 6월의 함성은 서울올림픽이 아니었다면 불가능했을 수도 있다는 것이다. 올림픽을 앞두고 세계의 이목이 한국에 집중된 상태에서 군사정권은 학생들의 항의와 소요사태에 보다 폭력적인 대응을 취하지 못했고, 호헌조치 이후 더욱 거세진 국민의 요구 앞에서 전두환 정부는 결국 대통령 직선제로의 개헌을 받아들일 수밖에 없었다. 즉 올림픽 유치는 그것의 유치를 계획하는 정부에게 매력적인 기회를 제공할 뿐만 아니라, 동시에 예측가능한 상당한 정도의 정치적 위험도 동시에 가져다 줄 수 있다는 점이 지적되어져야 한다.[12] 이는 올림픽의 종료 이후, 사회 전반에 걸쳐 거세게 일어난 민주화 요구와, 노태우 정부로서는 어쩔 수 없이 받아들일 수밖에 없었던 5공청문회 개최로 인해 전두환이 백담사로 유배생활을 떠나야 했던 상황이 잘 보여주고 있다.

---

11) 오기평, 『한국외교론: 신국제질서와 불확실성의 논리』 (서울: 오름, 1994), p. 234.
12) 서울올림픽을 1964년 동경올림픽, 1968년 멕시코 올림픽과 비교·분석하여 이와 같은 분석시각을 보여주고 있는 연구로 Jarol B. Manheim, "Rites of Passage: The 1988 Seoul Olympics as Public Diplomacy," *The Western Political Quarterly*, Vol. 43 No. 2 (1990).

8.5 전두환 정권은 4·13호헌조치를 발표하고, 통일민주당의 창당을 방해하는 등 국민의 민주화 열망을 억압하고 장기집권을 획책하였다. 한편 5월 18일 천주교정의구현전국사제단은 박종철 고문치사사건이 은폐되었다는 성명을 발표하였다. 이에 재야와 통일민주당은 연대하여 '민주헌법쟁취 국민운동본부'를 전국적 민주화투쟁의 구심체로 결성하였다.

6월 국민운동본부는 '박종철 고문살인 은폐조작 규탄 및 민주헌법쟁취 범국민대회'를 개최하여 6월항쟁의 기폭제가 되었다. 같은 날 민주정의당 대표의원 노태우가 대통령 후보로 선출되자 전두환 정권의 간선제 호헌에 대한 국민의 저항이 급격히 확산되었다. 15일까지 명동성당농성투쟁, 18일 최루탄추방대회, 26일 민주헌법쟁취대행진에 이르기까지 20여 일간 전국적으로 500여 만 명이 참가하여 4·13호헌조치 철폐, 직선제개헌 쟁취, 독재정권 타도 등 반독재민주화를 요구하였다.

이렇게 되자 전두환 정권은 국민의 민주화 요구를 받아들이지 않을 수 없게 되어 민주정의당 대통령후보 노태우가 직선제 개헌과 평화적 정부이양, 대통령선거법 개정, 김대중의 사면복권 등을 주요 내용으로 하는 6·29선언을 발표하였다. 6월항쟁은 전두환 정권의 권위주의적 권력유지를 민주세력과 시민의 역량으로 저지시켰다는 점에서 그 의의가 크다. 그러나 직선제 이외에는 이렇다 할 만한 성과를 거두지 못하였다는 점에서 한계를 지닌다.

2. 냉전과 탈냉전의 교차점

전두환 정부의 외교정책 환경은 집권 기간 중 신냉전의 시작과 탈냉전으로의 전진이라는 극에서 극으로의 국제 환경적 변화를 경험하였다는 점에서 매우 독특한 경우에 속한다. 이와 같은 환경적 요인은 전두환 정부의 집권과 외교정책 수행에 있어 많은 영향력을 행사했다고 볼 수 있다.

전두환 정부가 출범했을 당시, 소련의 아프가니스탄 침공 이후 급속

8.6 1987년 6월 29일 민주정의당 대표 노태우가 국민들의 민주화와 직선제 개헌요구를 받아들여 발표한 특별선언이다.

주요내용은 ① 대통령 직선제 개헌을 통한 1988년 2월 평화적 정권이양, ② 대통령선거법 개정을 통한 공정한 경쟁 보장, ③ 김대중의 사면복권과 시국관련 사범들의 석방, ④ 인간존엄성 존중 및 기본인권 신장, ⑤ 자유언론의 창달, ⑥ 지방자치 및 교육자치 실시, ⑦ 정당의 건전한 활동 보장, ⑧ 과감한 사회정화조치의 단행 등이다. 이 선언은 민중항쟁에 의한 급격한 변혁이나 지배층에 의한 점진적인 개혁과는 달리양자의 타협의 산물이라는 점에서 그 의의가 있다.

히 냉각되고 있던 신냉전의 양극구조는 전두환 정부의 집권에 매우 유리하게 작용하였다. 1970년대 닉슨Richard Nixon에 의해 조성되었던 보수적 '평화구조'는 카터Jimmy Carter시대에 이르러서는 인권외교를 통한 변화가 모색되었으나 일관성 부족과 정치적 미숙으로 성공하지 못했고, 1979년 12월 소련의 아프가니스탄 침공은 데탕트의 파산을 야기했다.[13] 이는 결국 1980년대 초 신보수주의 레이건Ronald Reagan 행정부의 등장으로 귀결되었다.[14] 레이건의 대소 강경책은 1983년 3월 8일 소련을 "악의 제국evil empire"으로 규정한 연설과[15] 2주 후에 발표된 스타워즈Star Wars 계획, 즉 SDIStrategic Defense Initiative로 명확히 드러났으며,[16] 1983년 9월 1일 발생한 대

---

13) John Lewis Gaddis, *Russia, the Soviet Union, and the United States: An Interpretive History* 2nd edition (New York: McGraw Hill, 1990), pp. 295-313; Gaddis Smith, *Morality, Reason and Power: American Diplomacy in the Carter Years* (New York: Hill and Wang, 1986).

14) 김성주, "한국외교정책사," 이범준·김의곤 공편, 『한국외교정책론: 이론과 실제』 (서울: 법문사, 1993), p. 59.

15) Public Papers of the Presidents: Ronald Reagan, 1983 (Washington, 1984), pp. 363-364.

16) Public Papers of the Presidents: Ronald Reagan, 1983 (Washington, 1984), pp. 442-443.

8.7

미국의 전략방위계획이다. 1983년 3월 레이건 대통령에 의해 시작된 미국 국방부의 대륙간탄도미사일 방어 장비 개발계획으로, 적의 대륙간탄도미사일을 발사의 초기 단계부터 탐지, 포착한 뒤 추적하여 탄도 초기, 중기 또는 재돌입 시에 이를 격파하려는 계획이다. 당시 개발계획 반대여론이 국내외적으로 일어남으로써 예산이 삭감되는 등 많은 어려움을 겪었다.

한항공 007기 격추사건은 레이건의 대소 강경책에 힘을 실어줌으로써 신냉전을 절정으로 치닫게 하였다.

신냉전의 분위기가 도래하고 있는 가운데, 카터 행정부 말기에 행해진 전두환 정부에 대한 미국의 승인은 새롭게 집권한 레이건의 신보수주의 정권이 강력한 대한 지원정책을 취하는 데 있어 모든 장애요인을 사전에 제거해준 결과가 되었으며,[17] 전두환 정부의 존속에 커다란 도움이 되었다. 만약 소련의 아프가니스탄 침공과 이로 인한 신냉전의 도래가 없었다면 전두환 정부는 출범 후의 정국 안정에 훨씬 더 많은 어려움을 겪어야 했을 것이다.

그러나 1980년대 중반을 넘어서면서 국제환경은 정반대의 방향으로의 변화조짐을 보인다. 1980년대를 전반적으로 다원주의로의 근본적인 변화를 경험한 시기로 평가하는 시각이 존재한다. 군사력을 위주로 한 국가중심의 안전보장을 제1의적 명제로 삼던 현실주의 정치가 퇴조하고, 정치적 민주화를 잉태한 다원주의 정치로 대체되던 시기였다는 것이다.[18] 국제정치에서 군사력이 지니는 의미가 제한되면서 경제적 복지에 역점을 두는 하위정치의 중요성이 높아지는 등 다원주의적 질서로의 이

---

17) 오기평 (1994), pp. 216~227.

18) Paul Viotti and Mark V. Kauppi, *International Relations Theory* (New York: Macmillan, 1987).

행이 현저해졌다. 전 세계를 민주화의 물결이 휩쓸고 있었고,[19] 이는 한국에도 영향을 미칠 수밖에 없었다.

이러한 변화의 흐름 속에서도 한·미 정부는 1981년 레이건 대통령의 취임 이후 한국사회가 개헌의 소용돌이에 둘러싸인 1986년 전까지는 대단히 밀접하고도 우호적인 관계를 유지했다. 이 시기 한·미 양국의 관계는 더 이상 좋을 수 없다고 말할 정도로 마찰 없는 시간을 보냈다. 레이건 행정부는 해·공군력을 강화, 소련의 극동군사력을 견제하면서 아시아에서 닉슨독트린 이후 만연된 미국의 방위공약에 대한 우방의 불신을 만회하려 하였다. 이를 위해 전임 카터 행정부와는 달리 우방의 국내정치문제와 안보를 분리하여 대소 전략적 차원에서의 필요에 초점을 맞춘 군사적 지원을 계속하였고, 정치적 현안문제는 가급적 조용한 외교를 통한 막후교섭으로 해결하고자 하였다.[20] 그러나 이와 같은 한·미 간의 밀월은 80년대 초반 미·소관계의 악화에서 유래되었을 뿐 한국과 미국의 구조적 이해의 차이를 극복한 것은 아니며, 단지 국내정치문제를 간섭하지 않는 것이 동맹의 유지에 도움이 되며 조용한 설득과 비밀외교가 현실적으로 한국정부를 온건하게 만드는 데 보다 효과적이라고 판단했기 때문이라는 주장 또한 존재한다.[21] 따라서 냉전의 구조가 변화할 경우, 한·미관계 또한 또 다른 변환을 경험할 수밖에 없는 상황이었다고 볼 수 있다.

전두환 정부의 집권 중반기를 넘기면서 신냉전으로 얼어붙었던 국제정치의 무대는 다시 해빙의 분위기를 맞이하게 된다. 1984년 2월 소련공산당 서기장 안드로포프Yurii Andropov가 죽음을 맞이하였고, 그의 뒤를 이어 심각한 건강상의 문제를 가지고 있던 고령의 체르넨코Konstantin Chernenko가

---

19) Samuel P. Huntington, *The Third Wave* (Oklahoma: University of Oklahoma Press, 1991).
20) 홍규덕, "한국의 대미외교정책: 한미관계의 변화와 지속성," 이범준·김의곤 공편, 『한국외교정책론: 이론과 실제』 (서울: 법문사, 1993), p. 332.
21) 한승주 편, 『전환기의 한미관계』 (서울: 서울국제포럼, 1988), p. 213.

소련 최고지도자가 되었다. 1985년 3월 체르넨코가 사망하면서 늙고 병든 고리타분한 소련지도부의 시대는 가고 고르바초프Mikhail Gorbachev가 등장함으로써 세상은 전과는 전혀 다른 세계로 향하게 된다.[22]

　서기장에 취임하기 전인 1984년 12월의 영국 방문 시 "소련은 핵미사일에 대한 감축문제에 있어서 '과감한 해결'을 추구할 준비가 되어 있다."[23]라고 선언한 바 있는 고르바초프는 집권 후 페레스트로이카와 글라스노스트의 기치 아래 서방과의 급격한 관계 개선을 모색한다. 1988년 초여름은 고르바초프 개혁의 절정을 이룬 시기였다. 5월의 모스크바 정상회담, 6월의 공산당 19차대회에서의 정치적 자유화와 비공산당 승인 조치, 러시아 동방 정교교회 1000주년에 즈음한 교회와의 화해 등이 모두 이 시기에 이루어진 일들이었다.[24] 러시아의 대표적인 냉전사가인 주복Vladslav Zubok은 1988년은 소련 내부의 페레스트로이카에 그친 것이 아니라 "세계의 페레스트로이카"를 추구하며 새로운 세계질서를 추구한 해라고 평가한다.[25] 모스크바올림픽과 LA올림픽에 미국과 소련이 상호 불참을 선언했던 것과는 무관하게 서울올림픽에의 적극적 참여를 결정했던 것은 고르바초프의 이와 같은 개혁정책에 힘입은 바 크다.

　즉, 전두환 정부의 집권기간은 공교롭게도 신냉전의 시작과 끝에 해당한다. 이러한 시기적 상황은 전두환 정부의 집권에 긍정적으로 작용하였을 뿐만 아니라 올림픽의 성공적 개최를 가능케 했으며, 동시에 군사독재와 5공화국 종말의 한 요인으로 작동하였다고 볼 수 있을 것이다.

---

22) John Lewis Gaddis, *The United States and the End of the Cold War: Implications, Reconsiderations, Provocations* (Oxford: Oxford University Press, 1992).
23) Strobe Talbott, *Deadly Gambits: The Reagan Administration and the Stalemate in Arms Control* (New York: Knopf, 1984), pp.355-356; Gaddis (1992), p. 126.
24) Martin Walker, *The Cold War: A History* (New York: Henry Holt, 1993), p. 302.
25) Vladslav Zubok, "The End of the Cold War in Europe: Lessons for Korea?" Chung-in Moon, Odd Arne Westad, Gyoo-hyoung Kahng (eds.), *Ending the Cold War in Korea* (Seoul: Yonsei University Press, 2001), pp. 55-56.

8.8 1985년 4월에 선언된 소련의 사회주의 개혁 이데올로기이다. 페레스트로이카는 소련의 정치, 경제, 사회, 외교 분야에서의 스탈린주의적 병폐의 철폐를 목표로 한다.

스탈린주의의 문제점은 우선, 이데올로기 차원에서 국내에서 사회주의 체제의 완성 이후에도 의례적인 정치적 적을 설정하였다는 것이다. 따라서 모든 정치적 반대가 불가능했고, 비판적 지위의 박탈에 의한 개인 창의성의 소멸이라는 결과를 가져왔다. 경제적 측면에서는 극도의 통제, 계획경제 체제 고수로 인한 광범위한 관료조직의 출현을 가져왔다.

모든 경제 목표의 설정과 집행이 중앙에서 행해져 지역이나 기업의 특성과 자주성은 무시되었고, 양적 목표 달성의 중시는 질적 개선을 억제하였다. 또한 중공업 위주의 불균형 성장전략은 소비재 공업과 농업의 낙후를 가져와 소비재 물자의 질적 저하와 만성적 부족을 구조화시키는 결과를 가져왔다. 가장 두드러진 부정적 현상은 집단주의에 기초한 유인제도로 인하여 개인의 창의성과 작업에 대한 열의를 약화시켰다는 점이다. 국가에 의한 직업, 의료, 주택 등의 보장은 개인의 창의성의 결여와 국가에 대한 의존도를 제고시켰다. 페레스트로이카는 이러한 스탈린주의의 문제점에 대한 인식과 소련이 정치과정상 사회주의 원칙인 참여와 분배의 원칙을 채택하지 않는 한 생산적 사회주의 체제 자체의 붕괴를 가져올 수도 있다는 문제의식에서 출발하였다.

III. 스포츠의 도구적 유용성[26]

그렇다면 이러한 환경적 제약 속에서 전두환 정부가 스포츠를 주요한

---

26) 본 절의 논의는 정기웅, "스포츠의 정치적 도구성에 대한 재고찰: 2008 베이징 올림픽을 중심으로," 『한국시민윤리학회보』 제21집 2호 (2008)의 제2장과 "소프트 파워와 메가 스포츠 이벤트—도구적 관계성에 대한 비판적 고찰," 『국제정치논총』 제50집 1호 (2010)의 제2장을 수정하여 전재한 것임을 밝힌다.

8.9

고르바초프가 내세운 정보공개를 의미한다. 소련에서 종래에는 반소적이라는 이유로 금지된 파스테르나크, 솔제니친 등의 문학작품이나 영화, 회화, 연극 등이 공개되었다. '역사적 공백을 메우자'라는 표어 아래 스탈린 시대의 진실이 밝혀지고, 부하린과 루이코프 등의 명예회복 및 트로츠키 저작의 부분적인 소개가 이루어졌다. 또현 상황을 혹독하게 비판하는 발언, 미공개의 통계나 원자력잠수함의 사고 등도 보도되었고, 당협의회와 인민대의원대회도 텔레비전으로 중계되었다.

글라스노스트의 목적은 수동적인 국민을 활성화하고 보수 관료와 사회의 정체, 부패를 비판하는 데 있다. 유럽적인 민주주의를 노린 것은 아니지만 소련의 민주화에 있어서 큰 의의를 갖는다.

정책수단으로 채택하게 된 것은 무엇 때문이었을까? 본절에서는 스포츠의 정치·외교적 도구로서의 유용성에 대해 언급함으로써 이에 답하고자한다.

고대 그리스 시절부터 오늘에 이르기까지 역사 속에서 스포츠는 언제나 비정치성과 중립성을 표방해 왔지만, 역설적이게도 그 표면적 중립성은 스포츠의 도구적 유용성의 극대화라는 결과를 가져왔다. 이로 인해 스포츠는 특정한 목적을 가진 권력자들의 의도에 의하여 재단되어 사용되어져 왔다. 근대 스포츠는 산업사회와 국민국가의 필요와 요구에 맞게 구성되어짐으로써 대내적으로는 정치적 상징조작의 수단으로, 대외적으로는 다양한 외교적 목적을 위해 활용될 수 있는 수단으로서의 역할을 담당해 왔다. 특히 사회적 통합의 촉진, 국가정체성의 형성, 해외에서의 국가이미지 고양과 같은 목적 달성에 있어 매우 효과적인 수단으로 간주되어진다.[27]

---

27) Barrie Houlihan, "Politics and Sport," Jay Coakley & Eric Dunning (eds.), *Handbook of Sports Studies* (London: Sage, 2007), pp. 215-217.

더불어 1980년대는 국제관계의 전면에 경제, 문화, 스포츠와 같은 저위정치low politics의 이슈들이 등장한 시기임이 지적되어져야 할 것이다. 이는 군사와 안보의 문제가 가장 주목받던 냉전의 질서가 소련의 개혁 실패와 연방 해체로 종식된 직후인 1990년대에 이르러 더욱 명확히 표출되었다. 국가들은 냉전 해체 이후 세계화와 지방분권화라는 대내외적 환경의 변화로 인한 도전과 압력에 직면하여 국가 간의 상호협력에 보다 많은 관심을 기울이게 되었고, 이 시기에 이르러서 "이슈의 위계" 개념은 시대착오적인 것으로 간주되었다. 시기적으로 전두환 정부의 집권기는 저위정치의 이슈들에 대한 관심이 과거의 그 어느 때 보다도 높았다고 볼 수 있다.

1. 정치와 스포츠

1970년대 사회학자들은 대부분 사회생활에 관한 두 개의 일반이론 (기능주의이론과 갈등이론) 중 하나를 이용해 사회 속에서의 스포츠를 분석했다. 이러한 이론적 접근은 사회질서의 토대에 관한 각기 다른 가정에 따라 사회생활과 스포츠에 대해 각기 다른 질문을 하고 스포츠가 가지는 중요성과 결과에 대해 각기 다른 결론에 이르도록 했다.[28] 스포츠는 기능주의이론의 관점에서 보면 사회의 가치와 규범을 전파해서 사회를 통합하는 기능을 수행하고, 갈등이론의 관점에서 보면 지배-피지배 관계를 은폐하고 고착하는 이데올로기적 국가기구의 하나이다. 두 이론 모두 나름의 설명력을 갖추고 있으나, 공통적으로 지적하고 있는 것은 스포츠가 산업사회와 국가의 요구에 맞게 구성되어져 왔다는 것이다.

도구로서의 스포츠는 정치적인 측면에서 대내적으로는 정치적 상징 조작의 수단을 제공함으로써 다양한 정치적 목적에 기여하고, 대외적으

---

28) 코클리(Jay Coakley)는 이를 확대하여 기능주의, 갈등이론, 비판이론, 페미니즘이론, 상호작용이론의 틀 안에서 사회 속에서의 스포츠를 분석하고 있다. Jay Coakley, "사회이론은 스포츠에 대해 우리에게 무엇을 말해 줄 수 있는가?" 안민석·정홍익·임현진 편저, 『새로운 스포츠 사회학』 (서울: 백산서당, 2002), pp. 41-72.

로는 다양한 외교적 목적에 활용될 수 있는 비정치적 형식의 정치적 수단을 제공하며, 경제적인 측면에서는 산업사회의 발달한 생산력 수준하에서 새로운 자본축적의 장을 제공한다.[29]

　정치적 도구로서의 스포츠를 논할 때 민족과 민족국가, 혹은 민족주의를 반드시 언급할 필요가 있다. 현대 스포츠의 탄생 자체가 산업화의 진행 및 민족국가의 등장과 함께 라고 할 수 있으며, 스포츠의 정치적 도구성은 이와 같은 사실과 불가분의 관계에 있기 때문이다. 사실 현대 스포츠가 산업화 및 민족국가의 탄생과 함께 등장했다는 점을 감안한다면, 현대 스포츠의 민족주의적인 성격은 그 시작에서부터 주어진 것이라고 할 수 있다. 왜냐하면 민족국가와 민족주의는 프랑스혁명 이후 전 유럽에 전파되는데 이 시기는 산업화가 유럽에 전파되는 시기와 동일하다. 스포츠는 쉽게 국경을 초월해서 전파되었지만 다른 분야와 마찬가지로 민족국가의 틀 안에서 조직되었고, 국제경기는 민족국가의 이름으로 치러졌다. 다만 산업화와 민족국가의 형성이 앞선 영국과 같은 경우에는 스포츠가 민족국가나 민족주의와는 간접적 또는 우회적인 관계를 가지고 산업사회의 질서나 교육과 보다 더 직접적인 관계를 가지면서 발전했다. 반면 독일과 같이 산업화나 민족국가의 형성이 늦은 경우에는 양자의 관계는 보다 직접적이어서 스포츠는 민족국가의 형성과 민족주의의 고양에 부응하도록 직접적으로 요구 받았던 것이다.[30]

　올림픽과 월드컵으로 대표되는 메가 스포츠 이벤트의 개최는 특히 국가로 하여금 스포츠의 정치적 도구성을 유감없이 활용할 수 있는 기회를 제공한다. 근대 올림픽은 출범 당시부터 정치적 고려로부터 분리되어져야 하는 이벤트로서 고안되었다. 올림픽헌장은 올림픽이 개인들 간의 경쟁일 뿐, 국가들 간의 경쟁이 아니며, 올림픽 깃발이 휘날리는

29) 임현진, "전 지구화, 한국사회 및 스포츠." 『계간사상』 2002년 여름호.
30) 이대희, "세계화와 민족주의의 공존: 스포츠의 세계화를 통한 민족주의." 『21세기 정치학회보』 제12집 2호 (2002), p. 105.

동안 그곳은 올림피아드임을 강조하고 있다. 하지만 올림픽이 정치적 목적에 의하여 이용되어져 왔음은 부인할 수 없는 사실이다.[31] 심지어 근대 올림픽의 창설자인 쿠베르탱 그 자신도 열렬한 민족주의자였으며, 올림픽을 정치적으로 이용하려 했다. 쿠베르탱은 올림픽 경기가 국제친선을 이룩하는 지름길이라고 주장하고 올림픽의 독립성을 강조했다. 하지만 그가 올림픽 경기를 부활시키고자 한 근본적인 목적은 스포츠 활동을 통해 프랑스의 젊은이들을 전인적 인물로 교육시킴으로써 프랑스가 보불전쟁에서의 패배의 기억을 잊고 강대국으로 자리매김하게 하기 위한 것이었다.

스포츠가 갖는 명징한 상징성으로 인하여, 국가는 스포츠 경기의 성적에 정치적 가치를 부여하게 되고, 이는 국민대중의 정서와 결합된다. 그 결과 국제스포츠 경기에서 거둔 승리가 민족적인 우수성의 증거라고 생각하거나, 특정 국가의 사회 경제체제의 가치를 평가하는 척도로 이용되는 경향을 쉽게 발견할 수 있다. 올림픽을 비롯한 각종 국제 스포츠 활동에서 각국이 참여목적으로 내세우고 있는 국위선양이라는 목표를 정치성을 배제한 채 어떻게 설명할 수 있을 것인가?[32]

그러나 스포츠의 이러한 속성은 동시에 스포츠가 정치적 목표로서 작동하게 만든다. 메가 스포츠 이벤트의 유치는 흔히 '자국 스포츠의 질을 향상시키고, 국민적 자부심을 고양하며, 성공적 운용을 통해 경제적 이득을 획득함은 물론 경제적 부가효과를 얻을 수 있다'는 정부의 선전과 함께 하는 경우가 많다. 정부의 이와 같은 선전은 공언된 목표의 달성에 스스로를 구속하는 효과를 갖게 된다. 이처럼 메가 스포츠 이벤트

---

31) Richard W. Pound, *Inside the Olympics: A Behind-the-Scenes Look at the Politics, the Scandals and the Glory of the Games* (Canada: John Wiley & Sons, 2006), pp. 88-89.

32) 박호성, "국제 스포츠 활동과 사회통합의 상관성, 가능성과 한계," 『국제정치논총』 제42집 2호 (2003), p. 96.

〈표 8-1〉 올림픽 경기가 정치·외교적으로 활용된 사례

연도	내용
1896년	아테네 경기에 독일의 참가를 저지하려고 했던 쿠베르탱의 시도
1908년	런던올림픽의 개회식 때 에드워드 7세에 대한 미국팀의 경례 거부
1920년	앤트워프올림픽 경기 때 독일·오스트리아·터키·러시아 팀 등의 불참 사건
1936년	나치와 베를린 경기가 가졌던 정치성
1948년	런던올림픽 경기에서 이스라엘·독일·일본의 축출사건
1956년	네덜란드·이집트·이라크·스페인 등이 영국과 프랑스의 수에즈 침략에 항의하여 1956년 멜버른올림픽에 불참하였던 사건,
1968년	멕시코올림픽 경기 때 스미스(Tommie Smith)와 카를로스(John Carlos)에 의해 벌어진 시상대에서의 블랙파워 시위 사건
1972년	1970년에 일어난 올림픽운동에서의 남아프리카공화국의 제명과 자격정지 결의
	로디지아(지금의 짐바브웨)가 영연방으로부터 독립을 일방적으로 선언하자 영국이 로디지아에서 행해지고 있는 인종차별정책을 이유로 1972년 뮌헨올림픽에 참가하지 못하도록 압력을 행사했던 사건
	뮌헨올림픽 경기 때 팔레스타인 게릴라에 의한 테러 행위
1976년	몬트리올경기 때 뉴질랜드의 남아프리카공화국과의 스포츠 교류를 이유로 아프리카 20개국이 뉴질랜드를 올림픽위원회에서 축출할 것을 주장하며 몬트리올올림픽 참가를 거부하였던 보이콧 사태
1980년	모스크바 경기 때 일어난 미국팀의 참가거부와 그에 대한 반발로 1984년 LA 경기 때 일어난 소련팀의 보이콧
2000년 2004년	2000년 시드니올림픽과 2004년 아테네올림픽에서 남북한 선수단의 올림픽 개막식 공동입장
2008년	2008년 베이징올림픽을 앞두고 티베트 독립운동과 관련해 발생했던 일련의 보이콧 움직임

의 개최가 대내적인 정치적 목표 달성을 위해 동원되어지고 있음이 명백해질 경우, 스포츠는 그 자체가 정치적 목표로서 작동하게 된다. 이때의 메가 스포츠 이벤트는 반드시 성공시켜야 할 대상이 됨으로써, 도구로서 채택되었던 스포츠 이벤트가 목표로 변이되었기 때문에, 이를 도구로서 사용하고자 했던 행위자에게 심각한 부담으로 작용할 수 있다. 즉 메가 스포츠 이벤트의 성공적 개최, 혹은 경기에 있어서의 성공이 국

8.10
스포츠가 정치적 의사표현의 도구로서 사용된 20세기의 가장 유명한 사건들 중의 하나. 스미스^{Tommie Smith}와 카를로스^{John Carlos} 두 사람은 올림픽 트랙 메달리스트들이다. 그들이 선택한 순간은 멕시코시티에서 벌어진 1968년 올림픽 시상식에서 메달이 수여된 직후. 이 두 선수는 금메달을 획득한 후 시상대에서 성조기를 의도적으로 외면하고 고개를 수그린 채 도전의 행위로 주먹을 위로 치켜들었다. 탄압받는 흑인 인권에 대한 저항의 표시였다. 이 사건에서 스포츠는 명백한 정치적 진술을 즉시적이고 효과적으로 전달하는 수단으로서 작동하였다. 무언의 항거가 흑인 시민권운동 시대 이후에 벌어진 다른 어떤 항거보다 더 강력한 힘을 발휘하였다. 이 사건 자체는 인종차별에 관한 가장 호소력 있는 메시지 중 하나인 마틴 루터 킹^{Martin Luther King, Jr.}의 연설 "나에게는 꿈이 있습니다^{I have a dream}"와 같은 반열에 자리 잡았다.

가의 성공과 동일시되어질 경우, 성공을 한다면 큰 문제가 없을 것이다. 스포츠 이벤트 개최의 실패 혹은 경기에 있어서의 실패는 국가의 실패와 동일시되어짐으로써 스포츠 이벤트 유치에 있어 주도적 역할을 담당한 세력에게 정치적 부담감으로 작용하게 된다. 이때 스포츠는 단지 도구로서 작동할 뿐만 아니라, 반드시 달성해야 할 정치적 목표 자체로서 간주되게 되며, 이는 스포츠 경기와 국가행위자의 관계를 객체와 주체의 고정된 관계로 파악하는 것에는 많은 무리가 뒤따를 수 있음을 보여준다.

2. 외교와 스포츠

스포츠는 또한 외교적 도구이자 목표로서 작동하기도 한다. 근대외교는 흔히 "협상에 의하여 국제관계를 다루는 일이며, 국제관계가 대사나 사절에 의하여 조정·처리되는 방법이며, 외교관의 업무 또는 기술"로 정의되곤 한다.[33] 이와 같은 외교의 목표는 광범하게 '국익의 달성'이라는 말로 요약될 수 있을 것이다. 이러한 입장을 받아들인다면 스포츠 외교의 목표는 '스포츠를 통한 국익의 달성'으로 정리될 수 있을 것이며, 여기서 스포츠는 국익달성을 위한 도구로 사용될 수도 있고, 목표로 사용될 수도 있다고 볼 수 있다.[34]

스포츠의 외교적 도구성은 무엇으로부터 유래하는가? 스포츠는 다양한 외교적 상징성을 내포한다. 현대사회의 스포츠는 스포츠맨십, 페어플레이, 평화, 우애 등과 같은 가치의 추구를 표방하지만, 실질적으로 스포츠 대회가 구현하고 있는 상징들은 국기, 국가, 성화, 시상식 등과 같은 국가적 요소들을 포함하여 나타난다.[35] 이는 스포츠의 외교적 도구로서의 사용을 촉진시킨다.

국가들은 스포츠를 크게 세 가지 방식으로 사용해 왔다. 첫째, 국가들이 스포츠 활동을 통해 스스로를 팔아 자국의 이미지를 고양하는 '이미지 확장'의 측면에서이고, 둘째, 자국이 찬성하지 않는 국제적 행위에 대해 특정 경기에의 참여 여부로 의사를 표명하는 방식이다. 셋째, 타국과의 스포츠 경기를 활용함으로써 국가정체성을 확립하거나 타국과의 관계 개선을 위한 도구로 사용하는 방식이다.[36]

'이미지 확장' 효과는 성공의 문제와 수용의 문제로 대별할 수 있다. 성공의 문제는 경기장에서의 성공과 직결되어 있다. 즉 어떤 경기에서의

---

33) Harold George Nicolson, *Diplomacy* (Washington, D.C.: Institute for the Study of Diplomacy, Georgetown University, 1988), pp. 4-5.
34) 임번장은 국제정치에 있어서 스포츠의 이용을 다음과 같이 분류하고 있다. - 외교적 도구 / 이데올로기 및 체제 선전의 수단 / 국위선양 / 국제이해 및 평화증진 / 외교적 항의 / 갈등 및 전쟁의 촉매. 임번장, 『스포츠사회학 개론』(서울: 레인보우북스, 2008), pp. 107-113.
35) 이강우·김석기, "메가-스포츠이벤트의 정치경제학," 『한국체육철학회지』 제14집 2호 (2006), pp. 167-168.
36) 정기웅, "스포츠와 공공외교 수렴 가능성의 모색: 한국의 경우를 중심으로," 『동서연구』 제21권 2호 (2009), p. 242.

우수한 성적 달성을 국가의 우월성과 동일시하는 것이다. 또 다른 하나인 수용의 문제는 더욱 빈번하게 국가 간의 관계에서 작동되어진다. 많은 국가들이 자국이 국제공동체의 한 일원으로서 받아들여지고 있다는 것을 상징화하기 위해 스포츠에 의존해 왔음은 주지의 사실이다. 국제적인 스포츠대회의 참석은 그 국가가 국제공동체의 일원으로서 받아들여지고 있음을 증명하는 효과적인 방식이다.[37]

민주주의 국가의 경우 정책결정과정에 있어 국민의 의사가 깊이 반영되고, 외교정책의 결정에 있어서도 대통령과 같은 최고정책결정자뿐만 아니라 행정부 및 행정부 내의 고위관료들에게 많은 권한을 부여하고 있다. 그러나 민주주의 국가에서도 중요한 외교정책은 국가의 안보를 위해 비밀을 보장해야 한다는 명분 아래 종종 최종 정책결정자나 소수의 지배집단에 의해 은밀히 결정되는 경향이 있다. 일례로 권력과 권한이 분산되어 있고 또한 정책결정과정이 매우 복잡한 미국 같은 나라의 경우에도 주요 외교정책은 대통령과 대통령의 일부 정책보조관들에 의해 결정되어지는 경향이 있다.[38] 이와 같이 외교는 전문가들의 영역에 속했으며 소위 상위정치high-politics의 문제들에 집중하였다. 특히 냉전시대 정책결정자는 국가안보가 우선시되는 외교정책의 결정에 있어 특권prerogative power적 지위를 인정받기도 하였다.[39] 이는 최고 정책결정자로 하여금 외교적 사안의 결정에 있어 상대적으로 높은 자율성을 누리게 하였다. 그 결과 내부적 의견과 동떨어진 외교적 정책결정이 이루어지거나, 국민의 의사와는 상관없이 국제적인 스포츠 이벤트 개최가 결정되기도 하였다. 서울올림픽의 유치 역시 대통령과 정부의 의도가 일방적으로 반영된 사례에서 크게

---

37) Lincoln Allison (ed.), *The Global Politics of Sport: The Role of Global Institutions in Sport* (London: Routledge, 2005), pp. 5-6.
38) Lloyd Jensen, *Explaining Foreign Policy* (Englewood Cliffs, New Jersey: Prentice-Hall, 1982), p. 4.
39) John W. Spanier and Eric M. Uslaner, *American Foreign Policy Making and the Democratic Dilemmas* (New York: Macmillan Publishing Company, 1994).

벗어나지 않는다.

다른 한편으로 스포츠는 그 자체가 국익달성의 목표가 될 수도 있으며, 스포츠 외교라는 표현은 이와 같은 국익달성을 위한 스포츠 활동을 목표로 하는 외교를 언급하는 경우가 많다. 이런 맥락에서의 스포츠 외교에는 메가 스포츠 이벤트의 개최를 위한 득표 활동, 국제 스포츠 기구나 경기연맹에서의 세력 확장을 위한 움직임, 스포츠 민간 기구를 통한 교류 등이 포함된다.

IV. 1988년 서울올림픽 유치 과정

1. 박정희 정부의 유산과 올림픽 유치

1970년대 말 국내정치가 장기간에 걸친 독재와 급속한 산업화와 경제성장 과정에서 파생된 부작용들의 노출로 몸살을 앓고 있을 때, 소련은 아프가니스탄을 침공하고, 미국은 중거리 핵미사일을 유럽에 배치함으로써 신냉전의 도래를 알렸다. 소련의 아프가니스탄 침공에 대한 항의의 표시로 미국을 위시한 서방측이 1980년 모스크바올림픽 참가를 거부하기로 결정하자, 공산권은 1984년 LA올림픽 대회의 불참으로 응대하였다. 신장된 경제력에 기반을 둔 자신감으로 공산권과의 문호개방 정책을 추진하고 있던 한국 정부는 스포츠·문화·학술 교류 등을 통한 공산권과의 접촉을 시도하여 일부 성과를 거두었으나, 비정치적 분야의 접촉을 통하여 정치적 접촉을 가능하게 하는 것이 당시 외교의 당면과제였다. 이런 상황에서 박정희 정권은 국민총화와 대공산권 교류확대라는 명분을 내세워 올림픽 유치를 추진하기로 결정했다.[40]

올림픽 유치 결정의 직접적 계기가 된 것은 1978년 9월 24일부터 10

---

40) 공보처, 『제6공화국실록』제4권 (서울: 정부간행물제작소, 1992), pp. 430~431.

월 5일까지 12일 동안 서울 태릉 국제종합사격장에서 개최된 세계사격선수권대회였다.[41] 이 대회는 대한체육회가 국제올림픽위원회에 가입한 이래 30년 만에 처음으로 치러보는 세계적 규모의 대회였다. 한국은 이 행사를 성공적으로 치러냈고, 이는 그동안 세계선수권대회를 한 번도 치러본 경험이 없는 한국 스포츠계에 대규모 국제경기대회를 운영할 수 있다는 자신감을 심어주었다. 이 대회에는 비록 공산권 국가들이 불참하였으나, 한국은 68개국에서 1,500여 명이 참가한 국제대회를 성공적으로 개최·진행하였다. 이와 같은 성공에 힘입어 대회집행위원회 간부들은 은연중에 올림픽 유치의 가능성이 있음을 시사함으로써 대내적 요건을 조성했고,[42] 1979년 10월 8일, 정상천 서울시장이 내외신 기자회견을 통해 88 올림픽을 개최키로 결정하여 IOC에 공식 요청했다고 발표하였다. 그러나 10·26사건으로 인한 대통령 박정희의 사망으로 올림픽 유치 노력은 중단될 수밖에 없었다.

전두환 정부의 출범과 함께 올림픽 유치 논의가 다시 시작되었다. 올림픽추진위원회(위원장: 국무총리)에서는 올림픽 유치에 대한 찬성과 반대 세력이 팽팽히 맞섰고, 명분 있는 포기방법이 논의되는 등 소극론까지 대두하였다. 그러나 대통령 전두환의 강력한 지시에 의해 1981년 제3차 대책회의는 올림픽을 유치하기로 결정하였고, 올림픽 유치는 정권의 명운을 건 사업으로 추진되게 되었다.

---

41) 서울올림픽 유치 아이디어가 누구로부터 시작되었는가에 대해서는 많은 주장들이 있지만, 당시의 문헌들을 검토해보면 박종규의 노력으로 올림픽 개최 아이디어가 본격적인 힘을 얻게 되었다고 보는 것이 가장 타당할 것 같다. 1978년 서울에서 개최된 제42회 국제사격선수권대회의 성공적 개최를 목도한 당시의 사격연맹회장이자 1979년 KOC 회장에 선임된 박종규는 올림픽 개최라는 아이디어를 적극 추진하였다. 박정희의 심복이었던 박종규는 처음에는 미온적이었던 박정희를 설득하여 올림픽 유치라는 결정을 얻어내었다. 박종규의 역할과 박정희의 결정 과정에 대해서는 고의석·이경훈, "바덴바덴에서의 한국대표단의 서울올림픽의 성공적 유치과정에 관한 연구," 『체육연구논문집』 제8집 1호 (2001)를 참조할 것.
42) 대한올림픽위원회 편, 『제24회 올림픽대회 서울유치경위서』 (1982), pp. 6-7.

상황은 호의적이지 않았다. 뒤늦게 뛰어든 한국에 비해 오스트레일리아의 멜버른과 그리스의 아테네, 일본의 나고야는 이미 올림픽 유치활동에 돌입해 있었다. 그러나 1981년 오스트레일리아의 멜버른과 그리스의 아테네가 24회 올림픽 유치신청을 포기함으로써, 올림픽 대회 유치경쟁은 한국의 서울과 일본의 나고야의 대결로 압축되었다. 한국은 IOC 및 올림픽 총회 대표단과 민간유치위원회를 구성, ANOC총회와 올림픽총회에 참석하여 IOC위원 및 국제스포츠계의 유력인사들을 대상으로 적극적인 유치교섭 활동을 벌이는 노력을 전개하였고,[43] 1981년 9월 30일 서독 바덴바덴에서 개최된 IOC총회에서 52 대 27의 득표로 일본 나고야를 제치고 서울 유치를 확정하게 되었다.[44]

2. 아시안게임의 유치

서울올림픽 개최가 결정된 후 아시안게임 유치의 필요성이 제기되었다. 86년 아시안게임을 유치할 경우, 88서울올림픽 대회를 위한 준비시설들을 활용할 수 있을 뿐만 아니라, 세계적인 규모의 올림픽을 성공적으로 치르기 위한 준비와 예비의 장이 될 수 있다고 보았기 때문이다. 88올림픽을 위한 86아시안게임의 개최라는 아이디어는 이미 박정희 정부 시절에 제시된 바 있었다.

이와 같은 유치 필요성에 따라, 1981년 서울특별시장이 아시안게임 유치의사를 공식적으로 표명하였다. 뒤이어 국회에서 추진계획을 마련하였고, 유치교섭단을 파견하고, 주재국 공관을 통한 교섭과 유치홍보에 적극적으로 매진하였다. 그 결과 1981년 11월 26일 아시안게임의 서울 유치가 결정되었다.[45] 서울 아시안게임은 86년 9월 20일부터 10월 5일까지

---

43) 서울올림픽 유치 과정과 대표단의 역할에 관해서는 전상진, 『세계는 서울로: 나의 서울올림픽 9년』(서울: 범양사, 1989)을 참조할 것.

44) 공보처(1992), p. 431.

45) 경향신문사, 『실록 제5공화국』 제4권 (서울: 경향신문사, 1987b), p. 565.

서울을 비롯한 부산, 대구, 광주, 대전 등지에서 개최되었고, 36개 OCA 회원국 중 27개국이 출전했다.[46]

사실 우리나라가 아시안게임에 출전하기 시작한 것은 1954년이었다. 가입 이래 꾸준한 참가를 유지해 왔으며, 1970년에는 제6회 아시안게임의 서울유치라는 성과를 거두기도 하였다. 그러나 경제개발이 앞서야 한다는 정부의 방침에 따라 1970년 서울유치는 취소되고, 어렵게 유치했던 대회를 반납해야 했다. 이로 인한 국위 실추 또한 적지 않았으나, 86아시안게임의 성공적 개최는 이러한 과거의 아쉬움을 잊게 하였고, 88서울올림픽의 성공적 개최에 대한 기대를 높게 하였다.

3. 유치 결정 이후의 진행과정

(1) 체육부 설치와 국제회의 개최

일단 올림픽 개최가 확정되자 정부로서는 어떻게 해서든지 올림픽을 성공적으로 개최해야만 했다. 본장의 2절 1항에서 지적하고 있는 바와 같이 '자국 스포츠의 질을 향상시키고, 국민적 자부심을 고양하며, 성공적 운용을 통해 경제적 이득을 획득함은 물론 경제적 부가효과를 얻을 수 있다'는 올림픽 유치와 관련된 정부의 선전은 공언된 목표의 달성에 스스로를 구속하는 효과를 갖게 된다. 서울올림픽은 군사쿠데타에 의한 정권탈취라는 취약한 기반을 안고 출발하였던 전두환 정부의 정당성과 인정의 획득을 위한 수단으로 고안되었다. 그러나 일단 유치가 확정된 이상 전두환 정부에게 올림픽의 성공적 개최는 반드시 달성해야만 할 목표가 되어 정부를 압박하게 된 것이다.

올림픽 유치가 확정된 이후 가장 눈에 띄는 제도적 변화는 체육부의 발족이었다. 정부는 올림픽 서울 유치가 확정된 직후 7년 동안의 준비과

---

46) 경향신문사, 『실록 제5공화국』 제1권 (서울: 경향신문사, 1987a), p. 382.

정에서 이를 뒷받침할 전담기구를 제도화하였다. 행정부에 체육부를 신설한 것인데, 이는 한국 스포츠 발전과정에 있어 매우 중요한 의미를 갖는다. 체육부 발족 이전의 체육에 관한 업무는 문교부 산하 문화국 체육과에서 관장하고 있었다. 82년 3월 20일 정부조직법 개정에 따라 체육부가 신설됨으로써, 하나의 독립부인 중앙행정 기관이 체육에 관한 업무를 관장케 되었다.[47]

체육부의 발족과 함께 전두환 정부는 올림픽의 성공적 개최를 위한 전 방위적인 노력에 돌입하였고, 이는 국제사회에 대한 올림픽 참가 설득으로 이어졌다. 올림픽의 성공을 참가국 수의 확대와 행사의 대규모화로 보장받으려 한 것이다. 정부는 올림픽 사상 최다국의 대회참가 실현을 목표로 하고, 특히 미수교국의 참가 유도에 역점을 두었다. 이 과정에서 1984년 12월 스위스 로잔에서 개최된 제89차 IOC특별총회에서 모든 국가올림픽위원회NOC의 대회참가를 확약하는 '로잔느 결의안'을 채택하기도 하였다.[48] 이러한 유치활동의 결과, 초청장을 받은 167개 NOC 중 161개국이 당초 참가를 통보하여 왔는데(불참 예정국은 북한, 쿠바, 니카라과, 에티오피아, 세이셸, 알바니아 등 6개국), 마다가스카르가 국내사정으로 불참하게 되어 결과적으로는 30개 미수교국을 포함하여 160개국이 참가하게 되었다.

올림픽 유치의 실전연습이자 대외적 인정 확보 정책의 하나로서 수많은 국제회의가 개최되었다.

(2) 북한요인과 대응과정

사실 1984년의 로잔느 결의안은 북한의 방해공작에 대한 대응 과정에서 파생된 것이었다. 한국 외교에 있어 북한은 언제나 무시할 수 없는

---

47) 경향신문사 (1987b), p. 543.
48) 외교통상부, 『한국외교 50년: 1948-1998』 (1999), pp. 257-258.

날짜	개최 회의명
1982년 9월 21일-10월 1일	제23차 세계여성단체협의회
1982년 9월 24일-10월 18일	서울국제무역박람회
1982년 10월 13일-10월 15일	아태통신사기구(OANA)이사회
1982년 11월 3일-11월 18일	제37차 국제청년회의소(JCI)세계대회
1983년 9월 25일-9월 30일	제53차 미주여행업협회(ASTA)총회
1983년 10월 2일-10월 13일	제70차 IPU(국제의회연맹)총회
1984년 5월 21일	제63·64차 관세협력이사회(CCC)
1984년 7월 16일	대한국제경제협의회(IECOK)
1984년 9월 15일-9월 20일	아태국회의원연맹 제20차 총회 및 제37차 이사회
1984년 9월 27일	제3차 아시아올림픽평의회(OCA)총회
1984년 10월 8일-10월 11일	제40차 IMF(국제통화기금) IBRD(세계은행)총회
1985년 9월 3일-9월 7일	섬유수출국 개도국회의
1986년 5월 30일-6월 1일	제4차 세계통상장관회의
1987년 4월 27일-5월 1일	제15차 국제항만협회(IAPH)총회

중요한 변수들 중 하나이며, 이는 올림픽 유치와 개최까지의 과정에서도 마찬가지였다.

북한은 서울올림픽 개최를 방해하기 위하여 크게 두 가지 공작을 전개하였다. 첫째는 공포 분위기를 조성하여 참가선수와 임원들이 불참하도록 유도하는 것이었고, 둘째는 공동개최를 표방한 대남협상을 벌임으로써 한국 국민들의 단독 올림픽 개최 반대를 유도하여 올림픽 개최를 불가능하게 만들려는 방향으로 시도되었다.[49]

공포분위기 조성을 위한 북한의 시도는 두 차례의 테러로 나타났다. 1983년 10월의 아웅산 테러 사건과 1987년 11월의 대한항공 858기 폭파 사건이 그것이다. 아웅산 테러는 전두환 대통령의 서남아·대양주 6개국 공식 순방 첫 방문국인 버마(현 미얀마)의 아웅산 묘소에서 일어난 폭발 사건으로 대통령의 공식·비공식 수행원 17명이 사망하고 14명이 중경상

---

49) 외교통상부 (1999), p. 259.

을 입었다. 대한항공 858기 폭파사건은 1987년 11월 바그다드발 서울행 대한항공기에 폭탄을 장치, 안다만 열도 상공에서 폭파시킴으로써 탑승객 전원을 사망케 한 사건으로, 이 사건은 특히 전 세계적인 탈냉전 무드에도 불구하고 한반도를 여전히 냉전의 잔재로 머무르게 하는 강력한 족쇄로 작용하였다.

공포분위기 조성과 더불어 진행된 북한의 또 다른 시도는 남북한 공동개최 제시와 올림픽 개최지 변경 요구였다. 1984년 12월 16일 북한 올림픽위원회의 위원장 김유순은 IOC위원장인 사마란치에게 편지를 보내 88올림픽 개최지 변경을 요구하고 나섰다. 로잔느 결의안은 북한의 이러한 제의에 대한 대응 방안으로서 채택된 것이었다.

2차 냉전의 도래와 더불어 생겨난 서방측의 80년 모스크바올림픽과 공산권의 84년 LA올림픽 보이콧과 비교했을 때 서울올림픽은 분명히 다른 양상을 띠었다. 올림픽의 남북공동개최 시도가 실패하자 북한은 공산권의 보이콧을 주장했지만, 고르바초프는 김일성을 모스크바로 불러 소련과 다른 동구권 국가들의 서울올림픽 참가를 일방적으로 통보했다. CNN 냉전시리즈는 이 순간을 북한이 "소련이 주도하는 사회주의동맹의 성격이 영원히 변했다는 것을 깨달은 첫 번째 사건"이었으며 고르바초프가 세계를 놀라게 하면서 보인 "조금 더 평화로운 세계로의 또 다른 사인"이라고 평가한다.[50] 당시 소련의 입장이 올림픽을 보이콧하고 동구권에 보이콧을 종용할 입장이 아니었기에 과감히 참석을 결정했고, 중국과 더불어 올림픽의 성공을 은근히 지원했으며, 이것이 서울올림픽 성공의 요소 중 하나로 작용했다고 볼 수 있다.[51]

---

50) Jeremy Isaacs and Taylor Downing, *Cold War: An Illustrated History, 1945-1991* (Boston: Little Brown, 1998), p. 370. 강규형 (2003), p. 251에서 재인용.
51) 강규형 (2003), p. 251.

8.11 1988년 서울올림픽에는 초청장을 보낸 167개 NOC 중 161개국이 참가를 통보해 왔다. 불참을 통보해 온 국가는 북한, 쿠바, 니카라과, 에티오피아, 세이셸, 알바니아 등 6개국이었다. 마다가스카르가 국내 사정으로 불참하여 30개 미수교국을 포함하여 160개국이 최종 참가하였다. 서울올림픽에는 1만 3,303명의 선수·임원이 참가하였으며 연인원 60만 4,520명의 대회운영요원이 참여하였다. 경기 측면에서 대회 16일간 23개 종목에 9,417명의 선수가 출전하여 세계신기록 33개와 세계타이기록 5개, 올림픽게임 신기록 227개를 달성하는 기록을 남겼다.

V. 전두환 정부 외교정책의 특징

국제정치 혹은 국제관계의 연구가 등장한 것은 국민국가nation-state의 등장만큼이나 오래된 것이지만, 외교정책연구가 의식적인 이론적 시도로서 이루어지기 시작한 것은 2차 세계대전 이후였다고 볼 수 있다.[52] 이와 같은 외교정책 연구의 경향은 크게 세 갈래로 나눌 수 있는 바, 외교정책의 배경과 환경에 대한 연구Foreign Policy Context, 외교정책결정과정에 대한 연구Foreign Policy Decision Making, 비교외교정책연구Comparative Foreign Policy 등으로 구분할 수 있을 것이다.[53] 즉 환경/과정/제도에 대한 연구이다. 이들 연구경향은

---

52) Valerie M. Hudson and Christopher S. Vore, "Foreign Policy Analysis Yesterday, Today, and Tomorrow," *Mershon International Studies Review*, Vol. 39 No. 2 (Oct., 1995), p. 212. 허드슨과 보어의 논문은 외교정책연구의 발전과정과 그 연구경향 등에 대해 파악하는 데 매우 좋은 참조가 될 수 있다.

53) 대개의 경우 비교외교정책연구는 James N. Rosenau의 1966년 연구인 "Pre-theories and Theories of Foreign Policy"를, 외교정책결정과정 연구는 Richard C. Snyder, H. W. Bruck, Burton Sapin이 1954년 발표한 *Decision-Making as an Approach to*

다양한 분석방법의 개발과 함께 외교정책 연구의 폭과 깊이를 넓혔고, 이에 힘입어 오늘날 외교정책의 연구자들은 관심과 분석의 대상에 따라 다양한 연구방법을 취사선택할 수 있게 되었다.[54]

이 책의 제1장에서는 '외교정책은 국내정치와 국제정치를 연결해주고, 국가를 대표하는 정부가 중요한 행위자이며, 외교정책 탐구는 국제정치 탐구를 위한 하나의 방법'으로 규정되고 있다. 전두환 정부의 외교정책 또한 이와 같은 틀 속에서 상기한 세 가지 연구경향 중 하나에 대한 선택 혹은 교차적 적용을 통하여 분석될 수 있겠지만, 어떠한 분석 방법을 선택하든 다음과 같은 몇 가지 두드러진 특징들에 의해 영향을 받게 될 것이다.

첫째는 시기적 특성이다. 전두환 정부 집권 시기는 냉전과 탈냉전의 교차점이라고 할 수 있지만, 한반도는 북한 요인의 존재로 인하여 냉전적 구도에서 벗어나지 못하고 있었다. 이와 같은 냉전구조는 본질적으로 정부의 외교정책 선택의 여지를 제한한다. 전두환 정부의 외교정책에 대한 대부분의 연구들이 환경의 도전에 대한 대응이란 도식에서 크게 벗어나지 못하는 까닭이기도 하다. 올림픽을 기점으로 하여 한국의 국가발전은 새로운 단계에 진입하게 되었고, 내부적 구성요소들의 자율성 신장과 민주화에 따른 정책결정과정의 투명화, 그리고 제도적 발전 등이 뒤를 잇게 되었다. 하지만 전두환 정부 시기 국내변수들이 외교정책 결정에 미치는 영향은 극히 미미하였고, 냉전구조와 분단구조라는 특수한 상황에 대한 반응의 수준을 크게 벗어나지 못하였다.

둘째는 행위자의 문제이다. 외교정책 결정과정에서는 '누가, 언제, 어떻게'의 문제가 명확하지 않은 경우가 많다. 대개의 경우 외교정책 결정

---

the Study of International Politcs를, 그리고 외교정책환경에 대한 연구는 슈프라우트 부처(Harold and Margaret Sprout)의 1956년 저작인 *Man-Milieu Relationship Hypotheses in the Context of International Politics*를 그 시작으로 간주한다.

54) Hudson & Vore (1995), p. 226.

은 그 누구도 "'X'가 어떤 주어진 날에 그 결정을 내렸다'라고 말할 수 없는 일정한 시간의 경과 속에서 점진적 과정을 통하여 이루어지기 십상이다. 그러나 모든 정부 혹은 여당 내에서 외교정책 형성의 정점에는 정부의 자원들을 활용할 수 있고 동시에 정부 내의 다른 존재들에 의해 그 위치를 위협받지 않는 일단의 행위자들이 존재한다.

마가렛 허만Margaret G. Hermann과 찰스 허만Charles F. Hermann은 이러한 행위자들을 '최종결정단위the ultimate decision unit'라고 지칭하였다.[55] 그들은 이 결정단위들이 정책의 성격과 시기에 따라 달라질 수는 있지만, 그 구조가 정부의 외교정책을 형성할 것이라고 보았으며, 이를 '두드러진 지도자predominant leader, 단일한 지도집단single group, 다수의 자율적인 행위자들multiple autonomous actors'로 구분하고 있다. 동시에 이들 정책결정단위는 외부적 요인에 의해 영향을 받는 경우externally influenceable unit와 영향을 받지 않는 경우self-contained unit로 구분된다. 전두환 정부의 외교정책 결정에 있어 이 최종결정단위는 대통령 전두환 본인이 될 것이다. 허만의 분류기준에 따라 올림픽 유치 결정과 관련해 전두환 정부의 최종결정단위를 파악해 본다면,[56] '외부적 요인에 의해 영향을 받지 않는 두드러진 지도자'로 분류된다.

물론 전두환 정부의 최종결정단위를 무엇으로 파악해야 하는가에 관해서는 다양한 의견이 존재할 수 있다. 그러나 이 시기까지의 한국이 전통적으로 대통령 중심제 국가였다는 점, 대북 및 외교 정책에 있어서는 최고권력자인 대통령이 국민의 뜻과 무관하게 정책을 결정하는 경우가 많았다는 점, 박정희의 사망과 어려운 경제 상황으로 인하여 경제부처에서 서울올림픽을 반대하는 상황에서 올림픽 유치 결정에는 전두환의 의

---

55) Margaret G. Hermann and Charles F. Hermann, "Who Makes Foreign Policy Decisions and How: An Empirical Inquiry," *International Studies Quarterly*, Vol. 33 No. 4 (1989).

56) 최종결정단위의 분류 방법은 Hermann (1989), pp. 370-371을 참조할 것.

지가 가장 강력한 동인으로 작동하였다는 점, 전두환이 권위주의적이고 강압적인 리더십을 행사하였다는 점,[57] 정책 결정과정에 영향력을 행사한 특별한 다른 내·외부적 행위자들이 없었다는 점 등을 감안한다면, 전두환 정부의 외교정책은 '외부적 요인에 의해 영향을 받지 않는 두드러진 지도자'인 전두환에 의해 주도되었다고 볼 수 있다. 이는 결국 환경요소를 제외한 제도와 과정에 대한 분석이 미진할 수밖에 없는 원인으로 작동하게 된다.

　세 번째는 스포츠의 도구적 사용이다. 전두환 정부 시기 스포츠는 대내적으로는 프로 스포츠의 출범 등을 통해 정치적 상징 조작의 도구로서 정부에 대한 불만의 우회적 분출구 역할을 하였고, 대외적으로는 엘리트 체육에 기반을 둔 국가의 위신 강화와 승인 획득을 위하여 동원되어졌다. 특히 올림픽 유치 결정은 외부적 환경에 대한 반응의 결과로서 이루어졌다기보다는, 한반도에 상존하는 냉전 구조 속에서 안보와 경제 문제에 있어 독자적인 노선 추구의 한계를 가진 전두환 정부가 독자적 추진력을 가지고 진행한 점이 부각되어져야 할 것이다. 냉전 구조 속에 종속되어 있는 상황에서 대외정책의 선택은 제한될 수밖에 없었고, 그러한 상황 속에서 올림픽의 개최는 정부가 대외관계 구축에 있어 독자성을 가지고 추진할 수 있는 매력적 대안으로서 작동하였다.

---

57) 전두환의 리더십과 정책결정 스타일에 관해서는 김호진, 『대통령과 리더십』 (서울: 청림출판, 2006); 정윤재, "전두환: 절제하지 못한 권력욕," 이택휘 외(한국정치학회 회원 공저), 『남북한의 최고지도자』 (서울: 백산서당, 2001); 함성득, "한국대통령의 업적평가: 취임사에 나타난 정책지표와 그 성취도를 중심으로," 『한국정치학회보』 제34집 34호 (2000); 김승채, "전두환 대통령과 국가질서," 한국정치학회·관훈클럽 편, 『한국의 대통령 리더십과 국가발전』 (서울: 인간사랑, 2007) 등을 참조할 것.

VI. 맺음말

올림픽을 통해 전두환 정부가 이루고자 했던 목표는 크게 세 가지로 분류할 수 있을 것이다. 첫째, 올림픽 유치와 개최를 통한 대외적 승인과 국민 관심의 전환을 통해 정권을 안정시킨다. 둘째, 세계의 관심을 서울로 끌어들임으로써 북한의 위협을 세계가 새롭게 인식하는 계기로 만들고 북의 침략에 대한 일종의 보험을 확보한다. 셋째, 세계에 한국의 경제 발전 상황과 신장된 경제력을 과시할 수 있는 기회로 삼는다.

결과적으로는 성공 가능성 여부마저 희박해 보였던 올림픽 유치에 성공함으로써 전두환 정부는 이후의 집권 기간 동안의 정책추진에 있어서 올림픽을 효과적인 도구로서 사용할 수 있었고 이루고자 했던 목표의 달성에 성공하였다. 하지만 동시에 올림픽의 성공적 개최라는 정책목표와 서울에 쏠린 세계의 관심은 전두환 정부에 족쇄로 작용함으로써 1987년 6월의 민주화운동과 6·29선언, 그리고 군사정부의 종언이라는 결과를 가져왔다고 평가할 수 있을 것이다. 올림픽은 한국 정치사에 있어 하나의 분기점으로서 작동하였으며, 올림픽 이후의 상황과 이전의 상황은 많은 면에 있어 큰 차이점들을 노정하고 있다.

이 시기 국제정치의 무대에서는 초국적 세력의 성장이 두드러졌다. 초국적 세력의 성장이 국내정치에서 갖는 의미는 케인즈주의적 복지국가 체제를 받쳐주었던 사회세력의 약화이다. 복지국가는 국내시장을 중시하는 산업자본가, 노동자 및 이들과 연계된 노동부, 복지부, 산업/상공부 등 국가기구들의 연합을 바탕으로 성립되었다. 그러나 경제의 세계화 추세와 더불어 초국적 기업과 금융기관, 재무부 등의 힘이 증대함에 따라 복지국가연합을 대신하여 초국적 세력들의 연합이 많은 선진국들에서 지배적인 세력으로 등장했다. 따라서 이들의 이데올로기인 신자유주의가 국내적으로 수용될 수 있는 정치적 조건이 만들어졌다.[58] 초국적 기업들의 세력이 강해지고, LA올림픽 이후 자본의 논리가 강화되면서 올림픽은 자본의 의지가 작동하는 무대가 되었다. 자본가의 입장에서 볼 때 국제적 스포츠 행사는 자국 내의 문제 해결을 위해 타국의 자본가들을 압박하는 자본 간의 경쟁이 행해지고 있는 영역이라고 할 수 있다. 이러한 자본의 논리는 새로운 경쟁의 장을 필요로 했고, 서울올림픽이 모스크바나 LA 올림픽과 같은 반쪽 올림픽이 되지 않도록 하는 배후적 압력으로 작동하였으며,[59] 이는 전두환 정부에게 압박 요인으로 작동하였다고 볼 수 있다. 올림픽 이후 한국 내에서도 신자유주의의 물결은 거세게 전 사회를 뒤덮었다.

2010년, 밴쿠버 동계올림픽에서 전해진 한국 선수들의 승전보는 '이들의 선전善戰으로 대한민국의 국가위상이 상승했으며, 이에 따른 경제적 효과가 엄청날 뿐 아니라,[60] 두 차례나 유치에 실패한 평창의 세 번째 동계올림픽 유치작업이 탄력을 받을 것'이라는 예측과 함께 하였다.[61]

이처럼 오늘날에 이르러서도 정치와 외교의 영역에서 스포츠는 여전히 그 도구적 유용성이 가장 먼저 강조된다. 특히 '소프트 파워soft power' 개

---

58) 정진영, "신자유주의의 확산과 국제경제질서의 미래," 국제정치경제연구회 편저, 『20세기로부터의 유산: 세계경제와 국제정치』 (서울: 사회평론, 2000), p. 74.

59) 상업활동과 국제 스포츠 기구가 국가의 정책결정에 미치는 영향에 대해서는 Barrie Houlihan, *Sport, Policy and Politics* (London: Routledge, 1997)를, 초국적 스포츠 국제기구의 주도적 역할에 대해서는 Robert Redeker, "Sport as an opiate of international relations: The myth and illusion of sport a s a tool of foreign diplomacy," *Sport in society*, Vol. 11 No. 4 (2008)를 참조할 것.

60) 삼성경제연구소는 밴쿠버올림픽의 경제적 효과가 대한민국 명목GDP의 약 2%에 달하는 20조 2,000억 원을 넘어설 것으로 추정했다. 삼성경제연구소, 『동계올림픽의 경제적 가치와 효과』 (2010. 3. 3).

61) 한국선수단의 선전(善戰)이 평창의 동계올림픽 유치에 미치는 긍정적 효과에 대해서는 한국 언론뿐만 아니라 해외 언론도 비슷한 시각을 보여주었다. 미국 NBC방송과 AP통신 등은 김연아의 우승이 한국의 평창이 2018년 동계올림픽을 유치하는 데 긍정적인 영향을 미칠 것이라고 보도했다. http://www.nbcolympics.com/news-features/news/newsid=449540.html#skys+limit+golden+kim (검색일: 2010. 2. 27).

366   정기웅

8.12

정보과학이나 문화, 예술 등이 행사하는 영향력을 의미한다. 군사력이나 경제제재 등 물리적으로 표현되는 힘인 하드 파워Hard power에 대응하는 개념이다. 강제력보다는 매력을 통해, 명령이 아닌 자발적 동의에 의해 얻어지는 능력을 말하는 것으로, 하버드 대학교 케네디스쿨의 조지프 나이Joseph S. Nye가 처음 사용한 용어이다. 예컨대, 군사력에 의존했던 몽골이 피정복문화에 동화된 것과 경제제재 완화로 북한으로부터 미사일 발사실험 중지 약속을 얻어낸 것 등이 이에 속한다.

21세기로 들어서면서 세계는 부국강병을 토대로 한 하드 파워, 곧 경성국가의 시대로부터 문화를 토대로 한 소프트 파워, 즉 연성국가의 시대로 접어들었다. 여기서 문화는 교육, 예술, 과학, 기술 등 인간의 이성적 및 감성적 능력의 창조적 산물과 연관된 모든 분야를 포함한다. 문화의 세기인 21세기는 소프트 파워가 주도하는 시대가 될 것으로 전망된다.

념62)의 히트 이후, 스포츠의 도구적 유용성은 더욱 주목받고 있다. 그러나 스포츠는 도구로서의 유용성을 담지함과 동시에 달성되어야 할 목표로서 작동하며 이는 도구적 사용자에 대한 족쇄로서도 작동할 수 있음이 지적되어야 할 것이다. 전두환 정부와 88서울올림픽 간에 존재하였던 상호작용은 이에 대한 좋은 실례를 제공한다.

---

62) 나이는 1991년에 출간된 *Bound to Lead: The Changing Nature of American Power*를 통해 소프트 파워 개념을 전면에 내세웠고, 이후 2004년의 *Soft Power: The Means to Success in World Politics*에서 좀 더 진전된 논의를 행하고 있으며, 2008년의 *The Powers to Lead*에 이르러서는 스마트 파워라는 개념을 등장시키고 있다.

9

노태우 정부의 북방정책과 공산권 수교

전재성(서울대학교)

목차

주요어　북방정책, 노태우 정부, 한·소수교, 한·중수교, 남북기본합의서, 냉전 종식

요점정리

1. 북방정책은 2차대전 이후 전 세계의 국제정치를 규정했던 미·소 간의 양극체제 혹은 냉전체제가 붕괴하는 거시적 구조의 변화를 배경으로 탄생한 정책이었다.

2. 공산권의 붕괴로 생존환경이 더욱 열악해진 북한은 한국의 적극적인 북방정책에 일정한 정도의 반응을 할 수밖에 없었고, 그 과정에서 소련과 중국의 전략변화가 중요한 요인으로 작용하였다.

3. 북방정책의 결정과정은 무엇보다 냉전의 종식이라는 국제체제 변수가 가장 중요한 요인으로 작용하였고, 한국사회의 민주화 등 변화하는 국내정치체제 변수도 중요한 요인이었다.

4. 북방정책의 결정과정에서 노태우 대통령의 전략 이외에도 국내 자본의 이익, 국민 정체성의 변수가 같이 작동하였고, 이는 북방정책의 방향을 변화시키는 역할을 하게 되었다.

5. 북방정책의 실행과정은 ① 특정 공산권과의 수교 ② 소련 및 중국을 포함한 모든 공산권 국가와의 수교 ③ 남북한 평화통일 등의 3단계를 상정한 것이었다고 볼 수 있다.

6. 냉전 종식이라는 세계사적 사건의 와중에 공산권 국가들과 수교하여 한국 외교의 지평을 넓히고 한반도 냉전구조 해체의 계기를 만든 것은 북방정책의 의의라고 할 수 있다.

사건일지

1987년 6월 29일
노태우 민정당 대통령 후보 대통령 직접선거제 채택, 6·29선언

1987년 12월 16일
대통령 선거에서 노태우 후보 13대 대통령 당선

1988년 7월 7일
노태우 대통령 7·7선언 '(민족자존과 통일번영을 위한 대통령 특별선언)' 발표

1988년 8월
소련 영사 사무소 설치

1988년 10월 25일
헝가리 내 상주대표부 개설

1988년 12월
북한에 남북총리회담 제안

1989년 2월
헝가리와 국교정상화를 시작으로 모든 동유럽 국가와 관계정상화

1989년 6월 4일
중국 천안문 사태

1989년 12월 2일-3일
미국 대통령 부시와 소련 서기장 고르바초프 사이의 몰타회담

1990년 6월 4일
노태우 대통령과 미하일 고르바초프 대통령 간 정상회담, 한·소 수교 원칙 합의

1990년 9월 30일
유엔본부, 한·소 수교 공동성명서에 서명함으로써 외교관계 수립 및 국교정상화

1990년 10월 3일
독일 통일

1991년 9월 18일
제46차 유엔총회, 남북한이 각기 별개의 의석을 가진 회원국으로 유엔 가입

1991년 12월 13일

제5차 남북고위급회담, '남북한의 화해와 불가침 및 교류 협력에 관한 합의서' 채택

1992년 8월 24일
대한민국과 중화인민공화국 양국 간 국교 수립

1992년 9월 21일
북한에 남포조사단 파견, 대북접촉 증가

1993년 3월 12일
북한, NPT 탈퇴 선언

1994년 6월 13일
북한, 국제원자력기구(International Atomic Energy Agency: IAEA) 탈퇴 선언

I. 머리말

노태우 정부의 북방정책은 숨 가쁘게 진행됐던 냉전 종식 과정의 산물이었다. 1985년 3월 소련에서 고르바초프 서기장이 집권한 이래, 소위 페레스트로이카와 글라스노스트라는 개혁, 개방 정책이 추진되고, 이후 미·소 관계가 화해를 향해 급진전하기 시작한 이래, 동구권 사회주의의 몰락, 그리고 독일의 통일로 이어지는 일련의 정세 변화가 있었다. 급기야 1991년 소련의 해체로 1945년 이래 세계를 둘로 나눈 냉전체제는 막을 내리게 되었다. 냉전의 해체는 비단 미·소 간의 국제관계를 변화시켰을 뿐만 아니라, 각 지역의 국제정치, 특히 동북아와 한반도의 국제정세에도 엄청난 영향을 미치게 되었다.

노태우 정부는 1988년 집권 이래 1992년 말까지 냉전의 해체라는 국제체제적 환경을 한국의 외교전략에 유리하게 활용하기 위해 소위 북방정책이라는 정책을 수립하였다. 1968년 독일 사회민주당의 빌리 브란트 수상이 소위 동방정책을 입안하여 동독과의 관계 개선을 본격적으로 추진하는 동시에 소련 및 공산권과의 관계를 강화한 것과 유사하게 한국도 소련, 중국 등의 공산권 국가와 관계를 강화하는 동시에 남북관계의 변화를 모색했던 것이다.

1988년 올림픽을 계기로 많은 공산권 국가들과 서서히 관계를 강화하기 시작하여 1989년에는 헝가리 등 동구권 국가와 수교하였으며, 1990년에는 소련, 1992년에는 중국과 수교하였다. 1991년에는 남북한이 국제연합에 동시 가입하였으며, 1991년 말에는 남북기본합의서를 체결하였다.

이러한 일련의 변화는 공산권과의 경제 및 외교 관계 강화라는 측면도 있었다. 그러나 궁극적으로는 모스크바와 베이징을 거쳐 평양에 이르는, 그리하여 한국 주도의 남북통일의 근간을 마련하려는 전략적 목적을 근저에 두고 있었다고 해야 할 것이다. 북방정책은 소련, 중국과의 관계 강화, 남북관계의 일시적 진전이라는 효과를 거두었지만, 1993년 3월 김 영삼 정부가 등장한 이래, 북한이 핵확산금지조약NPT에서 탈퇴하고 핵 프로그램 개발을 명시적으로 추진한 결과, 남북관계는 급속하게 경색되었다. 그래서 현재에 이르기까지 북핵문제는 해결되고 있지 않으며, 남북관계는 여전히 진통을 겪고 있다.

북방정책이 본격화된 것은 노태우 정부 시기이지만, 그 전후로도 북한과의 관계를 근본적으로 개선하려는 노력은 있었다. 1970년대 초 데탕트라는 자유진영과 공산권의 화해모드 속에서 박정희 정부는 남북 간의 대화를 추진한 바 있고, 1998년 등장한 김대중 정부 역시 소위 포용정책을 통해 남북관계를 개선하려는 움직임을 보였다. 이러한 외교 기조는 넓은 의미에서 북방정책과 궤를 같이 한다고 볼 수 있다.

본 장에서는 노태우 정부가 추진했던 북방정책의 정책 환경을 분석하고, 북방정책의 개념과 전략적 목적을 살펴본 이후, 북방정책 결정에 영향을 미친 행위자들을 알아보고, 그 실행과정과 의의와 문제점 등을 검토해 본다.

II. 북방정책의 정책 환경

노태우 정부의 북방정책은 2차 세계대전 이후 전 세계의 국제정치를 규정했던 미·소 간의 양극체제 혹은 냉전이라는 거대한 구조가 허물어져 가는 과정에서 만들어진 정책이었다. 소련의 해체와 공산권의 몰락으로 인한 냉전의 종식은 지구적 차원은 물론 동아시아와 한반도의 국제정세에 거대한 영향을 미쳤다. 그래서 북방정책은 냉전 종식과 더불어 발생한 많은 국제문제들과 함께 보아야만 북방정책이 어떻게 가능했는지,

왜 그러한 내용을 가질 수밖에 없었는지를 보다 잘 알 수 있다. 냉전 종식 후 세계 유일 패권으로 자리 잡게 된 미국은 소련을 비롯한 약화된 구 공산권과의 관계설정 문제, 미국의 기존 동맹국들과의 새로운 관계설정 문제, 탈냉전의 안보상황을 주도할 안보 틀 모색 문제, 미국의 체제에 편입되기를 거부하는 탈법국가들 혹은 지역적 유사사태에 대한 대응 문제 등 냉전 이후 새롭게 부각된 국제정치의 전반적인 문제들을 다루게 되었다.

미국은 소련과 동구권을 미국체제 내에 유연하게 흡수하는 한편, 냉전기 미국의 군사적, 경제적 부담을 줄이면서 국내의 고립주의 성향에 일정 부분 부응할 필요를 느끼고 있었다. 바로 이 시점에 입안된 노태우 정부의 북방정책은 탈냉전에서 야기된 구조적 변화에 부응하고 더불어 냉전의 동반 승전국의 전후 협조 처리과정의 일환으로 여겨졌다고 볼 수 있다. 냉전의 붕괴라는 거대한 구조적 변화는 미국의 국가전략을 근본적으로 변화시키고 이어 한반도에 대한 미국의 이해관계를 변화시키며 동시에 한국에 대한 미국의 정책을 변화시켰다.

냉전에서의 미국의 승리와 이에 따른 국제세력배분구조의 거시적 재편은 미국의 세계전략뿐 아니라, 동북아의 각 개별국가의 외교정책 주요 목표와 정책내용에 있어서도 일정한 변화를 불러일으켰다. 소련은 1991년 8월 쿠데타의 실패와 이어서 발생한 연방 해체 후, 체제전환과 자본주의적 이행을 겪게 되었고 중국은 이전부터 추구해온 사회주의 시장경제노선을 강화하게 된다. 북한은 사회주의 시장의 상실과 격리된 공산정권의 수호라는 과제에 직면하여 생존을 위한 외교전략에 전력투구하게 된다.

이러한 변화는 한국이 개별국가들과 독립된 협상을 추진하는 과정에서 새로운 협상조건을 창출하게 되었다. 한·소, 한·중 협상의 경우, 소련과 중국의 경제적 이해관계와 전략적 이해관계가 한국의 전략적, 경제적 이해관계와 일치하여 수교 협상이 비교적 쉽고 성공적으로 마무리된다.

대북정책의 경우, 한국의 북방정책은 모스크바와 북경을 거쳐 평양에 이르는 전략으로 대북협상에 있어 북한이 선택할 수 있는 대안으로서의 대중, 대소 관계의 여지를 줄여 한국에 대한 북한의 의존도를 높이고 북한으로 하여금 대남협상에서 진의협상을 하도록 하는 효과를 유발하게 되었다.

냉전의 종식은 고르바초프의 집권으로부터 시작되었다고 볼 수 있다. 1985년 3월 고르바초프의 집권 이후 소련은 낙후된 경제의 재건을 위하여 페레스트로이카와 글라스노스트라고 불린 개혁과 개방을 실행하였는데 그 과정에서 기존의 군사력 감축은 필수적 조치였다. 미국 역시 누적된 재정과 무역적자 등 경제난과 구조적인 경제 쇠퇴현상을 해결하기 위해 군사력 유지에 대한 재검토를 실시하지 않을 수 없었다. 1987년의 INF협정, 1990년의 전략핵무기감축협상START, 재래식무기감축협상CFE, 그리고 1989년 미·소 양국정상의 몰타회담 등을 통해 양국은 냉전종식을 실질적, 공식적으로 합의 했다. 그리고 1990년 독일통일은 미-소 간 관계개선의 이정표가 되었다. 이와 더불어 동아시아지역에서 소련은 1986년 2월 27차 당대회 연설을 개최하고 고르바초프는 아태지역의 중요성이 점증하고 있다고 강조하였다. 5개월 후 블라디보스토크 연설에서는 소련이 아·태국가임을 천명하였으며 태평양 경제협력에 참여하고자 하는 소련의 의사를 표현하였다.

이러한 소련의 정책변화는 기존에 진행되던 한·소 간의 경제협력현상과 맞물려 양국 간의 공동이익 확대로 나타나게 된다. 한·소 간의 무역량은 지속적으로 증가하여 제3국을 통한 무역거래는 1986년 8천만 달러, 1987년에는 1억 4천만 달러, 1988년에는 2억 달러를 상회하였다. 한국은 소련으로부터 목재, 석탄, 화학제품, 양모 등 천연자원을 수입하였고, 소련은 의류, 직물류, 신발, 화학제품, 전기-기술 장비 등을 수출하였다.

이미 개혁개방 노선으로 변화의 길을 걷고 있던 중국의 상황도 냉전

9.1 고르바초프 서기장은 집권 이후 페레스트로이카(개혁)와 글라스노스트(개방) 정책을 취하는데, 이는 스탈린주의의 문제점을 개혁하여 보다 효과적인 사회주의를 건설하는 한편, 정보공개와 부분적 민주화를 통해 개방정책을 취하는 것을 목적으로 하였다. 스탈린주의는 과도한 계획경제와 관료주의로 경제의 효율성을 저해하고 있었고, 고르바초프 서기장은 사회주의 체제 자체의 붕괴가 초래될 수도 있다는 문제의식하에 개혁과 개방 정책을 추진하게 되었다. 외교부문에서는 외교정책의 탈이데올로기화와 탈군사화, 그리고 해외군사개입 자제 및 군사비 삭감 등의 정책으로 표출되었다.

9.2 2차대전 이후 서독과 동독으로 분단되어 있던 독일 민족은 1990년 10월 3일, 하나의 국가로 통일되었다. 소련의 개혁 개방 정책에 영향을 받은 동독 정권도 민주화와 개혁의 길을 걷게 되었고, 1989년 11월 9일 베를린 장벽이 무너지면서 통일의 실마리를 잡게 되었다. 이후 동서 양 당사국과 미국, 영국, 프랑스, 소련의 이른바 2+4회담이 열려, 1990년 8월 통일조약이 체결되고, 9월에는 2+4 회담의 승인을 얻어 10월 3일 마침내 민족통일을 이루게 되었다.

종식의 효과를 촉진시켰다. 중국은 농촌에서 시작한 개혁을 1984년 중국 공산당 제12기 3중 전회를 계기로 도시기업부문으로 확산시키면서 1979년에 설치하기 시작한 경제특구지역을 점차 확대해 나가고 1987년 제13차 당대회에서 대외개방을 더욱 확대해 나갈 것을 결의하였다. 한·중 간 무역의 경우, 양국 간 총교역량이 1979년 2천만 달러에 불과하던 것이, 1980년 6억 달러, 1981년 12억 달러로 증가하였다. 1982–83년에는 북한의 대중 항의로 감소하다가 1984년에는 다시 9.7억 달러, 1985년에는 10

억 달러, 1986년에는 12억 달러, 1987년에는 20억 달러, 1988년에는 30억 달러로 증가하여 중국은 한국의 4번째 교역상대국으로 부상하게 된다. 애초에 중국은 7·7선언 직후 한반도 정경분리원칙에 입각하여 북한과는 공식적 관계를, 남한과는 비공식적·비정부 간 경제관계를 유지시킨다는 입장을 표명하며 한국의 북방정책에 호응해 오지 않았다. 그러나 1989년 12월의 몰타회담, 1990년의 한·소 수교, 걸프전, 1990년 북경 아시안게임 등을 거치면서 중국의 한반도 정책이 변화하기 시작했다. 중국은 한반도에서 러시아에 주도권을 빼앗길 것을 우려하는 한편 한·소 간 정치적 관계가 증진되는 것에 불안감을 느끼고 있었다. 특히 당시 달러외교, 탄성외교 등으로 외교적 고립을 탈피하려 노력하는 대만의 외교공세 저지의 필요성도 느끼고 있었다. 한·중수교의 조건으로 한국과 대만과의 단교를 성사시킬 경우, 대만의 국제적 위상을 약화시켜 중국의 양안관계에 유리한 성과를 거둘 수 있었다. 이러한 상황에서 중국은 북한의 이해를 구하는 한편, 한국은 '하나의 중국'과 '대만이 중국의 일부'라는 사실을 인정하고 수교를 성취시켰다.

한편 일본은 한국의 북방외교가 본격화되자 이에 편승하여 북한과의 관계개선을 위해 노력하였다. 일본은 7·7선언 직후, 대한항공기 폭파사건과 관련된 대북제재 조치를 해제하고 1989년 1월에는 일본 사회당의 초청으로 일본을 방문한 북한의 노동당 대표단의 입국을 최초로 허용했다. 또한 1989년 1월 20일 외무성이 발표한 일본의 대북한정책과 3월 23일 발표한 우노 외상의 중의원 발언에서 일본은 더 이상 북한에 적대하지 않겠다고 밝힌 바 있다.

다음으로 남북관계를 살펴보면, 북방정책은 변화하는 국제정세 속에서 북한을 개혁, 개방으로 이끌고 북한의 체제를 변화시켜 점차 평화정착과 체제동질성을 높인다는 목표하에 우선적으로 중국, 러시아와의 관계개선을 통해 북한을 외교적으로 압박한다는 전술을 가지고 있다고 볼 수

9.3

노태우 대통령이 1988년 7월 7일에 발표하였으며 제6공화국의 통일·외교정책의 기본방향을 제시한 것으로서 남북회담과 남북경제교류의 촉매제가 됐다. 기왕의 북한과의 적대·대결관계를 청산하고 민족공동체의 인식을 바탕으로 민족의 공동번영을 모색하고, 북한과 우방 간의 관계개선을 적극 도우며, 우리나라도 중국·소련 등 공산국가와의 관계정상화를 추진해 나가겠다는 정책선언이었다. 아울러 이 선언은 남북이 오랜 기간의 적대관계를 극복하고 공존과 공영의 정신을 기반으로 한 제6공화국의 새로운 통일정책인 〈한민족공동체 통일방안〉(1989년 9월 발표)을 마련하는 밑바탕이 되었다.

이 선언은 아래 6개항의 정책 추진을 제시했다.

① 정치인, 경제인, 종교인, 문화예술인, 체육인, 학자 및 학생 등 남북동포 간의 상호교류를 적극 추진하며 해외동포들이 자유로이 남북을 왕래하도록 문호를 개방한다.

② 남북적십자회담이 타결되기 이전이라도 인도주의적 견지에서 가능한 모든 방법을 통해 이산가족들 간에 생사, 주소확인, 서신왕래, 상호방문이 이루어질 수 있도록 적극주선, 지원한다.

③ 남북한 교역의 문호를 개방하고 남북한 교역을 민족내부 교역으로 간주한다.

④ 남북 모든 동포의 삶의 질을 향상시킬 수 있도록 민족경제의 균형적 발전이 이루어지기를 희망하며, 비군사적 물자에 대해 우리 우방과 북한이 교역을 하는 데 반대하지 않는다.

⑤ 남북한 간의 소모적인 경쟁, 대결 외교를 종결하고 북한이 국제사회에 발전적 기여를 할 수 있도록 협력하며, 또한 남북 대표가 국제무대에서 자유롭게 만나 민족의 공동이익을 위하여 서로 협력할 것을 희망한다.

⑥ 한반도의 평화를 정착시킬 여건을 조성하기 위하여 북한이 미국·일본 등 우리 우방과의 관계를 개선하는 데 협조할 용의가 있으며, 또한 우리는 소련·중국을 비롯한 사회주의 국가들과의 관계개선을 추구한다.

있다. 이는 동독에 대한 서독의 동방정책의 영향을 받은 것으로 독일의 경우 소련, 동구권, 동독 순서의 '접근을 통한 변화Wandel durch Annaeherung'모델을 본뜬 것이라 할 수 있다. 그러나 독일의 경우는 이 모델을 활용해 실효를 거두었는 데 반해 소련, 중국, 북한의 접근 모델은 대북한관계에서 큰 실효를 거두었는지는 살펴보아야 할 일이다. 동방정책과 북방정책은 공통적으로 미·소 간의 정치적 화해를 바탕으로 추진되었는데, 그러한 정책들이 분단당사국 간의 관계정상화로 이어졌는가의 문제를 살펴보기 위해서는 동독과 북한이 각각 소련에 의존하고 있는 정도를 비교적으로 살펴볼 필요가 있다. 김상규는 동방정책의 경우 모스크바의 동베를린 당국에 대한 확실한 통제력이 성공요인이었다고 보고 있다.[1] 즉, 동독 지도층의 권력기반이 국내에 독자적인 뿌리를 내리고 있었다기보다는 소련, 즉 외세에 다분히 의존하고 있었기 때문에 동독 당사국들은 소련의 요구, 즉 서독과의 인적, 물적 교류의 활성화에 응했다는 것이다.

그러나 북한의 경우 김일성은 정적을 이미 제거하여 권력기반의 독자성을 갖추었을 뿐만 아니라 소련의 군사적 개입 가능성마저 사라져 모스크바의 영향력이 현저히 감소되었다고 볼 수 있다. 더욱이 중국 또한 북한을 끌어들이려는 상황하에서 중·소 간의 등거리 정책이 북한의 정책 자율성 수준을 높여놓았다고 볼 수 있다. 이는 역으로 북방정책의 효율성을 감소시키는 결과를 낳았다. 이와 같이 한국의 북방정책을 대북접근이라는 시각에서 평가해 볼 때, 북방정책은 구조적 한계를 가지고 출발한 것으로 특히 권력기반이라는 측면에서 동독 지도층의 의존성과 북한 지도층의 독자성이라는 차이점을 인식할 필요가 있었다.

중국과 러시아를 통한 협의의 북방정책은 북한으로 하여금 단시간 내에 남북 간 협상테이블로 나오게 하기보다는 남북 간 협상에서 북한이 의존할 수 있는 중국과 러시아라는 대안을 없애는 동시에 한국이 외교적 압

---

1) 김상규, "한미관계에 있어서의 한국의 북방정책," 『중소연구』 통권 58호 (1993, 여름).

9.4 1969년 10월에 집권한 사회민주당의 빌리 브란트 수상의 대공산권, 대동독 정책을 가리키는 말이다. 브란트 수상은 아데나워 수상 이래의 외교원칙이던 '할슈타인원칙'을 정식으로 포기하는데, 할슈타인원칙이란 동독을 승인한 국가와 외교관계를 수립하지 않겠다는 원칙이다. 이후 서독은 1970년 8월 조인된 서독·소련조약을 맺고, 12월에는 서독·폴란드조약을 체결하는 등 공산권과의 외교를 강화하였다. 그리고 1972년 12월의 동서독 간 기본조약을 체결하여 이후 양독 간의 교류와 협력의 물꼬를 텄다. 이후 1972년대부터 1987년까지 약 15년간 34차례의 협상을 통해 과학기술, 문화, 환경 등에 관한 협력을 추진하고 동서독 간 다양한 교류를 추진하여 통일의 기반을 마련하였다.

박을 가하면서 미국의 패권체제가 전반적으로 강화된 주변 환경이 복합적으로 작용한 결과라고 보인다. 남북 간 대화를 돌아보면 1971년 8월 판문점에서 처음으로 남북적십자 파견원 접촉이 이루어진 이래 1993년 초까지 22년간 300여 회의 남북대화가 있었다. 그러나 북방정책이 시작된 이래의 남북대화는 그 이전과는 차별성을 가지고 있다. 1970년대와 1980년대에는 북한이 유리한 협상환경을 이용하여 공세적으로 남북대화를 주도했으며 이는 대남혁명전략의 일환으로 추진한 의사擬似협상이었다. 그에 반해 1990년대 초 남북고위급회담은 냉전 종식 후 체제위기에 봉착한 북한이 수세적인 입장에서 '체제생존전략'의 일환으로 추구한 진의협상이었다.

이러한 변화는 남북협상의 환경 변화, 남북 간 국력 격차의 심화, 남북 각자의 협상목표, 협상의지 및 협상전략의 변화에 말미암은 것이었다. 1970년대의 남북조절위원회 회의나 남북적십자회담에서 북한이 남한의 반공정책 포기, 주한미군 철수, 남북군대 감축, 연방제 통일 실현 등의 주장을 했던 것과는 달리 1990년대의 협상은 공산권 붕괴로 인한 체제위기 의식, 흡수통일 공포, 국제적 고립과 경제침체 심화, 김일성의 노령화로 인한 영도체제 위기 등을 배경으로 진행되었다. 또한 1990년대에 들어와 남북 간 격차는 크게 벌어졌으며 외교역량에서도 남한이 압도적 우세를 점하게 되었다. 이러한 상황에서 북한의 협상목표는 공세적 대남혁명전략의 수행이라기보다는 수세적 체제생존전략으로 변화되었다고 볼 수 있다. 또한 북한은 협상을 반드시 성사시켜야 된다는 진의협상의 필요성에서 적극적 협상의지와 긍정적 자세를 가지게 되었다.

1990년을 전후한 북한의 당면과제는 ① 국가의 안전보장 ② 김일성 부자의 지배체제 공고화 ③ 미국, 일본 등 서방국가들과 정치, 경제 관계 개선 ④ 자본과 기술을 도입하여 침체된 경제를 회생 ⑤ 평화적 환경조성을 위해 새로운 남북관계를 정립하는 것이었다고 보인다. 이를 위해 미국과의 적대관계를 해소하고 체제생존을 보장받는 한편, 일제식민지 통치와 관련된 배상금 등 경제원조를 획득하고, 이를 위해 남북관계를 개선하는 것이 필요한 정책이라고 판단한 것으로 보인다.

이상의 북한의 변화와 남북고위급회담의 개최 및 남북기본합의서의 채택은 국제체제의 변화라는 거시적 제약요인이 북한의 외교정책 전반의 목표 전환을 가져오고 이는 다시 남북관계에서 북한의 전략을 변화시킴으로써 결과적으로 노태우 정부의 북방정책이 일정한 성과를 거두게 하는 역할을 하였다고 볼 수 있다.

이러한 상황에서 한국의 정책 환경에 가장 많은 영향을 준 것은 탈냉전기의 유일한 주도국가로 등장한 미국의 동북아 정책과 한반도 정책이었다. 냉전을 승리로 이끈 미국의 1990년대 초 전략목표는 ① 소련에 대한 견제 필요성은 유지하되 봉쇄보다는 경계의 비중이 증가하고 ② 서방 선진국들과의 관계 재조정 및 이들에 대한 지도권 유지가 중대한 이슈로 등장하고 ③ 소련의 위협요인이 약화되는 반면, 지역적 비상사태에 대한 대비 필요성이 증대하며 ④ 미국의 안보에서 군사력 못지않게 경제력 재건문제가 중요하다는 것 등이다. 이에 따라 미국의 전략목표가 대소 봉쇄

9.5 1991년 12월 13일 서울에서 열린 제5차 고위급회담에서 남북한이 화해 및 불가침, 교류협력 등에 관해 공동 합의한 기본 문서이다. 남북한은 1990년 9월 제1차 고위급회담을 시작으로 1992년 2월 평양에서 열린 제6차 고위급회담에서 합의서 문건을 정식으로 교환하게 된다. 또한 1992년 9월 제8차 고위급회담에서 최종적으로 3개 부속합의서를 채택함으로써 효력이 발생하기 시작하였다. 합의서는 서문과 4장 25조로 이루어져 있고, 서문은 7·4남북공동성명에서 천명한 조국통일 3대원칙의 재확인, 민족 화해 이룩, 무력 침략과 충돌 방지, 긴장 완화와 평화 보장, 교류 협력을 통한 민족 공동의 번영 도모, 평화통일을 성취하기 위한 공동의 노력 등을 규정하고 있다.

중심에서 패권적 균형자 개념으로 변화하였다. 이러한 전략하에 미국은 기존 군사동맹체제 유지, 미 군사력 전진배치의 골간 유지, 전략적 핵 중심의 핵우산 정책 유지, 지역적 비상사태에 대처하는 기동군 전력 강화와 같은 정책을 전개하고 있다.

미국의 한반도 전략도 변화하였다. 기존에 존재했던 미국의 한반도 전략목표 일부도 적실성을 상실하게 되었기 때문이다. 즉, ① 대소전략의 방어기지로서의 한반도 ② 한국 방어를 통한 일본의 보호 등의 목표는 가상적국으로서의 소련이 사라진 1990년대 초반의 상황에서 수정되어야 할 사항들이었다. 1990년 4월 발표된 당시 국방성 보고서에서는 미국이 한국 방어에 주도적leading 역할에서 보조적supportive 역할을 담당할 것이라고 천명하고 주한미군의 단계적 감축계획을 발표하였다. 이 보고서에 의하면 미군감축의 첫 단계로 1993년까지 주한미군의 행정부서를 감축해 주한미군을 7000명으로 감축하는 것이고, 1993-1995년에 걸친 두 번째 단계에서 제2사단의 재배치와 같은 새로운 목표를 설정하도록 되어 있었다. 이후의 세 번째 단계에서는 한국이 자국방위에 주도적 역할을 담당하게 된다는 내용이었다.

이러한 계획과 더불어 미국은 이전까지 반대해 오던 동아시아의 다자적 안보제도의 효용성을 인정하고, 동맹을 대체하지 않는 범위 내에서 보조적 역할을 할 수 있는 다자적 안보제도의 존재를 용인하기에 이르렀다.

탈냉전 초기의 상황에서 미국의 전략목표는 ① 한반도에서 대량살상무기의 개발, 생산, 보유를 저지하는 것 ② 일본, 소련, 중국을 포함하는 강대국들과 더불어 지역적 균형을 이루어 동북아의 안정을 취하는 것 ③ 한국과 경제관계를 유지함으로써 경제적 이익을 도모하는 것 등으로 변화하게 된다. 이러한 상황에서 미국은 소련의 붕괴 이후 러시아의 국내위기가 초래할 부정적 영향들을 고려하여 러시아에 대한 국제적 지원을 주도하였고 중국에 대해서도 인권문제, 대미 무역흑자에서 비롯되는 통상마찰, 중국의 제3국에 대한 무기판매 문제 등이 걸려 있었으나 동아시아의 탈냉전적 역학관계 속에서 급격한 관계악화는 피하면서 유연한 태도를 취하고 있다. 이 시점에서 한국의 북방정책에 미국이 중간매체로서의 역할을 수행하였다고 볼 수 있다. 그것은 1990년 6월 한·소정상회담이 워싱턴에서 열린 미·소정상회담에 연이어 개최되었다는 사실, 1991년 5월 남북한의 유엔동시가입 지지, 북한의 핵무기 개발에 대한 중국의 부정적 입장 유도 등은 미국의 입장을 간접적으로 보여주고 있다.[2]

결국 북방정권의 수립과 추진, 그리고 성공적 성과를 가능하게 했던 가장 중요한 변수로서 국제체제의 변수, 혹은 국제적 세력배분구조의 변화를 들 수 있는데, 이는 냉전의 종식과 미국의 전후처리과정, 그리고 새로운 안보, 경제 환경에서의 소련과 중국의 정책의 변화, 그리고 북한의 정책 환경 변화라고 요약할 수 있다. 이 과정에서 미국은 전후처리과정에서 자국의 안보, 경제적 부담을 줄이는 한편, 소련, 중국의 유연한 탈공산

---

2) 이상 북방정책의 환경변화에 관해서는 전재성, "노태우 행정부의 북방정책결정요인과 변화과정분석," 『세계정치』 24-1 (2002) 참조.

주의 이행을 위해 노력하였고, 그 과정에서 한국의 북방정책에 대해서는 소위 상대적으로 우호적인 정책공간을 제공해 주었다고 볼 수 있겠다. 소련과 중국은 탈공산주의 이행 과정에서 한국의 경제력으로부터 일정부분 도움을 받고자 하였고, 이는 양국과 한국 간의 증대되는 교역 정도를 볼 때 타당한 관찰이라 할 수 있다. 더불어 소련과 중국은 수교를 통해 한반도에 대한 정치적 영향력을 높이고자 하였고 특히, 중국의 경우 대만과의 경쟁에서 한국과 수교함으로써 유리한 성과를 의도했다고 볼 수 있다. 북한은 중국과 소련에 대한 한국의 접근으로 인해 대남협상에서 대안이 협소화되었다. 결국 이는 북한이 한국의 북방정책에 진지하게 임하게 되고 나아가 남북고위급회담과 기본합의서의 도출로 이어지게 되었다.

III. 북방정책의 개념과 전략목표

북방정책은 공산권 국가와의 접촉 및 관계 형성, 그리고 이를 통한 남북관계개선을 통해 한국의 정책에 유리한 환경을 조성하고, 궁극적으로 남북관계의 안정과 평화, 그리고 통일을 도모하는 전략이라고 할 수 있다. 1980년대 말에 본격화된 북방정책은 사실 1970년대 데탕트의 시기에도 유사한 전략적 목적을 가지고 시도된 바 있다. 1970년 8월 15일 한국정부는 분단 이후 존재를 인정하지 않던 북한에게 인위적 장벽 제거를 제의하고, 1년 후 1971년 8월 15일에는 한국정부가 사회주의 국가와 비공식접촉을 시작할 것과 점차적으로 중국 및 소련과 외교관계를 누릴 의사를 표현하였다. 또한 한국은 동유럽, 소련, 중국과의 교역금지 법령, 법규를 완화하고 국민의 공산국가와의 접촉을 금지했던 규제를 단계적으로 완화하는 조치를 취했다. 1971년에는 최초로 적십자회담이 개최되었고 1972년에는 6·23선언이 발표되었다. 한국은 이를 통하여 ① 평화적 조

9.6 1991년 9월 18일 열린 제46차 유엔총회에서 남북한은 각기 별개의 의석을 가진 회원국으로 유엔에 동시가입하게 되었다. 한국은 한반도의 유일 합법정부라는 논리를 좇아 단독으로라도 유엔 가입을 추진했고, 북한은 분단고착화라는 이유로 반대 입장을 고수해 왔다. 그러나 한국이 소련, 중국 등의 외교적 지지를 얻게 되자, 북한도 태도를 바꾸어 동시가입에 찬성하게 되었다. 남북의 유엔동시가입으로 양측의 유일 합법정부 주장은 의미가 없어졌고, 대립과 대결보다는 관계정상화, 화해와 공존의 가능성이 더욱 커졌다. 그러나 유엔동시가입은 남북 분단의 고착화라는 우려를 남기기도 하였다.

국통일 ② 남북한 내정 불간섭 및 불가침 ③ 북한의 국제기구 참여 불반대 ④ 남북한 유엔동시가입 ⑤ 이념 체제를 달리하는 나라들의 문화개방 등을 공표하였다. 이후 적극적으로 북방정책을 추진하여 남북한 유엔동시가입정책, 1974년 11월 동북아 4강과 남북한 간 교차승인 정책, 1975년 9월 제30차 유엔총회에서 한반도문제 협의를 위한 남북한, 미국, 중국 간 4자회담을 제의했다. 이를 통해 대유엔 외교를 지양하고 남북한 간 외교, 관련 당상국 간 외교로의 전환을 꾀했던 것이다. 1970년대의 이러난 노력이 데탕트 국면이 쇠잔하면서 성공을 거두지는 못했지만 북방정책의 개념은 지속되었다고 볼 수 있다.

냉전의 와중에 입안된 박정희 정부의 대공산권, 대북 정책은 이후의 북방정책의 선례를 이루게 되는데 이는 어떻게 가능했을까? 닉슨 정부는 세계적, 지역적 차원에서 공산권과 데탕트를 추진해 나가고 동아시아에서는 소위 괌독트린을 발표하여 동맹국의 방위에 대한 역할분담과 역할이행의 출발점을 제공하였다. 또한 미국의 경제적 국익을 우선시하여 닉슨 정부는 한국의 수출품에 대해 10%의 초과관세를 부과하기 시작했고 한국의 대미 주종 수출상품인 섬유제품의 연간 대미수출 증가율을 7.5%

로 제약시켰다.

한국의 입장에서 미국의 이와 같은 입장은 불안감을 조성하기도 하고 동시에 자주적 외교정책의 입안 및 추진 필요성을 강화시키기는 계기가 되었다. 그리고 1971년 10월 미국은 유엔으로부터의 중화민국정부 축출방지에 실패하고 북경의 중국정부가 입성하였고 유엔에서 미국이 주장했던 두 개의 중국정책이 총회 단순과반수 지지를 받는 데에도 실패하였다. 이러한 상황에서 한국은 장차 유엔총회에서 한국의 지지획득의 한계를 인식하게 된 것으로 보인다. 1971년 12월에 발생한 인도-파키스탄의 전쟁에서도 미국은 군사동맹국인 파키스탄을 적극 지지하지 못함으로써 동부파키스탄을 상실하게 되었다. 이후 캄보디아의 공산화와 미국과 월맹 간 평화회담, 사이공 정부의 몰락 등 한국 정책결정자들로 하여금 한국의 대미안보의존을 회의하게 만드는 사건들이 계속 발생하였다.

이후 한국의 대북, 대공산권 관계에서 북방정책은 상황의 변화에 따라 고려할 수 있는 하나의 정책패러다임으로 자리 잡았다고 볼 수 있다. 공산권국가에 대한 문화개방정책을 채택하고, 평화통일 기반 조성을 위한 정책을 채택한 이후, 학계를 위주로 북방정책이란 어휘가 사용되기 시작하였다. 1983년 고 이범석 외무장관의 국방대학원 연설에서 정부차원의 북방정책 용어 사용이 시작된 것을 보더라도 북방정책의 역사가 오래되었다는 것을 알 수 있다.

1980년대의 북방정책은 노태우 대통령이 1988년에 발표한 7·7선언과 함께 시작된다. 노태우 대통령은 이전 정부의 대공산권, 대북 정책과는 상이한 접근법을 취했다. 내용을 살펴보면, ① 남북한 간 적극적 교류 추진과 해외동포의 자유왕래를 위한 문화개방 ② 이산가족들의 생사 및 주소 확인, 서신왕래 ③ 남북한 간 교역에서의 문화개방 ④ 남한 측 우방과 북한 간의 비군사적 물자교류 불반대 ⑤ 남북한 간 경쟁 및 대결외교의 종식과 상호협력 ⑥ 남북한 쌍방이 상대 우방국들과의 관계개선에 협력한다는 내용 등이다. 이전의 전두환 정부의 약 8년간을 돌아보면, 1984년 말을 제외하고는 남북관계는 교착상태에 빠져 있었다. 전두환 정부는 박정희 사후 체제재건을 위해 한국군의 근대화를 추진하였고, 한·일관계의 재구축, 제3세계 외교의 전개, 올림픽 유치 등으로 한국의 국제적 지위향상을 도모하였다. 또한 레이건의 대소 강경 정책과 보조를 맞추어 힘을 배경으로 하는 대북정책을 추진하였다. 그러한 상황에서 1983년의 랭군 폭탄 테러사건과 1987년 11월 대한항공기 폭파사건이 발생하였다.

이전과 여러 가지 점에서 차별화된 노태우 정부의 북방정책은 과연 어떻게 개념화할 수 있는가? 김달중에 의하면 북방정책은 ① 외교정책과 외교의 대상국가에 대한 지리적 개념 ② 외교정책으로서의 목표의 개념 ③ 외교로서의 수단방법을 의미하는 형식개념으로 나누어 생각해 볼 수 있다. 대상국은 소련, 중국, 동구권 국가, 북한을 대상으로 하는 것이며, 이는 지리적 개념이라기보다 공산권을 지칭하는 정치지리적 개념이다. 정책목표의 측면에서는 국가안보, 경제이익, 남북통일, 국가의 명예 및 위신 추구로 나누어볼 수 있다. 정책추진수단의 측면에서 보면 북방정책은 인적 자원, 제도적 능력, 군사력과 경제력의 수단을 갖추어야 할 것이다. 김달중은 이상의 분석을 바탕으로 북방정책이란 "중국, 소련, 기타 공산국가 및 북한을 대상으로 하는 외교정책과 외교를 의미하는 것으로서 중국과 소련과의 관계개선을 도모함으로써 한반도의 평화와 안정을 유지하고, 공산국가와의 경제협력을 통한 경제이익의 증진과 남북한 교류·협력관계의 발전추구, 그리고 궁극적으로는 공산국가와의 외교정상화와 남북한 통일의 실현을 위한 정책과 이러한 정책실현을 위한 방법"으로 정의하고 있다.[3]

한편, 유석렬은 북방외교에 대해 협의로 우리의 소련, 중국과의 관계개선을 뜻하고, 광의로 대소련, 중국 등 공산권 국가와 대북한 정책을 의

---

3) 김달중, "북방정책의 개념, 목표 및 배경," 『국제정치논총』 29-2 (1989), p. 43.

미하는 것으로 보고 있다. 북방정책의 목표는 세 가지로 요약하여 ① 한반도의 평화정책과 평화적 통일기반 조성 ② 소련, 중국 기타 동구권 국가들과의 관계개선을 통한 외교영역 확대와 국제적 지지기반 확충 ③ 우리의 경제적 진출과 자원공급원 확보를 통한 국가이익 추구 등의 목표를 제시하고 있다.[4]

김성철은 북방정책의 공식적, 명시적 목표를 남북한 통일을 위한 북방우회론 또는 북방을 통한 대북(또는 통일) 접근이라고 보고 있다. 한편으로는 중국, 소련과 관계개선을 행함과 동시에 한편으로는 북한의 실체를 인정하고 소모적 대립을 지양하여 궁극적으로 북한의 개방을 도와 남북한의 평화적 통일을 모색한다는 정책적 목표를 가지고 있었다. 한편 비공식적, 묵시적 목표는 소련, 중국, 동구권과의 외교관계를 통해 북한에 대한 포위와 압박을 가하는 것이라고 볼 수 있다. '양파껍질을 벗기듯이' 북한의 우방국들을 북한으로부터 유리시키거나, 원교근공을 통해 북한을 고립화시키는 정책이었다. 이는 봉쇄와는 다른 우회적 정책이지만 궁극적 목적은 개방이라는 공식 표현 아래 최소한 북한을 남한에 종속시키는 것으로 김성철은 보고 있다. 이는 흡수통일을 상정한 것은 아니었겠으나, 북한을 남한의 영향력하에 두려는 목표를 가지고 있었다는 것이다. 즉 북방정책과 대북정책의 밀접한 관계가 북방정책의 숨은 목표를 달성하는 데 필수적인 사항이었다는 관찰이다.[5]

이러한 북방정책의 목표와 내용은 노태우 정부 이후에도 지속된다. 김대중 정부가 1998년부터 추진한 포용정책은 탈냉전이 진행되던 상황에서 본격적으로 입안되고 추진되었다. 냉전의 전후처리와 관계된 이슈들이 정리되고, 국제체제는 미국의 압도적 군사력과 경제적 지도력하에

---

4) 류석렬, "북방외교의 현황과 추진방향," 『민족공동체와 국가발전』 (서울: 한국정치학회, 1989) 참조.
5) 김성철, "외교정책의 환경·제도·효과의 역동성: 북방정책 사례분석" 『국제정치논총』 40-3 (2000) 참조.

패권체제로 재편되기 시작하였는데, 미국은 냉전기 동맹을 변화시켜 유지시키는 한편, 경제적 세계화를 통해 패권체제의 군사적, 경제적 기반을 공고히 다져 나갔다. 클린턴 정부는 구 공산권 국가에 대한 시장의 확대와 민주주의의 확산, 그리고 전 세계에서 미국 주도의 다자주의적 제도의 확립과 확산을 주축으로 한 개입과 확대의 전략을 추진하였다. 동북아에서의 개입과 확산은 정도의 차이는 있지만 중국과 북한에 대한 개입으로 이어졌으며, 김대중 정부의 대북포용정책은 미국의 세계전략과 동북아전략의 틀 속에서 무리 없이 진행될 수 있었다.

IV. 북방정책의 수립 및 결정 과정

북방정책의 정책 환경에서 살펴본 바와 같이 북방정책의 결정과정은 무엇보다 국제체제 환경 혹은 국제체제 변수의 영향을 압도적으로 받은 것을 알 수 있다. 냉전의 종식과 소련 및 중국의 외교 전략의 변화, 이로 인한 북한의 생존환경변화와 전략변화가 없었다면 북방정책은 입안되고 실행되기 대단히 어려웠을 것이다. 국제적 변수의 변화로 한국 외교정책의 자율성 공간이 확대되는 외부적 기회가 주어졌고, 이를 효과적으로 활용한 것이 북방정책 결정과정의 핵심이었다. 물론 국제환경의 변화를 국내적으로 수용하여 정책화할 수 있는 능력은 당시의 국내체제 변수에 따라 다변한다. 국내정치환경의 변화에 따라 애초에 수립되었던 전략목표가 일정부분 수정되기도 하고, 애초에 설정했던 목표가 지속적으로 유지되지 못한 채, 정책의 효과가 반감되기도 한다. 한국 외교정책을 돌아볼때, 외교정책에 영향을 미친 많은 국내변수가 있겠으나, 당시의 정치상황과 대통령제라는 제도적 환경에서 노태우 대통령의 전략적 견해가 가장 중요하게 작용한 것을 알 수 있다.

북방정책은 무엇보다 노태우 대통령의 정책의지를 반영한 것이었다. 노태우 대통령은 1981년 88올림픽 유치과정과 준비과정을 주도하면서 북방정책의 기초를 마련하고 있었고, 88서울올림픽 조직위원장과 체육부 장관을 거치면서 사회주의 국가와의 관계강화의 필요성을 인식하고 있었다. 13대 대통령선거가 진행되면서 북방정책의 의지는 구체화되었고, 국가안보와 평화적 민족통일을 위한 자주외교의 필요성, 적극적 북방외교를 제시하였다. 선거유세에서 노태우 대통령은 중국과의 정식외교관계를 이미 공약해 놓고 있었고, 통일정책과 대외정책을 포괄하는 독자적인 영역으로 북방정책 개념을 개념화하였다.[6]

노태우 대통령의 이러한 정책선택과 추진의지는 첫째, 국가관료 혹은 정치인으로서의 성공가능성 확신에서 비롯되었다. 1988년 1월 대한상공회의소는 사회주의 국가 최초로 헝가리 상공회의소와 경제협력확대를 위한 6개항의 업무협정을 체결하였고, 이후 사회주의국가들과의 교역강화 방침을 정해 놓고 있었다. 특히 88올림픽을 계기로 사회주의 국가들의 한국 이미지는 제고되었고, 이후 이들 국가들과의 소통이 가능하게 되었다.

둘째, 노태우 대통령은 6공화국의 정치적 업적으로 통일을 추구하고, 그 일환으로 북방정책을 표방하려는 정치적 동기를 가지고 있었다. 88올림픽 개최를 계기로 노태우 대통령은 한반도 긴장완화와 평화정책 등 통일을 토대를 마련하려고 하였고, 이 과정에서 북방정책을 표방한 것이다.

셋째, 대외정책 성과를 통해 국내정치 지지의 토대를 마련하려는 국내정치적 동기이다. 노태우 대통령은 과거사 논쟁을 정리하기 위해 민족화합추진위원회의 건의와 조치들을 취했지만 정치적 어려움에 직면했고, 대선 때 공약한 중간평가와 관련한 특별담화를 발표하여 연기가능성을 제시했지만 정치권과 여권의 반발에 직면해 있었다. 특히 1988년 4·26 총선에서 여당이 과반수에 미달하고, 신임대법원장 임명동의안이

---

6) 임춘건, 『북방정책과 한국정치의 결정과정』 (서울: 한국학술정보, 2008), p. 133.

9.7 1988년 한국은 서울에서 제24회 하계 올림픽 경기대회를 개최하였다. 전 세계 160개국에서 1만 3304명의 선수단이 참가하여 올림픽 사상 최대 대회규모를 기록했다. 특히 16년 만에 동서양 진영 선수단이 모두 참가하여 자유진영과 공산권의 정치적 화합을 이룩할 수 있는 계기를 마련하였다. 한국은 88올림픽 기간 중 소련 등 주요 공산권 국가들과 스포츠외교를 통해 교류할 수 있는 기회를 만들었고, 이를 통해 북방정책을 추진할 수 있는 동력을 얻었다고 볼 수 있다.

부결되는 등, 국내정치의 어려움을 겪는 과정에서 국민의 지지를 필요로 하게 되었다.[7]

국내정치적 필요에 따라 작동하는 외교정책은, 일국의 외교정책 담당자가 외교정책을 국내정치적 입지를 강화하기 위해 사용하는 상황에 의한 것으로, 외교정책이 외부의 안보위협에 대한 맞균형뿐 아니라 국내 반대 정치세력에 대한 맞균형으로도 사용될 수 있는 정책을 말한다. 우선 1987년 12월 대통령 선거과정에서 노태우 후보는 임기 중 대중수교를 전망하고, 중국과의 경제협력 증대와 전진공업기지로서의 서해안 개발 청사진을 제시함으로써 충청, 호남 지역 주민의 기대감을 상승시키고자 했다. 한편, 1988년 4·26 총선 결과 노태우 정부는 여소야대의 국회를 가지게 되었고, 12·12와 5·17, 5공화국정부와 깊숙이 연관된 노태우 정부의 정치적 기반으로 인해 문제는 악화되었다. 1988년 전반기에 발생한 대학생 시위는 개헌논의의 와중에 있던 1987년 전반기에 비해 횟수에 있어서는 1.8배, 참가인원에 있어서는 1.7배, 최루탄 사용은 1.8배나 증가하였다. 주된 이슈는 남북학생회담 추진, 주한미군 철수를 포함한 반미운동, 전두환 전 대통령 부부 구속 및 5공 비리 척결 등이었다. 이와 같이

---

7) 임춘건 (2008), pp. 134-137.

빈번한 시위와 여소야대의 상황에서 외교정책의 성공이 국내 반대정치세력에 대한 정당한 정책수단으로 활용될 수 있었으며, 이는 노태우 정부의 북방정책을 보다 적극적으로 추진하게 만든 하나의 요인이었다.

더불어 지적할 수 있는 북방정책 결정과정의 주체로 자본과 기업을 들 수 있다. 한국의 기업들은 1980년대 후반부터 미국의 강화되었던 통상압력과 국내적으로 빈번한 노동파업 및 생산원가 증가에 맞서기 위해 새로운 시장과 값싼 노동력, 우호적 해외직접투자 대상지를 모색하고 있었다. 러시아와 중국은 자본의 이익에서 볼 때 새로운 가능성의 공간으로 여겨졌고 이는 정치권의 이익과 일정 부분 부합되었다. 한·중수교의 과정을 보면, 경제행위자들의 대중수교압력 및 실질적 교류협력제도화의 요구가 강했음을 확인할 수 있다. 1980년대 중반부터 개별기업들의 진출이 확대되고, 1988년 6월 관민합동의 한·중경제협력위원회가 결정되었다. 정부는 한·중경제관계를 제도화하고 지원을 확대해 갈 필요성을 느꼈고, 간접무역의 문제점 해결, 한국 상품에 대한 차별적 고관세 문제, 장기간 상용비자 발급문제, 직항로개선문제, 대중투자보장협정 및 이중과세방지 문제 등을 해결해야 할 필요에도 직면하였다.[8]

마지막으로 정체성의 변수를 지적할 수 있는데, 1980년대 중반부터 비등한 반미 정체성과 노태우 정부 등장 이후 빈번한 민간 대북접촉, 민간인들의 북한 밀입국 등의 사태에서 강화된 한민족one-nation적 정체성의 등장은 한국이 대미 일변도의 외교정책에서 벗어나 북방정책을 보다 강하게 추진할 수 있는 문화적 배경을 제공했다고 할 수 있다. 국제체제적으로 열려진 기회의 창이 국내변수에 의해 탄력을 받게 될 경우 정책은 빠르게 발전하게 되는데, 노태우 정부의 북방정책은 이러한 국내외적 변수가 효율적으로 접합되어 비교적 성공적인 결과를 이끈 경우라 할 수 있겠다.

---

8) 임춘건 (2008), pp. 180–182.

이상의 내용을 보건대 북방정책의 결정과정은 첫째, 북방정책의 추진 과정이 국내정치적 요인에 의한 굴절과정이었다는 사실이다. 한국의 국내 엘리트는 기존의 북방정책 추진과정에서 국내의 지지확보와 정통성의 보전과 같은 국내정치적 목적을 추구하였다. 또한 민주화 과정 속에서 아래로부터의 중압을 이겨내기 위해 냉전논리보다는 경제적 실리를 추구하는 외교정책을 모색하였다. 그리고 그 과정에서 정권의 정통성을 확보하는 지배연합에 의해 북방정책의 경로가 변화되었다.

둘째, 북방정책과정에서 정책목표와 대상에 변화가 있었다는 점을 주목할 필요가 있다. 애초에 북방정책은 공산권과의 관계모색이 가장 중요한 목적이었으나, 점차 남북통일을 위한 북방우회론, 혹은 북방을 통한 대북통일 접근이라는 목표로 변화되었다. 공산권과의 관계수립이라는 거시적인 외교전략에서 한반도 차원의 대북전략으로 북방정책의 지평이 변화되는 모습이다.

셋째, 그러면서 전체적인 한국의 외교전략 및 국가전략과 북방정책 간의 괴리가 생겨나기 시작했다는 점이다. 일례로 소련 해체 이후, 한국의 대러 전략은 북방정책과는 유리 된 채, 러시아에 대한 무시정책을 낳게 되었다. 북방정책에 대한 거시적이고 장기적인 전략이 마련되지 않았던 것이 정책의 지속적 발전을 이루지 못했던 것이다.[9]

V. 북방정책의 실행과정

우선 북방정책이 국내적으로 추진된 체계를 살펴보면 다음과 같다. 북방정책은 청와대와 외무부, 통일원 등이 주요 행위자로 하여 추진되었다. 대통령은 취임과 동시에 정책조사보좌관실을 설치, 박철언을 임명했

---

9) 신범식, "북방정책과 한국-소련/러시아 관계", 『세계정치』 24-1(2002), pp. 301-305.

고, 그 산하에 정책기획비서관, 정책조사연구담당비서관, 남북문제담당 비서관을 두어 북방정책을 실질적으로 담당하게 했다. 이후 1989년 7월 박철언을 정무1장관으로 임명하고 정책조사보좌관실이 폐지되었다. 통일문제는 정무수석실 소속의 섭외 및 통일업무 담당 비서관이 담당하게 되었다. 또한 외교안보수석보좌관이 국제안보담당비서관, 국방행정담당 비서관, 외교담당비서관을 산하에 두고 북방정책을 담당하게 되었다. 이후 청와대 중심의 체계가 불협화음을 낳자, 각 부처 간 업무조정을 위한 북방교류협력조정위원회가 발족되고 주요 권한이 주무부서로 이양되었다. 이들 주무부처는 외무부, 통일원, 경제기획원을 비롯한 상공부, 재무부, 경제수석 등이 되었고, 더불어 공보처, 교육부, 체육부 등도 각 분야의 북방정책을 담당하였다.[10]

다음으로 북방정책의 추진경과를 살펴보면, 크게 3단계로 대별해 볼수 있다. 첫째, 특정 공산권과의 수교, 둘째 소련 및 중국을 포함한 모든 공산권 국가와의 수교, 셋째, 남북한 평화통일의 3단계가 그것이다. 제1단계[1988-1989]의 성과로는 1988년 7·7선언, 1988년 8월 소련 영사단 사무소 설치, 1988년 10월 25일 헝가리 내 상주대표부 개설, 1989년 2월 1일 헝가리와 대사급 외교관계 성립, 1989년 11월과 12월에 각각 폴란드, 유고와 수교, 1989년 9월의 한민족 공동체 통일방안 제시 등을 들 수 있다.

제2단계의 성과로는 1990년 1월 인위적 정계개편을 시발로 하여 국내정치적 기반을 다지고 1990년 초 공산권 국가들과 일거에 국교를 수립하는 성과를 거두게 된다. 3월 한·체코, 한·불가리아, 한·몽고, 한·루마니아 대사급 외교관계를 이루고, 드디어 9월 30일 한·소 국교정상화를 이룩하였다. 이러한 수교의 정책 수단은 국내경제력이었다. 헝가리와 수교 시 6억 2,500만 달러의 상업차관을 약속하였고, 한·소 수교 시에는 30억 달러의 차관을 제공하기로 합의하였다. 이러한 국제정치적 성과와 더

---

10) 임춘건 (2008), pp. 138-143.

〈표 9-1〉 제6공화국 북방정책 조정기구

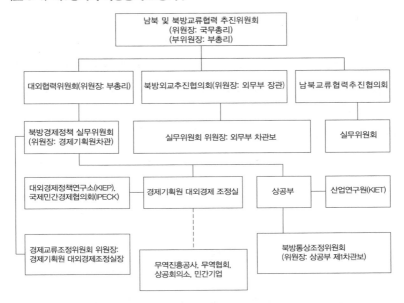

(출처: 산업연구원, 북방경제협력의 과제와 전망 (1991. 4), p. 77; 임춘건 (2008), p. 140)

불어 노태우 정부는 대북관계에서의 변화도 추진하였는데 남북한 유엔동시가입, 남북고위급회담 추진, 남북기본합의서 및 비핵화공동선언의 결과를 낳았다. 노태우 정부는 1989년 2월 남북고위급 회담의 예비회담을 시작으로 1990년 9월 4일 1차 회담을 개최한 이래 1991년 12월 13일 제5차 회담에서 남북기본합의서에 합의하여 이듬해 2월 19일에 발효토록 하였다.

제3단계에서는 이전 해의 성과를 바탕으로 남북기본합의서와 비핵화공동선언을 발효시키는 한편 이를 이행하기 위한 핵통제공동위원회, 경제교류·협력공동위원회, 사회문화교류·협력공동위원회, 군사공동위원회, 화해공동위원회 등을 구성하였다. 그러나 핵문제를 둘러싸고 한·미와 북한 간에는 입장차가 본격화되기 시작하였다. 한·미 양국은 비핵화를 남북한의 핵 재처리시설의 보유 금지로 보는 한편 북한은 비핵지대화론을 내세우면서 한반도가 미국의 핵우산에 놓이는 것을 거부하였다. 결국 한·미 양국은 10월 연례안보회의에서 핵의혹 해소 불충분을 이유로 1993년 팀스피리트 훈련 재개를 결정하여 이후 11월 예정이던 분야별 공동위원회, 12월 예정이던 9차 남북고위급회담이 결렬되었다. 한편 중국과는 1992년 8월 24일 수교를 이루는 성과를 거두었다. 중국은 10월 12일 제14차 전국대표대회에서 사회주의 시장경제를 당론으로 확정하였는바, 중국의 개혁·개방정책과 한국의 북방정책이 합치한 결과였다고 볼 수 있다.[11]

이러한 과정 중에서 특히 관심을 끄는 과정은 소련 및 중국과의 수교과정이다. 우선 소련과의 수교과정을 보면, 고르바초프의 페레스트로이카는 한·소 간 전략적 관계를 정치경제적 관계로 전환시키는 결정적 역할을 하였다. 고르바초프는 약화되는 소련의 국력에 비추어볼 때 미국과의 냉전적 군비경쟁이 소련의 국력에 치명적이라는 사실을 인식하였다. 소련은 핵무기 등의 군사적 수단보다는 경제교류와 같은 정치경제적 수단이 향후 더 중요하다는 인식을 강화하였다. 특히 미·소 간 군비경쟁에서 소련의 군사력 증강이 경제적 부담을 가중시키고 군사력이 향후 소련의 외교정책 목적 달성에 반드시 긍정적이지 않다는 판단을 하게 되었다. 이러한 판단은 소련의 아시아 정책에도 반영되는데, 1986년 7월 26일 블라디보스토크 연설과 1988년 9월 16일 크라스노야르스크 연설에서 고르바초프는 아시아 군축의 과제를 구체적으로 설명하였다. 첫째 아태지역 핵의 동결, 둘째 태평양의 해군력 및 공군력의 감축과 소련, 중국, 일본, 남북한 당사자들의 군사대결 완화책 강구, 셋째 다자간의 안보협의

---

11) 김성철, "외교정책의 환경·제도·효과의 역동성: 북방정책 사례분석," 『국제정치논총』 40-3(2000); 돈 오버도퍼, 『두개의 한국』, 이종길 역, (서울: 길산, 2002) 등 참조.

9.8 1991년 12월 31일 남북한이 함께 한반도의 비핵화를 약속한 공동선언이다. 여기서 남북한은 ① 핵무기의 시험·제조·생산·접수·보유·저장·배비^{配備}·사용의 금지, ② 핵에너지의 평화적 이용, ③ 핵재처리시설 및 우라늄 농축시설 보유 금지, ④ 비핵화를 검증하기 위해 상대측이 선정하고 쌍방이 합의하는 대상에 대한 상호 사찰, ⑤ 공동선언 발효 후 1개월 이내에 남북핵통제공동위의 구성 등을 약속하였다. 공동선언은 내부절차를 거쳐 1992년 2월 평양에서 열린 제6차 남북고위급회담에서 '공동위 구성·운영 합의서'가 교환됨으로써 발효되었다.

기구 제안 등이 그 내용이다.[12]

1980년대 후반부를 거치면서 소련은 일본보다 4배나 빠른 한국의 산업과 사회발전에 주목하였고, 한·소 외교관계 수립이 한반도의 긴장을 완화시키고 경제협력의 가능성을 증가시켜 소련의 국익에 기여할 것이라고 판단하였다. 결국 소련은 북한과의 정치전략적 관계보다 한국과의 정치경제관계를 우선시하기 시작하였다. 소련은 북한과의 관계를 고려하여 일정단계까지 정경분리원칙을 유지하였음에도 불구하고 결국 한·소수교를 이루게 된 것이다.[13]

소련은 북한의 보이콧에도 불구하고 1988년 올림픽에 참가하여 한·소 관계개선에 전기를 마련하였다. 소련은 이 기간 중 임시영사관을 운영하였고, 1989년 4월 무역사무소를 설치하여 경제 및 인적 교류를 촉진하였고, 이후 12월에 영사관계를 수립하였다. 소련은 정경분리 입장에서 한동안 정치관계수립을 지연시켰으나, 한국 정부가 경제적 대가를 지불하는 등의 행동을 취함에 따라 1990년 6월 샌프란시스코에서 역사적 정

---

12) 신범식, (2002), p. 286.
13) 양승함, "한소수교과정의 재고찰," 『사회과학논집』제31호 (2000), pp. 5-6, pp. 19-33.

상회담을 가지고 9월 30일 전격적으로 외교관계를 수립하였다.

한국도 소련과의 수교를 통해 많은 것을 기대하였다. 첫째, 한반도의 안정과 평화는 한국의 안보에 필수적인 요소로서 한·소 관계개선을 통해 소련이 북한 측에 행사할 수 있는 각종 수단과 압력을 북한의 전쟁의도 억제책으로 사용하고자 하였다. 둘째, 한반도의 국제적 지위를 좀 더 공고히 하고 한반도의 통일문제에서 한국이 가지는 주도권을 확고히 하고자 하였다. 셋째, 북한이 전체적으로 완강한 폐쇄적 노선을 고집하는 상황에서 한·소수교는 북한의 변화를 이끌어내는 한 방법일 수 있다는 고려가 있었다.[14]

수교 당시 북한은 대외무역의 50%와 대부분의 무기체계를 소련에 의존하였기 때문에 한국은 북한에 대한 소련의 영향력이 크다고 가정하였다. 그러나 실제 북한에 대한 러시아의 영향력은 제한적이었는데, 소련의 대북 경제지원은 1980년대에 급감하였고, 1987년에는 오히려 소련이 3천3백만 불의 경제적 지원을 받은 것으로 드러났다. 또한 1984년 김일성이 모스크바를 방문할 때까지 양국은 23년간 정상회담을 갖지 않았고, 2000년 푸틴의 평양방문 때까지 러시아의 어떤 지도자도 북한을 방문하지 않았다.[15] 결국 북방정책을 통해 한국이 달성하려고 한 모든 목적이 온전히 달성되는 데 많은 한계가 있었음을 알 수 있다.

소련과의 수교에 이어 한국은 1992년 8월 중국과 수교한다. 당시 중국은 1989년 6월 천안문 사태 이후 외교적 어려움에 직면해 있었다. 서방세계는 인권문제를 두고 중국에 제약을 가하였고 이는 중국의 외교정책 수행에 큰 걸림돌이 되었다. 1989년 가을 당 13기 5중 전회에서 중국은 지도체제 개편 이후 국제적 고립을 탈피하고 대외이미지를 회복하며 경제건설에 주력할 수 있는 환경을 조성하기 위해 서방세계 및 아시아 주

---

14) 신범식 (2002), p. 289.
15) 양승함 (2000), p. 16.

변 국가들과의 관계개선에 노력하였다.[16] 또한 한·중 간의 경제적 실익도 중요한 요인으로 작용하였다. 중국은 북한과 1980년대 후반부터 긴밀한 관계를 유지하고 있었는데 특히 소련의 고르바초프 개혁·개방정책이 본격적으로 추진함에 따라 북·중 관계는 반사적으로 더욱 강화되었다. 소련은 사회주의 이데올로기를 고수하기보다는 경제발전을 위해 자본주의 국가들과의 협력을 강화함에 따라 북한은 중국에 더 의존하게 된 것이다. 결국 북·중 간 전통적 우호관계를 더욱 밀착시킨 배경에는 구 소련의 탈사회주의화라는 공산권 내부의 변화가 크게 작용한 것이다.[17]

그러나 북·중 관계의 밀착에도 불구하고 중국은 국제정세의 탈이데올로기화와 상호협력 분위기 속에서 경제발전을 가속화하기 위해 한국과의 협력관계를 도모할 필요성을 인식하게 되었다. 1988년 서울올림픽을 전후하여 한·중 간 교역규모는 미수교 상태임에도 불구하고 17억 6천만 달러에 달하여 중국의 개방 첫해인 1979년의 2천2백만 달러와 비교하여 약 80배 증가하였다.[18] 더불어 중국은 미·일관계가 밀착되는 등 소위 남방 3각관계가 지속적으로 강화되는 데 안보적 불안감을 느끼고 있었다. 1978년 미·일방위협력지침(가이드라인)의 개정을 둘러싼 미·일 간의 협의가 시작되자 중국은 주변국과의 관계를 개선할 필요를 느끼게 된 것이다. 또한 소련을 비롯한 동구권 국가들이 붕괴함에 따라 중국처럼 이미 개혁, 개방을 부분적으로 실행한 국가들의 경우 그 폭과 속도를 확대할 수밖에 없었고 그 과정에서 주변국과의 관계를 개선해야 할 필요성을 느끼게 되었던 것이다.[19]

결국 1992년 8월 24일 중국은 한국과 국교정상화를 통해 경제건설에

16) 박철진, "한중 수교전후 중국의 대한반도 정책의 변화," 『동북아연구』 21-2 (2006), pp. 109-121.
17) 오수열, "한중수교 10년의 회고와 과제," 『동북아연구』 16 (2003), pp. 89-104.
18) 오수열 (2003), p. 91.
19) 오수열, (2003), pp. 92-93.

9.9

1989년 6월 4일, 공산당 총서기를 지냈던 후야오방의 사망을 계기로 톈안먼 광장에서 발생한 학생과 시민의 민주화 시위 사건으로 중국 정부가 무력으로 이를 진압한 사건이다. 등소평 집권 하에서 정치개혁을 추진하였던 후야오방의 명예회복과 민주화를 요구하는 대규모 시위가 발생하던 중, 학생, 노동자, 지식인을 포함한 광범위한 시민층이 5월 13일 이래, 베이징대학과 베이징사범대학을 중심으로 천안문 광장에서 단식연좌시위를 계속했다. 이후 6월 3일 밤 인민해방군은 무차별 발포로 천안문광장의 시위 군중을 살상 끝에 해산시켰으며, 시내 곳곳에서도 수천 명의 시민·학생·군인들이 시위 진압과정에서 죽거나 부상했다.

필요한 한반도 안정 및 평화를 추구하였고 경제협력을 확대하여 관계개선, 그리고 일본의 중국투자와 기술이전을 촉진하려 하였다. 중국의 경제발전을 위한 국제 환경 조성 외교, 경제 활성화 외교의 연속선상에 있는 조치들이었다고 볼 수 있다.[20] 한국은 중국과의 수교를 통해 경제교류 활성화와 외교관계 강화라는 목표는 물론, 대북 접근정책도 동시에 추구하려 하였다. 한·중 수교를 계기로 한국은 북한고립정책을 수정하여, 북·일, 북·미 외교관계 수립에 원칙적으로 반대하지 않는다는 입장을 각국에 전달했다. 중국은 한국의 이러한 외교정책 변화를 가지고 한·중 수교에 대한 북한의 이해를 촉구했고 북한은 이를 수용했다. 정부는 한·중 수교 직전 8월 말 그간 금지해 왔던 한국기업의 대북 접촉을 34건이나 대규모로 승인했다. 또한 그동안 망설여오던 남포조사단을 9월 21일부터 북한에 대규모 파견하고, 최각규 부총리 겸 경제기획원 장관의 평양방문도 적극 추진한 바 있다. 더불어 중국도 북·일, 북·미 관계수립을 적극 중재했고, 북한은 핵사찰의 경과에 따라 무역대표부 등을 시작으로 일본, 미

---

20) 박철진 (2006), p. 111.

국과 외교관계를 맺는 것을 기대하게 되었다.[21]

하지만 한·중 수교 과정에서 대만과의 단교가 불가피했다는 점도 지적할 필요가 있다. 대만은 한·중 수교 과정에서 위협감을 느껴 한·대만 경협 과정에서 한국기업을 우대하겠다는 입장을 밝혔다. 대만은 8백억 달러를 투자해 사회간접자본을 증가하는 계획을 추진 중이었고 이를 국내기업에 맡기는 고려를 하고 있었다. 이에 대해 대규모 사업의 건설 붐이 기대되었고 경제기획원, 건설부, 상공부 등은 대만의 제의를 적극적으로 고려하기도 하였다.[22] 그러나 결국 한·중 수교라는 전략적 목적의 중요성이 강조되었고 이 과정에서 대만과의 단교라는 결과가 불가피하게 초래되었다.

VI. 맺음말

북방정책은 냉전의 종식이라는 세계사적 사건 속에서 한국이 주도적으로 외교전략을 세우고 추진하려 했던 시도였다고 볼 수 있다. 한국은 1876년 강화도조약으로 근대 국제체제에 편입된 이래, 19세기 강대국 간 세력균형, 그리고 35년에 걸친 국망의 역사, 2차대전 이후에는 미국과 소련이라는 초강대국 간 냉전 질서의 영향으로 독자적인 외교공간을 확보하는 데 많은 어려움을 겪은 것이 사실이다. 상대적으로 약소한 한반도, 혹은 한국은 외교정책의 자율성을 가지고 독자적 이익과 목표에 근거한 외교정책의 수립 자체가 힘들었다. 설령 외교정책의 목표를 수립하였다 할지라도 주변국의 이해관계와 일치하지 않거나 정책 수행에 필요한 적절한 정책수단을 갖기 못하여 좌절된 경험도 허다하다. 특히, 냉전이 시

---

21) 신현만, "한중수교, 왜 서둘렀나," 『월간 길』 10월호 (1992), p. 93.
22) 신현만 (1992), pp. 88-93.

작된 이후에는 한반도가 미·소대립의 최전선이었으며, 남북한은 미국과 소련, 중국의 강대국 정치의 와중에서 독자적인 국익과 전략에 기반을 둔 외교정책을 수행하는 데 상당한 장애에 부딪혀야 했다. 더욱이 중국 및 소련과 같은 공산권 국가들뿐 아니라 북한에 대한 외교정책에 있어서 미국과 일본의 입장을 고려하지 않을 수 없었다. 정치지리적 개념으로서의 북방과 남방이 대립하는 시절, 한국은 독자적인 북방정책의 가능성을 그리 많이 가지지 못했던 것이다.

역사상 비교적 자율적인 북방정책이 추진된 경우는 1970년대 초 데탕트를 배경으로 한 박정희 정부의 대공산권, 대북정책과 1980년대 후반 냉전 해체의 조짐이 보이던 시절 노태우 정부의 북방정책, 그리고 1998년 이후 대북정책을 주축으로 추진된 햇볕정책을 들 수 있다. 각각의 배경과 성격, 정책목표, 정책대상은 다르지만 냉전적 환경에서 국제정세를 일방적으로 반영해야 하는 비교적 제한된 정책 환경에서 벗어나 독자적인 정책수립과 일정한 정책효과산출의 성과를 보였다는 점에서는 상호 연관성과 일관성이 존재한다. 특히 노태우 정부의 북방정책은 동구권과의 수교, 한·소수교, 한·중수교, 남북기본합의서라는 가시적이고 영향력 있는 성과를 산출했다는 점에서 한국 외교전략의 역사상 의미를 찾을 수 있다.

한국은 북방정책을 통해 소련, 중국, 그리고 공산권 국가들과 수교함으로써 외교 전략의 지리적 범위를 확대할 수 있었다. 소련 해체 이후의 러시아, 중국, 동구권 국가들과 지속적인 경제관계를 가져 이후 경제교류의 규모는 지속적으로 확장되었다. 특히 중국의 발전이 가속화되면서 동북아에서 한·중 간 경제적 상호의존도가 높아지고 이러한 과정에서 동북아의 다양한 문제들을 논의할 외교적 협력 기제도 강화된 것이 사실이다. 결국 한국의 외교전략적 정향과 관련한 대륙 지향성을 회복하여 외교의 지평을 넓혔다는 점을 평가할 수 있다. 1945년 이래 아시아, 태평양

중심의 외교에서 전통적인 대륙외교를 회복하는 계기를 열었다는 것이다.[23]

　북방정책으로 인한 남북관계 변화도 중요한 의의를 가진다. 북한은 동맹국이었던 소련이 약화되고 소련 및 중국이 한국과 수교하며 많은 동구권 국가들의 공산주의 정권이 붕괴되고 민주화의 길을 가는 것을 보고 막대한 충격을 받았다. 특히 동독이 몰락하여 독일통일이 이루어지는 것을 보고 한반도 역시 남한 주도의 통일이 될 것을 두려워하였다. 그래서 북한은 한국과의 잠정적 관계개선을 도모할 수밖에 없었고 이 과정에서 한반도 비핵화 선언, 남북기본합의서가 체결되고 고위급회담이 개최되었다. 중국과 소련 역시 한반도 정세의 안정을 위하여 북한의 진취적 입장을 독려하였다. 결국 북방정책으로 인한 변화는 한반도에서 냉전구조의 해체 가능성을 열었고, 냉전적 잔재를 벗어나는 강력한 촉매제의 역할을 했다는 점에서 의의를 찾을 수 있다.

　그러나 1993년 이후의 상황 전개에서 노태우 정부의 북방정책 기조는 효과적인 발전을 이룩하는 데 많은 한계를 가지게 된다. 무엇보다 북한이 1993년 핵확산금지조약을 탈퇴하고 남북관계를 극도로 경색시킴에 따라 북한을 상대로 한 북방정책은 사실상 의미를 상실하게 된다. 북한은 핵사찰 수용을 거부하고, 북한이 남한에 흡수통일될 것을 두려워하여 결국 핵프로그램에 의존한 생존의 길을 모색하게 된 것이다.

　북방정책은 1990년대 전체를 통해 소련 해체 이후의 러시아, 개혁 개방의 길을 걷는 중국, 그리고 생존을 위해 극단적 선택도 마다하지 않는 북한과 어떠한 지속적 관계를 유지해야 할지 좀 더 장기적 관점에서 재정립해야 하는 과제를 안고 있었다. 그러나 노태우 정부에서 김영삼 정부로 변하면서 이러한 기조가 지속되기 어렵게 되었고, 북한의 전략도 경색됨에 따라 북방정책의 실효는 그치게 된 것은 아쉬움을 남긴다.

---

23) 신범식 (2002), p. 293.

10

김영삼 정부의 대북정책과 제1차 북한 핵 위기

황지환(서울시립대학교)

목차

주요어 문민정부, 핵확산금지조약(NPT), 북핵위기, 통미봉남(通美封南), 남북정상회담, 제네바합의
(Agreed Framework), 한반도에너지개발기구(KEDO)

요점정리
1. 냉전의 종식으로 세계질서가 새롭게 재편되는 시점에서 최초의 문민정부인 김영삼 정부가 출범한다.
2. 취임 당시 전향적인 대북기조가 북한의 NPT 탈퇴 선언으로 '대화와 압력'을 병행하는 정책으로 변경
   되면서 남북관계는 경색되고 북한은 통미봉남 정책을 추구한다.
3. 1차 핵 위기 당시 북한의 벼랑 끝 정책에 미국은 유엔을 통한 제재와 자체적인 군사적 해결방안을 준
   비하는데 북한은 이에 군사적 충돌과 체제 붕괴의 위험을 피하고자 위기를 해소시켰다.
4. 카터의 방북은 북한 핵문제를 해결하는 데 중요한 전환점이 되어 제네바합의로 이어졌으며 또한 남
   북정상회담 개최 합의를 이끌어낸다.
5. 제네바합의로 출범한 KEDO에서 한국 정부가 북한에 한국형 경수로 제공과 미국이 중유 공급을 약
   속한다.

사건일지

1985년 12월 12일
북한, 핵확산금지조약(Nonproliferation Treaty : NPT) 가입

1993년 3월 12일
북한, 영변 핵시설에 대한 국제원자력기구(International Atomic Energy Agency : IAEA)의 특별사찰을 거부하고 핵확산금지조약(NPT)탈퇴 선언

1994년 6월
지미 카터(Jimmy Carter) 전 미국 대통령 방북, 북한이 카터 대통령을 통해 남북 정상회담 제의→김영삼 대통령의 수락으로 최초의 정상회담 개최 합의

1994년 7월 8일
김일성 사망으로 정상회담 성사 취소 및 조문파동 등으로 남북관계 경색

1994년 8월 15일
김영삼 대통령, '한민족공동체 건설을 위한 3단계 통일방안' 발표

1994년 10월 21일
'제네바합의문'에 서명

1995년 8월 15일
김영삼 대통령 광복 50주년 기념사에서 한반도 평화체제 구축을 위한 기본입장으로 남북 당사자 간 협의 및 해결, 남북 간 기초 합의사항 존중, 관련국의 지지와 협조 등 제시

1995년
북한 식량위기와 체제 불안정으로 유동적인 동북아 정세 지속

1996년 4월 16일
한·미 정상회담에서 평화체제 구축과 긴장완화, 광범위한 신뢰구축 조치 협의를 위한 남·북한 미국, 중국이 참여하는 '4자회담' 개최 논의

1995년 3월 9일
제네바합의에 따라 북한에 1,000MW 경수로 2기 공급을 위한 한·미·일 국제 컨소시엄인 한반도에너지개발기구(KEDO) 창설

1995년 12월
'한국형 경수로'를 선정하고 북한과 KEDO 간 '경수로공급협정' 체결

1997년 8월 19일
경수로 부지 정지 공사 개시 → 경수로공급협정의 구체적 이행을 위한 후속 의정
서 체결

I. 머리말

한국의 민주화 이후 최초의 문민정부인 김영삼 정부는 1990년대 초반 소련 붕괴 후, 냉전이 종식되어 세계질서가 급변하는 환경 속에서 임기를 시작한다. 2차 세계대전 이후 반세기 동안 지속되어 온 냉전을 종료하면서 이념경쟁에 의존하던 각국의 외교정책은 첨예한 국가이익 쟁탈경쟁으로 재편되고 있었다. 이러한 세계질서의 재편으로 한반도를 둘러싼 대내외적 환경도 변화했으며, 이에 따라 김영삼 정부는 이러한 국제환경에 대응하는 새로운 외교안보전략을 세워 나가야 하는 도전에 직면하게 된다.

김영삼 정부가 출범 이후 임기 5년 동안 직면한 가장 커다란 도전은 물론 제1차 북한 핵 위기의 발발이었다. 1993년 3월 북한의 NPT 탈퇴로 본격적으로 시작된 북핵 위기는 이듬해 6월 카터-김일성의 핵합의와 10월 북·미 제네바합의로 일단락되는 듯했다. 하지만, 제네바합의의 이행과정에서 드러난 남북한과 북·미 간의 긴장과 갈등은 북핵문제가 완전히 해소될 수 없음을 암시해 주고 있었다. 더구나 1994년 7월 김일성 주석의 사망과 1995년 이후 식량위기로 야기된 북한의 체제위기는 김영삼 정부의 대북정책에 커다란 어려움을 안겨주었다.

민주화시대의 문민정부로서 김영삼 정부는 이전 정부들과 차별화된 위치에서 대북정책에서도 새로운 길을 모색하려 노력했으나, 냉전의 한반도는 이를 쉽게 허락하지 않았다. 제2차 세계대전 이후 미국과 소련 사이의 이념 및 세력경쟁인 세계냉전은 1945년 이후 한반도의 분단과 냉전을 야기했지만, 세계냉전의 종식은 한반도의 분단을 종식시키지 못했으며 한반도는 여전히 냉전의 마지막 유산으로 남아 있었기 때문이다. 1990년대 초반 이후 세계 안보환경은 새로운 질서로 근본적으로 변환되었지만, 한반도를 둘러싼 안보환경은 여전히 냉전적인 모습과 탈냉전적인 모

습이 혼재된 형태를 띠고 있었다. 이러한 변수는 김영삼 정부의 외교안보
정책에 구조적 제약으로 작용했으며, 북핵 위기의 전개과정에서 남북 간
에는 수많은 갈등이 발생했고, 이의 조정과정에서 한·미 간에도 상당한
정책조정을 긴장을 경험하기도 했다.

II. 김영삼 정부의 외교안보환경

1. 대외적 환경

세계냉전의 종식으로 새로운 세계질서의 도전에 직면하게 된 미국의
부시[George H. W. Bush] 행정부는 냉전기 소련과의 군사적, 외교적 경쟁에 기반
을 두었던 세계전략을 탈냉전기에는 고수할 수 없었으므로 이 일환으로
미국의 한반도 정책에도 변화를 가한다. 유럽에서 냉전의 그림자가 걷혀
가고 베를린장벽이 무너지기 직전인 1989년 7월 미국 의회는 주한미군
감축을 요청하는 '넌-워너 수정안[Nunn-Warner Amendment]'을 통과시켰다. 이에
따라 부시 행정부는 주한미군의 3단계 감축계획을 포함한 미국의 새로운
동아시아전략이 담긴 '동아시아전략구상[East Asia Strategic Initiative: EASI]'을 1990년
4월 발표했다. 미국의 주한미군 감축계획은 당시 북한 핵 위기의 고조로
1단계에서 중단되었고 1995년 클린턴 행정부가 '개입과 확대[engagement and
enlargement]'를 핵심전략으로 하는 새로운 '동아시아전략보고서[East Asia Strategic
Report: EASR]'를 발표하면서 수정되었다. 하지만, 이는 한반도를 바라보는 미
국의 시각이 냉전기와는 근본적으로 달라질 수밖에 없다는 사실을 극명
하게 보여주는 것이다.

그러나 다른 한편으로 세계냉전의 종식은 한반도 분단질서를 끝낼 수
있는 절호의 기회로 인식되었고, 1990년 독일 통일과 1991년 12월 소련
붕괴로 한반도 통일에 대한 기대는 높아지게 된다. 노태우 정부의 적극

10.1

구분	EASI (1990/92)	EASR (1995)
시대적 배경	냉전 말기 및 탈냉전 초기 (부시 행정부)	냉전종식 이후(클린턴 행정부)
성격	넌-워너 안에 대한 행정부 보고서	EASI 대체 보고서
미 의회 분위기	점진적 감군론자 주류 (민주당 다수)	보수적 외교안보론자 주류 (공화당 다수)
특징	단계적 접근방식의 현실적인 유연성 강조	세계전략(개입과 확대)하의 확고한 지역개입 태세 강조
아·태지역 미군 규모	단계적 미군 감축(1990년 13.5만 명 →1995년 10.2만 명 계획)	현 수준 미군 주둔 지속 (아·태지역 10만 명 수준 유지)
다자안보	개념적 언급(소극적)	쌍무관계 바탕 위에 다자안보 적극 추진
한반도 인식	대북 억제력의 중요성 강조	핵합의 긍정평가 및 재래위협 상존 강조, 북한 위협 소멸 후 한·미 안보관계 지속
주한미군 역할	적극적 역할 변경(주도적→지원적)	소극적 역할 변경(장기적 변경)
한·미 연합사	북한위협 소멸 후 해체 가능성 시사	연합사 장래 미언급

(출처: 강진석, "미국의 신(新)아·태전략과 한반도 안보." 『국제문제』 11월호(1995). p. 32)

적인 북방정책 추진으로 한국은 1990년과 1992년에 각각 소련 및 중국과 외교관계를 정상화하면서 한반도에서 매우 유리한 외교안보환경을 확보하고 있었다. 반면 1990년대 초반 이후 소련과 중국으로부터 제공되던 경제적 지원이 급감하면서 북한은 심각한 경제난에 시달리고 있었으며 이는 체제불안정을 야기하고 있었다. 이러한 와중에 1991년 12월 '남북 사이의 화해와 불가침 및 교류협력에 관한 합의서'(남북기본합의서)와 '한반도 비핵화에 관한 공동선언'(비핵화공동선언)이 합의되면서 한반도에도 탈냉전의 기운이 무르익고 있었다. 또한 이러한 한반도의 대내외적 환경변화로 인해 1992년에는 1976년에 이래 처음으로 한·미합동군사훈련인 팀스피리트Team Spirit가 중단되기도 했다. 따라서 김영삼 정부는 냉전의 종식이라는 새로운 국제환경에서 큰 도전을 받는 동시에 남북관계의 새로운 진전을 위한 매우 우호적인 주변 환경을 확보하고 있었던 것이다.

2. 대내적 환경

김영삼 정부는 1987년 한국의 민주화 이후 최초의 문민정부라는 점에서 새로운 외교정책과 대북정책을 실행할 가능성을 가지고 있었다. 김영삼 정부는 이전의 전두환 정부나 노태우 정부와 비교해 공정한 선거를 통해 선출된 민주적 정통성을 가진 정부였다. 이러한 민주적 정통성과 국민들의 지지는 외교정책 결정과정에서도 민주화의 진전 가능성을 증대시켜주었고, 대북정책에서도 새로운 변화의 환경을 제공하고 있었다. 이는 이전 정부들이 보여주었던 정보기관의 정보독점이나 대통령 측근인사의 비밀외교를 통한 정책결정 및 시행과는 달리 민주화된 한국사회의 다양한 목소리를 수렴하고 반영할 수 있는 기회가 되었다. 언론도 국민의 여론을 반영하며 대북정책을 비롯한 외교정책 결정과정에 많은 영향을 미쳤다.

하지만, 민주화의 진전에 따라 주기적인 선거가 이루어지고 여론의 영향력이 증가하자 외교정책도 여론의 향방에 민감해지고 선거를 의식한 외교정책의 변화 가능성이 제기되기도 했다. 민주화로 인한 정책결정 참여자의 다양화는 다른 정책과 마찬가지로 외교정책 분야에서도 정책결정의 일관성을 저해할 수 있는데, 이는 외교정책 결정과정에 대한 정부의 영향력을 감소시키고 언론과 여론의 영향력을 증대시킬 가능성을 내포하고 있었다. 김영삼 정부는 실제로 대북정책 결정과정에서 여론의 변화에 민감하게 반응하며 일관된 정책을 보여주지 못했다는 비판을 받기도 했다.[1]

---

1) 이정진, "대북정책 결정과정에 나타난 대통령과 여론의 영향력 변화,"『국제정치논

III. 김영삼 정부의 대북전략과 추진방향

1. 김영삼 정부의 대북정책 기조

김영삼 대통령은 1993년 2월 대통령 취임사에서 한반도 평화와 통일을 위한 전향적인 대북전략과 남북 화해와 협력을 위한 적극적인 정책의지를 표명했다.

"7천만 국내외 동포 여러분. 저는 역사와 민족이 저에게 맡겨준 책무를 다하여 민족의 화해와 통일에 전심전력을 다하겠습니다. 그러나 이 시점에서 우리에게 필요한 것은 감상적인 통일 지상주의가 아닙니다. 통일에 대한 국민적 합의입니다. 김일성 주석에게 말합니다. 우리는 진심으로 서로 협력할 자세를 갖추지 않으면 안 됩니다. 세계는 대결이 아니라 평화와 협력의 시대로 나아가고 있습니다. 다른 민족과 국가 사이에도 다양한 협력이 이루어지고 있습니다. 그러나 어느 동맹국도 민족보다 더 나을 수는 없습니다. 어떤 이념이나 어떤 사상도 민족보다 더 큰 행복을 가져다주지 못합니다. 김 주석이 참으로 민족을 더 중요하게 생각한다면, 그리고 남북한 동포의 진정한 화해와 통일을 원한다면, 이를 논의하기 위해 우리는 언제 어디서라도 만날 수 있습니다. 따뜻한 봄날 한라산 기슭에서도 좋고, 여름날 백두산 천지 못가에서도 좋습니다. 거기서 가슴을 터놓고 민족의 장래를 의논해 봅시다. 그때 우리는 같은 민족이라는 원점에 서서 모든 문제를 풀어나갈 수 있을 것입니다. 세계 도처에서 민족의 긍지를 지키며 살아가고 있는 5백만 해외 동포 여러분, 금세기 안에 조국은 통일되어, 자유와 평화의 고향땅이 될 것입니다. 우리 모두 국내외에서 힘을 합하여 세계 속에서 역할과 책임을 다하는 자랑스러운 한민족 시대를 열어 나갑시다."[2]

총』 제43집 1호 (2003), pp. 262-265.

2) 김영삼 대통령 제14대 대통령 취임사 연설, 1993년 2월 25일.

김영삼 대통령은 냉전종식 이후 세계질서가 평화와 협력으로 흐르는 것에 발맞추어 한반도에서도 남북한이 서로 협력하고 평화를 이루어내야 함을 강조했다. 더구나 그는 "어느 동맹국도 민족보다 더 나을 수는 없다"고 언급하며 급변하는 국제질서에서 민족공조의 중요성을 강조하며 남북정상회담을 제안하였는데, 이로써 남북 간 긴밀한 협력을 통해 한반도의 평화와 통일을 지향할 것임을 명확히 했다. 이는 민주화 이후 공정한 선거로 정치적 정통성을 부여받고 당선된 최초의 문민정부가 이전 정부들이 하지 못했던 전향적인 남북관계 개선을 할 수 있다는 자신감의 표현이었다.

김영삼 정부 취임 당시 전향적인 대북기조와 민족주의적인 대북관은 비전향 장기수 이인모 씨 북한 송환과 진보적 재야민주인사로 알려진 한완상 서울대 교수를 초대 통일부총리로 임명한 것에 잘 드러난다. 김 대통령은 노태우 정부 시절 남북관계 갈등의 대표적 사안 중 하나였던 비전향 장기수 문제를 해결하여 교착상태에 빠진 남북관계를 개선하는 중요한 계기를 만들고자 했다.[3] 또한 한완상 교수를 통일부총리로 임명한 것은 새로운 남북관계를 구축하려는 구상을 정책적으로 구체화한 것이었다고 해석할 수 있다. 다른 한편, 한승주 외무부장관은 3월 15일 국회통일위원회의 비공개 답변에서 "지금까지 정부는 북·미 간 고위급 접촉을 반대해 왔으나, 이번 북한 핵 문제에 대해서는 미국이 북한과 고위급 접촉을 갖고 문제를 해결하도록 요청하겠다."고 발언한 것으로 알려져 있다. 실제 김영삼 대통령은 3월 말 클린턴 대통령에게 보낸 서한에서 "북한과의 대화 창구를 닫지 말 것"을 요청했다고 한다.[4]

그러나 취임 당시의 전향적 대북기조는 3월 12일 북한의 NPT 탈퇴

---

3) 김영삼, 『민주주의를 위한 나의 투쟁: 김영삼 대통령 회고록 (상)』(서울: 조선일보사, 2001), pp. 98-100.
4) 신욱희, "압박과 배제의 정치: 북방정책과 북핵 1차 위기," 『한국정치외교사논총』 제29집 1호 (2007), pp. 218-219.

선언으로 방향을 급선회하게 된다. 김영삼 정부는 북한의 핵사찰 거부와 NPT 탈퇴로 초기의 전진적인 대북관계 구상에 수정이 불가피함을 인식하고, 대화와 압력을 병행하는 대북기본전략을 마련한다.[5] 특히 김 대통령은 1993년 6월, 취임 100일의 기자회견에서 "핵무기를 가진 상대와는 결코 악수할 수 없다."며 북핵문제에 대한 단호한 입장을 밝혔다. 하지만, 김영삼 정부는 이후 대화와 압력을 병행하는 대북정책을 추진하면서 북한과 미국 사이에서 커다란 혼선을 보여준다.

기본적으로 탈냉전의 새로운 세계질서 속에서 동아시아 전략을 구상하는 미국의 대북인식이 한국 정부의 시각과 일치할 수는 없었다. 북한의 NPT 탈퇴선언 이후 클린턴 행정부는 북핵문제를 핵비확산nuclear nonproliferation의 시각에서 접근하고 있었지만, 김영삼 정부는 이를 남북기본합의서와 비핵화공동선언의 위반으로 인식하고 있었다.[6] 또한 북핵문제가 전개되는 과정에서 클린턴 행정부는 북한 핵물질의 대량생산 저지를 더 강조했던 반면, 김영삼 정부는 북한 핵개발의 원천적 봉쇄를 주장하는 입장이었다. 이는 클린턴 행정부가 북핵문제를 지역적 특수성의 문제라기보다는 범세계적인 국제안보문제로 보고 핵물질과 핵무기의 확산을 걱정했던 반면, 김영삼 정부는 이를 완전히 한반도문제로 보고 북한의 핵개발이 한반도의 안보를 위협하고 있다고 파악한 것을 의미하는 것이다.[7]

김영삼 정부는 한반도 통일을 추진해 나가는 데 있어서도 북한과의 갈등을 초래했다. 기본적으로 노태우 정부의 '한민족공동체통일방안'을 수용하여, 1994년 8월 15일 광복절 대통령 경축사에서 '한민족공동체 건설을 위한 3단계 통일방안'을 발표한다.[8] 이는 기존의 '한민족공동체통일방안'을 구체화하여 '화해협력 단계-남북연합단계-1민족 1국의 통

---

5) 김영삼 (2001a), pp. 100–102.
6) 신욱희 (2007), p. 226.
7) 이용준, 『북한 핵: 새로운 게임의 법칙』(서울: 조선일보사, 2004), pp. 121–122. 이용준은 당시 북핵문제 해결에 참여한 한국의 외교 관리였다.

일국가완성'의 3단계로 구분하여 이전 방안보다 더 구체적으로 남북통일의 절차를 정한 것이었다. 하지만, 북한은 3단계 통일방안이 통일한반도의 국가이념과 정치체제를 자유민주주의 국가와 시장경제체제로 분명하게 규정하고 있는 점에 강력히 반발하였다. 북한은 김영삼 정부의 통일목표와 방법이 북한을 남한의 자유민주주의와 시장경제체제에 흡수하여 편입하는 사실상의 흡수통일을 추진하는 것으로 인식하였기 때문이다.

2. 북핵문제와 대북정책의 추진방향

김영삼 정부는 초기 "어느 동맹국도 민족보다 더 나을 수는 없다."고 언급하며 남북관계 중심의 대북포용정책을 선언했으나, 북핵 위기가 발발하면서 대북정책을 수정하자 북한의 반발을 초래하여 남북관계가 경색되었다. 이처럼 남북관계가 부재한 상황에서 북한은 통미봉남通美封南 정책으로 김영삼 정부를 따돌리고 클린턴 행정부와 직접 협상을 통한 북·미관계 개선으로 북핵문제를 해결하려 했다. 이에 따라 김영삼 정부는 한·미관계에 의존하면서 북한에 대한 압력을 행사하는 대북정책을 추진하게 된다.

그러나 이에 대해, 김영삼 정부가 노태우 정부와는 달리 북·미대화를 통한 대북접근에 우호적이었다는 평가도 있다. 김영삼 정부는 노태우 정부가 북·미 간 직접대화를 무리하게 막은 것이 핵문제 해결을 지연했다는 시각을 가지고 있었기 때문에, 북한과 미국의 직접 협상을 통한 핵문제 해결을 추구했다는 설명이다.[9] 즉, 북한 핵문제가 불거지기 시작했을 때 미국은 북한과의 직접 회담을 통한 해결을 희망했으나, 노태우 정부는 한반도 문제에 대한 미국의 어떠한 관여에도 반대한 데 비해 김영삼 정부

---

8) 김영삼 (2001a), pp. 342–343.
9) 이용준 (2001), pp. 116–117.

는 자발적으로 북핵문제에 대한 미국의 적극적인 참여를 요청했다는 것이다.

하지만, 북한의 NPT 탈퇴 이후 김영삼 정부가 대화와 압박을 병행하는 전략으로 대북정책의 기조를 변경함에 따라 북한은 반발하며 남북채널을 붕괴시켰으며, 이에 따라 한국은 어쩔 수 없이 북·미채널에 의존해야 하는 상황이 되었다. 북한의 통미봉남 정책으로 김영삼 정부는 클린턴 행정부를 통해 북한에 접촉하는 방법밖에 없었으며, 이는 한반도 문제에 대한 한국 정부의 정치적 수단을 사실상 제한시킨 결과를 초래했다.[10] 남북채널이 붕괴된 상황에서 한국이 북핵문제 해결과정에 배제되지 않기 위해서는 북한이 남북대화 테이블로 나오도록 미국에게 강력한 압력을 행사하도록 요청하고 남북대화를 북·미관계 개선의 전제조건으로 상정할 수밖에 없었는데, 이 과정에서 남북관계뿐 아니라 한·미관계에서도 일정한 긴장을 감수해야 했다.

IV. 제1차 북한 핵 위기와 대북정책

1. 제1차 북한 핵 위기의 전개과정[11]

제1차 북한 핵 위기는 북한이 1993년 3월 NPT 탈퇴를 선언하면서 본격적으로 시작되었다. NPT는 핵확산금지 원칙을 강제하는 수단으로 조약 가입 18개월 이내에 IAEA와 안전조치협정safeguards agreement을 체결하고 이를 준수하며 IAEA의 사찰을 받는 것을 의무화하고 있다. 냉전기 소련

---

10) 신욱희 (2007), p. 226.

11) 이 부분은 저자가 이전에 발표한 글들을 중심으로 재구성한 것이다. 황지환, "전망이론을 통해 본 북한의 핵정책 변화: 제1, 2차 북한 핵 위기의 분석," 『국제정치논총』 제46집 1호 (2006); 황지환, "북한의 핵개발과 국제협상," 윤영관, 신성호 편, 『북핵문제와 한반도 평화정착』(서울: 한울아카데미, 2008).

의 핵기술 지원을 받은 북한은 1985년 12월 12일 NPT에 가입하지만 안전조치협정에는 서명하지 않았고 IAEA의 핵사찰도 허용하지 않았다. 그러나 탈냉전 후 미국의 세계핵전력 재조정으로 1991년 한국 내 전술핵무기가 철수를 완료하고 남북한 간에도 기본합의서와 비핵화공동선언이 합의되었다. 또한 1992년에는 한·미팀스피리트 훈련이 취소되는 등 한반도에도 평화무드가 진전되면서 북한은 1992년 1월 안전조치협정에 서명한다. 이후 북한은 IAEA의 규정에 따라 자국의 핵 프로그램과 핵 활동을 신고하는데, 이 과정에서 1990년 봄 핵 활동을 통해 90그램의 플루토늄을 확보하였다고 고백하였다. 하지만, IAEA가 사찰단을 파견하여 북한의 핵 프로그램을 검증하는 과정에서 북한의 신고 내용과 실제 활동에 차이가 있으며, 북한이 최소한 세 차례의 신고되지 않은 핵 활동을 통해 플루토늄을 확보했을 가능성이 제기되면서 북한에 대한 의혹이 불거졌다. 이후 IAEA는 북한의 과거 핵 활동 의혹을 조사하기 위해 두 곳의 미신고 핵시설에 대한 특별사찰을 요구했는데, 북한이 이에 완강히 저항하며 국제사회와 갈등을 빚고 1993년 3월 NPT 탈퇴를 전격 선언하였다.

1차 핵 위기 동안 북한은 강경한 핵 정책만을 추구하지 않고 미국 및 국제사회와 대화에 임하면서 몇 차례의 합의를 이끌어내기도 했다. 하지만, 북한은 냉전의 종식으로 한반도 세력균형이 붕괴되고 정권의 생존이 위협받는 상황에서, 핵 프로그램을 생존하기 위한 최후의 수단으로 간주하여 소위 '벼랑 끝 정책'을 보여주었다. 미국과 관계개선을 원한다고 항상 강조하면서도 이해관계의 충돌 시 상당한 위험을 감수하는 모험주의 외교정책을 포기하지 않았다. 특히 1994년 3월 판문점에서 개최된 남북특사교환을 위한 실무접촉에서 북측 대표 박영수의 '서울 불바다' 발언이나, 5월 이후 북한이 국제사회의 경고에도 불구하고 영변 원자로 연료봉을 제거해 위기를 고조시킨 행위 등은 북한의 강경한 핵 정책을 잘 보여준다. 더욱이 당시 북한 내부에서는 지하 핵실험을 통해 핵무기 보유를 선언하자는 논의도 있었다고 한다.[12] 북한과 국제사회의 이해관계가 조화되는 국면에서는 핵문제의 평화적 해결이 기대되기도 했지만, 양자 간의 이해가 충돌하는 경우에 현실은 여지없이 위기국면으로 치달았으며, 북한 지도부는 핵 개발을 가속화시키고 있었다.

북한의 '벼랑 끝 정책'은 불가피하게 미국과의 긴장을 확대하고 위기를 고조시켰다. 1994년 5월 북한이 원자로에서 연료봉을 제거하고 재처리 움직임을 보이자, 미국은 이전에 제안했던 북·미고위급회담을 철회하고 유엔 제재를 향한 절차에 돌입한다. 문제는 북한에 대한 제재 논의에 러시아나 중국 누구도 적극적으로 반대하지 않았다는 점이다. 옐친 대통령은 유엔 제재에 반대하지 않을 것이라고 김영삼 대통령에게 언급했으며, 중국 역시 대화를 통한 해결을 선호하기는 했지만 미국 및 한국과의 관계를 고려하여 적극적인 저지의사를 보이지는 않았다.[13] 실제로 연료봉 제거를 중단하라는 IAEA의 요구를 수용하라는 유엔안보리 성명에 대해 중국이 어떤 조치도 취하지 않은 것은 일종의 대북 경고 메시지로 이해된다.

당시 북한에게 가장 민감했던 사안은 미국의 군사적 공격설이었다. 미국은 유엔을 통한 제재 준비와 함께 자체적으로 군사적 해결방안을 준비하고 있었다. 당시 미국의 페리William J. Perry 국방부 장관에 따르면, 클린턴 행정부는 1994년 6월 북한의 핵 시설에 대한 부분폭격surgical strike을 논의하고 이를 위한 미군 증강계획을 실행하고 있었다고 한다.[14] 더구나 미

---

12) 황장엽, 『어둠의 편이 된 햇볕은 어둠을 밝힐 수 없다』(서울: 월간조선사, 2001), p. 218.

13) Joel S. Wit, Daniel B. Poneman, and Robert L. Gallucci, Going Critical: *The First North Korean Nuclear Crisis* (Washington D.C.: Brookings Institution Press, 2004), pp. 198–199; Oberdorfer, Don, *The Two Koreas: A Contemporary History* (New York: Basic Books, 2001), pp. 320–321.

14) Ashton B. Carter and William J. Perry, "Back to the Brink," *Washington Post*, October 20, 2002.

국은 유사시 한국 내 미국시민을 소개시키기 위한 작전을 계획하고 6월 6일에 실제 훈련을 실시함으로써 북한의 위기인식을 고조시켰다. 미국과 군사적 충돌이 발생했을 때 북한은 중대한 전략적 딜레마에 빠질 수 있었다. 우선 북한이 미국의 공격에 반격한다면 군사적 충돌은 한반도에서 전면전으로 확대될 가능성이 높았으며, 이에 따른 북한 정권의 붕괴는 불 보듯 뻔한 일이었다. 한편 미국의 공격에 반격하지 않는다면 그동안의 대미 강경노선에 커다란 타격을 입고 대내외적으로 북한 정권의 입지가 더욱 약화되어 체제붕괴로 이어질 가능성도 있었다. 어떤 경우든 북한으로서는 재앙이었으며 체제생존을 위협하는 극단적인 상황이었다. 실제 1994년 5-6월을 기점으로 북한 지도부는 위기 상황을 재해석하고 최악의 상황을 회피하기 위해 유화정책으로 전환한다. 이전과는 달리 북한은 5월 이후 미국에 대한 유화 제스처를 반복하며 새로운 평화회담을 제안하기도 하고 6월에는 이례적으로 북·미회담의 당사자인 강석주를 내세워 미국이 관심을 가지고 있는 모든 사항에 대한 포괄적 합의를 할 수 있다는 제안을 하기도 했다.[15] 김일성 역시 북한을 방문한 셀리그 해리슨이나 지미 카터 전 대통령에게 이러한 제안을 반복적으로 내놓았다. 실제로 미국의 관리들은 당시 북한의 제안이 이전과는 달리 실질적으로 진전된 내용을 담고 있었다고 평가했다.[16]

당시 북한의 지도부는 체면을 세우면서 최악의 시나리오를 탈출할 방법을 고민한 것으로 보인다. 실제 김일성과 김정일은 당시 미국의 공격을 매우 걱정하며 카터의 방북을 크게 환영했다고 한다.[17] 그들이 당시 충돌정책을 일정부분 고수한 측면이 있었다고 해도 사실상 미국을 두려워하면서 군사적인 충돌만은 회피하려 했던 모습은 분명하게 드러난다. 북한의 정책 변화를 더 명확하게 보여주는 것은 김일성-카터의 합의 이후 클

---

15) 『로동신문』 1994년 4월 29일, 5월 24일, 6월 4일.
16) Wit et al. (2004), p. 213.
17) 황장엽 (2001), pp. 286-287.

린턴 행정부가 제시한 새로운 조건에 대해 북한이 반대 없이 무조건적으로 수용했다는 사실이다.[18] 미국은 김일성과 카터의 합의를 재확인하는 갈루치Robert L. Gallucci 명의의 6월 20일자 편지에서 북·미회담이 진행되는 동안 북한이 5메가와트 원자로에 연료를 다시 적재하지 않고 사용연료봉을 재처리하지 않을 것을 요구했다. 하지만 이러한 조건은 김일성-카터의 합의에 포함되지 않았던 내용이었고, IAEA의 기본적인 원칙에도 포함되어 있지 않은 것이었다. 카터조차도 미국의 새로운 조건이 이전에는 논의되지도 않았고 합의에도 포함되지 않았던 사항이라고 반발했을 뿐만 아니라 북한 역시 이전에는 완강하게 거부했던 사항이었다. 특히 강석주가 카터와의 평양회담 당시 이 점을 매우 강력하게 거부했던 점을 고려할 때, 새로운 조건에 대한 북한 지도부의 무조건적 수용은 클린턴 행정부로서도 의외의 사건이었다. 당시 북한의 지도부는 위기가 극단으로 치닫고 있음을 인식하고, 미국과의 군사적 충돌과 정권붕괴라는 최악의 시나리오를 피하기 위해 위험을 회피하고 정책전환을 한 것으로 판단된다.[19]

2. 김영삼 정부의 대북정책 결정과정

(1) 민족주의적 대북포용정책에서 대북강경책으로의 선회

북한이 NPT 탈퇴를 선언한 1993년 3월 중순은 김영삼 정부 취임 직후로 아직 대북정책의 구체적인 모습이 현실화되지 않은 상황이었다. 김영삼 대통령은 취임식에서 민족중심의 전향적인 대북포용정책의 기조를 밝혔지만, 본격적으로 시행을 해보지 못한 시점이었다. 이러한 상황에서 북한이 NPT를 탈퇴하자 김영삼 정부는 대북포용정책의 기조와 북핵문제의 현실 사이에서 혼란을 겪는다. 김영삼 정부는 북한이 3월 12일 NPT

---

18) Wit et al. (2004), pp. 238-239.
19) Oberdorfer (2001), p. 236; Wit et al. (2004), p. 398.

탈퇴를 선언했음에도 불구하고 3월 19일 비전향 장기수 이인모 씨를 북한에 조건 없이 송환하였다. 국내여론의 반대가 심했음에도 이인모 씨를 송환함으로써 북핵문제와 상관없이 전향적인 대북정책은 계속되는 듯 보였다. 김영삼 대통령은 "장기수 이인모를 송환함으로써 교착상태에 빠져 있던 대북관계를 개선하는 데 중요한 계기를 만들 수 있다."고 생각했으며, "이인모 송환을 빌미로 한 북한의 대남공세를 꺾을 수 있다는 판단도 함께 했다."고 한다.[20] 김영삼 정부는 또한 핵문제 해결의 돌파구를 마련하고 남북기본합의서 이행을 논의하기 위한 남북 고위급 회담을 제안하기도 했다. 하지만, 취임 100일을 맞은 6월 3일 기자회견에서 김영삼 대통령은 "핵무기를 가진 상대와는 결코 악수할 수 없다."며 북한의 NPT 탈퇴 직후의 혼선을 정리하며 대북강경책으로 변화를 꾀하게 된다.

김영삼 정부의 대북강경책에 북한은 강력히 반발하며 이후 남북관계를 경색시키고 남한을 배제한 채 미국만을 상대하는 이른바 통미봉남 정책을 시작했는데, 이는 김영삼 정부를 매우 곤혹스럽게 했다. 취임 100일 기자회견에서 김영삼 대통령은 "북한의 핵 문제는 한국 국민의 관심사일 뿐만 아니라 세계적인 관심사"이기 때문에 "미국과 북한의 접촉에서 문제가 해결되기를 바란다."며, 북·미 간 해결을 언급하기도 했다. 반면, "앞으로 있을 남북 간 접촉에서도 문제가 해결될 수 있도록 하겠다."며 남북협상의 기대를 버리지 않았다.[21] 하지만, 북한 핵문제는 북·미대화로 북한의 NPT 탈퇴가 보류되는 등 사실상 한국 정부의 손을 떠나 미국과 국제사회의 논리에 따라 움직였다.[22]

물론 취임사에서 나타난 것처럼 김영삼 정부가 처음부터 남북대화보다 북·미대화를 앞세운 것은 아니다. 김영삼 정부는 한반도문제는 기본적으로 한국이 중심이 되어야 하며 북핵문제에서 한국 정부가 배제되어

20) 김영삼 (2001a), p. 99.
21) 김영삼 (2001a), p. 132.
22) 이용준 (2004), p. 118.

서는 안 된다고 생각하고 있었다. 또한 김영삼 대통령은 핵문제를 남북 간의 문제로 보고 남북대화를 통한 핵문제 해결이라는 입장을 견지했다. 지금까지 합의된 남북기본합의서나 비핵화공동선언이 남북대화를 통해 실효를 거두고, 그런 과정이 본인이 희망했던 임기 내 남북관계 돌파구 마련을 실현할 수 있다고 생각하고 있었다.[23] 이것은 사실 김영삼 대통령이 취임사에서 밝힌 전향적인 대북정책의 배경이 되는 것이다. 하지만, 남북 간 협상채널이 없는 상황에서 한국 정부는 남북관계에 영향력을 행사할 수도, 북핵문제 해결에 주도적인 역할을 할 수도 없었다. 결국 김영삼 정부는 북핵문제 접근과 남북관계 진전을 미국을 통한 우회적인 방법으로 하게 된다. 당시 외교안보팀은 북핵문제 해결이 급박한 상황에서 북한이 북·미 양자협상만을 고집하므로 현실적으로 북·미협상을 도와주는 것이 합리적인 선택이라고 생각하고 있었다.[24]

물론 김영삼 대통령이 남북대화를 완전히 배제하고 북·미대화를 받아들인 것이 아니며, 북·미대화가 시작되면 남북대화 역시 시작되어 한국 정부가 적절한 역할을 할 것으로 기대했다. 그러나 실제로 북·미대화가 이루어지는 과정에서 남북대화는 배제되게 된다. 김영삼 대통령의 생각과는 달리 북한은 남북대화를 미국에 대한 견제책으로만 생각했지 실질적인 협상채널로는 생각하지 않았던 것이다. 이러한 상황은 김영삼 정부를 매우 곤혹스럽게 만들어 대북정책이 강경기조로 선회하게 되는 결정적인 계기가 된다. 또한 남북대화가 배제된 상태에서 북·미대화만으로 핵문제가 협의되자 김영삼 대통령은 미국을 압박하기 시작했다. 남북대화가 안 되면 북·미대화도 안 된다는 강력한 압박을 미국에 가함으로써 북·미대화를 통한 남북대화를 실현시키려고 했던 것이다.[25] 하지만 실제 남북대화는 잘 되지 않으면서 북·미대화만이 진행되자 김영삼 정부는

---

23) 신욱희 (2007), p. 225.
24) 신욱희 (2007), pp. 223-225.
25) 신욱희 (2007), pp. 225-226.

북·미협상을 위한 여러 가지 전제조건을 내걸며 대북강경책의 모습을 보인다.

다른 한편, 민주화에 따른 한국의 국내정치가 김영삼 정부의 대북정책에 큰 영향을 미치고 있었다.[26] 당시 한국의 국내정치는 남북대화에 우호적인 그룹과 대북압력을 강조하는 그룹으로 분열되어 있어 정부의 대북정책에 큰 부담이 되고 있었으므로, 김영삼 대통령은 남북대화의 불씨를 살려 이러한 국내정치적 상황을 타개하고 본인의 국내정치적 입지를 공고히 하려는 의도가 있었다.[27] 하지만 다른 한편으로 북한의 NPT 탈퇴 이후 부정적인 여론과 국내정치적 상황 등을 고려하여 미국에 강한 대북압력을 요구하기도 했다.[28] 한국 내의 복잡한 국내정치적 변수 때문에 김영삼 정부는 종종 클린턴 행정부의 접근법과는 다른 한국의 입장을 분명히 전달하였는데, 이에 따라 김영삼 정부의 대북정책이 클린턴 행정부의 정책보다 더 강경한 모습을 띠게 되었다. 클린턴 행정부는 김영삼 정부의 의견을 완전히 무시할 수는 없었으나, 한·미 간 입장과 시각 차이는 북핵문제 해결과정에서 일정한 갈등을 노출시킬 수밖에 없었다.

결국 김영삼 정부의 취임초기 민족주의적인 대북포용정책 기조는 북핵문제라는 돌출변수를 만나면서 현실화될 수 없었다. 또한 북한의 통미봉남 정책으로 인해 남북대화와 북·미대화를 조화시킬 수 없게 되자 대북기조는 자연스럽게 강경책의 모습으로 선회하게 되었다.

(2) 한·미 간 대북정책 조정의 갈등

북핵문제의 돌출로 김영삼 정부의 한·미관계는 그리 순탄하지 못했던 것으로 평가된다. 북한이 NPT를 탈퇴한 이후 북·미고위급회담이 진

---

26) 구갑우, "김영삼–클린턴 정부 시기의 한미관계: 북한 위협의 상수화와 미국식 자본주의의 수입," 『역사비평』 88호 (2009), p. 249.

27) 신욱희 (2007), p. 226.

28) Wit et al. (2004), p. 138.

행되고 6월 11일 북한에 대한 미국의 안전보장과 북한의 NPT 탈퇴 잠정유보를 합의하는 북·미 간 공동성명이 발표되었다. 하지만, 북·미회담과는 달리 남북대화는 교착상태가 지속되자 김영삼 정부는 북·미양자협상에 대한 불안감에 빠진다. 김영삼 대통령은 6월 25일 영국 BBC와의 회견에서 "북한의 NPT 탈퇴유보는 전쟁 가능성에 대비해 지연전술을 쓰는 것"이라며, "미국은 북한에 추가 양보를 해서는 안 된다."고 비판했다. 김영삼 대통령은 자신의 이러한 발언이 "미국에는 지나치게 끌려가면서 북한의 의도에 더 이상 말려들지 말라는 경고였으며, 한국을 젖혀두고 미국만 상대하려는 북한에 대해서도 제동을 건 것"이라고 말했다.[29] 이러한 모습은 클린턴 행정부가 보기에 북한 문제를 두고 한·미 간 이견차를 보이며 긴장이 조성될 가능성을 의미하는 것이었다.[30] 김영삼 대통령은 "한국 국민의 생사가 달린 한반도문제에 대해 미국은 북한과 아무런 거리낌 없이 대화를 했고, 한국의 대통령은 미국과 북한의 접촉 사실조차도 모른 채 지나가는 경우가 허다했다."고 주장했다.[31] 하지만 미국 측 관리들은 김영삼 정부의 반응이 근거 없는 것이며, 미국은 회담의 전 과정을 한국에 알려주었다고 주장했다.[32] 이러한 한·미 간의 긴장은 7월 10일 클린턴 대통령이 방한하여 북한의 핵 프로그램에 대해 분명히 경고하고 한국 방위에 대한 미국의 의지를 강조함으로써 상당부분 진정되었다.[33]

하지만 한·미 간의 정책조정 갈등은 그해 11월 23일 백악관에서 개최된 한·미정상회담을 계기로 다시 드러나게 된다. 당시 한·미정상회담을 준비하면서 양국의 외교정책 실무진은 북한문제의 해법으로 북핵문제와 북·미관계 정상화 등을 일괄 타결하는 '포괄적 접근법comprehensive approach'에

---

29) 김영삼 (2001a), pp. 191–192.
30) Wit et al. (2004), p. 82.
31) 김영삼 (2001a), p. 192.
32) Wit et al. (2004), p. 80.
33) Wit et al. (2004), p. 83.

합의하고 김영삼 대통령과 클린턴 대통령의 정상회담 합의사항으로 사전 조율했다. 하지만, 김영삼 대통령은 한국 외교정책 실무진들과 상의도 없이 정상회담 장에서 이 합의를 뒤집었는데, 이는 국내여론과 국내정치적인 영향을 고려한 다른 참모진의 설득에 의한 것으로 알려져 있다. 이에 대해 김영삼 대통령은 '포괄적 접근법'이 북한의 협상전략에 당하는 것이라며 북핵을 둘러싼 한·미 간 이견을 조율할 필요성이 급격히 대두했다고 주장했다.[34] 김 대통령은 클린턴 대통령과의 단독회담에서 '포괄적 접근'을 폐기하고 한·미가 요구하는 조건들을 북한이 충족시켜 나가는 것에 따라 단계적으로 대북관계 개선 노력을 한다는 '철저하고도 광범위한 접근broad and thorough approach'에 합의했다. 그 중 북한의 IAEA 사찰 수락과 남북대화 재개 두 가지가 가장 먼저 이행되어야 하는 전제조건이었으며, 나머지 합의사항은 남북상호사찰과 남북특사 교환, 팀스피리트 훈련의 중단 여부는 한국이 결정한다는 것, 그리고 북핵문제가 해결될 때까지 주한미군의 감축은 없다는 것이었다. 김영삼 대통령은 "그동안 대북문제에서 한·미관계는 미국의 일방적인 주도에 한국이 끌려가는 형식으로 진행되었으나, 이날 회담을 계기로 남북문제 당사자로서 한국이 주도권을 명확히 확보하였다."고 주장했다.[35]

하지만, 미국의 시각은 달랐다. 이날 회담은 미국 외교정책 당국자들뿐만 아니라 클린턴 대통령까지도 당혹스럽게 만든 사건이었다.[36] 일반적으로 우방국 간의 정상회담은 외교정책 실무진들이 합의사항을 사전에 철저히 조율하고 이를 정상들이 확인한 후 최종적으로 정상회담장에서 공식적으로 합의하는 것이었다. 따라서 정상회담장에서 양국이 사전에 조율한 내용을 무산시키고 새로운 합의를 이끌어내는 것은 외교적으로 예기치 못한 일이었다. 당시 미국 외교안보팀이 조율된 합의사항을 설

---

34) 김영삼 (2001a), p. 193.
35) 김영삼 (2001a), pp. 213-215
36) Wit et al. (2004), pp. 135-137.

명하려 했으나, '포괄적 접근법'에 대한 김영삼 대통령의 반대가 워낙 완강해서 결국 '철저하고 광범위한 접근방식'이라는 보다 우회적인 표현을 찾아냈다고 한다. 미국의 정책당국자들은 이러한 김 대통령의 태도변화가 국내정치적인 이유 때문이라고 인식하고 있었고, 실제 이후 국내정치에 더욱 민감한 방향으로 대북정책 결정체계를 개편했다고 이해하고 있었다.[37] 이 정상회담은 김영삼 정부에게는 "재임 중 한·미관계의 기본 틀을 합의한 중요한 회담"으로 인식되지만,[38] 클린턴 행정부에게는 "동맹국인 한국의 행위를 예측하기가 매우 어렵다는 것을 일깨워주는 계기"가 되었다.[39]

(3) 1994년 6월 미국의 영변 핵시설 공습 계획

대북강경책을 주도하던 김영삼 정부에게 가장 큰 딜레마는 핵문제를 두고 북·미 갈등이 심화되어 군사적 충돌 위기가 고조되는 것이었다. 남북분단이라는 현실에서 김영삼 정부가 추진하는 대화와 압력의 병행전략에는 일정한 한계가 있었다. 북한의 일탈행위에 대해서는 미국에 단호한 대응을 요구하면서도 한편으로 미국의 압력에 북한이 강경하게 대응하고 한반도에 위기가 고조될 시에는 한반도에서의 전쟁은 안 된다는 기본입장을 재확인해야 했다.[40] 이는 북핵 협상을 북·미대화에 의존하는 상황에서 김영삼 정부가 클린턴 행정부에게 대북정책의 상한과 하한을 설정해 준 것이다.[41] 미국이 북한과 양자협상을 통해 합의를 이루어 나갈 때 한국은 남북대화를 전제조건으로 내세우며 협상진전에 속도조절을 요구했지만, 북·미 간의 갈등이 고조된 상황에서는 충돌로 이어지지 않도록

37) 김영삼 (2001a), p. 132, 138.
38) 김영삼 (2001a), p. 214.
39) Wit et al. (2004), p. 138.
40) 신욱희 (2007), p. 226.
41) 구갑우, 안정식 (2009), p. 249.

제동을 걸었다. 북한의 통미봉남 정책 때문에 김영삼 정부가 추진한 대화와 압력의 병행전략은 구조적 모순을 보여주며 한·미 간의 이견을 노출시킬 수밖에 없었다.

1993년의 한·미 간 대북정책 조정의 갈등이 전자였다면, 1994년 6월 클린턴 행정부의 영변 핵시설 공습계획은 후자에 해당했다. 6월 중순 한반도 정세가 일촉즉발의 위기 상황으로 치닫자 미국은 유엔을 통한 대북제재를 준비하는 동시에 자체적인 군사적 해결방안을 계획하고, 이에 따라 미국은 주한미군 가족과 대사관 직원들을 포함한 한국 내 미국 시민권자들을 철수시키는 계획을 세웠다. 김영삼 정부는 이를 미국이 전쟁 일보 직전에 취하는 조치로 인식하고, 미국이 유엔제재와 별도로 북한을 폭격할 가능성이 높다고 판단했다. 미국이 폭격을 할 경우 북한은 휴전선 근처의 장사정포로 대응할 것이며 이는 전쟁의 승리 여부를 떠나 한반도를 초토화시켜 민족의 공멸을 가져올 재앙으로 인식하고 있었다. 이에 김영삼 대통령은 레이니 주한 미국대사를 불러, "내가 있는 한 전쟁은 절대 안 되며 가족 등 미국인의 소개도 안 된다."고 말하고 또한 "한국군의 통수권자로서 우리 군인 60만 중에 한 사람도 동원하지 않을 것"이라며 미국에 강력한 경고를 전달했다. 김영삼 대통령은 또한 클린턴 대통령과의 전화통화에서도 "전쟁은 절대 안 됩니다. 나는 역사와 국민에게 죄를 지을 수는 없다."며 거세게 몰아붙였다고 한다.[42]

그러나 이에 대해 미국 외교정책 당국자들은 당시 "한국 정부가 이미 미국의 제재노력에 동참"하고 있었으며, "김영삼 대통령도 제재를 압박하여 보다 유리한 입장에서 북한을 협상테이블로 불러오리라 믿고 제재를 지지해 왔다."며 김영삼 정부의 태도에 비판적인 입장을 보이고 있다.[43] 또한 미국이 한국 몰래 독자적으로 미국 시민들을 철수시키고

---

42) 김영삼 (2001a), pp. 315–318.
43) Wit et al. (2004), pp. 268–270.

군사적인 준비를 하고 있었다는 주장에 대해서도 "한국 정부는 미국이 취한 조치는 물론이고 백악관 회의에서 논의 중인 조치에 대해서도 잘 알고 있었다."고 항변한다. 결정적으로 북한에 대한 공습 논의도 김영삼 대통령이 클린턴 대통령과 전화통화를 통해 저지한 것이 아니라, 카터 전 대통령과 김일성 주석의 핵합의가 알려지면서 사라졌다고 주장한다. 이처럼 북한과의 협상과정과 충돌의 순간에 김영삼 정부와 클린턴 행정부는 북핵문제에 대한 이견을 보이고 있었고 항상 갈등이 내재되어 있었다.

(4) 카터-김일성 합의와 남북정상회담 제의

대통령 취임사에 밝힌 것처럼 김영삼 대통령은 남북정상회담 개최에 대한 강한 의지를 가지고 있었으나, 북핵문제가 발생하면서 남북관계 경색으로 남북정상회담은 불가능해졌다. 그렇지만, 남북정상회담 개최에 대한 합의는 의외의 계기로 성사된다. 1994년 6월 북핵위기 해소를 위해 방북한 카터가 김일성과 핵합의를 하는 과정에서 남북정상회담을 제안하게 되고, 이 제안을 김일성 주석과 김영삼 대통령이 모두 수용하면서 분단 이후 최초로 남북정상회담 개최가 합의되었다.

당시 김영삼 대통령은 카터의 방북과 핵합의에 대해 매우 못마땅하게 생각하고 있었다. 카터의 방북 직전에 북한이 IAEA 탈퇴를 발표할 정도로 위기가 고조된 상황이었으므로 김 대통령은 카터가 '개인자격'으로 방북하는 것이 성과를 거두지 못할 것이라고 오히려 걱정하고 있었다.[44] 하지만, 뜻밖에도 카터가 남북정상회담에 대한 김일성의 제안을 전달하자, 갑작스러운 것이었지만 받아들이는 것이 옳다고 생각하고 즉시 수락하게 되었다고 한다. 김 대통령은 "남북정상이 직접 만나게 된다면 북한 핵문제 해결과 남북관계 진전, 그리고 한반도에 평화를 가져올 수 있는

---

44) 김영삼 (2001a), pp. 312-313.

유익한 계기가 될 수 있을 것"이라고 생각했기 때문이었다.[45] 다른 한편, 김영삼 대통령이 카터와 김일성의 핵합의를 받아들인 것은 핵합의 그 자체 때문이 아니라 남북정상회담 제안이 있었기 때문이라는 설명이 있다. 김 대통령이 카터의 방북을 못마땅하게 생각한 이유는 한반도문제가 한국 정부를 제외하고 북·미 사이에서 그것도 개인자격으로 방문하는 카터와 김일성 사이에 흥정되고 있다는 생각 때문이었다. 하지만, 카터가 남북정상회담이라는 도저히 거부할 수 없는 카드를 제안하자 김 대통령은 흥분하며 그로부터 한 시간도 되지 않아 조건 없는 정상회담의 수락을 발표했다는 설명이다.[46]

진실이 무엇이든 분명한 것은 김영삼 정부는 북핵문제를 해결해 나가는 협의의 과정에서 남북정상회담을 선택하기보다는 북핵문제 해결과정의 결과로 남북정상회담을 받아들였다는 것이다. 김 대통령은 남북정상회담에서 북핵문제 진전에 대한 계기를 마련하고자 했으나, 당시 북한의 태도를 고려할 때, 실제 남북 간에 핵문제에 대한 협상의 여지는 없었다고 보는 것이 적절하다. 북핵문제가 발발하면서 김영삼 정부는 대북정책을 변경하고 이에 따라 취임사에서 의도했던 남북정상회담은 불가능해졌던 반면, 남북정상회담을 무산시켰던 북핵문제가 합의되는 과정에서 남북정상회담이 다시 되살아났다. 따라서 남북정상회담이 북핵문제 해결을 이끈 것이 아니라, 북핵문제 해결과정이 남북정상회담 성사에 결정적인 영향을 미쳤다고 할 수 있다. 결국 북핵문제와 남북정상회담은 남북관계의 수준에서 다루어진 것이 아니라 북·미관계, 즉 한반도 주변 국제질서의 영향하에서 조율되고 있었다.

---

45) 김영삼 (2001a), pp. 318~319.
46) 돈 오버도퍼, 『두개의 한국』 (서울: 도서출판 길산, 2002), pp. 487~489.

V. 제네바합의와 경수로 건설 지원

1. 제네바합의와 경수로 건설의 협의과정[47]

1994년 6월 김일성과 카터 사이에 핵합의가 이루어지고 미국과 북한은 7월 8일 제네바에서 제3차 고위급회담을 개최하여 공식적인 합의를 이루고, 10월 21일 마침내 제네바합의Agreed Framework에 서명하였다. 제네바합의는 북한이 핵개발을 포기하는 대가로 미국이 중심이 되어 북한에 경수로를 제공해주고 북·미 간 정치·경제적 관계를 정상화하려는 노력을 한다는 약속이었다. 미국은 북한에 대해 핵을 사용하거나 핵으로 위협하지 않는다는 소극적 안전보장과 북한의 에너지 부족 해결을 위해 매년 50만 톤의 중유 공급을 약속했다. 또한 미국은 북한이 경수로 2기를 제공받을 수 있도록 국제적인 협의를 주선하기로 하는데, 이것이 한국, 미국, 일본 3국의 컨소시엄 형태로 1995년 3월 9일 출범한 다국적 협의체인 한반도에너지개발기구KEDO: Korean Peninsula Energy Development Organization이다. 이에 대해 북한은 핵 활동을 중단하고 NPT에 잔류하여 IAEA의 핵안전조치협정을 이행하며 남북 간에 합의된 한반도비핵화 공동선언도 이행하기로 약속했다. 제네바합의는 북한의 과거 핵 활동 의혹을 근본적으로 해소하지 못하고 나중으로 미뤄놓았다는 점에서 불완전하고 결함이 많은 것으로 비판받기도 하지만, 북한의 핵 활동을 동결시킴으로써 한반도의 핵위기를 상당부분 해소하였다는 점에서 긍정적으로 평가받기도 한다.

제네바합의가 성립된 후 경수로 건설을 이행하는 과정에서 몇 가지 문제들이 발생했다. 경수로의 모델을 결정하는 과정에서 거의 1년간 위

---

47) 이 부분은 다음 글에 제시된 설명을 토대로 저자가 재구성한 것이다. 이용준 (2004); Wit et al. (2004); 구갑우, 안정식 (2009); Robert Carlin, Charles Kartman, and Joel Wit, *The Rise and Fall of KEDO: A Case of Multilateral Engagement with North Korea* (New York: Weatherhead East Asian Institute at Columbia University, 2009).

한반도에너지개발기구(KEDO: Korean Peninsula Energy Devel-opment Organization)

10.2

1. KEDO의 설립과 회원국 구성

　1) 한국, 미국, 일본 3국은 1995년 3월 9일 KEDO 설립협정에 서명하였다.

　2) 집행이사회Executive Board 국가로 설립 초기부터 참여한 한국, 미국, 일본과 1997년부터 참여한 유럽연합이 있다.

　3) 설립 이후 참여한 일반 회원국으로 뉴질랜드, 호주, 캐나다, 인도네시아, 칠레, 아르헨티나, 폴란드, 체코, 우즈베키스탄이 있으며, KEDO에 지원을 제공하는 국가이다.

2. KEDO의 경수로 프로젝트

　1) 1995년 12월 15일 KEDO는 북한과 경수로 공급협정을 체결하고, 2기의 경수로를 북한에 제공할 것을 규정했다.

3. KEDO 활동의 종료

　1) 2002년 10월 북한의 우라늄 프로그램에 대한 의혹이 불거진 후 KEDO 집행이사회는 12월부터 북한에 대한 중유공급을 중단하기로 결정했다.

　2) KEDO는 북한이 경수로 공급협정에 필수적인 여러 단계를 수행하지 않음으로 인해 2006년 5월 31일 대북 경수로 지원 프로젝트를 공식적으로 종료하기로 결정했다.

(출처 : KEDO 홈페이지, (http://www.kedo.org))

기가 있었고, 경수로 건설에 필요한 재원을 부담하는 문제도 민감한 사안으로 떠올랐다. 미국은 1994년 10월 제네바합의가 타결된 후 한국에게 경수로 건설에 필요한 재원의 대부분을 부담해 줄 것을 요청했다. 이는 당시 한국에는 상당한 부담이었으나, 김영삼 정부 역시 경수로 건설 사

업에서 한국이 주도적 역할을 해야 한다는 입장이었으며, 이미 남북정상
회담 개최 선물로 경수로 지원을 계획했던 터라 반대할 명분이 없었다.[48]
그래서 김영삼 정부는 '한국형 경수로'를 건설한다는 조건하에 건설비용
의 70%를 부담하기로 약속했으며, 경수로 건설비용은 현금이 아닌 현물
로 제공한다는 조건을 달았다. 제네바합의가 이루어진 후 11월부터 경수
로 모델을 결정하기 위한 북·미회담이 베를린과 쿠알라룸푸르에서 시작
되어 다음해 6월까지 진행되었는데, 한국형 경수로를 관철하는 일은 순
탄치 않았다. 북한은 김영삼 정부가 한국형 경수로를 고집하는 이유가 북
한 사회를 위협하기 위한 것이라며 강력하게 반발하고 미국 주도하에 미
국형 경수로나 다른 외국모델의 경수로를 건설해야 한다고 주장했다. 북
한의 이러한 불신을 감안하여 미국인을 대표로 하는 한·미·일 3국의 컨
소시엄으로 KEDO를 설립하여 경수로 사업을 주도하도록 했다. 결국 상
당히 오랫동안 어려운 협상 끝에 1995년 6월 13일, 말레이시아 쿠알라룸
푸르에서 경수로공급협정이 합의하여, KEDO는 한국형 원자로를 모델로
하고 한국전력공사를 주계약자로 선정하는 결의문을 채택했다.

2. 경수로 건설 지원에 관한 정책결정과정

김영삼 대통령은 1994년 8월 15일 광복절 기념식에서 '한민족공동
체 건설을 위한 3단계 통일방안'을 제안하면서, "북한이 핵 활동의 투명
성을 보장한다면 경수로 건설을 비롯한 평화적 핵에너지 개발에 우리의
자본과 기술을 지원할 용의가 있다."고 밝혔다.[49] 또한 북한에 지원할 경
수로는 반드시 한국형이어야 한다고 주장하면서, 한국형이 아닐 경우에
는 막대한 건설비용을 부담할 수 없다고 말했다. 하지만 김 대통령은 내
심 "건설 도중 북한이 합의를 무시하는 이중적인 태도로 나올 경우에는

---

48) 이용준 (2004), pp. 160–161.
49) 김영삼 (2001a), pp. 342–343.

10.3

미합중국(이하 미국으로 호칭) 대표단과 조선민주주의인 민공화국(이하 북한으로 호칭) 대표단은 1994년 9월 23일부터 10월 21일까지 제네바에서 한반도 핵문제의 전반적 해결을 위한 협상을 가졌다.

양측은 비핵화된 한반도의 평화와 안전을 확보하기 위해서는 1994년 8월 12일 미국과 북한 간의 합의 발표문에 포함된 목표의 달성과 1993년 6월 11일 미국과 북한 간 공동 발표문상의 원칙과 준수가 중요함을 재확인하였다. 양측은 핵문제 해결을 위해 다음과 같은 조치들을 취하기로 결정하였다.

1. 양측은 북한의 흑연감속원자로 및 관련시설을 경수로 원자로발전소로 대체하기 위해 협력한다.

1) 미국 대통령의 1994년 10월 20일자 보장서한에 의거하여 미국은 2003년을 목표시한으로 총 발전용량 약 2,000MW의 경수로를 북한에 제공하기 위한 조치를 주선할 책임은 진다.

– 미국은 북한에 제공할 경수로의 재정조달 및 공급을 담당할 국제컨소시엄을 미국의 주도하에 구성한다. 미국은 동 국제컨소시엄을 대표하여 경수로 사업을 위한 북한과의 주 접촉선 역할을 수행한다.

– 미국은 국제컨소시엄을 대표하여 본 합의문 서명 후 6개월 내에 북한과 경수로 제공을 위한 공급 계약을 체결할 수 있도록 최선의 노력을 경주한다. 계약 관련 협의는 본 합의문 서명 후 가능한 조속한 시일 내 개시한다.

– 필요한 경우 미국과 북한은 핵에너지의 평화적 이용 분야에 있어서의 협력을 위한 양자협정을 체결한다.

2) 1994년 10월 20일자 대체에너지 제공 관련 미국의 보장서한에 의거 미국은 국제컨소시엄을 대표하여 북한의 흑연감속원자로 동결에 따라 상실될 에너지를 첫 번째 경수로 완공시까지 보전하기 위한 조치를 주선한다.

- 대체 에너지는 난방과 전력생산을 위해 중유로 공급된다.
- 중유의 공급은 본 합의문 서명 후 3개월 내 개시되고 양측간 합의된 공급일정에 따라 연간 50만 톤 규모까지 공급된다.
3) 경수로 및 대체 에너지 제공에 대한 보장서한 접수 즉시 북한은 흑연감속원자로 및 관련시설을 동결하고 궁극적으로 이를 해제한다.
- 북한의 흑연감속원자로 및 관련시설의 동결은 본 합의문서 후 1개월 내 완전 이행된다. 동 1개월 동안 및 전체 동결기간 중 IAEA가 이러한 동결상태를 감시하는 것이 허용되며, 이를 위해 북한은 IAEA에 대해 전적인 협력을 제공한다.
- 북한의 흑연감속원자로 및 관련시설의 해체는 경수로 사업이 완료될 때 완료된다.
- 미국과 북한은 5MWe 실험용 원자로에서 추출된 사용 후 연료봉을 경수로 건설 기간 동안 안전하게 보관하고 북한 내에서 재처리하지 않는 안전한 방법으로 동 연료가 처리될 수 있는 방안을 강구하기 위해 상호 협력한다.
4) 본 합의 후 가능한 조속한 시일 내에 미국과 북한의 전문가들은 두 종류의 전문가 협의를 가진다.
- 한쪽의 협의에서 전문가들은 대체 에너지와 흑연감속원자로의 경수로로의 대체와 관련된 문제를 협의한다.
- 다른 한쪽의 협의에서 전문가들은 사용 후 연료보관 및 궁극적 처리를 위한 구체적 조치를 협의한다.

2. 양측은 정치적 경제적 관계의 완전 정상화를 추구한다.
1) 합의 후 3개월 내 양측은 통신 및 금융거래에 대한 제한을 포함한 무역 및 투자제한을 완화시켜 나아간다.
2) 양측은 전문가급 협의를 통해 영사 및 여타 기술적 문제가 해결된 후에 쌍방의 수도에 연락사무소를 개설한다.
3) 미국과 북한은 상호관심 사항에 대한 진전이 이루어짐에 따라 양국관계를 대사급으로까지 격상시켜 나아간다.

3. 양측은 핵이 없는 한반도의 평화와 안전을 위해 함께 노력한다.

1) 미국은 북한에 대한 핵무기를 불위협 또는 불사용에 관한 공식 보장을 제공한다.

2) 북한은 한반도 비핵화 공동선언을 이행하기 위한 조치를 일관성 있게 취한다.

3) 본 합의문이 대화를 촉진하는 분위기를 조성해 나아가는 데 도움을 줄 것이기 때문에 북한은 남북대화에 착수한다.

4. 양측은 국제적 핵 비확산 체제 강화를 위해 함께 노력한다.

1) 북한은 핵 비확산 조약[NPT] 당사국으로 잔류하며 동 조약상의 안전조치협정 이행을 허용한다.

2) 경수로 제공을 위한 계약체결 즉시 동결대상이 아닌 시설에 대하여 북한과 IAEA간 안전조치협정에 따라 임시 및 일반사찰이 재개된다. 경수로 공급계약 체결시까지 안전조치 연속성을 위해 IAEA가 요청하는 사찰은 동결 대상이 아닌 시설에서 계속된다.

3) 경수로 사업의 상당 부분이 완료될 때, 그러나 주요 핵심부품의 인도 이전에 북한은 북한 내 모든 핵물질에 관한 최초 보고서의 정확성과 완전성을 검증하는 것과 관련하여 IAEA와의 협의를 거쳐 IAEA가 필요하다고 판단하는 모든 조치를 취하는 것을 포함하여 IAEA 안전조치협정[INFCIRC/403]을 완전히 이행한다.

조선민주주의인민공화국 수석대표
조선민주주의인민공화국 외교부 제1부부장 강석주

미합중국 수석대표
미합중국 본부대사 로버트 갈루치

언제라도 지원을 중단할 수 있다고 보았기 때문에" 한국형을 강조했다고 한다.[50] 또한 김영삼 정부가 경수로 지원을 현금이 아닌 현물로 제공한다

는 조건을 단 것은 자연스럽게 '한국형 경수로'를 관철하기 위한 의도였다고 한다.[51]

북한은 예상대로 한국의 이러한 의도를 의식하고 한국형 경수로 채택 요구에 강력하게 반발하였고, 제네바합의의 이행과정은 순탄치 못했다. 이에 대해 미국은 "실질적인 한국형이면 명칭에는 구애받지 않겠다."며 김영삼 정부의 양보를 요구했다. 이후 김영삼 정부는 마지못해 "KEDO가 원자로 노형과 주계약자를 선정한다."는 북·미의 합의를 받아들였으나,[52] 이는 KEDO의 설립목표에 '한국 표준형 경수로를 제공한다.'고 명기되어 있으므로 실질적으로 경수로공급 과정에서 한국의 중심적 역할이 확보되었기 때문이다.[53] 북한 역시 한발 물러나 남한이 경수로를 제공한다는 사실을 공개적으로 인정하는 것이 아니면 어떤 경수로인지는 미국이 결정할 수 있다고 물러섰다. 따라서 경수로공급협정서에는 KEDO가 자금을 동원해 북한에 대한 경수로 공급비용을 제공해 줄 것이라 명시하고 한국을 명시하지 않았다. 다른 한편, KEDO는 경수로공급협정이 발표될 때 한국전력이 경수로 공급의 주계약자가 될 것이며, 또한 한국 표준형 원자로가 제공될 것이라는 내용을 발표했다. 결국 한국을 명시하지 않아 북한의 체면을 살려주면서도 경수로 공급에서 한국의 중심적 역할을 확보해 주기 위한 우회적인 대안으로 제시된 것이 KEDO라는 국제컨소시엄이었다.[54] 이러한 이유로 미국은 북한에 대한 경수로 공급과정에서 자금은 거의 대지 않고, KEDO의 설립 및 정책결정과정에서 가장 중요한 위치를 차지했다. 한국의 의도에 대한 북한의 불신으로 KEDO는 미국이 한국의 경수로지원과 관련해 일방적으로 대북조치를 취하는 것을 견제하도록 고안된 장치가 됐다.[55] 결국 불안정한 남북관계는 한국이 자금만 제

---

50) 김영삼 (2001a), p. 343.
51) 이용준 (2004), p. 161.
52) Wit et al. (2004), pp. 445-446.
53) 김영삼 (2001b), pp. 74-76.

공하고 실질적인 권력은 미국이 행사하도록 하는 기묘한 장치를 만들어
낸 것이다. 또한 제네바합의 이후에도 경수로공급 과정에서 한국은 소외
되고 북·미 간의 협상에만 의존해야 했다.

미국은 또한 김영삼 정부의 한국형 경수로 주장에 대해서 그 의도를
완전히 신뢰하지 않았다. 클린턴 행정부는 불안정한 남북관계를 고려할
때, 한국이 한국회사를 통해 한국형 경수로를 북한에 건설하겠다는 계획
이 끝까지 이행될지의 여부를 확신하지 못했다.[56] 1993년 이후 북핵위기
를 대응하는 과정에서 양국의 인식 차와 정책갈등은 경수로 공급문제에
서도 서로 신뢰하지 못했다. 더구나 미국 관리들은 김영삼 정부가 주장하
는 한국형 경수로가 엄밀하게는 기술적으로 존재하지 않으며 미국경수로
가 한국표준형으로 개조된 것뿐이라며 한국 정부의 의견에 전적으로 동
의하지는 않았다고 한다.[57]

VI. 맺음말

1993년 이후 북핵문제를 통해 김영삼 정부가 보여준 대북정책은 전
반적인 한국외교정책 결정과정에 대한 몇 가지 시사점을 제시한다. 우
선 외교정책과 대북정책의 추진과정에서 한·미관계의 중요성이다. 어차
피 한국과 미국 간 시각과 국가이익은 상이하기 때문에 각국의 외교정책
이 동일할 수는 없다. 북핵문제에 대해서도 한국정부는 남북관계와 한반
도 문제로 보는 반면 미국은 한반도뿐만 아니라 동북아 전체와 전 세계의
비확산레짐까지 생각해야 한다. 따라서 한·미 간의 이견을 조정하는 것

---

54) 오버도퍼 (2002), pp. 530-534.
55) 이용준 (2004), p. 163.
56) 이용준 (2004), p. 161.
57) 이용준 (2004), pp. 161-162.

이 한국정부가 북핵문제를 포함한 한반도 관련 정책이슈를 대응하는 데 가장 중요한 요소라고 할 수 있다. 김영삼 정부는 북·미회담의 전제조건으로 남북대화를 내세우거나 한국형 경수로를 주장함으로써 미국에 대해 일정부분 한국이 자율성을 확보하기는 하였으나, 결국 미국의 반발을 초래하고 한·미 간 갈등을 심화시키기도 했다. 또한 과거 냉전시대보다는 자유로워지기는 했지만 여전히 비대칭적인 한·미관계의 속성상 미국의 정책에 지속적으로 반대하는 것이 불가능하기 때문에 종종 정책이 비일관적이고 무원칙적인 모습을 보이기도 했다.

둘째, 한국정부가 대북정책을 추진하는 데 있어 남북채널의 중요성이 드러난다. 김영삼 정부는 취임 초기에는 대북포용정책을 추진했지만, 북핵문제 발발을 계기로 대북강경책을 펼치면서 남북대화 채널을 잃게 된다. 북한이 공세적으로 통미봉남 정책을 추진하는 상황에서 북핵위기가 고조되자 한국 정부는 미국 정부에 의존할 수밖에 없었다. 미국을 통해 북한에 압력을 가해야 하는 상황에서 예상대로 북한의 반발은 강력했고 이 과정에서 북한의 통미봉남 정책은 더욱 강해지고 한·미 간의 정책 갈등이 불거지기도 했다.

셋째, 대외정책 결정과정에서 대통령의 역할과 영향력이 두드러진다는 점이다. 이는 한국과 같은 강력한 대통령제하에서는 어쩔 수 없는 부분이기는 하지만, 대통령의 개인적 인식이나 성향이 정책 자체를 변화시킴으로써 정책이 비일관적이고 예측불가능하게 하는 경향이 강했다. 특히 권위주의적 성향을 가진 대통령이 감각에 기반을 두어 인식하고 갑작스러운 결정을 내리는 경우 정책의 일관성을 상실한 경우가 많았다. 물론 한국 외교정책이 한두 사람의 지도자에 의해서만 결정되는 것은 아니지만, 결정과정에서 투명성과 예측가능성을 높일 수 있는 정책과정의 민주화와 제도화가 진전되어야 할 것으로 보인다.

넷째, 외교정책에 대한 국내정치적 영향력이다. 한 나라의 외교정책이 국민의 여론과 국내정치에 영향을 받는 것은 당연하다. 그러나 외교정책 결정과정이 국내정치적 변수 때문에 왜곡되거나 급격하게 변경될 경우 정책의 일관성과 효율성이 떨어지고 상대국과의 외교마찰이 생긴다. 이러한 경향은 국가이익이 첨예하게 경쟁하는 외교무대에서 우리의 국가이익을 훼손하고 상대국의 신뢰를 잃을 가능성이 크다.

마지막으로 북한정권 자체의 경직성이 한국의 대북정책을 제한한다. 한국의 대외정책이 비일관성과 예측불가능성을 보이면서 때때로 혼선을 보이는 것은 무엇보다도 북한의 경직된 인식과 정책결정과정 때문이다. 냉전이 종식된 지 벌써 20여 년이 흘렀지만 남북관계에는 여전히 긴장이 감돌고 있어 한국의 정책적 자율성과 효율성을 제한하고 있다. 따라서 한반도 분단의 문제를 해소하는 과정은 한국 외교정책을 한 단계 업그레이드할 수 있는 기회가 될 것이다.

11

김영삼 정부의 세계화 정책과 IMF 경제위기

이상환(한국외국어대학교)

목차

주요어   다극체제, 세계화, 세방화, 김영삼 정부, 외교정책 결정요인 분석, 한국 경제발전, 신자유주의,
동아시아 발전모델, 국제통화기금(IMF), IMF 경제위기, 동아시아 금융위기, 대외경제정책,
자유무역, 공정무역

요점정리

1. 탈냉전을 기점으로 국제체제는 소수의 경제 강대국들을 중심으로 한 '다극체제'의 양상을 보인다.
2. 세계화는 국가주권을 약화시키고 범세계적 기구 및 레짐 창출을 강화하였다. 경제적으로는 세계 자본주의 체제가 급성장하였다.
3. 한국의 경제발전은 동아시아 경제발전을 국가주의적 시각으로 분석할 때, 즉 동아시아 발전모델에서 적실성을 가진다.
4. 한국의 경제위기는 국가 내적 문제와 외적 모순에 그 근거를 둔다.
5. 한국이 신자유주의적 방법으로 경제위기 해법(내적 문제 해결)을 탐색하였지만, 통상·금융 등 국제 정치경제적 환경(외적 조건)의 영향 또한 배제할 수 없다.
6. 김영삼 정부 당시 대내외적 환경은 자율과 개방을 기조로 한 신자유주의적 대외경제정책 형성을 요구한다.
7. 김영삼 정부의 대외경제정책은 상호의존이론에 근거한 개방적인 경제외교, 즉 자유·공정 무역을 그 기조로 한다.

사건일지

1995년 1월 1일
세계무역기구(WTO) 체제 출범

1997년 3월-6월
대기업 연쇄 부도

1997년 8월 15일
재정경제원, 국내 종합금융회사에 외화자금 긴급지원 검토

1997년 8월 27일
재정경제원, 무역관련 자본자유화 확대조치 시행

1997년 8월 30일
재정경제원, 증권시장 안정대책 발표

1997년 9월 1일
미국 무디스(Moody's Investors Service) 방한 협의, 주식 매매수수료 자율화 시행

1997년 9월 10일
산업은행 외환채권 발행(15억 달러)

1997년 9월 19일
아시아유럽정상회의(ASEM) 재무장관 회의 및 국제통화기금(IMF) · 세계은행 총회에 강경식 부총리 참석

1997년 9월 22일
정부, 진로그룹에 대한 6개사 법정관리 신청

1997년 10월 28일
재정경제원, 외국환 관리규정 전면 개정안 발표(외자유입 관련 자유화 조치)

1997년 11월 18일
한국은행, 정부에 IMF 구제금융 요청 촉구

1997년 11월 21일
김영삼 대통령 IMF 구제금융 수용 및 공식발표

1997년 12월 2일
재정경제원, 9개 종금사 영업정지 법령

1997년 12월 3일
미쉘 캉드쉬(Michel Camdessus) IMF총재 구제금융을 지원 합의

1997년 12월 18일
제15대 대통령 선거에서 김대중 당선, IMF 2차 인출 이사회 승인

1997년 12월 19일
세계은행(World Bank) 및 아시아개발은행(ADB) 자금지원 협상 완료

1997년 12월 21일
미국 무디스, 한국 국가신용등급을 투자부적격 등급으로 하향조정

1997년 12월 24일
정부, IMF 구제금융 협상에 대한 신청 발표

1997년 12월 25일
IMF 및 주요 선진국 자금 조기지원 발표

1998년 1월 8일
IMF, 한국정부 3차 의향서 승인(20억 달러 인출 승인)

1998년 1월 11일
김대중 대통령 당선자, 재계 4대그룹 총수와 만나 재벌개혁 5개항 합의

1998년 1월 25일
정부, 외채 만기 연장을 위한 뉴욕 외채협상 발표

1998년 2월 8일
정부, 금융시장 안정 및 단기 금융시장 개방계획 발표

1998년 2월 15일
정부, 외국인에 대한 인수·합병 제한 완화

1998년 4월 1일
금융감독위원회 공식 출범

1998년 12월 7일
정부·재계, 5대 재벌 구조조정안 합의

2000년 9월 7일
정부개혁추진위원회 발족

2000년 9월 12일
정부, 공적자금 40조 원 추가조성 결정

2000년 12월 4일
김대중 대통령, IMF의 차관을 모두 상환하고 'IMF 위기' 탈피 공식 발표

2001년 8월 23일
김대중 대통령, IMF 구제금융 195억 달러 전액 상환, 김대중 대통령 IMF 구제금융 관리 체제 탈피 선언

I. 머리말

탈냉전 시대의 도래와 함께 출범한 김영삼 정부는 국내외적인 변화의 흐름 속에서 적응과 도전을 시도하였다. 이념 갈등으로 특징지어지는 냉전기가 끝나면서 남은 것은 국가 간 이익 갈등이었다. 탈냉전이 양 진영 간 안보불안을 해소하면서 그 동안 잠재되어 왔던 우방 간 경제적 갈등이 증폭되었기 때문이다. 이처럼 무한경쟁 혹은 세계화의 시대가 등장하였다.

1980년대 말 이래 세계질서는 커다란 구조적 변화를 겪어 왔다. 이는 두 가지의 큰 흐름을 동시에 노정하고 있다. 하나는 소련의 붕괴로 제2차 세계대전 이후 40여 년 동안 유지되어 왔던 동서체제가 무너지면서 군사적·이념적 대결상태가 종식된 것이고, 다른 하나는 경제적 다극화 현상이 대두되어 경제적 갈등이 전개된 것이다. 이러한 세계질서의 변화는 소련과 동구권 사회주의 국가들의 개혁·개방 정책이 세계 자본주의 체제로 편입되면서 시작되었다. 아울러 1970년대 초부터 와해되기 시작한 미국 중심의 세계 자본주의 경제체제는 냉전체제하 정치군사적 대결구도에 의해 유지되었지만, 1989년 말 부시George H. W. Bush 대통령과 고르바초프Mikhail Gorbachev 서기장 간 맺어진 '몰타미소정상회담Malta Conference' 이후 미국 경제력의 심각한 약화와 함께 탈패권적 다극체제로 전환되었다. 후쿠야마Francis Fukuyama에 의하면, 앞으로의 세계에서 이데올로기는 존재하지 않게 될 것이며 현존하는 대의민주주의와 시장경제 이외에는 대안이 없기 때문에 현존제도는 무한히 지속될 것이다. 후쿠야마는 자유민주주의가 진보의 주체이고 자본주의는 유일하게 가능한 경제체제이기 때문에 이데올로기적 대립이 보편적인 민주이성과 시장지향적 사고로 대체될 것으로 전망하였다.[1]

---

1) Francis Fukuyama, *The End of History and the Last Man* (New York: The Free

참고　**몰타 미·소정상회담(Malta Conference)**

11.1 몰타미소정상회담은 1989년 12월 2일과 3일 지중해의 몰타 해역 선상船上에서 미국 대통령 부시와 소련 서기장 고르바초프 사이에 이루어진 회담이다. 이 회담에서 제2차 세계대전 이후의 냉전체제를 종식하고 평화를 지향하는 새로운 세계질서를 수립한다는 역사적 선언이 이루어졌다.

구체적 합의나 협정체결을 전제로 하지 않고, 미·소 양국의 정상이 만나 향후 세계사의 향방과 현안 문제들을 포괄적으로 논의하였는데, 주된 논제는 동유럽의 변혁, 미·소 군비축소, 경제협력, 남미와 중동의 지역분쟁해소 등이었다. 먼저 동유럽의 민주화와 시장경제체제로의 이행에 대해 부시는 소련의 불간섭을 요구하였고, 고르바초프는 이들 국가의 변혁에 개입하지 않는 대신 동·서독의 통일에 대해서는 반대의사를 표명하였다. 또한 두 정상은 전략핵무기와 화학무기의 감축에 동의하고, 구체적 합의를 위해 1990년 6월 워싱턴에서 정상회담을 갖기로 하였다. 경제협력에 대해 부시는 소련이 이민제한 철폐법을 제정하는 즉시 무역최혜국 대우, GATT관세 및 무역에 관한 일반협정 참관인 자격 부여, 관세혜택 등의 경제적 지원을 약속하였다. 뿐만 아니라 NATO북대서양조약기구와 바르샤바 조약을 점진적으로 군사기구가 아닌 정치적 기구로 그 성격을 변모시켜 나가기로 하고, 지역분쟁은 정치적으로 해결해 나가기로 합의하였다.

이처럼 탈냉전 후 현존 세계체제는 기본적으로 '다극체제'의 성격을 띠고 있다. 한 국가가 절대적 힘의 우위를 지키는 패권체제와는 달리 다극체제는 몇몇 강대국들이 비슷한 경제력을 갖는 자본주의 세계체제이다. 오늘날 다극체제의 주요 행위자들은 미국, 유럽연합(이하 EU), 일본, 러시아, 그리고 중국이다. 군사적 측면에서 미국과 러시아 및 중국, 경제적 측면에서 미국과 일본 및 EU로 기본 골격이 이루어지는 이중적 '삼극

Press, 1992).

체제^{tripolar system}'이다. 여기서 미국은 군사적으로나 경제적으로나 강대국이므로 오늘날의 세계체제를 범미체제, 즉 팍스 아메리카나^{Pax Americana}를 기초로 한 '단극체제^{unipolar system}'라고 부르기도 한다. 한편 중국의 경제적 부상을 강조하는 학자들은 'G-2체제'라는 말로 새로운 양극 체제의 도래를 전망한다.

김영삼 정부 집권 시기인 1993-1997년 동안의 세계체제를 규정한다면 '다극 속의 단극체제^{unipolar system under multi-poles}'라고 말할 수 있다. 체제전환 속에서 내치^{內治}에 총력을 집중했던 러시아의 진공상태에서 미국이 세계체제를 이끌었고 또한 세계화^{globalization}라는 슬로건하에 국제경제 관계를 주도하였다. 1993년 12월에 타결된 우루과이라운드^{Uruguay Round}는 세계무역기구^{World Trade Organization}를 1995년 출범시켰다. WTO 체제는 자유무역과 공정무역 원칙을 바탕으로 국제경제를 다자주의 및 규범주의 틀 속에서 운영하였다. 세계화가 가져다줄 경제적 부를 기대하며 개발도상국들은 수동적이나마 새로운 경제체제 출범에 동참하였다. 그러나 이러한 세계화, 즉 자본의 세계화는 곧 역풍을 맞이하게 되는데, 1997년 전후 동아시아에 몰아닥친 금융 혹은 경제 위기를 예로 들 수 있다. 그 결과 자본의 세계화에 대한 상대논리로 노동의 세계화가 주장되었고, 자본의 세계화에 따른 대내외적인 빈부격차의 심화를 완화시키려는 노력 속에서 얼굴 있는 세계화 혹은 책임 있는 세계화^{globality} 논의가 부각되었다.

세계화로 인한 새로운 세계질서는 정치·경제·사회·문화 등 모든 분야에서 인간의 생활권이 국경을 넘어 확대되면서 국가 간 긴장관계와 국가주권의 약화현상을 수반한다. 정치적 측면에서 개별 국가 간 대립·경쟁을 유발하는 분권주의^{decentralism}가 한시적으로 존재할지라도, 개별 국가를 통합하려는 범세계적·지역적 기구 및 레짐^{regime}을 형성하고 강화한다. 경제적 측면에서는 자본주의 경제체제가 범세계화되고 사회주의 경제체제는 거의 사라진 상태이다. 김영삼 정부 시기 국제적 환경은 이러한 세

11.2

코헤인^{Robert O. Keohane}은 레짐에 대해 다음과 같이 설명한다. 레짐은 "국제관계에서 행위자들의 기대에 부합하는 원칙 principles, 규범norms, 규칙rules, 그리고 의사결정절차decision-making procedures의 총체이다. 원칙은 행위자들이 추구하도록 기대되는 결의이며, 규범은 정의와 의무의 측면에서 제시되는 행위의 기준을 제시하고 합법적이고 비합법적인 행위의 기준을 설정한다. 규칙은 행위를 제시하는 구체적인 처방이고, 마지막으로 의사결정절차는 집단적인 선택을 하고 이러한 선택을 이행하는 일반적인 관행을 말한다. 규범은 원칙에 어긋나서는 안되며, 규칙은 이러한 규범과 상반되면 안 된다.

(출처: Robert O. Keohane, "Cooperation and International Regimes," in Phil Williams, Donald M. Goldstein and Jay M. Shafritz (eds.), *Classic Readings and Contemporary Debates in International Relations* (Cengage Learning, 2004), pp. 238–246)

계화의 커다란 흐름 속에서 각국이 국가이익을 추구하는 양상으로 전개되었다.

김영삼 정부 시기 동안 국제금융구조는 커다란 변화를 겪었다. 말하자면 세계 자본시장이 등장한 것이다. 1980년대 금융finance의 국경이 붕괴되고 국제금융international finance이 세계금융global finance으로 전환되자, 1990년대에는 이에 따른 조정문제가 불거지면서 국제사회는 어려움에 처한다. 1997년 동아시아 금융위기도 1980년대 국제 금융시장의 완전 자유화와 개방화에 따른 부적응의 여파라고 할 수 있다. 대처Margaret Thatcher 수상과 레이건Ronald Reagan 대통령은 국내 금융시장은 물론 국제 금융시장의 규제를 본격적으로 완화시키면서 국제 금융시장은 시장원리에 의해 작동되기 시작하였다. 이러한 세계 금융체제는 기술혁명과 함께 등장하였다. 장거리 무선통신과 컴퓨터의 발달은 지구촌 곳곳의 금융거래를 실시간으로 가능하게 하였고, 세계를 하나의 금융시장으로 통합시켰다. 또한 세계 금융시장의 민간기능이 확대되면서 금융의 자유개방화는 국가 간 정책 조정과 협력을 더욱 절실하게 하였다. 한편 1990년대 당시 미국 달러($)가 기축통화로서 여전히 중요한 역할을 담당하고 있었지만, 다른 화폐들 특히 독일 마르크(DM)와 일본 엔(¥)의 역할이 증가하였다. 특히 1999년 이래 유로(€)의 등장은 국제 금융체제를 단극체제에서 양극체제로 전환시켰다.

김영삼 정부의 출범은 대내적으로 이전 민주세력 대 반민주세력의 대결구조에서 민주세력이 정권을 쟁취한 상황으로 해석된다. 3당합당(민주자유당: 민주정의당, 통일민주당, 신민주공화당)을 통해 민주세력이 주도하는 문민정권이 출범한 것이다. 민주적 정당성을 확보한 정권이기에 각종 개혁정책이 취해졌고 반민주세력으로 각인되었던 집단은 정치의 장에서 강제 퇴각당하는 화를 당했다. 이러한 정치적 민주화는 경제발전에 촉매적 역할을 할 수 있으리라는 기대를 낳았고, 1980년대 말에서 1990년대 초 국제무역수지 흑자 등 지속적인 경제적 청신호와 맞물려 낙관적인 전망을 초래하였다. 1990년대 중반 이러한 과신과 도덕적 해이[moral hazard]가 맞물려 한국사회에 거품이 야기되었고, 금융개혁의 실패는 결국 경제위기를 불러들였다.

1990년대 초중반 주식시장과 부동산 경기의 호황은 거품경제를 대변하는 좋은 사례이다. 1988년 서울올림픽 이후 한국 경제는 새로운 도약과 변화의 시기를 겪으며 대외적인 변화에의 적응을 강요받았다. 하지만 신자유주의적 세계화에 대한 어설픈 신자유주의적 대응 혹은 사실상 국가주의적 대응 방식은 그 한계를 노정할 수밖에 없었다. 결국 1990년대 말 국제통화기금[IMF]을 통한 경제적 수렴청정에 의해, 즉 외압에 의해 한국의 개혁은 진행된 것이다.

왜 김영삼 정부는 IMF 경제위기를 맞이했는가? 눈덩이처럼 불어나는 외채[2] 위기에 왜 대처하지 못했는가? 1997년 전후 한국의 외채 상황

---

2) 외채란 한 국가가 다른 국가에 대하여 이행하여야 하는 채무계약을 말하며, 한 국가의

참고 **국제통화기금(International Monetary Fund)**

11.3 국제통화기금^{IMF}의 주요업무는 다음의 세 가지로 설명된다. 첫째, 감독^{surveillance}이다. 이는 경제위기 예방차원에서 경제 및 금융 개발을 감시하고 정책에 대한 조언을 제공하는 것이다. 둘째, 채무 지불 능력이 불안정한 국가에 일시적인 경제적 지원을 제공한다. 그리고 IMF는 경제적 지원 이외에도 기술지원 및 전문분야에 대한 훈련을 제공한다. 최근에는 돈세탁^{money-laundering}과 테러리즘에 대항하기 위해 IMF가 적극적으로 개입하기도 한다.

(출처: 국제통화기금(IMF) 공식사이트, http://www.imf.org/external/index.htm(검색일: 2010. 5. 16))

을 살펴보면 다음과 같다. 장단기 외채 규모와 그 상대적 비중에 의하면, 1990년 장기외채는 174억 달러로 외채 중 54.9%를 차지하고 단기외채는 143억 달러로 45.1%를 차지한다. 마찬가지로 1994년 장기외채는 433억 달러로 44.7%, 단기외채는 536억 달러로 55.3%, 1996년 장기외채는 714억 달러로 43.4%, 단기외채는 930억 달러로 56.6%이었다. 1997년 IMF 경제위기를 맞이하기까지 총외채의 규모는 급상승하였고, 특히 총외채 중 단기외채의 비율이 50%를 넘었다는 것은 금융위기를 예고하

정부 또는 민간부문에서 다른 국가의 정부 또는 민간부문에 대하여 갚아야 하는 빚을 의미한다. 외국인이 소유한 국내의 건물, 공장, 그리고 그 밖의 부동산 등도 모두 외채이며, 외채는 반드시 외국의 은행이나 IMF나 세계은행 같은 공적 기관으로부터의 대출만을 의미하는 것은 아니다. 즉 '외국인이 소유한 국내 자산의 합'이라고 할 수 있다. 외채의 종류로는 1년 또는 1년 미만의 만기일을 갖는 외채인 단기외채, 오랜 기간 동안 외채의 원금을 상환하지 않아도 되고 단지 이자만이 단기에 지급되면 되는 외채인 장기외채가 있다. 또한 정부가 보증하지 않는 외채인 민간외채와 정부가 보증한 외채인 공공부채가 있다. 개도국 외채 중 대부분은 장기외채이며, 장기외채 중 대부분은 공공부채이다. 외채는 그 규모보다는 상환능력이 문제된다고 할 수 있다. 외채가 문제시 안 되는 경우는 다음과 같다. 해당 외채의 이자를 상환하기에 충분한 수익을 가져오는 경우, 외채의 상환기일이 사업의 투자회수 기간과 일치하는 경우, 외채가 상환될 때까지 예기치 않은 상황에 대한 충분한 고려가 이루어진 경우 등이다. 이러한 세 가지 조건을 만족시킬 때 외채문제는 없다고 볼 수 있다.

는 것이었다. 당해 연도인 1997년의 경우 장기외채와 단기외채는 각각 949억 달러로 60.0%, 632억 달러로 40.0%였다. 이는 당해 연도 11월 이후 IMF의 개입에 의해 조정된 결과를 반영한 것이다. 이어 IMF 구제금융을 받았던 1998년의 경우 장기외채는 1189억 달러로 78.5%, 단기외채는 326억 달러로 21.5%였다. 즉 IMF의 지원에 의해 단기외채의 부담이 경감되어 급한 불을 끈 것이다. 한국의 국내총생산GDP 대비 총외채 비율은 1990년 12.6%, 1994년 19.2%, 1995년 21.8%, 1996년 27.6%, 1997년 32.8%, 1998년 52.1%로 지속적으로 증가해왔다. 일반적으로 보면 총외채가 GDP에서 차지하는 비율이 30%가 넘어가면 경제위기가 임박했음을 알리는 것이다. 이에 따르면 1997년 한국의 IMF 경제위기는 예고된 것이었다.

이는 한국만의 문제가 아니었다. 동아시아는 물론 라틴아메리카까지 도미노 양상을 드러냈다.[3] 1996년을 기준으로 개발도상국의 부채를 살펴보면 라틴아메리카는 6,570억 달러로 GDP의 41%, 아시아는 8,570억 달러로 GDP의 28%, 아프리카는 3,410억 달러로 GDP의 69%이며, 이를 합하면 총 1조 8,550억 달러로 이들 국가 GDP의 37%를 차지하는 것이다. 이는 모두 경제위기 상황에 있었음을 보여주고 있다. 세

---

3) 국제부채문제는 채무국만의 문제는 아니며 지불불능 사태는 채권국의 경제에도 타격을 주는 사안이다. 미국의 주도하에 IMF와 세계은행은 채무국의 경제발전을 지원하고, 긴축재정을 통한 채무국 국가재정의 강화, 외채상환 연장, 채무 일부삭감 등 다양한 방법을 통해 부채문제를 해결하려 한다. 외채위기에 대한 대응방식으로는 베이커 플랜(the Baker Plan, 1985년 미 재무장관)과 브래디 플랜(the Brady Plan, 1989년 미 재무장관)이 있다. 베이커 플랜은 외채의 상환일정 조정에 필요한 공적 자금지원을 그 주요 내용으로 한다. 이는 외채 탕감은 아니며, IMF와 세계은행이 필요한 재원을 제공하여 채무국들로 하여금 경제정책을 수정하도록 하기 위함이다. IMF와 합의한 채무국들은 구조개혁과 경제정책의 수정을 통하여 장기적으로 외채를 상환할 수 있도록 하여야만 한다. 한편 브래디 플랜은 베이커 플랜에 외채 감면(relief), 삭감(reduction), 또는 탕감(forgiveness)을 새롭게 부과한 것이다. 이는 개도국들의 외채 규모가 너무 커서 이들이 부채를 상환할 수 있을 정도의 경제성장이 전혀 불가능하다는 주장에 근거한다.

계화가 내건 국제사회에서의 빈부격차 축소는 정치적 슬로건에 불과했던 것임을 여러 통계자료는 여실히 보여준다. 세계 총생산에서 최저소득국가 20%, 중간소득국가 60%, 최고소득국가 20%가 차지하는 비율을 각각 살펴보면, 20% 최저소득 국가의 경우 1963년 2.3%, 1993년 1.4%, 1998년 1.2%, 60% 중간소득 국가의 경우 1963년 27.7%, 1993년 13.6%, 1998년 9.8%, 20% 최고소득 국가의 경우 1963년 70.0%, 1993년 85.0%, 1998년 89.0%로 빈부격차가 오히려 확대되었음을 알 수 있다. 물론 이를 개별 국가별로 살펴보면 예외적인 해석도 가능할 수 있다.[4]

김영삼 정부는 탈냉전 및 세계화라는 대외적 환경변화, 문민정권 수립에 따른 군부정권 잔재 청산, 그리고 신자유주의적 경제개혁이라는 대내적 요구를 안고 출범하였다. 당시 상황을 되짚어보면 1997년 IMF 경제위기[5]는 예고된 것이었고 우리 사회 속에서 내재되어 왔던 문제점

---

4) 라틴아메리카의 외환·금융 위기는 1980년대 경우 채무국의 정책적 오류(채무국들의 과다한 재정적자와 고평가된 환율)와 세계경제 여건의 악화(국제금리 상승, 1차상품 가격하락, 선진국 경기둔화)가 결합되어 발생하였다. 1990년대 멕시코는 1994년 미국의 금리인상과 정치적 불안정으로 인해 외국인 자금이 급격하게 빠져나가자 외환보유고가 고갈됨으로써 외환위기를 맞이하게 되고, 브라질은 외국인 투자자금이 빠져나가자 1999년 대규모 평가절하를 단행하면서 외환위기에 직면하였다. 아시아 외환·금융 위기는 1990년대 경우 자본시장 자유화의 과정에서 대규모 외국자본이 유입되는 것에서 시작된다. 환율이 달러에 대하여 평가절상되면서 수출경쟁력은 막대한 타격을 입게 된다. 이에 따라 경상수지 적자가 확대되고, 도입된 외자는 부동산 등 비생산적인 부문에 투자됨으로써 혹은 제조업 투자에 투자된다 하더라도 수익성이 낮은 산업에 과다 투자됨으로써 기업의 과잉 생산설비와 부실화를 초래하였다. 재무구조의 악화로 금융부문 또한 취약해지고, 적절한 건전성 규제와 감독이 따르지 않는 금융자유화는 위험에 대한 적절한 평가를 하지 않은 금융 거래·투자를 용이하게 함으로써 파국을 맞이하였다.

5) 1997년 당시 한국의 경제적 어려움을 규정하는 데 있어 이것이 금융위기냐 아니면 경제위기냐 하는 것이 쟁점이 된 적이 있었다. 본 연구자의 입장은 '금융위기에서 비롯된 경제위기'로서 결국 경제위기라는 데 무게의 중심을 둔다. 즉 자본시장의 교란에 의한 일시적이고 부분적 위기가 아닌 한국 경제 전반에 내재해 왔던 문제점이 분출된 시스템의 위기라는 것이다.

이 표출된 결과라고 할 수 있다. 이 글은 김영삼 정부가 출범할 당시까지 한국 경제가 발전하게 된 배경을 국제정치경제 시각에서 설명하고, 이어 1997년 IMF 경제위기를 맞이하기까지 우리의 상황을 살펴본 후 이에 대한 대응이 어떠했는가를 논의하면서 김영삼 정부 당시 대내외 환경변화 속에서 외교정책 결정에 영향을 미친 요인을 중심으로 논의하는 것을 목적으로 한다. 즉 한국의 경제발전과 1997년 전후 경제위기 및 그 해법을 국제정치경제 시각에서 분석하고, 김영삼 정부의 대외경제정책을 외교정책 결정요인 분석을 통해 파악한 후, 결론적으로 김영삼 정부하 IMF 경제위기가 시사하는 바를 논의하는 것으로 글을 마무리하고자 한다.

II. 국제정치경제 시각에서 본 한국의 경제발전

국제정치경제 분야에 있어 세 가지 주요한 상호보완적인 이론적 시각들이 있는데, 이들은 상호의존이론, 종속이론 그리고 신중상주의이론이다. 지나친 단순화의 오류를 범하지 않는 범위 내에서 각 이론의 주요한 주장을 간략히 요약하면 다음과 같다.

서구의 선진자본주의 국가 간 관계를 설명하는 상호의존이론은 국제정치경제의 자유주의적인 경제적 주장으로 애덤 스미스Adam Smith의 '보이지 않는 손invisible hand'에 기초한 정치와 경제의 분리 그리고 중상주의적 경제정책에 대한 반발을 기초로 한다. 이는 독립적인 경제주체 간의 자발적인 협력관계를 강조하며, 모든 참여국의 적정한 경제성장과 혜택을 토대로 수요공급 원칙에 따른 개방경제체제에 근거한 자유무역을 옹호한다. 월러리R. Dan Walleri에 의하면 자유주의 세계는 자유방임적 자본주의, 재산권, 제한된 정부, 그리고 사회적 진화론을 강조하며, 완벽한 경쟁하에서 시장은 최대의 경제성장, 발전 그리고 일반복지를 창출하는 것이다.[6] 또한 모스Edward L. Morse도 자유시장에서의 개인 자유체제는 중상주의하에서보다 고수준의 물질적 이익을 가져다준다고 강조한다.[7]

상호의존이론에 의하면 국가 간 거래의 동기는 한마디로 상호이익, 즉 돈·이익·부에 있고, 그 주된 주장은 증가된 경제관계가 모든 참여국에게 이롭다는 것이다. 다시 말해 국가 간 거래는 하면 할수록 보다 많은 이득을 가져오고, 이러한 관계의 확산이 '지구촌global village'을 형성한다는 것이다. 개발도상국은 그 과정에서 발전을 이루고, 선진국으로부터 개발도상국으로의 자연적인 자본·기술·관리적 노하우의 이전이 이루어진다. 상호의존이론은 최소한의 정치적 개입과 상품의 자유로운 이동으로 상징되는 개방무역체제가 가장 효율적인 경제체제를 가져온다고 주장한다. 다시 말하면, 이러한 개방체제가 무역 참여국 및 전체 세계를 위해 최대한의 경제적 복지를 낳는다는 것이다. 상호의존이론은 국제통상관계가 비교우위의 경제적 인식에 의해 행해지며 자유무역체제하에서 각국은 최대한의 경제적 성장과 혜택을 얻을 수 있다고 설명한다.

한편 라틴아메리카를 중심으로 제3세계 학자들에 의해 제시된 종속이론에 따르면, 선진국의 경제발전은 저개발국가의 착취에 근거하며 부유국은 빈곤국을 더욱 궁핍하게 만들음으로써 부유해진다. 남북체제는 선진공업국과 아시아, 아프리카, 그리고 라틴아메리카의 개도국 간 이루어지는 경제관계를 말한다. 북북관계가 비교적 동등한 수준의 국가 간 이루어지는 평등적인 관계라면, 남북관계는 경제발달의 수준 및 규범에 있어 현격한 차이가 나는 국가 간 불평등관계라 할 수 있다. 그리고 이러한 불평등관계의 가장 큰 문제점은 종속현상이다. 북북관계에

---

6) R. Dan Walleri, "The Political Economy Literature of North-South Relations," *International Studies Quarterly* vol. 22 (1978), pp. 587-624.
7) Edward L. Morse, "Interdependence on World Affairs," in James Rosenau (ed.), *World Politics* (New York: The Free Press, 1976), p. 661.

있어서의 경제적 상호의존성은 높은 수준의 상호거래와 상호 민감성을 띠는 것에 반하여, 종속관계는 일방적 의존현상을 초래하여 불평등한 거래와 일방적 민감성을 야기한다. 다시 말해서 북북체제의 상호경제관계가 대칭관계라면 남북 경제관계는 비대칭관계라 할 수 있다. 이러한 비대칭관계에 의한 종속현상은 무역종속, 투자종속, 통화종속, 원조종속 등과 함께 최근에 이르러 더욱 확대되어 기술종속과 경영종속까지 포함한다.[8]

상호의존이론이 현 국제경제 질서를 경제적 부가 점차 발전된 중심지로부터 저발전의 주변지로 확산되고 있는 시혜적 관계로 보고 있는 반면, 종속이론은 경제적 부가 오히려 주변국으로부터 선진국으로 역류되는 수탈적 관계로 보고 있다. 따라서 종속이론의 핵심적 주장은 종속관계가 심화되면 종속국가의 정치·사회체제가 왜곡되고 자국의 대중보다는 강대국의 엘리트와 이해관계를 같이 하는 종속국가의 권력엘리트가 탄생된다고 지적한다. 그리고 이들이 결정하는 정책은 자연히 강대국이 원하는 방향으로 형성될 수밖에 없다는 것이다. 종속이론에서 말하는 종속은 '국가들 사이의 불평등한 거래를 강조하는 비대칭적 관계' 혹은 '일국이 다른 국가에 의해 통제되는 상황'을 의미한다. 종속이론은 저발전이 제국주의 혹은 신제국주의의 산물이라 주장하며, 개발도상국의 저발전문제를 다룬다. 이 이론은 선진국의 저개발국에 대한 착취를 강조하며 개발도상국의 저발전 원인과 결과를 설명함에 있어 그 대외적 요인에 중점을 둔 경제적 설명이다. 지적 배경은 신마르크스[neo-marxism] 사상 학파에 속하며, 침투의 국제경제적 힘에 대한 강조와 발전의 정치적 힘(정부의 통제력)

---

8) Frenando Cardoso and Enzo Faletto, *Dependency and Development in Latin America* (CA: The University of California Press, 1978); Daniel Chirot, *Social Change in the Twentieth Century* (TX: Harcourt Brace, Inc., 1977); Peter Evans, *Dependent Development* (NJ: The Princeton University Press, 1979); Immanuel Wallerstein, *The Modern World System* (New York: Academic Press, 1974 & 1980).

을 등한시한다.

상호의존이론이나 종속이론과는 달리 중상주의이론은 경제적 요소보다 정치적 요소를 강조한다. 중상주의는 특별한 타입의 현실주의realism이다. 이 이론에 의하면 국가는 국제정치경제의 중심행위자이며 특정한 이익이나 목적을 가진다. 중상주의의 지지자들은 길핀Robert Gilpin, 허쉬만Albert Hirschman, 크라스너Stephen Krasner, 월츠Kenneth Waltz, 그리고 나이Joseph Nye 등이다. 이 이론은 결집된 이론적 주장이라기보다는 국제관계의 규범적 정책·처방의 집합이다. 길핀은 국제경제관계가 사실상 정치적인 관계라고 주장하며 중상주의는 각국이 자신의 이익 극대화를 위해 경제적 계약을 조정하는 정부의 시도를 의미한다고 주장한다.

신중상주의이론에 의하면 각국은 그 자신의 이익을 반영한 경제정책을 추구한다. 일국은 이익추구가 다른 국가의 희생에 상관없이 이익 극대화를 위해 부와 권력을 추구하는 정책을 시도한다. 국가는 부의 극대화, 상품과 서비스의 소비 극대화, 생산과 소비의 극대화, 가격의 급격한 상승 통제, 외국시장에의 도달 및 외국상품의 국내침투 보호를 통해 통상관계에 관여한다. 하지만 결국 증가된 경제관계를 통하여 '지구촌global village'을 형성하는 것이 아니라 국가 간 경제적 갈등을 증폭시킬지 모른다는 것이다. 신중상주의이론이 설명하는 체제는 미국의 안보·정치·경제 이익을 증진시키는 미국의 패권체제라고 할 수 있다. 그리고 그 근본적인 문제 중 하나는 미국의 패권체제 후 무엇이 다음에 오느냐는 것이다.

이러한 국제정치경제 시각들을 토대로 동아시아 국가들의 경제성장을 살펴보면, 신자유주의적 시각은 가장 효율적인 자원배분이 자유롭게 경쟁하는 국내외 시장에서 형성되는 가격에 이해 이루어진다고 설명한다. 따라서 시장의 실패는 대부분 정부의 개입에서 비롯되며 정부에 의해 야기되지 않은 시장실패에 정부가 개입하는 경우에도 그 영향은 오히려 부정적인 것으로 간주한다. 결국 경제성장은 자본주의의 속성의 하나로 정부의 개입이 경제질서의 유지를 위한 최소한의 공공재 제공에 그쳐야 한다고 주장한다. 동아시아에서의 경제성공도 이러한 논리에서 크게 벗어나지 않는다고 신자유주의자들은 주장한다. 이들은 국제시장에서 이루어진 개발도상국과 선진국 간의 무역과 투자가 후진국의 경제발전을 해치지 않을 뿐만 아니라 오히려 자본·기술·경영 기법의 자연스런 이전을 가져왔다고 주장한다. 그러나 동아시아 신흥공업국들의 경제발전이 신자유주의적 시각에 새로운 이론적 도전을 제공한 것은 부정할 수 없는 사실이다. 사실 국가의 수출 유인책, 자본·금융시장에의 개입, 그리고 수입제한 등의 조치가 바로 시장의 원활한 작동을 위한 단순한 장애물 제거로만 볼 수 없는 면임을 부인할 수 없는 것이다.[9]

종속적 시각에 근거한 동아시아관은 동아시아 국가들의 경제발전을 중심부 자본주의의 자본축적 양식의 변화가 가져온 세계경제의 재편성 과정에서 나타난 새로운 종속양식으로 파악한다. 신흥공업국가의 경제발전을 중심부center와 주변부periphery로 나누어 그 중 반주변부semi-periphery로의 경제적 지위 향상으로 규정한다. 궁극적으로 발전의 상대성과 착취성을 인정한다. 종속이론은 동아시아 국가들의 대미·일 경제의존성, 노동착취 등 여러 경제발전의 문제점을 지적한 기여에도 불구하고 많은 한계를 지니고 있다는 비판을 받는다. 특히 동아시아 국가들의 남미와 상이한 경제적 여건, 중심부보다 월등히 높은 경제성장률, 수출상품구조의 다변화, 외국 자본·기술 도입에서의 정부의 주도적 역할과 이에 따른 국가의 독자적 위상 등은 종속이론의 한계를 노출시켰다.[10]

---

9) 하용출, "냉전하의 경제성장—한국(NICs) 경험의 고유성을 중심으로," 『한국국제정치학회 특별학술회의 논문집』(1998), pp. 1-5; Robert Gilpin, *The Political Economy of International Relations* (New Jersey: Princeton University Press, 1987), pp. 26-31.
10) 하용출 (1998), pp. 1-5; Robert Gilpin (1987), pp. 34-41.

신자유주의 시각과 종속이론 시각과는 달리 국가주의 시각은 한국 등 신흥공업국NICs: newly industrializing countries과 말레이시아 등 신NICs의 경제성장의 원인으로 국가의 경제개입을 중요시 한다. 한국의 경제성장은 다음과 같은 특징을 가지고 있다. 국가가 기업가, 은행가, 산업구조의 조정자로서의 역할을 하고, 보조금, 보호조치, 가격통제, 금융과 직접투자의 흐름에 대한 규제 등을 행사하며 이러한 과정에서 소수의 대기업에 의해 경제발전이 주도되어 온 점이다. 그러나 국가는 이들 기업에게 보조금과 다른 지원수단을 무조건 제공하는 것이 아니라 성공에 대한 지원과 실패에 대한 제재를 선별적으로 사용한다. 이와는 성격이 약간 다르나 말레이시아의 경제성장도 이 범주를 크게 벗어나지 않는다. 이와 같은 해석은 신자유주의적 시각에서 크게 벗어나 개도국의 경제적 특성과 후진성에 대한 독특한 극복수단을 인정한 것이다. 특히 국가의 경제발전에 있어서 원칙을 통한 개입의 비중을 크게 부각시켰다. 해거드Stephan Haggard는 신흥공업국가들이 수출주도형 경제정책을 결정하게 한 요인을 역사적으로 검토하고 있다. 그에 따르면 한국의 경우 수입대체 단계부터 수출주도형 경제개발 전략으로 전환하는 데 작용한 주요 동인으로 우선 경제적 측면에서 미국원조 삭감에 따른 적응의 필요성, 그리고 가용 외국자본과 유리한 국제무역 상황의 등장이 중요하게 논의된다. 예컨대, 군사·정치적 측면에서 헤게모니hegemony 국가로서 미국이 한국 경제정책 구상과 집행과정에 직·간접적인 영향력을 행사한 것이다. 수입대체에서 수출주도형 전략으로의 전환을 가능케 했던 사회적 요인으로는 수출경쟁력의 밑바탕, 즉 값싼 노동력을 가능케 한 취약한 노동조합과 자본가들의 정치적 허약성을 들고 있다.[11]

---

11) 국민호 (편역), 『동아시아 신흥공업국의 정치제도와 경제성공』(광주: 전남대학교출판부, 1995), pp. 162-190; Stephan Haggard, *The Political Economy of the Asian Financial Crisis* (Washington D.C.: Institute for International Economics, 2000).

이상의 논의를 정리하면, 우선 동아시아 발전모델[12]의 성공에 관해서 신자유주의자들은 대체로 동아시아 발전모델의 고유성을 인정하지 않는데 반해 종속적 시각의 경우 정치적·역사적으로 접근하는 경우에는 그 고유성을 인정하고 있음을 알 수 있다. 또한 동아시아 경제성장의 주요 원인이 국가주도형 수출산업화정책이라는 것에 대해서는 모든 시각이 동의하고 있다. 따라서 동아시아의 경제발전을 설명함에 있어 국가주의적 시각이 가장 적실성이 있음을 알 수 있으며, 이러한 논리적인 귀결은 한국의 사례에 그대로 적용될 수 있다.

III. 국제정치경제 시각에서 본 1997년 전후 한국의 경제위기와 그 해법

1990년대 말 태국의 바트화, 인도네시아의 루피아화, 그리고 말레이시아의 링깃화 등 각국의 통화가치가 끝없이 추락하면서 동아시아 금융시장을 뒤흔들고 경제위기를 초래하였다. 각국의 통화가치가 하락하는 과정에서 외국자본들이 동요하기 시작하고 썰물처럼 빠져나가면서 혼란은 증폭되었다. 선진국 금융기관들은 일제히 채권회수에 들어갔고, 이 때문에 동아시아 각국에서 외화자금이 단기간에 빠져나가면서 외환위기가 본격화되었다. 동아시아 각국은 자국 통화가치를 떠받치기 위해 보유 외

---

12) 동아시아 발전모델이라는 개념은 1970년대 이래 동아시아 국가들이 다른 지역과 전혀 다른 특이한 방식으로 지속적인 초고속 성장을 보여 세계의 주목을 받으면서 등장하였다. 동아시아 발전모델에 따르면 국가는 유교문화의 사회·정신적 기반하에 발전주도 체제로서의 개발독재형 권위주의 정치체제를 확립한다. 이러한 식으로 경제발전에 필요한 여건을 확보한 다음, 국가주도형 수출지향적 산업화전략을 추진하고 고속성장을 통해 경제를 발전시킨다. 경제성장 이후에는 개발독재로 유보됐던 민주화를 실현해 나가면서 발전 형태를 꾀한다. 이런 관점에서 볼 때 동아시아 모델의 내용은 사회문화적 이데올로기로서의 유교주의, 정치적 리더십으로서의 개발독재체제, 경제적 발전전략으로서의 국가주도형 수출지향 산업화로 구성된다.

환을 풀었지만 역부족이었다. 결국 태국·인도네시아·한국이 차례대로 IMF에 구제금융relief loan을 요청하였다. 외환위기의 여파로 신용경색이 심화되면서 동아시아 각국의 경기는 급격히 침체되었다. 기업 도산과 실업률 상승이 이어졌고, 자산 가격이 폭락하는 자산 디플레이션asset deflation이 가속화되었다.

1997년 한국 경제는 심각한 외환위기에 직면하였고 끊임없는 노력에도 불구하고 한국 정부는 결국 1997년 11월 IMF에 구제 금융을 요청해야 했다. 이는 동아시아 발전모델의 대표적 성공사례인 한국의 위상이 여지없이 실추된 사건이었다. 한국과 함께 '신흥공업국NICs' 혹은 아시아의 '네 마리 용Four Dragons'으로 일컬어졌던 대만·홍콩·싱가포르와 말레이시아·태국·인도네시아를 포함한 '신NICs'의 경제에도 어두운 그림자가 드리워졌다. 동아시아 금융위기로 인해 동아시아 지역의 경기침체가 본격화되면서 '동아시아 발전전략'의 신화가 흔들렸던 것이다. 역내 교역비중이 높은 동아시아 국가들의 경기침체는 이웃 나라의 경제에 곧바로 타격을 주면서 아시아 경제 전반을 위협하였다.

한국의 경우 지난 30여 년간 경제를 지배한 철학은 성장이었고, 정부는 성장제일주의 정책을 시행했다. 정부는 유망산업을 선정하여 기업별로 전략적인 자금지원과 사후관리를 했으며 기업은 경쟁 제한 덕분에 다른 기업과의 경쟁 압력에서 해방될 수 있었다. 또한 정부의 지시대로 성장에만 몰두할 수 있었다. 이러한 경제구조는 급속성장을 가능케 했다. 그러나 한국경제의 성장과정은 많은 경제적 왜곡현상을 야기하였다. 성장제일주의 전략은 형평이라는 중요한 가치를 희생시켰고 시장주의를 훼손하였다. 정부가 경쟁을 막아주고 은행이 낮은 이자율로 돈을 대주는 상황에서 재벌기업들은 생산의 효율성을 높이기보다는 투기를 일삼았다. 이 과정에서 경제체질은 허약해지고 온갖 비효율이 양산되었다. 이러한 모든 것의 결과로서, 한국경제에는 거품이 만연하게 되었다. 이처럼 우리

11.4
구제금융은 기업이 도산해 국민경제에 심각한 악영향을 미친다고 판단될 경우, 기업의 도산을 방지할 목적으로 금융기관이 기업에 융자해 주는 자금을 가리킨다. 이 구제금융은 크게 두 가지로 나뉘는데, 하나는 신규로 자금을 융자해 주는 것이고, 다른 하나는 이미 대출해 준 자금의 상환 시기를 늦추어 줌으로써 기업이 되살아날 수 있는 기회를 부여하는 것이다.

한국은 1997년 12월 22일, 외환위기로 인해 국가 부도 위기에 처하면서 IMF에 구제금융을 요청하였고, 총 550억 달러에 달하는 구제금융 합의서에 서명한 뒤 IMF에서 195억 달러, 세계은행World Bank에서 70억 달러, 아시아개발은행ADB에서 37억 달러를 지원받았다. 다행히 이러한 시도를 통해 국가 부도 위기는 피했지만, 경제성장률 축소, 물가 억제, 수입선 다변화 제도 폐지, 외국인 주식취득 한도 확대, 노동시장 유연성 제고, 국제기준에 의한 회계제도 도입, 한국은행법 개정, 대폭적인 기업 구조조정 등 IMF의 제재를 수용해야 했다.

11.5
자산 디플레이션은 외적인 충격이나 통화정책 기조의 변화, 내부적인 수요·공급 불균형 등에 의해 주식, 채권 등과 같은 금융자산과 토지, 주택 등의 실물자산 가격이 지속적으로 하락하는 현상을 말한다. 경제성장률이 둔화되고, 금융시장이 침체되면 부동산 매물이 크게 늘어나면서 부동산 가격이 폭락하고 자산 디플레이션이 발생한다.

경제의 체질이 저효율과 각종 불균형의 심화로 허약해진 것은 바로 거품의 폐해 때문이다. 국제환경이 급속히 변함에 따라 수십 년 동안 잠재되었던 수많은 구조적 문제점들이 순식간에 그 실상을 적나라하게 드러낸 것이다.[13] 상기한 바와 같이 NICs와 신NICs는 동아시아 외환위기로 비롯된 경제적 어려움에 직면하였으며 이들 중 한국·말레이시아는 대만·싱가포르 등에 비해 그 심각성이 현저했다. 특히 NICs 경제는 일본의 경제상황·엔화 환율 추이와 밀접한 관계를 갖고 있는데, 불행히도 일본 경제는 경기 부양책에도 불구하고 좀처럼 회복될 가능성이 희박한 상황이었다.[14]

1997년 당시 한국 국가신용등급(장기)의 변화를 살펴보면 그림 〈11-1〉과 같다. 스탠다드앤푸어스S&P의 경우 정치적 위험도, 소득 및 경제구조, 경제성장 전망, 재정의 유연성, 공공부채 부담, 물가안정도, 국제수지의 유연성, 외채 및 외환유동성 등을 기준으로 국가신용등급을 평가하고 있다. S&P와 무디스Moody's는 국가신용도 평가에 있어서 대상국가의 현재 정치·경제 상황 및 위험도에 초점을 두기보다는 미래지향적 분석을 통해 등급평가를 하고 있다. 따라서 평가의 성격은 다소 주관적인 요인이 많이 작용하며, 평가대상국에 대한 새로운 정보가 그 국가의 정치·경제에 대한 기존 시각에 큰 변화를 줄 경우에만 변동한다. 따라서 한국 사례와 같이 일단 국가신용등급이 투자부적격 수준으로 크게 하향 조정된 경우에 대외신인도를 회복하는 데 많은 어려움이 있다고 볼 수 있다. 그러나 국제 신용평가기관의 신용평가가 미래지향적이라기보다는 이미 공공에게

---

13) 정운찬, "한국경제위기의 원인과 개혁방향," 『한국정치학회 특별학술회의 논문집』 (서울: 한국정치학회, 1998), pp. 2-6.

14) 1980년대 중반 이후 일본 경제의 호황이 실제가치보다 높게 평가된 증권과 부동산 가격의 거품현상을 창출하였고, 1990년대 중반 거품현상의 붕괴와 더불어 증권과 부동산 가격의 폭락사태가 벌어졌다. 이에 증권과 부동산을 담보로 잡고 있던 은행들이 부실대출의 충격으로 도산하기 시작하였고, 이러한 일본 경제의 어려움은 엔화의 지배적 영향력하에 있던 경제권, 특히 필리핀, 태국, 인도네시아, 말레이시아에 금융위기를 초래하였다. 동남아 지역에서도 고도의 경제성장 동안 실제가치보다 높은 부동산 가격과 증권 가격의 상승이 경제의 거품현상을 초래한 바 있었다. 일본 경제의 침체는 이들에게 위기를 조성한 것이다. 1997년 일본이 국내 금융위기 수습을 위해 아시아 지역에 투자했던 자본을 회수함으로써 국제투기성자본의 태국 바트화 공격을 시발로 금융위기가 본격화되었다.

〈그림11-1〉 1997년 IMF 경제위기 전후 주요 신용평가기관의 한국 국가신용등급의 변화

	S&P's		Moody's		Fitch IBCA		구 분
투자적격범위	AAA AA+ AA AA−	97. 10. 23前	Aaa Aa1 Aa2 Aa3		AAA AA+ AA AA−	97. 11. 25前	우량
	A+ A A−	97. 10. 24 97. 11. 25	A1 A2 A3	97. 11. 27前 97. 11. 28	A+ A A−	97. 11. 26	양호
	BBB+ BBB BBB−	97. 12. 11	Baa1 Baa2 Baa3	97. 12. 11	BBB+ BBB BBB−	97. 12. 11	잠재적 불안정
	BB+ BB BB−		Ba1 Ba2 Ba3	<u>97. 12. 21</u>	BB+ BB BB−		투자 부적격
	B+ B B−	<u>97. 12. 23</u>	B1 B2 B3		B+ B B−	<u>97. 12. 23</u>	
	CCC+ : D		Caa : C		CCC+ : C−		지급 불능

알려진 정보를 추후에 반영하는 식의 수동적 성격을 지니고 있어, 초기 경보장치early warning system로서의 기능이 미흡하다는 비판도 있다. 1997년 당시 한국은 한두 달 사이에 투자적격 등급에서 투자부적격 등급으로 강등된 바 있다.

동아시아에서 경제위기가 도미노식으로 확산된 원인에 대해 여러 가지 주장이 무성하다. 일부 경제 전문가들은 지난 1985년 플라자 합의Plaza Accord 이후 미·일 등 선진국들이 적정환율을 무시하고 엔화 가치를 조정해 왔던 것이 오늘날 아시아 경제위기를 초래한 원인이라고 말한다. 1994년 말까지 엔고현상이 유지돼 아시아 각국의 수출경쟁력이 회복되다가 1995년 하반기 이후 급격하게 엔저현상이 진행돼 아시아 각국의 무역수지를 악화시켜 혼란으로 이어졌다는 주장이다. 또한 아시아 각국 경제에 잔뜩 낀 거품도 위기를 초래한 주요 원인이라 할 수 있다. 즉 실제가치와 걸맞지 않게 주식·부동산 시장이 부풀려졌고, 성장 신화에 도취돼 한국 등 동아시아 각국의 주가는 지난 1975년부터 1994년까지 1,600-1,700%나 올랐다. 지난 1995-1996년간 외국인 투자자금이 몰려 들어오면서 과열양상은 가속화되었다. 한편 금융체계가 잘 정비되지 못한 상태에서 금융시장을 무분별하게 연 것이 위기를 초래했다는 지적도 있다. 다시 말하여, 각국이 정부 주도의 성장방식을 택한 결과 시장논리를 무시한 돈의 흐름이 기업들의 과잉·중복투자를 막지 못했다는 것이다. 그리고 돈부시Rudiger Dornbusch MIT대 교수는 동아시아 경제위기의 본질은 자본주의의 위기가 아니라 자본시장의 위기로 해석할 수 있다고 말한다. 즉 대부분의 동아시아 국가들은 환율이 급변하는 경우 치명적인 위험에 노출돼 있었다는 것이다. 금융위기를 겪은 각국 정부는 금융시스템의 관리감독을 소홀히 했고 관련규정과 투명성도 확보하지 못했다고 지적한다. 더욱이 중앙은행들은 무모하게 외환보유고를 고갈시키는 실수를 범했고 관련 통계수치마저 조작하는 어리석음을 저질렀다. 이러한 문제점이 동아시아 금융위기 나아가 경제위기를 야기했다는 주장이다.

1997년 7월 태국 바트화와 말레이시아 링깃화의 폭락이 시작되자 마하티르Mohamad Mahatir 말레이시아 총리는 "막강한 미국인 한 명이 동남아국가의 통화를 뒤흔들고 가난한 나라들을 대상으로 투기하는 것은 정당하지 못하다."라고 목소리를 높였다. 그가 지칭한 사람은 바로 190억 달러의 헤지펀드(단기성 투기자본)15)를 주물럭거리며 세계 금융시장을 좌지

15) 큰손들로부터 예탁 받은 돈을 통화·주식 등의 현물이나 파생금융상품으로 운용해 고수익을 추구하는 투자신탁의 한 형태를 말한다. 개개인들을 상대로 돈을 모아 남태평양의 조세피난처를 근거지로 삼는데다 금융당국의 규제·감독을 받지 않기 때

11.6

플라자 합의는 1985년 9월 22일 미국 뉴욕 플라자 호텔에서 미국, 영국, 프랑스, 서독, 일본의 재무장관들이 미국 달러의 가치를 인하하기 위해 통화시장에 개입할 것을 합의한 선언이다.

당시 미국은 대외 무역수지 불균형과 안으로는 재정적자에 시달리고 있었다. 미국은 경제선진국들에 도움을 요청하여 체결된 플라자 합의를 통해 달러화의 가치를 내리고 엔화의 가치를 높이는 정책이 채택되었다. 발표일 다음 날에 달러화 환율은 1달러에 235엔에서 약 20엔이 하락하였다. 1년 후에는 달러의 가치가 거의 반이나 떨어져 120엔대에 거래가 이루어지는 상태까지 되었다.

그 후 인플레이션이 진정됨에 따라 금융 완화가 진행되었다. 경기회복으로 무역 적자가 증대되었다. 금리 하락에 의하여 무역적자를 기록하던 미국의 달러는 매력을 잃고 그와 함께 달러시장은 점차 불안정화의 길로 들어선다. 요컨대 1970년대 말기와 같은 달러 위기의 재발을 두려워한 선진국이 협조적 달러 안정화 내지 하락의 실시를 꾀했던 까닭에 이 합의가 이루어졌다.

이 합의로써 일본에서는 급속한 엔고현상이 진행되어 엔고에 의한 불황의 발생이 우려되어 저금리 정책의 시행이 계속되었다. 이 저금리 정책이 부동산이나 주식의 투기를 가속화하여 거품경제 가열을 초래하였다. 또 엔고에 의하여 일본 경제의 규모는 상대적으로 급속히 확대되었다. "반액 세일"이라고까지 일컬어지는 미국자산 사들이기, 해외여행의 붐, 자금이 싼 나라로의 공장 이전 등이 계속되었다. 그 후에 지나쳤던 달러화 하락 현상을 조정하고 환율의 안정화를 꾀하기 위하여 1987년 다시금 각국이 협조하기로 하는 루브르 합의가 이루어졌다.

우지하는 소로스^{George Soros} 퀀텀펀드 수석고문이었다. 그러나 마하티르는 내면적으로 전 세계 헤지펀드를 지배하는 미국의 책임을 거론하였다. 즉

문에 정확한 규모·거래 내역 등 실태 파악이 사실상 불가능하다. 동아시아 금융위기 이후 첨단 금융기법을 교묘히 활용해 국제금융시장을 교란하는 주범으로 지목된다.

미국은 헤지펀드를 통해 아시아 위기를 유발시킨 후 적극적 개입을 미루면서 궁극적으로 엔화 폭락과 아시아 경제의 질적·양적 축소를 유도하려 했다는 것이다. 이에 반하여, IMF와 미국 정책당국자들은 경제효율, 즉 생산성을 고려하지 않고 노동·자본이라는 생산요소 투입을 늘려 생산증대·고용창출에 나선 동아시아적 성장모델이 현재와 같은 위기를 불렀다고 설명한다.

이러한 다양한 논의를 토대로 우리는 동아시아 경제위기를 설명함에 있어 설득력 있는 네 가지 시각을 추론할 수 있다. 첫째, 정실자본주의론crony capitalism은 정부의 특혜를 받은 대기업들이 무모하게 외채를 빌려다 부채경영을 한 것이 동아시아 경제위기의 원인이라고 주장한다. 정부나 금융기관이 외채의 규모와 용도가 적정한지 감독하지 않았고 기업들은 정경유착을 통해서 빚으로 규모를 키워왔다는 것이다. IMF도 이를 환란의 원인으로 규정했다. 둘째, 영양떼 이론으로 MIT대학의 서로우Lester C. Thurow 교수가 한 신문 인터뷰에서 자본의 움직임을 영양떼의 속성에 비유한 데서 비롯된다. 즉 영양떼를 공격하는 사자의 목표는 모든 영양이 아니라 그 중 한 마리뿐이다. 그런데 영양떼는 사자의 기척만 느껴도 모두 혼비백산하여 달아난다.[16] 동아시아에 투자되었던 자본도 태국 바트화가 공격을 받자 모두 빠져나가 동아시아 전역으로 자본 이탈이 확산되었고 이것이 환란의 직접적인 원인이라는 것이다. 셋째, 미국 음모론으로 아세안ASEAN의 환란이 음모세력에 의해 야기되었다는 주장으로 말레이시아 마하티르 총리가 그 대변자이다. 음모세력으로 대표되는 조지 소로스는 유태자본이나 미국이 지목되고, 양자의 공모를 주장하는 시각도 있다. 유태자본이 화교자본을 견제하기 위해서 아세안 통화를 공격했고 미국은 21세기 경쟁자로 부상하는 중국을 견제하기 위해서 이를 조장했다는 것으로 동아시아에서 상당한 설득력을 얻고 있다. 넷째, 일본책임론은 일본의 경

---

16) 김상철, 『세계의 석학 11인이 내다본 한국경제』(서울: 창해, 1997), pp. 157-190.

기침체가 직접적인 원인이라는 것이다. 즉 경기침체로 인해 일본 내 자금 수요가 줄어들자 일본금융기관들이 높은 신용의 서방기업과 투자 금융회사들에게 저금리로 대규모 자본을 빌려줬고, 이 자본은 태국 등 동아시아 국가들로 흘러들어가 부동산 과잉투자 등 거품을 형성했다는 것이다. 그러나 태국에서 거품이 터지자 일본은 서둘러 자본 회수에 나섰고, 그 여파가 동아시아에서 서방자본의 철수로 이어졌다. 게다가 일본은 동아시아 국가의 시장 역할을 수행해야 하는데 내수 침체로 이 역할을 못하고 있다는 주장이다.[17] 한마디로 말하여, 한국의 경제위기를 설명함에 있어 위에 제시한 네 가지 시각 중 정실자본주의론과 영양떼론이 상당히 타당성을 갖고 있어 보인다. 그 이유는 경제위기를 불러온 중요한 요인이 재벌들의 방만한 경영행태, 부적절한 금융시스템, 그리고 동남아 외환위기 등이기 때문이다.

최장집은 한국이 IMF 위기를 맞게 된 원인을 다음과 같이 들고 있다. 우선 대외적 요인으로 고투자이익을 추구하는 외국투기자본의 대량유입, 정부와 거대기업 간의 유착과 정부에 의한 거대기업에 대한 대규모 융자와 방만한 기업 확장과 경영, 수입품낭비에 의한 무역수지적자의 확대, 싼 노동 생산비로 밀고 나오는 중국에 대한 국제경쟁력의 약화 등을 지적한다. 더욱이 이런 조건이 무르익은 상태에서 외국의 투기자본가, 주식투자자들이 최후의 일격을 가한 것이 경제위기를 초래했다는 것이다. 다른 한편, 대내적 요인으로 좁게는 한국의 국가체제, 넓게는 한국사회 전체의 총체적 실패라고 말한다. 즉 위기가 코앞에 다가오고 있음에도 불구하고 이를 감지하지 못했고, 개혁을 외치는 소리는 비현실적인 비판으로 또는 소수의견으로 묵살되었기 때문이다.[18] 임혜란[19]은 정실자본주의론과 같은 내인론이 경제위기에 대한 보다 적절한 설명이 되려면 경제성

---

17) 이주명, 『아시아 보고서』 (서울: 서해문집, 1998), pp. 257-304.
18) 최장집, "한국정치경제의 위기와 대안모색-민주적 시장경제를 중심으로-," 『한국정치학회 특별학술회의 논문집』 (서울: 한국정치학회, 1998), p. 2.

장의 회복세가 단기에는 별로 나타나지 않고 장기적으로 서서히 나타나는 'L'자형(또는 완만한 'U'자형) 회복과정을 보일 것이며, 반면에 영양떼론과 같은 외인론에 따르면 일시적으로 자금유통의 경색을 가져온 요인만 해소되면 동아시아 국가들은 곧바로 회복세를 보이는 'V'자형 회복과정을 보일 것이라고 지적한다. 그러나 동아시아 위기의 회복과정은 내인론의 예측과 잘 부합하지 않고 오히려 외인론의 설명에 부합한다고 볼수 있다. 동아시아 지역에서는 동구권과는 달리 인도네시아를 제외한 모든 국가들이 즉시 마이너스(−)성장에서 플러스(+)성장으로 돌아섰다. 특히 한국과 말레이시아 등에서는 단 일 년 만에 성장률뿐만 아니라 절대적인 수준에서도 동아시아 위기 이전의 수준을 회복하였다. 이와 같은 급격한 회복세는 국제금융시장의 환경이 호전되어 동아시아 경제에 대한 자금경색 현상이 해소되면서 바로 나타나기 시작하였다. 또한 주목할 현상은 이들 국가들이 서로 다른 다양한 대응정책을 시행하고 있음에도 불구하고 동아시아 지역에서 공통적으로 급격한 회복세를 보였다는 점이다. 만일 IMF의 기본 견해인 내인론만이 옳다면 IMF의 처방을 따른 한국경제만 어느 정도 회복되어야 하고, IMF의 처방을 거부하고 그와는 정반대의 정책을 따른 말레이시아 경제는 그 회복 과정이 훨씬 더뎌야 한다. 해법과 무관하게 모든 국가들이 공통적으로 회복세를 보인다는 것은, IMF 등이 주장한 바와는 달리 동아시아 위기가 역내 국가들의 고질적인 내부 문제라기보다 국제 자본이동의 공통적인 충격 때문에 발생한 것이고, 따라서 이러한 일시적인 충격이 소멸되자 경제성장이 재개되기 시작했다는 것을 의미한다고 볼 수 있다.

이상의 논의를 정리하면, 우선 동아시아 경제위기의 원인에 관해서 서구학자들은 대체로 정실자본주의론을 토대로 동아시아 국가들의 국가

---

19) 임혜란, "동아시아 위기: 동아시아 모델과 지역경제협력," 『국제정치논총』 제40집 2호 (2000), pp. 32-33.

내적 문제점들을 지적하고 있으나, 동아시아 국가들은 이러한 문제점들을 부인하지는 않지만 보다 중요한 원인으로서 국가 외적 문제점들을 언급하면서 영양떼론 내지 미국 음모론을 주장하고 있다. 한국의 경우 정실 자본주의론(내인론)에 보다 높은 경제위기의 원인을 두었고, 말레이시아의 경우 영양떼론(외인론)에서 그 원인을 찾았다. 그러나 위기의 사후적 원인 고찰에 따르면 외인론이 보다 설득력이 있다고 할 수 있다. 그렇지만 부정할 수 없는 점은 한국과 말레이시아 모두 많은 내적인 경제적 문제점과 경제 외적인 모순을 안고 있었다는 점이다.

위기해법을 둘러싼 논쟁은 다음과 같다. IMF식(신자유주의적) 해법의 핵심은 재정·금융 긴축과 개혁·개방을 통해 해외자본을 끌어들여 외환위기를 진정시킨다는 것이다. 그러나 외채위기를 겪었던 라틴아메리카 국가들과 달리 아시아는 국내총생산GDP 대비 재정적자 비중이 작고 저축률도 높아 이런 처방은 적절하지 않다는 주장도 만만치 않았다. 삭스Jeffrey Sachs 하버드대 교수는 신용경색을 막으려면 돈을 풀어 금리를 적당한 수준으로 유지해야 하고 갑작스런 은행폐쇄 등을 피해야 한다는 등 IMF와 정반대되는 해법을 주장하였다. 예일대의 토빈James Tobin 교수는 이른바 '토빈세' 도입을 거듭 강조하였다. 토빈세란 세계 외환시장의 모든 통화 거래에 대해 세금을 물려 투기적 자본의 빈번한 유출입을 막는 것이다. 이 밖에 국제금융계 일각에서는 IMF체제를 보완하기 위한 기구로 국제신용보험공사CIC·국제중앙은행의 설립 필요성을 제기한 바 있다.

경제위기 이후 동아시아 각국의 대응과 해법을 보면 다음과 같다. 국제사회로부터 'IMF 우등생'으로 꼽히는 태국은 1997년 12월 56개 금융회사를 폐쇄하고 1998년 4월 외국인 투자자들이 4개 부실은행의 지분을 100% 소유할 수 있도록 허용했다. 그와 반대로 국가주의적 해법을 고수한 말레이시아는 1997년 7월 헤지펀드의 집중 공격으로 링깃화가 폭락한 데 대한 대응으로 1998년 9월 고정환율제를 전격 도입, 외국자본의 출입을 봉쇄한 자본통제와 함께 내수진작 정책을 수행하였다. 환율이 안정되고 증시의 불확실성이 사라지니 금리가 안정되고 수출도 호조를 보이며, 소비심리도 회복되어 갔다.

버그스텐Fred Bergsten 미국 국제경제연구소 소장은 위기의 해법으로 단기적 자본이동에 대한 규제를 전 세계적 차원에서 실시하기 어렵지만 개별 국가별로는 고려할 만한 일이라고 말한다. 한국이 위기를 맞은 원인은 각종 규제로 직접투자 등 장기자본 유입을 어렵게 한 대신 단기자본이 쉽게 들락거릴 수 있도록 했기 때문이라고 지적하고 있다. 1998년 8월 포춘지Fortune를 통해 아시아에서 외환통제 정책이 필요하다고 권고했던 크루그만Paul Krugman MIT대 교수도 자신의 인터넷 홈페이지에 올린 공개서한을 통해 말레이시아의 외환통제 조치가 성공하길 기원하며 몇 가지 조언을 덧붙였다. 즉 외환통제는 3년 정도의 한시적 조치여야 하고, 자국통화를 과대평가하지 않으며, 다른 경제개혁 조치를 병행토록 하라는 것이다.

IMF는 1998년 하반기 연례보고서를 통해 아시아 각국의 경제사정을 제대로 파악하지 못한 채 무리하게 고금리·재정긴축 처방을 밀어붙여 실물경제가 피폐하는 등 부작용을 초래했다고 밝혔다. 지역별·부문별 이사들의 보고를 토대로 작성된 이 보고서는 아시아의 경제위기는 재정적자에서 비롯된 것이 아님에도 불구하고 IMF가 무리하게 긴축재정과 고금리 정책을 요구했으며, 이에 따라 경기가 급속히 위축, 얼마 지나지 않아 대규모 재정적자를 용인하는 등 정책을 번복해야 했다고 기술한다. 재정부문의 경우 내수를 위축시키지 않는 정도에서 향후 금융구조조정에 들어가는 비용과 경상수지 등을 감안해 균형을 맞추도록 했어야 한다고 말한다. 국제사회가 아시아 등 신흥시장의 위기를 즉각 파악·대처할 수 있도록 '취약성 지표'를 개발해 조기경보 시스템을 구축해야 함을 제시하고 있다. 또 IMF와 여타 국제금융기관의 협력관계를 공고히 하는 한편 50-90억 달러에 불과한 IMF재원의 추가조달도 시급함을 주장하였다. 이에 따라 IMF의 한국 프로그램이 사실상 전면 수정되었다. IMF정책의 핵심인 고금리와 재정긴축 정책은 금리인하와 재정적자 확대 용인으로 완전히 바뀌었다. IMF 프로그램이 한국 경제에 별다른 약효를 발휘하지 못하자 결국 한국적인 현실을 인정하고 상당한 정책자율권을 한국 정부에 위임한 꼴이 되었다. 사실 교과서적인 IMF 한국 처방전은 적용 초기에 무리한 내용이 적지 않아 국내외 경제 전문가들로부터 상당한 비판을 받았었다.

결론적으로 동아시아국가들은 경제적 어려움을 어떻게 극복할 것인가? IMF 위기 이전 시기에서처럼 선진국과 개도국사이에서 여전히 동아시아식 발전전략을 추구해야 할 것인가? 아니면 신자유주의적 흐름에 맹목적으로 동참해야 할 것인가? 1960-1980년대 기간 동안 국가주의적 시각 혹은 동아시아 발전전략이 동아시아의 경제발전에 이바지했음을 누구도 부인할 수 없다. 문제는 이러한 전략이 경제성장기인 산업화 단계에서는 어느 정도 적실성을 갖추고 있으나 고도성장 후 경제적 안정기에 접어들면 더 이상 타당성을 유지하기 힘들다는 것이다. 다시 말하여, 발전전략의 수정이 불가피하다. 따라서 그 대안으로 신자유주의neo-liberalism적 시각이 부각된 것이다. 하지만 동아시아의 특수한 정치경제적 여건은 서구 선진국의 상황과 다르기 때문에 맹목적인 신자유주의적 정책의 수용은 또 다른 많은 병폐를 야기할 수밖에 없는 것이다. 따라서 새로운 대안이 요구되며 그 대안도 이를 근거로 하여야 한다.[20]

한국에서 신자유주의란 새로운 것이 아니다. 한국에서의 신자유주의는 전두환, 노태우 정권에 의해 처음 도입되어, 김영삼 정권으로 이어지면서 더욱 심화되어 세계화 전략으로 집약된 바 있다. 따라서 혹자는 최근의 경제위기가 일반적으로 믿고 있듯이 이른바 동아시아 모델의 실패가 아니라 오히려 신자유주의적 시장의 실패라고 주장하기도 한다. 이

---

20) 최장집 (1998), p. 3.

와 같이 신자유주의는 1980년대에 도입되어 1990년대 이후 한국사회에 확대되어 왔지만, 한국 자본주의의 지배적 틀로서 자리 잡기 시작한 시점은 지난 IMF 위기 이후라고 말할 수 있다. 김대중 정권의 기본 성격도 신자유주의적 정권이라고 할 수 있다. 손호철은 이를 '종속적 신자유주의' 혹은 '크로니crony 신자유주의'라고 주장하기도 한다. 즉 신자유주의가 여러 문제점에도 불구하고 시장과 경쟁의 원리에 의해 '효율성'의 제고 등 나름대로 긍정적인 결과를 가져온다면, 우리의 신자유주의는 그 구조조정마저도 시장과 경쟁의 원리가 아니라 정경유착과 연고주의에 의해 이루어짐으로써 신자유주의의 부작용만 남고 '신자유주의적 장점'은 취하지 못하고 있다는 것이다.[21] 블레어Anthony Blair와 기든스Anthony Giddens는 국가실패와 시장실패를 넘어 국가와 시장의 순기능만을 결합시켜 좌와 우를 뛰어넘는 중도노선을 확립해야 한다고 주장한다. 영국에서 국가실패란 복지국가의 실패를 가리킨다. 보수당 출신의 대처 총리는 복지국가의 무거운 짐을 지고는 세계적인 경쟁체제에서 살아남을 수 없다는 주장을 펴면서 작은 국가와 큰 시장경제를 역설했다. 한국에서는 국가실패와 시장실패가 동시에 나타나고 있다. 한국의 국가실패는 복지국가의 실패가 아니라 군사권위주의국가의 실패이며, 따라서 개혁과정에서 복지를 축소하는 것이 아니라 오히려 강화시켜야 하는 과제를 안고 있다.

이상의 논의를 정리하면, 우선 동아시아 경제위기 극복을 위한 해법에 관해서 한국은 초기 신자유주의적 해법에서 절충적 해법으로 방향전환을 하였고, 말레이시아는 국가주의적 해법을 지속적으로 고수하였다. 따라서 이러한 해법들은 양국이 경제위기를 탈피했다는 점에서 모두 적실성을 주장할 수도 있다. 그러나 이들 해법보다 통상·금융 등 국제 정치

---

21) 안병영·임혁백(편), 『세계화와 신자유주의: 이념·현실·대응』(서울: 나남출판, 2000), pp. 393-397.

경제적 환경이 이들 국가의 경제상황에 미치는 영향이 컸다는 주장이 그 타당성을 더해 간다.

IV. 김영삼 정부의 대외경제정책에 대한 외교정책 결정요인 분석

IMF 경제위기를 가져온 김영삼 정부의 신자유주의적 대외경제정책과 국내외적 상황을 살펴보기 위해 본 연구는 외교정책 결정요인 분석방법을 채용한다. 〈그림 11-2〉에 나타난 바와 같이 1997년 한국의 IMF 경제위기를 김영삼 정부의 세계화 정책의 국내외적 배경 요인을 중심으로 체계적으로 분석한다. 즉 김영삼 정부의 세계화 정책을 대전략, 결정과정, 집행의 관점에서 서술하고 이를 국내외 환경 요인과 연관시켜 1997년 한국의 IMF 경제위기를 가져온 인과관계를 밝히고 그 함의를 논의하고자 한다.

우선 김영삼 정부의 세계화 정책을 대전략grand strategy, 결정과정processes, 집행implementation의 측면에서 살펴보면 다음과 같다. 김영삼 정부의 대전략, 즉 외교정책의 목표와 추진방향은 '세계화'라는 말로 함축될 수 있다. 정권 초기 '국제화internationalization'냐 '세계화globalization'냐 하는 논쟁도 있었다. 당시 김영삼 정부의 한 관계자는 이를 구별하여 설명하기를 국제화란 우리가 세계를 이해하고 받아들이는 일방향적인 차원을 말하는데, 세계화란 이와 더불어 세계로 하여금 우리의 것을 이해하고 받아들이게 하는 쌍방향적인 차원을 말한다는 것이었다. 세계화가 보여주는 국가차원의 전략은 정치적으로는 탈냉전의 흐름과 함께 구 사회주의권 국가들과의 관계를 급속도로 개선하고 경제적으로는 관세 및 비관세 장벽을 낮춰서 자유무역주의에 동참하는 것이다. 이러한 대전략은 그 추진 속도에 대한 이견은 있었으나 그 방향에 대해서는 거스를 수 없는 것이었다. 세계화에 동참한다는 것은 '강제된 선택'이라고 할 수 있다. 기존의 국가주의 발전 전략을 추구하며 무임승차free-riding를 누리는 것이 더 이상 힘든 상황에서 어찌할 수 없는 선택이었다. 다만 세계화가 미국을 포함한 선진국의 이익만 가져다주는 것이 되지 않도록 속도조절을 해야 한다는 일부 목소리는 의미 있게 받아들여졌다.

결국 김영삼 정부의 집권기간 동안 주목할 만한 변화는 시민사회의 역량이 크게 제고된 것이었다. 정치의 장에서 시민단체 및 민간의 목소리가 커져갔고 그들의 영향력 또한 확대되었다. 민주화세력이 지배한 의회는 지역갈등만 남게 되고 정부는 전문가적인 관료집단과 비전문가적인 민주화세력 간의 이견으로 문제를 야기하기도 하였다. 말하자면 정부보다는 민간의 목소리가 커져가고 정부보다는 의회의 목소리가 커져가는 진정한 민주주의, 자본주의 국가로의 모습이 되어간 것이다. 실질적인 집행에 있어서도 커다란 변화의 조짐이 있었는데 이른바 세방화glocalization; globalization+localization의 흐름이 그것이다. 대외적으로 보면 세계화의 흐름이 대내적으로 보면 지방화, 즉 지방분권화와 맞물려가는 것이었다. 지방자치제의 확대와 분권화가 세계화의 흐름과 함께 새로운 정책결정의 패러다임을 설정해 나갔다. 국가주의적 발전전략의 외연이 약화되면서 신자유주의적 정책처방이 이 자리를 메워갔던 것이 김영삼 정부하의 외교정책 결정 방식이라고 할 수 있다.

상기한 김영삼 정부의 정책이 기반하고 있는 대내외적 환경요인과 그 의의를 살펴보면 다음과 같다. 김영삼 정부는 대외적인 요인인 세계화와 탈냉전, 그리고 대내적인 요인인 분권화와 민주화를 정책적 환경으로 하여 외교정책을 추구하였다. 결국 자율autonomy; self-rule과 개방openness; reform이 그 외교정책의 주요한 개념이 되었던 것이다. 그렇다면, IMF 경제위기의 원인은 무엇인가? 이를 김영삼 정부의 정책실패와 연관시킬 수 있는가? 이에 대한 답을 구하기 위해서 외교정책 결정에 영향을 미치는 요인별로 파악해보고자 한다. 김영삼 정부의 정책실패는 한마디로 말하여 자율과 개방의 실패라고 할 수 있다. 국제적 요인인 국제 체제적 성격, 국제기구의 역할, 국제법과 국제관습의 성향, 제3국 혹은 상대국의 영향 등 그리고 국내적 요인인 정치체제 및 정부형태의 유형, 외교정책 결정과정의 행위자 측면, 지리적 조건, 정치적 이념, 국력의 수준, 외교적 전통과 습관, 제도적 측면, 문화적 측면 등으로 구분하여 김영삼 정부의 대외경제정책을 이해할 수 있다. 결국 미시적인 맥락에서 한 나라의 경제외교정책을 가늠할 때 중요한 기준은 그 국가가 갖고 있는 대내외적 환경인 것이다.

대외적 환경을 결정하는 국제적 요인을 토대로 김영삼 정부의 대외경제정책을 이해하면 다음과 같다. 첫째, 국제 체제적 성격[22]이 개별국가의 외교를 결정한다는 시각에 기초하여 보면 냉전적 이념갈등에 기초한 양극체제가 무너지고 탈냉전적 경제갈등에 기초한 다극체제하에 김영삼 정부는 놓여 있었다. 따라서 경제적 실리에 기초한 경제관계가 지배적인 국제체제하에서 한국은 시장주의와 비교우위에 토대를 둔 자유·공정 무역주의에 동참할 수밖에 없었다. 물론 개별국가의 능력에 따라 국제체제가 미치는 영향력은 차별화될 수 있다. 예를 들어, 약소국은 국제체제적 성격에 영향을 더 받는다. 패권적 단극체제하에서 패권국의 대외경제정책은 국제경제질서에 절대적인 영향을 미친다. 냉전적 양극체제하에서 경제관계는 안보관계의 종속적 위치를 차지하며, 경쟁적 다극체제하에서

---

22) Stephen Walt, "Testing Theories of Alliance Formation," *International Organization* vol. 42, no. 2 (1988), pp. 275-316; Randall Schweller, "Domestic Structure and Preventive War: Are Democracies More Pacific?," *World Politics* vol. 44, no. 2 (1992), pp. 235-269; David Lake, "International Economic Structures and American Foreign Economic Policy, 1887-1934," *World Politics* vol. 35, no. 4 (1983), pp. 517-534; 김재철, "상호의존의 증대와 국가의 역할: 중국의 대외개방의 경우," 『한국정치학회보』 제28집 1호 (1994).

경제외교는 보다 다원화되고 안보관계와의 연관성이 감소된다. 냉전적 요소가 약화되는 시점에서 한국은 더 이상 미국 등 주요국가 일변도의 통상관계에서 벗어나 무역다변화로 활로를 모색해야 할 상황에 놓였던 것이다.

둘째, 국제기구의 역할[23]이 개별국가의 경제정책을 좌우한다. 회원국들의 압력 및 국제기구의 규범이 개별국가의 경제외교 수행에 크게 영향을 미치는 것이다. 이러한 추세는 세계화의 진전에 따라 더욱 가속화되어 왔다. 우루과이 라운드의 타결에 따른 WTO의 출범과 도하개발아젠다 Doha Development Agenda 논의 등은 이를 잘 보여준다. 김영삼 정부는 우루과이 라운드의 타결과 WTO 출범을 실행한 정권으로서 세계 경제통합의 흐름에 따라갈 수밖에 없었다. 다자주의multilateralism와 규범주의prescriptivism 틀 속에서 국제기구에 순응할 수밖에 없는 상황에 놓여 있었다.

셋째, 국제사회에 상존하는 일반적 관행과 규범도 개별국가의 외교적 행위에 적지 않은 영향을 미친다. 양자 관계의 특수성에 기초한 관행과 다국적 기업 등 비정부적 행위자들 간에 유지되어 온 상관행도 이러한 범주에 속하며 궁극적으로 개별국가의 대외경제정책에 영향을 끼친다. 자원과 자본이 부족한 한국은 일찍이 국가주도의 대외지향적인 산업화 전략을 추구해 왔다. 1970년대와 1980년대 국가의 보호막에서 커왔던 재벌 기업들이 1990년 들어 자본 및 주식 시장 개방에 따라 다국적 기업화하면서 국제적 관행에 기초한 경제관계를 행할 수밖에 없었고 이는 국가의 대외경제정책에도 영향을 끼치게 되었던 것이다.

넷째, 제3국 혹은 상대국의 영향[24]도 개별국가의 경제정책 결정에 중요한 영향을 미친다. 제3국의 중재여부가 때로는 개별국가의 외교적 행위에 영향을 미치며, 상대국의 국력과 이해관계 정도가 영향력 행사를 좌

---

23) John Duffield, "International Regimes and Alliance Behavior: Explaining NATO Force Levels," *International Organization* vol. 46, no. 3 (1992), pp. 819-855.

24) 홍득표, "외교정책결정과 정치위험분석," 『국제정치논총』 제32집 2호 (1992).

11.7

세계무역기구^{WTO} 도하개발아젠다 협상^{DDA: Doha Development Agenda}은 2001년 11월 카타르 도하에서 개최된 제4차 WTO 각료회의에서 출범했다. WTO 출범 이후 첫 번째 다자간 무역협상이고, '개발'이라는 이름은 개도국의 개발에 중점을 두어야 한다는 개도국들의 주장에서 비롯되었다. 2001년 협상 출범 초 계획은 2005년 이전에 협상을 일괄타결방식(최종적으로 모든 분야에 대해 동시에 합의를 추구하는 방식)으로 종료였지만, 농산물에 대한 수입국과 수출국의 대립, 공산품 시장개방에 대한 선진국과 개도국 간의 대립 등으로 인해 아직까지도 협상이 계속되고 있다.

DDA의 주요 협상의제는 (1) 농산물, 농산물을 제외한 나머지 상품(공산품 및 임수산물), 서비스시장의 개방과, (2) 반덤핑, 보조금, 지역협정, 분쟁해결에 대한 기존 WTO 협정의 개선, 그리고 (3) 관세행정의 개선 등을 추구하는 무역원활화, 환경, 개발 그리고 지적재산권 등으로 구분된다.

(출처: DDA 웹사이트, http://www.wtodda.net/dda.php?menu=01(검색일: 2010. 5. 16))

우하는 것이다. 예를 들어, 한국의 대외경제정책 결정에 있어서 미국과 일본 및 중국이 차지하는 영향력을 배제할 수 없다. 1990년대에도 우리 경제에 절대적인 위치를 차지했던 국가들이 미국과 일본이었으며 우리의 대외경제정책도 자연이 그들의 영향력하에 있게 되었던 것이다. 결국 준비가 안 된 채 신자유주의적 흐름에 동참할 수밖에 없었다.

한편, 대내적 환경을 결정하는 국내적 요인을 토대로 대외경제정책을 이해하면 다음과 같다. 첫째, 정치체제 및 정부형태의 유형[25]이 개별국가의 경제정책의 방향을 결정한다는 주장이다. 민주주의적 혹은 권위주의적 정치체제 여부, 대통령 중심제 혹은 의원내각제 정부형태 여부 등이

---

25) Randall Schweller (1992).

외교정책 결정을 좌우할 수 있다. 이러한 주장에 의하면 민주정치체제일
수록 개방적인 대외경제정책을 추구할 가능성이 크며, 의원내각제일수록
그 결정과정이 개방적일 수 있다고 한다. 김영삼 정부의 자율과 개방의
대외경제정책 기조는 그 정권이 갖춘 정당성의 발로라고 할 수 있다. 군
사독재를 종식시킨 실질적인 문민정권이라는 자부심이 자율과 개방의 대
외경제정책 기조를 창출했다고 할 수 있다. 다만 잔존하는 제왕적 대통령
제의 성격이 이러한 정책기조의 주도권을 국가, 즉 정부의 책무로 부여함
으로써 크게 보면 국가주의적 틀을 못 벗어났다고 할 수 있다. 추구하는
기조는 신자유주의적이나 이를 실행하는 방식은 아직 국가주의적이었다
고 평가된다.

　　둘째, 외교정책 결정과정의 행위자 측면[26]이 개별국가의 경제외교정
책에 실질적인 영향을 미친다. 이는 외교정책 결정과정에 있어서의 행위
자들인 정부당국, 의회, 정당, 이익집단, 언론, 여론 등의 역할을 강조하
는 것이다. 민주국가일수록 그 과정에 영향을 미치는 행위자가 다원화되
고 결정속도가 더디게 되는 것이다. 민주주의 공고화가 이뤄져가는 시기
에 있었던 김영삼 정부하에서 다양한 정치주체가 서로 견제하고 타협하
는 가운데 정책이 추진되었다고 본다면 신자유주의적 대외경제정책은 이
러한 정치 환경에 토대를 두고 있었던 것이다.

---

26) Ole Holsti, "Public Opinion and Foreign Policy," *International Studies
　　Quarterly* vol. 36 no. 4 (1992), pp. 439-466; Thomas Risse-Kappen, "Public
　　Opinion, Domestic Structure and Foreign Policy in Liberal Democracies," *World
　　Politics* vol. 43 no. 4 (1991), pp. 479-512; Jeff Frieden, "Sectoral Conflict and
　　Foreign Economic Policy, 1914-1940," *International Organization* vol. 42, no.
　　1 (1988), pp. 59-90; Helen Milner, "Resisting the Protectionist Temptation:
　　Industry and the Making of Trade Policy in France and the United States During
　　the 1970s," *International Organization* vol. 41 no. 4 (1987), pp. 639-665; 이홍
　　종, "미국외교정책과 언론: 코리아게이트사건을 중심으로," 『국제정치논총』 제34집
　　2호 (1994); 김영춘, "일본의 매스미디어의 국가적 콘센서스 역할: 중·일 외교정상
　　화를 중심으로," 『한국정치학회보』 제23집 2호 (1989); 박근, "민주화와 외교정책
　　결정과정의 비판," 『국제정치논총』 제28집 2호(1988).

환경 요인 분석	주요 요인	김영삼 정부의 대외경제정책과 그 결과
대외적 요인 분석 ⇒	1. 국제 체제적 성격 2. 국제기구의 역할 3. 국제법과 국제관습의 성향 4. 제3국 혹은 상대국의 영향	⇒ 자율과 개방을 근간으 로 한 신자유주의적 대외경제정책 (건전성 규제와 시장 주의 미흡 = pseudo neo-liberalism) ⇒ IMF 경제위기 (금융개혁 실패와 거품경제)
대내적 요인 분석	1. 정치체제 및 정부형태의 유형 2. 외교정책 결정과정의 행위자 측면 3. 지리적 조건 4. 정치적 이념 5. 국력의 수준 6. 외교적 전통과 습관 7. 제도적 측면 8. 문화적 측면	

셋째, 제도적 및 문화적 측면[27]인 국내법 및 규범, 국민성, 정치문화, 경제문화 등이 개별국가의 경제외교를 좌우하는 것이다. 예를 들어, 특정 종교문화에 따른 금기 사항은 그 개별국가의 대외경제정책에 직접적인 영향을 미친다. 김영삼 정부하에서 특기할 측면은 아니나 우리의 경제관계는 서구 자본주의 국가에 경도된 면이 있었고 이는 우리의 개방을 요구한 면이 있었다. 그리고 1988년 올림픽 이후 우리 사회는 세계에 눈을 떴고

27) Judith Goldstein, "Ideas, Institutions, and American Trade Policy," *International Organization* vol. 42 no. 1 (1988); D. Elkins and R. Simeon, "A Cause in Search of Its Effect, or What Does Political Culture Explain?" *Comparative Politics* vol. 11 no. 2 (1979), pp. 127-146; Paul Egon Rohrlich, "Economic Culture and Foreign Policy: The Cognitive Analysis of Economic Policy Making," *International Organization* vol. 41 no. 1 (1987), pp. 61-92.

우리 사회가 세계화하는 데 올림픽은 정치경제적으로 커다란 영향을 끼쳤다. 올림픽은 평화와 화합의 장이었고 그 이후 등장한 김영삼 정부는 더욱 대외지향적인 흐름에 동참할 국민적 공감대에 기반하고 있었던 것이다. 우리의 문화가 민족주의적 양상에서 세계시민적 양상으로 변모해 가는 시점에서 개방과 자율의 신자유주의적 대외경제정책은 자연스러웠다.

그 이외에 지리적 조건, 즉 대륙세력이냐, 해양세력이냐에 따라서 다른 외교적 행태를 보이고, 정치적 이념인 자본주의세력이냐, 사회주의세력이냐, 국력의 수준인 국가가 동원 가능한 자원이 어느 정도이냐가 외교정책 결정에 중요한 영향을 행사한다. 또한 외교적 전통과 습관, 즉 과거의 외교적 관행과 전통이 그대로 계승되는 측면이 강하다고 할 수 있다. 이에 대해 간략히 언급하면 반도국으로서 우리나라는 대륙세력과 해양세력의 가교역할을 하는 지리적 조건으로 인하여 폐쇄적인 외교정책을 취하기 어려웠다. 또한 자본주의 세력으로서의 경제적 개방성을 제2차 세계대전 이래 지녀왔다고 할 수 있다. 천연자원과 자본이 부족하고 우수한 인적 자원에 기초한 대외지향적인 발전전략을 취할 수밖에 없는 조건도 김영삼 정부뿐만 아니라 우리나라의 대외경제정책의 기조를 결정해온 요인들이었다. 아울러 주변 강대국의 틈바구니 속에서 줄타기 외교 혹은 조공 외교를 해왔던 역사가 우리의 대외경제정책 기조를 폐쇄closed보다는 개방open으로 이끌었다고 할 수 있으며 균형balancing보다는 편승bandwagoning 외교를 취하게끔 했다고 할 수 있다.

요약하건대, 거시적인 맥락에서 한 나라의 대외경제정책을 가늠할 때 중요한 기준은 그 국가가 바라보는 국제경제관계에 대한 인식이며, 이는 그 경제외교의 기본적인 방향을 결정한다. 상호의존론에 근거하여 국제경제관계를 바라보는 국가의 외교정책은 개방적인 신자유주의 경제외교를 추구하게 되며, 종속론에 기초하여 국제경제관계를 바라보는 국가의 외교정책은 폐쇄적인 신마르크스주의 경제외교를 추구하게 된다. 미시적인 맥락에서 한 나라의 경제외교정책을 가늠할 때 중요한 기준은 그 국가가 갖고 있는 대내외적 환경이다. 외교정책 결정에 영향을 미치는 요인을 살펴보면 국제적 요인인 국제체제적 성격, 국제기구의 역할, 국제법과 국제관습의 성향, 제3국 혹은 상대국의 영향 등과, 국내적 요인인 정치체제 및 정부형태의 유형, 외교정책 결정과정의 행위자 측면, 지리적 조건, 정치적 이념, 국력의 수준, 외교적 전통과 습관, 제도적 측면, 문화적 측면 등으로 구분할 수 있다. 위에 분석한 바와 같이 김영삼 정부가 처한 대내외적 환경을 근거로 하여 살펴보면 자율과 개방을 기조로 한 신자유주의적 대외경제정책은 자명한 정책방향인 것이다. 그렇다면 이러한 시의적절한 정책방향이 왜 IMF 경제위기를 초래했던가? 결과적으로 얘기하면, IMF 경제위기는 정책기조의 실패라기보다는 정책수행의 실패라고 할 수 있다. 잘못된 신자유주의 정책수행의 실패이다. 자율은 방임을 의미하는 것이 아니라 건전성 규제를 요구하며, 개방은 연고주의가 아닌 시장주의와 접목될 경우에만 빛을 발할 수 있다. 아울러 금융개혁의 실패와 거품경제의 만연 등이 김영삼 정부하에서 실질적으로 한국 경제를 파국으로 이끌어갔다.

국제경제관계를 국제관계의 기제인 힘, 제도, 구조를 중심으로 파악하면 신중상주의론, 상호의존론, 종속론 등 세 가지 시각으로 분석되며, 각 시각은 거시적인 측면에서 경제 관련 외교정책의 기본적인 방향을 결정한다. 예를 들어, 상호의존론에 근거하여 국제경제관계를 바라보는 국가의 외교정책은 개방적인 자유주의 경제외교를 추구하게 되며, 종속론에 기초하여 국제경제관계를 바라보는 국가의 외교정책은 폐쇄적인 신마르크스주의 경제외교를 추구하게 된다. 신중상주의론에 근거하여 국제경제관계를 바라보는 국가의 외교정책은 국가이익이라는 대전제하에 전략적인 경제외교를 선호하게 된다. 거시적인 맥락에서 한 나라의 경제외교정책을 가늠할 때 중요한 기준은 그 국가가 바라보는 국제경제관계에 대

〈그림 11-3〉 국제정치경제 시각과 관련 외교정책 기조

관계의 주요 기제		거시적 시각		외교정책
힘	⇒	신중상주의이론	⇒	전략적인 경제외교 (관리무역)
제도		상호의존이론		개방적인 경제외교 (자유무역)
구조		종속이론		폐쇄적인 경제외교 (보호무역)

한 인식이라고 할 수 있다. 김영삼 정부하의 대외경제정책은 상호의존이론에 근거한 개방적인 경제외교, 즉 자유무역을 기조로 한 것이었다. 하지만 역량이 갖추어지지 않은 채 이러한 정책기조는 기대한 정책수행을 수반하지 못하였다. 최근 우리의 대외경제정책의 틀은 전략적인 경제외교, 즉 관리무역의 정책기조를 취하고 있다고 볼 수 있다.

V. 맺음말

20세기 후반 우리는 국가주도적인 근대화를 이룩해 왔고 민족주의와 성장주의가 이를 뒷받침해 왔다. 경제는 양적으로 성장했으나 사회적 가치는 낙후해 불균형을 이루었으며, 또한 민주적 효율성을 갖추지 못한 국가는 강화되었으나 시민사회는 저발전 상태에 머물렀다. 탈냉전·세계화에 효율적으로 적응하기 어려운 이 같은 불균형 때문에 우리는 근대화에 대한 반성적 재조정을 필요로 한다. 앞으로 국가는 작고 효율적이면서도 민주적 국가가 되어야 하며 동시에 시민사회의 시민권이 크게 확대되어야 한다는 것이다. 시민사회의 힘과 주도권이 더 강해져야 과거 국가주도적인 발전전략으로 회귀하려는 관성에서 벗어날 수 있기 때문이다. 아울러 경제영역에서 시장원리가 더 많이 지배해야 하며, 민족주의의 폐쇄성도 극복해야 한다. 민족적 정체성은 당연히 유지해야겠지만 더 이상 과거같은 일국중심주의로는 충분하지 않기 때문이다. 보편적 세계주의를 선호하는 이유는 세계를 진취적으로 받아들이는 개방적·적극적 근대화가 요청되기 때문이다.[28]

21세기에는 두 개의 자본주의가 각축할 것이라고 전망한다. 이는 미국의 신자유주의적인 자본주의와 유럽의 사회적 시장자본주의이다. 미국형 자본주의는 1980년대 레이건Ronald Reagan과 대처가 추진한 신자유주의 경제로 정부의 개입을 최소화해 경제는 기업의 수익추구 활동에 기초한 시장원리에 맡기는 것이다. 반면에 유럽형 자본주의는 기업 활동에서 수익과 함께 기업의 사회적인 책임, 그리고 기업 활동과 사회복지와의 조화가 강조된다. 이에 유럽에서는 프랑스와 독일이 미국형과 유럽형을 절충한 제3의 길을 모색했지만 성공하지 못하고 있다. 미국형 자본주의와 유럽형 자본주의 중 어느 쪽이 21세기 세계경제의 주도권을 잡을 것인가? 아니면 새로운 자본주의 양식의 탄생을 가져올 것인가? 최근 세계경제 상황은 당분간 미국형 신자유주의적인 자본주의가 주도권을 계속 장악할 것이라는 예측을 가능하게 한다.

김영삼 정부는 탈냉전 및 세계화라는 대외적 환경변화와 문민정권 수립에 따른 군부정권 잔재청산과 신자유주의적 경제개혁이라는 대내적 요구를 안고 출범하였다. 당시 상황을 되짚어보면 1997년 IMF 경제위기는 예고된 것이었고 우리 사회 속에서 내재되어 있던 문제점이 표출된 결과

---

28) 최장집, "한백연구재단 주최 지상대토론회-21세기 국가의 역할은 무엇인가," 중앙일보 (1999. 2. 6).

라고 할 수 있다. IMF 경제위기를 가져온 김영삼 정부의 정책과 국내외적 상황을 살펴보기 위해 본 연구는 외교정책 결정요인 분석방법을 채용하였다. 김영삼 정부는 대외적인 요인인 세계화와 탈냉전, 그리고 대내적인 요인인 분권화와 민주화를 정책적 환경으로 하여 외교정책을 추구하였다. 결국 자율^{autonomy; self-rule}과 개방^{openness; reform}이 그 대외경제정책의 주요한 개념이 되었다. 그렇다면, IMF 경제위기는 무엇으로 인한 것인가? 이를 김영삼 정부의 정책실패와 연관시킬 수 있는가? 김영삼 정부의 정책실패는 한마디로 말하여 자율과 개방의 실패라고 할 수 있다. 국제적 요인인 국제체제적 성격, 국제기구의 역할, 국제법과 국제관습의 성향, 제3국 혹은 상대국의 영향 등과 국내적 요인인 정치체제 및 정부형태의 유형, 외교정책 결정과정의 행위자 측면, 지리적 조건, 정치적 이념, 국력의 수준, 외교적 전통과 습관, 제도적 측면, 문화적 측면 등으로 구분하여 김영삼 정부의 대외경제정책을 이해할 수 있다.

거시적인 맥락에서 한 나라의 대외경제정책을 평가할 때 중요한 기준은 그 국가가 바라보는 국제경제관계에 대한 인식이며, 이는 그 경제외교의 기본적인 방향을 결정한다. 미시적인 맥락에서 한 나라의 경제외교정책을 가늠할 때 중요한 기준은 그 국가가 갖고 있는 대내외적 환경인 것이다. IMF 경제위기는 정책기조의 실패라기보다는 정책수행의 실패라고 할 수 있다. 잘못된 신자유주의 정책수행의 실패이다. 자율은 방임을 의미하는 것이 아니라 건전성 규제를 요구하며, 개방은 연고주의가 아닌 시장주의에 접목될 경우에만 빛을 발할 수 있다. 아울러 금융개혁의 실패와 거품경제의 만연 등이 김영삼 정부하에서 실질적으로 한국 경제를 파국으로 이끌어갔던 것이다. 김영삼 정부하의 대외경제정책은 상호의존이론에 근거한 개방적인 경제외교, 즉 자유무역을 기조로 한 것이다. 하지만 역량이 갖추어지지 않은 채 이러한 정책기조는 기대한 정책수행을 수반하지 못하였다. 결국 우리의 대외경제정책 기조는 우리의 선택사항이라기보다는 대내외적 환경의 산물이며, 이를 어떻게 수행할 것이냐 하는 정책적 선택 여부가 그 성패를 좌우하는 것이다.

12

김대중 정부의
문화개방 정책과 일본문화개방

정정숙(한국문화관광연구원)

목차

주요어   일본문화개방 정책, 1965년 체제, 2002년 체제, 합리적 행위자 모델, 비합리적 행위자 모델, 문화콘텐츠, 문화수요, 점진적 개방, 한·일 파트너십, 한·일문화교류회의

요점정리

1. 한국 정부가 일본대중문화상품의 일부를 수용한다고 공식적으로 밝힌 1998년 10월 20일이 일본문화개방 정책 집행 시점이다.

2. 일본문화개방 정책 사례는 한국 현대 외교사의 정통 이슈인 안보·경제 영역 외에도 문화·환경 등의 새로운 이슈들이 외교영역으로 다루어지게 되어, 외교범위 확장의 모멘텀이 되었다.

3. 일본문화개방 정책의 구체적인 목표는 첫째, 일본문화상품의 유입을 공식화하여 규제자율화 성취, 둘째, 한·일 간 수세적이었던 1965년 체제에서 동등한 2002년 체제로의 전환으로 협력 파트너십 강화, 셋째, 일본문화상품과의 선의의 경쟁을 통한 한국 문화계의 소프트 파워 증대, 넷째, 일본문화 상품의 도입으로 한국 문화소비자층의 기호를 만족시키면서 문화수요창출과 문화시장의 확대를 준비하는 것이었다.

4. 일본문화개방 정책의 외교정책결정 전략은 첫째, 개방상품 분야에서 한·일 간 역사와 관계가 적은 내용부터 시작, 둘째, 문화적 가치가 높은 상품들에 대해서 우선 개방, 셋째, 한국의 문화산업계가 경쟁력이 있는 분야부터 단계적이고 점진적으로 개방한다는 것이었다.

5. 일본문화개방 정책의 의의는 외교사라는 거시적 측면에서의 외교영역 확장, 외교 실무주체의 구조화, 외교적 결과의 수혜자로서 국민의 직접적인 등장, 점진적 외교전략의 성공, 외교적 성과를 창출하는 문화적 수단의 가치 부각 등 다섯 가지로 집약할 수 있다.

사건일지

1951년 10월 20일
한·일 예비회담, 재일 한국인의 국적 및 영주권 문제에 대한 원칙적 의견 일치

1952년 1월 18일
이승만 대통령, 해양주권선언

1952년 2월 15일
제1차 한·일회담 개최

1952년 4월 28일
대일강화조약, 미·일안보조약 발효

1953년 4월 15일
제2차 한·일회담 재개

1953년 10월 15일
제3차 한·일회담

1958년 4월 15일
제4차 한·일회담

1960년 10월 25일
제5차 한·일회담

1965년 6월 22일
한·일 간의 기본 관계에 관한 조약을 포함 6개의 조약과 협정 서명, 한·일 국교
정상화

1983년 7월
일본 극영화에 대해 순수문예물인 경우 수입 허용

1992년 7월
한·일 양국 문화교류 활성화를 위한 실무회의

1994년 1월 1일
한국문화정책개발원, 『일본대중문화개방 대응방안 연구』 보고서 작성

1998년 10월 8일
'21세기 새로운 한·일 파트너십 공동선언', 이를 통해 '단계적이되 상당한 속도'
의 일본대중문화개방 방침 천명

1998년 11월 18일
신 한·일어업협정 체결

1998년 10월 20일
제1차 일본대중문화개방

1999년 9월 10일
제2차 일본대중문화개방

2000년 6월 27일
제3차 일본대중문화개방

2001년 7월
일본의 교과서 왜곡 사건으로 일부 개방일정 중단

2003년 6월
노무현 정부 시기, 한·일정상회담에서 한·일 대중문화개방 확대 표명, 4차 개방
안 마련

2004년 1월
제4차 일본대중문화개방, 영화·음반·게임 부문 전면 개방, 극장용 애니메이션은
2년 유예 후 2006년 1월부터 전면 개방

I. 머리말

한국의 일본문화개방 정책의 집행 시점은 일본 문화산업계가 생산한 대중문화상품을 한국에서 판매할 수 있도록 정부가 승인한 1998년 10월 20일의 공식적인 발표이다.

일본문화개방 정책은 문화라는 렌즈로 외교정책을 들여다볼 수 있는 사례이다. 한국 현대 외교사의 정통 이슈인 안보와 경제 영역 외에도 문화나 환경 등의 새로운 이슈들이 외교영역으로 진입하여 그 범위가 확장되고 있기 때문이다. 외교정책결정의 선진성과 효율성을 평가하는 관점도 이러한 추세에 맞추어 변화될 수 있다. 국가방위전략 등의 전문적인 문제뿐만 아니라 일상적인 문화생활과 관련된 평범한 사안들도 외교정책의 안건이 되어 국가 간에 논의될 수 있는 시대가 된 것이다.

그 동안의 국제정치적 안건들은 일상생활의 논쟁거리와는 거리가 있는 전문적인 내용을 다루어 왔고, 신비화 이데올로기로서 강화되었다. 전문적인 행정 엘리트들의 전유 영역으로 외교를 포장하는 무의식적인 공공적 권위 마케팅은 일반국민들을 외교정책에 대해 관심을 가질 수 있는 기회로부터 소외시킨 것이다. 그러나 외교정책결정의 결과에 대한 최종 수혜자 혹은 부담자는 궁극적으로 일반국민이다. 직접적인 대면 행위나 간접적인 독서와 같은 만남을 통해서 삶을 보완하고 전환시켜 나가는 과정에서 외교정책결정의 결과들도 국민들의 일상 속에 자연스럽게 용해되기 때문이다. 따라서 일상적 만남과 같은 사건들도 결코 외교활동과 무관하지 않다.

외교정책이 논의되는 공간과 테이블도 결국은 만남이라는 현상의 일종이다. 인간으로서 국민의 한 사람도 예외 없이 매일 역사적이고 다양한 만남의 교차점에 위치해 있기 때문에[1] 만남의 성격이 다를 뿐 어떤 만

---

1) 김상봉·서경식, 『만남』 (경기: 돌베개, 2007). p. 135.

남이든 가치 있는 것이다. 그럼에도 불구하고 일상생활의 만남은 외교행위와 견줄 수 없는 것처럼 간주되어 왔다. 외교행위는 일반국민의 총체적인 삶의 테두리 밖에 존재하는 다른 세계의 일처럼 거리감이 부여된 것이다. 물론 모든 만남은 동일하지 않기 때문에 만남의 성격, 가치, 의미에 따라 만남의 내용에 따른 사전준비의 수준과 만남에 대한 긴장의 강도가 달라진다. 그렇다고 하더라도 배우 배용준이 〈겨울연가〉라는 드라마를 통해서 한국에 대한 일본인들의 호감과 관심을 증진시킨 것은 행정적 문화외교팀과 전문가들이 몇십 년간 일본과 문화교류활동을 전개한 것 이상의 효과를 발생시켰다. 이런 점에서 볼 때 드라마를 창작하고 만나는 것, 예술작품을 만나는 것이 외교행위보다 결코 가치가 적지 않다는 것을 알 수 있다. 때에 따라서는 모든 사람의 문화적 창조 및 감상의 행위가 개인적인 영향력 범위를 넘어 국내적 영향력, 어느 시점에서는 국제적 영향력으로 전환되거나 응집될 수 있는 잠재력과 동력을 지니고 있다고 할 수 있다.

근대 이후 한국 외교의 역사에서 볼 수 있는 주된 결정 패턴은 강대국의 적극적 개입이나 강대국의 간접적 승인 혹은 압력에 기초한다는 것이다. 따라서 한국의 실질적인 필요성과 견해를 제일의 요소로 고려하는 것은 쉬운 일이 아니었다. 이런 외교적 관행이 한국의 지정학적 입지로 인해 비롯된 안보부문을 지배했었다면, 일본문화개방이라는 외교정책결정은 이러한 관행적 틀의 구속으로부터 비교적 자유로운 문화부문의 안건이었다는 점이 예외적이다. 그러므로 한국의 주도성이 관철될 수 있었다고 평가할 수 있다.

하지만 시대적 상황을 고려할 때 이 외교정책결정 사례는 보호주의 무역의 귀환처럼 인식될 수 있는 여지가 있다. 문화상품의 유통에 국가가 개입했다는 점이 이미 모든 1차 산업과 서비스산업까지도 국경을 넘어 자유롭게 유통되고 있는 20세기의 WTO^World Trade Organization 체제하에서 세계화의 물결을 거스르는 것일 수 있기 때문이다. 그럼에도 불구하고 그 개방의 범위를 단계적으로 열어가는 점진적 방법론을 도입했다는 점에서 합리적인 외교적 결정이었다고 볼 수 있다. 특히 점진론이 정부관료들의 기획과 행정적 의사결정 통로에 근거하는 절차적인 전략이 아니라 민간 학자나 문화계 현장 전문가들의 의견을 수렴한 결과였다는 점에서 국가와 민간의 협치적governance 외교정책결정의 성공사례로도 손색이 없다.

문화활동이나 문화상품의 교류는 정부 간에 집행될 때에는 국가이익에 부합해야 하기 때문에 책임감이 따르고, 비교적 자유롭지 못할 수 있다. 반면 유연하게 만날 수 있는 민간부문에서는 문화교류가 좀 더 효율적으로 실현될 수 있다는 것이 일반적인 주장이다. 따라서 안보나 정치적 사안도 아닌 문화개방 정책에 국가의 최고통치자인 대통령이 관여하고, 문화부의 수장인 장관이 개입하는 것은 외부의 관점으로는 다소 낯설 수밖에 없다. 그만큼 이 문화개방은 단순한 문화교류나 문화적 소비 현상을 넘어서는 한·일 양국 간의 정치·역사적인 관계가 내포되고 있는 사안이라는 것을 짐작할 수 있다. 따라서 이 관계에 대한 성찰과 정확한 해석이 이루어질 때 비로소 일본문화개방 정책이 완전하게 이해될 수 있을 것이다.

II. 일본문화개방 정책결정의 대내외적 환경

1. 대외적 환경

일본문화개방 정책은 1998년에 한국이 주도적으로 문화외교를 전개한 사례이다. 근대 이후 지정학적 이유와 제국주의적 세계사의 흐름에 의해 독자적인 외교보다는 강대국 사이에서 방황할 수밖에 없었던 한국이 20세기 끝자락에서 거둔 외교사적 쾌거이다.

20세기 후반의 국제질서는 경제적으로 글로벌·신자유주의 체제였다. 2차대전 직후 관세와 보호무역의 철폐를 목표로 설립된 1945년의 GATT^{General Agreement on Tariffs and Trade}체제가 주로 공산품을 대상으로 하고 있었던 것에 비해 1995년 WTO^{World Trade Organization}체제는 보호무역 철폐의 대상을 농산물 등 1차산업과 서비스산업에까지 확장시켰다. 즉, 그 동안 GATT체제하에서는 개도국의 농산물 등에 대한 보호조치가 허용되었으나 WTO체제하에서는 그와 같은 국가의 보호조치가 문제가 되는 상황이 된 것이다. 따라서 문화상품 등의 서비스상품 영역에 있어서도 보호무역 장벽이 무너지고 상호 유통이 권장됨으로서 양질의 상품과 우수한 마케팅 전략을 소지한 민간기업들이 세계의 모든 시장을 확보할 수 있게 되었다. 이것은 세계의 모든 사람들이 세계의 모든 상품을 소비할 수 있는 주체가 되고, 마케팅의 대상이 되었음을 의미한다. 이와 같이 상품 유통의 세계화가 이루어진 환경에서 한국이 일본의 문화상품에 대한 제재를 가하고 있었다면, 세계화에 반하는 보호주의적 행태라고 비판받을 여지가 있었다.

거시적이고 일반적인 대외환경에 비해 일본문화개방이라는 외교정책 결정의 상대인 일본의 당시 환경은 대외변수로서의 밀접성이 강하다. 일본에서 유행어가 된 '잃어버린 10년^{失われた 10年}'은 거품경기 이후인 1991년부터 2002년까지 일본의 극심한 장기침체 기간을 일컫는 말이다. 1990년 주식가격과 부동산가격 급락으로 수많은 기업과 은행이 도산하였고, 그로 인해 일본은 10년 넘게 0%의 성장률을 기록하였다. 잃어버린 10년은 거품경제 후유증의 대표적인 예로 거론되면서 복합불황^{複合不況} 또는 헤이세이 불황^{平成不況}이라고도 한다.

이 시점에서 일본의 문화산업은 해외출구의 모색이 시급했다. 일본 국내시장 규모로는 불황 극복에 한계가 있었기 때문이다. 문화산업 영역에서의 시장 개척에서 한국 청소년들은 매력적인 타깃이 되었다. 일본의 사회와 정치문화를 잘 이해하고 있고, 일본의 생활 문화와 가장 유사한 문화를 형성하고 있고, 일본의 연예인과 대중문화상품을 좋아하는 한국은 일본의 문화상품이 가장 수월하게 팔릴 수 있는 수출 대상국인 것이다. 한국 청소년들의 대중문화에 대한 열정은 음성적인 경로의 수입 수준으로 이미 일본에도 충분히 알려져 있었다.

〈그림 12-1〉일본문화개방 정책의 대내외적 환경

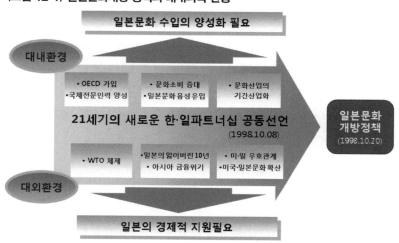

2. 대내적 환경

1998년 한국 경제에 영향을 미친 아시아 경제위기는 이를 극복하기 위한 아시아 국가들의 공동 협력회의를 유도했다. 김대중 대통령은 아시아의 가치에 대한 발언권에 있어서 인도네시아의 마하티르와 함께 주창자의 역할을 하고 있었다. 따라서 국제사회에서의 기여나 협력적 외교권역을 설정함에 있어서도 포괄적으로 세계를 대상화하기보다 아시아라는 권역에 초점을 맞추거나 강조하는 변화가 나타나기 시작했다.

한국 외교정책사에서 1990년대는 국제질서 안에서 발생한 문제에 대응하고 새로운 국제협력질서를 창출하기 위해 협의를 하는 비중 있는 국제기구—예를 들어 OECD—에의 가입과 기구 분담금 증액 등의 측면에서 선진화가 시작된 시기라고 볼 수 있다.

근대 이전에도 중국과 일본과의 관계에서 정기적인 사신과 통신사 파견 등의 외교관계가 있었으나 이때는 국가 간의 관계가 수직적 계층 관념에 구속되어 있었으며, 양자 간 관계가 대부분이었다. 근대사가 시작된 대한제국의 시기부터 근대외교는 수용되었으나 약소국 쟁탈전을 전개했던 20세기 전반기의 제국주의적 환경 속에서 한국은 외교권을 박탈당하기도 하였다. 정부수립 이후에는 미·소 양국이 대립적인 경쟁체제를 구축하고 긴장 높은 질서를 유지하면서, 모든 국가들이 이 두 강대국의 우산 안에 존재해야 하는 냉전의 환경 속에서 한국의 현대적 외교기반이 구축되었다.

1970년대부터는 세계적으로 데탕트가 진행되면서 한국의 외교도 다변화가 이루어졌다. 이때의 다변화란 외교영역의 다변화라기보다는 외교대상 국가의 다변화를 의미한다. 1990년대에 들어서는 탈냉전의 정치적인 배경과 글로벌 경제체제하에서 UNDP의 수혜국에서 원조지원국으로 탈바꿈하여, 국제사회에서의 기여와 지속적인 경제발전을 지향하게 되었다.

김영삼 정부1993-1997 시기에는 한국의 국제적 위상을 강화하기 위하여 자유주의 시장경제체제를 운용하고 있는 선진국들이 세계의 국제경제질서에 대하여 협의하고 개도국의 경제발전을 도모하는 국제기구인 OECDOrganization for Economic Cooperation and Development에의 가입을 추진하여 승인을 받았다. 또한 국제대학원 교육프로그램을 1997년에 도입하여 전국에 9개의 전문대학원이 개원되었다. 국제대학원 교육프로그램은 국제사회에서 기여하고, 국제기구와 국제무역의 현장에서 한국의 발언과 지도력을 발휘할 수 있도록 국제적인 전문성을 구비한 인력을 세계시장에 배출하기 위하여 국제적 감각 및 이해도와 업무 능력을 육성할 수 있는 국제전문인력 양성 교육시스템이다.

그러나 김대중 정부가 출범한 1998년에는 세계적으로 금융경제의 위기가 심화되어 국내에서도 기업 정리와 도산 및 실업자의 증대, 그리고 IMFInternational Monetary Fund의 지원을 받게 되었다. 김영삼 정부가 세계 속에서 세계의 모든 국가를 대상으로 하여 한국을 부각시키려는 세계화의 비전과 과제를 제시했다면, 김대중 정부는 아시아의 경제위기를 극복하기 위한 아시아 국가의 협력에 중점을 두면서 아시아에서의 지도적 위상에 관심을 기울였다. 이 외교범위의 제한 전략은 타당했다. 세계적인 범위에서 한국의 위상이 고도의 선진국과는 비교할 수 없는 수준이었기 때문에 국제정치질서 속에서 자긍심을 갖고 한국의 지도력을 발휘할 수 있는 방법은 권역을 아시아로 좁혀 1차적으로 그 범위 내에서 외교적 지도력을 인정받는 것이었다.

김대중 대통령은 국가의 최고통치자가 되기 위해 준비해온 약 40년의 정치적 과정동안 박정희, 전두환, 노태우, 김영삼 대통령과 대립각을 세울 수밖에 없었다. 따라서 그는 집권 정부에 대한 비판적인 지향성을 지닌 지도자이며, 체제저항적인 이른바 좌익적 이미지로 각인되어 있었다. 따라서 미국과 일본과의 관계에 있어서 이전의 정권과 크게 변화를 추구하는 외교정책을 추구할 경우 정권수임자로서의 안정성을 획득하기 어려운 입장에 있었다. 즉 보수적 기득권층이 유지해오던 대외정책을 크게 흔들 수는 없었던 것이다. 야당 세력일 때의 비판세력 혹은 견제세력으로서의 역할과 정권을 수임한 최고지도자로서의 역할은 동일할 수 없었다. 또한 북한이라는 불안정한 분단 쌍생국이 존재하는 한 안보에 대해서도 주변 강대국의 지지와 지원을 확보해야 했으며, 특히 경제위기를 극복하기 위해서는 선진국의 지원과 협력이 필수적이었기 때문에 더욱 기존의 우호적 관계를 강화할 필요에 직면해 있었다.

1998년의 일본문화개방 이전에 이미 일본의 영화, 만화, 소설, 애니메이션 등의 대중문화상품이 한국에 음성적으로 수입되고 있었다. 김영삼 정부인 문민정부 이전부터 일본 대중문화의 개방은 의제화되고 있을 정도였다. 공식적으로는 한국문화정책개발원에서 1994년에 『일본대중문화개방 대응방안 연구』 보고서가 작성되었다. 그러나 문민정부하에서는 독도문제와 역사교과서문제가 한국인들의 반일정서를 극대화하여, 문화개방을 외교적 사안으로 삼기 힘들었다.

또한 폭력적, 선정적, 저질적 문화라는 일본문화상품의 대표적인 부정적 평가로 인해 개방 후의 부작용에 대한 우려가 있었다. 이에 따라 일본문화의 개방에 대해서 담론의 분열이 초래되었다. 이러한 담론에는 기본적으로 문화상품의 선택은 소비자, 수용자, 향유자의 취향과 판단에 자유롭게 맡겨 놓아야 하기 때문에 정부의 개입이나 제한적 기준 없이 개방하는 것이 옳다는 문화적 원칙론이 있었다. 반대로 판단력이 미약한 청소년들이 일본의 선정적이고 저질적인 작품들에 의해 가치관의 혼란을 빚을 경우에 대한 우려도 있었다. 또한 한국의 문화산업에 비해 자본력과 기술력이 뒷받침된 일본의 문화상품이 무분별하게 수용될 경우, 이제 싹이 트고 있는 한국 문화산업의 육성에 치명적인 결과를 가져올 것이라는 등의 반대주장이 있었다.

한편 일본의 제국주의적 침략으로 국가의 주권을 찬탈당했던 경험과 역사는 한국의 민족주의적인 정서를 강화시켜 왔다. 서구 유럽에서는 '민족'을 운운하면 타민족을 타자화하고 차별하는 태도로 인식된다. 뿐만 아니라 그러한 태도는 개방적이지 못하고 배타적이고 편협한 사고방식에서 비롯된다고 판단하여 민족이라는 용어의 사용이 금기시되어 있을 정도이다. 그러나 한국은 식민지 기간 동안 주권을 찾기 위한 독립운동이 최우선적인 정치적 과제였고, 이 독립운동의 정당성은 민족주의적 이념과 규범에 근거하였다. 독립운동의 민족주의적 주권 이념은 우리 민족의 삶과 역사의 근거지인 한반도라는 영토와 공간에서 국가로서의 대한민국의 주권이 탈환되어야 한다는 것이다. 또한 대한민국은 우리 민족 스스로 다스려야 하고, 국가 주권 안에서 구성원인 우리 민족은 평화와 번영을 누려야 한다는 것이다. 따라서 당시 한국의 민족적 동질성을 바탕으로 한 민족적 주권 회복과 독립은 모든 국민을 통합시키는 지향점이었고, 근본적인 열망이었다.

그러나 독립 후에는 국민의 1차적인 생존을 보장하기 위한 국가의 정치경제적 발전 목표를 달성하기 위하여 미국의 정치시스템과 일본의 산업시스템을 벤치마킹하게 되었다. 이때 민족주의적 정서와 미국과 일본의 발전 정책 및 기술에 대한 학습 사이에서 괴리가 발생할 수밖에 없었다. 결국 민족주의적 자긍심과 정서는 그들을 우리와 동등한 수준으로 존중하는 동력이 되지 못했다. 그들과 적절한 거리를 유지하면서도 한편으로는 한국의 전통문화의 가치를 훼손하고 한국의 정신과 혼을 담은 한국의 말까지도 매장시켰던 일본에 대해서는 철저한 반성을 요구하였다. 일본의 제국적 행태가 발현되는 조짐에 대해 민감하게 견제할 수밖에 없었던 것이다. 그 결과 일본문화를 즐기거나 공개적으로 일본문화를 우수하다고 표현할 경우, 그 행위는 제국주의에의 동화나 포섭으로 해석되었다. 이는 그 행위자가 극단적으로는 반역자나 매국노로 매도될 수 있는 환경이었다. 즉 과거의 제국주의에 대한 막연한 향수나 현재 경제대국인 일본에 대한 동경이 혼합된 반민족주의적 행위라고 비난 받을 가능성이 높았던 것이다.

일본은 한·일 국교정상화 이후 문화교류의 명목 아래 영화수출을 시도해 왔다. 1983년 한·일무역회담에서 영화수출문제를 강력히 거론한 후 나카소네 총리의 방한 이후인 1983년 7월에는 일본 극영화에 대해 순수문예물인 경우 수입을 허용하면서 점차 일반영화까지 단계적으로 허용할 것이라는 방향을 드러냈다. 구체적인 시기에 있어서는 당분간은 고려하지 않겠다는 시한부 조건이 있었지만, 원칙상의 일본영화 수입허용 방침이 발표된 것이다. 1992년 7월 9일 한국일보의 기사에 따르면 한·일 양국이 문화교류 활성화를 위한 실무회의를 갖고 일본영화의 수입 및 상업적 상영문제를 논의하여 장기적으로 긍정 검토한다는 한국 정부 입장이 명시화되었다. 1992년 9월 서울 아시아태평양영화제에서 해방 후 처음으로 일본영화 5편이 일반극장에서 공식적으로 유료 상영되었다. 한국의 〈하얀전쟁〉, 〈은마는 오지 않는다〉, 〈서편제〉 등이 수출되었기 때문에 일본 측은 자연스럽게 영화 수입개방을 요구해온 것이었다.[2]

이후에도 1994년에는 문화부에서 1995년 하반기부터는 일본의 건전한 문화부터 선별해 단계적으로 개방한다는 입장을 밝혔다. 이때도 문화계에서는 기술과 자본력을 앞세운 일본대중문화를 들여오기 전에 한국문화를 육성하는 것이 시급하다는 논리와 함께 한국 정부의 1994년 예산에서 문화부문의 예산이 정부예산 총액의 0.6%밖에 되지 않는 사실을 비판하고 있었다.[3] 이때 이미 우리나라의 일본 위성방송 수신가구가 50만에 육박하고 시청인구도 300만 명을 상회한다는 사실을 지적하고, 국제화와 개방화의 대세는 인정하지만 단계적으로 수입해야 한다는 의견이 나오기 시작했던 것이다.[4]

장기적으로 보아 일본영화의 수입개방은 이루어져야 했다. 대중들이 다양한 문화를 스스로 향유하고 수준 높은 예술성을 선택할 수 있는 기회를 가져야 한다는 것은 국경과 관계없는 보편적 대의이다. 그러나 이러한 대의는 한국 영화 현실이 타격받거나 왜곡되지 않고, 안전판 없이도 침식당하지 않을 것이라는 확신하에 현실화될 수 있다. 제도나 지원책을 검토하지 않고 국산영화의 수준 때문이라고 영화 미개방의 원인을 성토할 경

---

2) 정갑영, 『일본대중문화개방 대응방안 연구』 (서울: 한국문화정책개발원, 1994), p. 131.
3) "일본대중문화개방: 정부의 종합대책," 『세계일보』 1994년 3월 8일.
4) "한국 속의 일본 대중문화: 파급여향 최소화한 후 단계적 추진을," 『세계일보』 1994년 2월 6일.

우, 이러한 왜곡 실태는 재생산될 뿐이기 때문이다.[5]

한편 여론조사 결과는 점점 개방적으로 변해가고 있었다.[6] 1992년 1월의 한국여론연구소의 일본문화개방에 대한 여론조사 결과는 '찬성' 19%, '반대' 79%였다. 1992년 7월에는 '찬성' 21%, '반대' 68%였다. 1992년 10월의 KBS 〈여의도법정〉 프로그램의 조사에서는 '찬성' 21%, '반대' 78%였다. 1994년 2월의 중앙일보 조사에서는 '찬성' 54%, '반대' 37.5%가 되었다. 1994년 1월의 방송개발원은 개방을 전제로 한 설문 문항을 통해 조사한 결과 '완전개방' 4.8%, '선별개방' 52.3%, '절대개방 불가' 33.3%, '모르겠다' 9.6%를 보여주었다. 그리고 개방에 찬성하는 이유로는 '재미있다' 5.7%, '수준 높다' 5.3%, '다양한 문화를 접할 수 있다' 50.8%, '발전에 자극이 된다' 23.7%, '취향에 따른다' 12.2%, '기타' 6%로 나타나고 있다. 이에 반해 개방에 반대하는 이유는 '역사적 문제' 14.4%, '비호감이기 때문' 6.9%, '우리문화산업 침체 때문' 25.6%, '저질문화 범람 우려' 23.8%, '국민정서의 일본화 우려' 27.5%였다.

III. 일본문화개방 정책의 목표와 외교전략

1. 일본문화개방 정책의 목표

외교정책의 목표는 명확하게 국가이익이지만, 누가, 언제, 왜, 어떻게 국가이익을 규정하는지에 따라 국가이익의 내용은 달라질 수 있다. 해당 시점에서 이익이라고 규정했던 것이 단기적으로는 이익이었으나 장기적으로는 손해인 경험적 사례들도 등장하고 있기 때문이다. 따라서 각각의 외교정책결정은 다양한 관련 변수를 고려하고 성과, 파급효과,

---

5) 정갑영 (1994), p. 134.
6) 정갑영 (1994), pp. 139-142.

후속조치에 이르기까지 연속적인 과정으로서 종합적인 판단과 성찰을 필요로 한다.

일본문화개방 정책의 목표를 요약한다면 문화시장이라는 매개체를 활용하여 얻고자 하는 한국의 국가이익일 것이다. 구체적으로 기술하자면 첫 번째 목표는 국제적인 규제 자율화로서 일본문화상품의 유입을 합법화하는 제도의 실행으로 수입 규제에 대한 선진적 자율화의 달성하는 것이다. 두 번째 목표는 정치외교적 효과로서 한·일 간 1965년 체제의 2002년 체제로의 전환과 국가 간 협력 파트너십을 강화하는 것이다. 세 번째 목표는 문화적으로는 일본문화상품을 벤치마킹하여 한국 문화계의 창작 열의를 고취시켜 한국의 문화적 소프트파워의 향상을 추구하는 것이다. 네 번째는 경제적인 목표로서 일본문화상품의 도입으로 한국 문화 소비자층의 입맛을 만족시키면서 문화수요 개발과 문화시장의 확대를 준비하는 것이었다.

첫 번째 목표는 문화개방 정책으로 인해 즉각적으로 나타날 수 있는 효과였다. 한국이 외국 문화상품 서비스에 대한 규제를 푼다는 대외적 홍보와 아울러 일본문화상품 수입의 양성화로 건전한 문화향유 풍토를 왜곡하는 문제를 타개하는 것이다. 기존의 불법적인 수입이 오히려 일본대중문화상품의 향유층을 음성적으로 특권화하고 비밀스럽게 했기 때문에 문화향유 풍토를 왜곡하는 경향이 있었다. 문화적 향유는 자신이 문화상품을 매개로 위로와 행복을 얻고, 심미안을 발전시키는 것이며, 문화상품을 즐기는 동일 취향의 마니아들은 서로에 대해 공감하게 된다. 그런데 이런 문화상품을 불법적인 방법으로 고가로 구입하여 과시하려는 허영에 물들게 하는 것은 문화상품이 구현해야 할 본질적인 가치를 왜곡하는 것이기 때문이다.

두 번째 목표는 문화개방 정책을 통해 서서히 나타날 한·일관계의 우호적 관계 강화이다. 이는 정부만이 아니라 양국의 국민 사이에서도 희망했던 목표이다. 이는 자유시장경제체제를 운영하고, 한자문화권이며, 가족공동체를 중시하는 등 여러 부문에서 공통의 정서와 시스템을 공유하고 있는 한·일 양국이 아시아의 발전을 위해서 공동 협력을 할 수 있는 가능성을 제시하는 것이다. 나아가 과거의 역사적 경험의 입장 차이로 인해 수시로 반일, 혐한 등의 감정에 사로잡혀서 협력의 에너지를 손실하는 것에 대한 미래지향적 반성과 상호 이해를 도모하는 것이다. 상호 문화상품을 즐김으로써 상호 문화를 이해하게 된다면, 당면 과제들에 대해서도 소통하기가 수월하고, 아시아 권역에서의 협조체제를 구축하는 데도 양국 국민이라는 지지세력 형성에도 효율적일 것이다.

이러한 한·일관계의 우호적 선회에 대한 목표는 '1965년 체제의 2002년 체제로의 전환'이라고도 불리고 있다. 한국은 1965년 당시 일본과의 국교를 정상화하는 시점에서 경제발전의 시급함 때문에 경제적 원조를 획득해야 했다. 따라서 일본이 과거의 식민지 역사에 대해 반성을 표현하지 않았음에도 불구하고, 일본에게 과거사에 대한 반성과 정식 사과를 요청하는 당당한 입장을 견지하지 못했다. 그러나 일본문화개방 정책을 통해 2002년의 월드컵 행사도 상호 동등하고 협력적인 태도로 공동으로 치를 수 있는 우호적 관계의 기초를 닦는다는 의미에서 1965년 체제와 다름을 강조한다. 즉, 상호 존중하는 동등한 입장과 한층 성숙된 동반자적 자세로 일본이 과거의 역사를 반성하고 미래로 나아가는 협력 체제를 구축할 것을 약속했다는 측면에서 '2002년 체제로의 전환'이라고 불리고 있다.

세 번째 목표는 일본문화상품이 수용되어 한국의 문화콘텐츠 창작과 문화상품 생산의 기술 등 문화예술과 문화산업계에 자극을 줌으로써 건전한 경쟁관계를 형성하고, 그 결과 한국 문화 창작력의 경쟁력이 육성되는 것이다. 한국보다 먼저 문화산업에 투자하기 시작한 일본이 생산한 문화상품의 선진성을 벤치마킹하여 한국의 문화적 창조와 문화상품 생산이 활성화되기를 목표로 하는 것이다. 물론 단순히 일본을 벤치마킹하여 한국의 문화 창작 수준을 높이려는 학습논리에 의존하는 것이 아니라 한국의 문화경쟁력을 발전시키기 위한 다양한 제도적 지원과 산업육성 전략을 병행하는 것을 전제로 한다.

마지막 네 번째 목표는 일본의 문화상품이 들어와 한국인들이 그 상

〈그림 12-2〉 아시아의 미래상과 일본문화개방 정책의 전략과 원칙

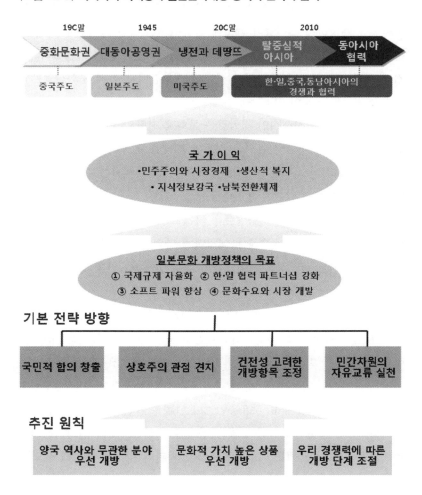

품을 소비함으로써 아직은 취약한 국내의 문화수요와 소비시장을 확대하고, 문화 향유층을 두텁게 하여, 문화적 구매 의욕을 유지시키는 것이다. 그럼으로써 미래에 창작되고 생산될 한국의 문화상품이 공급될 시장을 준비하는 것이다.

2. 외교전략

일본문화개방 정책은 비교적 단순한 외교전략이 동원되었다. 한국 문화시장을 개방하는 것이었기 때문에 한국의 주도적인 기획력에 의해 좌우되는 안건이었으므로 주변 강대국들의 이해관계가 얽히지 않았다. 단지 우려되는 부분은 한국인의 정서적인 저항감이나 한국 문화산업계의 사기가 위축되는 것이었다.

따라서 국민의 정서적인 저항감은 문화계 전반의 오피니언 리더들이 일본 문화상품에 대한 객관적인 정보와 견해를 제공하면서 완화시켜야 했다. 또한 문화산업계가 위축되지 않도록 하기 위해서는 다양한 문화산업 육성책을 통한 지원이 필요했다.

한편, 한국에 수출할 문화상품을 가지고 있는 외교 상대국인 일본은 그 문화상품의 완성도나 수준에 대하여 극단적인 저질성론부터 자본 및 기술투자에 따른 선진성론에 이르기까지 평가가 천차만별이었기 때문에 신중한 개방 전략이 필요했다.

만일 정권 출범 초기였던 김대중 정부가 일본 정치계와 문화산업계의 환심을 사기 위하여 조급하게 일괄적인 퍼주기 개방을 하게 될 경우, 여러 가지 문제가 발생할 수 있었다. 국내 유통업자들이나 일본 문화산업계의 무분별한 수입·수출로 인해 한국의 문화수요 시장이 무질서해질 수 있었다. 그 결과로서 주요 향유층인 청소년들은 판단기준이 쉽게 흔들리는 정체성 혼란기에 선별되지 않은 상품들을 접함으로써 선정적이거나 폭력적인 메시지에 매몰되거나 도덕적 윤리관의 형성에 치명타를 입을 수도 있는 것이다.

그렇지만 한국의 역사를 비롯한 세계사를 통해서 시민들의 문화적 수요를 정치적 이념으로 억압하여 문화적 유통 통로를 폐쇄할 때 나타났던 문화적 왜곡의 교훈은 문화개방이라는 과제에 있어서도 그대로 적용되었다. 국민들이 소비하기 원해 음성적으로 수입되고 있는 일본의 대중문화 상품에 대해서는 기본적으로 개방해야 한다는 것이 문화계의 일반론이었던 것이다. 다만 개방의 폭과 속도에 대해서는 조절이 필요하다는 것이 전략에서 감안되었다. 그리고 어떠한 폭과 속도로 조절할 것인가에 대해서는 행정관료들의 절차적인 판단에 의해서만 결정된 것은 아니었다. 문화계 전문가들의 의견을 수렴하여 그 결과를 반영한 것은 이 외교정책결정이 얼마나 합리적이고 민주적이었는가를 말해준다. 외교부문의 다변화라고 할 수 있는 선진성뿐만 아니라 외교정책 결정과정에 있어서도 민간 문화계의 견해가 반영된 민주적인 선진성이 돋보이는 정책이었다.

결과적으로 일본문화개방 정책의 외교정책결정 전략은 네 가지의 방향에 거스르지 않고, 세 가지의 대원칙을 지키는 것이었다. 네 가지의 방향은 다음과 같다. 첫째, 일본문화개방 정책에 대한 다양한 논점과 상반되는 주장들 사이에서 국민적 합의를 창출한다. 둘째, 상호주의적 관점을 유지하여 무조건적인 개방이 되지 않도록 신중을 기한다. 셋째, 건전한 문화교류로 귀결될 수 있도록 개방상품을 조정한다. 마지막으로 이러한 개방은 국가의 강제나 정부 부문의 형식적인 차원이 아니라 민간차원의 실질적이고 자유로운 교류여야 한다는 정책의 방향이었다. 그리고 이 모든 방향은 단계적이고 점진적인 개방방식으로 귀결되었다. 단 이러한 점진적 개방 정책이라는 전제를 유지하되, 가시적인 성과가 나타날 수 있도록 상당한 속도로 추진한다는 단서도 제시되었다. 그리고 이러한 방향 아래 준수해야 할 세 가지의 대원칙은 다음과 같았다. 첫째, 개방상품 분야로서는 한·일 간 불행한 역사와 관계가 적은 내용으로부터 시작한다.

둘째, 문화적 가치가 높은 상품들에 대해서 우선 개방한다. 셋째, 한국업계가 경쟁력이 있는 분야부터 단계적이고 점진적인 개방을 한다는 내용이 정립되었다.[7] 이에 따라 영화는 세계 4대 영화제의 수상작부터 개방이 시작되었고, 극장용 애니메이션은 2차 때까지 개방되지 않았고, 현재에도 방송부문의 오락프로그램은 미개방 상태이다.

특히 일본문화개방 정책은 외교적 결정이 필요한 부분이었지만 행정관료가 전담하지 않았다. 문화상품으로서의 성격과 영향력에 대해서 전문적으로 판단할 수 있는 문화계와 학계의 전문 인력으로 구성된 한·일문화교류회의를 통해 이루어졌다. 이와 같은 전문성이 외교정책결정에 투입될 수 있도록 의사결정 통로의 문을 개방한 것이 중요한 외교전략이었다.

이러한 민간기구는 국가 간의 갈등이 빚어져도 자유롭게 협의를 할 수 있다는 장점을 갖는다. 또한 협의 시에 의견 차이가 조정이 되지 않더라도 국가 간의 갈등으로 비추어지는 것이 아니고, 전문가들의 사적 관점에 의한 갈등으로 이해됨으로써 양 국가는 극단적인 외교 마찰이나 충돌 국면 없이 충분한 조정기간을 가질 수 있는 장점이 있다.

IV. 일본문화개방의 정책결정과정: 정부와 민간의 역할

일본문화개방이라는 외교정책결정은 합리적 행위자 모델Rational Actor Model로 설명이 가능하다. 그 이유는 다양한 변수의 영향력이 미치지 않았기 때문이다.

비합리적 행위자 모델Irrational Actor Model을 주장하는 학자들은 합리적 모델에서의 국가가 지나치게 규범적이고 이상주의적인 것으로 묘사되고

---

7) 박조원 외, 『일본 대중문화개방 영향 분석』 (서울: 한국문화정책개발원, 2002), p. 7.

있으며, 국가가 파워만을 추구하는 존재로 설정된다고 비판한다. 따라서 이러한 국가의 외교정책의 목표는 검증이 불가능한 국가이익과 같은 개념이라는 것이다. 그래서 비합리적 행위자 모델에서는 국가라는 추상적인 존재가 아니라 실질적으로 정책결정에 참여하는 정책결정자들의 사안에 대한 인식수준과 정서, 스트레스 등도 파악해야 한다고 본다. 나아가 위기시의 결정에 대해서는 시간적 제약요인 등까지도 고려해야 한다고 한다.

그러나 합리적 행위자 모델에서는 의사결정자들이 최소비용으로 최대효과를 얻을 수 있는 행동경로를 선택한다고 전제한다. 정책결정자들은 가능한 모든 정책 대안을 나열하고 각 대안의 효용득실을 계산한 후 기대효용이 가장 큰 대안을 선택한다고 본다. 물론 이때 정책결정자의 사고력과 계산능력이 합리적이라는 전제가 필요하다. 특히 이 모델에서는 정책결정자라는 개인의 가치관, 신념, 심리적 과정, 편견, 오인의 가능성 등 세부적인 변수는 학문적인 엄밀한 사례연구에 맡겨두고, 일반론적인 수준에서의 합리성을 강조한다. 세부적인 변수의 영향력은 의사결정과정에서 충분히 여과될 수 있다고 전제하거나 영향력이 미미하다고 본다.

일본문화개방은 개방의 원칙이 문화계에서 이미 형성되고 폭넓게 지지되고 있었다. 또한 문화상품시장은 음성적으로 개방되어 있기도 했다. 따라서 어느 시점에서 어느 정도로 공식화하느냐가 관건이었던 사안이다. 즉 선택할 수 있는 대안도 충분히 논의되었고, 문화개방을 했을 때의 피해와 긍정적 효과에 대해서도 전문가들의 견해가 드러나 있었다. 또한 국민들의 일본에 대한 반일 정서를 감안할 때 일본도 한국에 대해 막무가내로 개방을 요청하거나, 한국보다 앞선 경제적 선진국으로서 강제하는 방법으로는 해결할 수는 없는 것이 분명했다. 예컨대 문화적 사안을 놓고 강대국 연대를 통해 한국에 압력을 행사할 수도 없는 입장이었다. 반대로 한국 정부는 만일 일본이 과다한 요청을 해올 경우 거부할 수 있는 명분을 확보하고 있었다. 국민의 정서라는 카드는 쉽게 손에 잡히지는 않지만, 대외적인 설득력을 획득하는 데 있어서는 막강한 유리한 고지를 제공한다. 결국 과거의 고통스러웠던 식민지 역사는 문화개방 정책에 있어서 한국 정부에게 가장 유리한 운신의 폭을 가질 수 있도록 최적의 고지를 제공한 셈이다. 문화개방이라는 외교적 결정에 있어 상대적으로 한국이 국력이 약한 국가가 분명함에도 불구하고 우리의 페이스대로 상대국에게 조건을 제시할 수 있는 입장이 된 것이다.

합리적 행위자 모델로 일본문화개방의 정책결정과정을 설명한다고 할 때, 주된 행위자는 국가로 상징되는 한국 정부와 민간 문화계 인사로 구성된 한·일문화교류회의 구성원이다. 정부의 문화부와 외교부, 그리고 대통령이 직접 관여된 행위자였다. 그리고 문화개방의 폭과 속도에 대해서는 다양한 라인을 통해 조사된 민간기구와 연구자가 행위자였다. 여기서 국회가 외교정책결정 주체에서 제외된 것은 특이하다. 일본문화개방 정책은 15대 국회가 활동 중인 1998년에 집행되었으며, 15대 국회는 1996년에서 2000년까지의 임기를 가지고 있었는데, 이 시기의 국회에서 이루어진 본회의, 상임위원회, 특별위원회, 예산결산특별위원회, 국정감사, 국정조사 등 모든 회의를 통 털어 일본문화개방의 문제를 이슈로 다룬 적이 없었다.[8] 일본과 관련된 이슈로는 일본과의 어업협정과 일본군위안부 문제들이 있었을 뿐, 일본문화개방은 법안 입안의 필요성이 전무하고, 행정부에서 결정해야 할 업무로 판단되고 있었던 것이다.

일본문화개방 정책이 외교적 사안이 되기 위해 첫 발을 내딛은 것은 행정부문이나 공식적인 대외행사에서 일본문화개방이 필요하다고 언급되기 시작하는 시점이었다. 최초의 언급은 1998년 4월의 아시아·유럽정상회의ASEM, Asia-Europe Meeting에서였다. 새로운 정권의 출범 초기였으므로 이

---

8) 국회 홈페이지의 정보 광장/국회정보시스템/회의록 시스템의 회의록 검색 시스템에서는 제헌의회 이후 18대 국회에 이르기까지 모든 회의록을 검색 가능한 PDF 파일로 제공한다(http://likms.assembly.go.kr/record/index.html).

12.1

아시아와 유럽 사이의 동반자 관계를 구축하기 위한 목적
으로 1996년 3월 1일 설립되었다. 주요활동은 자유무역
촉진, 양 지역의 무역과 투자 확대, 유엔의 개혁 촉진, 환경문제 개선,
약물·화폐위조·국제범죄·테러에 대한 협력강화 등이다. 가입국은 2008
년 현재 아시아 13개국, 유럽 27개국이다.

러한 일본문화개방 이슈가 이미 김대중 대통령의 취임 전 공약에도 명시
되었을 것으로 짐작할 수 있다. 하지만 실질적으로 공약을 살펴본 바, 공
약사항에는 명기되어 있지 않다.

취임 전의 공약사항 중 그나마 관련이 있는 부문은 외교와 문화 분야
이다.[9] 외교 분야의 공약은 10개의 대공약과 42개의 세부공약으로 분류
되어 있다. 그 중 10개의 대공약 중 6항이 '외교다변화'로 전통우방국을
비롯한 모든 나라와 호혜협력 관계를 발전시키겠다는 내용이다. 그 하위
에 (2)번으로 '한·일 간의 신뢰 회복을 토대로 현안 문제들을 해결하고
미래 지향적이고 안정적인 상호의존 관계를 구축해 나가겠습니다.'라는
하위 공약이 있다.

문화 분야에서는 13개의 대공약과 108개의 세부공약이 있는데, 1번
의 대공약에 '검열폐지'가 있다. 자율적인 문화예술환경 조성으로 '지원
은 하되 간섭은 하지 않는다.'는 이른바 팔길이원칙arm's length principle이 처음
천명되어 세계적 추세에 부합하는 선진적 문화예술행정 원리의 준수에
대한 의지가 있는 것으로 평가된다. 11번의 대공약은 '월드컵대회'에 대
한 것으로 2002년 월드컵대회의 성공적 개최를 위해 하위 1번 항목으로
2002년 월드컵대회를 문화월드컵으로 승화시켜 문화외교를 활성화하고,

---

9) 17개 분야, 1015개의 세부공약이 있었다. 이 공약들에 대해 각 분야별 전문가 총 58명
에게 의뢰해서 이행단계에 대한 평가를 실시한 자료가 2003년 3월 11일 경제정의실
천시민연합에 의해 발표되었다.

경제수익을 증대시키겠다는 공약이 있다.

　결국 취임 전의 공약에는 일본대중문화개방 정책 자체에 대한 기대나 계획은 없었다는 것이 증명된다. 한·일 간의 신뢰회복을 위한 외교적 작업으로서의 정상회담 등을 기획하는 과정에서 그 동안 한·일관계에서 쟁점이 되었지만 실현하지 못한 문화개방의 통로를 일본에 제공하고 우호적인 관계를 강화하며, 역사교과서 문제 등으로 악화된 관계를 변화시키고자 고려된 정책이었던 것이다.

　공약에서는 구체화되지 않았으나 새로운 국민정부의 출범 이후 김대중 대통령은 일본문화개방이라는 카드를 외교정책으로 고려하고 있었다. 4월의 아시아·유럽정상회의ASEM가 그 근거이다. 이곳에서 언급된 대통령의 발언이 외교정책결정으로 나아가는 첫 단추였다.

　김대중 대통령은 1998년 4월 2일의 아시아·유럽정상회의ASEM 참석차 영국을 방문했다. 이때 일본의 하시모토 류타로橋本龍太郞 총리와 정상회담을 갖고, 어업협정체결과 한국의 일본문화개방 등의 현안을 양국의 이해와 신뢰를 바탕으로 포괄적으로 풀자는 제안을 하였다.[10] 여기서 '포괄적'이라는 용어가 사용되었다는 것에 주목해야 한다. 일본문화개방 정책이 독자적으로 중요성을 갖는 것이 아니고, 일본과의 관계 개선을 위한 외교정책의 원세트one set의 일부로 여겨지고 있었다는 의미이다. 즉 김대중 대통령은 '양국이 흉금을 터놓는 대화를 통해 가장 친밀한 나라로 지낼 수 있어야 일왕 방한, 한국의 일본문화개방, 어업협정문제 등이 해결될 수 있을 것'이라고 강조한 것이다. 이러한 제안에 뒤이어 김대중 대통령이 촉구한 내용은 일본의 제2선 자금지원 약속 조기 이행, 일본의 무역규제 완화, 일본 기업의 한국에 대한 투자 확대 등이었다. 이에 대하여 하

---

10) 이상일, "日王 방한·문화개방 논의—金대통령, 日·中·英정상회담,"『중앙일보』 1998년 4월 3일: 1면.
　　이때, 하시모토 총리는 김 대통령의 일본 공식방문을 요청했으며 김 대통령은 이를 수락했다는 내용도 포함했다.

시모토 총리는 최대한 협력하겠다고 약속했다. 이런 점으로 볼 때 한국의 일본대중문화개방은 순수하게 우리 국민의 문화적 향유나 문화산업의 발전을 도모한 외교정책이라기보다는 일본의 경제적 지원을 이끌어내기 위해 제공하는 일종의 서비스로서의 성격도 지니고 있음을 알 수 있다.

1998년 4월 17일에는 김대중 대통령이 문화부의 업무보고를 받는 과정에서 문화부 장관에게 자신감을 갖고 일본문화개방을 추진할 것을 지시했다. 1998년 2월에 정부가 출범하였고, 4월 17일에 있었던 업무보고이므로 대통령이 문화부 장관에게 일본문화개방 정책을 적극적으로 고려할 것을 공식적으로 지시한 'up down 방식'의 정책결정 과정이 출발되었다고 하겠다.

이때 김대중 대통령은 "우리는 외래문화를 수용, 재창조하는 우수한 개성을 갖고 있다."[11]며 일본문화 수용에 소극적일 필요가 없음을 언급하고, 분명한 개방의지를 피력하였다. 당시 박교석 문화정책국장은 "일본대중문화개방을 위해 4월 중 자문회의를 구성하는 대로 공청회를 열어 일본색이 적은 것과 국민에 대한 영향력이 적은 장르부터 차례로 개방해 나갈 방침을 세워놓고 있다."고 답변함으로써 즉시 문화개방 정책 수립이 추진될 수 있다는 점을 시사하였다. 또한 개방에 대한 대응책으로 신낙균 문화부 장관은 지식·문화산업을 21세기의 국가기간산업으로 육성하기 위해 서울종합촬영소를 2000년까지 종합영상지원센터로 전환하고, 우리나라의 첨단 영상산업 육성을 위해 2백억 원을 투입하는 정책을 수립했다고 보고하였다. 이때, 김대중 대통령은 다시 "일본 대중문화를 수용하는 데 무리할 이유가 없다."고 하면서 "나쁜 문화가 들어오고 있는 현실임을 감안해 정부가 자신을 갖고 임하라."[12]고 지시하였다. 이후 일

---

11) 김성호, "日대중문화 단계 개방—문화부 업무보고. 빠르면 연내 가시화."『서울신문』 1998년 4월 18일: 1 면.
12) 권오교, "日대중문화 단계적 개방—문화부 업무보고."『세계일보』1998년 4월 18일: 1면.

본대중문화개방은 기정사실이 되었고, 개방의 폭과 시기 조정에 행정적 조정과 민간의 의견수렴이 이루어졌다.

한편, 일본의 외무성 외무보도관은 '일한 문화교류에 관하여'라는 제목으로 기자회견을 열었다. 기자들의 질문에 대하여 4월 17일 오전에 문화관광부 장관이 김대중 대통령에게 보고하는 업무보고 회의에서 김대중 대통령이 일본문화개방 문제에 대하여 "일본문화 유입을 금지하는 것이 오히려 폭력적인 하급문화 등을 유입시킬 가능성이 있다. 두려워하지 말고 대응해라."고 했음을 밝혔다. 동시에 대통령 취임 전부터 모든 문화 쇄국주의에 비판적인 발언을 했고, 문화 중에는 좋은 문화와 나쁜 문화가 있으며, 좋은 문화는 폭넓게 일반에게 보급하는 것이 바람직하다는 입장을 취하고 있다고 보았다. 또한 일한 간의 문화교류가 앞으로 한층 자유롭게 확충되어 갈 것을 희망하고 있으며, 이것이 양국 국민의 상호이해와 우호협력 강화와 연결되기를 희망하고 있다고 발표하였다.[13]

이후 김대중 대통령이 일본에서 10월 8일에 정상회담을 하고, '21세기의 새로운 한·일 파트너십 공동선언(1998. 10. 8, 동경)'을 발표하기 전까지 국내의 민간기업과 학자와 문화계 인사들은 정부의 일본문화개방 정책을 지지하였다. 일본문화개방 자체의 부작용은 적을 것으로 예상되지만 신중하게 속도조절을 해야 하며, 아시아에서의 한·일 양국의 역할을 강화하려면 상호 간 지지와 협력이 필수적이라는 관점이었다.

예컨대 삼성경제연구소는 대통령이 일본을 방문하기 일주일 전에 보고서를 통해 일본문화개방을 해도 큰 영향이 없을 것이라는 진단을 했다. 일본영화가 유입되면 국내영화시장의 규모는 초기 2~3년간 2~3% 정도 확대되나 이후에는 일본영화 점유율이 점차 하락할 것으로 예측했

---

13) 외무성 기자회견(외무보도관), 1998년 4월 "일한문화교류에 관하여," http://www.
mofa.go.jp/mofaj/press/kaiken/hodokan/hodo9804.html#5-B (검색일: 2010. 5.
17) 기자들의 질문은 "일한관계에서 김대중 대통령이 표명한 일본 대중문화개방과
관련하여 어떤 움직임이 있는가?"였다.

다.[14]

한 외교학자는 김영삼 정부에서 한·일관계가 독도어업·북한문제 등으로 상당히 경색되었던 점을 고려할 때, 한국과 일본 모두 아시아에서 역할을 강화하기 위해서는 무엇보다도 가장 인접한 국가로서 이해와 협조를 필요로 한다는 점을 강조하였다. 그러나 관계 개선을 위해서 모든 외교정책은 속도를 조절해 나가는 것이 중요하다고 했다.[15]

또한 일본전문 경제학자는 한·일 간 '65년 체제가 수명을 다하고 새 틀 짜기가 모색되고 있는데, 65년 체제가 양국 보수 세력 간의 보수적 상호의존체제였다면 앞으로 이루어져야 할 신 한·일 체제는 시민사회의 성숙을 배경으로 한 개혁적 상호의존체제가 되어야 할 것'이라고 주장했다. 신 한·일 체제를 잠정적으로 '2002년 체제'라고 부르면서, 월드컵 공동개최는 양국이 처음으로 역사적인 공동의 목표를 공유한 것으로 이를 시민적 한·일관계로 승화시킬 계기로 본 것이다. 그는 한·일 간의 '합리적 관계'가 '화학적 관계'로 전환되기 위해 '천시天時'를 기다려야 할지, '인화人和'로도 가능할지는 이번 '방일 빅딜'의 결과를 보아야 결론을 내릴 수 있을지 모르지만 아무래도 김 대통령 방일의 값이 싼 것이 아닌지 걱정을 하기도 하였다.[16] 이는 문화개방 정책이 너무 쉽게 많은 것을 내주는 것이 아닌가 하는 우려이기도 하다. 이 경제학자는 또한 다른 지면을 통해 정부는 주로 미래협력에 치중하고, 시민사회는 시민적 교류하에 과거사 분쟁을 해결하는 패턴의 민관 협력 체제를 구상하기도 했다.[17]

이후 1998년 10월 8일에 동경에서 이루어진 오부치 게이조小淵惠三 일본총리와의 정상회담은 한·일 정상회의 선언문을 공식적으로 남기게 되었으며 일본문화개방이 필요하다는 내용이 선언문의 항목으로 명기되

---

14) "日대중문화개방 태풍은 없다." 『서울신문』 1998년 10월 3일: 5면.
15) 백진현, "새 韓·日관계 위한 金대통령 과제." 『세계일보』 1998년 10월 7일: 7면.
16) 김영호, "한·일관계 새 틀 짜기." 『한국경제신문』 1998년 9월 28일: 10면.
17) 김영호, "시민적 韓·日관계로." 『조선일보』 1998년 10월 7일: 5면.

었다.

'21세기의 새로운 한·일 파트너십 공동선언'의 10항은 "양국 정상은 각 분야의 양국 간 협력을 효과적으로 추진해 나가는 기초는 정부 간 교류뿐 아니라 양국 국민 간의 깊은 상호이해와 다양한 교류에 있다는 인식 하에 양국 간의 문화·인적 교류를 확충해 나간다는 데 의견의 일치를 보였다. —중략— 김대중 대통령은 한국 내에서 일본문화를 개방해 나가겠다는 방침을 전달하였으며, 오부치 총리대신은 이러한 방침이 한·일 양국의 진정한 상호이해에 기여할 것으로 환영하였다."고 되어 있다. 이 선언문에는 대한민국 대통령 김대중과 일본국 내각총리대신 오부치 게이조의 서명이 있다. 그리고 이 선언문에 따른 부속문서는 '21세기의 새로운 한·일 파트너십을 위한 행동계획'이라는 제목의 부속서로 선언문의 내용을 받아 구체적인 행동계획을 부연설명하고 있다. 이 부속서의 5항에서는 '국민교류 및 문화교류의 증진'을 위한 '문화교류의 내실화' 항목에 '한국은 한국 내에서 일본문화를 개방해 나가겠다는 방침을 일본 측에 전달하였다.'라고 명기하고 있다.

이러한 선언문과 부속서에 대해서 일본전문가인 민간학자는 '21세기 새로운 한·일 파트너십 공동선언'은 5개 분야에 걸친 48개항의 선언, 실천계획을 포함하고 있어서 김 대통령의 대일 외교는 1단계에 있어 크게 성공을 거뒀다고 해도 될 것 같다고 평가했다. 또한 한·일 양국민이 시민적인 교류와 연대를 강화하면서 이 역사에 참여해 협력을 다짐하기도 하고 감시하기도 하는 역할을 해나가야 할 것이라고 주장하였다.[18]

1998년 10월 8일의 한·일정상회담 이후 1998년 10월 12일에 우리 정부의 후속대책이 보도되었다. 한·일공동선언의 후속대책에서는 공동문화행사와 사업에 대한 협력방안에 대한 논의 일정이 발표되었다.

---

18) 지명관, "한·일관계 새로운 전기 마련—金대통령 訪日성과를 보고," 『서울신문』 1998년 10월 13일: 7면.

〈표 12-1〉 한·일공동선언 후속대책[19)]

사 안	대 책
한·일 각료 간담회	11월 하순, 일본 가고시마에서 개최. 총리, 경제 등 현안관련 장관 참석 실무협의회
2002 월드컵공동개최	양국 월드컵 협의체 신설. 문화·외무부처, 관련 전문가로 구성. 우리쪽 관계부처 협의 개시
역사교육	한·일역사연구촉진공동위 통해 논의. 정부 시료 공개→역사적 쟁점, 해석차 해소→역사교과서 개정
여성·소장 정치인 교류 다자간 지역안보대화	한·일의원연맹 21C위원회에서 협의. 6자회담 정부 간 채널 가동 위해 대북 설득
일본 공대 유학생 파견	양국 교육당국, 선발기준 등 세부사항 논의
어업협정	금년 말까지 정식서명 계획, 양국 국회비준 대책 마련
일본대중문화개방	한·일문화교류협의회 설치, 개방일정 논의

이 후속 대책에서 볼 수 있듯이 일본대중문화개방은 비교적 비중이 약하고 갈등요인이 적은 사안이었다.

1998년 10월 18일, 김대중 대통령은 '편집세미나' 참석자들을 접견하는 자리에서 한·일 문화개방과 관련하여, "선정적이거나 폭력적인 범죄와 관련된 것을 제외하면 모든 것을 상호 개방하는 방향이 될 것"이라고 밝혔다.[20)] 이는 개방의 폭과 구체적인 속도에 대한 발표는 문화부가 할 것이기 때문에 대통령으로서 전반적인 개방의 원칙과 방향을 상징적인 차원에서 최대한 긍정적으로 극대화시킨 것이라고 볼 수 있겠다.

김 대통령의 18일 발언에 이어 1998년 10월 20일에는 문화부의 일본문화개방 정책이 공식적으로 발표되기에 이르렀다.

1998년 10월 20일의 일본문화개방 1차 개방 이후 후속조치로서 1999년 6월 18일에는 한·일문화교류회의가 발족되었다. 「한·일문화교류회

---

19) 추승호, "정부 후속대책—對日문화개방 단계별 예고제," 『서울신문』 1998년 10월 12일: 2면.

20) 황정미, "'韓·日문화 상호개방—金대통령 편집세미나 참석자 접견," 『세계일보』 1999년 10월 19일.

의」발족에 관한 공동언론발표문에서는 '한·일 양국은 지난해 10월 김대중 대통령의 국빈방문 시 양국 정상간 합의·발표된 「21세기의 새로운 한·일 파트너십 공동선언」의 정신을 살리고 그 이후 조성된 양국 간 우호협력 분위기를 보다 실질적·구체적으로 고양시킨다는 차원에서, 지난 1999년 3월에 서울에서 개최된 한·일 정상회담에서 민간레벨의 「한·일 문화교류회의」를 구성키로 합의한 바 있다. 「한·일문화교류회의」는 한·일 양국 간의 전반적인 문화예술교류 촉진문제를 폭넓게 협의함과 동시에, 한·일 양국 간 문화교류 증진에 적극적 역할을 하는 자리로서 앞으로 양국 간 국민·문화교류를 폭넓게 증진시켜 전반적인 양국관계 발전에 기여할 것으로 기대된다.'고 하였다.

한·일문화교류회의의 위원 구성은 한국 측에는 학자 5명, 문화예술계 3명, 언론인 2명이었고, 일본 측에는 학자 6명, 문화예술계 4명이었다. 그리고 사무국장이 각각 1명씩으로 구성되었다. 정부대변인이나 정부관료가 아니라 민간학자와 문화계 인사로 구성된 한·일문화교류회의는 개방문제를 자유롭고 유연하게 조정해 나갈 수 있는 외교정책결정의 협치구조의 주체가 되었다.

이러한 일련의 외교정책 결정과정에 있어서 상대국인 일본의 입장을 검토함으로써 한국 내부의 시각과의 거리나 일치도에 대한 객관적 평가가 가능해진다.

일본의 1999년도 '외교청서'에서는 '21세기를 향한 세계와 일본'이라는 총괄편에서 '일한 양국 정상은 「일한 공동선언—21세기를 향한 새로운 일한 파트너십」에 서명하고, 과거 문제를 매듭짓고 21세기를 향한 새로운 일한 파트너십을 구축해 나갈 것에 합의했다.[21] 이러한 합의 후 일

---

21) 외무성 홈페이지 외교청서. http://www.mofa.go.jp/mofaj/gaiko/bluebook/99/1st/bk99_1.html#1-1 (검색일: 2010. 5. 17). また 日韓両国首脳は「日韓共同宣言—21世紀に向けた新たな日韓パートナーシップ」に署名し 過去の問題に区切りをつけて21世紀に向けた新たな日韓パートナーシップを構築していくことで一致し

516 정정숙

〈표 12-2〉 한·일문화교류회의 양측 위원 명단

	한 국			일 본	
1	지명관	한림대 일본학연구소 소장	1	아에바 타카노리(饗庭孝典)	교린(杏林)대학 객원교수
2	최상룡	고려대 정치외교학과 교수	2	오코노기 마사오(小此木政夫)	게이오의숙(慶應義塾)대학 교수
3	이청준	〈서편제〉작가	3	센 소오시츠(千宗室)	우라센케(裏千家) 15대 전수자
4	김용운	한양대 명예교수	4	타나카 유우코(田中優子)	法政대학교수
5	고 은	시인	5	하가 토오루(芳賀徹)	교토(京都)조형미술대학 학장
6	강만길	前 고려대 한국사학과 교수	6	히라야마 이쿠오(平山郁夫)	일본화가
7	류 균	KBS 해설주간	7	히로나카 헤이스케(廣中平祐)	야마구찌(山口)대학 학장
8	박성은	이화여대 미술사학과 교수	8	마쯔오 슈우고(松尾修吾)	주식회사 소니뮤직 엔터테인먼트 회장
9	임영웅	극단 "산울림" 대표	9	미우라 슈몽(三浦朱門)	작가
10	장명수	한국일보 주필	10	미즈타니 코오쇼오(水谷幸正)	淨土宗종합연구소 소장
사무국장	서연호, 고려대 교수		사무국장		쿠마가이 나오히로(熊谷直博) 재단법인 일·한 문화교류기금 이사장

한 각료간담회 개최 등을 거쳐 이 공동선언은 착실하게 실천되어 가고 있다.'고 하면서 공동선언이 선언으로 그치지 않고 내실 있는 후속조치를 통해 실행되고 있다는 정보를 제공하고 있다.

이어서 2000년도의 외교청서에서도 '미국 및 주변국과의 관계'의 대항목 중 '일한관계'라는 중항목에서 '미래 지향의 일한관계의 진전'이

た.その後の日韓閣僚懇談会開催などを経てこの共同宣言は着実に実践されつつある.

| 참고 | 21세기의 새로운 한·일 파트너십 공동선언(1998년 10월 8일, 도쿄) |

12.2 김대중 대통령은 1998년 10월 7일부터 10일까지 일본을 공식 방문하였다. 김 대통령은 체재 중 오부치 게이조 일본국 내각 총리대신과 회담을 가졌다. 양국 정상은 과거의 양국관계를 돌이켜보고, 현재의 우호 협력관계를 재확인하는 동시에 미래의 바람직한 양국관계에 관하여 의견을 교환하였다. 이 회담의 결과, 양국 정상은 1965년 국교정상화 이래 구축되어 온 양국 간의 긴밀한 우호 협력관계를 보다 높은 차원으로 발전시켜, 21세기의 새로운 한·일 파트너십을 구축한다는 공통의 결의를 선언하였다.

(출처: 주한일본대사관 홈페이지 http://www.japanem.or.kr)

라는 제목으로 1998년 10월 김대중 대통령의 일본방문으로 일한 양국은 과거를 매듭짓고 「가깝고도 가까운 나라」로 미래지향의 관계를 구축해 왔다. 3월에는 오부치 총리대신이 한국을 방문하여 김대중 대통령과 정상회담을 가졌으며, 고려대학에서 정책강연을 가졌다. 정상회담에서는 1998년에 서명한 「일한공동선언―21세기를 향한 새로운 일한 파트너십」 및 부속 행동계획의 착실한 실시가 확인되었으며 또한 일한경제관계의 한층 더 긴밀한 관계를 도모하기 위한 「일한경제 아젠다21」이 발표되었다.'라고 기술되었다.[22] 이러한 외교청서의 내용은 1998년의 파트너십 선언이 일회성 선언이 아니라 21세기의 한·일관계를 규정하는 가이드라인이 되고 있다는 것을 의미한다.

그리고 10월 20일 문화부의 개방발표 후 일본 외무성 보도관의 회견 기록을 보면 김대중 대통령이 회견에서 문화개방에 대하여 일본과 공동협의회를 설립하고자 하는 취지를 표명한 것에 대하여 일본 측의 검토 상황 여부를 물었는데, 이에 대해 보도관은 "김대중 대통령이 일본을 방문

---

22) 외무성 홈페이지 외교청서: http://www.mofa.go.jp/mofaj/gaiko/bluebook/00/1st/bk00_1.html#1-3-2 (검색일: 2010. 5. 17).

하였을 당시 한국에서 일본문화의 단계적 개방을 상당히 빠른 속도로 실시하고자 한다고 했으며, 지금 질문처럼 「일한문화교류협의회」를 설치하여 이 협의회를 통하여 구체적인 협의를 해나가고자 한다는 것이었다. 「일한문화교류협의회」의 구체적인 목적과 구성, 기능 등에 대해서는 앞으로 한국 측의 상세한 설명을 들은 후 검토하고자 한다."고 하였다. 재차 이어지는 "그러면 일본 측은 이 협의회에 참가할 의향이 있다는 것인가?"라는 기자들의 질문에 대해서는 "협의회를 통하여 여러 가지 상담을 해나갈 것이라고 생각한다. 단 구체적이고 상세한 것은 지금부터다."[23]라고 답변하여 협의회 구성에의 참여를 당연시 하지 않고 신중하게 긍정하고 있는 것을 볼 수 있다. 이는 일본 특유의 우회적인 어법이라고도 볼 수도 있지만, 그만큼 외교문제에 관한 한 신중한 발언을 하는 전략이 체질화되어 있는 것으로 해석할 수도 있다.

V. 일본문화개방 정책의 집행: 절차와 구현 내용

외교행위란 국가가 국제사회에서 자국의 목적을 평화적으로—설득, 타협, 혹은 위협을 통해—달성하려는 노력이다. 외교정책이란 국제관계에 있어 한 국가의 행동지침이 되는 전략을 말한다. 일본문화개방 정책은 외교정책임에는 틀림없으나 설득과 타협에의 높은 에너지가 투입되지 않고도 비교적 수월하게 집행되었다. 대내적 의견 수렴에 행정적 지원이 필요했을 뿐이기 때문이다. 국가의 공공정책은 대외정책과 대내정책의 두 요소로 구성되는 데, 일본문화개방 정책의 효과는 대외적이지만 내용적으로는 국내 설득에 논리가 필요했을 뿐 대외적 설득은 불필요한 것이었

---

23) 외무성 홈페이지 외교청서: http://www.mofa.go.jp/mofaj/press/kaiken/hodokan/hodo9810.html#6-C (검색일 2010. 5. 17).

기 때문이다. 다시 말하면 외교정책은 주권국가 간의 공적 관계에서 발생하는 분쟁처리 기술의 하나이고, 기본적으로 설득, 타협, 강제 등의 수단으로서 협상에 의한 분쟁의 해결을 목표로 하는데,[24] 일본문화개방 정책은 그 자체로 분쟁이 예상되지 않았고, 다만 한·일관계의 안정과 상호발전을 추구하는 데 촉매제 역할을 하는 수단적 의미가 강했기 때문이다.

1998년 10월 8일에 이루어진 '21세기의 새로운 한·일 파트너십 공동선언(1998. 10. 8, 동경)' 이후 1998년 10월 20일에는 문화개방 정책이 발표되었다. 이후 4차 개방이 있었고, 2010년 현재는 방송 분야의 일부를 제외하고 개방이 된 상태이다. 2000년 3차 개방 이후에는 일본이 2001년 7월의 역사교과서 왜곡의 수정을 거부하는 사태가 발생하여 이에 대한 한국의 대응조치로써 일본대중문화개방 전면 중단이 선언되어 2004년까지 4차 개방은 유보되기도 했다.

1998년 10월 20일의 1차 일본문화개방 직후 1999년에는 추가개방의 범위에 대한 연구가 이루어졌다.[25] 이 연구에서는 일본영화가 일본 자국 내에서조차 인기를 끌지 못하는 점에 비추어 전반적으로 초기 특수가 지나가면 1년 10여 편 미만의 일본영화가 개방될 것이고 시장점유율도 높지 않을 것이라는 예측이 있었다. 이러한 시각은 1차 개방이 영화(국내 상영작 비디오 포함)에만 국한되었다는 점에 기인하였다.

2000년에는 일본 대중문화를 실제로 접촉한 경험이 출판만화(37.2%), 방송(34.3%), 비디오(32.2%), 영화(23.6%)의 순서로 나타나는 등 분야별로 차이가 있다는 것이 드러났다. 또한 일본대중문화를 개방하는 방식에 있어서 단계적 개방방식을 지지하는 비율(54.6%)이 전면적 개방을 지지하는 비율(17.9%)보다 압도적으로 높게 나타났다. 이는 국

---

24) 정치학대사전편찬위원회(편), 『정치학대사전』 하권 (서울: 아카데미아리서치, 2002), p. 1628.
25) 이흥재, 『일본 대중문화 즉시개방의 파급효과 및 추가개방 대책 연구』, (서울: 한국문화정책개발원, 1999), p. 78.

12.3 한·일 양국은, 1998년 10월 김대중 대통령의 일본 국빈 방문 시 양국 정상 간에 합의·발표된 21세기의 새로운 한·일 파트너십 공동선언의 정신을 살리고, 그 이후 조성된 양국 간 우호 협력분위기를 보다 실질적·구체적으로 고양시킨다는 차원에서, 지난 99년 3월 서울에서 개최된 한·일정상회담 시 민간 레벨의 한·일문화교류회의를 구성키로 원칙 합의하였다. 이에 따라 한·일 양국 관계를 전반적으로 조망할 수 있는 인사와 문화·예술계 인사를 중심으로 교류회의 양측 위원이 각기 구성됨으로써 한·일문화교류회의가 정식 발족하게 되었다.

장기적으로는 한·일 양국 간의 전반적인 문화·예술교류 촉진문제를 폭넓게 협의함과 동시에 한·일 양국 간 문화교류 증진에 적극적 역할을 하는 자리로서 양국 간·국민 간의 문화교류를 폭넓게 증진시켜 양국관계 발전에 기여할 뿐만이 아니라, 나아가 동북아 내의 협력자로서 아시아 지역은 물론, 세계사회에 공헌하는 것이 한·일문화교류회의의 목적이다.

(출처: 한·일문화교류회의 홈페이지 http://www.kjcec.or.kr)

민들이 정부의 단계적인 개방 정책의 선택과 집행과정을 지지하는 것을 의미했다.

그리고 일본대중문화개방 정책의 효과성 측면은 1·2차 개방을 통해 의도한 목표를 달성하는 등 효과적으로 정책이 추진되어서 결과적으로 국민들에게 일본문화에 대한 관심과 욕구를 충족시켜주었다. 또한 다양한 문화를 접촉할 수 있는 기회를 제공했다. 한·일 간 대중문화교류의 폭을 넓혀주는 등 본래의 의도나 지침이 달성되었다고 볼 수 있는 것이다. 다만 청소년들의 저질 폭력물 접촉에 대한 우려와 국내 문화산업의 경쟁력 약화에 대한 사실 여부는 심도 있는 조사가 필요하다는 것이 당시의

〈표 12-3〉 일본대중문화 단계별 개방 내용

분야 (개방 년도)	1차 개방 (1998. 10. 20)	2차 개방 (1999. 9. 10)	3차 개방 (2000. 6. 27)	4차 개방 (2004. 1. 1)
영화	세계 4대 영화제 수상작	공인 국제영화제 수상작, 전체관람가 영화	'18세 이상 관람가' 제외한 모든 영화	'18세 이상 관람가', '제한상영가' 영화—전면 개방
비디오	개방 허용작 중 국내 상영영화	개방 허용작 중 국내 상영영화	개방 허용작 중 국내 상영영화	영화 및 극장용 애니메이션과 연동—개방폭 확대
극장용 애니메이션	미개방	미개방	국제영화제 수상작	극장용 애니메이션: 2006년 1월 1일 전면 개방 —개방 2년 유예
공연	미개방	2,000석 이하 실내공연	실내외공연 완전개방	—
음반	미개방	미개방	일본어 가창음반만 제외	일본어 가창음반—전면 개방
게임	미개방	미개방	게임기용 비디오 게임물을 제외한 나머지	게임기용 비디오 게임물—전면 개방
방송	미개방	미개방	스포츠, 다큐멘터리, 보도 프로그램 개방(전 매체) 국내 상영 영화(뉴미디어)	케이블TV·위성방송 대폭 개방, 지상파 일부 개방—개방 폭 확대

(출처: 정광렬 외, "KCTI 문화 예술 관광 동향분석" 2009. 5. 29(제8호), 한국문화관광정책연구원, p. 8)

견해였다.[26]

　　일본대중문화의 개방에 따른 대응방안에 대하여 국민들은 '대중문화에 대한 체계적인 교육'(26.4%), '문화산업 관련 전문 인력 양

---

26) 이홍재, 『일본 대중문화개방 정책의 심사분석』(서울: 한국문화정책개발원, 2000), 요약 xiii 참조.

성'(19.2%), '불법 유통의 단속 강화'(17.7%), '불필요한 규제 철폐' (14.3%), '해외 진출에 대한 정부지원'(12.3%)의 순서로 응답해 정부가 교육, 인력 양성 측면에 대해 특별한 관심을 가지고 대책을 마련해야 한다고 보았다. 기업들은 일본대중문화개방에 따른 정부의 역할로 '수출지원 기구 마련', '배급망 구축', '홍보' 등을 요청했다.[27]

그러나 2001년 7월 12일, 한국 정부는 일본의 역사교과서 왜곡 수정 거부 사태에 대한 대응 조치로 일본대중문화개방 전면 중단을 선언하였다. 당초에는 "한·일 월드컵 경기"를 앞두고 2001년 안으로 4차 추가 개방을 단행해 일본 대중문화 수입을 전면 허용할 계획이었으며, 2002년 즈음에는 완전 개방까지 예상할 정도였다. 그러나 일본의 고이즈미 준이치로 총리의 야스쿠니 신사참배, 일본 우익교과서의 역사왜곡 등 한국을 비롯하여 인근 아시아 국가들의 역사적 감정을 자극하는 일본의 행동으로 인하여 일본에 대한 국민의 비난여론이 비등해졌고, 3차 개방 이후 4차 개방은 중단되었다.

2001년에 이루어진 3차 개방까지에 대한 평가에서는 개방 당시의 우려였던 일본의 저질문화가 우리 청소년의 정신세계를 혼란시킬 것이라는 문화적인 측면과 경쟁력 있는 제품이 들어옴으로써 국산 문화상품이 고사枯死할 것이라는 경제적인 측면의 피해 등이 별로 나타나지 않았다. 오히려 부정적 효과들이 적게 나타났으며, 그 이유에 대해서 다음과 같이 설명할 수 있다.[28] 첫째, 같은 기간에 이루어진 국내 문화산업의 성장 때문이다. 국내 투자 증대와 '한류열풍'으로 인한 정부 및 산업 관계자들의 문화시장에 대한 관심으로 인한 문화산업 기반이 형성된 것이다. 둘째, 방송시장 개방이 연기되었기 때문이다. 영상 및 음반 산업은 스타 만들기 산업으로 대중이 방송을 통해 스타의 존재를 인식함으로써 흥행 성공여

27) 이홍재 (2000), pp. 106-108.
28) 박조원 외 (2002), pp. 109-111.

부가 결정되는 경향이 있는데, 방송시장 개방이 미루어짐으로써 부정적 영향이 약화되었다. 셋째, 일본대중문화상품 경쟁력에 대한 과잉 우려 때문이다. 일본문화산업 일부 영역이 가지고 있는 세계적 경쟁력을 모든 상품으로 확대 해석한 측면이 있었다는 것이다.

2001년에는 한국의 독자적인 문화산업 경쟁력을 확립하는 것도 중요하지만, 아시아지역의 3국—한·중·일—을 중심으로 협력하여 문화콘텐츠의 제작 및 배급의 영향력을 행사하는 전략 추구도 필요하다는 협력 마인드가 등장하기 시작했다.[29] 이것은 국내시장 협소에서 초래된 규모의 불경제diseconomics of scale를 고려한 것이라고 할 수 있다. 국내시장을 방어하는 전략보다는 3국에 있는 고유한 동양적인 분위기와 가치관을 발휘하여 세계 소비자의 지속적인 문화수요를 창출할 수도 있을 것이라고 보았다. 또한 한·중·일 세 나라 문화산업의 협력을 시장Market, 소비자Consumer, 경쟁Competition이라는 세 가지 요소에서 당위성을 찾을 수 있다고 보았다. 즉, 한·중·일 3국이 자국 문화산업의 보호라는 소극적 자세에서 더 나아가 세계 문화산업 시장에의 진출과 이에 의한 글로벌 메이저의 독점화 저지에 공동으로 노력하는 것이 필요한 때라는 관점이 등장한 것이다. 이때 그려진 한국 문화산업의 발전 로드맵은 다음과 같았다.

2003년에는 그동안의 일본문화개방의 효과 등을 전반적으로 정리하고, 새로운 개방을 준비하는 연구에 착수했다. 이때 조사된 것은 일본대중문화개방의 영향 중에서 사회문화적 영향이었다. 개방 초기에는 민족정서, 퇴폐문화 제어, 문화산업적 관심 등이 다양하게 제기되었으나, 3차 개방 시점부터는 문화산업적 측면에서의 경쟁력 강화가 논의의 핵심이 되고 있다는 것이 드러났다. 이는 개방의 사회문화적 영향에 대한 분석이 별로 진행되지 않았다는 것을 의미한다. 그 이유는 개방에 따른 사회문화적 병리현상이 크지 않았다는 점에 기인하는 것이다. 이는 또한 한국사회

---

29) 박조원 외 (2002), pp. 122-125.

〈그림 12-3〉 한국 문화산업 발전 로드맵(Road Map)[30]

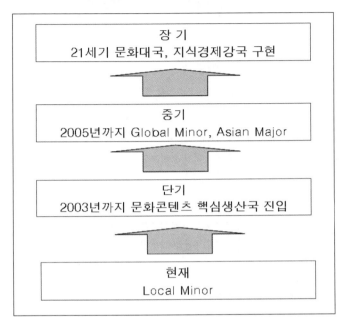

의 성숙성을 반영하고 있을 뿐 아니라 점진론의 원칙이 지켜져서 지상파 방송이 개방되지 않았기 때문에 흡수력과 파급력이 큰 일본문화 수용이 제어되고 있기 때문이라고 분석되었다.[31]

2009년의 연구에 따르면, 개방 이전부터 수입되고 있었던 장르는 지속적인 인기를 얻고 있다. 예를 들면, 일본의 소설은 1990년대부터 인기를 끌었으나, 2008년 인기가 다소 주춤하다. 출판만화는 여전한 인기를 얻고 있어, 2006년 시점에서 시장점유율 69%를 차지하고 있다. TV 애니메이션은 케이블 TV의 편성률 60-80% 정도로 한국 작품에 비하여 시청률이 약 2배가량 높다. 개방과 관련된 장르로서의 영화, TV방송, 음악

---

30) 박조원 외 (2002), p. 121.

31) 조현성 외, 『일본 대중문화개방 영향 분석 및 대응방안』 (서울: 한국문화관광정책연구원, 2003), 요약 iv 참조.

〈표 12-4〉 일본대중문화 한국시장 유통 연관 법률[32)]

법 령	외국작품관련 관련기관	외국작품 제한 근거
공연법	추천 연소자유해관람물 영상물등급위원회	○ 추천하지 않는 경우 －국가이익이나 국민감정을 해할 우려 있을 때 －국내 공연질서를 문란하게 하거나 해할 우려 있을 때 －기타 대통령령으로 정하고 공연을 할 때 　• 범죄행위를 정당화하거나 범죄수단을 지나치게 자세하게 묘사한 것 　• 저속하거나 외설적인 언어를 사용하거나 그 동작을 묘사하는 것 ○ 연소자유해공연물 규정－ 누구나 청소년보호법 제10조의 기준에 의한 　연소자 유해 공연물을 연소자에게 관람시킬 수 없다.
영화 진흥법	수입추천 등급분류 영상물등급위원회	○ 수입추천을 하지 않는 경우 －반국가적인 내용이 있다고 인정되는 영화 －사회질서를 문란하게 하거나 미풍양속을 해할 우려가 인정되는 영화 －외국과의 정상적인 국교관계를 해할 우려가 있다고 인정되는 영화 －국민의 일반정서에 반할 우려가 있다고 인정되는 영화 ○ 등급분류 －전체관람 가, 12세 관람 가, 15세 관람 가, 18세 관람 가, 제한상영 가 ○ 한국영화상영의무 －영화상영관에서는 연간 대통령령이 정하는 일수 이상 한국영화 상영
음반·비디오물 및 게임물에 관한법률	추천 등급분류 영상물등급위원회	○ 추천하지 않는 경우 －내용이 헌법의 민주적 기본질서에 위배 혹은 국가의 권위 손상 우려 －폭력·음란 등의 과도한 묘사로 미풍양속 위해, 국가 권위 문란 우려 －민족의 문화적 주체성 등을 훼손하여 국익을 해할 우려가 있는 것 ○ 비디오물의 등급

		- 전체관람 가, 12세 관람 가, 15세 관람 가, 18세 관람 가
		○ 게임물의 등급
		- 전체이용 가, 18세 이용 가
방송법	사후심의 방송쿼터제 방송위원회	○ 국내작품과 동일한 기준 ○ 국내제작 방송프로그램의 편성 - 방송사업자는 당해채널의 전체 프로그램 중 국내에서 제작된 방송프로그램을 대통령령이 정하는 바에 따라 일정한 비율이상 편성하여야 한다. - 방송사업자는 연간 방송되는 영화 애니메이션 및 대중음악 중 국내에서 제작된 영화 애니메이션 및 대중음악을 대통령령이 정하는 바에 따라 일정한 비율이상 편성하여야 한다. - 방송사업자는 국제문화 수용의 다양성을 보장하기 위하여 외국에서 수입한 영화 애니메이션 및 대중음악 중 한 국가에서 제작된 영화 애니메이션 및 대중음악이 대통령령이 정하는 바에 따라 일정한 비율이상을 초과하지 아니하도록 편성하여야 한다. - 제1항 내지 제3항의 규정에 의한 방송프로그램의 편성비율은 방송매체와 방송분야별 특성 등을 고려하여 차등을 둘 수 있다.

시장 점유율은 그다지 높지 않다. 영화 관객 점유율은 1~3% 정도이고, TV 드라마는 케이블 TV에서 시청률 1%를 상회한 작품은 2편에 불과(고쿠센 1, 2)하며, 음악 시장 점유율도 2~3%에 지나지 않는다. 이는 한국 문화산업의 경쟁력을 보여주는 결과이며, 지상파 TV의 오락, 드라마 장르 등의 미개방의 영향도 있다고 분석되고 있다. 전체적으로 일본 대중문화개방 자체의 효과는 크지 않아서, 2009년 일본 대중문화 접촉경험은 98.8%로 개방 이전인 1998년(93.2%)보다 약 5.6% 증가하는 데 그치고 있다.[33]

32) 조현성 외 (2003), pp. 97-98.
33) 정광렬 외, "KCTI 문화 예술 관광 동향분석" 2009. 5. 29(제8호), 한국문화관광정책연구원 pp. 1-8.

〈표 12-5〉 외국 프로그램 수량 규제 내용[34]

분류	방송매체	규제 내용	비고
국산 프로 그램	EBS	매월 전체 방송시간의 100 분의 70 이상	
	EBS를 제외한 지상파 방송 사업자	매월 전체 방송시간의 100 분의 60 이상	
	지상파외 방송 사업자	매월 전체 방송시간의 100 분의50 이상	영화, 애니메이션, 대중음악은 별도 규정
국내 제작 영화	지상파 방송 사업자	전체 영화 방송시간의 100 분의 26 이상	
	지상파외 방송 사업자	전체 영화 방송시간의 100 분의 30 이상	종교 전문 편성 방송사업자는 100분의 4 이상
국내 제작 애니메이션	지상파 방송 사업자	전체 애니메이션 방송시간의 100분의 45 이상	교육 전문 편성 방송사업자는 100분의 8 이상, 종교 전문 편성 방송사업자는 100분의 4 이상
국내 제작 대중음악		전체 대중음악 방송시간의 100분의 60 이상	
특정국 편성 상한		매월 영화, 애니메이션, 대중음악 방송시간의 각 100 분의 60 이내	

현재 미개방된 대중문화 분야는 방송이며, 주로 드라마, 버라이어티 쇼, 토크쇼, 코미디 등이고, 현재도 방송 분야의 스포츠, 다큐멘터리, 보도 프로그램은 완전히 개방되어 있다.

---

34) 조현성 외 (2003), pp. 97-98.

〈표 12-6〉 일본대중문화 미개방 분야 : 방송(2010년 현재)

매 체	장 르
케이블 TV 위성 TV	15세 이상 가 드라마, 19세 이상 가 드라마 버라이어티쇼, 토크쇼, 코미디, 극장용 애니메이션
지상파 방송	모든 연령 가 드라마, 7세 이상 가 드라마 12세 이상 가 드라마, 15세 이상 가 드라마, 19세 이상 가 드라마, 버라이어티쇼, 토크쇼, 코미디, 일본어 뮤직 비디오, 극장용 애니메이션

(출처: 정광렬 외, "KCTI 문화 예술 관광 동향분석" 2009. 5. 29(제8호), 한국문화관광정책연구원, pp. 1-8)

VI. 맺음말

일본문화개방 정책의 의의는 외교사라는 거시적 측면, 외교 실무주체의 구조화, 외교결과의 수용자로서의 국민, 외교전략, 외교의 성과라는 다섯 가지 측면에서 찾아볼 수 있다.

첫째, 거시적으로는 한국의 외교적 이슈도 주제 면에서 다각화가 진행되어 외교적 선진화가 달성되었다는 점이다. 문화가 외교정책의 안건으로서 존재감을 갖게 되었기 때문이다. 둘째, 외교의 실무주체적인 측면에서는 국가와 민간의 협치구조가 탄생했다는 점이 의미 있다. 국가만이 공식적인 행위자가 아니라 민간기구가 구성되어 외교정책결정의 내용의 폭과 속도를 조절하는 역할을 분담한 것이다. 이는 점차 확장되어가는 시민사회의 에너지를 국가발전에 적극적으로 투입시키는 구조 형성으로 분석된다.

셋째, 외교집행의 결과를 현장에서 체감하는 실질적인 담당자라고 할 수 있는 국민들이 문화수용자로서 성숙했다는 것을 알게 해준 외교정책이었다. 즉 외교의 실질적인 주체인 국민들이 일본문화개방에 크게 동요되거나 매몰되지 않았다는 점이 드러났다.

넷째, 외교전략 면에서 점진적인 개방의 선택이 적절했다. 얼마든지 전면개방으로 일본의 환심을 살 수도 있었던 시점에서 문화계 전문가들의 견해를 수용하여 속도를 조절하는 전략을 선택했다는 점에서 한국 정부의 외교기획력이 돋보였다. 역사적으로 시도한 적 없는 문화개방 실험이었기 때문에 부작용이 우려되었으나 점진론을 통해 신중을 기하여 부작용을 최소화할 수 있었던 것이다.

다섯째, 성과의 측면에서 여전히 문화는 외교정책결정 시 도구적 수단으로 활용가치가 크다는 점이 부각되었다. 물론 문화상품 자체가 주는 본질적인 기능으로서의 위로·안식· 오락·심미안·시대 이해성·공감 누리기 등의 실현은 중요하다. 그와 더불어 외교정책으로서의 부가가치적 활용성도 높다. 즉 당시 IMF 위기에 대한 일본의 투자 및 지원이 필요했던 한국은 그에 대한 교환카드로서 한국의 문화시장을 좀 더 적극적으로 열었던 것이다. 따라서 일본대중문화개방 정책은 국가의 경제적 안정이라는 국가이익을 보장하는 효율적 수단이었다.

2010년 현 시점에서 이 일본문화개방 정책으로부터 얻을 수 있는 시사점은 2010년 이후의 아시아 역사의 지속성과 변화의 폭에 달려 있다. 한·일관계는 아시아에서 상당히 중요한 부분을 차지한다. 정치부문을 제외하고 문화·스포츠·경제·교육 등 모든 부문에서 한·일 간은 경쟁적이기 때문이다. 뿐만 아니라 상호 간에 벤치마킹 모델로서의 상호관계가 지속될 것이다. 물론 역사적 왜곡이 계속되고 있는 점은 문화교류의 걸림돌이 될 수 있으므로 지속적으로 해결 방안을 모색해야 할 것이다.

또한 문화부문에서 예상되는 변화에 따라 한국 문화가 좀 더 타국시민의 문화향유에 기여할 수 있는 수출전략이 필요하다. 최근 '한류'가 아시아영역을 벗어나 타권역으로 진출할 정도로 자체 동력으로 확산되고 있기 때문이다.

또한 현재 미개방 영역으로 남은 방송의 경우 한국만이 개방의 폭을 한정하고 있는 것은 아니다. 방송의 경우에는 대부분의 국가들이 미개방하고 있는 측면이 있다. 따라서 방송의 미개방에 대해서는 폐쇄적이라는 평가를 할 수 없는 것이 보편적이다. 이에 전면개방에 대해서는 서두를 필요가 없는 것으로 보인다.

최근 아시아를 비롯해 범지구적으로 확산되고 있는 '한류'는 한국 문화외교의 중요한 매개체가 되고 있다. 일본대중문화개방이나 한류는 기본적으로 동일한 범주의 활동이며 동일한 메커니즘이 작동하고 있는 현상이다. 즉 문화교류의 일종으로 문화적 향유를 통해 개인적인 삶을 풍요롭게 하면서 궁극적으로는 소통과 공감의 과정을 거쳐 문화적 유대를 창출하게 되는 것이다.

문화적 매체를 사용하는 문화교류가 진행되어온 역사적 과정을 보면, 문화적 매체는 동일할지라도 교류의 목적과 결과는 다르다. 또한 다른 결과를 유도한 논리적 기반이 있음을 알 수 있다.[35] 이렇듯 각각 다른 문화교류의 목적과 논리에 따라 문화교류는 3단계의 역사를 축적해오고 있다. 이러한 각 단계별 문화교류로 인해 형성될 수 있는 공동체의 수준과 형식도 3단계로 구분될 수 있다.

제1단계는 문화진화론적인 제국주의형 교류 단계이다. 이 시기는 제국통치가 지배적이었고, 따라서 문화교류가 정치적 지배권을 확장하는 수단으로서 활용되었던 때이다. 최근에는 문화제국주의적 행태가 다국적 문화자본주의라는 이름으로 재생산되고 있다. 그것은 하나의 국가에 종속되지 않고 국적과 국경에 무관한 문화상품으로서 '다국적' 문화상품이라고 호칭되면서 여러 국가에 유통되고 있다. 하지만 실제로는 일국의 이익과 이미지 개선에 복무하는 문화상품들이 문화제국주의론을 실현하고 있는 것이다. 동아시아 내에서도 문화적 우세종cultural dominant이 문화시장을

35) 이동연, "동아시아 문화교류를 위한 이론적 모색," 『동아시아에서 문화교류 연구 어떻게 할 것인가』 한국 중국현대문학학회 정례학술대회 (2004).

〈표 12-7〉 문화교류의 세 가지 단계와 방식

단계	국제관계 및 국제질서	교류성격	논리적 기반	교류목적	교류결과	공동체수준
1단계	현실주의	문화지배, 문화진출	문화진화론	침투, 동화	동화, 적대	일방적 공동체
2단계	자유주의	문화교환, 문화홍보	문화상대론	우호, 이해	소극적 이해	형식적 공동체
3단계	구성주의	문화횡단	문화연대론	공감, 유대	적극 공감	내용적 공동체

(출처: 정정숙, "문화공동체 시각에서 본 동북아시대 구상," 박종철 외 『한국의 동북아시대 구상—이론적 기초와 체계』(오름출판사, 2006), 제5장, p. 133)

지배하고 있다. 따라서 그러한 문화적 우세종은 그 문화를 잉태하고 생산한 국가의 이익 확산을 지향하고 있는 것이다. 현재 인기를 누리고 있는 대중문화로서의 한류·일류·화류도 그러한 문화적 우세종 중의 하나라고 할 수 있다.

제2단계는 문화교환론과 문화홍보론이다. 이는 현대의 일반적인 문화교류 양상을 대변한다. 현대의 문화교류는 발신자와 수신자 사이의 평등한 교환관계를 전제로 한다. 그것은 유네스코가 주장하는 인류화합과 평화공존을 위한 국제문화교류나 국가 간의 우호증진을 위한 문화예술교류와 같은 가치중립적인 문화교류를 의미한다. 이러한 주장은 식민주의 대 피식민주의, 중심국가 대 주변국가 사이의 일방적인 문화적 지배관계를 떠나 다양한 문화의 소통을 전제한다. 그러나 이런 종류의 문화교류 또한 완벽한 중립적 교류 행위라고 보기는 어렵다. 우호증진을 위한 문화예술교류가 주로 국가의 이미지 개선을 위한 홍보시책의 일환으로서 관행적으로 이루어지고 있기 때문이다. 뿐만 아니라 우호증진이라는 목표는 상대국 문화의 이해보다는 자국 문화의 진출이나 자국문화를 이해시키기 위한 것에 가깝다.

제3단계는 문화횡단Trans-Culturation적 교류론이다. 문화수신자와 문화발

신자가 고정된 위치를 배격하고 문화적 활동의 위치가 지속적으로 변환하는 것을 의미한다. 지배와 교환으로서의 문화교류가 수신자와 발신자의 위치를 상대적으로 고정시켰던 것과는 다른 방식이다. 이 세 번째 단계의 교류는 가장 선진적인 단계로, 문화교류 세력들이 민족적·계급적·성적·세대적 경계를 넘어선다. 중심과 주변·주체와 대상·발신자와 수신자·생산자와 소비자를 미리 규정하지도 않는다. 즉, 문화가 다각적 방향으로 서로 교류되는 가장 이상적인 방식이라고 할 수 있다.

이러한 의미에서 한류는 어느 단계에 위치해 있는지 성찰해 볼 필요가 있다. 한류를 성찰할 때 우리는 진정한 문화교류에 한발 더 가까이 다가설 수 있기 때문이다.

〈표 12-8〉 한류에 대한 관점

관점	내용과 의의	한계
민족주의 관점	문화식민국에서 벗어나 한국의 문화 중심지 부상 기대	내부 화합의 의의는 있으나 타민족 배척으로 편향 우려
신자유주의 관점	한류를 문화상품 수출 기회로 활용, 아시아 문화발굴로 경제 효용 극대화	경제적 수익 중심 논리는 거부감 발생시킴
범아시아주의	아시아 문화수용, 이해로 아시아 문화블록, 문화발신지 위상 확립 지향	공동의 정체성 미흡과 미국에 대한 공격성 문제
비판적 상업주의	중국 개방 초기 단계의 문화욕구 충족에 한국의 저렴·저질 상품이 적격	한류에 대한 저질상업주의 평가 확산

(출처: 정정숙, "문화공동체 시각에서 본 동북아시대 구상," 박종철 외 『한국의 동북아시대 구상—이론적 기초와 체계』 (오름출판사, 2006), 제5장, p. 150)

한류에 대한 국내의 관점은 크게 네 가지로 구분된다. 민족주의 관점은 한국민족이 문화종속국에서 벗어나 한국의 우수한 문화를 수출하고 전파하는 계기로 삼자는 시각이다. 신자유주의 관점은 문화상품을 통해 경제적 효용을 창출하자는 시각이다. 범아시아주의 관점은 아시아 문화연대를 창출하는 데 한류와 같은 문화 현상이 계기가 된다는 점을 중시하는 시각이다. 비판적 상업주의는 중국에서 한국 문화가 인기를 끄는 것은 일시적이라는 시각이다. 중국은 경제성장이 급속히 이루어진 데 비해 아직 향유할 수 있는 문화콘텐츠가 부족한 상황이기 때문에 서구문화 상품을 응용한 한국의 저렴한 문화상품이 인기를 얻었을 뿐이라는 것이다. 이런 과도기적 상업주의의 결과로 나타나는 한류는 중국이 문화상품을 자체 생산하게 되는 시점이 되면 그 효과가 고갈될 수밖에 없다는 관점이다.

만일 한류를 단순히 민족주의적 과시와 포만감의 수단으로만 활용한다면 그것은 그 누군가에게 일회성 소비재로서 한국의 문화상품과 정신을 팔아버리는 것에 불과할 것이다. 그들과의 소통과 연대라는 가치를 창출하고, 같이 나누는 참다운 의미의 인간적 소통의 기회를 상실하는 것이 될 수 있다. 타인과의 인격적 공감과 만남이 없는 행위와 사고의 총체성이란 세계를 전체로 인식하고 지배하려는 욕망의 표현일 뿐이다.[36]

한국은 일본의 제국적 침탈에 의해 주권을 상실하는 수난을 겪었다. 하지만 그러한 수난의 기억들을 자기성찰적 차원으로 열어가지 않으면 가해자에 대한 원한감정으로 전락해버린다.[37] 따라서 가해자가 다시는 제국적 침탈을 할 수 없도록 섬세하고 정확하게 관찰하고 견제해야 함과 동시에 피해자였던 한국이 가해자로서 현재의 역사에서 누군가에게 수난을 강요하고 있는 것은 아닌지 성찰해야 할 필요가 있다.

2008년에 출범한 이명박 정부는 이전의 개발독재정부와 문민, 국민, 노무현 정부의 뒤를 이어 선진정부로서 대한민국의 선진화를 비전으로 추구하고 있다. 대내적으로는 지속적인 친환경적 발전과 국민 개개인의

---

36) 김상봉·서경식 (2007), p. 348.
37) 김상봉·서경식 (2007), p. 251.

안전 및 사회복지와 문화적 풍요를 추구하는 것을 목표로 해야 한다. 대외적으로는 다양한 한국 문화를 세계 시민들이 향유할 수 있도록 한국문화에 대한 수요가 있는 세계 각국에 우리의 문화를 원활하게 공급해야 한다. 이와 함께 외교정책을 통해 아시아와 국제사회에서의 리더십 강화뿐만 아니라 연대를 추구하는 협력적인 문화교류가 활성화될 수 있도록 적극 지원할 때 선진화 비전은 성취될 것이다.

13

김대중 정부의 햇볕정책과 6·15남북정상회담

김학노(영남대학교)

목차

주요어   햇볕정책, 대북포용정책, 제네바합의, 정경분리 원칙, 6·15공동성명, 베를린선언, 정상회담, 페리보고서, 남남갈등

요점정리

1. 1990년대 전 세계적인 탈냉전의 흐름에도 불구하고 한반도에는 여전히 냉전구조가 지속되었다.

2. 햇볕정책은 북한과의 평화적 교류협력과 점진적 통합을 추진하고 북한의 개혁개방을 도와서 한반도의 냉전구도를 해체하는 데 근본적인 목적이 있다.

3. 남북정상회담은 이러한 햇볕정책의 목적을 추진하기 위한 가장 중요한 전략이자 그 자체가 중요한 목표였다.

4. 정상회담은 남북한이 자주적으로 주도하여 추진하였다. 이 과정에서 현대그룹이 중요한 역할을 하였으며, 정부 내에서는 부서와 상관없이 대통령의 신임을 받는 인물들이 중심적인 역할을 하였다.

5. 햇볕정책과 남북정상회담은 남북한의 적대적 관계를 개선함으로써 한반도의 냉전구도를 완화하는 데 기여한 점에서 의의가 크다. 그러나 미국의 정권이 바뀌면서 우리의 주체적인 시도는 한계에 부닥쳤다.

사건일지

1988년 7월
노태우 대통령 7·7선언, 북방정책 추진 공표

1991년 9월
남·북한 유엔 동시 가입

1991년 12월
남북기본합의서 합의

1991년 12월
한반도비핵화공동선언 합의

1992년 8월 24일
한·중 수교

1993년-1994년
제1차 북핵 위기

1994년 7월 8일
북한 김일성 주석 사망

1994년 10월 21일
제네바합의(Agreed Framework between the United States of America and the Democratic People's Republic of Korea)

1998년 2월 25일
김대중 대통령 취임사에서 대북정책 3원칙 천명

1999년 6월 15일
제1연평해전(서해교전)

2000년 3월 9일
김대중 대통령 '베를린선언'

2000년 3월 8일-3월 10일
남북 특사 싱가포르 비밀회동

2000년 3월 17일-3월 22일
남북 특사회담(상하이, 베이징)

2000년 4월 8일
남북정상회담 개최 합의

2000년 4월 10일
남북정상회담 개최 발표

2000년 4월 15일
정부 내 정상회담 준비를 위한 '남북정상회담 추진위원회', '남북정상회담 준비기획단' 발족

2000년 4월 22일-5월 18일
남북 간 준비접촉

2000년 6월 13일-6월 15일
김대중 대통령과 김정일 국방위원장, 남북정상회담(평양)

2000년 6월 15일
6·15남북공동선언문 발표

I. 머리말

2000년 6월 13일 평양 순항공항. 남한의 김대중 대통령과 북한의 김정일 국방위원장이 서로 손을 맞잡는다. 이 장면을 보면서 우리 국민들 대부분은 감동과 전율에 휩싸였다. 일어나지 않을 것만 같던 남북정상의 첫 만남이 이루어지는 순간이다. 6월 15일까지 이어진 남북정상회담은 공동성명의 합의로 이어졌고, 두 정상은 서로 손을 맞잡아 번쩍 들어 올림으로써 합의 사실을 기념하였다. 온 겨레에 감동과 희망을 주는 순간이었다.

이 글은 '국민의 정부'(1998년 2월 - 2003년 2월)라고 불린 김대중 정부의 햇볕정책을 남북정상회담을 중심으로 검토한다. 1998년 대통령에 취임한 김대중은 북한을 포용하는 '햇볕정책'을 주창하여 왔고, 2000년 6월에는 북한의 김정일 국방위원장과 역사상 최초의 남북정상회담을 성공적으로 이루어냈다. 남북정상회담은 대결과 긴장으로 이어진 남북관계를 화해와 협력을 증진하는 방향으로 전환하는 계기를 마련하였다. 남북정상회담은 남북관계에 큰 획을 그었을 뿐 아니라, 대북정책에 있어서 한국이 자주적 주도권을 행사한 점에서도 한국 외교사의 관점에서 매우 큰 의미를 갖는다.

햇볕정책은 김대중 정부의 공식 용어가 아니다. 북한은 김대중 정부 초기 '햇볕정책'이란 용어에 거부반응을 보였다. 햇볕정책이 궁극적으로는 자신들의 체제를 흔들려는 것으로 의심하였고, 흡수통일의 모략이라고 인식하였기 때문이다. 김대중 정부는 '햇볕정책'이라는 명칭에 대한 북측의 거부감을 고려하여 대북 포용정책으로 명명하였다가 나중에 대북 화해협력정책으로 공식 명칭을 바꿨다. 대북 포용정책이라는 명칭 역시 자기중심적이라는 비판을 받아서 비교적 무난한 '대북 화해협력정책'으로 공식화한 것이다.[1] 이 글에서는 편의상 김대중 정부의 트레이드마크

---

1) 이원섭, 『햇볕정책을 위한 변론』 (서울: 필맥, 2003), pp. 33-34.

처럼 된 '햇볕정책'이라는 용어를 주로 사용한다.

　이 글의 구성은 다음과 같다. 먼저 김대중 정부가 출범할 당시를 전후하여 국제적 환경과 국내적 환경을 간략하게 살피고, 김대중 정부가 추진한 햇볕정책의 목표와 전략을 검토한다. 이는 구조적 또는 환경적 요인들이 김대중 정부의 대북 포용정책의 수립과 추진에 어떤 기회와 제약을 주었는지, 그리고 김대중 정부의 전략적 목표의 의도적 추구가 그러한 구조적 제약을 얼마나 극복할 수 있었는지 이해하기 위한 기본 작업이다. 다음으로, 남북 사이에 정상회담을 개최하기로 합의하는 과정과, 정상회담을 준비하고 실행하는 과정, 그리고 정상회담 이후에 정상간 합의사항의 실천을 검토한다. 외교정책결정(과정)론의 측면에서 볼 때 남북정상회담을 추진하기로 하는 정책결정에 대한 분석이 우선해야겠지만 여기서는 분석의 대상에서 제외한다. 정상회담이 국내의 정책결정과정을 거쳐서 추진되기보다는 대통령이 적극적인 의지를 가지고 취임과 함께 추진하였기 때문이다. 대신에 이 글에서는 남북 사이에 정상회담을 개최하기로 합의하는 과정을 일종의 '결정'과정으로, 정상회담의 준비와 진행 및 사후조치를 이 결정을 '실행'하는 과정으로 나누어서 살펴본다. 마지막으로, 정상회담을 중심으로 햇볕정책에 대한 전반적인 평가와 함께 한국외교정책 역사 속에서의 의의 및 문제점을 논한다.

II. 햇볕정책의 국내외적 환경

　남북한관계는 남한과 북한만의 문제가 아니다. 6·25전쟁의 발발과 진행 및 휴전에 이르는 과정에서 보듯이 한반도의 분단 문제에는 미국과 중국이 직접적으로 연관되어 있다. 또 러시아와 일본 등 한반도 주위의 강대국 국제정치와도 무관할 수 없다. 김용호는 이러한 구조를 빗대어서 남북협상을 "3면 게임three-level game"으로 비유한다. 우리 정부의 입장에서 북한과의 협상을 하는 게 한 측면이라면, 대북협상의 결과 합의된 사항에 대하여 국내와 국제사회의 양 측면에서 지지를 받아내야 하기 때문이다.[2]

국제사회의 측면에서는 미국이 특히 중요하다. 미국은 북한과 전쟁을 치르고 휴전협정을 체결한 당사자이다. 또한 미국은 탈냉전시대 세계 최강국으로서 세계 차원의 핵 비확산 정책이나 동북아시아 차원의 대중국 정책의 측면에서 북한 문제를 중요하게 다루고 있다. 북한의 입장에서 볼 때 미국은 휴전협정 체결 상대국이자 자국의 안보를 위협하는 세계 최강국이다. 따라서 남북한 관계를 포함한 분단문제의 본질은 단순히 남북한 사이의 관계가 아니라 '남·북·미 삼각관계'라고 할 수 있다.[3]

햇볕정책을 놓고 되돌아보면, 당시 국제사회의 환경은 구조적 제약과 함께 기회를 제공하고 있었다. 냉전질서의 해체라는 전 세계 차원의 구조적 변화, 2기 클린턴 정부의 대북정책 온건화, 경제성장을 위해 주변 질서의 안정을 원하는 중국의 입장 등이 남북한의 화해와 협력을 위해 유리한 조건을 제공하였다. 반면에, 한반도를 둘러싸고 지속되는 '속냉전', 미국의 대북 인식과 특히 클린턴 정부 이후 부시 정부의 대북 강경책 등은 햇볕정책을 추진하는 데 불리한 환경을 조성했다고 할 수 있다.

1980년대 말 탈냉전의 시작부터 1998년 김대중 정부의 출범까지 한반도를 둘러싼 동북아시아의 정세는 한마디로 냉전해체의 '비동시성'과 '비대칭성'으로 요약된다.[4] 냉전해체의 비동시성은 세계 수준에서의 냉전해체와 한반도 수준에서의 냉전해체가 시간적으로 차이를 두고 진행되는 것을 지칭한다. 냉전해체의 비대칭성은, 남한이 중국 및 소련과 관

---

2) 김용호, 『북한의 협상 스타일』 (인천: 인하대학교 출판부, 2004), p. 54.
3) 도진순, 『분단의 내일 통일의 역사』 (서울: 당대, 2001), pp. 37-44.
4) 박건영 외, 『한반도 평화보고서』 (서울: 한울, 2002). pp. 32-35; 구갑우, 『비판적 평화연구와 한반도』 (서울: 후마니타스, 2007), pp. 168-173.

13.1

북방정책은 1988년 노태우 정부의 '7·7선언'으로 시작되었다. 북방정책은 전 세계 차원의 냉전해체 기류를 이용하여, 우리와 적대관계에 있던 소련과 동유럽 및 중국 등 사회주의권 국가들과의 관계 개선을 추구하였다. 1989년 헝가리, 폴란드, 유고, 1990년 소련, 체코, 불가리아, 루마니아, 몽골, 1991년 알바니아, 1992년 중국과 국교를 맺는 등 사회주의 진영의 국가들과 외교관계를 정상화하는 성과를 거두었다.

(출처: 하용출 외, 『북방정책: 기원, 전개, 영향』 (서울: 서울대학교 출판부, 2003))

계를 정상화한 반면 북한은 미국 및 일본과의 관계개선에 성공하지 못함으로 인해서 남과 북 각자의 입장에서 볼 때 냉전해체의 정도가 심각하게 불균형한 상태를 지칭한다.

1989년 현존 사회주의 국가들의 붕괴로 본격화된 지구적 수준의 탈냉전은 한반도문제의 '역사적 구조'를 변화시키는 계기를 제공하였다. 1991년 남북한 유엔 동시가입과 남북기본합의서 합의는 탈냉전이라는 역사적 구조의 변환 속에서 가능하였다. 노태우 정부는 국제정치의 큰 변환을 읽어내고 1988년 '7·7'선언에서 상당히 전향적인 대북정책을 제시하였다. 노태우 정부가 적극적인 '북방정책'을 추구한 결과, 한국은 1990년대 초 소련 및 중국과 수교를 함으로써 기존의 냉전구도를 극복하는 데 성공하였다.

반면에, 북한의 김일성은 "전혀 그답지 않은 방식으로" 냉전질서의 해체에 대응하였다.[5] 남한과의 대화를 시작한 것이다. 미국과의 관계정상화가 김일성의 궁극적인 의도였을 가능성이 높지만, 이러한 시도는 1990년대 초 남북기본합의서(1991)와 한반도비핵화 공동선언(1992) 등

---

5) 케네스 퀴노네스, 노순옥 (역), 『2평 빵집에서 결정된 한반도 운명』 (서울: 중앙 M&B, 2000), p. 39.

한반도에 탈냉전의 분위기를 가져오기도 했다. 하지만 1993년 북한 핵시설에 대한 국제원자력기구IAEA의 특별사찰 요구와 이에 맞선 북한의 핵확산금지조약NPT 탈퇴 의사 선언으로 북핵 위기가 발발하면서 남북관계도 급속하게 냉각되었다. 전 세계 수준의 냉전질서가 해체되면서 북한은 구사회주의 국가들과의 관계 재정립을 모색하는 한편, 미국과 일본 등 서방과의 관계 개선도 도모하였으나 이러한 시도는 실패로 끝났다. 북한은 중국 및 러시아와의 관계도 악화되어 더욱 고립되는 상황이 연출되었다.[6]

북한이 냉전질서 해체기의 기회를 잘 활용하지 못한 데에는 북한 자신의 책임도 있겠지만 미국의 패권적 세계지배도 중요한 요인으로 작용하였다. 냉전종식 이후 미국은 새로운 '악마 만들기'를 통하여 세계패권을 유지하였다. 자유민주주의의 이념과 세계평화를 위협하는 제3세계 국가들을 '불량국가rogue state'라는 이름으로 새로운 적으로 규정하였다. 미국에 의해 '불량국가'로 낙인찍힘으로써 북한은 서방세계와의 관계개선에 실패하게 되고 더 강한 압박을 받게 되었다.[7] 따라서 지구적 차원의 냉전종식 이후에도 한·미·일 3국이 북한에 대해 군사적, 경제적, 이데올로기적 봉쇄와 제재를 계속 가하는 일종의 '속냉전on-going cold war' 상태가 지속되었다.[8]

그렇다고 해서 미국이 북한에 대해 강압일변도의 정책으로 일관한 것

---

6) 서보혁, "체제 경쟁의 종식 혹은 변형: 남북한 대외관계 비교 연구," (이화여자대학교 통일학연구원 편), 『남북관계사: 갈등과 화해의 60년』 (서울: 이화여자대학교출판부, 2009), pp. 193-200.

7) 이수훈, "탈 냉전기 국제 환경과 남북한 관계," (경남대학교 북한대학원 편), 『남북한 관계론』 (파주: 한울, 2005), pp. 142-143.

8) 강정구, 『민족의 생명권과 통일』 (서울: 당대, 2002). 홍윤기는 베트남이나 아프가니스탄의 '이식형 내부냉전'과 한국 및 독일의 '착근형 내부냉전'을 구분하고, 독일의 '분단 가로지르기'와 한국의 '분단 굳히기'를 비교한다. 한반도는 착근형 내부냉전과 한국전쟁 이후 분단 굳히기의 역사가 중첩되어서 전 세계적인 탈냉전의 시대적 흐름에 끼어들지 못했다고 분석한다. 홍윤기, "한국과 독일의 분단구조와 분단세력 비교," 강만길 외, 『이제 문제는 냉전세력이다』 (서울: 중심, 2001) 참조.

13.2 북한을 전형적인 '불량국가'로 보는 베커Becker에 따르면, '불량국가'란 "국제사회에서 가장 치유 불가능한 국가"를 말한다. 불량국가들은 "분별없이 행동하고, 자국 국민을 억압"하며 "자유세계의 이념과 이익에 적개심을 표명"한다. 불량국가는 "외교, 무역, 테러, 인권, 위험한 무기, 마약 등과 같이 수많은 영역에서 국제사회의 규범을 위배하고 있으며, 특히 이들이 대량살상무기를 적극적으로 생산하고 사용하고자 한다는 사실 때문에 이 국가들 앞에 '불량'이란 수식어가 붙게 된 것"이라고 한다.

하지만, 다른 한편으로 '불량국가' 개념은 정확하게 규정하기가 어렵다는 시각도 있다. 불량성은 국제규범을 기준으로 판단할 수 있겠으나, 그럴 경우 미국 역시 국제규범을 무시하는 경우가 많다. 통상 불량국가는 인권을 심각하게 억압하고 테러리즘을 지원하거나 대량살상무기를 확산하는 권위주의 정권을 지칭하지만, 실제에 있어서 미국에게 적대적이거나 반미성향이 강한 국가들에게 적용되었다. 북한, 파키스탄, 이란, 이라크, 아프가니스탄, 리비아 등이 불량국가로 지정되었으며, 이 중 일부는 미국과의 관계 개선에 따라 불량국가 리스트에서 벗어나기도 하였다. 클린턴 정부 말기에 '우려국가state of concern'라는 용어로 다소 완화하였으나, 부시 정부 들어서서 곧 이전의 개념으로 돌아갔고 2002년에는 '악의 축'Axis of Evil 개념으로 더 강화되었다.

(출처: 임수호, "불량국가와 확장억지의 실패? 북한 핵정책에 관한 공격적 군사목적설 재검토," 『한국정치연구』 16집 1호 (2007), p. 311; 재스퍼 베커, 『불량정권: 김정일과 북한의 위협』 (서울: 기파랑, 2005), p. 6)

은 아니다. 1990년대 중반 미국 내에서 대북 강경책의 근간인 북한붕괴론이 풍미하였지만, 북한에 대하여 보다 온건한 관여engagement 정책으로의 전환도 모색하였다. 특히 1996년 후반기 이후 미국에서 북한붕괴론이 퇴조하면서 북한의 개혁과 개방을 유도하는 방향으로 변화가 일어났다.[9] 미국은 북한을 불량국가로 낙인찍는 한편으로, 탈냉전 시대에 북한을 자신의 세계전략의 틀 속에 편입시키려는 구상도 가지고 있다. 여기에는 중국을 견제하기 위한 의도도 포함된다.[10] 이와 관련하여, 경험적으로 검증되어야 할 사항이지만, 탈냉전 시대 북한이 미국의 대중국 전략과 관련하여 중요한 전략적 가치를 가질 수 있다는 견해가 있다. 중국의 지역패권을 견제하기 위해서, 북한을 미국 주도의 동북아 국제질서 안으로 편입시키는 것을 미국이 원할 수도 있다는 생각이다.[11]

김대중 정부의 햇볕정책은 이런 환경 속에서 등장하였다. 김대중은 탈냉전 시대에도 계속되고 있는 한반도 냉전구조를 해체할 것을 공공연히 언급하였다. 그의 햇볕정책은 북한의 개혁개방을 도와서 국제사회에 끌어들임으로써 한반도에 존속하는 냉전구도를 해체하는 것을 목적으로 한다. 이는 노태우 정부의 7·7선언 이래 추진된 포용정책을 계승, 발전시키고, 남북기본합의서를 실천하려는 데에서 출발한다.[12] 김대중 정부의 햇볕정책은 한반도의 냉전구조에 의해서 제약이 되기도 하였지만, 그러한 구조적 환경을 재구성하려는 의도적인 노력이기도 하다.

이러한 햇볕정책의 구상은 2기 클린턴 정부 시절 미국의 대북 온건정책인 관여전략과도 비교적 잘 조응하였다. 클린턴 정부의 대북정책은 일관된 것은 아니었다. 아래에서 언급하듯이, 페리보고서와 같은 중요한 갈림길에서 클린턴 정부의 대북정책은 김대중 정부의 햇볕정책에 의해서 영향을 받은 측면이 크다. 이 점에서도 햇볕정책이 국제정치질서의 구조에 의해서 제약이 되면서도 한편으로는 구조적 힘을 구성해 나가는 측면을 볼 수 있다.

탈냉전 시대 북한은 일련의 경제위기와 사회주의 진영의 몰락이라는

---

9) 도진순 (2001), pp. 71-73.

10) 이종석, 『분단시대의 통일학』(서울: 한울, 1998), pp. 115-116.

11) 박건영, 『한반도의 국제정치』(서울: 오름, 1999), pp. 84-104.

12) 임동원, "제1차 남북정상회담의 성사 과정과 향후 과제," 한국정치학회·이정복 (편), 『북핵문제의 해법과 전망: 남북한 관계와 미·일·중·러』(서울: 중앙 M&B, 2003), p. 56.

13.3

1998년 8월 금창리 핵시설 의혹이 불거지고 북한이 대포동 미사일(인공위성)을 발사하면서 한반도 위기가 다시 고조되자, 공화당이 다수를 차지한 미 의회 내에서 클린턴 정부의 온건한 대북정책에 대한 비난이 거세졌다. 이에 클린턴은 페리를 대북정책조정관으로 임명하여 미국의 대북정책을 전면 재검토하게 하였다. 페리 대북정책조정관은 한국, 중국, 일본 및 북한을 방문하여 의견을 교환하고 1999년 9월 페리보고서를 의회에 제출하였다.

페리는 북한이 문제가 많지만 단기간 안에 붕괴할 가능성은 적으며, 미국은 있는 그대로의 북한과 협상해야 한다고 전제하였다. 이는 1994년 제네바합의 시 북한의 조기 붕괴를 가정했던 것과 대조적이다. 페리보고서는 현상유지, 북한체제 붕괴 방안, 북한개혁 방안, 경제적 보상제공 방안 등을 검토한 뒤 이들을 배제하고, 대신에 '포괄적·통합적 접근법comprehensive and integrated approach'을 채택하였다. 북한의 핵과 미사일 개발, 동아시아의 냉전체제 등 안보 관련 문제를 모두 망라하는 점에서 포괄적이며, 정치적, 외교적, 군사적, 경제적 수단을 모두 동원하여 북한을 상대하기 때문에 통합적이다.

이러한 바탕에서 페리보고서는 세 가지 목표를 제시하였다. 첫째, 단기적으로 북한은 미사일 재발사를 자제하고 미국은 대북 경제제재를 일부 중단한다. 둘째, 중기적으로 미국은 북한으로부터 핵 및 미사일 개발 계획을 중단한다는 믿을 만한 보장을 받아야 한다. 셋째, 장기적으로 한국, 일본 및 북한을 포함한 각국의 협조 아래 한반도에서 냉전을 종식시킨다.

(출처: 박종철, 『페리프로세스와 한·미·일 협력방안』, (서울: 통일연구원, 2000), pp. 5–9; 정해구, "페리보고서와 남북관계 전망," 『통일시론』 통권 5호 (2000), pp. 78–80)

외부로부터의 위기가 중첩되어 일대 난관에 봉착하였다. 소련과 중국에 의존해오던 냉전시대 안보의 전략적 구도가 흔들렸고, 사회주의권의 몰락으로 수출시장과 기술 및 자원의 공급원을 상실하여 경제난이 심화되었다.[13] 경제위기를 극복하기 위해서 북한은 1993년에 '합작법'을 제정하고, 1994년에 '합영법'(1984년에 제정)을 외국인 투자자에게 더 유리하게 개정하는 등 중국식 개방정책을 모방하였다. 하지만, 이는 국내에 시장경제적 개혁을 도입하지 않는 상태에서 외부의 자본과 기술만 도입하는 '모기장식 개방'이었다.[14] 냉전종식 이후 미국과의 관계 개선은커녕 미국의 압박이 오히려 심해졌고, 1993-1994년 제1차 북핵 위기를 계기로 한반도에 전쟁의 위험이 매우 급박하게 높아지기도 하였다. 1994년 '제네바합의'로 북핵 위기가 제2의 한국전쟁으로 비화되는 위기는 넘어갔으나, 1990년대 중반 수년에 걸친 자연재해로 인해 대규모 아사자가 발생하는 등 경제위기는 더욱 심각해졌다. 1970년대 초까지만 해도 1인당 국민총생산에서 남한을 앞섰던 북한은, 1998년을 기준으로 1인당 국민소득이 457달러로 남한의 8-9%로 추락하였고, 전체 경제력 규모에서 40-50배의 격차로 뒤떨어지게 되었다.[15]

경제적 어려움에 처한 북한에게 햇볕정책은 남북 경제교류협력을 통하여 위기를 극복할 수 있는 유인incentives을 제공하였다. 처음에 햇볕정책에 거부감을 보이던 북한은 서서히 김대중 정부의 진정성을 받아들이기 시작한다. 특히 1999년 하반기 북한 내부의 심각한 논쟁 속에서 '실용주의' 노선이 우세해지면서 민간 채널을 통해 남한에 경협 시그널을 보내왔다.[16] 북한이 김대중의 햇볕정책에 대한 초기의 불신을 극복하고 긍정적으로 호응하기까지는 시간이 필요했지만, 북한의 정치적, 경제적 난관은 햇볕정책을 추진하기에 오히려 적절한 환경을 제공한 셈이다.

---

13) 아태평화재단, 『김대중의 3단계 통일론: 남북연합을 중심으로』 (서울: 한울, 2000), pp. 139-140.
14) 박건영 외(2002), pp. 44-45.
15) 박순성, 『북한 경제와 한반도 통일』 (서울: 풀빛, 2003), p. 109; 임동원, 『피스메이커』 (서울: 중앙북스, 2008), pp. 337-339. 1차 북핵 위기에 관하여서는 박건영·정욱식, 『북핵, 그리고 그 이후』 (서울: 풀빛, 2007), pp. 21-60.
16) 최원기·정창현, 『남북정상회담 600일』 (서울: 김영사, 2000), pp. 167-169.

13.4

1993년 북한의 핵시설에 대한 국제원자력기구[IAEA]의 특별사찰 요구와 이에 맞선 북한의 핵확산금지조약[NPT] 탈퇴 의사 선언으로 1차 북핵 위기가 촉발되었다. 미국과 북한은 1994년 10월 21일 스위스 제네바에서 북핵 위기를 타결하기 위한 방안에 합의하였다. 제네바합의는 대외적으로 공개된 '기본합의문[Agreed Framework]'과 '비공개 합의문[Confidential Minute]'의 두 가지가 있는데, 이들의 주요 내용은 다음과 같다. (1) 과거 핵 의혹 규명을 위하여 북한은 IAEA의 안전 조치 의무를 전면 이행한다. (2) 핵 활동을 동결하고 관련 시설을 해체한다. (3) 보관 중인 사용 후 연료봉을 재처리하지 않고 궁극적으로 제3국으로 이전한다. (4) 북한의 현재 및 미래의 핵 활동에 대해서 IAEA의 감시를 보장한다. (5) 미국은 북한의 흑연감속 원자로를 대체하기 위하여 약 2000MWe 용량의 경수로 원자로 발전소를 제공한다. (6) 미국은 대체에너지로 중유를 경수로 제공 때까지 연간 최대 50만 톤까지 공급한다. (7) 북한은 남북대화에 착수하기로 한다. (8) 북·미관계의 개선을 위해 쌍방의 수도에 연락사무소를 개설하고 궁극적으로 대사급 관계까지 격상시켜 나간다. (9) 북한이 NPT 당사국임을 확인하고 NPT체제 강화를 위해 상호 노력한다.

(출처: 박건영 (1999), p. 81; 퀴노네스(2000); 한승주, "제네바합의: 의의와 문제점," 한국정치학회·이정복 (편), 『북핵 문제의 해법과 전망: 남북한 관계와 미·일·중·러』 (서울: 중앙 M&B, 2003), pp. 25-32)

한반도 문제와 관련하여 또 하나 매우 중요한 강대국인 중국의 정책도 햇볕정책을 추진하는 데 유리한 환경을 조성하였다. 중국은 1970년대 후반부터 개혁개방 정책을 실시하여 급속도의 경제성장을 이룩하고 있다. 1990년대 들어서는 국방예산을 대폭 증액하여 군사력을 강화하기도 하였지만, 지속적인 경제성장을 위해서 주변의 평화가 필요하기 때문에 중국은 한반도의 안정과 평화를 바라고 북한의 핵개발을 반대했다. 특히 1992년 한·중수교 이후 한국과의 교역 및 인적 교류가 활발해짐에 따라

13.5

DJP연합은 1997년 대통령 선거 당시 김대중[DJ]의 새정치국민회의와 김종필[JP]의 자유민주연합 사이에 이루어진 연합을 말한다. 1997년 대선에서 김대중은 한나라당의 이회창 후보를 근소한 차이로 누르고 대통령에 당선되었다. 김종필은 이회창 후보보다도 더 보수적인 지도자였다. 이념적으로 거리가 먼 DJ와 JP의 연합은 김대중 정부의 정책에도 영향을 미쳤고, 집권 1년이 지나서야 김대중 정부는 적극적인 대북 화해협력정책을 전개할 수 있었다. 2000년 4·12총선을 전후하여 자민련은 김대중 정부의 대북정책을 노골적으로 비판하였고, 결국 대북정책을 둘러싼 DJ와 JP의 불협화음이 DJP연합 붕괴의 주요 원인이 된다.

(출처: 현재호, "민주화 이후 정당 간 연합에 관한 연구: DJP 연합을 중심으로," 『아세아연구』 통권 115호 (2004))

남북관계가 악화되는 것을 원하지 않는다. 1990년대 중국의 대한반도 정책은 이전의 북한 중심의 '하나의 한국 정책'에서 '두 개의 한국 정책'으로 변화하였고, 남한 중심으로 기울어지다가 1999년 이후 북·중관계가 강화되면서 남북한 사이에 균형을 유지하는 방향으로 변화하였다. 중국이 남북정상회담을 환영하고 지지한 배경이다.[17]

한편, 햇볕정책을 추진하기 위한 국내의 환경은 우호적이지만은 않았다. 김대중은 오랜 야당생활 속에서도 남북한 통일에 대한 고민을 지속하고 있었다. 오랫동안 색깔공세에 시달려온 김대중은 정권을 잡기 위해서 5·16쿠데타의 주도세력이자 중앙정보부를 만든 장본인인 김종필과 연대

---

17) 이태환, "중국의 대한반도 정책," 한국정치학회·이정복 편, 『북핵 문제의 해법과 전망: 남북한 관계와 미·일·중·러』 (서울: 중앙 M&B, 2003), pp. 341-349; 이수훈 (2005), pp. 146-151. 1990년대 동북아시아 국제정세와 관련하여 러시아와 일본의 변화에 대해서는 김호섭, "일본의 대북정책," 한국정치학회·이정복 편, 위의 책; 주승호, "러시아의 대한반도 정책," 같은 책, pp. 151-159 참조.

하는 전략을 사용하였다. 김대중 정부는 소수파 정권으로 탄생하였을 뿐만 아니라,[18] 소위 'DJP연합'에 입각함으로써 특히 대북정책과 관련하여 태생적인 한계를 내포하고 있었다. DJP연합은 일부 냉전, 반북세력과의 연합을 의미하며, 이 점에서 김대중 정부는 평화통일세력만을 기반으로 한 정권이 아니었다. 색깔공세를 차단하기 위해 김대중 대통령은 보수적 경력을 가진 강인덕을 초대 통일부장관으로 임명하였고, 이는 정부 출범 초기 한동안 대북 화해협력정책을 적극적으로 추진하지 않은 이유이기도 하다.[19]

〈표 13-1〉 15대와 16대 국회의원 선거: 정당별 의석 분포 (의석 수 및 비율)

15대 총선 (1996년 4월 11일)					16대 총선 (2000년 4월 13일)				
신한국당	새정치국민회의	자민련	통합민주당	무소속	한나라당	새천년민주당	자민련	기타	무소속
139 (46.5)	79 (26.4)	50 (16.7)	15 (5.0)	16 (5.4)	133 (48.7)	115 (42.1)	17 (6.2)	3 (1.1)	5 (1.8)

※신한국당=한나라당의 전신
※새정치국민회의=새천년민주당의 전신
(출처: 김도종·김형준, "제16대 국회의원 선거결과에 대한 집합 자료 분석," 『한국정치학회보』 34집 (2)호 (2000), p. 112)

국내의 경제적 환경도 햇볕정책에 유리하다고 할 수 없었다. IMF 위기를 맞은 한국경제를 살리기 위해 김대중은 대통령으로 당선된 후 취임도 하기 전에 사실상의 대통령 역할을 수행하였다. 김대중 정부는 IMF

---

18) 1996년의 15대총선에서 당시 여당이던 신한국당은 과반수 의석을 확보하지 못하였으나 1997년 통합민주당 의원들의 합류로 과반수 의석을 확보하였다. 따라서 1997년 말 대선에서 이긴 김대중이 대통령이 되었을 때에는 여소야대의 상황이 되었다.
19) 강만길, "냉전세력의 정체와 극복방안," 강만길 외, 『이제 문제는 냉전세력이다』 (서울: 중심, 2001), pp. 33-35.

위기의 조기 극복을 위해 신자유주의적 정책을 실시하였다. 김대중 정부의 복지정책에도 불구하고, 그의 재임 기간 동안 비정규직 노동자가 급증하였고 우리 사회의 양극화 현상이 심화되었다. 김대중 정부의 신자유주의 정책은 우리 사회의 빈부격차를 1978년 통계 작성 이래 최악으로 만들었다. 국내의 빈곤층 증가는 햇볕정책에 불리한 환경이 되었다. 김대중 정부가 햇볕정책의 일환으로 전개한 대북 식량 및 비료 지원 사업에 대해 야당과 보수언론이 '퍼주기'라고 비난하였는데, 이 비난이 일반 국민들에게 상당히 받아들여진 것이다. 즉 "우리 주위에도 노숙자가 즐비하고 끼니를 걱정하는 사람이 많은데 북한에 퍼주기나 하느냐"는 비판이 어느 정도 먹혀 들어가는 빌미를 제공하였다.[20]

다른 한편으로 IMF 위기는 남한 자본의 북한 진출을 추동하는 주요 계기가 되기도 하였고, 이 점에서 햇볕정책의 기조와 맞물리는 여건이 되기도 하였다. 아래에서 살펴보듯이, 정상회담을 추진하는 과정에서 현대그룹이 대단히 중요한 역할을 수행하였다. 한 연구에 의하면, 남한의 대기업들은 김대중 정부 수립 이전에 이미 남북경협프로젝트를 마련해 놓고 있었으며, 육로로 아시아 대륙과 유럽으로 시장네트워크를 연결하기 위해 북한을 전진기지로 활용하는 계획을 세워놓고 있었다.[21] IMF 위기 이전에 이미 남한의 자본가들은 '제2의 도약'을 위해 북한의 노동력과 자원을 활용하기를 열망하였고, IMF 위기 이후에는 북한으로의 진출이 역경에 처한 남한 자본에게 매우 시급한 과제가 되었다.[22] 이런 점에서 IMF 위기로 치달은 남한의 경제적 상황은 위기를 극복하고 제2의 도약을 일으킬 기회로서 대북진출을 요구하였고, 이러한 상황이 김대중 정부의 햇

---

20) 손호철, 『해방 60년의 한국정치, 1945~2005』 (서울: 이매진, 2006), pp. 36-37.

21) 이헌경, "남북한 경제교류·협력 활성화 방안 모색: 신 기능주의적 접근," 『통일문제연구』 25호 (1996), p. 71.

22) 김세균, "남북정상회담 이후의 남북한관계 및 남북한사회," 『진보평론』 5호 (여름호) (2000), pp. 167-169.

볕정책과 상호 상승작용을 한 셈이다.[23]

김대중 정부 출범 이전에 분단 극복을 위해 수많은 시민들과 사회운동세력이 기울인 노력도 햇볕정책을 추진하는 데 긍정적인 기초를 닦는데 기여하였다. 우리 사회의 분단극복 노력의 역사는 한국전쟁 이전까지거슬러 올라갈 수 있지만, 특히 1980년대 중반 이후 이전과는 다른 양상으로 통일운동이 광범위하게 일어났다. 1988년에는 대학생들이 '6·10남북학생회담'을 제의하고 그 성사를 위해 투쟁하였다. 학생들의 선도적인투쟁은 문화계, 종교계, 농민 및 노동자 등 다양한 사회 진영의 지지와 참여를 이끌어내는 기폭제가 되었다. 1988-1989년 서경원, 문익환, 황석영, 임수경, 문규현 등 일련의 통일운동가들이 방북 대화를 시도하였다.이는 김구와 김규식(1948년)의 방북 대화 이후 40여 년 만에 남한 사회내부의 금기를 깨는 일대 사건들이었다.[24] 1990년대 들어서 범민련조국통일범민족연합이 조직되었고 비록 남·북·해외가 한자리에서 치르지는 못하였지만 매년 범민족대회를 추진하였다. 1998년 김대중 정부 출범 이후에는민화협민족화해협의회이 결성되었고, 1999년에는 '고 문익환 목사 회고 모임',민족대토론회, 통일축구대회 등의 남북 행사가 개최되었다.[25] 이러한 민간부문의 통일운동은 대북 포용정책을 위한 긍정적 여론과 분위기를 조성하는 데 중요한 역사적 자산이 되었다. 김대중 정부의 햇볕정책은 이러

---

23) 1998년 초 북한을 다녀온 박한식 미국 조지아대학 교수의 설명에 따르면, 남한이 IMF 위기에 처한 것에 대해서 북한은 "상당히 안도감을 갖는 것 같았다."고 한다. 남한에 의한 북한의 흡수통일 위험이 줄어들었다고 생각하기 때문이라는 것이다. 이 점에서 역설적이게 IMF 위기는 햇볕정책에 대한 북한의 거부감을 줄이는 데 도움을 준 측면이 있다고 할 수 있다. 박철언, 『바른 역사를 위한 증언 2』 (서울: 랜덤하우스 중앙, 2005), p. 542 참조.

24) 물론 그 동안 1955-1956년 김낙중의 방북 대화 시도처럼 예외적인 경우도 있었다. 김선주, 『탐루』 (파주: 한울, 2005) 참조.

25) 민경우, 『민족주의 그리고 우리들의 대한민국』 (시대의 창, 2007), pp. 121-134, pp. 213-226; 노중선, 『남북대화 백서: 남북교류의 갈등과 성과』 (서울: 한울, 2000), pp. 22-24; 이종석 (1998), pp. 68-69; 손호철 (2006), p. 34.

한 역사를 배경으로 추진되었다.

III. 햇볕정책의 목표와 전략

1. 목표

햇볕정책은 김대중의 평소 지론이던 3단계 통일방안을 떼놓고 이해할 수 없다. 김대중은 1971년 대통령 후보 당시, 미·중·소·일의 4대국에 의한 한반도 평화 보장, 평화교류를 통한 남북관계의 개선, 점진적인 평화통일을 제창하였고, 1972년 최초로 평화공존, 평화교류, 평화통일의 3단계 통일방안을 제시하였다. 이후 그의 3단계 통일론의 구체적 내용은 발전을 거듭하여 왔다.[26] 북한을 적으로만 인식하던 1970년대 당시 국민들에게 김대중의 이러한 제안은 신선한 충격을 주었다. 국제정치 구조와 행위자의 관계라는 측면에서 보면, 김대중의 4대국 평화 보장론과 3단계 통일론은 1970년대 초 당시 세계적 해빙의 조류를 읽고 그에 걸맞게 한반도의 냉전구조를 녹이고 재구성하려는 주체적 노력으로 볼 수 있다.[27]

김대중의 최종적인 3단계 통일론은 ① 남북연합, ② 연방제, ③ 완전 통일의 과정으로 구성된다. 제1단계인 남북연합 단계는 1민족, 2국가, 2체제, 2독립정부, 1연합으로 되어 있다. 2단계는 남과 북의 지역자치정부로 구성되는 연방제로서, 1민족, 1국가, 1체제, 1연방정부, 2지역자치정부로 구성된다. 1국가, 1체제인 만큼 남북통일은 사실상 이미 이 단계에서 실현되는 것으로 볼 수 있다. 3단계는 통일의 완성 단계로 하나의 단

---

26) 김대중 스스로 햇볕정책의 시작을 자신의 1971년 대선 출마 때로 거슬러 올라가기도 하였다. 노르웨이 오슬로 노벨연구소에서의 '노벨 렉처'(2004년 5월 12일) 중에서, 김대중, 『21세기와 한민족: 김대중 전대통령주요연설·대담 1998~2004』 (파주: 돌베개, 2004), p. 179. 김대중 3단계 통일방안의 구체적 내용의 변화에 대해서는 아태평화재단 (2000), pp. 293-304 참조.
27) 아태평화재단 (2000), pp. 291-292.

일 국가를 구성한 단계다. 다만 이때에도 국민 의사에 따라 미국이나 독일과 같은 연방제를 선택할 가능성을 열어놓았다.[28] 김대중의 3단계 통일론은 연방제 단계를 설정하고 있지만 어디까지나 1국가 1체제 형태인 점에서, 1국가 2체제 형태의 연방제를 주장하는 북한의 고려민주연방제와 뚜렷이 구별된다.

그러나 이러한 3단계 통일론은 김대중 정부의 통일방안으로 공식적으로 발표된 적이 없다.[29] 김대중 정부의 공식적인 통일방안은 김영삼 정부 이래 지속된 '민족공동체 통일방안'이었다. 이는 노태우 정부의 한민족공동체 통일방안을 계승한 것으로서 ① 화해협력단계, ② 남북연합단계, ③ 통일국가 완성단계의 3단계로 구성된다. 김대중의 3단계 통일방안과 민족공동체 통일방안의 가장 큰 차이는 화해협력단계의 존재 여부다. 민족공동체 통일방안이 화해협력의 심화를 남북연합의 전제조건으로 설정하는 것과 대조적으로, 김대중의 3단계 통일론은 화해협력을 진지하게 이끌어내는 장치로서 남북연합을 상정하고 있다.[30]

정부의 공식적인 통일방안과 김대중의 3단계 통일론이 공존하는 상황으로 말미암아 혼동이 생기기도 하였다. 무엇보다도 6·15공동성명 2항에서 지칭한 남한의 연합제 방안이 김대중의 3단계 통일론에서 첫째 단계인 남북연합을 가리키는 것인지, 아니면 정부의 공식적인 민족공동체 통일방안의 둘째 단계인 남북연합을 가리키는 것인지 애매한 상황이 연출되기도 하였다. 이러한 혼란에도 불구하고 김대중 정부가 3단계 통일론을 공식 정부안으로 채택하지 않은 것은 다분히 의도적인 것으로 보인다. 소수파 정권으로 출범한 정부의 한계, DJP연합이라는 권력기반의 제약, IMF 위기 상황, 보수 세력의 반발 등을 고려할 때 대북정책을 놓고

---

28) 아태평화재단 (2000), pp. 38-49.
29) 최완규, "대북 화해·협력 정책의 성찰적 분석." (한국정치학회· 이정복 편), 『북핵문제의 해법과 전망: 남북한 관계와 미·일·중·러』 (서울: 중앙 M&B, 2003), p. 72.
30) 아태평화재단 (2000), p. 40.

반대파들과 소모적인 논쟁을 벌이기보다는 실제 정책을 통해 자신의 뜻을 실천하겠다는 뜻으로 읽힌다. 이전의 한나라당 정권에서 만든 공식 통일방안을 유지함으로써 김대중 정권에 대한 반대 목소리를 줄이려는 계산도 있어 보인다.[31]

햇볕정책은 김대중의 3단계 통일론의 첫 단계인 남북연합을 구축하기 위한 정책이다. 먼저 평화적인 교류협력과 분단관리를 통해 남북한 사이의 평화공존을 실현하려는 것이다. 햇볕정책은 남북한의 평화공존과 평화교류협력을 통해 한반도에 잔존하고 있는 냉전구조를 해체함으로써 미래의 통일을 위한 기반을 조성하려는 것이다. 즉, 햇볕정책의 목표는 당장의 제도적 통일에 있기보다는 분단의 평화적 관리와 남북한의 평화교류협력을 통한 냉전구조를 해체하는 데에 있다. 이러한 사실은 "한반도에서는 통일에 앞서 남북한 간의 평화와 협력이 무엇보다도 중요하다"[32]거나 "가장 현실적이고 합리적인 정책은 당장 통일을 추구하기보다는 한반도에 아직도 상존하고 있는 상호위협을 해소하고 남북한이 화해협력하면서 공존공영을 추구하는 것입니다. 통일은 그 다음의 문제입니다."[33]라는 김대중의 언급에 잘 나타나 있다. 이 점에서 햇볕정책은 엄밀한 의미에서 통일정책이라기보다는 대북정책이라고 보아야 한다.[34]

남북정상회담은 한반도의 냉전구조를 해체하기 위해 꼭 필요하다. 남북 정상 간의 만남과 회담은 남북이 대결에서 평화공존과 화해협력으로 나아간다는 상징적 의미를 갖는다. 정상회담이 한반도의 분단구조 해체로 곧바로 이어지는 것은 아니지만, 그 길로 가기 위해서 꼭 필요한 지점

---

31) 이원섭 (2003), pp. 34-36.
32) 일본 국회 연설 (1998년 10월 8일) 중에서, 김대중 (2004), p. 42.
33) 베를린선언 (2000년 3월 9일) 중에서, 김대중 (2004), p. 96.
34) 김근식, "김대중 정부의 햇볕정책: 회고와 전망,"『한국과 국제정치』18권 (2)호 (2002). 통일정책은 통일문제와 관련한 제반 정책을 포괄적으로 지칭하며, 여기에는 대북정책은 물론 통일기반 조성을 위한 국내정책이나 외교정책 등이 모두 포함된다. 따라서 대북정책은 통일정책의 부분집합이라고 볼 수 있다. 이종석(1998), p. 242.

이다. 남북정상회담의 추진은 이런 점에서 햇볕정책에서 가장 중요한 전략이자 그 자체가 하나의 목표이기도 하다. 또한, 김대중의 3단계 통일방안을 실현하기 위해서도 필요하다. 3단계 통일론의 첫 단계인 남북연합은 남북교류협력의 결과가 아니라, 남북 당국의 '정치적 결단과 합의의 결과'이자 동시에 양자 간의 화해와 협력을 심화시키는 촉진제이다. 정상회담이야말로 그러한 정치적 결단을 만들어낼 수 있는 장場이다.[35]

햇볕정책의 목적이 당장의 통일 실현보다는 남북한 평화적 공존관계 수립에 있기 때문에 햇볕정책을 통일정책보다는 대북정책이라고 규정하는 게 맞지만, 그렇다고 햇볕정책이 단순한 대북정책에만 그치는 것은 아니다. 햇볕정책은 남북한의 적대관계를 청산하고 평화공존을 추구하는 점에서 평화적 분단관리정책의 측면이 강하다. 그러나 다른 한편으로, 햇볕정책을 단순히 훌륭한 분단관리정책으로 보는 것도 문제가 있다. 분단을 잘 관리하는 것에 그치지 않고 남북한의 평화교류협력을 통하여 경제적, 사회문화적 '통합'을 추진하기 때문이다. 두 국가가 서로 통합하지 않으면서 교류협력을 할 수 있다. 따라서 교류협력정책이 곧 통합정책은 아니다. 하지만 햇볕정책에서 추진한 교류협력정책은 남북한이 별개로 존재하면서 교류를 증진하는 것이 아니라, 서로간의 '유기적' 통합을 지향한다. 교류협력을 통해 남북경제의 유기적 연관성을 높이고 사회문화적 정체성을 재구축하는, 부분적이고 점진적인 통합정책이다. 요컨대, 대북정책으로서의 햇볕정책은 단순한 화해교류협력정책이나 분단관리정책에만 머물지 않는다. 특정한 지향성을 갖고 있는 대북 평화'통합'정책이다.[36]

햇볕정책으로 불린 대북포용정책은 평화공존 속에서 있는 그대로의 북한을 인정하고 수용하지만 동시에 화해교류협력을 통해 북한의 점진적 변화를 도모한다. 이 점에서 대북포용정책은 단순한 유화정책이 아니라

---

35) 아태평화재단 (2000), pp. 66-67 참조.
36) 김학노, "평화통합전략으로서의 햇볕정책," 『한국정치학회보』 39권 (5)호 (2005), pp. 237-261.

강자의 공세적 정책이라고 할 수 있다. 여기에는 북한의 '붕괴 임박론'에서 '점진적 변화론'이라는 시각 변화가 전제되어 있다.[37] 김영삼 정부 시절 남한과 미국은 북한이 조기에 붕괴한다는 시각을 가지고 있었고, '선 핵문제 해결, 후 남북관계 개선'에 기초하여 대북정책을 추진하였다. 또 남북관계를 국제관계에 통합시켜서 관리하였다. 즉 당시의 4자회담의 틀 안에서 남북대화도 하고 북한의 붕괴과정도 관리한다는 입장이었다. 반면에 김대중 정부의 대북정책은 북한의 점진적 변화론을 전제로 한다. 햇볕정책은 북한이 붕괴할 개연성은 여전히 있지만 그 가능성은 희박하며, 있는 그대로의 북한을 볼 때 북한의 점진적인 변화를 추구하는 것이 옳다는 전제에 입각해 있다. 아울러 남북관계를 국제관계에 종속시키지 않고 분리하여 추진하였다. 즉 집권 당시 이미 예정된 4자회담은 그대로 추진하되 이와 별도로 남북관계의 개선을 위한 독자적인 대화를 추진하는 전략을 꾀하였다.[38]

2. 전략

김대중 대통령은 취임사(1998. 2. 25)에서 "남북관계는 화해와 협력 그리고 평화정착에 토대를 두고 발전시켜 나가야"한다고 밝혔다. 또, 당장의 통일을 추구하기보다는 우선 남북한의 평화적인 관계개선을 위하여 ① 일체의 무력도발 불용, ② 북한 흡수통일 배제, ③ 남북 간 화해협력 적극 추진 등의 대북정책 3원칙을 천명하였다.[39] 이것은 북한뿐 아니라 남한 내부와 미국을 위시한 국제무대를 향한 발언이기도 하다. 일체의 무력도발을 허용하지 않겠다는 것을 첫 번째 원칙으로 내세운 것은 한반도에

---

37) 통일부, 『2001 통일백서』 (서울: 통일부 통일정책실, 2001), pp. 17-19.
38) 임동원 (2008), pp. 341-343; 박건영·정욱식, "김대중 부시 정부 시기 한미관계: 대북정책을 중심으로," 『역사비평』 2009년 봄호 통권 86호 (2009), pp. 142-143.
39) 통일부, 『'98 통일백서』 (서울: 통일부 통일정책실, 1999), pp. 35-37, p. 276; 박준영, 『평화의 길』 (서울: 에쎈에스, 2003), p. 38.

13.6 "저는 이 자리에서 북한에 대해 당면한 세 가지 원칙을 밝히고자 합니다. 첫째, 어떠한 무력도발도 결코 용납하지 않겠습니다. 둘째, 우리는 북한을 해치거나 흡수할 생각이 없습니다. 셋째, 남북 간의 화해와 협력을 가능한 분야부터 적극적으로 추진해 나갈 것입니다."

(김대중 대통령의 취임사 (1998년 2월 25일) 중에서, 김대중 (2004), p. 25)

13.7
1. 안보와 화해협력의 병행 추진
2. 평화공존과 교류의 우선 실현
3. 북한의 변화 여건 조성
4. 남북 간 상호 이익 도모
5. 남북 당사자 해결 원칙 아래 국제적 지지 확보
6. 국민적 합의에 기초

서 평화를 파괴하는 무력 행위에 단호히 대처하겠다는 의지를 표명한 것이다. 이는 북한에 대한 경고이기도 하지만, 국내에서 김대중 정권이 자칫 용공, 친북으로 몰릴 수 있는 색깔 시비를 미리 방지하기 위한 포석이기도 하다. 즉 북한과 외국의 청중뿐 아니라 국내의 청중을 염두에 둔 것이기도 하다. 두 번째 원칙인 흡수통일 배제는 남북한 중 어느 한쪽이 다른 쪽을 흡수하는 방식으로 통일이 이루어져서는 안 된다는 뜻이다. 일방적 흡수통일은 가능하지도 않고, 동서독 통일의 사례에서 보듯이 설사 실현된다고 해도 그 비용과 문제점이 심각하여서 바람직하지도 않다는 것이다. 마지막으로, 남북 간 화해협력의 적극 추진 원칙은 단순히 평화적 분단관리를 넘어서 남북한의 유기적 통합을 추진하겠다는 뜻이다. 남북 사이에 평화공존을 정착시키고 가능한 분야부터 교류협력을 활성화해서 상호불신과 적대감을 해소하고 민족동질성을 회복하려는 의지의 표현이다.[40]

대북정책 3원칙에 입각하여 김대중 정부는 대북정책의 기조를 다음과 같이 수립하였다. ① 안보와 화해협력의 병행 추진, ② 평화공존과 평화 교류의 우선적 실현, ③ 화해협력으로 북한의 변화 여건 조성, ④ 남북 간 상호 이익 도모, ⑤ 남북 당사자 해결 원칙 아래 국제적 지지 확보, ⑥ 국민적 합의에 기초한 일관성 있는 대북정책 추진 등이다.[41]

첫 번째 기조인 병행전략은 햇볕정책에서 특히 중요하다. 김대중 정부는 경제적 교류협력을 통해 북한의 대남 의존도를 높이는 기능주의적 접근과 함께 비무장지대의 평화적 이용과 같은 군사적 신뢰조성 조치를 병행 추진하였다. 특히, 김영삼 정부 시절 원활한 대북정책을 막았던 원인이었던 '정경연계' 정책에서 벗어나서, 김대중 정부는 정치·군사적 이슈와 경제적 이슈를 분리하는 '정경분리' 원칙을 고수하였다. 또 4자회담에 종속되어 있던 남북대화를 분리하여 국제공조와 함께 독자적 남북대화를 상호보완적으로 병행하였다. 남북정상회담의 추진도 병행전략의 일환으로 이해할 수 있다. 김대중 정부는 단순히 남북한 주민들 사이에 교류와 협력을 늘린다고 해서 북한의 점진적 변화가 일어날 것이라고 생각하지 않았다. 북한은 독재국가이기 때문에 최고지도자의 의지가 중요하고, 중대한 변화를 도입하기 위해서는 최고지도자의 의지에 따른 위로부터의 변화가 반드시 필요하다고 보았다. 따라서 북한의 최고지도자에 대한 공략과 북한 주민 일반에 대한 공략을 병행하는 전략을 택하였다. 최고지도자를 만나고 설득하여 '위로부터의 변화'를 가능하게 하는 한편, 보다 많은 교류와 접촉 그리고 인도적 지원을 통해 북한 주민들의 의식과 태도에 변화를 가져오는 '아래로부터의 변화'를 동시에 추구한 것이다.[42]

---

40) 이원섭 (2003), pp. 23-24.
41) 통일부(1999), pp. 38-42.
42) 임동원 (2008), p. 336; 이원섭 (2003), pp. 320-321.

13.8 '정경분리'는 '정경연계'와 대칭되는 개념이다. 정경분리 원칙은, 좁게는 대북정책에서 정치(=남북관계)와 경제 (=경제협력)를 분리하는 것이고, 넓게는 남북관계에서 정부관계와 민 간관계를 분리하여 운용하는 것을 의미한다. 즉, 민간 차원의 경협이 남 북한 간 정치적 상황에 의해 좌우되지 않고 경제원리에 입각하여 기업 인들의 자율적 판단에 따라 이루어지도록 하겠다는 것이다. 근본적인 목적은 정치적·군사적 제약에 상관없이 일관되게 남북경협 활성화를 추 진하겠다는 의지를 담고 있다.

(출처: 통일부 (1999), p. 43; 이종석 (1998), pp. 263–276; 박순성 (2003), pp. 231–234)

IV. 6·15남북정상회담 성사 과정

1. 정상회담 합의과정

김대중 대통령은 정상회담 의사를 자주 표명하였다. 대통령 후보 시 절부터 "집권 즉시 남북정상회담을 열어서 모든 현안을 해결해 나가겠 다."[43]고 천명하였고, 대통령 취임사에서도 특사교환과 정상회담 용의를 밝히고 북측의 호응을 촉구했다.[44] 취임 후 청와대는 외교 채널을 비롯해 서 국정원, 통일부, 정치권, 재계 등 다양한 채널을 통해 북측과 접촉을 시도하였고, 접촉 장소도 베이징, 도쿄, 서울, 이집트 등 다양하였다. 남 북 접촉 창구는 시간이 흐름에 따라 점차 국정원 – 아태(아시아태평양평 화위원회) 라인으로 단일화되었다.[45]

---

43) 15대대통령 후보 수락 연설 (1997년 5월 19일). 김대중 도서관(http://www. kdjlibrary.org/) (검색일: 2010. 4. 8)
44) 김대중 (2004), p. 25.
45) 최원기·정창현 (2000), p. 156.

2000년 정상회담이 합의되고 성사되기 이전까지 김대중 정부의 남북 당국 간 회담 성적은 좋은 편이 아니었다. 김대중 정부 최초의 남북 당국 간 만남은 1998년 4월 베이징에서 열린 「남북당국대표회담」이었다. 사실상 1차 남북 차관급회담인 이 「남북당국대표회담」은 비료문제를 포함한 남북 상호 관심사와 남북관계 개선을 협의하기 위해 김대중 정부 출범 이후 처음으로 공개적으로 만나는 자리라는 점에서 비상한 관심을 끌었다. 정세현 통일부 차관이 남측 대표로 나오고 전금철 정무원 참사가 북측 대표로 나온 남북당국대표회담은 팽팽한 기 싸움 끝에 결렬되었다.[46] 이후 1999년 4월 23일부터 6월 3일 사이에 수차례 남북 당국 간 비공개 접촉이 베이징에서 열렸고, 그 결과 남한이 북한에 비료 20만 톤을 지원할 것과 6월 21일부터 남북 간에 차관급 당국회담을 개최하기로 합의하였다. 남북차관급당국회담은 마침 6월 15일 발생한 서해교전에도 불구하고 개최되기는 했으나, 서해교전 문제를 둘러싼 입장 차이로 결국 결렬되었다. 남측 수석대표는 양영식 통일부 차관이, 북측 대표는 1994년 "서울 불바다" 발언으로 유명해진 박영수 내각 책임참사가 나왔다.[47] 김대중 정부 출범 2년 동안 2차례에 불과했던 남북 당국 간 회담에서 햇볕정책은 이렇다 할 성과를 내지 못한 것이다.

그러나 1, 2차 회담 사이에 공식적인 무대 뒤에서는 남북 당국 사이에 막후 접촉이 이루어지고 있었다. 1차 차관급회담이 결렬된 이후 1998년 11월 베이징에서 남한의 국정원과 북한의 아태 간부가 비밀 접촉을 가졌

---

46) 『남북대화』 제66호 (1998. 3~1999. 10), pp. 10-19; 통일부(1999), pp. 145-150.
    특히 남측이 비료를 지원하는 대가로 이산가족면회소 설치 문제를 다루자는 상호주의 입장을 엄격하게 견지한 것이 회담 결렬의 원인이 되었다. 이 경험으로 김대중 정부는 향후 엄격한 상호주의를 포기하고, 가진 자로서 먼저 베풀면서 우리의 목표를 달성하는 '선공후득(先供後得)'의 지혜를 강구하게 된다. 임동원 (2008), pp. 361-362 참조.

47) 자세한 내용은 『남북대화』 제66호 (1998. 3~1999. 10), pp. 20-35; 이원섭 (2003), pp. 39-45.

다. 이들은 정상회담을 포함한 여러 메시지를 교환하였던 것으로 추정된다. 이후 이 접촉라인은 김보현(국정원 대북전략국장) - 전금진(전금철) 비밀라인으로 대체되어서 이어졌다. 1999년 6월 3일 몇 주에 걸친 비밀협상 끝에 비료 20만 톤을 북한에 제공하고 이산가족 문제를 논의하기 위한 남북차관급회담을 개최하기로 합의한 것도 김보현-전금진 라인이다. 이 2차 차관급회담이 우여곡절 끝에 결국 결렬되었지만, 서해교전이라는 돌발 사태에도 불구하고 차관급회담이 예정대로 개최된 데에는 김보현 - 전금진 라인의 합의가 주효하였다.[48]

취임 2년 동안 남북 당국 간 관계에서 뚜렷한 성과를 내지 못한 상황에서, 2000년 4월 10일 남북정상회담을 개최하기로 합의하였다는 발표가 있었다. "김대중 대통령이 6월 12일부터 14일까지 평양을 방문해 남북정상회담을 갖는다."는 '중대 발표'에는 박재규 통일부 장관이 배석했지만, 박지원 문화관광부 장관이 단연 주역이었다. 이 합의문은 "상부의 뜻을 받들어" 남측에서 문화관광부 장관 박지원과 북측에서 조선 아시아태평양평화위원회 부위원장 송호경이 4월 8일자로 서명한 것이었다.

박지원에 의하면, 3월 9일 김대중 대통령의 '베를린선언' 직후 북측이 정상회담 개최 문제를 논의할 접촉을 비밀리에 제의해 왔고, 김대중 대통령이 자신을 특사로 임명하여 3월 17일 상하이에서 남북 당국 간 첫 번째 특사 접촉이 이루어졌다고 한다. 3월 22일과 4월 8일 베이징에서 특사 접촉이 연이어 이루어졌고, 4월 8일 최종합의에 서명했다고 한다. 베를린선언에서 김대중 대통령은 그 동안 국내에서 여러 번 되풀이한 대북 포용정책을 국제사회에 공개적으로 천명하였다. 특히, 남북 경제협력을 본격화하기 위해서 지금까지의 민간경협을 정부 간 협력으로 전환하여 도로, 항만, 철도, 전력, 통신 등 사회간접자본에 적극 투자할 용의

48) 최원기·정창현 (2000), pp. 154-158, p. 166; 이원섭 (2003), pp. 43-45; 임동원 (2008), pp. 449-462.

가 있다고 강조하였다. 박지원에 의하면, 베를린선언에서의 과감한 대북 지원 약속에 북한 측이 정상회담을 제의한 것이 된다. 지금도 통상적으로 베를린선언이 정상회담에 중요한 전기를 마련한 것으로 이해되고 있다.[49]

박지원의 이러한 공식적 설명은 사실과 다른 것으로 나중에 밝혀졌다. 베를린선언이 있던 바로 그때 싱가포르에서 남북 특사가 비밀회동을 하고 있었고, 남북한 사이에 정상회담 논의는 늦어도 2000년 1월 하순부터는 시작된 것으로 추정된다.[50]

'햇볕정책의 전도사' 임동원은 2000년 2월 3일 대통령으로부터 북측의 정상회담 의사를 전해 들었다고 한다. 1999년 말 국정원장에 임명된 지 얼마 되지 않았지만, 임동원은 "이렇듯 중요한 대북관계 정보를 전혀 모르고 있었다."고 한다.[51] 그가 조사하여 파악한 바에 의하면, 박지원

---

49) 예를 들면, 셀리그 해리슨, 이홍동 외 옮김, 『코리안 엔드게임』(서울: 삼인, 2003), pp. 163-164; 남궁곤·조영주, "남북관계 60년, 남북 대화 60년," (이화여자대학교 통일학연구원 편), 『남북관계사: 갈등과 화해의 60년』(서울: 이화여자대학교출판부, 2009), p. 19; 돈 오버도퍼, 이종길 옮김, 『두 개의 한국』(고양: 길산, 2002), pp. 617-619. 현재에도 통일부의 공식 사이트에는 다음과 같이 설명되어 있다. "김대중 대통령의 베를린선언(3. 9)이 나온 직후 북측은 비공개적으로 다양한 경로를 통해 우리 측에 특사 접촉을 제의하고, 이 접촉에서 남북정상회담 개최문제를 논의할 수 있다는 입장을 표명해 왔다. 이 같은 북측의 제의에 대해 김대중 대통령은 여러 가지 상황을 고려하여, 박지원 문화관광부 장관을 특사로 임명하고 북측 인사와 접촉하게 했다. 남북 간의 첫 특사 접촉은 2000년 3월 17일 중국 상하이에서 박지원 문화관광부 장관과 북측의 송호경 조선아시아태평양평화위원회(약칭 아태) 부위원장 간에 비공개로 이루어졌다. 이후 3월 23일과 4월 8일 중국 베이징에서 특사 접촉을 두 차례 더 갖고 남북정상회담 개최에 최종 합의(4. 8)하였다." 남북회담본부 회담자료실 http://dialogue.unikorea.go.kr/sub2/sub2_2.asp?CL=073&SN=2&MSN=1 (검색일: 2010. 4. 7)
50) 2000년 1월 3일 김대중 대통령은 신년사에서 북한의 사회간접자본 시설 확충을 중심으로 남북한 경제공동체를 건설하자는 화두를 던졌고, 이에 따라 국정원이 중심이 되어 비밀리에 대북 지원프로그램을 입안하였다. 이교관, 『김대중 정부의 위험한 거래』(서울: 한송, 2002), pp. 53-55.
51) 임동원 (2008), p. 26.

13.9 김대중 대통령은 2000년 3월 9일 베를린 자유대학에서 행한 연설에서 북한을 흡수통일 할 의사도 능력도 없음을 다시 한번 확인하고, 다음과 같이 천명하였다. (1) 한국 정부는 본격적인 경제협력을 통해 북한의 경제적 어려움을 극복할 수 있도록 도와줄 준비가 되어 있다. (2) 현단계에서 우리의 당면 목표는 통일보다는 냉전종식과 평화정착이다. (3) 북한은 무엇보다 인도적 차원의 이산가족문제의 해결에 적극 응해야 한다. (4) 남북 당국 간 대화가 필요하다.

장관으로부터 남북정상회담을 5, 6월경에 할 수 있도록 주선해 달라는 극비 요청을 받은 현대의 이익치 회장이 요시다 다케시 신일본산업 사장에게 부탁하여 정상회담이 본격적으로 추진되었다고 한다. 북측은 남측의 제의에 대해 긍정적 반응을 보였고, 중국이 아닌 제3국에서 남북 특사의 비밀접촉을 제안하여 왔다. 대통령은 박지원을 특사로 임명하였고 국정원에서 박지원을 보좌할 인물로 김보현과 서훈 등의 대북 전문가를 지원하였다.[52]

베를린선언이 있던 바로 그때 싱가포르에서 열린 남북 특사의 비밀협상은 이렇게 성사되었다. 2월 9일 김대중 대통령이 일본 텔레비전 도쿄방송TBS-TV과의 회견에서 북한의 김정일 위원장에 대하여 "지도자로서의 판단력과 식견을 갖췄다."고 언급한 것도 이런 배경에서 이루어진 것으로 이해된다.[53] 특이한 점은, 2월 초순 북한이 대남라인을 전격 교체한 것이다. 이전의 전금진(아태 부위원장) – 강덕순(참사) – 권호웅(참사)의 대남라인 대신에, 아태 내 대일라인인 송호경 부위원장과 황철 참사로 교체하였다.[54]

---

52) 임동원 (2008), pp. 26–29.
53) 최원기·정창현 (2000), p. 172; 이원섭 (2003), p. 84.
54) 이교관 (2002), pp. 16–17. 송호경 – 황철 라인은 1998년 11월 현대그룹의 금강산 관

싱가포르 비밀협상은 3월 8일에서 10일까지 남한의 박지원과 북한의 송호경 사이에 열렸다. 이 자리에는 정몽헌 현대그룹 회장과 이익치 현대 증권 회장, 요시다 다케시 신일본산업 사장이 동석한 것으로 알려져 있다. 싱가포르 비밀협상 사실은 정상회담이 성사된 지 한참 뒤인 2003년 2월에 가서야 밝혀졌다. 싱가포르 비밀협상이야말로 정상회담을 통한 남북관계 개선의 출발점이지만, "김대중 햇볕정부의 아킬레스건"[55]이기도 하다. 이 실체가 드러나면 베를린선언의 정당성이 타격을 받을 것이고, 남북정상회담과 관련하여 밀실거래, 정경유착, 뒷거래, 또는 퍼주기 등의 의혹과 비난이 커졌을 것이다.

싱가포르 비밀접촉 이후 3월 17일 상하이에서, 그리고 3월 22일 베이징에서 특사회담이 이어졌다. 이때에도 정몽헌 회장과 이익치 회장이 자리를 함께 했다고 알려져 있다. 베이징회담은 '김대중 대통령 – 김정일 위원장 정상회담'이라는 표현에 북한이 반대함으로써 결렬된다. 북한은 국가수반이 어디까지나 김영남 최고인민회의 상임위원장이라는 점을 들어 "남측 희망을 고려하여" "김대중 – 김영남 사이에 정상회담"을 하고, "김정일 위원장과도 상봉한다"고 표기해야 한다고 주장하였다.[56] 정상회담의 주체가 누구인지의 이 중대한 이슈는 사실상 정상회담 때까지 계속 미완의 상태로 남게 된다. 실무접촉을 재개한 끝에 남북 특사는 4월 8일 남북정상회담의 개최에 합의한다. 이 합의서에서 남북이 여전히 서로 다른 표현을 사용하고 있다. 남한은 "김정일 국방위원장의 초청에 따라" 김대중 대통령이 6월 12일부터 14일까지 평양을 방문한다고 발표한 반면, 북한은 "김대중 대통령의 요청에 따라" 평양방문에 합의하였다고 발

광사업 실현에 일등 공신이기도 하였다. 이 점에서 송호경 – 황철 라인의 등장은 현대 라인으로의 교체로 볼 수 있으며, 아래에서 보듯이 현대가 그만큼 중요한 역할을 한 반증이라고 여겨진다.

55) 이원섭 (2003), p. 80.
56) 임동원 (2008), p. 33.

표하였다.[57]

2. 합의과정의 특징

국내의 주요 행위자들을 놓고 볼 때, 정상회담의 의사 타진에서부터 최종 합의에 이르기까지의 과정에서 두드러진 특징은 현대의 활약과 통일부의 소외다. 먼저, 정부 기관들을 보면, 부서보다 인물이 중요하다는 사실이 분명하다. 남북정상회담 합의과정에서 정부 부서 간 이견이 크게 나타나지 않는다. 정상회담은 대통령의 의지이고, 이에 대해 모든 부서가 추종하는 형국이다. 이 점에서 정책결정 과정론에서 자주 인용되는 "자리가 입장을 결정한다Where you stand depends on where you sit."는 명제는 정상회담 합의과정에는 잘 들어맞지 않는다.[58]

정부부서보다 인물이 중요하다는 사실은, 대통령의 신임을 받는 인물들, 특히 임동원과 박지원이 중심이 되어서 정상회담 합의를 이끌어내고 있는 점에서 명확하다. 문화관광부 장관이었던 박지원은 부서와 전혀 상관없는 중책을 수행하였고, 주무부서인 박재규 통일부 장관은 박지원이 주도한 정상회담 합의 발표에 배석은 하였으나 모양새를 갖추는 데에 불과하였다. 1999년 말 국정원장에 임명된 임동원도 초기에 정상회담 의사교환 사실을 모르고 있었을 정도로,[59] 정상회담 추진은 대통령 측근 중에서도 특정 인물을 중심으로 비밀리에 진행되었다.

일단 정상회담 의견을 타진한 다음에는 국정원이 비교적 중요한 역할을 한다. 대통령의 또 하나 측근인 임동원이 국정원을 맡고 있었고, 대북 관련 정보를 가장 많이 가지고 있는 부서가 국정원이었기 때문이다. 정상

---

57) 고병철, "남북한 관계의 역사적 맥락: 한국전쟁 이후 현재까지," 경남대학교 북한대학원(편), 『남북한관계론』(파주: 한울, 2005), p. 69.

58) 그래이엄 앨리슨, "개념적 모형과 쿠바의 미사일 위기," 박건영 외(편), 『국제관계론 강의 1』(서울: 한울, 1997), p. 115 참고.

59) 임동원 (2008), p. 26.

회담 합의를 위한 남북한 비밀회동에서 박지원 특사를 보좌한 것도 국정원의 대북전문가들이었다. 국정원은 정상회담 합의 발표 직전인 4월 7일 박재규 통일부 장관, 이정빈 외교통상부 장관, 황원탁 외교안보수석비서관 등 다른 주무 부처에 정상회담 개최 합의사실을 알려주었다.[60] 아래에서 보겠지만, 임동원 국정원장은 이후 북한을 방문하여 정상회담을 준비하는 중책을 수행하였고, 다른 직책으로 옮긴 뒤에도 대통령의 특사 자격으로 북한을 방문하여 남북관계 개선에 중요한 역할을 수행한다.

김대중 정부 시절 대북정책에 관한 한 임동원이 가는 곳마다 힘이 실리면서 무게중심이 따라서 옮겨갔다고 할 수 있다. 김대중 정부 출범과 함께 국가안전보장이사회NSC 운영을 대통령 외교안보수석비서관(임동원) 소관으로 전환하였고, 임동원이 국정원장을 거쳐 통일부 장관이 되었을 때에는 통일부의 힘이 그만큼 커지게 된다. 이러한 현상은 무엇보다도 대통령의 각별한 신임에 기인한다.[61] 이 점에서 부서보다 인물이 더 중요하고, 인물에 따라 각 부서의 상대적 힘과 중요성이 달라지는 현상의 궁극적인 배경에는 대통령과 대통령직의 힘이 자리하고 있다.

다음으로, 민간부문에서는 단연 현대의 역할이 두드러진다. 앞에서 언급하였듯이 민간부문의 통일운동은 김대중 정부의 햇볕정책 추진을 위한 중요한 역사적 자산이자 배경이 되었다. 하지만 남북정상회담 합의과정 자체에서는 민간통일운동 진영이 특별히 중요한 역할을 했다고 보기가 어렵다.[62] 반면에 재벌, 특히 현대그룹은 '햇볕정책의 동반자'라고 불릴 정도로 처음부터 깊이 개입해 왔다. 현대는 싱가포르 비밀협상을 성사시키는 데 중요한 역할을 하였고, 싱가포르 및 이후의 특사회담 장소에

---

60) 임동원 (2008), pp. 34-35.
61) 2001년 평양에서 열린 8·15 민족통일대축전 행사와 관련하여 임동원 당시 통일부 장관의 해임건의안을 한나라당이 제출하였을 때, 김대중 대통령은 김종필 자민련 총재와 정치적으로 결별하고 DJP연대를 깰 정도로 임동원을 신임하였다.
62) 이종석의 평가임. 고동우, "흡수통일 원하면 연방제를 고집하라," 『월간 말』 8월호 통권 170호 (2000), p. 70 참조.

참고　**NSC 상임위원회**

13.10

박정희 대통령 시절부터 예비역 장성을 국가안보회의 상임위원 겸 비상기획위원장으로 임명하였고, 1990년대 초 이래 남북관계 관련 장관들이 모여 의견을 교환하는 일이 잦았으나 이 회의체는 임의기구로서 관장하는 부서도 없었고 회의기록도 없었다. 김대중 정부 들어서 NSC의 기능을 비상기획위원회로부터 분리하여, 대통령 외교안보수석비서관이 이를 관장하도록 하였다. 김대중 정부 출범과 함께 외교안보수석비서관으로 임명된 임동원은 곧 NSC의 하부구조로 '상임위원회'를 신설하였고, 외교안보수석비서관을 장으로 하는 '국가안전보장회의 사무처'를 설치하였다. NSC 상임위원회는 통일부 장관, 외통부 장관, 국방부 장관, 안기부장(후에 국정원장), 외교안보수석비서관 겸 사무처장으로 구성되었고, 매주 1회의 정기회의와 필요에 따라 임시회의를 열었다. DJP연합을 고려하여 국무총리(자민련 출신) 직속의 국무조정실장을 '의결권은 없으나 발언권을 가지는 상임위원'으로 추가하였다. 1998년 3월 제1차 회의 이래 2003년 2월 마지막 회의 때까지 총 229회 개최되었다.

(출처: 임동원 (2008), pp. 345-354)

동반하였다. 어떤 면에서는 현대가 먼저 특사 접촉을 타진하고 정상회담을 적극적으로 추동한 측면도 있다. 현대는 원대한 대북사업을 구상하고 있었고 이를 원만히 추진하기 위해서 남북관계 개선과 정상회담이 필요하였기 때문이다.[63] 정주영 회장은 1998년 6월 소떼 방북과 11월 금강산 관광선 출범을 실현함으로써, 김대중 정부 들어 큰 진전이 없던 당국 간 대화와 달리 민간부문에서 남북경제협력을 주도하였다.[64] 1999년 6월 서

---

63) 이원섭 (2003), pp. 60-64.

64) 1998년은 금창리 지하핵시설 의혹이 제기되고 8월 말에는 대포동 미사일이 일본열도 너머로 발사되는 등 북한문제로 인한 동북아 긴장이 고조되고 있는 국면이었다. 한국으로서는 IMF 위기 속에서 해외자본 유치가 필요하였으나, 안보 위협으로 외국인들이 투자를 꺼리는 분위기였다. 이러한 시점에서 금강산 관광사업의 개시는 한반도 긴장완화와 남북관계 개선의 계기가 되었고, 남과 북 모두에게 경제회생의 전기

해교전 당시 우리 정부에서 "북측과 가용한 통로는 현대뿐"이었고,[65] 교전이 악화되는 것을 막는 데 현대가 중요한 가교역할을 했다. 그러나 다른 한편, 정상회담을 추진하는 과정에서 현대는 이른바 '7대 경협사업'에 대한 독점사업권을 받는 대가로 4억 달러를 지불한다는 이면합의를 하는 문제를 낳기도 하였다.

국외의 주요 행위자들을 놓고 볼 때, 정상회담의 합의과정에서 가장 두드러진 특징은 미국의 입김이 크게 작용하지 않았다는 점이다.[66] 정상회담의 추진과정에서 남한 정부가 주도권을 쥐고 사실상 미국으로부터 독자적으로 움직였던 것으로 보인다. 이는 김영삼 정부 시절의 '선 북·미 합의 후 남한추인'의 유형과는 판이한 파격적인 변화다. 경수로 문제에서 보듯이, 김영삼 정부는 북핵 문제에 관한 합의과정에 참가하지 못한 상태에서 북한과 미국의 경수로 건설 합의에 따라 30억 달러가 넘는 비용을 부담해야 됐다. 이러한 유형과 달리 정상회담 합의과정에서는 우리가 대북 문제의 주도권을 확보하고 발휘하였다.[67]

정상회담 개최 합의 발표에 대해 중국이 적극 환영을 표한 반면에, 미국은 "주한미군은 장기간 머물러야 한다."는 반응을 보였다.[68] 정상회담 직전인 6월 8일 웬디 셔먼Wendy Sherman 국무부 자문관이 방한하여 한·미 간에 의견을 조율하였다. 이는 양국 사이에 조율할 이견이 있었음을 의미

를 제공하였다. 임동원 (2008), pp. 368-373.

65) 임동원 (2008), p. 455.

66) 레온 시걸은 클린턴 정부가 북·미관계의 정상화 일정을 나타낸 성명서 초안을 2000년 3월 말에 북한에 전달함으로써 미국이 남북정상회담에 기여하였다고 한다. 레온 시걸, "미국과 대북 포용정책," 한국정치학회·이정복(편), 『북핵 문제의 해법과 전망: 남북한 관계와 미·일·중·러』 (서울: 중앙 M&B, 2003), p. 227. 하지만, 이러한 사실이 남북정상회담의 성사에 매우 중요한 기여라고 보기는 어렵다. 대체로 클린턴 정부는 남북정상회담의 성사 소식에 대해서 당혹스러워했던 것으로 보인다.

67) 최원기·정창현 (2000), pp. 293-296. 김영삼 정부 시절 미국의 주도권은 북핵 위기를 해결하기 위한 북·미 대화에서 잘 나타난다. 퀴노네스 (2000), pp. 179-180, 212, 261-262, 332-334 참조.

68) 김하영, 『국제주의 시각에서 본 한반도』 (서울: 책벌레, 2002), p. 97.

13.11

현대의 대북사업 의지는 1989년 정주영 회장이 북한을 처음 방문하고 김일성 주석과 만났을 때로 거슬러 올라간다. 김영삼 정부 시절 남북관계가 급속도로 악화되고, 정주영 회장이 대선에 출마한 악연으로 정부로부터 철저히 외면 받으면서 이렇다 할 성과가 없었다. 김대중 정부의 출범과 함께 정주영 회장의 야심찬 대북사업에 힘이 실리게 되었고, 요시다 다케시 신일본산업 사장을 통해 북한과의 길을 개척하였다. 특히 1998년 6월 500마리의 통일 소떼를 이끌고 판문점을 통해 군사분계선을 넘어가는 이벤트는 대단한 장관을 이루었을 뿐 아니라 이산가족을 포함한 일반 국민들에게 남북한의 "화해와 협력의 새 시대 알리는 신호탄"이 되었다(임동원 (2008), p. 367). 이때 북측과 합의하여 1998년 11월에는 금강산 관광선이 출항하게 된다. 현대는 금강산 관광개발사업 이외에도 서해안 산업공단 건설, 경의선 철도 연결 및 복선화사업, 통신 및 전력사업 등에 큰 관심을 가졌고, 이러한 야심찬 대북사업을 추진하기 위해서도 정상회담을 통한 남북관계 개선을 필요로 하였다.

하며, 그만큼 미국의 불만이 적지 않았던 것으로 추정된다. 당시 미국은 1998년 불거진 북한의 핵시설과 미사일 문제를 해결하기 위해서 경제제재 조치를 통해 북한을 압박하고 있었다. 정상회담은 이러한 미국의 대북 지렛대를 약화시킬 우려가 있기 때문에 미국으로서는 선뜻 받아들이기가 쉽지 않았을 수 있다. 정상회담을 통해 한국이 북한에 대해 경제적 지원과 교류협력 사업을 대폭 확대하면 미국의 대북 압박의 효과가 약화될 것이기 때문이다.[69]

반면, 중국은 남북정상회담 사실을 미국보다 빨리 알았고, 베이징 비밀회담을 위한 편의를 제공하였다.[70] 정상회담을 앞두고 북·중관계에는

---

69) 이교관 (2002), pp. 119–131.

주목할 만한 일들이 일어났다. 1992년 한·중수교 이후 북한과 중국은 소원한 관계를 유지해왔다. 1992년 양상쿤 중국 주석의 방북 이후 2000년 5월 김정일의 비공식 방중이 있기까지, 그 전에 전통적으로 이어져오던 양국 최고 수뇌 간의 교환 방문이 이루어지지 않았었다.[71] 1999년 6월 김영남의 중국 방문은 북한과 중국 관계를 회복하는 중요한 전환점이 되었다. 이때 강택민 주석은 북·중관계 사상 처음으로 북한에게 남북관계와 미, 일 등 서방과의 관계를 개선할 것을 공개적으로 권고하였다.[72] 2000년에 들어서 북·중관계는 더욱 긴밀해진다. 2000년 3월 5일 중국 공산당 정치국원인 황쥐黃菊 상하이시 당서기가 극비리에 평양을 방문하고 중국 대사관에서 김정일과 면담하였고, 5월 29일에는 김정일 위원장이 베이징을 비공식 방문하였다. 3월 김정일의 평양 주재 중국대사관 방문은 본국으로 귀국 예정인 중국 측 대사의 환송을 명분으로 하였으나, 실제로는 두 달 뒤 있을 베이징 방문을 위한 초석을 깔아두는 의미가 커 보인다. 정상회담을 앞둔 시점에서 이루어진 5월 말의 김정일의 비공식 방중에서는 6월에 있을 남북정상회담과 관련하여 중국과 북한이 사전에 의견을 나눈 것으로 추정된다.[73]

V. 6·15남북정상회담의 실행 과정

1. 정상회담 준비와 진행

정상회담 합의가 발표된 이후 4월 15일 정부 내 정상회담 준비를 위해 '남북정상회담 추진위원회'와 '남북정상회담 준비기획단'이 발족되었

---

70) 김하영 (2002), p. 98.
71) 서보혁 (2009), p. 204.
72) 이종석, 『북한 중국관계 1945~2000』 (서울: 중심, 2000), pp. 276-277.
73) 이교관 (2002), pp. 28-39; 오버도퍼 (2002), p. 617; 이종석(2000), p. 278 참조.

다. 정상회담 추진위원회는 통일부 장관을 위원장으로 하고, 외통부 장관, 국가정보원장, 국무조정실장, 경제수석비서관, 외교안보수석비서관 등 6명으로 구성되었다. 이는 NSC 상임위원들에다 경제수석비서관을 더한 셈이다. 추진위는 정상회담 관련 사항을 총괄하고 지휘 감독하는 기능을 담당하였다. 실무 준비를 위한 준비기획단은 통일부 차관을 단장으로 하고, 통일부 통일정책실장, 외통부 차관보, 국방부 정책보좌관, 청와대 통일비서관 등 15명의 각 부처 국장급 간부들이 파견되어 구성되었다.[74]

이 구성에서 보듯이, 적어도 외견상으로는 통일부가 주관하고 여러 부처들이 협력하는 형태를 취했다. 정상회담 준비를 위한 북한과의 협상 대표 선정과 관련해서도 통일부를 중심으로 부처별 실무전문가가 참여하였다. 한 연구에 따르면, 정상회담 준비를 위한 남북실무협상 초기에는 국정원이 막후에서 주도하였으나, 점차 정보부서는 협상대표에 대한 지원 역할이라는 기본적 역할에 충실하게 되었다.[75] 하지만 전반적으로 볼 때, 정상회담과 관련하여 국정원이 실질적으로 중심적인 역할을 하였고 통일부는 여전히 보조적인 역할을 한 것으로 판단된다. 6월 6일 대통령 집무실에서 있었던 정상회담 시뮬레이션simulation도 국정원 주도로 진행되었고,[76] 아래에서 보듯이 임동원 국정원장이 북한을 방문하여 정상회담 준비과정에서 중요한 역할을 하였다.

정상회담을 준비하기 위해서 4월 22일부터 5월 18일까지 판문점에서 남북한 준비접촉이 열렸다. 남측은 양영식 통일부 차관을 대표로, 손인교

---

74) 이원섭 (2003), p. 93; 박준영 (2003), p. 49.

75) 양무진, "남북한 협상 행태," 경남대 북한대학원(편), 『남북한 관계론』 (파주: 한울, 2005), p. 344.

76) 1972년 이래 남북대화를 해오면서 남한 정부는 모의연습(시뮬레이션)을 했다. 모의 회담에서는 긍정적인 A안과 부정적인 B안의 두 가지 시나리오를 가지고 진행하였다. 모의회담을 분석하여 실제 회담에 있어서 개선할 방향을 찾곤 하였다. 정상회담을 위한 시뮬레이션에서는 김정일처럼 생각하고 말하고 행동하는 것이 임무인 김정일 대역이 김대중 대통령을 상대하였다. 최원기·정창현 (2000), pp. 16-23.

통일부 국장과 서영교 국정원 단장 등이 참가하였다. 북측은 김령성 내각 참사를 대표로, 최성익 조평통 서기국 부장과 권민 아태 참사 등이 참석하였다. 5번의 만남을 통해서 이들은 5월 18일 총 14개 항의 '남북합의서 이행을 위한 실무절차 합의서'를 발표하였다.[77] 우선, 대표단의 구성 및 규모와 관련하여 수행원 130명, 취재기자 50명으로 정하였다. 상봉과 회담은 최소한 2~3회로 하되, 필요에 따라 늘어날 수 있다고 하였다. 상봉 및 회담 의제는 "역사적인 7·4남북공동성명에서 천명된 조국통일 3대원칙을 재확인하고 민족의 화해와 단합, 교류와 협력, 평화와 통일을 실현하는 문제"로 하였다. 또, 정상회담 중계방송을 위해 남북 간 위성통신망을 구성해 운영하기로 해서, 남쪽 인원과 장비로 촬영하고 제작한 정상회담 실황방송을 북쪽의 협조를 얻어 위성으로 중계하게 하였다. 실무절차에 합의하기까지 많은 난관이 있었으나 준비접촉 이외에도 판문점을 통한 소위 '문서회담'으로 수없이 의견을 교환한 결과, 이 같은 합의에 이를 수 있었다.[78]

정상회담 준비접촉에서 적지 않은 문제가 미결 상태로 남았다. 특히 두 가지 문제가 매우 중요해 보인다. 첫째, 세부 의제를 사전에 실무선에서 합의하자는 남측의 입장과 정상간 논의에 맡기자는 북측의 입장이 첨예하게 부딪혔다. 남쪽은 의제를 '민족의 화해와 단합, 교류와 협력, 평화와 통일문제'로 하고, 남북경협을 통한 북한 경제 지원, 한반도 냉전종식과 평화공존, 이산가족을 비롯한 인도주의적 문제, 당국자 간 대화 상설화 문제 등을 중심으로 논의하자고 제안하였다. 결국, 실무선에서 의제 및 합의문을 사전에 거의 합의한 상태에서 이루어지는 통상적인 정상회

77) "남북합의서 이행을 위한 실무절차 합의서(2000. 5. 18)," 남북회담본부 회담자료실 (http://dialogue.unikorea.go.kr/sub2/sub2_2.asp?CL=074&SN=5&MSN=1(검색일: 2010. 4. 8)

78) 남북회담본부 회담자료실 http://dialogue.unikorea.go.kr/sub2/sub2_2.asp?CL=074&SN=5&MSN=1(검색일: 2010. 4. 7); 『남북대화』 제67호 (1999. 10~2001. 4) pp. 5-7; 박준영 (2003), pp. 50-52; 이원섭 (2003), pp. 93-97.

담과 달리, 남북정상회담은 '포괄적인' 의제에만 합의한 상태에서 이루어지게 되었다.[79]

둘째, 정상회담의 주체가 누구인지가 명확하지 않았다. 4·8합의문에는 "평양방문에서는 김대중 대통령과 김정일 국방위원장 사이에 역사적인 상봉이 있게 되며 남북정상회담이 개최된다."고 되어 있다. 북한은 김영남 최고인민회의 상임위원장이 명목상 국가원수라는 점에서 김정일 위원장과는 '상봉'만 하고 정상회담은 김영남 상임위원장과 하게 되는 게 아니냐는 문제제기가 있었다. 우리 측은 준비접촉 과정에서 상봉뿐 아니라 정상회담도 김정일 위원장과 한다는 점을 구체적으로 명문화하려고 노력하였다. 그러나 북측은 끝내 명확한 답을 주지 않았다.[80]

이 외에도, 특정 언론사의 기자에 대한 북측의 입국 거부 문제가 있었고, 김정일 위원장의 공항 출영 여부, 정상회담의 장소와 시간을 비롯한 구체적 일정 등의 문제가 확정되지 않은 상태로 남아 있었다. 6월 10일 북이 "기술적 준비관계로" 김대중 대통령의 평양방문을 하루 늦추자는 요청을 통보해 왔고, 이에 따라 정상회담도 하루 연기되었다.

이러한 상황에서 임동원 국정원장이 대통령의 지시를 받고 정상회담 전에 5월 말과 6월 초 두 차례 방북하였다. 임동원은 ① 김정일의 인물 파악, ② 의제조율과 북측의 입장 파악, ③ 공동선언안 합의 등의 임무를 띠고, 일종의 '예비회담'을 하기 위해 방북하였다. 5월 27일 실시된 1차 방북에서 임동원은 김일성 주석의 유해가 안치된 금수산궁전 참배 요구를 거절하였다. 이에 대한 북측의 반발로 임동원의 1차 방북은 아무런 성과를 거두지 못했다. 6월 3일 이루어진 2차 방북에서 임동원은 김용순 노동당 대남담당비서 겸 통일전선부장과 회담을 하고 김정일을 만나서 5시간에 걸쳐 자유롭게 의견을 교환하였다. 여기에서 김대중 대통령의 친서

---

79) 박준영 (2003), pp. 53-54.
80) 박준영 (2003), pp. 77-78; 이원섭 (2003), p. 95.

를 통해 ① 남북관계 개선과 통일문제, ② 긴장완화와 평화문제, ③ 교류 협력문제, ④ 이산가족문제 등 4가지 우리 측 의제를 제시하였다. 아울러 이 문제들에 대한 실천적 조치들을 합의하여 '공동선언'으로 발표하자는 제안도 함께 하였다. 김정일은 대통령을 성대하게 모시겠다, 주한미군의 성격이 한반도의 평화를 유지하는 쪽으로 변한다면 계속 주둔하는 것이 바람직할 수 있다, 대통령이 금수산 궁전을 방문해야 한다는 등 다양한 주제에 대해 거침없이 의견을 제시하였다.[81]

임동원 국정원장의 방북으로 남북정상회담의 의제에 대해서는 어느 정도 사전에 의견조율이 이루어졌다고 볼 수 있다. 하지만 정상회담 당일 까지도 정상회담의 상대, 일정, 장소, 합의문 발표 형태 등 많은 문제들이 불확실한 상태로 남아 있었다. 6월 13일 파격적인 평양 순안공항 행사가 있었고,[82] 이후 백화원 영빈관에서 가진 두 정상의 첫 만남 이후에도 정 상회담의 상대와 일정이 불확실하게 남아 있었다. 곧바로 임동원과 김용 순이 막후협상에 들어갔으나, 다음 날 있을 정상회담의 구체적인 일정을 확정하지는 못하였다. 결국 북측은 14일 오후에 열릴 정상회담을 당일 점심식사 중에 통보해 왔다.[83]

---

81) 임동원 (2008), pp. 47-74; 이원섭 (2003), pp. 123-125. 주한미군의 성격이 변한다 는 것을 전제로 주한미군이 계속 주둔하는 것에 반대하지 않는다는 김정일의 발언은 충격에 가깝다. 2002년 올브라이트가 방북했을 때에도, 김정일은 주한미군문제에 대 하여 냉전종식 이후 북한 정부의 견해가 바뀌었으며, 현재 미군은 동북아에 안정을 가져오는 역할을 한다고 하였다. 매들린 올브라이트, 『매들린 올브라이트: 마담 세 크러터리 2』(서울: 황금가지, 2003), p. 371.

82) 냉전이나 탈냉전 시기를 통하여 지속적으로 보이는 북한의 협상스타일의 특징으로 김용호는 '상대방 제압하기(outmaneuvering)'를 든다. 여기에는 크게 ① 협상환경 을 자국에 유리하게 조성하거나 ② 협상의제를 조작하는 방법이 있다. 김용호는 남 북정상회담에서도 김정일이 직접 공항에 나와 김대통령을 영접하는 파격적인 대 우를 통해 상대방의 호감을 사는 것은 물론 협상을 주도해 나갔다고 본다. 김용호 (2004), pp. 28-31, pp. 135-138.

83) 올브라이트 미 국무장관이 방북하였을 때에도 이와 같은 일이 있었다고 한다. 김정 일과의 면담 일정이 불확실한 상태에서, 방북 첫날 점심시간에 기존의 스케줄 대 신에 오후에 김정일 위원장을 만난다는 사실을 알게 되었다고 한다. 올브라이트

13.12 조국의 평화적 통일을 염원하는 온 겨레의 숭고한 뜻에 따라 대한민국 김대중 대통령과 조선민주주의인민공화국 김정일 국방위원장은 2000년 6월 13일부터 6월 15일까지 평양에서 역사적인 상봉을 하였으며 정상회담을 가졌다.

남북 정상들은 분단 역사상 처음으로 열린 이번 상봉과 회담이 서로 이해를 증진시키고 남북관계를 발전시키며 평화통일을 실현하는데 중대한 의의를 가진다고 평가하고 다음과 같이 선언한다.

1. 남과 북은 나라의 통일문제를 그 주인인 우리 민족끼리 서로 힘을 합쳐 자주적으로 해결해 나가기로 하였다.
2. 남과 북은 나라의 통일을 위한 남측의 연합제안과 북측의 낮은 단계의 연방제안이 서로 공통성이 있다고 인정하고 앞으로 이 방향에서 통일을 지향시켜 나가기로 하였다.
3. 남과 북은 올해 8·15에 즈음하여 흩어진 가족, 친척 방문단을 교환하며 비전향장기수 문제를 해결하는 등 인도적 문제를 조속히 풀어나가기로 하였다.
4. 남과 북은 경제 협력을 통하여 민족 정세를 균형적으로 발전시키고 사회, 문화, 체육, 보건, 환경 등 제반 분야의 협력과 교류를 활성화하여 서로의 신뢰를 다져 나가기로 하였다.
5. 남과 북은 이상과 같은 합의사항을 조속히 실천에 옮기기 위하여 빠른 시일 안에 당국 사이의 대화를 개최하기로 하였다.

김대중 대통령은 김정일 국방위원장이 서울을 방문하도록 정중히 초청하였으며 김정일 국방위원장은 앞으로 적절한 시기에 서울을 방문하기로 하였다.

2000년 6월 15일

대한민국 대통령 김대중

조선민주주의인민공화국 국방위원장 김정일

13.13 '햇볕정책의 전도사'라는 별명이 붙을 정도로 김대중 정부의 햇볕정책의 수립과 집행에서 중요한 역할을 담당한 인물. 김대중 정권 5년 동안 청와대 외교안보수석, 국정원장, 통일부 장관, 청와대 통일외교안보 특보 등의 직책을 맡으며 항상 대통령 곁에서 보좌하였다. 육사 출신으로 군사전략과 안보문제 전문가이며, 전역 후 나이지리아 대사와 호주 대사를 역임한 후 외교안보연구원장을 지내 외교 분야에도 정통하였다. 노태우 정부 시절 통일부 차관으로 1992년 남북기본합의서와 한반도비핵화선언을 이끌어낸 장본인이기도 하다. 김대중이 그를 아태평화재단 사무총장으로 영입한 이래 김대중의 두터운 신임을 받았다. 1998년 2월 - 1999년 5월 청와대 외교안보수석 비서관, 1999년 5월 - 12월 통일부 장관, 1999년 12월 - 2001년 3월 국정원장, 2001년 3월 - 9월 통일부 장관, 2001년 9월 - 2003년 2월 청와대 통일외교안보 특보 등을 지냈다.

14일 오후 백화원 영빈관에서 열린 역사적인 정상회담에는 우리 측에서 김대중 대통령을 보좌하여 특보 자격으로 임동원, 황원탁 외교안보수석비서관, 이기호 경제수석비서관 등 3명이 배석하였고, 북측에서는 김정일을 보좌하여 김용순 대남담당비서 한 사람만 배석하였다. 정상회담에서는 통일문제의 자주적 해결과 국제공조, 양측 통일방안의 공통점, 남북경제협력, 이산가족과 비전향 장기수, 주한미군, 정상간 핫라인 개설 등 다양한 문제에 대해 논의하였다. 공동선언문 가운데 3항 이산가족 상봉, 4항 경제협력과 교류 활성화, 5항 당국자 간 대화 등은 대체로 합의가 쉽게 이루어졌다. 그러나 1항 통일문제의 자주적 해결, 2항 통일방안, 그리고 김정일 위원장의 서울 답방 등에 대한 합의는 상당한 진통 끝에 이루어졌다. 공동선언 채택 시간을 언제로 할 것인지, 서명자를 누구

(2003), pp. 363-365.

로 할 것인지 등에 대한 이견이 있었으나, 결국 우리 측 의견대로 진행되었다. 이후 만찬장에서의 최종 손질을 거쳐 두 정상의 합의문이 발표되었다.[84]

이상 살펴본 정상회담의 준비와 진행 과정에서 역시 임동원 국정원장의 역할이 중심적임을 알 수 있다. 남과 북의 임동원 - 김용순 라인이 남북정상회담을 뒤에서 만들어낸 장본인들이다. 정상회담을 앞두고 임 원장이 두 차례 방북하였을 때 상대가 김용순 비서였고, 평양 도착성명을 하지 않기로 하는 등의 사전 절충과 의제 의견교환을 이들이 이루어냈다. 이들은 정상회담 동안 김대중과 김정일 곁에서 각각 조언자의 역할을 하였으며, 만찬장에서 합의문을 최종 손질한 것도 이 두 사람이었다. 정상회담 이후에도 임동원은 대통령 특사 자격으로 2002년 4월과 2003년 1월 재차 방북을 하여 난관에 처한 남북관계를 살리는 노력을 하게 된다.

2. 정상회담 이후 국제관계

대통령은 정상회담의 후속조치로 국무위원들, 전직 국가원수들, 3부 요인, 이회창 한나라당 대표, 김종필 자민련 대표, 재계 인사들, 언론사 사장 및 간부들, 국회 상임위원장들 등 국내 주요 정치사회지도자들에게 정상회담을 보고, 설명하고 광범위한 동의를 구하는 노력을 기울였다. 또, 후속외교로 황원탁 외교안보수석을 미국과 일본에, 반기문 외교부 차관을 중국과 러시아에 파견하여 회담 내용을 설명하고, 대통령이 직접 미·일·러 등의 각국 정상들과 전화외교를 통해 정상회담에 대한 국제적인 지지를 구하였다.

정상회담 이후 특히 주목할 만한 국제관계로는 북·미관계 및 북·일관계의 개선 노력과 무산이다. 북·미관계와 북·일관계는 북한이 당사자이

---

84) 임동원 (2008), pp. 86-127.

고 우리는 제3자의 입장에 있는 문제다. 그러나 햇볕정책은 북한의 개혁 개방을 도와서 국제사회에 끌어들임으로써 한반도에 존속하는 냉전구조를 해체하는 것을 목적으로 한다. 특히 북·미관계 개선은 한반도의 냉전구조를 해체하는 데 결정적으로 중요한 작업이다. 따라서 북·미, 북·일관계의 개선은 우리 정부의 햇볕정책에도 매우 중요한 의미를 가진다. 실제로 김대중 정부는 미국과 일본은 물론 유럽연합과 같은 서방세계에 북한과의 수교를 권장하고 지지하는 노력을 기울여왔다. 정상회담 직후 북·미관계의 개선 노력이 시도된 배경에는 김대중 정부의 적극적인 지지와 지원이 있었다.

남북정상회담이 끝난 지 채 4개월이 지나지 않은 10월 9일~12일 조명록 국방위원회 제1부위원장 겸 인민군 총정치국장(차수)이 김정일 국방위원장의 특사 자격으로 미국을 방문하였다. 조명록은 올브라이트 장관과 클린턴 대통령을 방문해서 김정일 위원장의 친서와 클린턴의 방북을 요청하는 초청장을 전달하였다. 조명록의 방미는 북한의 백남순 외상과 올브라이트 미 국무장관이 7월 말 아시아지역안보포럼ARF에서 사상 최초로 가진 북·미 외무장관회담의 산물이다. 이 회담에서 북한과 미국은 관계 개선을 위해 서로 적극 협력한다는 원칙에 합의하고, 전년도에 있었던 페리 특사의 방북에 대한 답방으로 북한 특사의 방미를 희망한다는 미국 측 제의에 북측이 긍정적 답변을 하였다. 이후 9월 말 뉴욕에서 김계관 북한 외무성 부상과 찰스 카트먼Charles Kartman 미 한반도평화특사 사이에 열린 북·미회담에서 김정일 위원장의 특사 방미가 합의되었다. 조명록 특사의 방미는 10월 12일 북·미 '공동코뮤니케'의 성과를 낳았다. 이 공동선언에서 북한과 미국은 서로 상대방에 대한 적대적 의사를 갖지 않을 것과 과거의 적대감에서 벗어나 새로운 관계를 수립하기 위해 노력할 것을 천명하였다. 또, 한반도 긴장상태 완화, 정전협정의 평화보장체계로의 전환, 내정 불간섭, 자주권 상호 존중, 장거리미사일 시험발사 유보, 테러 반대를 위한 국제적 노력 지지, 경제 및 무역 전문가의 상호 방문 등에 합의하였다. 바야흐로 북·미관계의 전면적 개선을 위한 새로운 노력들이 선을 보인 것이다.[85]

북한과 미국의 관계 개선을 위한 노력의 배경에는 한국의 중요한 기여가 있었다. 6월 23일 올브라이트 국무장관이 방한하여 6·15정상회담을 축하하고 정상회담 결과를 직접 청취할 때, 김대중 대통령은 "북미관계 개선을 촉진하기 위해서는 김정일 위원장과의 직접 대화가 반드시 필요하다."고 강조하였다. 김대중 대통령은 9월 7일 유엔총회에 참석 중 클린턴 대통령과 정상회담을 가진 자리에서도 미국이 주도적으로 북한과의 관계 개선에 적극 나설 것을 권고하였다. 이러한 우리의 외교적 노력과 정상회담의 개최로 인한 한반도 정세의 변화가 조명록 특사의 방미에 주요한 기여를 한 것으로 평가된다.[86]

가속도가 붙은 북·미관계 개선 노력은 10월 23일 올브라이트의 방북으로 이어졌다. 올브라이트는 금수산궁전을 비공개로 방문하여 김일성 주석 묘에 참배하였다. 김정일 위원장과의 회담에서 한반도 긴장완화, 북·미 간 외교대표부 개설, 미사일 문제 등 양국 현안을 진지하게 논의하였다. 올브라이트는 북한 방문 결과 김정일이 진지한 지도자라는 인상을 피력하였다. 김정일이 자신이 원하는 게 무엇인지를 알고 있는 지적인 인물이라는 김대중의 견해를 확인할 수 있었다고 올브라이트는 밝힌다.[87]

하지만 북·미관계 정상화를 위해서는 시간이 부족했다. 임기를 얼마 남겨 놓지 않은 클린턴의 방북이 무산된 것이다. 당시 미국 정치에는 클

---

85) 박준영 (2003), pp. 285-288; 이원섭 (2003), pp. 222-225; 임동원 (2008), pp. 493-499.
86) 임동원 (2008), p. 494; 박준영 (2003), p. 284.
87) 올브라이트 (2003), pp. 373-375; 박준영 (2003), pp. 294-299; 이원섭 (2003), pp. 225-227; 임동원 (2008), pp. 500-505.

린턴의 방북을 가로막는 장애들이 있었다. 우선, 보수 강경파 의원들과 군산복합체와 같은 보수 세력들이 북·미관계 개선이 광역미사일방어시스템^{NMD} 추진에 장애가 된다며 클린턴의 방북을 반대하였다. 연말 대선에서 우여곡절 끝에 고어$^{Al\ Gore}$ 후보가 패배한 것도 하나의 요인이다. 12월 중순 대선 결과가 확정되었을 때 부시의 외교안보팀은 클린턴 대통령의 노력을 폄훼하지는 않겠지만 북·미 간 합의를 지지하지도 않겠다고 부정적 태도를 보였다. 무엇보다도 중동 문제의 악화가 장애물로 등장하였다. 올브라이트에 따르면, 클린턴의 방북이 무산된 가장 중요한 요인은 중동 평화협상이 난관에 부딪히면서 북한 문제를 해결하기 위한 일정을 만들어내기가 힘들어졌던 것이다.[88]

2000년 말 미국 대통령 선거의 최종 결론은 한반도의 운명에도 큰 영향을 미쳤다. 새로 출범한 부시 정부는 "ABC$^{Anything\ But\ Clinton}$"라는 용어가 말해 주듯이 전임 클린턴 정부에 반대하는 '반 클린턴주의$^{anti-Clintonism}$'를 출발점으로 삼았고 대북정책도 여기에서 예외가 되지 못하였다.[89] 부시

---

88) 올브라이트 (2003), pp. 377-378; 박준영 (2003), pp. 307-308; 이원섭 (2003), pp. 228-229; 오버도퍼 (2002), pp. 629-637; 해리슨 (2003), pp. 357-361 참조.

89) 스콧 스나이더, "부시 행정부의 대북 정책," 한국정치학회·이정복(편), 『북핵 문제의 해법과 전망: 남북한 관계와 미·일·중·러』(서울: 중앙 M&B, 2003), pp. 240-245. 미국 정부의 대북정책이 집권 정당에 따라서 크게 차이가 나는지 여부는 경험적으로 규명할 문제이지 선험적으로 예단할 문제가 아니다. 프리처드는 부시 정부의 대북한 언사(rhetoric)가 너무 강경하였던 문제를 지적하면서 실제 정책에 있어서는 부시 정부가 클린턴 정부에 비해서 오히려 온건했다고 평가한다. 1993-1994년 1차 북핵 위기 시 클린턴 정부는 전쟁을 준비하였으나, 2002년 2차 북핵 위기에 직면하여 부시 정부는 아무런 행동을 취하지 않았다는 것이다. 찰스 프리처드, 김연철·서보혁 옮김, 『부시, 네오콘 그리고 북핵 위기』(파주: 사계절, 2008), pp. 79-84. 부시 정부가 2차 북핵 위기 시 군사적 위협 대신에 외교적 노력을 경주한 이유에 대해서는 이정복, "결어: 북한 핵 문제의 진전 상황과 해결 전망," 한국정치학회·이정복(편), 『북핵 문제의 해법과 전망: 남북한 관계와 미·일·중·러』(서울: 중앙 M&B, 2003), pp. 427-429 참고. 퀴노네스는 미국 정부의 부처 간 '밥그릇 싸움'이 북한에 대한 상이한 인식과 연결되어 있음을 일관되게 보여준다. 대체로 국무부는 북한을 외교와 대화의 대상으로 보는 반면, 중앙정보부(CIA)는 북한을 사악하고 비합리적이고 간교한 이중정책을 쓰고 있는 것으로 본다. 퀴노네스 (2000), pp. 49-51; 211-

정부를 설득할 수 있을 것으로 막연히 자신하던 김대중 정부는 2001년 3월 한·미정상회담에서 홀대를 받는 수모를 겪어야 했다. 한·미정상회담 바로 직전에 있었던 2001년 2월 하순 한·러정상회담에서 "탄도미사일방어ABM조약의 보존과 강화를 지지한다."는 공동성명을 냈던 것이 새로운 미국 정부를 격노하게 만들었던 것이다. 이는 부시 정부가 미사일방어MD 정책 추진을 우선시하였고 이에 따라 ABM조약을 폐지하려던 참이었는데 한국 정부가 정면으로 이에 도전하는 것으로 비쳤기 때문이다.[90]

부시 정부의 대북강경책은 2001년 9·11테러 이후 더욱 강화되었다. 북한은 9·11 다음날 재빨리 테러에 대한 유감을 표명하였다. 9·11테러는 미국의 전체 대외정책에서 보수 강경파의 힘을 강화시켰다. 9·11은 세계 정치에서 게임의 룰 자체를 재정의하는 전기가 되었고, 한반도도 여기에서 벗어날 수 없었다.[91] 9·11 이후 미국의 대북정책은 테러와의 전쟁이라는 관점에서 수행되었고 한·미 공조가 설 자리는 극히 좁아졌다.[92] 급기야 부시 대통령은 2002년 1월 연두교서에서 이란, 이라크와 함께 북한을 '악의 축'으로 지목하였다. 클린턴 정부가 쓰던 '불량국가'보다 훨씬 강한 표현임은 말할 것도 없다. 다음 달 서울에서 열린 한·미정상회담에서 우리 측은 경의선 연결 기공식 장소인 도라산역 방문 일정을 포함하는 등 북·미관계 개선을 위해 노력하였다. 그러나 김대중 정부의 의도대로 사태가 진전되지는 않았다. 부시가 북한과 전쟁할 의사가 없다고 언급하였으나, 동시에 북한의 정권과 주민을 분리해서 다루어야 한다고 발언함으로써 북한 지도부를 자극한 것이다. 더구나 2002년 3월

212. 이러한 부처 간 대립은 미국 정부의 집권 정당과 상관없이 존재하는 것이다. 심양섭, 『미국은 남북화해를 방해했나?: 남북정상회담, 남북한관계, 그리고 미국』(서울: 오름 2006), pp. 65-75 참조.

90) 프리처드 (2008), pp. 114-120; 박건영·정욱식, "김대중 부시 정부 시기 한미관계: 대북정책을 중심으로," 『역사비평』 봄호 통권 86호 (2009), pp. 148-151.

91) 박건영·정욱식 (2009), pp. 153-154.

92) 스나이더 (2003), p. 247; 심양섭 (2006), p. 60.

에 미 국방부의 「핵 태세 보고서」Nuclear Posture Review 일부가 보도되면서, 북한을 포함한 7개국을 잠정적 선제 핵공격 대상으로 분류하고 있음이 알려졌다.[93]

부시 정부의 대북 강경책에 영향력을 행사하지 못한 김대중 정부는 2002년 4월 임동원을 북한에 파견하여 남북공조를 강화하는 노력을 기울였다. 임동원 특사는 김정일 위원장과 만나 장시간에 걸쳐 한반도 상황을 논하고 김 위원장의 결단을 촉구하였다. 4월 6일 공동보도문으로 발표된 10개 항의 합의사항은 그 동안 일시 동결되었던 남북관계를 '원상회복' 하기로 하고, 동해선 및 경의선 도로와 철도를 빨리 연결하기로 하는 등 남북이 서로 협력을 강화하는 내용을 담고 있다. 부시 정부의 대북 강경책에 의해 남북관계가 좌지우지되기보다는, 먼저 남북관계를 활성화함으로써 미국의 강경책을 완화시켜 나간다는 데에 양측이 뜻을 같이한 것이다.[94]

남북의 이러한 노력에도 불구하고 북·미관계는 이후 더욱 악화되었다. 10월에는 제임스 켈리James Kelly 미국 특사가 평양을 방문한 후 북한이 핵개발을 시인했다고 알려지면서, 제2차 북핵 위기가 불거졌다. 미국은 12월부터 대북 중유공급을 중단함으로써 제네바합의를 사실상 파기하였다. 이에 맞서 북한은 핵동결 해제 선언, IAEA 사찰단원 추방, 핵시설 봉인과 감시카메라 제거 등의 조치를 취했다.[95] 정권 말기의 김대중 정부는 2003년 1월 임동원을 대통령특사로 재파견하여 북한과의 공조를 꾀하였으나, 이때에는 김정일과의 면담도 성사되지 않았다.[96]

한편, 북·일관계는 2002년 9월 고이즈미 일본 총리의 방북으로 개선의 기회를 맞았다. 고이즈미와 김정일 위원장은 정상회담에서 핵, 미사

---

93) 이원섭 (2003), pp. 240-257.
94) 임동원 (2008), pp. 592-638; 『남북대화』 제68호 (2001. 5~2002. 11) pp. 147-151.
95) 이원섭 (2003), pp. 264-275; 임동원 (2008), pp. 658-689.
96) 『남북대화』 제69호 (2002. 12~2003. 11) pp. 15-17.

일, 공작선, 수교 문제, 북·미관계, 지역 신뢰조성 문제 등에 관해 논의하고, '북일 평양선언'을 발표하였다. 그러나 이후 피랍자 생존자 4명이 일본에 일시 귀국하면서 일본 내 여론이 악화되었고, 미국의 대북 강경책이 심해지면서 북·일관계의 개선에도 제동이 걸리고 만다.[97]

김대중 정부는 북한과 유럽의 관계를 개선하여 북한을 서방세계에 끌어들이는 노력도 기울였다. 북한도 적극적인 대유럽 외교활동을 전개하였고, 유럽연합도 적극적인 아시아 정책과 북한 정책을 도모하고 있었다. 김대중 대통령은 2000년 10월 서울에서 개최된 3차 아시아–유럽정상회의ASEM: Asia-Europe Meeting 회의에서 한반도 화해와 협력에 대한 유럽의 지지를 요청함으로써 유럽과 북한의 관계개선을 유도하는 데 중요한 계기를 만들었다. 2000년 1월 이탈리아와 수교한 이후, 북한은 이러한 지원에 힘입어 2000년 12월부터 3-4개월 동안 프랑스와 아일랜드를 제외한 유럽연합 대부분의 회원국들과 수교하였고, 이어서 유럽연합과도 정식 외교관계를 맺었다.[98]

VI. 햇볕정책과 6·15남북정상회담의 의의와 문제점

1. 의의

햇볕정책은 대결과 반목으로 점철되어 온 남북관계를 개선하고 평화통합의 길을 개척한 자주적 노력으로서 그 의의가 크다. 냉전수구 세력들의 부정적 평가를 제외하면, 햇볕정책에 대해서는 전반적으로 긍정적인

---

97) 김호섭, "일본의 대북 정책," 한국정치학회·이정복(편), 『북핵 문제의 해법과 전망: 남북한 관계와 미·일·중·러』 (서울: 중앙 M&B, 2003).

98) 김대중 (2004), p. 120; 박건영 외 (2002), pp. 145-146; 김학노, "유럽연합의 대북한 정책과 남북한 평화구축 과정," 『대한정치학회보』 14집 2호 (2006); 오버도퍼 (2002), p. 616, pp. 628-629 참조.

평가가 우세하다.[99] 진보진영에서도 부정적인 평가가 있으나,[100] 그것은 햇볕정책이 내포하고 있는 신자유주의적 성향에 대한 비판이지 남북관계 의 개선과 한반도의 냉전구조 해체 노력에 대한 비판은 아니다.

한 대표적인 남북관계 전문가는 6·15공동선언으로 나타난 남북정상 간의 합의는 전체적으로 '윈-윈win-win'으로서 정상회담의 결과는 "명백히 긍정적"이라고 평가한다.[101] 김대중 대통령이 6월 13일 서울 출발 대국민 인사에서 언급한 것처럼, 남북 두 정상의 만남은 그 자체만으로도 큰 의 미가 있다. 같은 날 백화원 영빈관에서 정상 간 첫 상견례 시 김정일이 말 한 "힘들고, 두려운, 무서운 길을 오셨습니다."라는 발언이 정상회담의 의의를 압축적으로 보여준다. 정상 간의 만남은 그 자체로 양국의 정치적 실체 인정을 내포하고 서로를 대화의 상대로 인정하는 점에서 남북관계 의 획기적인 개선을 의미한다.

이러한 점에서 정상회담 및 햇볕정책의 의의를 ① 남북관계, ② 남한 내부, ③ 국제관계의 3측면에서 살펴본다. 첫째, 정상회담은 남북관계 및 남북협상에 일대 전기를 마련하였다. 정상회담의 결과 무엇보다도 우리 가 북한으로부터 느끼는 위협의 정도가 크게 줄어들었다. 한반도를 덮고 있던 전쟁의 가능성과 긴장이 상당 수준 감소하였다. 1999년과 2002년 두 차례에 걸쳐서 일어났던 서해교전으로 남한 사회에 북한 관련 안보 문 제가 제기됐지만, 과거에 비해 그러한 사태가 불러오는 긴장과 불안의 정 도는 현격하게 줄어들었다. 당장 정상회담 다음 날부터 비무장전선에서 상호 비방이 중단되었고, 비상사태에 서로 소통할 수 있는 정상 간 핫라 인도 설치되었다. 한반도 냉전구조의 해체를 위해 남북 상호간의 적대의 식 해소가 선결과제라면, 정상회담은 그 방향으로 큰 걸음을 성큼 내디딘

---

99) 경향신문·참여연대 엮음, 『김대중 정부 5년 평가와 노무현 정부 개혁과제』 (서울: 한 울, 2003).
100) 강정구 (2002), pp. 361-362.
101) 박건영, "남북정상회담과 한반도의 국제정치," 『신아세아』 7권 3호 (2000), p. 78.

것으로 평가받아 마땅하다.

또 정상회담을 계기로 군사, 경제, 사회문화, 인도적 지원 등 다방면에서 남북교류협력이 추진되었고, 협상대표와 창구 및 장소도 다변화하였다. 남북 간에 체결된 포괄적 합의서가 부분적이더라도 꾸준히 이행된 것은 6·15선언이 처음이다. 7·4공동성명, 남북기본합의서, 비핵화선언 등의 합의문들은 2년을 넘기지 못하고 사실상 백지화되었었다.[102] 정상회담 이전 남북 간 합의사항을 이행하지 않던 관행에서 탈피하여, 이산가족 문제, 금강산 관광 활성화, 남북 철도·도로 연결, 개성공단 개발, 사회문화 분야 교류협력 등 다양하고 구체적인 부분에서 정상회담의 합의사항을 실제로 이행하고 추진하였다.[103]

먼저, 정상회담 이후 당국 간 회담이 증가하였다 1998년과 1999년에 각각 2회 개최했던 남북회담이 2000년에는 총 25회로 급증하였다. 당국 간 회담의 분야도 남북장관급회담, 남북국방장관회담, 남북적십자회담, 남북경협실무접촉 등으로 다변화되었다. 통일부 장관을 대표로 하는 장관급회담은 1차(2000년 7월), 2차(8월-9월), 3차(9월), 4차(12월), 5차

---

102) 고병철 (2005), p. 71.
103) 김용호 (2004), pp. 58-65; 남궁곤·조영주 (2009), pp. 16-17.

(2001년 9월) 등으로 꾸준히 이어졌다. 장관급회담에서는 이산가족 상봉 문제, 남북한 공동행사, 식량지원 등 남북문제를 조율하였다. 특히, 2차 남북장관급회담 때 박재규 당시 통일부 장관이 김정일 위원장과 합의하여, 2000년 9월 제주에서 국방장관회담을 개최하였다. 이 국방장관회담은 5개항의 합의를 이끌어냈다.[104] 2000년 11월 판문점에서 1차를 필두로 5차례 군사실무회담이 열렸고, 여기에서 남북 철도와 도로 연결을 위한 군사적 보장에 합의하였다.[105]

정상회담은 이산가족 문제 해결에도 전기가 되었다. 이산가족 상봉 사업의 정례화, 생사 및 주소 확인과 서신 교환, 이산가족면회소 설치 운용, 화상상봉 등이 정상회담 합의사항의 실현조치로 시행되었다. 1차로 2000년 8월 각각 100명씩의 남북 이산가족이 서울과 평양에서 상봉하였다. 2차는 11월, 3차는 2001년 2월 실시되었다. 이후 2001년 3월한·미정상회담에서 부시의 북한 비난 발언의 여파로 1년 2개월간 속개되지 못하다가, 2002년 4월과 9월 금강산에서 4차와 5차 상봉이 있었다. 한편, 남한은 비전향 장기수 63명 전원을 2000년 9월 북한에 송환하였다.[106]

정상회담은 남북경협에도 새로운 전기를 마련하였다. 공동선언 4항에 따라 남북경제협력추진위원회를 2000년 12월 평양에서 개최한 이래 2003년 2월까지 총 4차에 걸쳐 개최하였다. 여기에서 식량지원, 동해선 연결, 개성공단[107] 건설, 임진강 공동조사, 4대 경협합의서 등을 논의하

---

104) 북한 측이 우리의 주적 개념을 문제 삼아서 2차 국방장관회담은 예정대로 개최되지 못하고 2007년 11월에서야 개최된다.

105) 『남북대화』 제67호(1999. 10~2001. 4) 참조; 박준영 (2003), pp. 329-332; 이원섭 (2003), pp. 154-157, pp. 172-176.

106) 진승권·박희진, "남북 이산가족 회담 교류사," 이화여자대학교 통일학연구원(편), 『남북관계사: 갈등과 화해의 60년』 (서울: 이화여자대학교출판부, 2009).

107) 개성공단 사업은 정상회담 직후인 2000년 6월 말 김정일과 정주영의 합의에 의해서 시작되었다. 이 점에서 정상회담의 파급효과로 볼 수 있다.

여 진전을 보았다. 2001년 2월 평양에서 '남북전력협력 실무협의회'와 '임진강 수해방지 실무협의회,' 2002년 10월 말 평양에서 개성공단 건설 실무협의회 등이 열렸다. 북한의 경제시찰단이 2001년 12월 남한의 원자력 발전소를 견학하였고, 2002년 10월 남한의 산업시설을 방문하기도 하였다. 남북경협을 원활하게 하기 위한 제도적 장치로서 투자보장, 이중과세방지, 상사분쟁조정절차, 청산결제 등 4대 경협합의서도 2000년 9월과 11월 경협실무접촉에서 합의한 뒤 양측의 국내 비준절차를 거쳐서 2003년부터 정식 발효되었다. 이는 남북경협에 직접적으로 적용될 수 있는 공동규범이 남북한 합의에 의해서 최초로 만들어졌다는 점에서 그 의미가 크다.[108)

정상회담에서 논의한 대로,[109) 경의선과 동해선의 철도 및 도로 연결 사업도 진행되었다. 2000년 9월 도라산역에서 경의선 연결 기공식을 가지고, 부시 대통령의 강경 발언 이후 소강상태를 보이기도 했으나 2002년 9월 경의선과 동해선 착공식, 2003년 6월 연결식을 가졌다. 남북 철도 및 도로 연결은 정상회담의 가장 중요한 파급효과의 하나이자, 그 자체가 다른 파급효과를 낳기도 하는 핵심 연결고리다. 예컨대, 철도 및 도로 연결을 위해 2000년 9월부터 12월까지 비무장지대에서 지뢰제거 작업을 실시하였다. 경제협력이 군사협력으로 파급되는 경우다.[110)

정상회담은 사회문화교류에서도 새로운 전환점이 되었다. 2000년을 기점으로 남북 문화예술 교류, 체육 교류가 획기적으로 증가하였다. 2000년 9월 시드니올림픽 개회식 공동 입장, 남북통일축구경기(2002년 9월),

---

108) 통일부, 『2002 통일백서』 (서울: 통일부 통일정책실, 2002), pp. 150-52. 남북교역량을 비롯한 남북경협의 여러 통계는 차은영·정영철, "남북 경협의 역사와 현재," 이화여자대학교 통일학연구원(편), 남북관계사: 갈등과 화해의 60년 (서울: 이화여자대학교 출판부, 2009), pp. 313-321 참조.

109) 임동원 (2008), pp. 107-108 참고.

110) 김대중 대통령 경의선 철도·도로 연결 기공식 연설 참조, 통일부, 『2003 통일백서』 (서울: 통일부 통일정책실, 2003), pp. 422-426; 박준영 (2003), pp. 325-326.

김대중 정부의 햇볕정책과 6·15남북정상회담 589

남북 태권도 시범단 서울·평양방문(2002년 9월, 10월), 2002년 9월 부산 아시아경기대회에 북한의 선수단과 응원단 참가, 2003년 8월 대구유니버시아드에 북측 선수와 응원단 참석 등 체육 교류가 활발해졌다. 이외에도 문화유적 답사, 음악회 공연, 평양곡예단 서울 공연, 남북합작영화 아리랑 제작, 춘향전 남북 합동 공연, 남북 공동사진전, 언론사 교류 (평양 생방송, 언론사 사장단 방북 등), 종교단체 교류, 6·15민족통일대토론회 (금강산), 8·15남북공동행사 등 다양한 교류가 활발해졌다. 이러한 사회 문화교류는 남북한의 문화적 이질성과 적대감을 해소하고 민족동질성을 회복하는 데 중요한 기여를 할 것으로 기대된다.[111]

정상회담이 이와 같이 남북관계 개선에 일대 전기를 이룬 것은 햇볕 정책이 추구한 대북포용정책의 온건한 내용에도 그 요인이 있겠지만, 그에 못지않게 중요한 요인은 김대중 정부의 일관된 자세다. 김대중 정부 대북정책의 가장 큰 특징은 '일관성'이었다. 햇볕정책을 궁지로 모는 내외의 여러 비판과 예상치 못한 장애물들에도 불구하고 김대중 정부는 햇볕정책을 일관되게 지속하였다. 1998년 6월 동해안에 북한 잠수정이 출현하였을 때, 1999년 6월과 2002년 6월 서해교전이 일어났을 때, 부시 정부가 대북 강경 발언들을 쏟아냈을 때, 임동원 통일부 장관에 대한 해임 건의안이 통과되었을 때, 이럴 때마다 김대중 정부는 흔들림 없이 햇볕정책을 밀고 나갔다. 햇볕정책의 일관성을 위해 사용된 논리가 '정경분리' 원칙이다. 김영삼 정부의 변덕스런 대북정책이 남북관계의 개선에 역행한 점을 고려하면, 일관성의 관철이야말로 김대중 정부 햇볕정책의 가장 중요한 원칙이자 성공 요인이라고 할 수 있다.[112]

---

111) 전영선, "남북한 문화예술 교류 역사와 현재," 이화여자대학교 통일학연구원(편), 『남북관계사: 갈등과 화해의 60년』(서울: 이화여자대학교출판부, 2009); 함정혜·전영선, "남북한 체육 교류 역사와 현재," 이화여자대학교 통일학연구원(편), 『남북관계사: 갈등과 화해의 60년』(서울: 이화여자대학출판부, 2009).

112) 정영철, "남북한 통일정책 역사와 비교: 체제 통일에서 공존의 통일론," 이화여자대학교 통일학연구원(편), 『남북관계사: 갈등과 화해의 60년』(서울: 이화여자대학

둘째, 정상회담은 남한 사회 내부에서도 파급효과를 가져왔다. 우선, 정상회담은 남한 경제에 긍정적 영향을 미쳤다. 외환 위기로 한국 경제가 역경에 처한 상황에서, 정상회담은 이른바 '북한 리스크'를 경감시킴으로써 한국 경제에 대한 국제신인도를 높이는 데 기여하였다.[113] 재벌뿐 아니라 중소기업들에게도 경제적 인센티브가 증가하여서 대북 투자에 대한 관심이 높아졌다. 정상회담 때 남북한 경제대표들 사이에 민간차원의 단일 경협창구를 만들기로 합의한 데 따라서 경제5단체(전국경제인연합회, 대한상공회의소, 한국무역협회, 중소기업협동조합중앙회, 한국경영자총협회)의 대북 경협창구로 가칭 '남북경제발전 민간협의회'를 구성하기로 합의하였다. 위에서 언급한 4대 경협합의서가 체결된 것도 배후에는 재계의 강력한 요구가 있었다.[114]

정치적 파급효과도 상당하였다. 우선, 정상회담은 "통일담론을 촉발시켰다."[115] 또, 남북한 교류협력이 증가하고 북한 주민 및 당국을 접촉하는 빈도가 증가함에 따라 국가보안법 개정 및 폐기의 필요성이 제기되었다. 아울러 사회문화 교류가 활성화되면서 북한에 대한 정체성에도 큰 변화가 일어났다. 1995년부터 국방백서에서 사용한 '주적主敵'이라는 표현을 놓고 논쟁이 가열된 것이 단적인 예다. 주적 논쟁은 시기적으로 볼 때 서해교전 이전이나 이후가 아니라, 남북정상회담 직후 1년간 가장 빈

교출판부, 2009), p. 73. 이 점은 남북통합지수의 변화에서 잘 나타난다. 김병연 등은 정치, 경제, 사회문화의 3영역에서 남북통합지수를 구체적으로 조사하였는데, 이 연구에 의하면 1992년 이후와 2000년 이후 통합지수의 변동 양상이 대조적이다. 1990년대 초에는 남북관계의 진전에 따라 통합지수가 현저하게 높아졌다가 곧 동력이 약화된 반면, 2000년 이후 2007년까지는 통합지수가 전반적으로 상승하고 있다. 이러한 차이는 정책 일관성의 측면에 있어서 김영삼 정부와 김대중 정부의 차이에서 비롯한다고 평가할 수 있다. 김병연 외, 『남북통합지수, 1989~2007』 (서울: 서울대학교 출판문화원, 2009), pp. 180-181 참조.

113) 차은영·정영철 (2009), p. 322.
114) 김세균, "남북정상회담 이후의 남북한관계 및 남북한사회," 『진보평론』 5호 여름호 (2000), pp. 176-179.
115) 김형준·김도종 (2000), p. 318.

번하게 전개되었다.[116] 이는 정상회담이 남북한의 가장 민감한 문제인 국방, 안보 분야에까지 영향을 미쳤음을 의미한다.[117]

무엇보다 중요한 정치적 파급효과는 햇볕정책 자체를 둘러싸고 남한 사회 내부에서 가열된 '남남갈등'이다. 남남갈등은 세 가지 층위에서 전개되었다. 첫째, 정치사회 층위에서 한나라당을 중심으로 햇볕정책에 대한 반대와 비판이 계속되었다. 둘째, 일반 시민 층위에서도 남남갈등이 심해졌다. 김대중 대통령의 국정운영에 대한 지지율보다 햇볕정책에 대한 지지율이 전반적으로 높았지만, 대북포용정책의 속도와 수행방식 등 각론 수준에 대해서는 많은 갈등이 표출되었다. 이 수준에서의 남남갈등은 이념적 정향의 차이에 의한 것도 있지만, 보다 근본적인 것은 지역주의 요소가 자리 잡고 있다.[118] 셋째, '조직화된 시민사회' 층위에서도 남남갈등이 전개되었다. 이 수준에서는 단순히 진보 대 보수의 갈등이 아니라 보다 복잡한 양상을 띠었다. 햇볕정책이 추구하는 한반도 냉전구도 종식에 대해서는 진보진영이 전체적으로 지지하였다. 하지만, 햇볕정책에 담겨 있는 신자유주의적 세계화에 의한 북한 통합이라는 측면에 대해서는 진보진영 내부에 '좌파'와 '우파'가 나뉘어 대립하였다.[119]

남남갈등의 심화와 함께, 햇볕정책 및 정상회담의 파급효과로 흥미로운 것은 시민사회 내 통일운동단체의 활성화와 함께 수구 보수 세력의 조직화 현상이다. 먼저, '민화협민족화해국민협의회'과 '통일연대' 같은 통일운동단체가 형성되고 활발한 활동을 전개하였다. 민화협은 1998년 9월 171개

---

116) 이진빈, "남북정상회담에 따른 언론의 군사문제 관련 보도성향의 변화에 관한 연구: 조선일보, 한겨레를 중심으로," (서강대학교 언론대학원 석사논문, 2002), p. 58.
117) 지충남, "대북포용정책과 주적 개념의 조화방안에 관한 연구," 『한국동북아논총』 15집 (2000), pp. 174-175.
118) 햇볕정책을 둘러싼 지역갈등이 허수일 가능성에 대한 지적은 남궁곤, "햇볕정책의 일관성과 여론 분열에 관한 실증적 연구," 『한국과 국제정치』 19권 4호 (2003), pp. 146-149.
119) 손호철, 『현대 한국정치: 이론과 역사 1945~2003』 (서울: 사회평론, 2003), pp. 651-659; 손호철 (2006), pp. 44-55.

단체가 참여하여 결성되었다. 민화협은 소모적인 논쟁을 지양하고, 남남대화를 추진하기 위해서 우리 사회 내부에서 통일문제에 대한 다양한 세력들 사이의 의사소통의 창구 역할을 자임하였다. 하지만 남남갈등을 줄이는 데 큰 성과를 거두지는 못하였다. 통일연대는 2001년 3월 재야와 민중운동 진영을 중심으로 자통협^{민족화해자주통일협의회}과 범민련 등의 통일운동 세력이 결집한 것이다.[120] 한편, 냉전 보수 시민사회 세력들의 조직화도 정상회담이 가져온 파급효과의 하나다. 특히 2000년 11월 헌법을 생각하는 변호사 모임을 비롯해 대한참전단체연합회, 전쟁방지국민협의회, 한국기독교교회 청년연합회, 실향민중앙협의회, 월남참전전우회 등 보수단체들이 '자유시민연대'라는 단체를 만들어서 적극적인 반反 햇볕정책 투쟁에 나섰다.[121]

셋째, 국제관계의 측면에서 볼 때 정상회담과 햇볕정책의 의의는 '한반도 문제의 한반도화'에서 찾을 수 있다. 남북정상회담은 과거의 적대적 갈등에서 벗어나서 한반도 평화 구축의 새로운 주도력으로서 남북한이 등장한 무대였다.[122] 남북한이 합의를 통해 한반도의 평화과정을 만들어간다면, 냉전시대의 진영대립이 사라진 상황에서 미국을 비롯한 주변국가가 명시적 반대의사를 표명하기가 어렵다. 김대중 정부는 한반도에 대한 미국과 같은 강대국의 국가이익을 외생적으로 주어진 것으로 보지 않고, 남북한 간의 관계개선을 통해 강대국의 국가이익 형성에 우리의 주체적인 구성력을 발휘하려 하였다.[123] 남북정상회담은 이전에 '국제화'되

---

120) 김두현, "민주화 이후 대구경북지역의 민간통일운동," (영남대학교 정치외교학과 석사학위논문, 2008) 참조.
121) 손호철 (2006), pp. 41-42.
122) 박건영 외 (2002), p. 52.
123) 구갑우 (2007), pp. 174-175. 김대중은 이를 잘 인식하고 다음과 같이 강조하였다. "남북 관계를 발전시켜서 우리 스스로 평화를 위해서, 협력을 위해서 전진할 때 미국이나 일본도 우리의 의사를 존중하게 됩니다. 남북관계를 우리 스스로 풀어가지 못해 과거 냉전 시대같이 되면 결국 우리는 모든 것을 미국에 매달려 해결해야 합니다." 김대중 (2004), p. 233.

어 있던 한반도 문제에 대해 남북 간 이니셔티브가 강화된 것이자, 열강들에 의한 '이한제한以韓制韓'의 기제를 해소한 것이기도 하다.[124] 이러한 주체적 노력은 6·15공동선언 1항에 반영되어 나타났다. 공동선언 1항은 남북관계에 대한 민족의 자주권을 확보하겠다는 의지로 볼 수 있다.[125] 정상회담에서 남북한 간의 '자주화로의 공명'이 일어났고,[126] 한반도 문제의 역사적 구조에서 우리가 주체적인 주도세력으로 등장하는 중요한 계기가 된 것이다.[127]

단지 정상회담뿐 아니라 대북정책 전반에 있어서 햇볕정책은 한국 외교 역사상 처음으로 우리가 미국과 일본을 이끌고 나아간 사례다.[128] 이점은 '페리보고서의 햇볕정책화'에서 잘 나타난다. 1998년 금창리 지하핵시설 의혹이 불거지고 대포동 1호 미사일 발사에 의해 한반도의 위기가 고조되자 클린턴 대통령은 윌리엄 페리William Perry 전 국방장관을 대북정책조정관으로 임명하였다. 페리는 미국의 대북정책 전반을 검토하고 1999년 9월에 미국 의회에 보고서를 제출하였다. 이것이 페리보고서다. 김대중 정부는 페리를 잡기 위해서 백방으로 노력했다. 특히 임동원은 '한반도 냉전구조 해체를 위한 포괄적 접근전략'을 수립하여 페리를 설득하는 데 전력을 기울였다. 포괄적 접근전략은 '한반도 냉전구조'를 ① 남북한 대결, ② 북·미 적대관계, ③ 북한의 폐쇄성과 경직성, ④ 대량살상무기, ⑤ 군사적 대치상황, ⑥ 정전체제 등 서로 밀접하게 연관된 여섯 가지 요소로 복합되어 있는 것으로 규정하였다. 이러한 인식을 바탕으로 북한의 핵과 미사일 개발을 결코 용납하지 않되 군사적 조치가 아닌 평화적 방식으로 해결하여야 하며, '한반도 냉전구조 해체'라는 차원에서 근

---

124) 박건영 (2000), p. 89.
125) 김남식, 『21세기 우리민족 이야기』 (서울: 통일뉴스, 2004), p. 209, pp. 214-215.
126) 심지연, 『남북한 통일방안의 전개와 수렴: 1948~2001 자주화·국제화의 관점에서 본 통일방안 연구와 자료』 (서울: 돌베개, 2001), pp. 94-99.
127) 박건영 외 (2002), p. 52; 윤영관의 평, 경향신문·참여연대 (2003), p. 76.
128) 박건영 (2000), p. 90.

원적으로 해결되어야 한다고 페리를 설득하였다.[129]

페리에 대한 우리 정부의 설득이 주효하게 작용하여 페리보고서는 우리 정부의 포괄적 접근전략에 가까워졌다. 1993-1994년 제1차 북핵 위기 시 페리는 북한에 대한 특별사찰 대신 북한의 핵 프로그램 자체를 제거해야 한다고 주장하고 한반도에서의 무력 사용을 적극적으로 검토한 장본인이다.[130] 이러한 그의 경험을 바탕으로 『예방적 방위전략*Preventive Defense*』을 마무리할 무렵인 1998년 10월 그는 클린턴 정부로부터 대북 정책조정관을 맡아달라는 요청을 받았다. 이때도 페리는 김대중의 대북화해협력정책에 대해서 비판적 견해를 표명하였다. 금창리 지하 핵시설 의혹과, 대포동미사일 및 노동미사일과 같은 탄도미사일 프로그램으로 미루어 볼 때 북한이 핵무기 보유를 포기하지 않았다고 생각하고 있었기 때문이다.[131] 하지만, 이후 우리 정부의 설득이 주효하게 작용하여, 페리는 북한의 미사일이 북한으로서는 기본적으로 억지력의 성격을 갖고 있다는 생각을 갖게 된다.[132] 미국의 대북정책의 큰 방향이 바뀔 수 있는 중요한 시점에서 우리 정부가 유효한 영향력을 행사한 것이다.

2. 문제점

햇볕정책은 의도하지 않은 결과로 남남갈등을 불러일으켰다. 위에서 남남갈등의 문제를 햇볕정책의 파급효과의 하나로 살펴보았다. 남남갈등은 우리 사회에 착근된 내부의 냉전구조가 해체되는 과정으로 볼 수도 있

---

129) 임동원 (2008), pp. 400-406.
130) 윌리엄 페리·애시튼 카터, 박건영 외 옮김, 『예방적 방위전략: 페리구상과 러시아, 중국 그리고 북한』(서울: 프레스리, 2000), pp. 186-198; 오버도퍼 (2002), pp. 464-465. 한편 페리는 영변 핵시설에 대한 공격이 한반도에서 전면전으로 발전할 우려 때문에 계획에 따라 행동하지 않기로 했다고 한다. 해리슨 (2003), p. 210.
131) 페리·카터 (2000), pp. 310-316. 페리의 생각이 변한 것에 대해서는 박건영 교수의 논평에서 배웠음.
132) 박건영·정욱식 (2009), pp. 144-146.

다. 이 점에서 남남갈등이 반드시 부정적인 것만은 아니다. 그것을 어떻게 잘 관리하고 치유하느냐가 더 중요한 이슈다. 그런데 남남갈등을 심화시킨 중요한 요인이 김대중 정부의 정책 자체에 있다는 데 문제의 심각성이 있다. 햇볕정책에 의한 남남갈등의 야기는 어느 정도 예상됐던 것이기도 하다. 남남갈등을 예방하고 줄이는 목적을 가졌다고 볼 수 있는 민화협이 1998년 9월 수립된 것이 이를 보여준다. 문제는 햇볕정책을 반대하는 야당에서 제기한 '퍼주기' 논란이 일반 국민들 사이에도 어느 정도 먹혀 들어갔다는 사실이다. 민중진영의 지지를 받았어야 할 햇볕정책이 김대중 정부의 신자유주의 정책 때문에 민중운동세력의 전폭적인 지지를 받지 못하였다. 신자유주의 정책으로 경제의 양극화가 심해지면서 일반 국민들 사이에서도 대북 지원에 앞서 우리 사회의 빈곤층을 우선 지원해야 한다는 반론이 힘을 얻었다.[133]

김대중의 신자유주의 정책은 대북정책에도 일정 부분 반영된다. 위에서 보았듯이, 햇볕정책은 현대와 같은 대기업의 도움을 많이 받았다. 어떤 측면에서는 현대가 정상회담을 추동한 측면도 있다. 현대를 제외한 다른 대기업들은 초기에 관심을 보였지만 막상 대북 경제협력에 크게 참여하지 않았다. 오히려 중소기업들, 특히 사양산업 부문의 중소기업들이 북한의 저렴한 노동력에 관심을 가지고 대북 경제교류협력에 많이 참여하였다. 하지만 이들은 주도적이기보다는 보조적인 위치에 불과하였다. 남북 경제교류협력은 남한 경제의 재벌 헤게모니 구조를 건드리지 않은 상태에서 진행되었다. 대북 경제교류협력에 적극 참여한 중소기업들의 경제활동은 여전히 남한 대기업들의 헤게모니에 종속되어 보조적 위치에 불과하였다. 햇볕정책이 급격한 통일정책도 아니고 단순한 대북정책이 아니며 부분적이고 점진적인 통합을 통해 서서히 남북통합을 평화적으로 확대해가는 평화통합 전략임을 인정할 때, 재계의 이해관계를 구축하

---

133) 손호철 (2003), pp. 661-662.

여 경협과 교류의 동력으로 삼을 필요가 있을 수 있다. 그러나 햇볕정책은 남한의 경제 질서를 바탕으로 재계의 동력을 구축하였다. 이것이 재벌의 헤게모니가 햇볕정책에서 지속되고 있다고 보는 까닭이다. 이러한 재벌의 헤게모니 아래 추진되는 평화통합전략이 국민들의 광범위한 동의와 적극적인 지지를 구축하는 데 과연 얼마나 도움이 되었는지는 의문이다.[134]

햇볕정책은 대북송금 특검으로 큰 타격을 받았다. 2003년 6월 특검 수사 결과, 남북정상회담 특사 접촉 과정에서 현대그룹이 포괄적인 경협 사업권을 따내는 대가로 4억 달러를 지급하기로 하고, 이와 별도로 정부가 대북 지원금 명목으로 1억 달러를 주기로 했음이 밝혀졌다. 이로써 돈으로 정상회담을 샀다는 비난을 받게 되었다. 앞에서 살펴본 싱가포르 비밀회동이 더욱 중요한 대목이다.[135]

햇볕정책에 대한 지지율이 전반적으로 높았음에도 불구하고 퍼주기 논란과 남남갈등이 심화되었고 급기야는 대북송금 특검까지 초래한 바탕에는 비밀외교의 문제가 자리하고 있다. 앞에서 보았듯이 정상회담을 추진하는 과정 특히 정상회담에 합의하는 과정에서 대통령의 신임을 받는 소수의 인물들이 주도하였다. 미국에게도 알리지 않은 상태에서 정상회담을 모색하는 만큼 비밀외교가 필요할 수 있다. 그러나 정부 안에서도 주무부서인 통일부가 주도하지 못하고 주관업무와는 전혀 상관이 없는 박지원 문화관광부 장관이 특사로 나섰다. 업무 분야보다는 대통령의 개인적인 신임이 가장 중요한 기준이 된 것이다. 대북 접촉을 모색한 기관들이 횡적 연계 없이 대통령을 중심으로 종적으로 연결된 것도 정상회담 추진을 위해 어느 정도 필요할 수 있으나, 반대급부가 따랐다.[136] 4·13총선을 불과 3일 앞둔 시점에서 정상회담 합의 사실을 서둘러 발표함으로

---

134) 김학노 (2005) 참조.
135) 이원섭 (2003), p. 16, pp. 308–317.
136) 최원기·정창현 (2000), p. 156 참조.

써 대북정책을 국내정치에 정략적으로 활용한다는 강한 의혹을 불러일으킨 것이다. 이것은 대통령을 중심으로 한 수직적인 정책결정과정의 파생물이다. 정부 안에서라도 보다 공개적이고 수평적으로 진행되었다면 대북 특검과 같은 오점을 피할 수 있었을 것이다.

햇볕정책의 가장 큰 문제점이자 아쉬움으로 남는 대목은 미국의 정권이 바뀌면서 우리의 독자적인 대북정책을 추진하기가 너무 어려워졌다는 점이다. 부시 정부가 들어서면서 북·미갈등이 심화되자 햇볕정책의 힘도 그만큼 약화되는 현상이 나타났다. 위에서 지적하였듯이, '한반도 문제의 한반도화'는 햇볕정책이 우리 외교 역사에 남긴 중요한 의의다. 그러나 부시 정부의 출범과 함께 햇볕정책의 '한반도 문제의 한반도화'에 한계가 있음이 분명히 드러났다. 여기에는 김대중 정부의 실수도 한몫을 하였다. 미사일방어에 대한 부시 정부의 의지를 제대로 파악하지 못하고, "탄도미사일방어ABM조약의 보존과 강화를 지지한다."는 한·러공동성명에 서명함으로써 'ABM 파동'을 일으켰다.[137]

이러한 한계의 근원에는 미국에 대한 남한의 '하위 주체성' 문제가 있다. 1994년 평시 작전통제권을 환수하였지만 군사와 안보 분야에서 미국에 대한 의존에서 벗어나지 못하였다. 탈냉전기에도 한국은 여전히 온전한 군사 주권을 가지고 있지 못하다. 보수 세력은 우리 안보의 미국 의존성을 햇볕정책을 비난하는 논리로 사용하기까지 한다. 남북의 교류협력과 화해는 한·미동맹을 약화시키고, 이는 나아가 남한의 안보 위협을 증가시킨다는 논리를 전개하는 것이다.[138]

마지막으로, 햇볕정책의 한계로 북한 측의 문제점을 지적하지 않을 수 없다. 단적으로, 6·15공동선언에서 합의한 김정일 위원장의 답방이 결국 이루어지지 않았다. 김정일의 답방 일정이 2001년 9월 하순으로 잡

---

137) 박건영·정욱식 (2009), p. 99, pp. 148-151.
138) 김진환, "남북군사관계 60년," 이화여자대학교 통일학연구원(편), 『남북관계사: 갈등과 화해의 60년』 (서울: 이화여자대학교 출판부, 2009), pp. 173-174.

했었으나 9·11테러로 무산되었다는 설이 있고, 또 2002년 4월 임동원 특
보의 방북 시 2002 월드컵 때 김정일 위원장을 포함한 '2+4 정상회담'을
제의했다는 설도 있다.[139] 경위야 어찌 되었든 김정일의 답방이 이루어지
지 못한 것은 큰 아쉬움으로 남는다. 김정일 위원장이 김대중 대통령에게
했던 말처럼 "힘들고, 두려운, 무서운 길"을 김정일도 왔었어야 했다. 김
위원장의 답방이 시의적절하게 이루어졌었다면 남북한은 이미 사실상의
국가연합 단계에 들어서 있을지도 모른다.

그렇다면 햇볕정책은 과연 북한을 변화시키는 데 성공했는가? 앞에
서 김대중 정부의 햇볕정책은 기존의 북한 붕괴 임박론 대신에 점진적 변
화론을 전제한다고 설명하였다. 정상회담 10주년이 되는 시점에서 생각
해볼 때, 붕괴 임박론을 파기한 것은 대체로 옳았다고 판단된다. 하지만
햇볕정책에서 의도하고 기대한 만큼 북한이 변화하였는지는 의문이다.

김대중 정부의 햇볕정책의 영향으로 북한의 대남전술에 의미심장한
변화가 생긴 것은 사실이다. 북한은 기존의 대결구도를 종식하고 남북대
화와 교류협력에 긍정적이고 적극적으로 임하는 자세로 바뀌었다.[140] 국
제관계에 있어서도 정상회담 이후 북한은 유럽연합과 그 회원국들과 외
교관계 개선 노력을 비교적 성공적으로 기울였다. 비록 수포로 돌아갔으
나 미국과 일본과도 관계 정상화를 위한 노력을 기울였다. 경제시찰단을
유럽과 남한 등에 파견하여 스스로 배우고자 하였고, 안보 문제에도 불구
하고 개성공단을 지정하여 남북경협을 추구하였다. 2002년 '7·1경제관
리 개선 조치'에 착수하여 부분적으로 시장경제적 요소를 도입하는 경제
개혁 조치를 취했다.[141]

이러한 변화에도 불구하고 북한의 경제개혁 조치들은 뚜렷한 성과를

139) 이교관 (2002), pp. 181–215.
140) 이성구, "김정일 정권의 대남정책: 1994~2005," 전영선 외, 『한국정치특강: 한국
　　정치특수주제』 (서울: 숭실대학교 출판부, 2008), p. 495.
141) 박준영 (2003), pp. 335–338.

내지 못하고 여전히 경제난에 허덕이고 있으며, 여전히 폐쇄적이고 억압적인 사회이다. 햇볕정책이 상대가 있는 정책인 만큼 북한의 변화와 그한계 역시 햇볕정책의 성과이자 한계로 보아야 할 것이다. 북한이 7·1조치 이후 제대로 된 경제개혁을 추진하지 못한 근본적인 요인은 남한의 햇볕정책 자체보다는 미국의 대북 강경정책으로 인한 북·미 간 갈등의 심화와 위기의식의 고조 때문이라고 볼 수 있다. 그렇다면, 북한의 경제개혁의 부진함과 관련하여 김대중 정부의 잘못은 햇볕정책 자체보다는, 북한이 스스로 변화하는 데 우호적인 환경을 만들도록 미국의 정책을 유도하는 데 실패한 데에 있다고 보아야 할 것이다.[142]

보다 중요한 문제는 북핵 위기가 근본적으로 해결되지 않고 계속되었다는 점이다. 김대중 정부는 북핵 문제와 대북 화해협력정책을 연계시키지 않았다. 햇볕정책은 북핵 문제를 기본적으로 대화와 협력으로 평화적으로 해결할 수 있다고 보았다. 그러나 과정과 연유가 어찌 되었건, 2002년 말 북한의 핵무기 개발 시인은 "김대중 전 대통령의 뒤통수를 치고 대북 화해협력정책의 지지 기반을 침식하고, 그간 김대중 정권과 김정일 정권이 쌓아온 남북 간의 신뢰 구축을 하루아침에 무너뜨리는 북한의 대남전략"이라는 비난을 초래했다.[143] 북핵 문제의 평화적 해결은 적어도 표면상으로는 실현되지 못한 것이다.

VII. 맺음말

이 글은 김대중 정부의 햇볕정책을 남북정상회담을 중심으로 검토하였다. 김대중 정부가 출범한 1998년은 세계적인 수준에서의 냉전이 종식

---

142) 하상식, "대북포용정책 10년의 성과와 한계," 『국제관계연구』 14권 2호 (2009), pp. 50-54.
143) 이정복 (2003), pp. 441-442.

되기 시작한지 10년이 다 되는 시점이었지만, 한반도에서는 여전히 냉전 구도가 지속되고 있었다. 햇볕정책은 한반도 냉전구조의 해체를 목표로 한다. 김대중 정부는 이전 정부인 김영삼 정부가 견지해왔던 북한 붕괴 임박론의 시각에서 벗어나서 북한의 점진적 변화론의 시각을 받아들였다. 점진적으로 변화하는 북한의 개혁개방을 도와서 국제사회에 끌어들임으로써 한반도에 존속하는 냉전구도를 해체하겠다는 것이다.

이 글은 햇볕정책을 남북한의 평화통합을 추진하는 것으로 보았다. 햇볕정책은 당장의 통일 실현을 추구하지 않는 점에서 통일정책이라고 할 수 없다. 햇볕정책은 그렇다고 단순한 대북정책만은 아니다. 특정한 지향성을 가지고 있는 대북정책이기 때문이다. 햇볕정책은 단순한 '분단 관리정책'에 그치지 않는다. 분단을 잘 관리할 뿐 아니라 남북한의 평화 교류협력을 강화하여 부분적이고 점진적이지만 사실상의 유기적 통합을 추진하기 때문이다.

남북정상회담은 햇볕정책에서 가장 중요한 부분이다. 정상회담을 통한 '위로부터의 변화'가 북한 주민들의 '아래로부터의 변화'와 함께 필요하기도 하거니와, 남북정상의 만남은 한반도 냉전구조의 해체를 상징적으로 앞당길 수 있는 지름길이기 때문이다. 통상적으로 2000년 3월 김대중 대통령의 베를린선언이 정상회담에 중요한 전기를 마련한 것으로 이해되었다. 그러나 베를린선언이 있던 바로 그 때 싱가포르에서 남북 특사가 비밀회동을 하고 있었고, 남북한 사이의 정상회담 논의는 2000년 1월 하순부터 시작된 것으로 추정된다.

이 글은 남북 사이에 정상회담의 개최가 합의되는 과정을 검토하고, 이 합의를 이행하기 위해서 정상회담을 준비하고 진행하는 과정을 살펴보았다. 정상회담의 합의 과정에서 현대가 매우 중요한 역할을 하였으며, 정부 내에서는 주관부서인 통일부보다 대통령의 신임을 받는 박지원 문화관광부 장관과 임동원 국정원장이 중추적인 역할을 하였다. 정상회담 합의과정에서 미국은 사실상 배제되었고, 중국이 도움을 준 것으로 추정된다. 정상회담이 합의된 이후 이를 준비하기 위해 남북한 사이에 수차례 준비접촉이 열렸으며, 이때에는 통일부가 좀 더 중요한 역할을 하였다. 그러나 막상 정상회담이 열릴 때까지 적지 않은 이슈에 대해 남북한이 합의를 이루지 못하였다. 특히 세부 의제와 정상회담의 상대가 모호한 상태였다. 김대중 정부는 긴요한 국면마다 임동원을 특사로 파견하여 북한과 협상하곤 하였다.

정상회담을 성공적으로 개최한 다음 한국 정부는 북·미관계의 개선을 위해 보조적이지만 중요한 역할을 하였다. 김대중 정부가 북한과 미국 사이에 일종의 가교 역할을 하면서 2000년 후반기 북·미관계가 급속히 개선될 수 있는 기회를 맞이하였다. 하지만 미국 대선에서 부시 대통령이 당선되면서 북·미관계의 개선은 멈출 수밖에 없었고, 이후 9·11테러라는 대형 악재를 맞으면서 북·미관계의 개선은 멀어져 간다. 이와 함께 한반도 냉전구도의 해체라는 햇볕정책의 목표 달성도 그만큼 멀어져 갔다.

햇볕정책과 남북정상회담은 우리 역사에서 중요한 의의를 갖는다. 햇볕정책은 대결과 반목으로 점철되어 온 남북관계를 개선함으로써 한반도의 냉전구도를 완화하고 평화통합의 길을 개척해 나갔다. 특히 한국 역사상 처음으로 미국이나 주변 강대국들에 의해서 끌려 다니지 않고 우리의 자주적인 주도 아래 강대국들의 한반도 정책을 주도해 나갔다. 비록 부시 정부의 등장 이후 이러한 '한반도 문제의 한반도화'의 한계가 분명히 드러났지만, 햇볕정책의 이러한 주체적인 시도가 갖는 의의는 매우 크다. 한반도는 우리의 삶의 터전이고 우리의 운명을 담고 있는 공간인 것이다.

이 글은 햇볕정책이 남북 상호간 적대의식과 긴장을 줄임으로써 한반도 냉전구조의 해체를 향해 큰 걸음을 내디뎠다고 평가하였다. 하지만 간헐적으로 반복되는 북핵 위기는 한반도 냉전구조가 완전히 해체되기에는 아직 갈 길이 많이 남아 있음을 보여준다. 한반도 냉전구조의 해체라는 목표를 놓고 평가하자면, 김대중 정부의 햇볕정책은 '절반의 성공'에 그친 '절반의 실패'에 해당한다. 어느 쪽의 절반에 무게가 실리는지는 물론 후대의 책임이다.

14

노무현 정부의 외교정책과 한·미동맹

배종윤(연세대학교)

목차

주요어   이라크 파병, 대북 중대 제안, 동북아 균형자, 전시작전통제권, 6자회담, 반미감정, 한·미동맹, 평화번영정책, 협력적 자주국방, 동반자적 한·미관계, 대량살상무기확산방지구상(PSI)

요점정리

1. 노무현 정부 시기의 대외정책, 특히 한·미동맹을 비롯하여 한·미관계와 관련된 대외정책들을 이해하기 위해서는 탈냉전 이후 변화하기 시작한 한국 대외정책의 대내외적 환경, 즉 미국 세계전략의 변화, 북핵문제 재발, 일본의 보통국가화, 중국의 급부상, 강화된 한국의 국제적 위상, 한국 사회의 반미정서 확산 등과 관련된 측면들을 함께 고려하며 접근하는 것이 필요하다.

2. 한국 대외정책의 환경 변화에 대한 노무현 정부의 대응은 '변화'의 적극적인 수용이었고, 능동적인 반응이었다. 이는 이라크 파병, 대북 중대 제안 제시, 동북아 균형자론 제시, 전시작전통제권 환수 등과 같이 노무현 정부 시기에 진행된 주요한 외교적 사건 또는 정책들의 공통된 특징으로 나타났다.

3. 복합적이고, 중층적인 외교적 환경에 직면했던 노무현 정부의 외교정책적 딜레마는 노무현 정부의 적극적이고 능동적인 대처와 대응만으로 해결될 수 있는 내용들이 아니었다.

4. 노무현 정부의 외교정책과 대응들은 비록 부분적인 성과와 결과들을 유도해내는 데 성공한 측면들이 있기는 하지만, 전반적인 평가와 관련해서는 치밀하지 못한 전략적 구상, 철저한 준비의 부족, 유용한 정책수단의 확보 실패, 자기중심적인 상황 인식과 해석의 결과 등으로 인해 국내외의 보편적 지지를 얻을 수 있는 외교적 성과의 확보에는 성공하지 못한 것으로 평가될 수 있다.

사건일지

2002년 12월 15일
제34차 한·미 연례안보협의회(Security Consultative Meeting: SCM), '미래 한·미동맹 정책구상 공동협의' 합의

2002년 12월 19일
제16대 대통령선거에서 여당인 새천년민주당의 노무현 후보 당선

2002년 2월 25일
노무현 대통령 취임 및 노무현 정부 출범

2003년 3월 18일
이라크전 관계장관회의, 공병부대 파견을 포함한 이라크전 종합대책 확정

2003년 3월 23일
국가안전보장회의, 건설공병과 의료지원단 이라크 파병 결정

2003년 4월 2일
국회, 두 차례의 연기 끝에 이라크 파병동의안 찬성 179표, 반대 68표, 기권 9표로 의결

2003년 4월 9일
제1차 미래 한·미동맹회의 미2사단의 한강이남 배치와 용산기지 이전 합의

2003년 4월 17일
이라크 파병 선발대 이라크로 출국, 이라크 파병 의료지원단 제마부대 창설

2003년 5월 11일
한·미정상, 북한 핵의 평화적 제거의 합의

2003년 5월 14일
건설공병 서희부대, 이라크로 출국

2003년 8월 27일
북한 핵 관련 남북한·미국·일본·중국·러시아 6자회담 개최

2003년 10월 16일
유엔 안전보장이사회, 이라크 결의안 만장일치로 통과

2003년 10월 18일
국가안전보장회의, 추가 파병 공식 결정

2004년 2월 13일
국회, 찬성 155명, 반대 50명, 기권 7명으로 〈이라크 추가 파병 동의안〉 의결

2004년 2월 23일
국방부, 이라크 평화·재건사단('자이툰(Zaytun)부대') 창설

2004년 6월 18일 정부
이라크 북부 아르빌주 지역에 자이툰부대 파병 최종 확정

2004년 9월 22일
이라크 파병 자이툰부대, 이라크 주둔지 아르빌 도착

2005년 9월 19일
북핵 제4차 6자회담, 〈9·19공동성명〉 채택

2005년 11월 17일
한·미정상회담, 한·미동맹 재확인, 한반도 평화체제 전환 모색 등 공동선언 채택

2005년 12월 30일
국회, 〈이라크 파병연장 동의안〉 통과

2006년 6월 6일
한·미 자유무역협정 제1차 본 협상, 워싱턴에서 시작

2006년 10월 9일
북한 조선중앙통신, 핵실험 실시 성공 발표

2006년 10월 15일
유엔 안전보장이사회, 대북 제재안 만장일치로 채택

2006년 10월 21일
윤광웅 한국 국방부 장관·도널드 럼스펠드 미 국방장관, 한·미 연례안보협의회
서 2009년 10월 15일에서 2012년 3월 15일 사이에 전시작전통제권 한국 환수작
업 완료 합의

2006년 12월 22일 국회
〈이라크 자이툰부대 파병연장 동의안〉 의결해 자이툰부대 활동기간 1년 연장

2007년 2월 13일
제5차 6자회담, 북한이 핵시설 불능화하면 에너지 지원하는 〈2·13합의〉 채택

2007년 2월 24일

한·미 국방부장관, 전시작전통제권 이양 시점을 2012년 4월로 하는 합의문서 서명

2007년 4월 2일
한·미 자유무역협정(FTA) 타결

2007년 6월 21일
한·미 자유무역협정 추가협상 시작, 노동과 환경 분야 논의

2007년 6월 30일
한·미 자유무역협정 추가협상 최종 타결

2007년 10월 3일
6자회담, 연말까지 북행 불능화 조치 이행 합의문 채택

2007년 10월 4일
노무현 대통령, 김정일 국방위원장과 남북정상회담 갖고 〈남북관계 발전과 평화 번영을 위한 남북정상선언〉 발표

2007년 10월 23일
노무현 대통령, 자이툰부대의 단계적 철수 계획 발표

2008년 12월 20일
이라크 자이툰부대 철수 완료

I. 머리말

2003년 2월에 출범한 노무현 정부는 반미정서가 강한 진보정권으로 평가되기도 하지만, 다른 한편으로는 한·미 양국 관계의 공고화를 상징할 수 있는 의미 있는 정책들을 군사적 영역과 경제적 영역에서 각각 추진한 정권으로 평가되기도 한다. 보수주의 진영에서는 김대중 정부부터 시작된 진보정권들의 외교 10년이 북한에 대한 지나친 온건정책으로 인해 북한 핵문제를 근본적으로 해결하는 데 실패했을 뿐만 아니라, 북한의 핵실험을 예방하지 못했고, 전통적인 한·미 양국 관계를 크게 약화시킴으로써 한국의 안보를 매우 불안하게 만들었다고 비판한다. 특히 한국 사회에서 형성된 반미정서를 활용하여 정권 장악에 성공한 노무현 정부는 '반미 친중' 정책과 '동북아 균형자론' 제시, 그리고 전시작전통제권의 환수 결정 등을 통해 기존의 한·미동맹 관계를 크게 훼손시켰다고 비판한다. 반면, 노무현 정권에 대해 우호적인 평가들은 노무현 정권이 6자회담을 추진함으로써 북한 핵문제의 평화적 해결에 상당한 공헌을 했을 뿐만 아니라, 이라크전쟁 파병과 한·미 FTA 추진 등을 통해 한·미동맹의 군사적, 경제적 유대를 더욱 강화시켰고, 한·미동맹관계를 '동반자적인 동등한 관계'로 발전시키는 역할을 수행했다는 점을 긍정적으로 평가하고 있다. 이러한 상반된 평가들과 상충되는 주장들이 공존하고 있는 현상을 이해하기 위해서는 노무현 정부 시기에 진행된 단발적인 외교적 사건이나 정책에 대한 분석만으로는 충분하지 않다. 따라서 노무현 정부 시기에 진행되었던 주요한 외교정책의 기저에 흐르고 있는 공통된 정책적 논리를 정리하고, 변화해가는 정책 환경에 대응하는 외교 전략의 내용을 이해하는 작업이 필요하다.

노무현 정부가 출범하기 이전부터 한국의 대외정책은 심각한 과제에 직면하고 있었고, 대내외적인 환경 변화와 새로운 외교적 현안의 등장으로 인해 효과적인 대응이 매우 어려워지고 있는 실정이었다. 한·미 양국 관계에 영향을 미친 주된 환경적 요인들로는 우선, 2001년 1월에 출범한 부시 행정부는 김대중 정부의 대북 포용정책에 대해 부정적 인식과 북한에 대한 강한 반감을 보였다. 이는 김대중 정부는 물론이고, 새롭게 출범하는 노무현 정부에 대해서도 대북정책에 대한 한·미 간의 정책 조화가 깨어질 수 있다는 심각한 우려감을 갖게 만들었다. 2001년 3월에 진행되었던 김대중-부시의 한·미정상회담에서 확인된 이러한 모습은 2001년 9·11테러가 발생하고, 2002년 1월 부시 대통령의 국정연설에서 언급한 '악의 축' 발언으로 인해 상황이 더욱 악화되었다. 대북 포용정책을 강화하고 북핵문제를 조속히 해결하고자 했던 노무현 정부로서는 미국 부시 행정부와의 대북정책 조화라는 큰 과제를 안고 출범해야만 했다.

둘째, 한반도의 긴장감을 심화시키고, 한국의 대외정책이 심각한 딜레마에 직면하게 만든 북핵 위기가 2002년 10월에 재발되었다는 점 또한 한·미 양국 간의 정책 조율과 관련한 현안으로 등장하였고, 한국 정부의 적극적인 대응을 요구하였다. 농축우라늄 문제로 재발된 제2차 북핵 위기로 인해 1994년 체결된 제네바 기본합의서가 무효화되고, KEDO의 활동이 중단되는 가운데, 한·미 양국은 북핵문제를 해결하기 위해 공통된 인식을 공유하는 작업을 진행하고, 새로운 해결책의 마련을 시도해야만 했다. 결국 노무현 정부는 북핵문제의 해결이라고 하는 과제를 대외정책의 우선순위로 설정하여 적극적으로 대응해야만 했고, 이를 위해서는 한·미 양국이 갖고 있는 대북 인식과 북핵 해법에 대한 인식의 차이가 존재하고 있음에도 불구하고, 양자 간의 정책적 협력관계를 강화시켜 가야만 했다. 1차 북핵 위기의 경우처럼 북-미 양자 간 대화에서 해결책을 찾도록 유도할 것인지, 아니면 한반도 주변의 이해당사자들이 참여하는 다자간협의체를 통해 북핵문제의 해결책을 모색해 갈 것인지, 한국 정부의 외교적 대응은 상당히 어려운 환경에 직면하고 있었다.

셋째, 9·11 이후 미국의 세계군사전략과 국가안보전략이 크게 변화하기 시작하면서, '인계철선Trip wire'으로 상징되는 주한미군의 존재에 근거한 한·미동맹이 상당한 영향을 받기 시작한 점도 중요한 요소로 작용하였다. 부시 행정부가 출범한 이후 작성된 '해외주둔 미군 재배치계획 GPR: Global Defense Posture Review'에서는 주한미군이 전 세계의 전쟁지역으로 재편되어 파견될 수 있음을 언급하였을 뿐만 아니라, 2001년 제출된 '4개년 국방검토보고서QDR: Quadrennial Defense Review'에서도 유사한 내용이 강조되었다. 한편 9·11 이후 2002년 9월에 새롭게 제시된 미국의 국가안보전략보고서NSS, The National Security Strategy of the United States of America는 탈냉전 시대의 변화된 안보환경에 맞는 미국의 새로운 군사안보적 대응이 필요함을 강조하였다. 결국 이러한 상황을 종합할 때, 주한미군의 해외 재배치 또는 파견으로 인해 주한미군의 감축 또는 철수가 진행될 경우에는 주한미군에 의존하고 있는 한국의 안보가 심각한 위기 상황에 빠져들 수도 있다는 우려가 한국 사회에서 제기되었고, 이에 대한 적극적인 대응이 필요하다는 점이 강조되었다. 2003년 2월에 출범한 노무현 정부는 급격한 변화를 시도하고 있는 미국의 세계전략에 대응하여 한국의 안보를 확실히 유지하는 가운데, 변화된 국제환경에 맞게 한·미동맹을 새롭게 적응시켜 가야만 하는 과제에 직면하고 있었던 것이다.

넷째, 1990년대 중반까지는 경제적으로 갈등 양상을 보여온 미·일 양국 간 관계가 1990년대 후반부터 군사적인 협력적 관계를 상당히 빠른 속도로 진행하는 모습도 한·미동맹에 부담으로 작용하고 있었다. 미·일 동맹의 강화를 통해 아시아에서 미국이 담당해오던 역할에 대한 부담을 제한하는 대신, 일본의 역할을 확대시키려는 미국의 판단은 한국 정부로 하여금 상대적으로 한·미동맹 관계의 약화를 초래할 수도 있다는 위기감을 가지게 만들었기 때문이다. 1996년 미·일 안보 공동선언과 1997년의 미·일 신가이드라인 등에서는 일본을 중시하려는 미국의 입장을 확인할 수 있었으며, 2000년에 공개된 'Armitage-Nye Report'에서는 일본을 '아시아의 영국U.K. of Asia'에 버금가는 위상을 갖추도록 해야 한다는 내용을 담고 있었다.[1] 더욱이 9·11 이후에는 일본의 해군력 강화와 전시 미군에 대한 일본의 지원체제 강화 및 그 영역 확대를 미국이 요구하거나 인정하는 모습을 보이게 된 점도 한국에게는 주한미군의 전략적 유연성과 관련하여 안보적 불안감을 가지게 만들었다. 더군다나 일본의 부상은 중국과의 군사적 긴장관계를 심화시키게 되었다. 일본의 재무장과 군사력 현대화, 그리고 보통국가화는 한국뿐만 아니라 중국에게도 경계의 대상인 반면, 중국의 급부상을 우려하는 일본과 중국의 대립은 한반도의 평화적 통일을 추구해가야 하는 한국으로서는 결코 바람직한 지역안보적 현상이될 수가 없다. 결국, 노무현 정부는 한반도의 평화뿐만 아니라, 동북아시아에서의 평화를 유지하고 급박한 상황들을 예방하기 위한 일정한 역할을 수행하고, 적극적인 대응을 진행해야만 했다.

다섯째, 동북아시아 지역에서 1990년대 이후 '중국 위협론'이 제기될 정도로 단기간 내 급부상하고 있는 중국의 존재는 경제적, 안보적 측면에서 한·미관계에 주된 영향을 미치는 요인으로 등장하였다. 1992년 국교를 수립한 이후 한국과 중국 간의 경제적 교류는 급격히 증가하여 한·미 간의 경제적 교류를 위협하고 있었다. 한·중수교 10년째였던 2001년 중국은 한국의 2번째 수출대상국으로 부상하였으며, 양국 간의 총 교역액이 314.9억 달러에 이르렀다. 2003년부터는 한·중 간의 교역액이 한·미 양국 간의 교역액을 추월하기 시작하였다. 한국의 중국에 대한 직접투자도 누적액이 54.1억 달러로써 미국에 이어 2위에 이르렀지만, 2001년 한해만을 비교하면, 미국보다 더 많은 액수가 중국에 투자되고 있었

---

1) Richard L. Armitage, *The United States and Japan: Advancing Toward a Mature Partnership, INSS Special Report* (Institute for National Strategic Studies, National Defense University), October 2000 (http://www.ndu.edu/inss/strforum/SR_01/ SR_Japan.htm).

다.[2] 한·미 양국 간의 경제적 교류가 정체되어 가고 있는 추세를 고려하면, 한국이 국제수지 흑자를 내고 있고 양국 간의 경제교류 규모도 매년 급성장하고 있는 한·중 양국의 경제적 교류는 한국 경제의 측면에서 결코 간과할 수 없는 중요 변수로 인식되고 있었다. 그리고 북한 핵문제의 재발과 관련하여, 북한의 돌발적 행동을 자제시키고 합리적인 판단을 유도할 수 있는 행위자로서 중국의 존재는 한국 정부에게 결코 가벼운 인식의 대상이 아니었다. 경제적 측면에서나 북핵문제와 관련된 안보적 측면에서 중국을 주목해야만 했던 노무현 정부로서는 전통적인 한·미관계 이외에 한·중관계의 긍정적 발전을 추진하고, 이들을 조화시켜 가야만 하는 외교적 과제를 안고 있었다.

여섯째, 노무현 정부 시기의 한·미관계에 심각한 영향을 미친 국내적 요인으로서, 2002년에 특히 심화되었던 한국 사회 내부의 반미감정 악화와 확산을 들 수 있다. 2002년 전개된 한국 사회 내부의 반미감정 확산은 미국과 관련하여 진행된 별개의 세 가지 사건들이 순차적으로 발생하면서, 상호간에 복합적으로 연계되어 부정적인 결과가 극대화되는 상황에 기인하고 있다. 먼저, 2002년 2월에 개최되었던 제19회 솔트레이크시티 동계올림픽의 쇼트트랙 종목 남자 1,500m 결승전에서 결승점을 1위로 통과한 한국의 김동성 선수가 타 선수의 주행을 방해하는 '반칙행위'로 인해 금메달이 박탈당하는 사건이 발생하였다. 이와 관련하여, 한국 국민들은 미국인 안톤 오노 선수의 '의도적'인 과장된 제스처로 인해 강력한 우승 후보였던 김동성 선수가 금메달을 박탈당하는 억울한 상황에 직면하게 되었다고 인식하게 되었다. 더욱이 올림픽이라는 경기의 속성이 개인보다 국가를 단위로 하고 있다는 점에서, 미국인 스포츠 선수 개인의 '비겁한 행동'에 대한 한국 국민들의 부정적 인식이 미국이라는 국가에 대한 부정적 반응으로 굴절되면서, 비판의 대상이 왜곡되는 현상

---

2) 한국무역협회의 '무역통계' 자료 참조(www.kita.net).

이 발생하였다. 두 번째로, 이런 와중에 2002년 6월 13일 주한미군 제2 사단 44공병대 소속 궤도차량 5대가 훈련을 마치고 귀대하던 도중 경기 도 양주군 광적면 부근 도로에서 여중학생 2명을 사망케 하는 사건이 발 생하였다. 사태를 더욱 악화시킨 것은 당시 미군 측의 공식적인 입장이 '군 작전 중에 일어난 공무집행 중의 사건으로서 개인적인 잘못은 없다' 는 점을 강조하며 유가족을 포함한 한국 국민들에게 진심으로 사과하는 모습을 보이지 않았다는 점이다. 이에 대한 한국 국민들의 반발이 확산 되면서, 2월에 발생한 사건과 부정적으로 결합되어 반미감정을 크게 악 화시켰다. 특히 처참하게 사망한 여중학생들의 주검 사진들이 확산되면 서, 주한미군에 대한 반감과 미국에 대한 부정적 감정을 크게 확대시키 는 결과를 초래하였다. 2002년 11월 27일 부시 대통령의 간접적인 유감 표명과 2002년 12월 5일 도널드 럼스펠드 국방장관의 유감 표명, 2002 년 12월 10일 미 국무부 대변인의 유감 표명이 반복되었지만, 이미 악화 된 한국 사회 내부의 반미감정을 되돌리기에는 너무 늦은 것이었다. 세 번째 사건은 북한에 대한 부시 행정부의 부정적 대응과 9·11 이후에 추 진하고 있던 대테러전쟁에 대한 한국 국민들의 부정적 평가와 관련되어 있다. 2001년 3월 김대중–부시 간의 한·미정상회담에서 부시 대통령이 보인 한국의 대북 포용정책에 대한 부정적이고 냉소적인 반응과 이후 계 속된 대북 강경정책 등과 관련하여, 한국 국민들은 2000년 남북정상회담 이후 매우 우호적인 상황이 지속되고 있던 남북한관계가 부시 행정부에 의해 퇴보하고 있다고 인식하게 되었다. 특히 9·11 이후 2002년 1월 국 정연설을 통해 북한을 '악의 축'들 중의 하나로 지칭하며 대북 강경정책 을 진행하는 가운데, 2002년 10월 농축우라늄 문제가 발생하면서 부시 행정부가 지적해온 '선제공격'의 논리가 북한에도 적용될 수 있다는 우 려감이 한국 사회에서도 확산되기 시작하였다. 이는 한국 사회로 하여금 안보적인 불안감을 가지게 만들었고, 결국 부시 행정부의 대테러전쟁을 포함하여, 북한과 국제사회에 대한 부시 행정부의 강경정책에 대한 반감을 유도하게 만들었다. 이는 2001년의 아프가니스탄전쟁과 2003년 3월 미국의 선제공격으로 시작된 이라크전쟁 등으로 인해 그 반작용이 더욱 확산되어가는 양상을 보였다.

이처럼 2002년 한 해에 반복적으로 나타난 미국과 관련된 부정적인 사건들은 서로 복합적으로 연계되면서, 한국 사회 내부의 반미감정을 심화시키고 확대시키는 결과를 초래하였다. 그리고 한국 사회의 반미감정은 2002년 12월에 진행되었던 제16대 대통령선거 결과에 상당한 영향을 미쳤고, 선거운동 기간에는 다소 열세에 놓여 있는 것으로 평가받던 진보적 성향의 노무현 후보를 대통령에 당선시켰다. 한국 국민들의 반미감정은 친미적 성향의 보수진영 후보를 외면하는 것에 그치지를 않았고, 2003년 이라크전쟁 개시 이후에도 한국 사회에서 지속되는 모습을 보였다.[3] 이는 2003년도에 진행된 다양한 여론조사에서도 확인되었다. 『한겨레신문』이 조사한 결과에 따르면 미국에 대한 한국 국민들의 '호감도'가 1989년에는 36.7%, 2001년도에는 36.1%였지만, 2003년 5월의 조사에서는 25.4%로 크게 떨어졌고, '거부감'은 35.4%로 크게 앞선 수치를 기록하였다.[4] 그리고 MBC TV가 조사한 여론조사에서는 북한과 미국 간의 스포츠 경기에서 '북한을 응원하겠다'는 응답이 78.5%로 나타났다.[5] 심지어 보수적 성향의 『조선일보』가 진행한 여론조사에서도 한국의 안보에 위협적인 국가로서 '미국'이 39%를 기록하였고, 이는 '북한' 33%보다 높은 수치로 나타났다.[6]

---

3) 한국 국민들의 변화되기 시작한 대미 인식의 내용에 대해서는, 최종건·김용철, "비대칭적 한·미동맹관계와 한국인의 대미태도: 변화와 분화," 『한국정치외교사논총』, vol. 28 no. 1, pp. 194-219 참조.
4) 『한겨레신문』, 2003년 5월 15일자.
5) MBC TV가 2003년 7월 26일 실시한 여론조사 결과임. 『세계일보』, 2003년 8월 9일자 참조.
6) 『조선일보』, 2004년 1월 12일자.

이상에서 살펴본 바와 같이, 노무현 정부의 대외정책, 특히 한·미관계와 관련된 대외정책은 국내적으로는 과거 어느 때보다도 심화된 한국사회의 반미감정 문제를 조절해가야 하는 과제를 안고 있었다. 그리고 노무현 정부는 대외적으로 제2차 북한 핵위기의 평화적 해결을 위한 한·미 협력의 강화와 9·11 이후 변화하고 있는 미국의 세계전략에 한·미동맹을 동조시켜 가야 하는 과제를 해결해야만 했고, 이러한 과정에서 북한과 북한 핵문제에 대한 한·미 양국의 인식과 정책의 거리감을 줄여가고 공감대를 확대시켜 가야만 했다. 그런데 노무현 정부가 쉽게 대처하기 힘든 문제는 이러한 대내외적인 환경들이 개별적으로 진행될 수 있는 것이 아니라, 서로 중층적으로 복잡하게 연계되어 상호간에 영향을 미치고 있었다는 점이다. 그리고 그동안 한국정부가 경험해 보지 못한 새로운 대외정책 환경들이 한반도와 동북아시아 지역에서 전개되고 있었다는 점이다. 결국 노무현 정부는 상호 모순적인 정책들을 동시에 진행하거나, 기존의 외교정책 기조와는 차별적인 새로운 정책들을 선택해야만 했다. 이는 노무현 정부에게는 대외정책에 있어 의미 있는 가치나 외교적 정책들을 새롭게 수립할 수 있는 기회이기도 했지만, 동시에 정책 실패에 대한 위험을 감수해야만 하는 위기의 상황이기도 하였다.

II. 노무현 정부의 외교 전략과 한국외교의 주도적 위상

1. 노무현 정부의 대외정책 목표와 '평화번영정책'

노무현 정부가 설정한 대외정책의 목표는 '평화번영정책'으로 대표되는 안보정책구상의 내용을 통해 정리할 수 있다. 노무현 정부의 국가안전보장회의NSC는 출범 초에 대한민국의 헌법 내용에 근거하여, 한국의 국가이익을 국가안전보장, 자유민주주의와 인권 신장, 경제발전과 복리증진,

한반도의 평화적 통일, 세계평화와 인류공영에 기여 등의 5가지로 정리하였다. 그리고 이를 토대로 노무현 정부가 집중할 국가안보의 목표, 즉 국가이익을 실현하기 위한 정책목표로서, 첫째, 한반도의 평화와 안정, 둘째, 남북한과 동북아의 공동번영, 셋째, 국민생활의 안전 확보 등으로 설정하였다.[7] 외교정책이란 개별 국가의 이익을 대외적으로 실현시키기 위해 추진하는 일련의 정책들을 의미한다고 한다면, 노무현 정부가 설정한 국가이익 실현의 우선적인 과제는 북핵문제 해결을 포함하여 한반도의 평화와 남북한관계 발전에 집중되어 있었다는 점을 확인할 수 있다. 그리고 이를 실현시키기 위한 대외정책의 목표들 역시 이와 관련되어 있었다. 즉 노무현 정부에게는 2002년에 다시 등장한 북한 핵문제가 한국의 안위와 번영을 위협하는 핵심적인 존재였던 만큼, 해당 사항을 우선적으로 해결하는 것을 1차적인 외교목표로 설정하고, 해당 목표의 달성을 기반으로 하여 남북한관계 발전과 한·미동맹의 미래지향적 발전, 그리고 동북아시아의 평화와 번영을 추구해가는 것으로 대외정책 목표를 설정하였다. 북핵문제의 근본적인 해결이 전제되지 않은 한 남북한 간의 관계 발전은 한계가 분명할 수밖에 없을 것이며, 한·미동맹 역시 대북 인식과 북핵문제에 대한 의견 차이로 인해 취약한 모습을 보이는 상황에 직면하게 될 것이고, 한반도의 평화와 번영을 확고히 보장할 수 없다면 동북아시아의 평화와 번영도 제한적일 수밖에 없다는 점을 인식한 결과라 할 수 있다.

이러한 구조는 노무현 정부가 선택한 외교안보전략의 기본적 골격을 구성하였다. 우선, 대북정책 또는 안보정책으로 대표되는 노무현 정부의 '평화번영정책'의 3단계 내용에 해당 내용들이 큰 변화 없이 적용되었다. 즉, '북한 핵문제의 평화적 해결'이라고 하는 기본적인 과제를 1차적으로 해결함으로써, 이를 통해 '한반도 평화체제를 구축'하고, 나아가 '남북한

---

7) 국가안전보장회의(NSC) 상임위원회, 『평화번영과 국가안보: 노무현 정부의 안보정책 구상』 (서울: 국가안전보장회의 사무처, 2004), pp. 20-21.

의 공동번영과 동북아시아의 경제중심'으로 도약해 가겠다는 3단계의 평화번영정책 역시, 북한 핵문제의 조속한 해결에 초점이 맞춰져 있었다. 그리고 외교통상부는 이를 「균형적 실용 외교」라는 개념으로 정리하고, '동북아 평화번영을 위한 균형적 실용 외교'라는 정책목표를 우선 과제로 설정하여, 북핵문제의 조속한 해결과 남북한관계 발전, 한·미 간의 포괄적인 동반자 관계 발전 및 동북아시아 지역의 안보협의체 구성 등 평화와 번영의 문제를 그 내용에 포함시켰다.[8] 그러나 이러한 평화번영정책을 포함하여, 균형적 실용외교의 가장 기본적이며 1차적인 정책목표라고 할 수 있는 북한 핵문제가 단기간 내 해결되지 못하고 장기화되면서, 노무현 정부의 외교정책 목표는 임기 5년 동안 지속되는 양상을 보였다.

이처럼 노무현 정부가 선택한 대외정책의 우선적인 목표가 북한 핵문제의 조속한 해결에 집중되면서, 다른 정부의 시기와 차별적인 특징을 보인 것이 있다. 즉, 대북정책뿐만 아니라, 대외정책 전반에 있어 핵심적인 의제와 주된 관심이 북핵문제에 집중되어 있었다는 점이다. 그리고 북핵문제 해결을 위한 6자회담이 진행되면서, 한국 대외정책의 모든 역량이 북핵문제 해결에 집중되는 현상이 더욱 심화되었다. 경우에 따라서는 대북정책과 북핵문제 해결을 위한 대외정책들이 구별되지 못하고 서로 혼란스럽게 진행되는 양상이 전개되기도 하였는데, 이러한 측면은 노무현 정부 시기 동안 통일부와 외교통상부 간의 업무 영역이 서로 중첩되어 혼란스러운 현상이 나타나거나, 청와대와 외교통상부 간의 대외정책 갈등으로 나타나기도 하였다.[9] 그런데 노무현 정부의 제16대 대통령직 인수위원회가 2003년 초에 제출한 보고서에는 '북핵문제'와 '남북문제'를 분

---

8) 통일부와 외교통상부의 2003년도, 2005년도, 2006년도 청와대 연례 업무보고 내용 참조. 국가기록원 대통령기록관 홈페이지 (http://16cwd.pa.go.kr/cwd/kr/archive/archive_list.php?meta_id=part_report) 참조 (검색일: 2010. 2. 8).
9) 2007년 말에 이명박 정부의 제17대 대통령직인수위원회가 제시했던 정부조직개편안의 내용에서 통일부를 외교통상부 내의 한 조직으로 축소하여 통합하거나 폐지하는 방안을 제시했던 것도 이러한 측면과 상당한 연관이 있었다고 할 수 있다.

리하기보다 연계시킨 상태에서 북한 핵문제 해결의 수단으로 남북관계를 이용할 것을 권유하고 있다는[10] 점을 고려하면, 이러한 접근은 우연히 돌발적으로 전개된 것이라기보다 노무현 정부의 의도적인 목표 설정과 접근의 결과라고 해석할 수 있다.

2. 노무현 정부의 외교 전략과 주도적인 외교위상

국내외에서 새롭게 전개되고 있는 외교정책 환경에 적절히 대응하고 '균형적 실용 외교'를 통해 '평화번영정책'을 실현시키기 위하여 노무현 정부가 선택한 외교 전략의 핵심은 변화하는 외교환경에 적극적으로 대응해 나가고, 외교 관계에서 한국이 주도적인 역할을 담당해 가는 것으로 정리될 수 있다. 비록 외교 전략의 현실적인 실현성 여부에 대한 논란은 별개로 하더라도, 노무현 정부의 전략은 다양한 현안들에 대해 수동적으로 반응하기보다는 능동적으로 대응함으로써, 한국이 직면한 외교적 환경들을 적극적으로 해결하고, 주도권을 행사한다는 것으로 평가될 수 있다. 예를 들어, '평화번영정책'은 북한 핵문제를 평화적이고 외교적인 방법에 의해 우선적으로 해결되어야 한다는 점을 강조하면서, 북한 핵문제 해결을 위한 3원칙으로서, '북핵 불용', '평화적 해결', 그리고 '한국의 주도적 역할'을 설정한 측면에서도 확인할 수 있다.[11] 그리고 2005년 9월, 6자회담에서 9·19합의가 이뤄진 이후인 2005년 9월 20일에 개최된 국무회의에서 노무현 대통령이 발언한 내용을 보면, 북핵문제와 관련하여 북한과 미국 사이에서 적극적인 역할을 수행해온 한국의 노력을 지적하고 있고, 이를 긍정적으로 평가하고 있다.[12] 그리고 노무현 정부 시기의 안

---

10) 제16대 대통령직인수위원회, 『대화: 제16대 대통령직인수위원회 백서』 (서울: 국정홍보처, 2003), p. 158.

11) 국가안전보장회의(NSC) 상임위원회, 『평화번영과 국가안보: 노무현 정부의 안보정책 구상』 (서울: 국가안전보장회의 사무처, 2004), pp. 32-33; 통일부, 『통일백서, 2006』 (서울: 통일부, 2006), p. 21.

12) 청와대 대변인이 요약 발표한 대통령의 발언 요지 참조. 국가기록원 대통령기록관

보정책, 한·미동맹, 북핵문제 등과 관련하여 청와대가 사용한 용어들 중에서, '자주적', '주도적', '적극적' 역할 등과 같은 용어들이 빈번하게 사용되었다는 점을 통해서도 확인할 수 있다.

이러한 외교 전략적 속성들은 노무현 정부의 임기동안에 진행된 대표적인 정책적 사례로서 거론할 수 있는 이라크 파병과 한·미 FTA 체결, 북핵문제 해결을 위한 6자회담 진행과 대북 지원 확대 약속, 자주국방의 강화와 전시작전권 환수, '동북아 균형자론' 등의 경우를 통해 공통적으로 확인할 수 있는 내용이다. 우선, 북한 핵위기의 재발과 한·미 양국 간의 대북정책 공조 약화, 그리고 미국의 세계전략 변화라고 하는 급변하는 대외적 환경에 대응하여 노무현 정부가 선택한 전략이 바로 이라크 파병과 대북지원의 확대이며, 보다 본질적 해결을 위해 다자회담 형식의 6자회담 추진에 적극적으로 참여하였다. 북한 핵문제를 해결하기 위한 단초로서 북한과 미국의 오해를 불식시키는 과정이 필요하다고 판단한 노무현 정부는 문제 해결과 상황 전개의 주도권을 행사하기 위한 정책적 수단으로서 이라크 파병과 한·미 FTA 추진, 그리고 대북지원 확대를 추진하였고, 이를 통해 미국과 북한에 대한 한국의 영향력 확대와 독자적인 위상의 확보에 주목하였다.

두 번째로 거론될 수 있는 자주국방의 강화와 전시작전권 환수의 문제는 한국 사회내의 많은 논란을 초래하고 있고, 그 찬반 입장이 쉽게 조화되기 힘든 것이 사실이다. 그러나 미국의 급변한 세계전략과 강화되고 있는 미·일 관계, 중국의 부상을 비롯하여 불안해지고 있는 동북아시아의 지역정세에 적극적으로 대처하기 위한 정책적 선택이었다고 평가한다면, 이 역시 한국의 안보적 상황에 대한 주도적 대응을 위한 정책적 수단으로 이해될 수 있다. 미국의 변화하는 세계전략에 적응해 가는 것이 불

자료실 참조. (http://16cwd.pa.go.kr/cwd/kr/archive/archive_view.php?meta_id=briefing&page=18&category=&sel_type=1&keyword=&id=01553e5471b4575e0b56ee34) (검색일: 2010. 2. 8).

14.1

국가안전보장회의는 이라크의 평화정착과 재건을 목적으로 2003년 3월 23일 건설공병과 의료지원단을 이라크에 파병하기로 결정하여, 2003년 4월 300여 명 규모의 서희부대와 제마부대를 파견하였다. 이후 2003년 9월 미국은 한국군의 추가파병을 요청하였고, 2003년 10월 전투병의 추가 파병이 결정되었다. 2004년 2월 국회 의결을 거쳐 2004년 9월 이라크 북부의 아르빌 지역에 파병된 자이툰Zaytun 부대는 2008년 12월 20일 완전 철수할 때까지 최대 3,800여 명이 이라크에 주둔하였다. 자이툰부대는 이라크 현지에 병원을 설립하고, 학교와 보건소 등을 건설하는 등 280여 곳의 시설물들을 건립하고, 현지 인력들을 교육시키는 작업들을 진행하였다. 한편, 쿠웨이트에 주둔한 다이만Daiman부대는 공군 수송부대로서 2004년 8월에 창단하여 10월에 파견되었고, 자이툰부대를 지원하기 위한 수송지원 임무를 띠고 있었다.

가피한 내용이라면, 이에 필요한 정책적 수단으로서 전시작전권을 환수하고, 자주국방의 기반을 강화함으로써 한국의 독자적인 외교적 역량을 강화시키는 것이 필요한 대응방안이라 할 수 있다.

　세 번째 '동북아 균형자론'은 비록 실패한 정책으로 평가되기는 하지만, 동북아시아 지역에서 독자적인 외교적 위상을 확보하고, 외교 관계를 주도해 나가겠다는 적극적인 의사를 피력한 측면에서는 노무현 정부의 외교정책 전략을 아주 분명하게 설명해 주는 내용이라 할 수 있다. 또한 동북아시아의 지역 패권을 둘러싼 유동적인 지역상황, 독도 문제와 역사 교과서 문제, 야스쿠니 신사 문제 등을 포함한 한·일 간의 긴장관계, 일본의 군사적 재무장과 보통국가화 시도, 중국의 급부상과 '중국 위협론'의 등장 등과 같은 불안한 동북아시아 지역 상황에 한국이 적극적으로 대처하기 위해 선택한 정책 개념이었다고 평가한다면, 한국의 외교적 주도권 행사를 위한 측면에서의 노무현 정부의 외교 전략은 앞서 언급한 두 가지의 사례들과 함께 유사한 측면들을 공유하고 있다고 할 수 있다.

3. 한·미동맹과 한·미관계의 변화, 그리고 노무현 정부의 선택

비록 노무현 대통령이 임기 동안에 한·미동맹의 폐기나 그 중요성을 부인한 적이 한 번도 없고, 기회가 있을 때마다 한·미동맹의 중요성을 강조했던 것이 사실이지만, 노무현 정부의 외교 전략 목표에 있어 한·미관계와 한·미동맹의 문제는 북한 핵문제로 인해 핵심적인 위상에서 다소 소외된 듯한 양상을 보였다. 그리고 한·미관계에 대한 노무현 정부의 대외정책 목표는 두 가지 방향의 서로 상충적인 내용들을 동시에 추구해야 하는 모순된 상황에 직면해 있었다. 한편으로는 북한 핵문제와 관련하여 한·미동맹을 강화하여 한반도의 안보를 확고히 보장하면서, 반미정서와 대북 인식 및 정책의 부조화를 극복하고 한·미관계를 전통적인 긴밀한 형태로 회복시켜야만 했다. 그러나 다른 한편으로는, 미국의 변화하는 세계전략에 맞춰 한·미동맹의 내용과 한·미관계를 새롭게 적응시켜 감으로써 전통적인 한·미동맹과는 차별적인 변화된 모습들을 발전시켜 가야만 했다. 결국, 노무현 정부 시기의 한국은 핵문제를 비롯하여 북한의 안보적 위협이 존재하는 만큼, 핵우산의 제공을 포함하는 한·미동맹의 필요성이 절실해지는 급박한 상황에 직면하였지만, 현실적으로는 미국의 필요에 의해 진행되고 있는 한·미동맹의 변화에 신속하게 적응해 가야만 하는 딜레마에 직면하고 있었던 것이다.

한·미동맹과 관련하여, 노무현 정부가 선택한 외교 전략은 '협력적 자주국방'의 개념과 '미래지향적' 한·미동맹, 그리고 '동반자적인 한·미관계'로 요약될 수 있다.[13] 우선, 자주국방이라는 용어와 관련하여, 노무

---

13) 국가안전보장회의(NSC) 상임위원회, 『평화번영과 국가안보: 노무현 정부의 안보정책 구상』 (서울: 국가안전보장회의 사무처, 2004), pp. 39~43.

현 정부는 과거 한국의 역대 정부들이 주한미군의 철수나 규모 축소에 직면할 때마다 예외 없이 사용해온 전략을 그대로 답습하였다. 특히 박정희 정권은 1969년 7월 닉슨독트린이 발표되자, 1970년 '자주국방'이라는 개념을 외교안보정책의 목표로 제시하였고, 1971년부터는 주한미군의 규모가 축소될 때마다 자주국방에 대한 강한 의지를 피력하며 이를 실천에 옮겼다. 노무현 정부도 한·미동맹과 공존할 수 있는 범위 내에서 이와 유사한 전략을 선택하였고, '협력적 자주국방'을 제시하였다. 미국은 2003년 5월 미래 한·미동맹 정책구상회의에서부터 주한미군의 감축을 요구하여 왔으며, 2003년 3월 이라크전쟁이 발발한 이후인 2004년 5월에는 주한미군의 1개 여단을 이라크로 차출하겠다고 한국에 통보하였다. 결국 주한미군의 감축에 대응하는 노무현 정부의 선택은 '협력적 자주국방'으로 구체화되었고, 이는 주한미군의 감축이 불가피한 상황에서 한국이 선택할 수 있는 적극적인 전략의 개념이었던 것이다. 두 번째로 노무현 정부는 미국의 세계안보전략이 유연성을 강화하는 형태로 변화하고 있고, 통상정책이 보수적인 형태로 변화하고 있는 것을 고려하면, 한·미동맹과 한·미관계 역시 경제적으로나 안보적으로 변화할 수밖에 없다는 점을 인정하였다. 그리고 변화하게 될 한·미동맹의 내용을 '미래지향적'이라는 용어로 표현하였다. 세 번째로 한·미동맹의 변화와 관련하여, 한국의 경제적 부담이 증가하고 있고, 한국군이 담당하는 군사적 기능이나 역할이 증대되고 있을 뿐만 아니라, 한국의 경제적 위상이 크게 부상한 현실을 수용하는 측면에서 노무현 정부가 선택한 개념이 바로 '동반자적 한·미관계'이다. 이 역시 변화할 수밖에 없는 한·미동맹과 한·미관계의 현실을 인정한 것으로서, 과거와 다른 한국의 적극적이고도 주도적인 위상을 부각시키기 위해 선택된 개념이라 할 수 있다.

결국 노무현 정부가 한·미관계와 관련하여 직면하고 있었던 외교적 딜레마를 극복하기 위하여 선택한 것은 과거의 전통적 관계로의 복귀보다, 변화할 수밖에 없는 한·미관계, 한·미동맹의 변화를 인정하고 적극적으로 수용하는 방안이었다. 2002년 한국 사회에서 심각하게 제기되었던 반미감정에 편승하여 대통령에 당선된 노무현 정부로서는 반미적 성향이 강한 정권이라는 평가를 극복하는 문제와 관련하여 상당한 고민에 빠졌겠지만, 결과적으로 선택한 외교 전략의 내용은 '변화'였으며, 변화에 대한 적극적인 수용과 적응이었던 것이다. 이는 한·미동맹의 필요성은 절실하지만, 과거와 같은 전통적인 한·미동맹과 한·미관계의 회복은 현실적으로 불가능하다는 것을 인식한 결과로 판단된다. 그리고 노무현 정부는 한·미동맹의 변화를 적극적으로 수용하는 대신, 한·미동맹의 공고함을 과시할 수 있는 별개의 정책을 선택하여 추진하는 모습을 보였다. 바로 한국군의 이라크 파병이며, 한·미 FTA 협상의 개시였다.

III. 노무현 정부의 주요 외교정책과 한·미동맹

1. 북핵 위기, 그리고 이라크 파병과 포괄적인 대북 지원

노무현 정부 시기 동안에 추진된 이라크 파병과 포괄적인 대북 지원, 북핵 위기 극복, 6자회담 등의 내용은 서로 독립적으로 이해될 수도 있는 개별적 내용이지만, 노무현 정부가 직면했던 외교환경, 그리고 이를 극복하기 위해 선택했던 외교 전략의 내용을 고려하면 이들이 서로 상당한 연관성을 갖고 있음을 확인할 수 있다. 우선, 노무현 정부는 2차 북핵 위기의 원인으로서 북한과 미국 간의 오해, 그리고 상대방에 대한 불신과 이해의 부족에 주목하였다.[14] 따라서, 노무현 정부는 그 해결책으로써, 북

---

14) 노무현 대통령이 2003년 3월 5일자에 진행한 영국 *The Times* 지와의 인터뷰 내용 참조. 노무현 정부 시절의 「청와대 브리핑」 내용 참조. (http://16cwd.pa.go.kr/cwd/kr/archive/archive_view.php?meta_id=speech&page=31&category=&sel_type=1&keyword=&id=2584028b92ac44601c58e8af) (검색일: 2010. 2. 10).

한과 미국의 기대치나 희망사항들을 잘 조절하고 중재하며, 서로를 이해시킨다면, 북한 핵문제가 쉽게 해결될 수도 있다고 판단하였다.[15] 비록 이러한 판단이 지나치게 자의적인 결론이었다 하더라도, 노무현 정부는 이러한 측면에서 북한과 미국 사이에서 양자 간의 입장을 조율하고, 서로의 이해관계를 조정해나갈 행위자로서 한국의 역할을 의식하였고, 이를 실행에 옮겼던 것이다.

먼저, 노무현 정부는 북한 핵문제에 대한 미국의 인식이나 대응을 통제할 필요성을 느꼈다. 노무현 정부는 2001년 9·11 이후 미국이 아프가니스탄전쟁을 완료하였고, 2002년 1월 부시 대통령이 '악의 축' 발언을 진행한 이후, 2003년 3월에 진행된 이라크전쟁 다음의 '선제공격' 대상으로서 북한을 대상으로 고려할 수 있다는 점을 의식하였다.[16] 1994년 클린턴 행정부도 북한의 핵시설에 대한 선제공격을 계획했던 점을 고려하면, 부시 행정부의 대북 선제공격 가능성은 전혀 무관한 것만은 아니었다. 더욱이, 2002년 1월에 공개된 미국 국방부의 핵태세보고서^{NPR: Nuclear Posture Review}에는 지하 벙커와 같은 'Hard and Deeply Buried Targets^{HDBT}'을 공격할 수 있는 소형 전술핵무기의 개발이 강조되었는가 하면,[17] 2002

---

15) 노무현 대통령은 2003년 4월 11일에 보도된 미국 *Washington Post* 지와의 기자회견에서 북핵문제 해결의 '새로운 길'로서 김정일 위원장이 핵과 미사일 야망을 포기하는 대가로 미국과 한국 및 주변국들로부터 체제 보장과 원조를 받는 것이라고 강조하였다. (http://16cwd.pa.go.kr/cwd/kr/archive/archive_view.php?metaid=speech&page=30&category=&sel_type=1&keyword=&id=01551ee49b1a084b98da3ef4) (검색일: 2010. 2. 10). 한편, 당시 북한은 자신의 대량살상무기가 미국의 공격으로부터 자신들을 보호하기 위한 방어용 무기라는 점을 강조하였다. 2002년 3월 13일자 북한 외무성 대변인의 담화 내용 참조. 『조선중앙통신』, 2002년 3월 13일 보도.

16) Gerald Geunwook Lee, "South Korea's Faustian Attitude: The Republic of Korea's Decision to Send Troops to Iraq Revisited," *Cambridge Review of International Affairs*, vol. 19 no. 3 (2006), pp. 481-493 참조.

17) 2002년 1월 미 의회에 제출된 미 국방부의 *Nuclear Posture Review* (8 January 2002)의 요약문은(http://www.globalsecurity.org/wmd/library/policy/dod/npr.htm) 참조 (검색일: 2010. 2. 10).

년 9월에 공개된 미국의 국가안보전략보고서NSS에서는 선제공격이나 예방공격의 개념들을 적극적으로 사용할 필요성을 강조하고 있었기 때문이다.[18] 따라서, 1994년의 김영삼 정부와 마찬가지로 노무현 정부에게 있어 가장 급박한 외교적 목표는 미국의 대북 선제공격 가능성을 차단하고, 북한 핵문제를 조속히 해결하여 한반도에서 전쟁이 발생하는 것을 예방하는 것이었다. 이를 위해 노무현 정부가 선택한 대미 정책의 구체적 전략이 바로 이라크 파병이었고, 이를 통해 미국의 한반도 정책에 영향을 미치는 정책수단을 확보하는 것이었다.

이라크에 파병된 다국적군들 중에서 미국, 영국 다음으로 많은 무장병력을 파병했던 한국의 파병은 노무현의 정치 스타일과도 부합되지 않았을 뿐만 아니라, 국내 여론의 심각한 반발에 직면하였고, 여당인 민주당의 반대로 인해 국회 의결도 쉽지 않았던 만큼 노무현 정부의 입장을 상당히 어렵게 했던 사안이었다. 그럼에도 불구하고 노무현 정부는 이라크 파병을 통해 한·미동맹을 강화하고, 반미정권이라는 이미지를 약화시키며, 미국의 대북정책에 영향을 미칠 수 있는 유용한 정책 수단을 확보하려는 전략적 선택을 시도하였다. 2003년 3월 20일 이라크에서 미국의 군사행동이 개시되자 노무현 정부는 즉각 지지 입장을 표명하였고, 국내 여론의 극심한 반대에도 불구하고 2003년 4월 2일 야당인 한나라당의 지지를 받아 파병동의안을 국회에서 통과시켰다. 이러한 모습들의 배경에는 바로 노무현 정부의 외교 전략적 판단이 작용하고 있었다. 개인적으로 '전쟁에 반대한다'는 입장을 밝혔던 노무현 대통령은 '이라크 파병안'의 국회통과가 지연되자, 2003년 3월 25일 여야 정당 총무들과 함께 식사하면서 파병안을 '빨리 처리해 줄 것'을 당부하며, '파병문제는 전략적 문제'이며, '파병함으로써 미국과의 관계에서 발언권을 더 세게 얻자

---

18) The White House, *The National Security Strategy of the United States of America* (Washington, D.C.: White House, September 2002).

는 국익차원에서 결정한 일'이라고 그 배경을 설명하였다.[19] 그리고 2003년 3월 26일 육군 제3사관학교 졸업식에서, 노무현 대통령은 "정부의 파병 결정은 북핵문제를 슬기롭게 풀어나감으로써 한반도의 평화를 유지해야 한다는 대단히 전략적이고도 현실적인 판단에 기초한 것입니다. 한·미 간 신뢰가 더욱 돈독해질 때 우리는 북핵문제의 해결과 북·미관계의 개선에 결정적 역할을 할 수 있는 토대를 갖추게 될 것"이라고 언급하였다.[20] 이러한 입장은 이라크 파병안이 국회를 통과한 2003년 4월 2일에 행해진 노무현 대통령의 국회 국정연설에서도 반복되었다. 그리고 이라크 파병안이 국회를 통과하자, 청와대 대변인이 4월 2일에 발표한 논평에서는 이라크 파병안이 북한 핵문제의 평화적 해결과 한반도에서의 전쟁 방지라는 전략적 판단과 관련되어 있음을 분명히 하고 있다.[21] 노무현 정부는 북핵문제와 관련하여, 미국의 행동을 견제하고 영향을 미칠 수 있는 정책수단으로서 미국의 취약한 부분을 지원할 수 있는 이라크 파병 문제를 대외정책 카드로써 적극적으로 활용하고자 하였던 것이다.

한편, 노무현 정부가 북한의 행동을 유도하거나 영향력을 행사하기 위해 사용한 전략적 선택은 '중대 제안' 또는 '포괄적 협력방안'으로 구체화되었다. 북한의 경제적 사정을 고려하면, 북한의 핵개발 프로그램의 본질은 체제생존과 경제적 발전, 그리고 국제사회로부터의 지원 확보라는 점과 긴밀한 관련성이 있을 것이라는 판단의 결과였다. 따라서 노무현 정부는 북한으로 하여금 핵개발 프로그램을 포기하도록 만드는 유인책으

---

19) 『조선일보』, 2003년 3월 26일자.
20) 국가기록원 대통령기록관의 노무현 대통령 연설문 참조. (http://16cwd.pa.go.kr/cwd/kr/archive/archive_view.php?meta_id=speech&page=30&category=&sel_type=1&keyword=&id=7ef328df02f1352aa7c32b8) (검색일: 2010. 2. 10).
21) 이라크 파병안의 국회 통과 후, 송경희 청와대 대변인의 논평 내용 참조. (http://16cwd.pa.go.kr/cwd/kr/archive/archive_view.php?meta_id=briefing&page=79&category=&sel_type=1&keyword=&id=e40ed6764c757da23089a720) (검색일: 2010. 2. 10).

로서 경제적 지원과 경제협력방안들을 잇달아 제시하는 모습을 보였다. 2003년 1월 24일 노무현 대통령당선자의 특사 자격으로 제33차 세계경제포럼WEF, World Economic Forum에 참석한 정동영 의원은 "과감한 북한 재건계획('북한판 마셜플랜')을 검토하고 있다."며, "만약 북한이 핵계획만 포기하면 상상하는 것 이상으로 보상받을 수 있다."고 강조함으로써 경제적 유인책을 북한에 제시하였다.[22] 그리고 노무현 대통령은 2003년 2월 25일 취임사에서 유라시아 철도 연결과 공동번영의 문제를 강조하였고, 2004년 6월 15일, 6·15남북공동선언 4주년 기념식에서는 '북한 경제를 획기적으로 개선시킬 수 있도록 적극 협력하겠다.'며, 경제적 지원을 위한 포괄적이고도 구체적인 계획을 준비하고 있음을 강조하였다.[23] 또한 2005년 5월 6자회담이 정체되어 있을 당시에도 6자회담 복귀의 대가로서 '중대 제안'을 북한에게 제의하면서, 북한의 행동 변화를 유도하기 위해 노력하였다.

결국, 북한 핵문제를 포함하여 새롭게 전개되고 있는 다소 낯선 외교 환경에 직면한 노무현 정부는 북한 핵문제의 조속한 해결이라는 외교목표를 달성하기 위하여 외교환경에 적극적으로 반응하는 입장을 선택하였고, 이는 북한과 미국 사이에서 양자의 외교정책을 조정하거나 조율하려는 시도로 나타났다. 노무현 정부는 북한과 미국 모두에게 익숙한 한국으로서는 양자 간에 존재하고 있는 오해와 불신의 문제를 설득을 통해 해결하는 데 보다 유용한 위치에 있다는 점에 주목하였다. 따라서 노무현 정부는 북한과 미국 모두가 한국의 정책결정에 긍정적으로 반응하고, 한국의 정책적 방향을 수용할 수 있도록 양자 모두에게 유인책을 제시해야만 했다. 그것이 바로 미국에게는 이라크 파병이며, 북한에게는 '중대 제안'

---

22) 『매일경제신문』, 2003년 1월 24일자.
23) 국가기록원 대통령기록관의 청와대 홈페이지 내용 참조. (http://16cwd.pa.go.kr/cwd/kr/archive/archive_view.php?meta_id=speech&page=19&category=&sel_type=1&keyword=&id=01552754474cf90dd4cc45c3) (검색일: 2010. 2. 10).

과 같은 경제적 지원책이었던 것이다.

2. '동북아 균형자론'과 능동적인 외교적 대응

북핵문제와는 별도로 한·미동맹과 연관된 두 번째의 전략적 대응으로서 '동북아 균형자론'의 제시를 검토할 필요가 있다. '반미 친중' 정책의 상징이라며 집중적인 비판에 직면하였던 '동북아 균형자론'이 등장하게 된 원인과 한·미동맹과의 관련성을 이해하기 위해서는 노무현 정부가 직면하였던 동북아시아의 국제적 환경에 대한 고려가 필요하다. 우선, 2002년부터 악화된 북한 핵문제와 이를 둘러싼 북한과 미국 간의 갈등은 물론이고, 한국은 과거에 비해 매우 낯선 국제적 환경에 직면하게 되었다. 무엇보다도 미국의 세계전략 변화와 주한미군의 감축은 한·미동맹과 관련하여, 한국으로 하여금 새로운 정책적 대안을 모색하도록 만들었다. 그리고 동북아시아의 비중 있는 행위자로 등장한 중국의 존재는 한국으로 하여금 냉전시기와는 전혀 다른 외교정책 기조로의 변화 또는 조정을 요구하고 있었다. 중국의 대외정책이 '도광양회韜光養晦'에서 '화평굴기和平崛起'로 변화하는 것 등과 관련하여, 한국은 결코 무관심할 수만은 없었다. 한국에게 있어 한·중 간의 경제적 관계는 한·미 간의 경제 관계를 대체할 만큼, 양자 간의 경제적 관계가 심화되어 가는 것은 물론이고, 북한 핵문제의 해결을 위해서도 중국의 지원과 협력은 반드시 필요한 전제조건이었기 때문이다. 반면, 일본은 정치의 우경화와 이로 인한 역사왜곡, 신사참배, 그리고 역사교과서 문제 등으로 인해 한국의 대일 감정을 훼손시키고 있었다. 특히 독도 문제는 일본에 대한 한국의 적대감을 크게 심화시켰고, 한국 정부의 적극적인 대응을 요구하고 있었다. 2005년 3월 일본 시마네현이 2월 22일을 '다케시마의 날'로 선정하는 조례를 통과시킨 것은 한국의 대일 적대감을 최고조에 치닫게 만들었다. 이러한 상황에도 불구하고, 한국의 유일한 안보동맹국인 미국은 탈냉전 이후 새로운 안보전략을 추진하기 시작하였고, 미·일 신가이드라인 등을 통해 미·일동맹을 강화함으로써 아시아태평양지역에서의 군사적 부담을 줄이는 대신, 일본의 역할을 확대시켜 가려는 모습을 보여왔다.[24]

과거 냉전시기에 한국이 직면했던 안보적 환경은 대체로 단순한 것이었고, 정책 선택 역시 크게 어렵지 않았다. 한국은 미국과의 긴밀한 협력하에, 미국의 대외정책과 세계적 수준의 안보정책 기조를 대체로 수용하기만 하면 되었기 때문이다. 그러나 탈냉전 이후 한국 외교정책 환경은 복잡해졌고, 중층화되었으며, 상호 연관된 다중적인 환경 속에 놓이게 되었다.[25] 한국 외교정책은 한·미동맹에 의존하는 것만으로는 해결될 수 없는 외교 현안에 직면하게 되었고, 정책 선택이라는 작업 자체가 매우 난해한 상황에 놓이게 되었다.

우선, 노무현 정부 시기의 한국 대외정책은 일방적인 친미 정책을 선택하는 것만으로 모든 현안들을 해결해주지 못하는 상황에 놓여 있었다. 미국이 한·미·일 3국의 안보적 협력관계를 강화시키려는 태도를 가지고 있었다는 점을 고려하면, 독도 문제와 역사 문제 등으로 인해 불편해진 한·일관계 속에서 한국 정부가 일본의 대외정책을 지지하고, 이에 동조하는 것은 현실적으로 불가능하였다. 더욱이 미국의 방관 또는 지지 속에서 군사력의 현대화와 첨단화, 그리고 보통국가화를 시도하고 있는 일본의 존재는 한국에게는 쉽게 수용할 수 없는 내용이다. 비록 미국의 일본 중시 정책, 즉 대아시아 정책과 상반된다 하더라도, 그리고 이로 인해 한·미동맹이 취약해진다 하더라도, 한국 정부는 일본에 대해 강경한 대

---

24) 배종윤, "동북아시아 지역질서의 변화와 한국의 전략적 선택: '동북아 균형자론'을 둘러싼 논쟁의 한계와 세력균형론의 이론적 대안,"『국제정치논총』제48집 3호 (2008), pp. 95-96.

25) 한국 외교정책의 정책적 환경변화와 관련해서는, 배종윤,『한국외교정책의 새로운 이해』, (파주: 한국학술정보, 2006), 제3장의 내용 참조.

14.2 '칼날이 칼집에서 빛을 감추고 어둠 속에서 은밀하게 힘을 기른다.'는 뜻의 한자어이며, 삼국지의 유비를 빗댄 고사성어에서 유래한 말로서, 1980년대 중국의 대외정책을 표현한 용어이다. 즉, 중국이 자신의 국방력과 같은 '빛'을 숨기고 어둠 속에서 재능과 능력을 드러내지 않은 채, 때를 기다리며 힘을 기른다는 의미로 사용되고 있다. 바로 중국의 국방 근대화 및 현대화 사업 등을 이르는 말이라 할 수 있다.

14.3 2003년 말부터 원자바오溫家寶 중국 총리와 후진타오胡錦濤 국가주석 등 제4세대 지도부가 사용하기 시작한 용어로서, "중국은 패권주의를 지향하지 않으며, 변화된 세계질서에 맞게 '평화롭게 우뚝 일어날 것'"이라는 의미를 가지고 있다. 즉, 중국의 경제적, 군사적 부상은 과거처럼 패권국이 되거나 세계질서를 위협하면서, 침략행위를 일삼는 국가를 지향하는 것은 아니라는 점을 강조한 것으로서, '중국 위협론'에 대한 일종의 반응적 대응이라 할 수 있다. 2004년부터는 화평발전和平發展이라는 용어를 병행하여 사용하고 있다.

응을 취해야만 했다. 더욱이 미국이 추진하고 있는 새로운 세계전략 속에서 주한미군의 감축과 전략적 유연성의 강화가 불가피하다면, 한국으로서는 한·미동맹에만 의존할 것이 아니라, 축소된 주한미군의 존재를 대체할 수 있는 새로운 안보적 대안들을 보완해 가야만 했다.

　　두 번째로, 한국 정부의 입장에서는 비록 경제적인 협력관계가 강화되어 가고, 북한 핵문제 해결에 상당한 도움을 줄 수 있는 존재로서 중국의 존재감이 커져가는 것은 사실이지만, 친중국 일변도의 정책만을 선택하는 것도 한계가 분명했다. 북한이라고 하는 적대적인 행위자가 존재하고 있고, 더욱이 핵무기 개발 프로그램을 가동하고 있는 만큼, 한국에게는 한·미동맹의 존재가 필수적이기 때문이다. 비록 경제적으로는 한·중관계가 한·미관계를 대체해 가고 있는 것이 현실이지만, 안보적으로는 한·중관계가 결코 한·미동맹을 대체할 수가 없기 때문이다. 따라서 '중국 위협론'을 제시하며 중국을 견제하고자 하는 일본과 미국의 입장을 고려하면, 한국 외교정책은 정책 선택에 있어 매우 난감한 상황에 놓여 있다. 더욱이 대만 문제의 위기적 상황 등과 관련하여, 전략적 유연성 개념에 근거한 주한미군이 우선적으로 해외 파견될 수 있다는 점이 지적되면서 한국의 입장에서는 한·미동맹의 지속과 한·중관계의 발전이라고 하는 상호간에 병립할 수 없는 가치를 동시에 추구해야만 하는 딜레마에 직면하게 된 것이다.

비록 한국의 입장에서는 독도 문제, 야스쿠니신사 참배, 역사교과서 문제, 정신대 문제 등 과거 역사에 대한 일본의 오만한 인식과 불량한 행보를 고려하면, 반일 성격이 강한 적대적인 외교정책 노선을 선택하여 중국 및 북한 등과 정책적으로 공조하여 일본에 공동 대응하는 것이 한국 국민의 감정적 대응에 충실한 방안이 될 수도 있다. 그러나 동북아시아 지역에서 지역 패권을 둘러싼 미·중 간의 견제와 중·일 간의 갈등이 심화되고, 한·일 간의 외교관계가 불안해지게 될 경우에 한국외교가 획득해야 할 궁극적 외교 목표의 확보 가능성은 더욱 낮아진다는 점을 고려하면, 한국 외교의 정책적 선택은 매우 어려운 환경에 놓이게 된 것이다. 북한 핵문제 해결은 물론이고, 한반도의 통일을 위해서는 중국을 포함하여 일본의 지원과 협력이 필요할 뿐만 아니라, 동북아시아 지역의 안보가 불안해지는 경우가 발생하는 것은 남북한 문제에 관심을 집중해야 할 한국의 입장에서는 결코 바람직한 현상이 될 수 없기 때문이다.

마지막으로 한국이 북한 핵문제와 무관하게 남북한관계의 개선에만 집중한다면, 이 역시 북핵문제의 우선적 해결을 강조하고 있는 미국과의 관계는 물론이고, 한·미동맹의 존재성 자체가 위태로울 수도 있다. 그리고 일본인 납치 문제의 우선적인 해결을 강조하고 있는 일본과도 정책적 공조를 유지하는 것이 힘들어지게 될 것이다. 반대로 '대량살상무기확산 방지구상PSI: Proliferation Security Initiative'의 경우처럼, 한국이 미국과 일본과의 공고한 정책 공조를 통해 북한에 대한 압박과 봉쇄에만 치중하게 될 경우에는, 오랜 기간 동안 점진적으로 개선해온 남북한관계는 원점으로 후퇴할 수도 있고, 한반도의 평화적 통일을 위한 토대 마련은 최악의 상황에 봉착할 수도 있다.

결국 노무현 정부 시기의 한국 대외정책은 미국을 포함하여, 중국, 일본, 북한 등과 관련하여, 한반도와 한반도 주변 국가 모두와의 긴밀한 관계를 유지하는 것이 필요하였다. 어느 한쪽만을 선택하는 것도 힘들었을 뿐만 아니라, 어느 한쪽을 외면하거나 경원할 수도 없는 상황이었다. 한국의 외교는 더 이상 한·미동맹에 의존하는 것만으로 이러한 문제들을 모두 해결할 수 있을 것이라고 희망하는 것이 현실적으로 불가능한 상황에 직면하게 되었다. 이와 관련하여, 노무현 정부가 선택한 것이 2005년 2월부터 3월까지 계속된 '동북아 균형자론'이었다. 비록 많은 비판과 논란이 제기되었던 것은 사실이지만, '동북아시아 역내의 갈등과 충돌을 방지'하기 위한 구상으로서, '불안정한 동북아시아의 국제환경에 적극적으로 대응하기 위한 수단'으로서[26] 노무현 정부는 '균형자'라고 하는 개념을 제시하며 적극적으로 대응하고자 하였다. '균형자론'에 대한 비판들 중에는 반미감정에 편승하여 집권에 성공한 노무현 정부가 '반미 친중'을 실현하기 위해 제시한 개념이라는 비판도 있었지만, 노무현 정부

---

26) 국가안전보장회의가 2005년 3월 30일에 설명한 내용 참조. NSC 사무처, "평화의 균형자, 새로운 동북아시대를 여는 노무현 정부 구상," 「청와대 브리핑」 제485호 (2005). 국가기록원 대통령 기록관 홈페이지 참조. (http://16cwd.pa.go.kr/cwd/kr/archive/archive_view.php?meta_id=news_data&id=a5781728447275e880004c3e) (검색일: 2010. 2. 13).

14.4 탈냉전 이후 대량살상무기의 확산이 국제사회의 통제력을 약화시킬 정도로 악화되고 있는 것과 관련하여, 9·11 이후 테러조직과 대량살상무기의 결합 가능성을 우려한 미국이 적극적으로 주도하여 탄생한 국제협력체제이다. 2003년 5월 폴란드에서 진행된 G-8 정상회담에서 부시 대통령이 PSI와 관련한 국제회의의 개최를 정식으로 제안하면서 시작되었고, 2003년 6월 12일 스페인 마드리드에서 1차 회의가 개최되었다. PSI는 기존의 비확산non-proliferation 개념보다 더욱 능동적인 반확산 대응 전략counter-proliferation strategy에 기반하고 있다. PSI에는 미국과 영국 등 약 90여 개국이 참여하고 있으며, 한국은 노무현 정부 기간 동안에는 옵서버 자격으로 참여하여 왔으나, 2009년 5월 25일 북한의 2차 북핵 실험이 있고 난 이후에는, 이명박 정부가 공식적인 참여를 결정하였다.

시기의 외교적 환경을 고려한다면, '동북아 균형자론'은 한·미동맹을 포함하여 모든 것을 잃어버리지 않으면서도, 모든 것을 얻을 수 있는 가능성을 열어두기 위한 선택이었다고 할 수 있다. 한국 외교정책의 전략을 사전에 결정하여 한국의 정책 선택을 스스로 제한하기보다는, 전개되는 정책 상황에 맞추어 독자적 판단을 진행하고 행동함으로써 한국외교의 정책 선택에 다양성을 확보하겠다는 유연한 전략적 대응을 의도한 것이었다고 평가될 수도 있기 때문이다.

3. 전시작전권 환수와 한·미동맹의 미래지향적 발전

1950년 한국전쟁에서 함께 싸웠고, 1953년 한·미동맹을 체결한 이후, 한·미 양국은 군사안보적 측면에서 매우 긴밀한 관계를 유지해 왔고, 한국은 군사안보적 측면에서 미국에 절대적으로 의존해 왔다. 확고한 한·미동맹의 모습은 한국군에 대한 작전지휘권의 유엔군사령부 또는 한·미

연합군사령부CFC: Combined Forces Command 이양과 '인계 철선'으로 이해되는 주한미군의 지속적인 주둔으로 상징되어 왔다. 그러나 비대칭적 성격이 강한 한·미동맹은 1969년에 제기된 닉슨독트린에 근거하여 1970년 주한미군 7사단이 철수한 이후부터 미국의 세계전략이 변화할 때마다 함께 변화해야만 했고, 한국은 이에 적응해 왔다. 그리고 1990년 탈냉전과 2001년의 9·11로 인해 미국의 세계전략은 다시 변화하기 시작하였고, 한·미동맹에 절대적으로 의존하고 있는 한국 정부는 새로운 선택과 대안을 통해 변화된 안보환경, 동맹환경에 적응해야만 했다.

1950년 이승만 대통령에 의해 유엔군사령관에게 이양된 한국군에 대한 작전통제권은 1978년 11월 7일 효율성을 강화하기 위해 신설된 한·미연합사로 이양되었다. 김영삼 정부 시기였던 1994년 12월 1일 평시작전통제권이 한국의 합참에 환수되었지만, 전시작전통제권은 계속 연합군사령관에게 귀속되어 있었다. 그러나 9·11 이후 미국의 세계전략이 변화되기 시작했고, 주한미군의 전략적 유연성 문제가 거론되면서, 한·미동맹의 성격과 역할을 조정해야할 필요성이 거론되기 시작하였다. 그리고 2002년 12월 제34차 한·미 연례안보협의회SCM: Security Consultative Meeting에서 '미래 한·미동맹 정책구상 공동협의'를 진행하기로 합의하고, 차관보급의 실무회의를 진행하면서 전시작전통제권 환수 문제를 다루었다. 2003년 4월 미래 한·미동맹 정책구상회의FOTA: the Future of the ROK-U.S. Alliance Policy Initiative에서 미래의 변화된 한·미동맹 관계와 함께 전시작전통제권의 이양 문제를 연구하기로 합의되었다.[27]

이후에도 주한미군의 성격 변화와 작전통제권 문제는 미국의 세계전략 변화와 병행하여 한·미 간의 안보적 현안으로 지속되어 왔다. 2003년 6월에 열린 한·미 국방장관회의에서는 주한미군의 재배치 문제, 즉 한강이남으로 주한미군을 재배치하는 문제에 대한 한·미 간의 합의가 이루어졌다. 그리고 2003년 11월의 제35차 한·미 연례안보협의회SCM에서는 '주한미군의 전략적 유연성'이 강조되면서, 주한미군의 해외 파병 가능성이 구체화되기도 하였다. 이 당시 럼스펠드 미 국방장관은 주한미군의 '전략적 유연성'을 반복해서 강조하고 있었고, 2003년 한국 대표단과의 면담을 진행하는 과정에서는 전시작전통제권의 이양문제에 대한 검토를 긍정적으로 진행하고 있음을 지적하기도 하였다.[28] 실제로 2004년부터 판문점 공동경비구역JSA 경비 업무를 포함하여 DMZ에 대한 수색과 정찰 등 주한미군이 담당하던 임무들의 일부분이 한국군으로 이양되기 시작하였다. 결국 2002년부터 한·미 간에 논의되기 시작한 전시작전통제권 문제는 2007년 2월 24일 합의에 이르게 되었고, 2012년 4월 17일을 기해 전시작전통제권을 한국군에 이전하기로 결정하였다.

미국의 해외 주둔 미군의 재배치전략과 세계군사전략의 변화로 인해 새로운 안보상황에 직면하게 된 한·미동맹에 대한 노무현 정부의 대응적 선택은 '협력적 자주국방'이며, '미래지향적 한·미동맹'의 발전으로 정리되었다. 50여 년 동안 지속되어온 한·미동맹이 한반도 중심적이고 북한의 군사력에 대한 대응과 견제의 성격이 강했다면, 변화를 요구받고 있는 새로운 한·미동맹은 탈한반도적이며 북한에 집중하는 것이 아니라 세계적인 보편적 안보위협에 대한 대응의 성격이었다. 따라서 한반도 내에 여전히 존재하고 있는 북한의 안보적 위협을 고려한다면, 한국 정부의 선택은 주한미군의 대응이 한반도를 벗어나야 한다는 점을 전제로 할 때, 최소한 한국군의 안보적 대응만큼은 한반도에 집중시키는 것이 필요하였고, 이에 맞는 한·미동맹의 새로운 적응이 필요하였다. 이러한 상황에 대하여 노무현 정부가 선택한 대응은 바로 전시작전통제권의 환수에 대한 합의라고 볼 수 있다. 전시작전통제권의 환수 결정과 관련하여, 국내적으로는 많은 비판과 논란이 제기되고 있는 것이 사실이지만, 성과에 대한

27) 김영호, "협력적 자주국방과 한미동맹 재조명,"『한반도 안보정세 변화와 협력적 자주국방』(서울: 통일연구원, 국방대학교 안보문제연구소, 2004), pp. 112-113.
28)『연합뉴스』, 2003년 2월 7일자.

논쟁과 무관하게 노무현 정부가 선택한 배경에 대한 분석에 집중한다면, 이는 변화된 환경에 대한 적극적인 대응의 하나라고 요약될 수 있을 것이다. 노무현 정부가 출범하기 전부터 미국에 의해 제기되었던 주한미군의 재배치 문제는 한·미동맹의 성격과 범위를 한반도에서 탈한반도로 재조정하는 문제와 연결되어 있었고, 이는 전시작전통제권의 전환 문제와도 직간접적인 관련성을 갖고 있었다. 이는 한국의 안보환경에 심각한 변화를 초래할 수밖에 없을 것이라는 점을 고려하면, 노무현 정부는 자주국방에 초점을 맞추어 주한미군의 역할 변화에도 불구하고 한국군은 한반도 안보문제에 집중할 수 있어야만 했고, 유동적인 성격을 띠게 된 주한미군으로 인해 한·미연합사의 기능이 애매해지기 시작한 것에 대응하여 전시작전지휘권 이양에 전격적으로 동의하는 선택을 한 것으로 판단된다. 바로 미국에 일방적으로 의존하는 안보가 아니며, 미국을 배제하는 자주국방도 아닌 상호간에 협력하는 '협력적 자주국방', 그리고 한·미동맹의 파기가 아니라 변화된 환경에 적응하기 위하여 미래형으로 발전해가는 '미래지향적 한·미동맹'이라는 개념으로[29] 능동적인 수용의 자세를 보인 것이라고 분석된다. 이런 점에서는 노무현 정부의 선택에 대한 이해와 관련하여, 박정희 정부가 1970년부터 제기하였던 '자주국방'의 개념, 김영삼 정부가 탈냉전 이후 시도했던 평시작전통제권의 환수 문제 등과 매우 유사한 상황인식과 외교적 대응전략이 작동되었다고 해석하는 것도 가능할 것이다.

---

29) 국가안전보장회의(NSC) 상임위원회, 『평화번영과 국가안보: 노무현 정부의 안보정책 구상』 (서울: 국가안전보장회의 사무처, 2004), pp. 40-45.

IV. 주요 외교정책의 전략적 판단과 한계

1. 이라크 파병과 중대 제안, 그리고 한국외교 역량의 현실적 한계

2차 북핵 위기의 해법으로서 노무현 정부는 부시 행정부의 대북 강경정책을 완화시키고, 국제사회가 오해할 수 있는 북한 김정일 정권의 돌출적 행동을 중단시키기 위한 방안들을 적극적으로 시도하였다. 노무현 정부는 이라크 파병과 포괄적인 대북 지원을 통해 미국과 북한 모두에 대한 한국의 영향력을 증대시키고, 양쪽의 행동을 유인할 수 있는 유용한 정책 수단들을 확보하여, 북한 핵문제가 대화와 타협을 통해 해결되도록 유도하고자 하였다. 실제로 북한과 미국이 6자회담의 틀 내에서 합의를 이루고 합의된 사항을 실행에 옮기는 경우에 한해서는 노무현 정부의 이러한 전략적 시도들이 전술적 측면에서 유용한 효과를 거두기도 하였다. 그러나 북핵문제를 포함한 전체적인 상황으로서는 노무현 정부의 의도대로 미국과 북한이 효과적으로 '유도된' 것만은 아니라는 점에서 긍정적인 평가를 얻기는 힘들다고 하겠다. 북한에 대한 미국의 군사력 사용과 같은 극단적인 진행이 현실화되지는 않았지만, 북한의 핵실험이나 미사일 발사, 그리고 미국의 대북 불신의 태도가 지속된 것들은 결코 한국의 외교적 역량이나 영향력으로 해소되기 힘든 사안들이었기 때문이다.

우선, 미국과의 관계에 있어 노무현 정부가 부시 행정부의 대북 강경노선을 본질적으로 개선시키고, 북한에 대한 미국의 기본적인 인식의 태도를 변화시키는 것은 현실적으로 불가능한 내용이었다. 물론 노무현 대통령은 2003년 3월 4일 영국 *The Times* 지와의 인터뷰에서 '부시 대통령을 설득하여 북·미 간 대화에 나서도록 하겠다.'는 자신감을 보이기도 하였다.[30] 그러나 결과적으로는 노무현 정부 임기 동안은 물론이고 그 이후

---

30) *The Times*, March 5, 2003 참조. 또는 청와대 홈페이지 참조. (http:// 16cwd.pa.go.kr/

에도 북한 핵문제를 완전히 해결하는 데에는 실패했기 때문이다.

한국이 한·미동맹의 일원으로서, 그리고 한반도 비핵화의 당사자라는 측면에서 북한 핵문제에 적극적으로 개입하고, 북핵문제의 평화적 해결을 위해 다양한 아이디어를 제공하며, 긍정적인 분위기를 조성하기 위해 노력한다는 점은 당연한 측면이라고 볼 수 있다. 그러나 미국의 대북정책의 근저에 흐르고 있는 미국 세계전략의 핵심 기조, 즉 핵확산의 방지와 엄격한 통제, 그리고 적절한 제재라고 하는 미국의 핵정책 기조에 대하여 한국이 행사할 수 있는 현실적인 영향력은 매우 제한적일 수밖에 없었다. 그리고 9·11 이후 미국의 세계전략의 일환으로 적용되는 대북정책에 대한 한국의 영향력은 한계점이 분명하다는 점을 고려하면, 한국이 아주 유용한 영향력을 행사하여 미국의 대북 인식을 완전히 변화시킬 수 있다는 판단은 현실성이 상당히 낮은 것이었다. 노무현 정부가 많은 노력을 진행했음에도 불구하고, 2002년 1월 부시 대통령이 '악의 축axis of evil'들 중 하나로 북한을 언급한 이후 계속된 미국의 대북 인식은 크게 변하지 않았기 때문이다. 2005년 1월 콘돌리자 라이스 국무장관 임명자가 인사청문회에서 북한을 '폭정의 전초기지outpost of tyranny'라고 규정했는가 하면, 2005년 12월 알렉산더 버시바우 주한 미대사가 북한을 '범죄 정권criminal regime'으로 규정하기도 하였고, 독재자라고 하는 김정일 정권에 대한 부시 대통령의 평가는 이후에도 계속되었으며, 결코 긍정적으로 변하지 않았기 때문이다. 더욱이 2005년 6자회담에서 9·19합의가 진행된 직후, 미국 재무성이 대테러전쟁의 일환으로 전격적으로 단행한 Banco Delta AsiaBDA 은행에 대한 대북 금융제재는 미국의 대북정책에 있어 한국의 영향력이 얼마나 제한적이고 분명한 한계성을 갖고 있는지를 확인시켜 주는 사건이기도 하였다.

cwd/kr/archive/archive_view.php?meta_id=speech&page=31&category=&sel_type=1&keyword=&id=2584028b92ac44601c58e8af) (검색일: 2010. 2. 21).

한편, 노무현 정부는 북한에 대해 6자회담에 참여하도록 유도한 것은 물론이고, 6자회담이 정체되어 있던 2005년 6월 17일 정동영 특사를 북한에 파견하여 김정일 위원장과의 면담을 통해, '6자회담에서 북한이 완전한 핵폐기에 합의할 경우에는 남한은 KEDO 대신 독자적으로 200만 Kw의 전력을 3년 이내에 직접 송전 방식으로 제공할 의사가 있다.'는 '중대 제안'을 제시하여[31] 북한을 6자회담에 복귀하도록 만들었고, 2005년 9월 19일에는 6자회담의 '공동성명'을 이끌어내는 데 적극적인 역할을 수행하기도 하였다. 그러나 북한을 전술적으로 6자회담에 참여하도록 유도하는 데에는 성공했지만, 핵을 포기하도록 만들만큼 노무현 정부의 유인책들은 효과적이지 못했고, 지속적이지 못했다는 점은 인정해야만 한다. 북한은 2006년 10월 9일 핵실험을 단행하였고, '핵 보유국 북한'이라는 위상을 인정받기 위해 노력해 왔던 점을 고려하면,[32] 노무현 정부는 물론이고 한국 정부가 북한의 행동을 변화시키기 위해 행사할 수 있는 영향력이나 정책적 수단은 매우 제한적이고, 분명한 한계가 있다고 할 수밖에 없기 때문이다.

북한이 1차 핵위기 때와 달리 2차 핵위기 시에 제시했던 핵개발 프로그램 작동의 공개적인 이유는 '전력 생산'이 아니라, '자위적인 안보 수단'이었다.[33] 그리고 북한이 핵무기를 보유해야 할 만큼, 안보적 위협을 느끼는 상대는 대테러전쟁을 이유로 아프가니스탄과 이라크를 선제공격한 '핵무장 국가'인 미국이었다.[34] 따라서 북한은 핵문제를 해결하기 위

---

31) 통일부, 『통일백서 2006』(서울: 통일부, 2006), pp. 22-23.
32) 2005년 1월 11일부터 14일 사이에 북한을 방문한 미국 하원 대표단에게 김계관 외무성 부상이 언급한 내용 참조.『국민일보』, 2005년 1월 24일자.
33) 북한 외무성 대변인은 2006년 10월 11일 발표한 담화를 통해 '자위적인 전쟁억제력을 강화하는 조치'로서 핵실험을 규정하였다.『조선중앙통신』, 2006년 10월 11일자.
34) 북한 외무성 대변인의 2003년 3월 29일자 발언, 2003년 4월 6일자 성명 내용 및 2003년 4월 18일자 발언 내용 참조.『조선중앙통신』, 2003년 3월 29일, 2003년 4월 7일, 2003년 4월 18일자 보도 내용 참조.

한 주된 상대인 미국과의 대화를 주장하고 있었고, 미국과의 평화협정 체결과 안보적 위협의 제거를 핵 프로그램 중단의 중요한 전제조건으로 제시해왔다. 이러한 과정에서 비록 '중대 제안'을 포함하는 한국의 대북 지원이 북한에게 절실한 내용이었다 하더라도, 한국의 대북 제의는 북한의 행동이나 인식을 바꿀 만큼 비중 있는 존재가 되지는 못했던 것이 사실이다. 따라서 한국은 '중대 제안'이라는 정책 수단을 적극 제시했음에도 불구하고, 2006년 7월의 북한 미사일 발사와 2006년 10월의 북한 핵 실험을 막을 수 있을 만큼 의미 있는 변수의 역할을 수행하지는 못했던 것이다.

이상에서 살펴본 바와 같이, 한국의 입장에서는 북한 핵문제가 한반도의 평화와 관련하여 매우 급박하고, 중대한 문제로서 한국이 주도적으로 해결하기를 희망하는 것이 당연한 내용이었지만, 북핵문제의 본질에는 국제적 성격이 다분했을 뿐만 아니라, 한국외교가 영향력을 행사하기 힘들 정도로 그 논의의 범위나 수준이 한국의 영향권을 벗어나고 있었던 것이다. 결국, 북한 핵문제 해결을 위해 노무현 정부가 주도적인 역할을 수행하고, 문제 해결을 위해 능동적으로 대처해 간다는 전략적 판단은 상당히 자기중심적인 상황 판단과 진단의 결과라고 할 수 있다. 미국과 북한이라는 행위자들이 한국의 존재에 대해 절대적으로 의존하고 있는 상황도 아닐 뿐만 아니라, 미국과 북한의 행동들을 지속적으로 유도할 수 있는 절대적 영향력이나 수단 또는 유인책을 확실하게 확보하지 못한 한국으로서는 이러한 시도에 대한 기대가 지나치게 컸던 것이 사실이다. 결과적으로 북핵문제를 결코 방임할 수만은 없었던 노무현 정부가 이라크 파병과 중대 제안 등을 통해 미국과 북한에 대한 한국의 위상을 상대적으로 신장시키고, 새로운 유인책을 마련하려는 능동적인 시도를 진행한 것은 의미가 있고, 부분적으로는 상당한 성과를 거둔 것도 사실이지만, 전반적으로는 힘에 부치는 전략이었을 뿐만 아니라,

최종적인 목표달성을 고려하면 현실적인 실현성도 크지 못했던 것이 냉혹한 외교적 현실이다.

2. 한·미동맹의 협력과 대북 인식의 차이

비록 한·미동맹을 근거로 북한 핵문제를 완전히 해결하지는 못했지만, 노무현 정부 시기에는 한·미 양국이 6자회담을 통해 2차 북핵 위기 해결을 위한 방안들을 마련하는 성과를 거두기는 하였다. 2005년 '9·19 공동성명'을 기초로, 2007년에는 '2·13합의'와 '10·3합의'를 마련하는 데 성공하였고, 2008년 6월 북한이 냉각탑을 파괴시킴으로써, 북핵 해결을 위한 3단계의 진행 중에서 '불능화disablement'의 2단계까지 진행하는 성과를 확보하기도 하였다. 그리고 부시 행정부는 이에 대한 대응으로 2008년 10월 테러지원국 명단에서 북한을 삭제하는가 하면, 적성국교역법 적용 대상에서 북한을 제외시키기도 하였다. 다른 한편으로, 북한이 핵개발 프로그램의 공식적인 이유로 제시하고 있는 '자위적 수단'으로서의 핵무기 개발 논리와 관련하여, 한·미 양국은 본질적인 문제 해결의 돌파구를 마련하기 위한 방안에 일정한 합의를 진행하기도 하였다. 2005년 6자회담의 9·19공동성명 제4항에 명시되어 있는 '당사국들은 별도 포럼에서 한반도의 영구적 평화체제에 관한 협상을 할 것'이라는 평화협정 체결 문제와 관련하여, 2006년 11월 APEC 회의에서 진행된 한·미정상회담 과정에서 '한국전쟁 종료 선언' 문제가 한·미 정상 간에 공감대를 형성할 만큼, 합의에 이르렀기 때문이다.[35]

---

35) 한반도의 평화협정 체결 문제는 무엇보다도 남한의 군사적 안보를 확보하는 문제, 주한미군의 지위 변경 문제, 남북한과 주변 국가들 간의 관계 재정립 문제 등이 함께 연계되어 있다는 점을 고려하면 간단한 문제는 아니다. 따라서 북핵문제 해결을 위해 미국이 북한에게 '안전보장'을 문서로 보장하는 것과 비교할 때, 평화협정 체결 문제는 좀 더 복잡한 측면을 갖고 있다. 관련 논의에 대해, 남만권, "'핵포기시 한국전 종료 선언'의 의미와 심각성."『동북아안보정세분석(Northeast Asia Strategic Analysis)』(서울: 한국국방연구원), 2006년 12월 6일 참조.

14.5 북핵 해결과 관련하여 6자회담에서 합의된 '행동 대 행동'의 원칙에 따라 설정된 세 단계의 내용은 '핵 동결freeze' 및 '폐쇄shut down'가 1단계의 내용이며, 2단계가 '불능화disablement', 3단계가 '폐기dismantlement'이다. 그리고 2005년 9·19공동성명과 이를 이행하기 위한 2·13합의, 10·3합의 등은 2단계인 '불능화'를 실현하기 위한 내용들을 담고 있다. 특히 2008년 6월 북한이 냉각탑을 파괴한 것은 '불능화' 실행의 상징적인 내용이라 할 수 있다.

한국전쟁의 종료를 선언하고 평화협정을 체결하는 문제는 한반도의 평화체제 구축과 관련하여, 노무현 정부가 추진하고자 했던 핵심적인 외교정책들 중의 하나였다는 점을 고려하면, 노무현 정부가 한·미동맹의 틀 내에서 해당 문제를 해결하기 위해 의미 있는 성과를 확보한 것으로 평가할 수도 있다. 노무현 정부가 평화번영정책에서 언급한 세 단계의 내용 중에서, 북한 핵문제가 해결되면 '한반도 평화체제'를 구축하겠다는 청사진의 내용과도 부합되기 때문이다. 즉, "불안정한 정전체제하에서의 상호불신 및 남북 적대관계를 청산하고 평화공존과 화해협력의 남북관계를 정착시켜 나감으로써 한반도의 항구적인 평화를 실현"하는[36] 문제를 한·미동맹을 통해 합의하였기 때문이다. 이는 제16대 대통령직인수위원회가 마련했던 『국정과제 보고서』에서 규정되었던 '한반도 평화체제'의 개념을[37] 적극 수용한 것으로서, 노무현 정부로서는 외교정책에 있어 의미 있는 성과를 확보한 것이라고 평가할 수도 있다.

이처럼 노무현 정부가 한·미 간의 입장을 조율하여 북핵문제와 관련

---

36) 국가안전보장회의, 『평화번영과 국가안보』(서울: 국가안전보장회의 사무처, 2004), p. 36; 통일부, 『통일백서 2006』(서울: 통일부, 2006), p. 25.

37) 제16대 대통령직인수위원회, 『대화: 제16대 대통령직인수위원회 백서』(서울: 국정홍보처, 2003), p. 239. 관련된 내용은 동일한 책자의 pp. 239–241 내용 참조.

한 일정한 성과물을 도출해 내었다는 점에서는 한·미관계 발전에 대한 긍정적인 평가를 내릴 수도 있다. 그러나 이라크 파병이라는 전략적 대응이 미국의 대북 인식이나 대북정책을 본질적으로 변화시키는 데에는 한계를 가지고 있었듯이, 한·미 양국의 협력으로 일정한 성과를 확보하기는 했지만, 양국 정부가 갖고 있는 대북 인식의 본질적 내용은 쉽게 조화되지를 못했고 빈번하게 대립하는 양상을 초래하였다. 이는 결과적으로 한·미 양국 관계와 한·미동맹을 약화시키는 것으로 평가되었고, 노무현 정부의 외교정책에 대한 부정적 평가로 귀결되었다.

노무현 대통령은 대통령 선거기간은 물론이고, 대통령 당선 이후에도 논란이 계속되었던 '반미'의 이미지를 개선하기 위하여, 한·미동맹의 중요성을 강조하는가 하면, 미국에 대한 호의적인 평가를 통해 미국에 대한 전략적 접근을 시도하기도 하였다. 2003년 5월 13일 미국을 방문하는 동안 Korea Society 주최 만찬에 참석하여, "만약 53년 전 미국이 한국을 도와주지 않았을 경우에, 나는 지금 이 자리가 아니라 정치범 수용소에 있을지도 모른다."며[38] 미국에 대한 강한 호감과 애정을 표현하기도 하였다. 그러나 노무현 대통령이 갖고 있던 독자적인 대미 인식과 대북 인식은 부시 행정부의 대북 인식만큼 쉽게 변하지를 않았다. 2003년 5월 2일 MBC TV와의 토론회에서, "친미 자주도 있을 수 있다. 자주만 얘기하면 반미주의자로 몰아붙이는 것은 바람직하지 않다."는 노무현 대통령의 발언을 비롯하여, 2004년 11월 미국 LA를 방문하여 World Affairs Council 주최 오찬 연설에서, "핵이 자위수단이라는 북한의 주장에 일리가 있는 측면이 있다."는 발언, 2005년 4월 17일 터키 동포들과의 간담회에서 언급한 "한국 국민들 중에는 미국사람들보다 더 친미

---

38) 국가기록원 대통령기록관의 청와대 홈페이지 「대통령 연설문」 내용 참조 (http://16cwd.pa.go.kr/cwd/kr/archive/archive_view.php?meta_id=speech&page=29&category=&sel_type=1&keyword=&id=2584121b4d5fb65a25b43576) (검색일: 2010. 2. 22)

적인 사고방식을 갖고 얘기하는 사람들이 있는 게 내게는 걱정스럽고 제일 힘들다.”는 발언, 2006년 7월 25일 국무회의에서, "미국은 일절 오류가 없는 국가라고 생각하십니까? 미국의 오류에 대해서는 한국은 일절 말하지 않아야 된다고 생각하십니까?” 등의 발언처럼, '개인적 소신'을 강조한 노무현 대통령의 발언들은 미국 당국으로 하여금 당혹감을 느끼게 만들었고, 노무현 정부에 대한 신뢰감을 약화시켰다. 부시 행정부의 대북 강경발언에 대해 노무현 정부가 느낀 당혹감만큼, 반미적 내용으로 이해될 수도 있는 노무현 대통령의 발언은 부시 행정부를 당혹스럽게 만들었던 것이다.

심지어 2003년 6월 부시 행정부의 주도로 스페인 마드리드에서 출범한 PSI와 관련해서도, 한국의 적극적인 참여를 독려해온 부시 행정부의 입장과 달리 노무현 정부의 태도는 다소 소극적인 양상을 보여 왔다. 한국은 2005년 이후 옵서버의 자격으로 PSI에 참가하여 왔으나 8개항으로 구성된 PSI의 내용 중에서, 역내외 훈련의 참관단 파견, 브리핑 청취 등 다소 소극적인 내용에 대해서만 참여한 채, 북한의 반발을 초래할 수 있다고 판단되는 정식 참여, 역내 차단훈련 시 물적 지원, 역외 차단훈련 시 물적 지원 등의 적극적 내용에 대해서는 참여를 유보해 왔다. 심지어, 2006년 10월 북한의 핵실험이 있고 난 이후, 유엔 안전보장이사회는 대북제재를 포함하는 안보리 결의안 제1718호를 통과시켰다.[39] 결의안의 내용에 따라 유엔 회원국들이 각자 제출한 대북제재의 내용과 관련하여, 노무현 정부가 2006년 11월 13일에 제출한 대북제제 이행방안에서도 PSI에 불참한다는 입장을 정리하였고,[40] 이는 미국의 바람과 다소 괴리감이 있는 내용이었다.

---

39) 2006년 10월 14일에 채택된 유엔 안전보장이사회 결의안 내용은, (http://daccess-dds.un.org/doc/UNDOC/GEN/N06/572/07/PDF/N0657207.pdf?OpenElement) 참조.
40) 『문화일보』, 2006년 11월 15일자 참조.

노무현 정부의 입장에서는 한·미동맹의 협력도 중요하지만, 남북한 관계가 최악으로 후퇴하지 않는 상태에서 일정한 관계 개선을 희망하고 있었고, 대북 지원과 같은 긍정적 유인책을 통해 북한의 행동을 유인하려는 입장을 견지하고 있었다. 그러나 부시 행정부의 대북 입장은 강경한 압박수단을 통해 북한의 행동을 유인하고자 하는 것이었다. 즉, 북핵문제와 관련하여 확실하고 검증 가능한 북한의 행동이나 반응이 나오지 않는 한 대북 지원에 대해서는 부정적인 입장을 갖고 있었고, 극단적인 경우까지도 고려하고 있었던 부시 행정부의 태도와 비교하면, 노무현 정부의 이러한 대북 인식은 결코 조화되기 힘든 내용이었다고 할 수 있다. 결국 노무현 정부는 한·미동맹을 강화하고, 한·미 양국관계의 발전을 위해 전략적 대응을 진행하였고, 일부 사안에 있어서는 의미 있는 성과를 확보하기도 하였지만, 대북 인식에 있어 분명하게 구별되는 한·미 양국 정부의 입장 차이와 이로 인한 차별적인 대응은 한·미동맹과 한·미 양국 관계의 발전과 관련한 긍정적 평가를 어렵게 만들고 있었다.

3. '동북아 균형자론'과 전략적 치밀함의 부족

미국과 중국, 일본, 북한을 포함하여 동북아시아 지역의 복잡해진 외교적 상황으로 인해 외교적 딜레마에 직면하였던 노무현 정부는 적극적인 대응의 개념으로서 '동북아 균형자'를 제시하였다. 이는 동북아시아 역내 국가들과 최악의 외교적 관계가 전개되는 것을 차단하고, 한국의 능동적인 대응을 통해 한국의 국가이익을 최대한 확보하겠다는 의지의 구체적 개념이었다.[41] 그러나 2005년 2월 말부터 약 1달의 기간 동안 노무현 정부에 의해 제기된 '동북아 균형자론'은 한국의 전략적 대응의 필요성에 대한 평가와 무관하게, 국내외의 집중적인 비판에 직면하였고, 결과

---

41) 박영준, "'동북아균형자'론과 21세기 한국외교,"『한국정치외교사논총』, vol. 28 no. 1, pp. 162.

적으로 실패한 정책으로 귀결되고 말았다. 2005년 2월 25일 국회 국정연설에서 노무현 대통령이 "우리 군대는 스스로 작전권을 가진 자주군대로서 동북아시아의 균형자로서 동북아 지역의 평화를 굳건히 지켜낼 것"이라고 발언한 이후, 2005년 3월 1일 기념사, 3월 9일 공군사관학교 졸업식 축사, 3월 22일 3군사관학교 졸업식 축사, 3월 23일 육군사관학교 졸업식 축사 등을 통해 한국의 '균형자'적 역할과 균형자적 위상에 대한 언급을 반복하였다. 그리고 3월 30일에는 청와대가 '균형자' 개념을 제시한 배경으로서, '한·미동맹을 토대로 동북아시아의 평화와 발전을 위한 한국의 미래 전략'이며, '불안정한 동북아시아 정세를 극복하고 안정과 질서를 형성하는 데 한국이 적극적이고 역동적인 행위자로서의 역할을 수행하겠다.'는 결의라는 점을 강조하였다.[42]

그러나 '동북아 균형자론'은 국내의 집중적인 비판에 직면하면서, 정책적 지지 세력을 확보하는 데 실패하였고, 균형자적 역할은 '무모한 시도'로 평가되었다. 한국의 보수진영에서 제기했던 균형자론에 대한 비판들은 크게 세 가지로 구분될 수 있는데, 첫째, 균형자라는 용어가 국제정치에 있어 현실주의의 전형적 이론인 세력균형이론의 핵심 개념인 만큼, 21세기의 외교정책 개념으로는 적합하지 않는 시대착오적 발상이라는 비판이었다. 둘째, 한국의 외교적 위상이나 능력 등을 고려하면, '균형자'로서의 한국의 존재는 과대 망상적이며, 무모한 '외교적 독백'에 불과하다는 비판이었다. 셋째, '균형자'의 전형적인 개념을 고려할 때, 한국이 균형자적인 역할을 수행하려면 한·미동맹을 파기해야만 가능한 만큼, 정책의 기본적 인식이 반미적 태도에서 출발하였고 한국의 안보에 대해 매우 불순한 의도를 가진 정책이라는 비판이었다. 반면, 균형자론은 진보진영으로부터도 환영받지 못하였다. 진보진영에서는 비록 노무현 정부가

---

42) NSC 사무처, "평화의 균형자, 새로운 동북아시대를 여는 노무현 정부 구상," 『청와대 브리핑』 제485호 (2005년 3월 30일).

미국에 대해 독립적인 주장을 제기하기 위한 시도를 진행했다는 점에 대해서는 긍정적으로 평가했지만, '균형자'라는 용어 자체가 이미 냉전적 발상이며, 한·미동맹을 인정하는 한 균형자의 역할은 사실상 불가능하다며, 비판적 입장을 보였다.[43]

결국 노무현 정부는 주한미군의 위상 변화를 포함하여, 새롭게 등장하기 시작한 주변 환경에 적극적으로 대응하고, 동북아시아 지역 국가들과의 관계에 있어 유용한 해법을 찾는 방안을 시도하였으나, 균형자론에 대한 노무현 정부의 심도 있는 고려와 준비의 측면에서는 부족한 면이 많았다. 이는 노무현 정부가 균형자론을 지속적으로 제기하고, 비판 세력들을 설득시켜 지지 세력으로 변화시키는 데 필요한 추진력을 확보하지 못한 배경이 되기도 하였다. 균형자론이 철저하게 준비된 대응이며, 동북아시아의 상황을 주도해 가는 대응이었다기보다는 환경에 반응해 가는 차원에서 다소 즉흥적으로 제기된 측면이 강했다는 사실은 한 달여 동안 진행된 청와대의 행보에서도 확인된다. 2005년 2월 말 이후 청와대가 보여준 행보들은 전략적으로 계산되고 다양한 측면들을 고려한 치밀하게 계산된 행동이었다기보다는, 가볍게 문제를 제기하고 국내의 비판에 변명해 가는 대응의 성격이 강했기 때문이다. 그리고 균형자론의 배경과 개념 등에 대한 청와대의 해명 또한 한 달여의 시간이 경과한 이후에서야 제기되었고, 청와대를 제외한 어떠한 정부 부처도 균형자론의 개념을 제대로 이해하고 이를 실행에 옮기기 위한 행보를 진행하지 않았다는 점도 노무현 정부의 준비 부족을 엿볼 수 있는 측면이라 하겠다. 두 번째로, 노무현 정부는 '균형자'라고 하는 능동적인 개념을 제시한 것과는 달리, 동북아시아 지역에서 균형자적인 역할을 한국이 담당해 가는 것에 대한 분명

---

43) 동북안 균형자론에 대한 비판의 내용과 반박의 내용들은 배종윤, "동북아시아 지역 질서의 변화와 한국의 전략적 선택: '동북아 균형자론'을 둘러싼 논쟁의 한계와 세력균형론의 이론적 대안," 『국제정치논총』 제48집 3호 (2008), pp. 98-100 내용 참조.

한 자신감을 갖고 있지는 못했던 것으로 판단된다. 노무현 정부는 한 달여 만에 너무 쉽게 균형자의 개념을 포기하였고, 개념을 발전시켜가는 문제도 더 이상 시도하지 않았기 때문이다. 이러한 측면은 한 국가의 외교정책이 갖고 있는 정책적 중요성과 신중함의 필요성에 대한 노무현 정부의 인식 내용이 다소 가벼웠던 것이 아닌가 하는 판단을 하게 만든다. 따라서 세 번째의 평가로서, 외교정책의 영역에서 의욕은 있었으나 그 대응 방식이 보다 치밀하고 세련되지 못했던 노무현 정부의 외교정책은 대내외적으로 신뢰를 얻는 데 실패하게 되었고, 이는 노무현 정부의 의도와는 달리 노무현 정부 외교정책에 대한 국제사회의 지지를 취약하게 만드는 요인으로 작용하게 되었다. 그리고 이는 노무현 정부 외교정책의 전반적인 성과들이 확고한 기반을 마련하는 데 부정적인 요인으로 작용하게 되었다고 할 수 있다.

V. 맺음말

2002년을 전후하여 한국의 외교는 다양한 정책 환경의 변화에 직면하고 있었다. 그리고 2003년 2월에 출범한 노무현 정부는 이러한 환경 변화에 대응해야만 했고, 정책적 대안을 마련해야만 했다. 이는 '변화'의 거부가 아니라 수용으로 나타났고, 소극적인 방관자적 태도가 아니라 적극적이고 능동적인 적응으로 표현되었다. 그러나 노무현 정부가 진행한 적극적인 외교적 대응과 외교정책들은 그 의도와는 달리, 다소 자의적이고 일방적인 상황 판단과 정책 평가에 의해 진행되는 양상을 보였다. 이로 인해 노무현 정부의 외교정책들은 국내외의 광범위한 지지를 확보하는 데 한계적인 모습을 보였고, 결과적으로는 전술적 측면에서의 부분적인 성과와는 달리, 전반적인 평가에서는 큰 의미를 확보하지 못하게 되었다.

북한 핵문제와 관련하여, 2차 북핵 위기는 그 성격이 한반도적 상황을 벗어나 국제적인 현안의 성격을 띠고 있었다. 따라서 한국의 희망과는 달리 한국 외교가 주도적인 역할을 담당하기에는 그 위상이 상당히 제한적인 양상이었다. 북한은 물론이고 미국에 대한 노무현 정부의 전략적 외교정책들은 그 효력이 제한적일 수밖에 없었고, 양국의 행보를 한국의 의도대로 유도하기에는 한국외교의 존재감이 절대적이지 못하였다. 그리고 한·미동맹에 절대적으로 의존하고 있는 한국과 달리, 미국에게 있어 한·미동맹은 세계안보전략의 한 부분에 불과했다는 점을 고려하면, 노무현 정부의 대미 정책은 미국의 세계전략을 수용하고, 이에 따른 보완책을 마련하는 수준에 집중되어야만 했다. 결국 '동북아 균형자'의 역할도 한국외교의 전략적 의도를 구체화시킨 것은 의미가 있었지만, 상대방을 고려하지 않은 채 일방적인 판단에 의해 추진되면서, 대내외적으로 한국외교의 본심만 노출시켰을 뿐, 이에 대한 지지와 동조를 확보하는 데에는 실패하고 말았다.

결국 노무현 정부의 외교정책들이 분명 한국의 국가이익을 실현시키기 위한 방안이었음에도 불구하고, 국제사회는 물론이고 국내적으로도 지지를 얻지 못한 배경과 관련하여, 노무현 정부의 외교정책들이 그 본의와 무관하게 추진 방식이나 유형들이 철저한 준비와 공고한 객관성을 확보하지 못한 상태에서 자기중심적 판단에 의해 성급하게 진행된 결과라고 지적될 수 있다. 이는 또한 노무현 정부의 외교정책들이 치밀한 전략수립과 풍부한 정책 수단의 확보가 선행되지 못한 채 추진되었던 배경이될 수 있으며, 세련되지 못한 집행으로 귀결된 원인이 되었다고 하겠다. 그리고 이러한 측면은 과거 정권들과 차별적인 새로운 외교정책들을 대안으로 제시하기를 희망했던 노무현 대통령과 청와대 참모들의 대부분이국내의 민주화에 헌신해 왔다는 점, 그리고 외교적 현안들에 대한 전문적인 노하우나 경험들이 풍부하지 않았다는 점과도 무관하지 않았을 것으로 판단된다.

15

노무현 정부의 FTA 정책과
한·미 FTA 추진과정

이승주(중앙대학교)

목차

주요어 지역무역협정, 특혜무역협정, 자유무역협정(FTA), 세계무역기구(World Trade Organization;
WTO), 관세와 무역에 관한 일반협정(General Agreement on Tariffs and Trade; GATT),
수출지향산업화, FTA 로드맵, 동시다발적 FTA, 거대선진경제권과의 FTA

요점정리

1. 노무현 정부의 FTA 정책의 형성에는 무역자유화의 확대와 지역주의 강화라는 대외환경의 변화와,
   경제적 양극화로 인한 사회적 갈등과 경제체제의 업그레이드의 필요성과 같은 국내정치적 환경 변
   화가 영향을 주었다.
2. 노무현 정부는 개방형 통상국가의 실현이라는 FTA 추진 목표를 구체화하였고, 김대중 정부의 수세
   적·방어적 FTA 정책에서 벗어나 공세적 FTA로 전환하였다.
3. 노무현 정부는 동시다발적 FTA와 거대선진경제권과의 FTA라는 두 개의 축을 중심으로 FTA 정책
   을 추진하였다.
4. 노무현 정부의 FTA 정책은 변화하는 대외 환경에 대한 방어적 대응에서 탈피하는 계기가 되었고, 국
   내 경제체제의 변화와 연계하여 추진되었다는 데 의의가 있다.
5. 노무현 정부에서 추진된 한·미 FTA의 체결을 위해 국가경쟁력 강화, 국내 제도의 선진화, 소비자 이
   익의 증대 등 과거와 차별화된 FTA 추진 논리를 제시하였다.
6. 노무현 정부는 경제적 이익의 적극적 실현을 위해 미국 등 거대선진경제권과 광범위한 자유화를 내
   용으로 하는 FTA의 체결을 위해 국내적으로는 피해집단에 대한 대규모의 보상을 지급하였다.

사건일지: FTA 추진현황 및 의의

진행 단계	상대국	추진현황	의의
체결 및 서명	칠레	1999년 12월 협상 개시, 2003년 2월 서명, 2004년 4월 발효	최초의 FTA 중남미 시장의 교두보
	싱가포르	2004년 1월 협상 개시, 2005년 8월 서명, 2006년 3월 발표	ASEAN 시장의 교두보
	EFTA	2005년 1월 협상 개시, 2005년 12월 서명, 2006년 9월 발효	유럽시장 교두보
	ASEAN	2005년 2월 협상 개시, 2006년 8월 기본·분쟁 상품무역협정 서명, 2007년 6월 발효, 2007년 11월 서비스무역협정 서명, 2009년 5월 발효, 2009년 4월 투자협정 협상 타결, 2009년 6월 서명	우리의 제5위 교역상대국; 동아시아 지역주의를 위해 경쟁
	미국	2006년 6월 협상 개시, 2007년 6월 협정문 서명	거대선진경제권
	인도	2006년 3월 협상 개시, 2009년 2월 9일 가서명	BRICs국가, 거대시장
협 상 진 행 단 계	EU	2007년 5월 협상 개시, 2009년 3월 제8차 협상(공식협상 종료)	세계최대경제권(GDP 기준)
	캐나다	2005년 7월 협상 개시, 2008년 3월 제13차 협상	북미 선진 시장
	GCC	2007년 11월 사전협의 개최, 2008년 7월 제1차 협상, 2009년 3월 제2차 협상	자원부국, 아중동 국가와의 최초 FTA
	멕시코	기존의 SECA를 FTA로 격상하여 2007년 12월 협상재개, 2008년 6월 제2차 협상	북중미 시장 교두보
	페루	2007년 10월-2008년 5월 민간공동연구, 2009년 3월 제1차 협상, 2009년 5월 제1차 협상 개최	자원부국 및 오세아니아 주요 시장
	호주	2007년 5월-2008년 4월 민간공동연구, 2008년 10월, 12월에 2차례 정부 간 예비협의 개최, 2009년 5월 제1차 협상 개최	자원 부국 및 오세아니아 주요 시장
	뉴질랜드	2007년 2월-2007년 11월 민간공동연구, 2008년 9월, 11월 2차례 정부 간 예비협의 개회, 2009년 6월 제1차 협상 개최	오세아니아 주요 시장

협상 준비 또는 공동 연구	터키	2008년 6월 공동연구 개시, 2008년 9월 제1차 공동연구 회의, 2009년 5월말 공동연구 종료 후 협상 개시를 위한 국내 절차 추진 예정	유럽·중앙아시아 진출 교두보
	콜롬비아	2009년 상반기 중 민간공동연구 개시, 2009년 하반기 공동연구 종료 후 협상 개시를 위한 국내절차 추진 예정	자원부국, 중남미 신흥시장
	일본	2003년 12월 협상 개시, 2004년 11월 6차 협상 후 중단, 2008년 12월 협상 재개 환경조성을 위한 제2차 실무협의	우리의 제3위 교역상대국
	중국	2007년 3월 산·관·학 공동연구 출범, 2008년 6월 산·관·학 공동연구 제5차 회의 개최	우리의 제1위 교역상대국
	MERCOSUR	2005년 5월~2006년 12월 정부 간 공동연구(2007년 10월 연구보고서 채택)	BRICs국가, 자원부국
	러시아	2007년 10월 공동연구그룹 출범, 2008년 7월 제2차 공동연구그룹 회의 개최	BRICs국가, 자원부국
	SACU	2008년 12월 민간공동연구 개시 합의	아프리카 진출 거점, 자원부국
	한·중·일	2003년부터 한·중·일 3국 간 민간공동연구를 통해 국간 FTA의 경제적 효과 연구 및 산업별 영향 분석을 진행, 2009년부터 제2기 연구 개시 예정	1999년 3국 정상회의 성과사업으로 추진

(출처: 한국외교 60년 (2009) p. 474)

I. 머리말

자유무역협정Free Trade Agreement: FTA은 일반적으로 관세 인하 및 철폐뿐 아니라, 금융 및 교육 등 서비스 부문의 개방, 경제 협력, 국내 제도개혁 등 협정 당사국 간 경제 통합을 목표로 하는 협정이다. FTA가 그 범위와 정도에 있어서 종전의 WTO를 중심으로 한 다자주의적 통상협상보다 훨씬 더 광범위하고 심도 깊은 자유화 조치로 평가된다. 한국 사회의 일각에서 "자유무역협정FTA은 자유무역협정이 아니다."라는 역설적 표현을 사용하는 이유는 여기에 있다. 전통적으로 다자 무역 체제의 대표적인 수혜자로서 단 하나의 지역무역협정Regional Trade Agreements: RTA도 체결하지 않았던 한국이 FTA를 추진하기 시작한 것은 한국 통상정책의 일대 전환이다. 한국의 FTA 추진은 1998년 김대중 정부 당시 대외경제조정위원회에서 FTA 체결을 추진하기로 결정하고, 첫 대상국으로 칠레를 선정함으로써 공식화되었다. 노무현 정부의 FTA 정책은 김대중 정부의 정책을 일정 부분 계승하면서도, 추진 과정에서 질적인 변화를 겪었다는 양면성을 갖는다. 여기에서는 노무현 정부의 FTA 정책에 변화를 초래한 대내외 환경, FTA 정책의 목표, FTA 추진전략의 특징, FTA 정책의 전개 과정, FTA 정책의 의의와 시사점을 검토하고자 한다.

II. FTA 정책의 국내외 환경

1. 대외적 환경

한국은 1960년대 본격적인 산업화에 착수한 이래 가트GATT를 중심으로 한 다자주의 국제통상체제의 대표적인 수혜자인 동시에 강력한 지지자였다. 한국이 경제발전 전략으로 채택한 수출지향산업화export-oriented

| 참고 | 지역무역협정(Regional Trade Agreements; RTA) |

15.1

특혜무역협정이라고도 불리는 지역무역협정은 학자에 따라 다양하게 정의되고 있다. 지역무역협정에 대한 가장 일반적인 정의는 '체약국 간에 체약국 제품에 대해 관세와 기타 제한적인 무역규정들이 실질적으로 모든 교역substantially all the trade에서 제거되는 것'으로 정의되고 있다. 이 정의는 기본적으로 상품교역에 한정하여 지역무역협정을 규정하고 있다. 물론 1990년대 이후에 체결된 지역무역협정은 상품분야 외에도 서비스, 투자, 지적재산권, 정부조달, 경쟁정책, 환경 등을 대상으로 확장되는 추세이므로 포괄적인 정의가 필요하나 이 경우에도 상기 원칙이 그대로 준용된다고 볼 수 있다. 지역무역협정은 협상의 범위가 매우 넓다고 하나 무엇보다도 관세와 비관세 장벽의 철폐로 기대되는 회원국 간 시장접근의 확대가 가장 중요한 요소이다.

industrialization: EOI의 성공적 실행은 자유무역질서가 유지 또는 진전되는 열린 세계시장이 전제가 되었다. 한국의 지속적인 경제발전과 자유무역의 증대는 일종의 동전의 양면인 것이다. 한국이 1990년대 중반까지 WTO 중심의 다자주의 통상협상에 주력하고, 지역주의 또는 FTA과 같은 특혜무역협정Preferential Trade Agreement: PTA을 체결하지 않았던 것은 다자통상체제의 유지가 한국에 가져다주는 이득이 지대했기 때문이다.

그러나 1990년대 중반 FTA 추진을 공식화함으로써 한국의 통상정책에 커다란 변화가 발생하였다. WTO 체제의 출범 이후 무역자유화 협상의 성격 변화가 그것이다. FTA의 수용을 촉진하였다는 인식이 FTA 추진의 배경으로 작용하였다. 첫째, WTO 출범은 선진국과 개도국 사이에 무역자유화의 범위를 둘러싼 논쟁이 치열하게 전개되는 계기가 되었다. WTO가 이후 농업 등 국내 정치적으로 대단히 민감한 산업 분야를 무역자유화의 대상으로 포함하였기 때문이다. 이러한 시도는 도하개발아젠다DDA에서 지지부진한 협상의 결과가 말해 주듯이 농업 자유화를 둘러싼

15.2 관세와 무역에 관한 일반 협정General Agreement on Tariffs and Trade: GATT

세계무역기구WTO체제 이전의 체제로서, 제2차 세계대전 후반인 1944년 뉴햄프셔 주의 브레튼 우즈에서 있었던, 브레튼 우즈 회의의 결과 창설되었다. GATT는 국제협정으로, 조약과 매우 유사하다. 미국법하에서는 집행력이 있는 협정으로 분류된다. GATT는 "무조건 최혜국대우 공여원칙"에 의거하고 있다. 이는 다자간 교역규범의 가장 중요한 원칙인 비차별성을 강조한 것으로, 가장 많은 혜택을 입는 국가에 적용되는 조건이(즉 가장 낮은 수준의 제한) 모든 다른 국가에도 적용되어야 한다는 것을 의미한다.

세계무역기구World Trade Organization: WTO

회원국들 간의 무역 관계를 정의하는 다수의 협정을 관리 감독하기 위한 기구이다. 세계무역기구는 1947년 시작된 관세 및 무역에 관한 일반협정General Agreement on Tariffs and Trade, GATT 체제를 대체하기 위해 등장했으며, 국가 간의 자유로운 무역을 촉진하기 위해 세계 무역 장벽을 감소시키거나 철폐하는 것을 목적으로 하고 있다.

특혜무역협정Preferential Trade Agreement: PTA

특혜무역협정은 특정 국가로부터 특정 상품에 대한 우선적인 접근을 허락하는 무역 블록이다. 이는 관세를 줄여주지만 완전히 폐지하지는 않는다. 예를 들면 유럽연합의 초기 단계와 ACP 국가를 들 수 있다. 특혜무역협정은 무역협정을 통하여 이루어지며, 경제통합의 가장 낮은 단계라고 볼 수 있다.

선진국과 개도국 간의 갈등을 격화시켰다.

여기에 더하여 WTO하의 무역자유화 협상은 관세 및 비관세 장벽의 완화에 초점을 맞추었던 전통적인 무역자유화에 대한 접근법에서 탈피

참고

도하개발아젠다(Doha Development Agenda; DDA)

15.3 2001년 11월 9일부터 14일까지 카타르Qatar의 도하Doha에서 열린 세계무역기구 제4차 각료회의에서 합의되어 시작된 다자간무역협상으로 '도하개발의제' 또는 '도하개발아젠다'라고 한다. 1986년 9월부터 1993년 12월까지 진행되어 세계무역기구를 탄생시켰던 우루과이라운드Uruguay Round: UR의 뒤를 이어 새로운 세계 무역 질서를 만들기 위해 추진되었으며, 농업과 비농산물, 서비스, 지적 재산권 등의 다양한 분야를 포함한 무역자유화를 목표로 한다.

하여, 노동, 서비스GATS, 무역관련 지적재산권TRIPs, 무역관련 투자조치TRIMs 등을 포함하여 무역자유화의 범위를 확대하는 데 초점을 맞추었다. 이러한 변화는 단지 무역자유화의 범위가 확대된다는 데 그치는 것이 아니라, 경제발전을 관리하고 조정하는 정부의 역할을 제한하는 결과를 초래하였다는 데 더 큰 의미가 있다.[1] 선진국과 개도국 사이의 무역자유화의 범위와 정도를 둘러싼 갈등은 다자 수준의 무역자유화 협상의 난항을 초래한 근본적 요인이었으며, 양 진영 사이의 이견은 단시간 내에 좁혀지기를 기대하기는 어려웠다.

대외 환경적 측면에서 볼 때, WTO 체제의 출범이 초래한 또 하나의 변화는 지역무역협정regional trade agreements; RTA의 전 세계적 확산이었다. 이에 대한 정부의 인식은 다음과 같다.

"지역주의의 경향은 과거 GATT 체제보다 현재의 WTO 체제에서 오히려

---

1) Robert Wade, "What Strategies Are Viable for Developing Countries Today? The World Trade Organization and the Shrinking of 'Development Space'," *Review of International Political Economy* vol. 10 no. 4 (2003), pp. 621-644. 이러한 현상을 장하준은 개도국에 대한 선진국의 '사다리 걷어차기'라고 비판하고 있다. 장하준, 『사다리 걷어차기』 (서울: 부키, 2004).

급속도로 확산되는 경향을 보이고 있습니다. …… 1992년 EU의 출범과 1994
년 NAFTA의 발효를 계기로 지역주의가 세계적으로 확산되면서 FTA 네트워
크 역외국가로서의 피해를 최소화하고, 나아가 이러한 도전에 적극적으로 대
응하기 위해 FTA를 추진하게 되었다는 점을 지적할 수 있습니다."[2]

한국 정부는 "WTO 체제에서 지역주의의 경향이 급속도로 확산되고
있으며, 세계 각국은 도하개발아젠다 협상이 의미 있는 합의 도출에 어려
움을 겪자, 양자 간 지역협정에 의존하는 경향이 더욱 뚜렷해졌다."고 보
았던 것이다. WTO에 보고된 지역무역협정의 수가 1970년대 이전 5개,
1970년대 12개, 1980년대 10개에 불과하였으나, 1990년대 이후 급증한 데
서 알 수 있듯이, 한국 정부의 우려는 현실화되었다. 지역무역협정이 1995
년 44개, 2000년 75개, 2005년 162개, 2008년 178개 등 WTO 출범 이후
지역무역협정이 급격히 증가하였다. 그 결과 한국 정부는 "전 세계 교역량
의 50% 이상이 지역무역협정의 틀 속에서 이루어질 것"이라는 판단을 하
기에 이르렀다.[3] 국내총생산GDP의 70% 이상을 대외 부문에 의존하고 있
는 한국의 입장에서 볼 때, FTA의 경쟁적 확산은 해외 시장에서 한국 기업
의 경쟁 여건을 악화시키는 등 FTA의 미체결로 인한 기회비용을 급격하게
증가시켰다. FTA의 추진이 더 이상 선택이 아닌 필수가 된 것이다.[4]

한국이 다자주의의 틀을 벗어난 새로운 대안을 추구할 수밖에 없었던
이유는 이와 같은 대외 환경적 요인의 변화에 있다. 노무현 정부도 이러한
국제 통상 환경의 변화를 직시하고 대안으로서 FTA 정책을 적극적으로
추진하였다. 그러나 엄밀히 말하면 위에서 언급한 국제 통상 환경의 변화
는 1990년대 이후 지속적으로 진행되었다는 점에서 한국에게 새로운 현

2) 외교통상부 자유무역협정 홈페이지, http://www.fta.go.kr.
3) 외교통상부 자유무역협정 홈페이지, http://www.fta.go.kr.
4) 대외경제정책연구원, 『노무현 정부의 대외경제정책과 FTA 추진 방향』(서울: 대외경
   제정책연구원, 2003).

상은 아니었다. 즉, 이러한 대외 환경의 변화는 김대중 정부가 FTA 정책을 수용한 이유가 될지는 몰라도, 노무현 정부가 적극적 또는 공세적 FTA 정책으로 전환한 이유를 설명하기에는 부족하다. 노무현 정부에서 이루어진 FTA 정책의 변화에 보다 직접적인 영향을 미친 요인은 동아시아 주변 국가들의 움직임에서 찾을 수 있다. 한국이 최초의 FTA인 한·칠레 FTA에 서명한 2003년 2월을 전후하여 일본과 중국 등 동아시아 국가들의 FTA 추진이 더욱 가속화되었다. 일본은 2002년 1월 동아시아 국가들 간 최초의 FTA인 일본·싱가포르 FTA 타결에 성공한 이후, FTA 추진에 더욱 속도를 높여 2003년 10월에는 멕시코와 FTA를 타결하였다. 일본은 여기에 그치지 않고 아세안ASEAN과의 FTA 체결을 위한 연구 작업반을 가동하였다. 한편 중국 역시 아세안과 FTA를 2004년 6월 타결하고 2010년까지 이행하는 데 합의하였다. 중국과 일본의 FTA 체결 움직임이 가속화되는 상황에서, 노무현 정부는 2005년 9월 미국과의 FTA 추진을 결정하면서 공세적 FTA 정책이 표면화되었다.[5] 동아시아 국가들의 FTA 체결의 가속화가 노무현 정부의 FTA 정책 변화에 커다란 영향을 미쳤던 것이다.

2. 대내적 환경

노무현 정부가 FTA를 추진하게 된 데에는 국내의 정치경제적 환경 역시 적지 않은 영향을 미쳤다. 1997년 이후 전개된 경제적·사회적 상황은 한국 경제 구조 선진화의 필요성을 제기하였다. 전임 김대중 정부가 한국 경제를 금융위기의 여파로부터 벗어나게 하는 데 상당한 기여를 한 것은 사실이나, 노무현 정부는 위기 극복 과정에서 대두된 부정적 결과에 직면하였다. 1997년 이후 실행된 일련의 신자유주의적 개혁 조치들은 한국 경제 시스템의 변화의 방향과 관련한 치열한 논쟁을 초래한 바 있다.

---

5) 한·미 양국이 FTA 협상 개시를 공식 선언한 것은 이로부터 약 5개월 후인 2006년 2월 3일이었다.

일각에서는 한국 경제의 효율성을 높이기 위해 신자유주의적 개혁을 일관성 있게 실행해야 한다고 주장하였다. 다른 일각에서는 이러한 개혁이 의도한 성과가 사회 각 계층에 고루 분배되지 못한 결과 사회적 양극화가 심화되고 있을 뿐 아니라, 장기적으로 지속가능하지 않다고 주장하였다. 실제로 한국의 소득분배 구조는 금융 위기 이후 악화되고 있었다. 1997년 0.283이었던 지니계수가 1998년 0.316, 1999년 0.320, 2000년 0.319, 2001년 0.317을 나타낸 것에서 알 수 있듯이 김대중 정부하에서 소득분배 구조가 지속적으로 악화되었다.

노무현 정부에서도 역시 이러한 상황은 지속되었다. 그 결과 한국 사회의 분배 구조의 악화 원인에 대한 다양한 논쟁이 제기되었고, 이는 한국 경제의 미래 발전방향을 둘러싼 정치적 분열 구조를 심화시키는 결과를 초래하였다.

21세기 한국 경제 체제의 지향점을 둘러싼 논쟁은 노무현 정부로 하여금 선진화된 경제 체제를 수립하기 위해서는 구조개혁과 국내 제도개선이 필요하다는 인식을 갖게 하였다.[6] 노무현 정부의 당면한 문제는 김대중 정부에서 실행된 신자유주의적 개혁의 부정적 영향을 최소화하고 지속가능한 경제 체제를 구축하는 것이었다. 대외 환경의 변화에 대한 방어적 동기에서 출발한 김대중 정부의 FTA 정책과 달리, 노무현 정부가 공세적 FTA를 추진하게 된 국내 정치적 이유는 여기에 있다. 이른바 'IMF 위기'로 상징되듯 IMF 등 외부의 압력을 적절히 활용하여 경제개혁을 실행하는 데 필요한 동력을 확보하고, 이를 통해 국내의 정치적 저항에 비교적 용이하게 대처할 수 있었던 김대중 정부에 비해 경제개혁을 위한 정치적 동력을 확보하는 데 훨씬 더 어려운 상황에 처해 있었다.

이러한 맥락에서 노무현 정부에서 FTA의 추진과 경제개혁을 연계하

---

6) 국민경제자문회의, 『한국형 경제발전 모델의 변천과 새로운 모색』(서울: 국민경제자문회의, 2005).

는 발상이 대두되었다. 한국의 경제 구조를 선진화하는 수단으로서 FTA에 관심을 갖게 된 노무현 정부는 FTA를 활용하여 한국의 경제 시스템을 선진화하고 기업의 경쟁력을 강화하는 계기로 삼아야 한다고 보았다. 능동적인 시장개방과 자유화를 통해 국가 전반의 시스템을 선진화하고 경제체질을 강화하는 데 FTA 추진이 필요하며, 더 나아가 우리 경제가 질적인 발전을 통해 선진경제로 성장하기 위해서는 FTA를 능동적·공세적으로 활용할 필요가 있다는 것이다.[7] 또한 노무현 정부는 1인당 국민소득 2만 불 시대의 달성을 위해 이른바 '개방형 대외통상전략'의 필요성을 역설하였다. 노무현 정부는 FTA의 추진이 무역 확대, 고용 창출, 소비자 후생 증진, 해외시장의 안정적 확보, 외국인투자 유치 등 다양한 경제적 효과를 창출할 것으로 기대되기 때문에, 개방형 대외통상전략의 목표의 실현에 부합하는 것으로 보았다.

    노무현 정부의 이러한 인식을 더욱 확고하게 한 것은 한국이 중국과 일본 사이에서 어려운 상황에 처해 있다는 이른바 '샌드위치론' 또는 '넛 크래커론'이다. 중국과 일본의 경쟁 구도 사이에 긴 한국 경제가 경쟁력을 유지·강화하기 위한 수단으로서 FTA가 유용하다는 것이다. 노무

---

7) 외교통상부 이와 같은 맥락에서 세계 각국이 국가 경쟁력을 신장시키기 위한 수단으로 적극적으로 FTA 네트워크 구축에 나서고 있다고 본다. 외교통상부 자유무역협정 홈페이지, http://www.fta.go.kr.

현 정부가 김대중 정부의 방어적 FTA 정책에서 탈피하여 보다 공세적인 FTA 정책으로 전환하게 된 국내 정치경제적 원인은 여기에서 찾을 수 있다. 노무현 정부는 이런 맥락에서 특히 한·미 FTA의 추진을 "중국의 추격을 따돌리고, 일본을 넘어서는 미래의 성공 모델을 위한 핵심 수단"이라고 파악하기에 이르렀다.

III. FTA 정책 목표와 외교 전략

노무현 정부의 초기 FTA 정책의 지역적 초점은 동북아에 맞추어졌다. 이는 금융 위기를 극복하는 과정에서 동아시아 지역 차원의 협력의 중요성을 인식하고, ASEAN+3 등 동아시아 지역주의의 형성을 위해 상당한 노력을 경주하였던 김대중 정부와의 차별성이 나타나는 부분이다. 김대중 정부가 동아시아 비전 그룹EAVG과 동아시아 연구그룹EASG의 형성에 주도적 역할을 하고, 동아시아 자유무역지대EAFTA의 창설을 제안하면서 FTA 정책의 초점 역시 여기에 맞추어졌던 것이다.

반면, 노무현 정부는 출범 당시부터 동북아 경제 중심 구상을 의욕적으로 천명하였다. 동북아시대가 경제발전에 기초한 번영의 공동체를 이룩하고, 이를 통해 세계의 번영에 기여할 것이라는 주장이 그것이다. 한국은 궁극적으로 동아시아 경제통합을 지향하며, 이 과정에서 동북아의 물류와 금융의 중심지로 도약한다는 것이다.[8] 노무현 정부는 초기 동북아 경제 중심 구상을 상위의 정책 목표로 설정하고, FTA를 이를 실현하

---

8) 김양희는 노무현 정부의 동북아 경제 중심 구상은 김대중 정부가 추진하였던 '동북아 비즈니스 허브 전략'의 연장선상에 있는 것으로 파악한다. 김양희는 또한 한국의 내부 역량 강화에 초점을 맞춘 '동북아 경제 중심 국가'와 주변 국가와의 협력을 필요로 하는 외부 지향적 목표인 '한반도 평화체제 구축' 사이의 연관성이 불분명한 것이 동북아 경제 중심 구상의 논리적 한계라고 지적한다. 김양희, "노무현 정부의 동북아시대 구상에 대한 비판적 고찰," 『동향과 전망』 74호 (2008), pp. 44-77.

기 위한 수단으로 채택하였다. 김대중 정부가 지역협력의 범위를 동아시아로 설정하였던 것과 비교할 때, 노무현 정부의 FTA 정책의 지역적 범위는 동북아로 축소되어 재구성되었다.[9]

국내외의 부정적 반응에 직면한 노무현 정부의 지역주의 구상은 2004년 이후 변화하기 시작하였다. 이러한 변화의 근저에는 동북아 공동 번영이라는 목표가 평화 구축으로 이어지기 어려운 현실이 작용하였다. 즉, 북핵 문제의 미해결, 9·11 이후 미국이 수행한 테러와의 전쟁의 영향 등 동북아 안보의 긴장 요인이 여전히 계속됨으로써 동북아의 공동 번영을 통한 평화 구축이라는 과제가 현실적으로 한계를 드러냈다. 이에 따라, 2004년부터 노무현 정부의 지역협력 구상의 초점이 동북아 경제 중심에서 동북아협력으로 선회하였다. 2004년 9월 외자 유치 업무는 각 부처로 이관되고, 2005년 3월 기타 업무는 국민경제자문위로 이관되는 조정을 거쳐 동북아시대위원회의 업무 영역은 안보정책 기획 업무로 국한되었다. 그 결과 동북아 중심의 지역협력 구상은 사실상 포기 상태에 이르렀고, 노무현 정부는 새로운 형태의 FTA 정책으로 선회한다. 그것은 '개방형 통상국가'의 실현을 위해 국가전략 차원에서 FTA를 추진해야 한다는 것이었다.

IV. FTA 로드맵을 통한 추진전략의 구체화

'따라잡기' 전략의 일환으로 방어적 FTA 정책을 추진하였던 김대중 정부와 달리, 노무현 정부의 FTA 정책은 공세적 FTA 추진으로 변화하였다. FTA 정책 기조의 변화는 2003년 8월 FTA 로드맵의 발표를 통해 공

---

9) 손열, "한국의 FTA 추진의 국제정치경제: FTA 경쟁과 따라잡기의 동학," 『세계정치』 6호 (2006), pp. 93-133.

식화되었다.[10] FTA 로드맵은 FTA 상대국의 선정 기준, 추진전략, FTA 체결의 우선순위를 구체화하였다. 경제적 타당성, 정치외교적 함의, 상대국의 체결 의사, 거대선진경제권과의 체결에 도움이 되는 국가를 기준으로 상대국을 선정할 것임을 밝히고 있다. 구체적인 추진전략은 '동시다발적 FTA'와 '거대선진경제권과의 FTA'로 요약된다.

동시다발적인 FTA 추진전략은 지체된 FTA의 체결을 빠른 시간 내에 만회하여 한국 기업의 해외시장 확보에 도움을 주고, 전략적인 FTA 네트워크를 구축하여 궁극적으로 동아시아 FTA 허브 국가로 발전하겠다는 것이다.[11] 이를 위해, FTA 체결의 타당성이 확인되었거나 업계의 지지 등 대내협상의 여건이 성숙한 상대국을 발굴하여 FTA의 조기 체결을 추진한다는 것이다. 이 전략에 따르면, 한국은 단기적으로 일본, 싱가포르, ASEAN, 캐나다, 유럽자유무역연합[EFTA], 멕시코와 FTA의 우선 체결을 지향한다. 이 국가들은 주로 소규모의 경제권이거나, 지리적으로 원거리에 위치해 있으면서 한국과의 교역 규모가 크지 않은 국가들이다. 이는 정부가 FTA 체결의 긍정적 효과를 크게 누릴 수 있는 상대보다는 부정적 효과를 최소화시킬 수 있는 상대국을 선호하였음을 의미한다. 예를 들어, 싱가포르는 한국의 11번째 교역상대국이기는 하나, 그 비중은 2.3%에 지나지 않는다. 스위스, 노르웨이, 아이슬란드, 리히텐슈타인 등 4개국으로 구성된 EFTA와의 교역관계는 더욱 미미한 수준이다.[12] 그러나 노무현 정부의 동시다발적 FTA 추진전략은 FTA를 전방위적으로 추진하되, 거대선진경제권과의 체결에 도움이 되는 국가들과의 FTA를 우선 추진한다는 점에서 김대중 정부의 FTA 추진전략과 다르다(〈표 15-1〉 참조). 일

---

10) FTA 로드맵은 이후 대외경제장관회의를 거쳐 2003년 9월 국무회의에서 확정되었다.
11) 외교통상부 자유무역협정 홈페이지, http://www.fta.go.kr. 동시다발적 FTA 전략에도 세계적인 FTA 추세에 뒤쳐져 있기 때문에 빠른 시일 내에 따라잡아야 한다는 의식이 여전히 내재되어 있다.
12) 이승주, "한국통상정책의 변화와 FTA," 『한국정치외교사논총』 제29집 1호 (2007), pp. 103-134.

본, 싱가포르, ASEAN 등 동아시아 국가 이외에 멕시코, 캐나다, EFTA가 FTA 단기 추진국으로 선정된 이유는 여기에 있다.

노무현 정부가 동시다발적 전략을 추진하게 된 데에는 한·칠레 FTA 의 비준 과정에서 정치적 갈등이 초래되었던 것과 관련이 있다. 한·칠레 FTA 체결 이후 지속적으로 발생한 농민 등 반대집단의 저항은 국회가 비준에 동의하는 데 심각한 정치적 장애로 대두되었다. 결국 노무현 정부는 이들 집단에 대하여 막대한 이면 보상을 지급한 이후에야 FTA를 실행에 옮길 수 있었다. 한·칠레 FTA 비준을 위해 노무현 정부는 농업 부문에 119조 원 규모의 지원 대책을 발표하지 않을 수 없었다. 노무현 정부는 칠레처럼 소규모 경제, 그것도 한국과 교역 규모가 크지 않은 국가와의 FTA를 위해 훨씬 큰 정치적, 경제적 비용을 치렀던 것이다. 노무현 정부는 다수의 FTA를 동시다발적으로 체결함으로써 개별 FTA로 인해 발생할 수 있는 손실을 서로 상쇄하여야 한다는 결론에 도달하게 되었다.

〈표 15-1〉 FTA 추진 로드맵

구분		내용 및 대상국가
기본 목표		대외부문에서의 경제성장 동력 확보
국가 선정 기준		① 경제적 타당성 ② 정치외교적 함의 ③ 상대국의 체결의사 ④ 거대선진경제권과의 체결에 도움이 되는 국가
주요 체결 전략		① 동시다발적 체결 ② 선진·거대경제권과의 체결
대상 국가	단기	일본, 싱가포르, ASEAN, 캐나다, EFTA, 멕시코 등
	중장기	중국, 인도, 미국, EU, 한·중·일 FTA, EAFTA, MERCOSUR 등

(출처: 전경련 (2004))

두 번째 추진전략은 FTA 체결의 경제적 효과가 큰 국가들과의 FTA를 중점적으로 체결할 목표로 한 거대선진경제권과의 FTA이다. 이 전략은 한국의 전체 교역에서 큰 비중을 차지하는 거대선진 국가들과의 FTA 체결을 통해 주요 수출시장에서 한국 기업의 경쟁력을 높이는 데 목적이 있다. 이 전략은 1인당 소득 2만 달러를 달성하고 수출 증가에 의해 견인되는 경제성장을 지속하기 위해서는 손실의 최소화에 초점을 맞춘 수세적 FTA 전략에서 벗어나 이익 극대화에 방점을 찍은 FTA 전략으로 전환할 필요가 있다는 노무현 정부의 발상에서 비롯되었다. FTA에 따른 국내 경제의 구조조정 비용의 증가에도 불구하고, 예상되는 이득이 큰 국가들과의 FTA를 추진하겠다는 것이다. 이 전략에 따라, 중국, 인도, 미국, EU, 한·중·일 FTA, 동아시아 FTA[EAFTA], MERCOSUR와의 FTA를 추진하도록 계획되었다. 노무현 정부의 목표대로 이 국가들과의 FTA를 성공적으로 체결할 경우, 0.3%에 불과하던 FTA 체결국의 수출비중이 60%를 넘게 될 것으로 전망된다.[13]

　　동시다발적 FTA 추진전략과 거대선진경제권과의 FTA 추진전략은 상호 보완적이다. 동시다발적 FTA 추진전략은 FTA로 인한 경제적 이득의 적극적 실현보다는, FTA 체결 과정에서 나타날 수 있는 정치적 비용의 최소화에 초점을 맞춘 전략이다. 그러나 이 국가들과의 FTA에서 실질적인 효과를 기대하기는 어렵다는 한계가 있다. 거대선진경제권과의 FTA 추진전략은 경제적 실익을 극대화할 수 있는 상대국의 선정, 광범위한 자유화, 심층적 통합deep integration을 지향한다. 거대선진경제권과의 FTA 추진전략은 취약 산업의 정치적 저항을 감안하여 FTA로 인한 구조조정 압력이 낮은 반면, 경제적 효과가 크지 않은 국가들과의 FTA를 중점적으로 추진하는 동시다발적 추진전략의 단점을 보완한다.[14] 노무현 정부가 국내의 반대에도 불구하고 경제적 효과가 큰 한·미 FTA를 적극 추진한 것이 대표적 사례이다.

---

13) 외교통상부 자유무역협정 홈페이지, http://www.fta.go.kr/user/intro/Press_view.asp.
14) 거대선진경제권과의 FTA 추진전략에 대한 평가는 다음을 참조할 것. 유태환, "거대경제권과의 FTA 체결에 대한 평가와 정책 제언," 최태욱(편), 『한국형 개방전략: 한미 FTA와 대안적 발전모델』(서울: 창비, 2007).

V. FTA 정책 실행

1. FTA 추진체계의 정비

노무현 정부는 FTA 로드맵을 효과적으로 실행하기 위한 제도 정비에 착수하였다. 현재의 통상정책 결정구조의 기본 틀은 김대중 정부 당시인 1998년 2월 만들어졌다. 핵심은 변화하는 국제 통상 환경에 전략적으로 대처하기 위해 필요한 대외협상력의 제고와 정부 부처 간 정책조정의 효율성 향상을 위해 통상교섭본부를 창설한 것이다. 이로써 과거 외교통상부, 재정경제부, 산업자원부에 분산되어 있던 통상정책 기능을 통상교섭본부로 일원화하여, 정치·안보·경제·통상을 아우르는 총체적 국익의 관점에서 통상정책에 접근할 수 있는 제도적 기반이 확립되었다. 그러나 제도적 변화는 통상정책 결정 과정에서 대외협상과 대내협상 기능이 분리되는 이원적 구조를 초래하였다.[15] 대외협상은 통상교섭본부가 주도하고 대내협상은 재정경제부가 관련 부처들의 의견을 수렴하여 조정하도록 하였기 때문이다. 이는 통상정책에 관한 부처 간 정책조정을 원만하게 해결하기 어려운 구조였다. 정책조정의 미비에 대한 비판은 정부 내외에서 지속적으로 제기된 바 있다. 김대중 정부는 이 문제를 해결하기 위하여 대외경제장관회의를 2001년 8월 신설하여 통상교섭과 관련된 경제정책 전반에 대해 논의하는 기능을 부여하였다.

노무현 정부는 큰 틀에서는 김대중 정부 당시 수립된 통상정책 결정 구조를 유지하였지만, 공세적 FTA의 추진을 위하여 통상교섭본부의 강화와 국내 대책의 보완을 주 내용으로 하는 제도적 정비에 착수하였다. 우선 노무현 정부는 통상교섭본부의 권한을 대폭 강화하였다.[16] 김현종

---

15) 이승주, "국회와 대외경제정책," 『의정연구』 제12권 2호 (2006), p. 91.
16) 대외경제위원회가 폐지되면서 대외협상에 대한 통상교섭본부의 권한은 한층 강화되었다. Min Gyo Koo, "South Korea's FTAs: Moving from on Emulated to a Competitive Strategy," in Barara Stallings and Saori N. Katada (eds.),

본부장의 취임을 계기로 신자유주의적 사고를 공유하고 있는 인사들이 확충되었다. 통상교섭본부 내의 신자유주의적 사고는 김현종 통상교섭본부장의 예에서 알 수 있듯이, 협상팀의 일부를 공개 모집의 방식을 통해 외부로부터 수혈함으로써 더욱 신속하게 확산되었다.

통상교섭본부는 창설 당시에는 FTA가 세계무역의 새로운 추세임은 인정하되, FTA 체결의 속도를 조절해야 하는 필요성을 인정하였다. 그러나 통상교섭본부는 노무현 정부하에서 조직이 유지 및 확대되어 FTA의 추진과 본격적으로 연계시키기 시작했다. 부처의 이해를 위해서도 FTA를 신속하게 확대함으로써 FTA로 인한 가시적 효과를 실현할 필요가 있었기 때문이다. 다른 정부조직과 비교할 때 통상교섭본부는 국내 이익집단과 제도적으로 연계되어 있지 않기 때문에 국내의 정치경제적 이해관계를 초월하여 대외협상을 주도할 수 있다. 이런 면에서 통상교섭본부의 강화는 정부의 정책결정 과정은 물론, 대내협상에서도 상당한 변화를 초래하였다.[17] 결론적으로 통상교섭본부의 강화는 FTA로 인한 이득의 적극적 실현을 가능하게 한 제도적 차원의 변화였다.[18]

노무현 정부는 또한 FTA를 포함한 통상정책을 대외 경제 전략의 관점에서 포괄적으로 검토하기 위해 관계 부처 장관 및 업계 대표, 외부 전문가가 참석 대통령자문 '대외경제위원회'를 신설하였다. 대외경제위원회는 거대선진경제권과의 FTA 추진전략을 추진하는 데 핵심적 역할을

Competitive Regionalism: FTA Diffusion in the Pacific Rim (Palgrave Macmillan, 2009), pp. 229-58.

17) 이승주, "한국통상정책의 변화와 FTA," 한국정치외교사 논총, 제29집, 제1호, pp. 103-134.

18) 이해 당사자들과의 연계성이 약하다고 하여 정부가 국내 여론의 수렴과정을 완전히 배제하고 있다는 것은 아니다. 정부는 'FTA 민간자문회의'와 '국민경제자문회의' 등을 통하여 의견을 수렴해 왔다. 다만 여기서 주목할 것은 산업자원부, 재정경제부, 또는 농림수산부와 같은 경제부처와 달리, 통상교섭본부의 특성상 기업과의 직접적인 접촉을 통해 의견을 수렴하기보다는 전경련, 무역협회, 중소기업협동조합 등과의 연계에 치중한다는 점이다.

했다. 대외경제위원회는 거대선진경제권과의 FTA 추진전략은 대외경제위원회의가 첫 번째 회의에서 미국을 포함한 거대선진경제권과의 적극적인 FTA 추진이 필요하다는 결론을 내린 것을 시작으로, 2005년 말 제5차 회의 때까지 한·미 FTA를 계속해서 중심 의제로 설정하였다.

제도적 차원에서 주목할 만한 또 하나의 변화는 국내 보완 대책의 강화를 위한 조치가 취해졌다는 점이다. 대내협상을 강화하기 위한 정부의 일련의 노력에도 불구하고, 통상정책의 이원적 구조는 결과적으로 대외협상을 대내협상에 우선하는 결과를 초래하였다. 통상협상의 개별 사안을 국내 경제정책의 관점에서 접근하는 경향이 있는 개별 부처들과 통상의 관점에서 접근하는 통상교섭본부 사이에는 근본적인 견해의 차이가 있을 수밖에 없었던 것이다. 한·EU FTA 협상 중 자동차시장의 개방 수준을 둘러싼 통상교섭본부와 산자부의 갈등이 표출되는 등 정부 부처 간 정책조정의 문제는 지속적으로 제기되어 왔다.[19] 더욱이 대내협상은 단순히 정부 부처 간 정책조정뿐 아니라 국내 주요 행위자들 간의 이해 조정을 포함하는 과정이기 때문에, 상당한 시간과 자원을 필요로 한다. 그러나 국내의 정치경제적 이해관계로부터 비교적 자유로운 위치에 놓여 있는 통상교섭본부는 국내의 정책 및 의견 조정보다는 통상협상의 효율성을 앞세워 대외협상을 빠른 속도로 진행하여 왔던 것이다.

2006년 1월 국내 대책이 미흡하다는 비판에 대하여 노무현 정부는 재정경제부가 국내 보완대책을 총괄하도록 하는 조치를 취하였다.[20] 재경부가 국내 대책을 총괄함으로써 피해집단에 대한 대책을 마련하고 정부 부처 간 정책조정의 효율성을 높이는데 어느 정도 기여를 한 것은 사실이다. 그러나 한·미 FTA 협상 과정에서 분명하게 드러났듯이, 재경부가 주도하는 국내 대책의 보완은 근본적 한계가 있을 수밖에 없었다. 한·미

---

19) 조선일보 2007. 7. 19.
20) 최병일 외, 『선진통상국가 실현을 위한 중장기 통상전략 연구: 통상거버넌스』 (서울: 대외경제정책연구원, 2006), pp. 73-75.

FTA의 타결을 위한 대내외 협상 과정은 협상이 치열했던 만큼 국내의 정책조정과 피해집단에 대한 보완책이 중요하다는 것을 노무현 정부가 분명히 인식하는 계기가 되었다. 이에 따라 노무현 정부는 2007년 6월 국내 정책조정 기능을 강화하는 차원에서 'FTA 국내대책본부'를 출범시켰다. FTA 국내대책본부는 전략기획단, 대외협력단, 지원 대책단을 산하에 두고 FTA에 대한 홍보와 피해집단에 대한 지원 대책을 총괄하도록 계획되었다. 전략기획단은 대외협상 상황을 검토하여 정부 부처 간 의견을 수렴하는 역할을 하고, 지원 대책단은 피해집단에 대한 대책을 강구하는 역할을 담당하게 되었다.[21] 지금까지 언급한 노무현 정부의 FTA 정책 결정 구조는 〈그림 15-1〉과 같이 구성되어 있다.

2. FTA 추진 현황

노무현 정부는 김대중 정부에서 타결된 한·칠레 FTA를 비준하는 것뿐 아니라, FTA 로드맵의 실현을 위한 일련의 FTA 협상에 돌입하였다. 동시다발적인 FTA가 중국과 일본 사이에 끼인 '샌드위치' 상황에서 탈출하는 데 유용한 수단이 될 것이라는 노무현 정부의 기대가 작용하였다. 노무현 정부는 동시다발적 FTA 추진전략에 따라, 싱가포르, EFTA, ASEAN, 캐나다, 멕시코와의 협상에 우선 착수하였다(〈표 15-2〉 참조). 2003년 10월 싱가포르와의 협상을 시작하여 약 1년 후인 2004년 11월 협상 타결에 성공하였다. 한·싱가포르 FTA는 한국이 동아시아 국가와 최초로 체결한 FTA일 뿐 아니라, 동남아 시장에 접근할 수 있는 교두보를 마련하였다는 데 의의가 있다. 중국과 일본의 ASEAN 접근에 자극을 받은 노무현 정부는 2004년 11월 한·ASEAN FTA 협상에 착수하여, 2006년 4월에는 상품협정을 타결하였고, 2007년 11월에는 서비스협정에 서명함으로써 협상을 끝냈다. 이로써 FTA를 동아시아 지역주의의 전략적

---

21) 재정경제부 보도자료 2007. 06. 14.

〈그림 15-1〉 노무현 정부의 FTA 정책 결정 구조

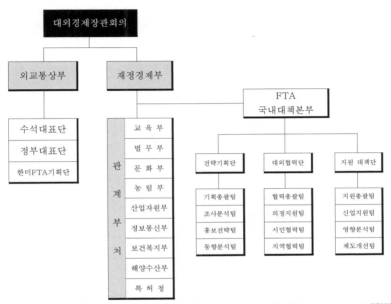

(출처: 외교통상부 자유무역협정 홈페이지, http://www.fta.go.kr/user/intro/Press_view. asp; 재정경제부 보도자료(2007. 6. 14)에서 재구성)

수단으로 활용하였던 중국 및 일본과 동아시아 지역주의의 형성 과정에서 어느 정도 대등한 위치에서 경쟁할 수 있는 수단을 마련하였다.

동시다발 추진전략은 일정한 성과와 함께 한계를 드러냈다.[22] 주로 경제 교류가 많지 않았던 소규모 국가들과 FTA를 체결하여, FTA가 한국 경제 전체에 미치는 가시적인 경제적 성과를 기대하기 어려웠기 때문이다. 노무현 정부는 이러한 딜레마에서 벗어나기 위해 한·중 FTA,

---

22) 이러한 면에서는 미국도 비슷한 사정에 처해 있다고 할 수 있다. 미국은 NAFTA 체결 이후 양자 간 FTA를 의욕적으로 추진한 결과, 현재 16개국과 FTA를 체결하였고 44개국과 협상을 진행 중이다. 그러나 미국 역시 거대선진경제권과의 FTA 체결에는 많은 진전을 보이지 못하고 있다. 이런 점에서 한·미 FTA는 양국의 이해가 합치하는 것이다.

〈표 15-2〉 노무현 정부의 FTA 추진 현황

한·싱가포르	– 2003년 10월 23일: 협상 개시
	– 2004년 11월 19일: 협상 타결
	– 2006년 3월 2일: 협정 발효
한·EFTA	– 2004년 12월 16일: 협상 개시
	– 2005년 7월 12일: 협상 타결
	– 2006년 9월 1일: 협정 발효
한·ASEAN	– 2004년 11월 30일: 협상 개시
	– 2006년 4월 23일: 상품무역협정 타결
	– 2007월 6월 1일: 상품무역협정 발효
	– 2007년 11월 21일: 서비스협정 서명
한·인도 CEPA	– 2006년 2월 7일 협상 개시
한·미	– 2006년 6월 5일: 협상 개시
	– 2007년 4월 2일: 협상 타결
한·EU	– 2007년 5월 1일: 협상 개시
한·캐나다	– 2005년 7월 15일: 협상 개시
한·멕시코	– 2006년 2월 7일: 협상 개시
한·호주	– 2007년 5월: 한·호주 FTA 민간공동연구 회의
한·뉴질랜드	– 2006년 12월: 민간공동연구 개최에 합의
한·페루	– 2007년 10월: 공동연구 제1차 회의
한·중	– 2007년 3월 22일~23일: 산관학 공동연구 제1차 회의
한·중·일	– 2003~2009년: 민간공동연구 진행
한·MERCOSUR	– 2005년 5월 4~5일: 공동연구 제1차 회의
한·러시아 BEPA	– 2007년 10월 31일~11월 1일: 공동연구그룹 제1차 회의

한·인도 FTA, 한·미 FTA, 한·EU FTA, 한·중·일 FTA, 동아시아 FTA, 한·MERCOSUR FTA 등 거대선진경제권과의 FTA 추진전략에 본격적으로 착수하였다. 한·인도 FTA는 2006년 2월 협상 개시, 2009년 8월 서명의 과정을 거쳐 2010년 1월 발효되었다. 한·미 FTA는 2006년 6월 협상이 개시되었으며, 약 11개월 후인 2007년 4월 협상 타결에 성공하였다. 노무현 정부는 곧이어 2007년 5월 1일 한·EU FTA 협상에 착수하였다.[23]

노무현 정부의 FTA 정책의 지역적 범위는 동아시아에 국한된 것은 아니었다. 노무현 정부는 FTA 후발국의 위치에서 벗어나기 위해 전 방위적인 FTA 협상에 착수하였다. 향후 거대선진경제권의 시장에 진출하는

---

23) 한·EU FTA 협상은 이명박 정부에서도 계속되어 2009년 7월 종결되었다.

데 교두보 역할을 하는 국가들을 선정하는 데 초점이 맞추어졌다. 이에 따라, EU시장에 접근하기 위한 수단으로서 EFTA와, 미국시장에 대한 접근권을 확보하기 위해 캐나다 및 멕시코와 FTA 협상을 각각 개시하였다. EFTA와는 2004년 12월 협상을 개시하여 약 8개월 만인 2005년 7월 협상 타결에 성공하였다. 이 협정은 2006년 9월 발효되었다. 이어서 2005년 7월 캐나다와, 2006년 2월에는 멕시코와 협상을 개시하였다. 이후에도 노무현 정부는 전 방위적 FTA를 지속적으로 추진하였다. 오세아니아의 호주와 FTA 체결을 위한 2007년 5월 민간공동연구를 개시하였고, 뉴질랜드와는 2006년 12월 민간공동연구를 개최하기로 합의하였다. 남미지역 국가 중에는 칠레에 이어 페루와 2007년 10월 제1차 공동연구회의를 개최하였다. 2007년 10월에는 러시아와도 공동연구그룹 회의를 갖는 등 노무현 정부는 다수의 횡지역주의cross-regional FTA 협상의 타결에 적극적으로 임하였다.[24] 노무현 정부에서 FTA를 의욕적으로 추진한 결과, 한국은 FTA의 양과 질 모두에서 우수한 글로벌 FTA 네트워크를 형성하게 되었다(〈그림 15-2〉 참조). 다음은 한국이 체결한 FTA 가운데 가장 뜨거운 논란의 대상이 되었던 한·미 FTA의 전개 과정을 검토한다.

3. 한·미 FTA의 추진 과정

정부가 양자적 FTA를 방어적·수세적 차원에서 접근하다가 이득의 극대화를 위해 공세적으로 전환하였음을 보여주는 대표적 사례가 한·미 FTA이다. 노무현 정부가 2006년 1월 의약품, 쇠고기, 스크린쿼터, 자동차 등 이른바 '4대 선결 조건'을 수용함으로써 한·미 FTA의 추진이 가시화되었다. 더욱이 김현종 통상교섭본부장은 1990년대 말부터 협상 중이었던 한·일 FTA 협상에 대해서 타결의 시한을 정하지 않고 서서히 추진

---

24) Mireya Solis and Saori N. Katada, "Understanding East Asian Cross-Regionalism : An Analytical Framework," *Pacific Affairs* vol. 80 no. 2 (2007), pp. 229–257.

〈그림 15-2〉 한국의 글로벌 FTA 네트워크(2010년 1월 기준)

(출처: 외교통상부 자유무역협정 홈페이지, http://www.fta.go.kr)

하겠다고 밝히는 등, 한·미 FTA 협상을 우선적으로 추진하는 데 주력하였다. 노무현 정부는 한·미 FTA를 추진하면서, 4대 선결 조건과 관련하여서는 굴욕적 협상이라는 비판을, 한·일 FTA의 사실상 연기에 대해서는 FTA 로드맵의 무원칙한 수정이라는 비판을 동시에 받았다.

한·미 FTA 협상의 개시는 한국 사회의 치열한 논쟁을 불러일으켰다. 우선 한·미 FTA에 비판적인 견해를 살펴보자. 비판론자들은 한·미 FTA가 FTA 로드맵은 물론 '동북아 경제 중심 국가 건설' 구상과 일관성을 결여하고 있다고 주장한다. 노무현 정부가 공표한 거대선진경제권과의 FTA 추진전략에 따르면, 한·미 FTA는 일본, 중국과의 FTA 이후에 추진하도록 설정되어 있었다. 이를 포기하고 한·미 FTA를 우선 추진한 것은 FTA 로드맵의 전반적인 구상과 배치된다는 것이다. 또한 노무현 정부 초기의 국정 목표인 '동북아 경제 중심'을 실현하기 위해서는 한·일 FTA,

한·중 FTA, 한·중·일 FTA, 동아시아 FTA의 순서로 체결하여야 하며, 한·미 FTA는 이러한 구상을 실현하는 데 장애가 된다는 것이다.

이러한 반대에도 불구하고, 노무현 정부가 한·미 FTA의 추진에 나서게 된 이유는 무엇인가? 노무현 정부는 한·미 FTA의 특수성에 주목하였다. 노무현 정부는 한·미 FTA의 체결이 한국과 미국 간 경제동맹뿐 아니라, 미국과의 포괄적 동맹을 형성하는 데 매우 긴요하다고 보았다. 한·미 FTA는 중국의 부상 및 9·11 이후 북핵 문제와 미군기지 이전 문제로 인한 한·미관계의 긴장 등 증대하는 전략적 불확실성에 효과적으로 대처할 수 있는 수단이 된다는 것이다. 미국의 입장에서도 미주 밖의 지역에 있는 국가와 사실상 처음으로 자국의 정치적·경제적 이해관계를 모두 충족시키는 FTA를 체결한다는 점에서 한·미 FTA는 매우 중요했다. 미국은 한·미 FTA로 인해 발생하는 직접적인 경제적 효과는 물론, 한국과의 FTA를 통해 동북아시아에 대한 자국의 경제적·정치적 영향력을 증대시키는 계기를 마련할 수 있기 때문이다.

한·미 FTA가 한국과 미국 양국에게 다목적 카드임은 분명하다. 다만, 한·미 FTA가 일차적으로 경제적 효과를 추구하는 것이기 때문에, 이와 관련한 노무현 정부의 입장을 살펴볼 필요가 있다. 노무현 정부가 거대선진경제권과의 FTA 중에서도 한·미 FTA를 선호한 이유는 한·미 FTA로부터 발생하는 경제적 이득을 그로 인해 초래될 정치적·사회적 비용보다 우선하였기 때문이다. 이러한 맥락에서 노무현 정부는 협상이 잠정 중단된 한·일 FTA보다 한·미 FTA의 경제적 효과가 크다고 예측한 연구 결과들을 대대적으로 홍보하였다. 한·일 FTA가 한국의 GDP에 미치는 경제적 효과가 -0.07%~1.05%로 예상된 반면,[25] 한·미 FTA의 경제적 효과는 0.69%~1.73%로 예상되었다.[26] 거대선진경제권과의

25) In Gyo Cheong and Yunjong Wang, "Korea-U.S. FTA: Prespects and Analysis," KIEP Working Paper 99-103 (Seoul: KIEP, 1999).
26) USITC, U.S-Korea FTA: The Economic Impact of Establishing a Free Trade

FTA 체결을 통해 큰 경제적 효과를 창출하고자 했던 노무현 정부로서는 한·일 FTA에 앞서 한·미 FTA를 신속 추진할 필요가 있었던 것이다.[27]

노무현 정부는 단기적으로 발생하는 무역의 확대, 무역 흑자의 증가, 그에 따른 GDP 증가에만 큰 가치를 부여한 것은 아니다. 노무현 정부는 FTA의 전통적 반대세력이었던 농업뿐 아니라, 영화산업, 의약업, 그리고 기타 서비스업 등 다수의 피해집단의 반대가 분명히 예상되었음에도 불구하고 한·미 FTA 협상을 우선 개시하였다. 상대적으로 높은 관세율을 유지하고 있는 국가들과의 FTA가 관세 철폐 또는 인하에 따른 경제적 이익이 단기적으로는 더 크다는 점을 고려하면, 중국, 인도, 그리고 브라질이 포함된 남미공동시장MERCOSUR 등 경제규모가 큰 개도국과의 FTA를 한·미 FTA보다 우선 추진하거나, 적어도 병행 추진해야 했다. 그러나 노무현 정부는 이러한 국가들과의 교역 규모가 크지 않기 때문에, FTA가 체결된다 하더라도 그 성과가 조기에 실현될 가능성은 낮다고 인식하였다.[28] 이 국가들이 경제규모가 큰 것은 사실이지만, 경제적 이득의 극대화를 목표로 한 거대선진경제권과의 FTA 추진전략에는 부합하지 않았던 것이다.

노무현 정부는 한·미 FTA 협상에 착수하면서 FTA로 인해 발생하는 경제적 이익을 광범위하게 해석하기 시작하였다. FTA 미체결로 인한 역차별을 해소하기 위해서 FTA를 추진해야 한다는 것이 한국 정부의 초기

Agreement (FTA) Between the United States and Republic of Korea (Washington, D.C.: USITC, 2001).

27) 반면, 최태욱은 한·미 FTA가 가져올 경제적 효과가 대단히 불확실하다고 주장한다. 물론 FTA 협상과정에서 이익의 크기는 당초의 예측보다 감소될 가능성이 있다. 그러나 본 연구는 FTA의 대외협상 과정에서 초래되는 감소된 이익이 아니라, 대외협상에 착수하기 이전, 정부가 자체적으로 추산하고 있는 이익의 크기에 초점을 맞춘다. 이것이 정부가 FTA를 추진하는 데 있어서 통상 거버넌스와 관련된 정책적 선택을 하는 기준으로 작용하기 때문이다. 최태욱, 『한국 정부의 FTA 추진전략과 문제점』(서울: 미래전략연구원, 2006).

28) 2005년 현재 한국의 교역규모에서 인도, 브라질, 멕시코가 차지하는 비중은 각각 1.23%, 0.9%, 0.78%에 불과하다. 무역협회 홈페이지, http://www.kita.net.

FTA 추진 논리였다. 기대되는 경제적 효과 역시 교역 확대, GDP 증가, 후생수준 향상 등 주로 FTA의 정태적 효과에 초점이 맞추어졌다. 그러나 한·미 FTA의 체결은 해외직접투자FDI를 증가시킬 뿐 아니라, 국내 산업 구조조정을 촉진하여 자원의 효율적 재분배를 가능하게 할 것이라고 주장하는 등 노무현 정부는 FTA의 동태적 효과에 주목하기 시작하였다. 예를 들어, 노무현 정부는 금융산업의 업그레이드를 위해 금융 부문에서 포괄적이고 과감한 협상을 추진했다. 구체적으로 금융산업의 성장을 촉진하기 위해 현지법인이나 지점을 설치하는 상업적 주재에 대해 기존의 포지티브(열거주의) 개방 대신 과감한 네거티브(포괄주의) 개방을 채택하였을 뿐 아니라, 한번 자유화된 조치는 대물리지 않는 역진금지ratchet 조항을 허용하였다.[29]

더 나아가 노무현 정부는 한·미 FTA의 체결이 국가경쟁력 강화, 국내 제도의 선진화, 그리고 소비자 이익의 증대 등 과거와는 차별화된 관점에서 FTA 추진 논리를 제시하였다.[30] 한국이 지속적 경제성장을 이룩하기 위해서는 고부가가치를 창출하는 지식기반 경제로의 이행이 불가피한데, 노무현 정부는 한·미 FTA가 구조조정을 가속화하는 기제로서 적격이라고 보았다. '외압을 통한 개방과 개혁'을 표방한 데서 알 수 있듯이, 노무현 정부는 한·미 FTA를 국내 경제의 구조조정을 위한 전략적 도구로서 활용하고자 한 것이다.[31]

---

29) 중앙일보 2007. 5. 22. 당시 김성진 재정경제부 국제업무정책관(차관보)은 "우리나라 금융시장의 성장을 촉진하기 위해 일정한 건전성 조건 아래 신금융서비스와 금융정보의 해외 위탁처리 등도 허용하기로 한 반면, 단기 세이프가드 조치를 확보하고, 국책 금융기관들이 앞으로도 농어촌과 중소기업 등에 정책 금융을 지원할 수 있도록 해 금융시장 개방에 따른 시장 교란 가능성은 최대한 줄였다."고 설명했다.
30) 이러한 관점은 김현종 통상교섭본부장의 한·미 FTA 관련 인터뷰에 잘 나타나 있다. 연합뉴스 2006. 2. 2; 중앙일보 2006. 2. 9.
31) 최근 진보진영에서 한·미 FTA는 한국 경제의 업그레이드를 촉진하는 역할을 할 것이라는 정부의 방침에 대해 외압을 이용한 경제의 구조조정을 시도한다는 점에서 '제2의 IMF 개혁'으로 칭한 바 있다. 임원혁, 『한·미 FTA에 대한 우려와 해법』(서

1997년 금융위기 이후 실행한 제도개혁을 완결하는 데 한·미 FTA가 유효하다는 신자유주의적인 논리 역시 새롭게 추가되었다. 금융위기 이후 추진한 제도개혁은 규제·감독체계 개혁과 기업 지배구조 개선에서 일정한 성과를 거두었다. 그러나 노무현 정부는 한국의 경제·사회 관련 제도가 '글로벌 스탠더드'와는 아직 거리가 있기 때문에, 한·미 FTA를 활용해 제도개혁을 추진하여야 한다고 보았다.[32] 결론적으로 한·미 FTA의 실행으로 인하여 초래될 수 있는 위험을 감수하고 이득을 적극적으로 추구해야 한다는 것이다.[33]

마지막으로 노무현 정부는 한·미 FTA의 체결은 한국이 동아시아 국가들과 FTA를 추진하는 데 도움이 될 것이라고 주장하였다. 일본이 한·미 FTA가 자국에 미칠 영향에 대해 우려를 표명하였던 것처럼 동아시아 국가들이 한국과의 FTA에 더욱 적극적으로 나설 것이라는 것이다. 실제로 중국은 한·미 FTA 협상 개시 이후 한국에 FTA 협상의 개시를 제안하기도 하였다. 이와 같이 노무현 정부는 한·미 FTA의 체결이 동아시아에서 한국을 중심으로 부챗살 형태의 FTA가 형성되는 데 기여할 것이라고 보았다.

한·미 FTA를 계기로 노무현 정부의 대내협상 전략에서도 변화가 나타났다. 한·칠레 FTA의 사례에서 나타나듯이, 과거에는 정부가 피해집단에 대한 이면보상side payment의 지급을 통해 FTA에 대한 반대를 완화시키는 전략을 주로 사용하였다. 노무현 정부 역시 예외는 아니어서 한·칠레 FTA의 후속 조치로 119조 원의 농업지원금을 사용하기로 약속한 바 있다. 노무현 정부는 이에 그치지 않고 한·미 FTA로 인한 농업 부문의 피해를 보상하고 농업경쟁력을 강화한다는 차원에서 향후 10년에 걸쳐 20조 원을 지원하기로 하였다.[34]

울: 새로운 코리아 구상을 위한 연구원, 2006).
32) 외교통상부 자유무역협정 홈페이지, http://www.fta.go.kr/fta_korea/policy.php.
33) 청와대 브리핑 2006. 7.
34) 동아일보 2007. 10. 7.

문제는 모든 FTA 체결 때마다 피해집단에 대한 보상을 통해 반대 또는 저항을 무력화시키기는 현실적으로 어렵다는 데 있다. 노무현 정부는 기존의 보상 위주의 정책에서 벗어난 새로운 대내 협상전략을 고려하지 않을 수 없었다.[35) 노무현 정부는 우선 WTO 차원의 농업 분야 개방이 불가피함을 역설하면서 이에 대한 대비 차원에서 한·미 FTA를 오히려 적극적으로 활용하여야 한다고 주장하였다.[36) 지원하기로 약속한 119조 원과 20조 원의 농업지원금을 단순한 보상금이 아니라 주로 농업 부문의 구조개혁을 촉진하는 데 사용하겠다는 것이다. 노무현 정부는 구조조정 유도 전략을 통해 향후 다른 국가들과의 FTA 협상에서 대두될 수 있는 반대를 선제적으로 약화시키는 효과를 기대하였다. 노무현 정부는 특히 한·미 FTA 체결 이후에도 거대선진경제권과의 FTA를 계속해서 체결하기 위해서는 예방적 조치가 반드시 필요하다고 보았다.

VI. 맺음말

지금까지 노무현 정부의 FTA 정책을 대내외 환경, 정책 목표, 추진 전략의 특징, 정책의 전개 과정을 중심으로 살펴보았다. 노무현 정부의 FTA 정책에 영향을 미친 대외 환경은 WTO 체제하에서 점차 강화되었던 무역자유화 의제의 확대와 그에 따른 지역주의의 강화였다. 국내정치적 환경의 측면에서 볼 때, 금융위기 이후 경제적 양극화의 확대로 인한 사회적 갈등의 격화와 경제 체제의 업그레이드 필요성은 노무현 정부로 하여금 FTA 정책을 추진하게 하였다. 노무현 정부는 초기의 동북아 경제 중심 구상에서 탈피하는 과정에서, 개방형 통상국가의 실현이라는 FTA

---

35) 매일경제 2005. 3. 4.
36) 연합뉴스 2006. 1. 26.

추진 목표를 구체화하였다. 이 과정에서 노무현 정부의 FTA 정책은 김대중 정부의 수세적·방어적 FTA 정책에서 벗어나 공세적 FTA로 전환하였다. 이러한 변화는 '동시다발적 FTA'와 '거대선진경제권과의 FTA'를 내용으로 하는 FTA 로드맵을 통해 구체화되었다. 동시다발적 FTA는 FTA 따라잡기를 기본으로 하되, 거대선진경제권과의 FTA를 촉진시킬 가능성이 있는 국가들과의 FTA를 중점적으로 추진하겠다는 전략이었다. 반면 거대선진경제권과의 FTA는 국내의 정치적·사회적 비용에도 불구하고, FTA의 효과를 극대화할 수 있는 중점 국가들과의 FTA를 추진하는 데 목표를 두었다.

노무현 정부는 FTA 추진전략을 효과적으로 실행하기 위해 통상교섭본부의 강화와 국내 보완 대책의 강화를 내용으로 하는 FTA 관련 제도의 정비를 시도하였다. 이를 바탕으로 노무현 정부는 FTA 정책을 본격화하여 동아시아 국가들은 물론, EFTA, 멕시코, 캐나다 등과도 FTA를 추진하였고, 미국, 인도, EU 등 거대선진경제권과의 FTA에도 적극적으로 착수하였다. 그 결과 한국은 역내외의 주요 국가들과 FTA를 체결한 거의 유일한 동아시아 국가가 되었다.

노무현 정부의 FTA 정책은 변화하는 대외 환경에 대한 방어적 대응에서 탈피하는 계기를 제공하였고, 국내 경제 체제의 변화와 연계하여 추진되었다는 데 그 의의가 있다. 1960년대 산업화에 착수한 이래 한국은 대외 환경의 변화를 감지하고 이에 대한 대응 전략을 수립하는 데 주력하였다. 그러나 이러한 대응은 기본적으로 방어적 전략이라는 한계를 벗어나기 어렵다. 노무현 정부의 FTA 정책은 대외 환경의 변화를 직시하되, 이를 보다 능동적으로 활용하려는 시도였다고 할 수 있다. 국내 환경과 관련해서도, 노무현 정부는 민주화 이후 변화하는 국내 정치 지형이 개혁의 정치적 동력을 어렵게 하였다는 점을 인식하고, FTA를 활용해 국내 경제 체제의 변화를 추구했다는 특징을 갖는다.

노무현 정부의 FTA 정책이 갖는 문제와 한계 역시 분명하다. 노무현 정부의 FTA 정책의 지역적 범위는 상당히 모호하게 설정된 측면이 있다. 노무현 정부는 출범 초기 지역협력의 지역적 범위를 동북아로 설정한 바 있다. 이후 노무현 정부는 FTA 로드맵을 추진하면서 동아시아 국가들과의 FTA는 물론, 역외 국가들과의 FTA도 적극적으로 추진하였다. 노무현 정부의 FTA 정책이 횡지역적 특징을 나타내는 원인은 여기에 있다. 노무현 정부가 FTA 정책을 추진하면서 어떤 지역적 범위를 설정하였으며, 범위에 변화가 있었다면 그 원인은 무엇인가에 대한 보다 면밀한 고찰이 필요하다.

노무현 정부는 또한 FTA를 국내 경제 체제의 변화와 연계하는 새로운 추진 논리를 도입하였다. 이는 한·미 FTA 등 거대선진경제권과의 FTA를 추진하는 논리적 배경으로 작용하였다. 국내 경제의 변화를 위해 FTA를 활용하겠다는 노무현 정부의 시도는 결과적으로 FTA에 대한 국내의 반대를 정책결정 과정에 충분히 반영하지 못하는 결과를 초래하였다. 이는 노무현 정부에서 이루어진 FTA 정책결정 구조의 변화와도 일정한 관계가 있다. FTA의 효과와 비용을 함께 고려할 수 있는 정책결정 구조의 모색이 필요하다.

노무현 정부는 의욕적인 FTA 정책에도 불구하고, FTA의 실행을 위한 국내의 피해집단에 대해 과도한 보상을 지급하는 전임 정부의 행태에서 근본적으로 벗어나지 못하였다. 물론 노무현 정부는 보상적 성격의 지원금이 아닌, 구조개혁을 명분으로 농업 부문에 대한 대규모 지원금을 지급하였다. 그러나 이것이 향후 추진될 한·중 FTA 등 거대선진경제권과의 FTA에 대한 사전적 보상이 될 것인지는 불분명하다. FTA를 실행하는 대가로 제공되는 과도한 보상은 FTA의 효과를 상쇄시킨다는 점에서, 직접 보상이 아닌 사회적 안전망의 확충 등 간접 보상의 방식을 적극적으로 도입하지 못한 것은 노무현 정부의 FTA 정책의 한계로 남는다.

16

한국 외교정책의 새 패러다임과 과제

이신화(고려대학교)

목차

주요어   외교안보패러다임, 비전통안보, 포괄적 안보, 소프트파워, 스마트파워, 보호할 책무(R2P), 복합적 위기상황, 다자안보협력, 국내외 연계정치, 인식공동체

요점정리

1. 약소국은 국제사회에서 생존하기 위한 전략 마련에 부심하면서 강대국 외교에 긍정적으로든 부정적으로든 반응한다. 한국은 경제·정보기술 측면에서는 중강국 이상으로 손꼽히지만, 국제정치나 안보 영역에서는 그 위상과 역할 찾기에 부심하고 있다.

2. 다양한 이슈와 행위자들이 복잡하게 얽혀 갈등과 협력양상을 나타내는 복합 다층적 국제질서와 국가 간 상호 역학관계를 이해하고 분석하여 한국외교의 비전과 외교안보패러다임을 만들어내는 것이 시급하다.

3. 탈냉전기 안보외교에 있어 전통적인 정치·군사안보뿐 아니라 경제, 환경, 인도적인 측면과 같은 비전통안보 이슈를 아우르는 포괄적 안보가 중요해졌다.

4. 주변 강대국들과의 하드파워 격차에 비해 소프트파워 격차가 적다는 점을 감안할 때 한국은 "소프트파워 강국" 전략을 적극적으로 추구할 필요가 있다.

5. 한국의 21세기 외교안보 전략 지도에 북한과 주변 4강을 뛰어넘는 새로운 틀과 시각을 담아낼 필요가 있고, 이를 위해 외교대상뿐 아니라 그 의제와 방법을 다양화해야 한다. 그러나 이 과정에서 핵심가치를 공유하는 "친구국가들"과의 관계를 소홀히 하는 일이 없어야 한다.

6. 외교안보정책과 국내정책의 연계성이 점점 중요해지고 국내여론이 외교정책에 끼치는 영향력이 커지고 있다. 따라서 외교영역에서도 국민과의 소통 증대와 공감대 형성 및 대국민 홍보를 통한 신뢰 구축이 중요하다. 또한 급변하는 외교안보패러다임을 이해하고 세계정세에 부합하는 인식 전환을 위해 대중을 계도하고 정책가들에게 비전 및 정책방향을 제시할 인식공동체의 역할도 확대되어야 한다.

사건일지

이명박 정부가 현재 여러 외교정책을 집행하고 있기 때문에 사건일지 대신 이명박 정부의 외교안보 전략을 소개한다. 이를 통해 현 정부의 외교안보 전략의 방향을 파악 및 평가할 수 있을 것으로 기대하며 향후 추후 보완할 것을 약속한다.

이명박 정부의 외교안보 전략 및 중점과제[1]

1. 상생과 공영의 남북관계
① 한반도 비핵 평화 구조 공고화
② 남북 경제공동체 기반 조성
③ 남북 사회문화공동체 기반 조성
④ 인도적 협력 증진

2. 협력 네트워크 외교 확대
① 21세기 한·미 전략 동맹 구축
② 주요국 관계 강화
③ 동북아시아 협력체제 구축
④ 글로벌 파트너십 확대

3. 포괄적 실리외교 지향
① 에너지 협력 외교 강화
② FTA 체결 다변화
③ 기여외교 확대
④ 재외국민 보호 및 재외동포 활동 지원

---

1) 청와대, 「이명박 정부 외교안보의 비전과 전략: 성숙한 세계국가」 (청와대, 2009), p. 11에서 발췌. 이 내용은 청와대 홈페이지에도 확인되고 있음. http://www. president.go.kr/kr/policy/tasks/globalkorea.php (검색일 2010. 6. 10).

4. 미래지향적 선진 안보체제 구축
　① 선진 군사능력 확충
　② 국방경영 효율화
　③ 대외 군사협력 확대
　④ 포괄안보 분야 역량 구비

I. 머리말

외교정책이란 한 국가가 자국의 안전을 공고히 하고 국가이익을 충족시키기 위해 다른 나라에 대하여 취하는 정책이다. 오늘날 지구상 어느 국가도 고립되어 살 수 없기 때문에 모든 국가들이 외교를 국가 간 관계에 있어 필수적 수단으로 삼고 있다. 그러나 국가 간의 불평등한 힘의 분배를 특성으로 하는 국제정치 역학 속에서 강대국과 약소국이 행하는 외교는 그 목표, 과정, 방법 등이 다를 수밖에 없다. 강대국이 타국의 행위를 변화시키고 국제사회에서 자국의 행위를 정당화시키기 위한 외교정책을 구사한다면, 약소국은 국제사회에서 살아남기 위한 생존전략 마련에 부심하면서 강대국 외교에 긍정적으로든 부정적으로든 반응한다.

한국의 경우 경제적인 측면에서는 이른바 선진국 모임인 OECD 회원국이자 선진·신흥경제 20개국의 협의체인 G20 회원국으로 이미 중강국中强國으로 자리매김하였고, 정보기술IT로는 최강국으로 손꼽힌다. 그러나 국제정치적인 면에서는 아직까지 중견국中堅國으로서의 위상과 역할 찾기에 부심하고 있는 실정이다. 특히 강대국이 밀집하여 각축을 벌이고 있는 동북아지역에서 정치적 영향력과 발언권을 얻고자 하는 노력에도 불구하고 스스로의 의사와는 상관없이 많은 변화를 겪어왔다.

건국 이후 한국외교의 최대과제는 전쟁과 분단, 그리고 냉전의 소용돌이 속에서 국가의 생존과 번영을 확보하는 것이었다. 이를 위해 냉전기 한국의 "생존외교"는 미국 일변도의 양자동맹에 의존하여 그 자율성의 폭이 매우 좁았다. 그러나 냉전종식 이후 구 공산권과의 관계개선을 위한 북방정책을 추진하는 등 외교노선의 다변화를 통해 한국의 국제적 위상을 제고하고 동북아지역에서의 주도적 역할을 모색하기 시작하였다. 그러나 여전히 남북대치상황, 북한 핵문제, 중국의 부상, 주변 4강의 관계변화 등 외적 변수에 어떻게 대응하느냐에 한국외교의 성패가 상당 부분

달려 있다. 한편, 외교의 다변화는 국내적으로도 적잖은 혼란을 가져왔는데, 특히 김대중-노무현 정부 10년 동안 민족공조와 국제공조, 동맹과 자주 등을 둘러싸고 보수와 진보의 양분법적 성향이 두드러져 사회 내 마찰과 갈등이 끊이지 않았다.

건국 60주년을 넘긴 작금의 한국외교는 이제 그동안 안고 있던 국내외적 문제점을 극복하고 급변하는 국제질서와 주변 상황을 반영하는 새로운 외교기조와 목표 및 전략을 수립해야 할 시점이다. 특히 21세기 들어서면서 지구촌의 안보문제가 한층 더 복잡해지고 하나의 안보문제가 가져오는 파급력이 커짐에 따라 일개 국가가 자국의 이익에 따라서만 행동하기 힘든 시대가 왔다. 일국의 불안이 지구촌 전역의 안정에 영향을 끼칠 수 있고, 전 세계적 문제가 한 개인의 문제로 다가오기도 하기 때문이다. 예를 들어 금융위기, 기후변화, 핵확산문제, 자원부족, 이민자문제 등은 강대국과의 동맹이나 몇몇 국가들만의 힘으로 해결될 수 있는 문제가 아니다.

따라서 전통적인 정치안보문제와 새로운 초국가적 위협을 동시에 다룰 수밖에 없는 한국이 어떠한 외교목표와 아젠다 및 발전전략을 통해 남북분단을 능동적, 건설적으로 관리하고 주변 4강과의 양자적 협력체제를 공고히 하는 동시에 다자간 지역협력 및 글로벌외교를 확충시켜나가는 정책적 선택을 할 수 있는지 고찰할 필요가 있다. 이러한 맥락에서 본 연구는 21세기 국제환경의 변화과정 및 특성을 살펴보고, 한국에 직간접적으로 관련 있는 새롭게 부각되는 외교정책 이슈 및 양상들에 관해 논의한 후 한국 외교정책의 향후 비전과 전략방향을 제시하고자 한다.

II. 변환하는 국제질서와 외교안보패러다임

냉전종식과 세계화·지구화의 진전으로 대변되는 오늘날 국제질서는 국가 간의 상호의존도가 심화되고, 외교안보 의제와 행위자가 다양화되는 등 종전의 국제관계와는 달리 보다 포괄적이고 복합적인 양상으로 전개되고 있다. 냉전기 미국과 소련의 이념적·군사적 대립 속에서 국가안보패러다임은 정치군사적 측면의 안보영역에 집중되어 있어 지역안보의 특수성이나 다양성이 간과되고 국가들 간 독자적으로 외교정책이나 안보전략을 수립·추진할 수 있는 영역이 극히 제한적이었다. 경직된 체제 속 성상 개별국가들의 다양한 안보문제들과 지역안보의 상대적 중요성이 소홀히 다루어졌기 때문이다.

동유럽공산권의 몰락과 소비에트연방의 해체는 국제정치패러다임에 큰 변화를 가져왔다. 냉전기 정치이념과 체제를 달리한 채 대립관계를 유지했던 국가들 간 교류협력이 확대되었고, 국가들은 군사력만으로는 국가안보를 담보할 수 없으며 경제, 자원, 환경, 사회적 요소를 아우르는 비군사적 안보 혹은 "비전통안보"의 필요성을 자각하게 하였다. 특히 이념이나 정치적 명분보다는 경제적 이익이나 실용외교가 국가 간 관계를 결정하는 주요 요인이 되고 있다. 이와 더불어 양자 간 동맹관계의 필요성이 상대적으로 약화되고 군사안보뿐 아니라 다른 제반 영역에서의 국가 간 협력과 지역적 상호작용의 중요성이 부각되면서 다자주의적 방식의 협력안보나 지역안보공동체 발전의 가능성이 커졌다.

하지만 냉전 대결구도의 종언은 국제안보에 새로운 불안 요소를 가져왔다. 우선 냉전 대결구도의 와해로 국가와 국가 간 전쟁이 벌어질 가능성은 크게 감소한 반면, 이념적 정체성과 규율이 사라지면서 종교나 인종분쟁, 민족주의 및 자결주의의 부활로 정체성을 둘러싼 갈등이 심각해졌다. 인종적, 문화적, 종교적, 사회적인 복합성을 지닌 다민족국가에서 그룹 간 반목과 대립이 심화되어 무력 충돌로까지 이어지기도 하고, 소수민족그룹들의 집단이익 제고나 자신들에 대한 차별에 반발하여 집단행동을 강화하는 과정에서 폭력사태가 악화되기도 하였다. 그 결과 탈냉전기 폭력분쟁은 대부분 국가 내에서 발생하는 정치인종분쟁ethnopolitical conflict이나 내전형태를 띠게 되었는데, 이는 새로운 질서, 평화로운 세계를 기대하는 국제사회에 큰 위협 및 도전 요소가 되고 있다.[2]

둘째, 정치인종분쟁 혹은 소수민족 해방전쟁의 성격을 띤 내전은 많은 경우 인도적 위기humanitarian crisis 상황을 초래하는데, 특히 여성이나 아동 등 민간인들의 피해가 심각하다. 국가 간 전투가 벌어진 경우도 민간인들이 무차별적으로 살상당할 수 있다. 그러나 주요 무력분쟁의 경우 정부나 지배세력 혹은 소수민족을 대변하는 게릴라 그룹들에 의해 적대진영의 민간인들을 공격과 보복의 대상으로 간주하여 고의적이고 직접적인 방법으로 "일방적 폭력one-sided violence"을 행사해 왔다. 2008년 한 해만 해도 소말리아, 스리랑카, 남오세티아(그루지야), 콜롬비아 등에서 민간인에 대한 대량학살, 테러공격 등 일방적 폭력이 자행되었다.[3] 이와 더불어 난민이나 유민사태와 같은 인구강제이동도 중대한 인도적 문제이다. 흔히 무력분쟁이나 박해의 부산물로 난민사태가 발생해 왔는데, 지난 몇 년 사이 분쟁당사자들(정부나 반란세력)이 분쟁과정에서 대량 난민/유민사태를 고의적으로 유발시키면서 문제가 더욱 복잡하고 심각해지고 있다.[4]

---

2) Ted R. Gurr, *People Versus States: Minorities at Risk in the New Century* (Washington D.C.: United States Institute of Peace Press, 2000); Stockholm International Peace Research Institute (SIPRI), *SIPRI Yearbook 2009*, Appendix 2A. Pattern of Major Armed Conflict, 1999-2008 (Oxford: Oxford University Press, 2009).

3) UCDP에 따르면, "일방적 폭력"을 정부나 공식적으로 조직된 그룹이 민간인을 해치기 위해 고의로 무력사용을 한 결과 한 해 동안 25명 이상의 사망자가 나는 상태를 일컫는다. Ekaterina Stepanova, "Trends in Armed Conflicts: One-Sided Violence against Civilians," SIPRI (2008), p. 39.

4) Internal Displacement Monitoring centre (IDMC), *Internal Displacement: Global*

셋째, 실패국가failed state가 증가하면서 이들 국가들의 취약성문제와 국제적 파급효과 등이 지구촌 불안요소가 되고 있다. 실패국가란 국가안보와 치안, 인권과 국민복지, 법치와 투명성 등에 총체적인 문제가 있는 국가를 일컫는데, 내전은 실패국가를 특징짓는 대표적 현상이다. 이러한 실패국가가 잘 관리되지 않을 경우 1980년대 소말리아의 경우와 같이 국가붕괴collapsed state로 이어지기도 한다.[5] 많은 경우 실패국가나 분쟁국가의 국민들은 정치적, 군사적, 사회적, 경제적 요인들이 복잡하게 얽힌 소위 "복합적 위기상황complex emergencies"으로 인해 고통받게 된다.[6] 따라서 이 상황을 관리·해결하기 위해서는 인도적 지원뿐만 아니라 국제사회의 총체적이고 전면적인 개입이 필요하다. 이러한 인도적 개입이 주권침해 혹은 강대국들의 선별적 개입이라는 비판을 받고 있기는 하지만,[7] 아프가니스탄 사태나 아이티 지진참사, 1994년 르완다 대량학살사태 등 개별국가가 자국민을 보호할 수 없거나 오히려 그들의 안전에 해를 끼칠 경우 국제사회가 이를 감당해야 할 책임이 있다는 "보호할 책무Responsibility to Protect: R2P"가 유엔을 비롯한 국제사회의 주요 의제로 부상하였다.[8] 이와 같은 실패국가의 문제는 인도적 측면에서뿐 아니라 국제정치적이나 안보적 측면에서

Overview of Trends and Developments in 2008 (IDMC: Geneva, 2009).

5) Robert I. Rotberg, "The Failure and Collapse of Nation-States: Breakdown, Prevention, and Repair," in Robert I. Rotberg ed., *When States Fail: Causes and Consequences* (Princeton: Princeton University Press, 2004), pp. 2–5.

6) David Keen, *Complex Emergencies* (Hoboken, NJ: Blackwell Publisher, 2008).

7) Kofi Annan, "The Question of Intervention," in *Statement by the Secretary General* (New York: United Nations, 1999); Thomas G. Weiss, *Humanitarian Intervention* (Cambridge and Malden: Polity Press, 2007).

8) International Commission on Intervention and State Sovereignty (ICISS), *The Responsibility to protect, Report of the International Commission on Intervention and State Sovereignty* (Ottawa: International Development Research Centre for ICISS, 2001); United Nations General Assembly, "Resolution adopted by the General Assembly, A/RES/63/308, http://globalr2p.org/media/pdf/UNResolutionA63L.80Rev.1.pdf. (검색일: 2009. 10. 7)

도 중요한 함의를 갖는다. 왜냐하면 이들 국가는 국제테러리스트의 온상이 될 수 있고, 대량살상무기를 가진 국가가 제 기능을 못하거나 붕괴할 경우 주변국가와 지구촌 전역에 안보위협을 주게 될 수 있기 때문이다. 더욱이 세계화가 급진전하고 있는 오늘날 국가 간 상호연관성 혹은 상호취약성이 점점 고조되고 있는 점을 감안할 때, 그 심각성은 매우 크다.[9]

넷째, 탈냉전체제의 도래와 더불어 미국은 유일 초강대국으로 군림하게 되었다. 1991년 "아버지 부시"로 알려진 조지 부시George H. Bush 대통령은 걸프전의 승리를 계기로 "새로운 세계질서New World Order"를 주창하였는데, 이는 미국 중심의 단극체제의 도래를 의미하였다. 21세기를 맞이하면서 빌 클린턴 당시 대통령은 "20세기의 빛은 사라지고 있지만, 태양

---

9) Robert I. Rotberg, "State Failure and States Poised to Fail: Asia and Developing Nations," *Policy Brief*, no. 5, Ilmin Forum for International Affairs and Security (IFIAS), 2009년 12월 18일.

은 미국에 다시 뜨고 있다."라고 하면서 지배력, 번영, 안보에서 미국의 헤게모니에 경쟁자가 없다는 자신감을 표명한 바 있다.[10] 그러나 2001년 9월 11일 테러를 시발로 미국의 패권에 대한 국제사회의 반발이 거세졌다. 더욱이 조지 부시[George W. Bush] 대통령이 "테러와의 전쟁"에 몰두하면서 이슬람 근본주의자들뿐 아니라 중국과 러시아, 그리고 서구 동맹국들까지도 자국의 의지를 타국에 강요하는 미국의 일방주의와 선제공격전략을 비판하기 시작하였다. 이렇듯 도덕적 리더십에 위협을 받기 시작한 미국은 버락 오바마 대통령의 다자주의, 군사력(하드파워)뿐 아니라 매력(소프트파워)을 겸한 "스마트파워" 전략을 내세우며 국제여론을 무마시키고자 노력하였다. 하지만 2008년 9월 시작된 미국발 금융위기로 인해 "시장의 실패와 국가의 귀환"을 화두로 미국 내부에서도 국가의 시장개입 필요성이 강조되기 시작하면서, 미국의 세계경제리더십도 큰 손상을 입게 되었다.[11]

다섯째, 중국의 급속한 경제성장과 이에 따른 영향력 확대가 국제질서 전반에 큰 변화를 가져올 수 있으며 이러한 변화가 국제정치의 안정과 세계경제발전에 어떠한 영향력을 행사할 것인가에 대한 국제사회의 기대와 우려가 엇갈리고 있다. 물론 중국은 도광양회(韜光養晦: 능력을 감추고 어둠 속에서 힘을 기른다)를 기치로 미국과의 전략적 파트너십, 아시아근린외교, 대 아프리카 원조 및 투자 확대 등을 통해 "평화적 부상"을 강조하고 있지만, 최근 들어 중국 내에서는 국제사회에서의 역할 제고를 강조하는 목소리가 높아지고 있다. 『중국의 꿈』이라는 베스트셀러를 쓴 류밍푸 중국 국방대 교수는 중·미 간 경쟁은 "서로 피해주는 권투형이 아닌 육상 경기형"으로 진행될 것이라고 하면서도 종국엔 중국이 승리국가가 될 것임을 확언하였다.[12] 그 결과 여부에 관계없이 21세기 미·중 주

---

10) "9·11에 금융위기……, 도덕도 경제도 휘청," 『한겨레』, 2009년 1월 1일.

11) 권순우 외, 『SERI 전망 2009』 (서울: 삼성경제연구소, 2008).

12) "美 패권시대 갔다……, 中 21세기 1등국 될 것," 『동아일보』, 2010년 3월 25일.

도권 경쟁은 불가피할 것이며, 그 과정 속에서 국제관계는 더욱 복잡하고 불확실한 양상을 띠게 될 것이다.

여섯째, 세계화 및 정보화의 심화로 지구촌 곳곳의 구성원들 간 네트워크가 확대·강화되면서 지리적 거리에 관계없이 국가, 사회, 개인들의 생각이나 행동이 상호 밀접한 영향을 주고받게 되었다. 또한 기후변화, 테러의 위협, 신종플루와 같은 전염병 등 인류 공동의 위협에 대처하기 위해 범세계적 차원이나 지역적 차원에서 국가들 간 공식적·비공식적으로 협력 노력이 제고되는 한편, 양자 및 다자간 자유무역협정FTA과 지역무역협정RTA이 증가하는 등 지구촌 "통합화" 현상이 나타나고 있다. 이와 동시에 다민족국가 내에서의 인종분쟁이나 그룹 간 갈등으로 인한 국가 "파편화" 현상, 신자유주의적 세계화 및 미국 주도의 세계질서에 대한 비판으로 지구촌 여러 문명들, 국가들 간 가치의 충돌과 분열현상이 가시화되고 있다. 한편, 무한경쟁시대에 자국의 이익을 보호하려는 국가 간 무역전쟁이나 동북아시아 국가들 간 역사분쟁 및 민족주의의 강화는 국가중심의 이해관계가 여전히 국제질서를 결정짓는 중요한 변수임을 잘 대변해준다. 또한 많은 국가들에 있어 국내정치와 외교정책 간 상호연관성, 즉 "국내외 연계정치intermestic politics"의 비중이 커지고 있다. 이는 민주주의 국가의 경우 여론의 추이가 차기 선거의 결과에 영향을 미친다는 점과 정보기술의 발전으로 일반 대중이 자신들의 의견을 표명할 기회나 방법이 다양해지면서 외교영역에서의 국내외적 요인들 간 상호영향은 증대일로에 있다.[13)]

이상과 같이 오늘날 국제질서와 외교안보패러다임은 변환의 과정에 놓여 있다. 따라서 다양한 이슈와 행위자들이 복잡하게 얽혀 갈등과 협력 양상을 나타내는 복합 다층적 국제질서와 국가 간 상호역학관계를 이해하고 분석하여 한국외교의 비전과 외교안보패러다임을 만들어내는 것이

---

13) 이신화, "21세기 글로벌이슈와 국제정치학," 『국제정치논총』 제46집 특별호 (2007).

어느 때보다 시급하다.

III. 새로운 외교 양상과 한국 외교정책의 선택

1. 전통적 외교와 비전통적 외교

외교는 국가가 국제정치 무대에서 그 정치적 목적을 달성하기 위하여 이용할 수 있는 가장 일반적이고 평화적인 방법이다. 전통적 외교는 군사력과 경제력을 기반으로 외교관 등 정부 관리들이 활동하는 방식을 일컫는다. 해럴드 니콜슨 경은 외교란 협상에 의해 국제관계를 다루는 것으로 대사나 사절에 의해 조정·운영되는 방법이며 직업외교관이 맡아야 하는 기술이라고 하였다.[14] 국가 간 의사소통과정으로서의 외교관습은 기원전으로 올라갈 만큼 오랜 시간에 걸쳐 발전해 왔지만, 근대 외교체제는 15세기 이탈리아에 상설대사관이 설치된 것에 그 기원을 두고 있다. 이후 전통적 외교체제는 국가 간 행위규칙과 절차를 발전시켰고, 19세기 근대적 형태를 지닌 항시적 공관들이 유럽에 설립되었다. 주로 쌍무적 국가관계를 중심으로 이루어진 전통외교는 19세기 유럽의 안정된 질서 및 평화를 제고하는 데 일조하였다.[15] 제1차 세계대전을 방지하기 위한 외교적 노력이 무산되면서, 전통외교가 지나치게 비밀외교를 추구한 것과 귀족층으로 구성된 외교관들에 대한 비판이 일면서 정보를 일반인들에게 개방해야 한다는 요구가 일면서 "신외교"의 필요성이 부각되었다. 신외교의 과정에 있어 국가 이외에 국제기구나 비정부기구들의 역할이 늘고 국제연맹 등의 국제기구의 창설로 양자 간 협상 이외에 다자간 외교도 확대되면서, 전통외교에서 비밀리에 진행되었던 외교과정이 다소 개방화되었

---

14) Sir Harold Nicolson, *Diplomacy* (Oxford: Oxford University Press, 1964).
15) John Baylis and Steve Smith, *The Globalization of World Politics*, 2nd ed. (Oxford: Oxford University Press, 2001).

다. 신외교의 의제 역시 전쟁방지를 최우선 목표로 삼으면서도 경제, 사회, 복지문제 등을 아우르는 다양한 문제들을 다루게 되었다. 제2차 세계대전 이후에도 신외교의 의제들은 보다 포괄적이고 전문적으로 이어졌으며, 많은 식민지들이 독립을 획득하면서 기존 국가들과 이들 신생국가들 간의 외교관계가 새로이 나타났다. 한편, 미·소 및 그들 동맹국들 간의 대립으로 특징지어지는 냉전기는 핵전쟁과 같은 큰 전쟁을 야기할 상황은 회피하면서도 상대 진영을 무력화시키기 위한 첨예한 대결 양상을 보였다. 따라서 "냉전외교"는 핵무기를 보유한 국가들 간 상호작용 및 초강대국들의 정치지도자들이 핵심 현안들을 풀기 위해 직접적인 접촉을 하는 정상외교를 구사하였다.[16] 냉전종식 이후 외교와 협상의 역할에 대한 국제사회의 기대가 높아졌지만, 탈냉전기 많은 문제들이 외교적으로 해결되지 못하면서 한계를 드러냈다. 그러나 이념장벽이 제거되면서 개별국가들이 전 지구적 차원에서 교류할 수 있게 되었으며, 신외교에 비해서도 훨씬 복잡하게 얽힌 행위자들이 다양하고 광범위한 의제를 두고 쌍무적, 다자적 외교행위의 과정을 거치게 되었다. 탈냉전기 외교에 있어서도 국가 간 관계를 처리하는 외교관의 기술과 능력이 매우 중요하지만, 공식외교 경로 이외의 민간외교, 의원외교 등 다양한 채널이 가동되고 있다. 특히 공식적 외교에 대하여 민간차원에서 행해지는 국가 간 관계를 "비전통적" 외교라 할 수 있는데, 이는 정치적·경제적 영역뿐 아니라 문화예술, 학문과 같은 제반 영역에서 정부 간 외교관계를 보완하는 역할을 한다. 예를 들어 냉전기 국교가 없던 국가들 사이에 스포츠 교류는 정부 간 전통적 외교가 결여된 상태에서 유일한 교류채널로서 중요한 민간외교 역할을 수행하였다. 이러한 비전통적 외교는 한 국가가 다른 나라들의 정부나 국제기구를 대상으로 하는 전통적 외교에 대비하여 그 나라들의 비정부단체나 시민들을 대상으로 하는 공공외교public diplomacy로도 일컬어

---

16) Baylis and Smith (2001).

진다. 공공외교를 수행하는 주체는 정부, 반관반민의 단체, 순수한 민간 단체, 또는 개인이 될 수 있는데, 그 주체가 민간단체나 학자, 체육인, 전문가, 연예인과 같은 개인일 경우 체육활동, 학술회의, 문화예술활동 등 자신의 본업을 하는 인적 교류 과정에서 자연스럽게 자국에 대한 이해와 호감도를 제고할 수 있다.[17]

물론 외교정책은 신중하고 일관성 있게 추진되어야 하므로 전문지식과 경험을 구비한 소수의 엘리트들이 담당해야 하며 국제관계에 대해 무지하거나 제한된 지식만을 가진 일반시민들의 외교 참여나 여론은 외교에 부정적인 영향을 끼친다는 전통외교 지지자들의 주장도 일리가 있다.[18] 하지만, 오늘날 정보통신기술의 발전으로 전 지구적 네트워크를 통해 민간인들이 국제문제나 각국의 외교 사안에 적극적으로 의견을 개진하고 영향력을 행사하는 범위나 빈도수가 크게 늘면서 비전통적 외교의 비중이 커졌다. 이렇듯 공개외교시대·대중외교시대를 맞이하여 정부 간 타협과 협상은 자국뿐 아니라 상대국의 여론주도층 및 일반 대중들이 인식하는 국가의 이미지와 분리하여 이루어지기 힘들게 되었다. 뿐만 아니라, 정책이 이슈화되는 시점이나 특정 외교정책 내용이 일반대중의 일상과 어느 정도 연관성이 있느냐 등에 따라 여론의 대외정책 영향력의 폭이 결정되고 있는 추세이다.[19]

과거 군사정부나 권위주의 정권하에서 한국은 대통령을 비롯한 몇몇 정책결정자들이 외교영역을 도맡았으나, 민주화와 정보화의 급진전으로 외교정책 결정과정에 대한 국민의식과 참여 기회가 증가하게 되어 이라크 파병문제, FTA 비준문제, 미국 쇠고기협상파동과 촛불시위 등에서

17) 한승주, "세계화 시대의 Public Diplomacy," (한국국제교류재단편), 『공공외교와 한국국제교류재단』(서울: 한국국제교류재단, 2006).

18) Nicolson (1964).

19) Ole Holsti, "Public Opinion and Foreign Policy: Challenges to the Almond-Lippman Consensus," *International Studies Quarterly*, no. 36 (1992).

볼 수 있듯이 여론의 역할과 힘이 더욱 강화되고 있다.[20] 그러나 여론에 따르는 것이 합리적이거나 국익에 부합하는 외교정책 선택이 아닌 경우가 종종 있다. 더욱이 집권층이 국내정치적 목적을 위해 대외정책수립이나 이행과정에서 여론을 이용할 경우 그 폐해는 심각해진다. 일례로 노무현 정부는 자주와 주권과 같은 추상적 명분을 내세우고 국내정책의 실패와 정권에 대한 지지율을 만회하기 위해 대북우호정책을 통한 남북관계 개선을 도모하는 반면, 미국과 일본과의 외교적 갈등을 인위적으로 부각시키기도 하였다. 이로 인해 전통적인 우방국가와의 관계가 소원해지고, 내부적으로는 외교정책을 둘러싼 사회갈등과 이념대립이 심각해졌던 점을 상기할 필요가 있다.[21] 한편, 외교정책의 주요 목표 중 하나인 한국과 한국인의 국제적 이미지 고양이라는 측면에서 볼 때, 한국의 국력대비 국가인지도는 아직도 낮은 수준에 머물러 있다. 따라서 정부와 민간 간 효과적인 협력외교의 수행을 통해 국가이미지를 제고하고 외교능력을 강화할 필요가 있으며, 이를 위해 공공외교를 활성화시킬 방안모색이 중요하다.

2. 전통안보와 비전통안보

탈냉전기 국제사회의 안보패러다임에 커다란 변화가 일면서 안보외교의 영역 역시 전통적인 정치·군사안보뿐 아니라 경제, 환경, 인도적인 측면과 같은 비전통안보nontraditional security 이슈로 확대되었다. 비전통안보는 크게 3가지 특징을 갖고 있는데, ① 안보의 범주를 국가나 개인의 안전에 대한 비군사적인 위협을 중심으로 규명하고, ② 비전통안보 의제들은 개별국가를 넘어 지역적, 범세계적인 파급효과를 갖는 경우가 많으며, ③ 국가뿐 아니라 다른 행위자들도 안보의 준거점으로 간주된다. 즉 비전통

---

20) 남궁곤, "외교여론 양극화 가설의 허와 실: 이라크 전쟁과 미국여론," 『한국과 국제정치』 23권 (1)호 (2007).
21) 최영종, 『글로벌 한국의 신외교전략: 이념외교에서 실용외교로』 (서울: 도서출판 오름, 2008).

안보의 경우 학문적 연구나 정책적 접근에 있어 개인이나 그룹들이 직면한 위험요소들에 대한 해결책 마련이 국가안보를 위협하는 요인들을 해소하는 것과 마찬가지로 중시된다.[22] 또한 국가 간 전쟁방지와 평화관리의 영역을 넘어서 무역분쟁, 지구기후변화, 월경성 환경오염, 초국가적 조직범죄, 전염병, 국제금융위기 등에 대한 국제사회의 공동대응이 중요해지면서, 영토주권과 군사전략을 중심으로 하는 전통적인 안보 시각만으로는 복합적이고 다양해진 안보위협과 불확실해진 국제정세를 이해하고 대처할 수 없게 되었다. 따라서 비전통안보 개념은 공동안보, 협력안보, 포괄적 안보comprehensive security 등의 논의와 그 맥을 같이하며 그 대응과 예방책 마련에 있어 국가 간 협력과 공조를 중요시한다. 최근 초국가적 비전통안보 의제와 관련한 상호취약성 문제가 심각해지면서 정치군사적인 관점에서만 외교와 안보분야에 접근해서는 새로운 국제질서에 대응하기 힘들다는 목소리가 높다. 현재 유엔의 안보의제들은 많은 경우 비전통안보 분야를 다루고 있고, 올해로 40주년을 맞은 2010년 "세계경제포럼 연차총회," 일명 다보스회의에서도 9개의 안보관련 세션 중 8개가 비전통적인 인간안보관련 주제였다.[23] 다자주의, 상호의존, 국제협력 등의 원칙을 강조하는 분석틀, 모델, 정책개발이 학문적·정책적 측면에서 점점 중요하게 부각되고 있다.

최근 들어 한국에서도 비전통안보에 관한 관심이 늘고 있지만, 그 학문적 분석이나 정책개발은 전통안보 분야에 비해 매우 미흡한 수준에 머물러 있다. 비전통안보와 관련한 체계적이고 종합적인 대응이나 예방책을 마련하기보다는 황사와 같은 월경성 환경오염, 조류독감이나 신종플루와 같은 건강안보문제, 탈북자문제나 인신매매와 같은 인도적 문제가

22) 이신화, "비전통안보와 동북아지역협력," 『한국정치학회보』 제42집 (2)호 (2006).
23) World Economic Forum Annual Meeting 2010, Davos-Klosters, Switzerland 27-31 January, http://www.weforum.org/en/events/ArchivedEvents/AnnualMeeting2010/Wednesday27/index.htm. (검색일: 2010. 5. 1).

불거질 경우 사후약방문식 대응에 급급한 실정이다. 대개 비전통안보를 다루는 것은 한정된 자원을 두고 한 국가가 보다 더 많이 갖기 위한 쟁탈전을 벌이는 것이 아니라 상호취약성을 줄이고 공동의 피해를 막기 위해 협력하여 대책을 마련하는 것임을 감안할 때, 비전통안보와 관련한 외교정책은 타국과 협력하여 윈-윈win-win 효과를 이끌어내는 상생전략이라는 관점에서 접근해야 할 것이다.

남북관계의 측면에서 볼 때,[24] 비전통안보 이슈를 통한 대북협상 의제를 개발하고, 이 이슈들이 비핵화, 평화정착, 신뢰구축의 촉진요인이 될 수 있는 환경을 조성하여 남북협력의 촉매제가 된다는 논리는 김대중 정부시절 북한에 기능주의를 통해 접근하면서 이미 대북정책에 활용되기 시작하였다. 북한에의 인도적 식량지원이나 에너지 개발을 지원하여 전기 공급을 원활화하는 것이 북한주민의 삶의 질을 개선하고 궁극적으로 핵문제를 해결할 수 있다는 주장 역시 상당기간 설득력을 가진 듯 보였다. 그러나 이러한 대북정책은 인도주의적 규범에 의거한 것이 아닌 남북 간 특수 관계를 강조하여 이를 관리하는 측면에서 이루어진 면이 적잖았다. "상생공영"의 대북정책을 표방한 이명박 정부는 인도적 지원은 정치군사적 상황과 무관하게 이루어지되, 지난 10년간의 대북 인도적 지원에 관한 비판적 검토 및 국내여론을 반영하여 북한 주민에게 직접적인 혜택이 주어지는 신중한 지원을 하겠다고 밝혔다. 그러나 현 정부는 북한의 인도적 문제에 어떻게 접근할 것이며, 이를 전통안보문제가 강하게 얽혀 있는 남북관계에 어떻게 연계시켜 남북협력을 제고할 것인가에 대한 비전과 원칙, 그리고 구체적인 로드맵을 마련할 필요가 있다.

개인의 안전을 국가안보보다 우선시하는 "인간안보human security"의 경우, 인권문제 등은 전통안보문제보다 개선하기 더 어려울 수 있고, 경제

---

24) 비전통안보와 대북정책에 관련한 내용은 본 저자가 2009년 참여했던 통일부 과제 "비전통안보와 남북한 협력방안"의 보고서(미발간)에서 부분 인용하였다.

난·식량난 해결을 위한 대북지원이나 교류협력이 남북관계의 실질적인 변화를 이끌어낼 가능성도 별로 없는 듯하다. 따라서 비전통안보 이슈를 통해 남북관계에 접근할 경우 "과거로부터의 교훈lessons from the past"을 토대로 대북정책의 원칙과 전략을 수립할 필요가 있다. 대북포용정책은 북한(정권)에 대해 지속적으로 호의를 보임으로써 북한을 대화와 화해의 상대로 서서히 변화시킨다는 희망적 가정에서 이루어졌다. 당시 포용정책을 정당화하는 논리는 ① 이 정책이 실질적으로 전쟁을 회피하는 수단이고, ② 북한 정권을 변화시키는 가장 효과적인 수단이며, iii) 북한 주민들의 삶에 질적인 향상을 가져온다는 것이었다. 그러나 현재 북한 주민들은 더 극심한 경제난·식량난 및 인권유린 상황에 시달리고 있다. 따라서 북한에의 인도적 지원에 있어 명심해야 할 점은 북한 정권의 이해관계와 북한 주민의 이익이 반드시 일치하지 않을 뿐더러 대북지원이 자칫 인민을 억압하는 북한체제를 더욱 강화시키는 결과를 초래할 수 있다는 것이다.

실로 남북관계가 진정한 협력동반자 관계로 발전하는 것은 장기적인 과정이 될 것으로 보이고, 그 과정에서 환경, 인권, 초국가적인 범죄와 같은 인간안보/비전통안보 문제가 북한 핵문제나 다른 전통안보 이슈와 동일한 수준의 관심을 끌지는 못할 수 있을 것이다. 그럼에도 불구하고 비전통안보와 관련하여 남북 양자 간의 틀을 중심으로 하되 유관 국가들과의 다자적 네트워크를 연계한 협력체나 레짐을 구성하는 것이 바람직해 보인다. 물론 남북대치 상황에서 정치군사문제가 해결되지 않는 한 비전통안보 협력이 한반도문제에 획기적인 해결책을 제공할 것으로 보이진 않는다. 그러나 일단 이러한 협력체가 형성되면, 특정 비전통안보문제 문제를 다루는 데 그 성공 여부와 상관없이 그 과정 자체가 대화와 의견교환을 증진시키고, 궁극적으로는 한반도 안보와 평화를 증진시키는 정치적인 대화를 유도할 기회를 제공한다는 점에서 그 의의를 찾을 수 있다. 또한 레짐이 존재하는 것 자체만으로도 남북협력 노력을 제고하는 권위를 가질 수 있을 것이다.

3. 양자외교와 다자외교

전통적으로 국가 간 관계는 많은 경우 강국 중심의 회동이나 한 국가가 다른 나라와 쌍무적으로 만나 동맹·우방관계를 긴밀히 하는 양자외교의 형태로 이루어졌다. 오늘날 다자협력의 선두격인 유럽 국가들도 제2차 세계대전이 종식되기 전까지는 대부분 독자적이거나 동맹관계를 통해 자국의 안보 및 이해관계를 보호하였다. 오늘날 양자외교가 여전히 국제관계에서 매우 중요하지만, 이와 동시에 다수 국가들의 입장과 의견을 조율하고 상호협력 방안을 모색하는 다자외교를 강화하여 국제적 입지와 정당성을 확보하고 이들 국가들과의 협력을 통해 국익을 실현하는 것이 점점 중요해지고 있다. 다자외교는 개별국가들이 쌍무적 회담이나 협상을 통해 관리하기 어려운 초국가적 이슈들이나 양자 간의 민감한 문제들을 처리하거나 양국 간 이해관계가 충돌할 경우 여러 국가가 참여하는 회담을 통해 의견조율을 할 수 있는 장을 만들 수 있다는 점에서 주목받고 있다. 특히 힘의 논리가 팽배한 국제사회에서 다자외교는 국가 간 관계의 규범적 측면을 고려하고 다수 국가의 의견이 골고루 표명된다는 점에서 국익 중심의 외교관행으로 인해 피해를 입는 국가들(주로 약소국이나 개발도상국가들)은 강대국의 의사에 따라 협력을 강요당하는 비대칭적 관계를 어느 정도 무마할 수 있는 다자적 접근을 양자외교보다 선호한다. 강대국의 경우도 불확실하고 복잡한 지구촌 상황과 초국가적 위협에 보다 융통성 있게 대응하고 보다 많은 국가들의 동의와 협력을 통해 국제이슈를 풀어나가는 것이 중장기적으로 볼 때 국익을 제고하는 것이란 점에서 다자외교를 활용하고 있다.

하지만 오늘날 다자외교 혹은 다자주의 외교가 모든 참여 국가들이 공통의 규범과 원칙을 토대로 공동의 목표를 위해 협력관계를 이루어가는 다자주의를 실제로 구현하고 있는가에 대해서는 많은 의문이 제기되고 있다. 여러 나라들이 회원국으로 참여하는 유엔을 비롯한 국제기구들에서 소수의 강대국들이 자신들에게 이득이 되는 방향으로 논의나 결정을 이끌어가는 일이 종종 있고, G8이나 G20 정상회담, 아태경제협력체 APEC, 아세안지역안보포럼ARF 등 다자가 만나는 외교에 있어서도 많은 경우 양자회동이 우선시 되어 왔기 때문이다. 결국 한 국가가 다자외교에 참여한다는 것은 자국의 정치적 목적이나 이해관계에 득이 된다는 판단이 섰기 때문이므로 지속적이고 효과적인 다자외교나 다자적 제도수립을 위해 자국의 손해를 감수하는 일은 흔치 않을 것이다. 이러한 현실은 다자외교의 전형이라 할 수 있는 유엔이 왜 각 회원국들 간 국익 추구의 각축장인지, 그리고 왜 전통적 군사안보문제뿐 아니라 환경이나 인권과 같이 다자적 접근이 중요한 비전통안보 이슈를 다루는 데 있어서도 협상을 통한 의견조율이 어려운지를 반증한다.[25]

이러한 여러 가지 한계에도 불구하고 여러 나라가 모여 전 지구적·지역적 차원에서 초국가적 의제들을 함께 논의하고 해결 방안을 모색하는 일이 늘고 있다. 전통적으로 안보영역은 세력균형에 의한 경쟁적 관계란 인식하에 다른 문제들에 비해 다자협력구도가 어렵다고 간주되어 왔지만, 일국의 안보문제가 다른 나라들에 미치는 파장이 커지면서 공동안보나 다자안보협력의 중요성이 높아졌다. 유럽은 유럽연합EU 속에서 지역공동안보를 위한 외교정책을 활발히 추진하고 있고, 동남아국가들도 ARF 등을 통해 다자안보협력의 제도화를 모색하고 있다. 상대적으로 안보협력이 지지부진한 동북아시아의 경우도 APEC, ARF, 동북아시아협력대화NEACD, 아태안보협력위원회CSCAP 등 다자협력안보를 위한 정부 간 혹은 비정부적 차원의 대화체에 참여하고 있으며, 북한 핵문제 해결을 위한 6자회담도 대표적인 다자안보협력체이다.

---

25) 이신화, "다자외교시대 프롤로그," 『평화포럼 21』 통권 제(5)호 (2009).

이렇듯 다자안보협력이 지역별, 이슈별로 보다 확대되고 구체화되는 추세가 한국의 안보나 외교에 주는 함의도 크다. 냉전기 한국은 동북아시아의 상대적 약소국으로서 국가의 생존과 안보를 외교의 최우선 목표로 삼을 수밖에 없었고, 이를 위해 대미 안보의존 상황 속에서 불평등한 형태의 동맹관계라도 양자외교에 중점을 두고 있었다. 탈냉전기에 들어서도 한국은 여전히 분단국가로 남북대치 상황에 있으며 주변 4강의 틈바구니 속에서 생존의 위협을 항시 염두에 두어야 하고 다자적 안보제도가 부재한 동북아시아에서 다자협력에 스스로의 안보를 맡기기보다는 독자적인 국방력 강화와 더불어 한·미동맹을 안보의 핵심 축으로 계속하여 유지하고 있다. 일각에서는 한·미관계의 균형 재조정 및 중국 등과의 사안별 균형외교를 추구해야 한다는 주장도 일고 있지만,[26] 이 역시 다자안보협력보다는 양자적 접근에 초점을 맞추고 있다. 하지만 향후 한국에게 가장 바람직한 지역질서는 역내 모든 국가들이 원칙과 규범에 기반을 둔 다자주의적 협력 체제를 구축하는 것으로 보인다. 왜냐하면 미국과 중국이 대립하거나 일본과 러시아를 포함한 4강이 각축과 경쟁을 벌일 경우 한반도는 매우 불확실하고 불안정한 상황을 맞게 될 것이며, 미국과 중국이 협력하여 주요 지역현안문제에 대한 결정을 내릴 경우 지역안정은 이룰 수 있을지언정 한국의 자율성은 크게 축소될 수 있기 때문이다.[27] 물론 현재 역내 안보문제를 효율적으로 다룰 수 있는 다자안보협력체는 없지만, 2003년 시작된 6자회담이 간헐적으로나마 지속되면서 북한의 비핵화문제뿐 아니라 한반도평화체제, 동북아평화·안보체제를 다루는 실무그룹들이 만들어졌다. 이는 동북아안보제도의 발전 측면에서 볼 때 긍정

---

26) 이근, "꿈은 이루어진다: 한국외교 패러다임의 대전환과 비전," 『미래전략연구원 논단』 (2005). http://ilminkor.org/board/bbs/board.php?bo_table=editor&wr_id=140 (검색일: 2010. 5. 1).
27) 전재성 "평화: 지속가능한 다자안보협력을 위하여," 『평화포럼 21』, 통권 (5)호 (2009).

적인 변화이다. 각국의 이해관계가 상충하고 공동의 규범이나 규칙 마련에도 난항을 겪고 있긴 하지만, 북한문제만이 아니라 동북아 안보문제 해결을 위해 양자외교나 사안별 일시적 협력을 넘어선 다자간 해결의 중요성을 인식하기 시작한 것도 다자적 협력을 제도화하기 위한 바람직한 변화이다. 따라서 한국은 한반도문제의 해결 과정과 동북아에서의 지역다자협력의 제도화 과정에 있어 기존의 양자적 관계를 새로이 조정하는 방향과 다자간 협력체를 모색하는 방향을 적절히 혼합한 형태인 "양-다자 bi-multilateral 협력메커니즘" 구축을 위해 주도적 역할을 할 수 있는 외교전략을 고안할 필요가 있다.

4. 하드외교와 소프트외교

강성권력 혹은 하드파워hard power란 한 나라가 군사력과 경제력을 통해 자국의 뜻을 강제로 관철시켜 타국의 행동이나 정책변화를 유도하는 권력을 의미하며, 복종에 대한 대가를 지불하는 방식으로 당근과 채찍을 사용한다. 반면 연성권력 혹은 소프트 파워soft power는 매력attraction을 통해 명령이나 강제력이 아닌 자발적 동의에 의해 상대방을 내 편으로 끌어들이는 능력으로 그 과정상 정당성이 매우 중요하다.[28] 오늘날 국제관계에서는 하드파워로만은 외교성과를 거둘 수 없고, 소프트파워를 겸비해야 한다는 주장이 강하다. 소프트파워란 단순한 문화적 차원의 접근을 넘어서 정치적인 관념이나 세련된 외교를 필요로 하며, 이를 증진시키기 위해서는 외국 국민의 우호적 여론을 이끌어내어 국가이미지의 제고를 주목적으로 하는 공공외교도 중요하다. 한편 미국을 중심으로 하드파워와 소프트파워를 상황에 따라 균형감 있게 활용함으로써 외교효과를 극대화해야 한다는 스마트파워 개념이 부상하고 있는데, 스마트파워는 하드파워와

---

28) Joseph S. Nye, *Soft Power: The Means to Success in World Politics* (New York: Public Affairs, 2004).

16.2

스마트파워란 경제력·군사력을 나타내는 하드파워(경성권력)와 외교문화적 접근이나 아이디어를 통한 자발적 매력을 대변하는 소프트파워(연성권력)를 유기적으로 통합한 능력으로, 개별국가가 외교정책을 구사할 때 사용할 수 있는 정책옵션policy option을 의미한다. 2007년 CSIS국제전략문제연구소는 리처드 아미티지 전 국무부 장관과 소프트파워 이론의 주창자인 조지프 나이 하버드대 교수를 공동의장으로 하여 미국 미래를 위한 스마트파워 정책에 관한 보고서, *A Smarter, More Secure America: Report of the CSIS Commission on Smart Power*를 발간하였다.

특히 2003년 이라크전쟁 이후 추락하기 시작한 미국의 이미지를 만회하기 위한 일환으로 논의되기 시작한 스마트파워는 미국 공화당이 연약한 외교정책으로 비난하고 있는 소프트파워의 대안으로 제시되고 있다. 그 주요 내용은 동맹과의 파트너십 강화, 저개발국가에 대한 원조 확대, 국제적인 인적 교류 증대, 자유무역 확대를 통한 경제통합추구, 그리고 기후변화와 관련한 기술혁신 제고이다.

2009년 1월 미 하원 외교위 인사청문회에 출석한 당시 힐러리 클린턴 국무장관 후보자가 스마트파워를 미국의 대외기조로 제시하면서 "스마트파워 리더십"이 버락 오바마 행정부의 외교안보정책의 핵심적인 정책옵션으로 부상하였다.

소프트파워를 통합시키는 전략으로 그 효과는 이 두 가지 파워를 곱한 것에 버금간다.[29]

한 국가의 소프트파워가 어느 정도인지 가늠하기 위해서는 외부로부터 주어지는 국가 호감도나 평판뿐 아니라, 그 국가 스스로가 갖고 있는 자신감이 동시에 고려될 필요가 있다. 점점 치열해지는 지구촌 소프트파

---

29) Richard Armitage and Joseph S. Nye, *CSIS Commission on Smart Power: A Smarter, More Secure America* (Washington, D.C.: CSIS Press, 2007).

워 경쟁 속에서 "외부의 평판과 국가자긍심의 상호 선순환 구조"를 통해 국가의 매력을 제고하는 일이 세계 여러 국가들의 주요 국가전략이 되고 있는데, 한국도 예외일 수는 없다. 2008년 조사된 동아시아 소프트파워와 관련한 여론조사Global Views 2008 : Soft Power in East Asia에 따르면,[30] 한국인들의 경우, 스포츠, 역사, 문화에 대한 자부심이 정치경제적 성취에 대한 평가보다 높게 나타났다. 스포츠에 관한 높은 자긍심은 서울올림픽과 한·일 월드컵의 성공적 개최, 다양한 스포츠 분야에서의 세계적인 스타 탄생에서 기인하는 바가 크다. 역사적 자부심은 반만년의 유구한 역사와 한민족의 긍지뿐 아니라 일본과 중국의 "역사왜곡"에 대한 반발과 분노가 반사된 측면이 있다. 예를 들어 축구 한·일전은 "도쿄대첩"을 방불케 하고, 위안부나 야스쿠니신사 참배와 같은 대일과거사 문제와 중국의 고구려사 왜곡은 한국인의 역사인식을 더욱 공고히 하는 계기가 되었다. 그러나 스포츠나 역사에 대한 자긍심은 중국이나 일본의 경우도 매우 높게 나타나고 있어 이 영역에서의 지나친 경쟁은 자칫 과잉 민족주의로 표출되어 국가 간 갈등의 소지가 될 수 있다. 한류 열풍은 예술문학을 포함한 문화적 영역에서 한국인의 자신감을 고취시켰고, 한국대중문화를 바라보는 외부의 시각도 향상시켰다. 하지만 베트남과 중국에서 높은 평가를 받은 한류의 매력이 미국인들을 매료시키기에는 역부족이었다. 더욱이 인적 자원 및 지식기반 영역의 경우 대학의 질적 평가에서 한국은 미국과 일본에 크게 못 미쳤고, 중국의 경우보다도 낮은 평가를 받았다. 과학기술에 대한 성취도 역시 한국인들은 IT강국이라는 큰 자부심을 가지고 있는 반면, 주변국의 한국에 대한 평가는 상대적으로 다른 조사국들

---

30) 동아시아 소프트파워 관련 여론조사는 한국의 동아시아연구원(EAI), 미국의 시카고 국제문제협회(CCGA)가 공동으로 한국, 미국, 중국, 일본, 인도네시아, 베트남에서 동일한 질문항목을 가지고 실시한 것이다. 여기서 한국의 소프트파워 부분은 이 여론조사결과를 토대로 정리한 『EAI 여론브리핑』 제32호 중 본 저자가 기고한 "한국이 본 한국 vs. 남이 본 한국"을 인용한 것이다.

에 비해 뒤떨어졌다.

정치경제 영역의 경우, 한국은 세계에서 유례없이 산업화와 민주화를 최단 시일에 달성한 나라로 동남아를 포함한 많은 개도국들의 벤치마킹 대상이 되고 있다. 그럼에도 불구하고 한국인들의 정치체제 및 경제적 성취에 대한 자부심은 매우 낮아 10명 중 8~9명이 부정적 평가를 내리고 있다. 정치외교 영역에 대한 긍정적인 외부의 인지도에 비해 한국인 스스로의 평가가 이처럼 가혹한 것은 한국인들의 역대 정권에 대한 실망과 국내정치 비판의식이 가히 "정치혐오증" 수준에 달해 있음을 말해준다. 한국정치의 소프트파워를 널리 확산시키기 위해서라도 정치적 냉소주의를 극복하고 성공적인 한국 민주화와 인권신장 과정을 브랜드화 하여 대외적으로 알릴 필요가 있다. 이러한 정치외교적 이미지는 한국의 국제사회에 대한 기여 및 리더십에 대한 높은 평판이 수반될 때 보다 우호적인 평가를 받을 수 있을 것이다. 경제영역에 있어 한국인은 고도 경제성장에 따른 기대치를 가지고 있지만 그 혜택을 제대로 받지 못하고 있다는 불만이나 상대적 박탈감이 상당히 높은 것으로 보인다. 한국 경제에 대한 외부의 평판도 주변국들에 비해 상대적으로 뒤처지는데, 삼성이나 LG와 같이 세계적으로 성장한 기업의 이미지가 해외 한국제품 브랜드가치를 높이는 데 제대로 기여하지 못한 측면이 있다. 한국인의 경우 자국 제품에 강한 애착과 자신감을 나타낸 데 비해 미국인은 한국제품을 저가低價, 일본인은 중저가 제품으로 인지하는 것으로 조사되었는데, "싸구려" 이미지에서 벗어나는 국가적 노력이 배가될 필요가 있다. 또한 한국과의 경제관계가 자국 경제에 끼치는 영향력이나 FTA 상대국으로서의 한국의 매력도 상대적으로 낮게 평가되고 있어 한국의 경제적 소프트파워가 여전히 미흡한 것으로 나타났다. 자국과 상대국이 가치관과 생활양식을 공유하고 있다고 믿는 정도를 나타내는 문화적 일체감의 경우, 일본인과 미국인 사이, 그리고 중국인과 동남아인들 사이에는 각각 일체감이 높은 데 반해, 한국인들은 어느 그룹에도 속하지 못하고 동떨어져 있다. 또한 한국인들은 중국과 일본과의 문화적 거리를 상대적으로 가깝게 느끼고 있었지만, 일본인, 중국인, 미국인들은 모두 한국의 가치관이나 생활양식에 대해 공감하는 바가 적었고, 이들의 한국에 대한 국가호감도 역시 그다지 높지 않았다.

요약하면, 인지적·감정적 차원에서 한국의 소프트파워에 대한 외부의 평판은 다른 조사대상국들인 미국, 중국, 일본에 비해 상대적으로 뒤쳐져 있는 실정이다. 이들 국가들이 군사력이나 경제력 등 하드파워 면에서 한국을 훨씬 앞서고 있다는 점을 상기할 때, 소프트파워의 인지적 측면은 하드파워와 일정 정도 연관이 있음을 알 수 있다. 감정적 차원의 경우 주변국과의 문화적 일체감을 만드는 일은 요원한 일이겠지만, 지적·문화적 자원의 친화력과 확산력 강화를 통해 국가 호감도를 제고하는 일은 지금 당장 국가적 차원에서 시작해야할 과제이다. 특히 주변 강대국들과의 하드파워 격차에 비해 소프트파워 격차가 훨씬 적다는 점에서라도 한국은 "소프트파워 강국" 전략을 적극적으로 추구할 필요가 있다.

IV. 맺음말: 한국 외교정책의 발전 전략

국제정치 미래의 불확실성과 복합성 및 동북아 국제정치의 역동적 변화 속에서도 한국은 여전히 북핵문제 해결, 남북통일문제, 한·미동맹 강화와 같은 전통적인 현안에 매여 있다. 따라서 한국 외교정책의 발전전략은 다극화, 다변화, 다원화 현상이 심화되고 있는 국제질서 속에서 강국으로 부상할 수 있는 발전의 기회를 제고하기 위해 뚜렷한 목표의식과 치밀한 대외전략을 세우고 지역차원의 안보문제를 해결하는 노력과 더불어 국제사회에서의 위상 강화를 위한 실천방안 마련에 주력해야 한다.

우선 무엇보다도 외교전략을 수립할 때, "이사 갈 수 없는 현실"을 직시해야 한다. 동북아지역에서 강대국들 경쟁의 "지정학적 최전선"에 놓인 한국 외교정책의 핵심은 여전히 생존과 번영을 위한 전략마련일 수밖에 없다. 군사력이나 경제력인 면에서 한국이 주도적으로 무언가를 결정하고 주도해 나가기에는 주변국이 너무 강하기 때문이다. 물론 한국의 경제력, 군사력, 사회문화적 역량 등을 전 지구적 차원에서 볼 때 중강국中强國 이상의 국력을 보유하고 있으므로 한국의 외교안보패러다임의 전환을 기획해야 한다는 주장에도 귀 기울일 필요가 있다. 즉 한·미동맹을 계속하여 유지하는 것은 한국의 국익에 부합하는 일이지만, 이제 대미 안보의존에서 벗어나 사안별로 의견을 공유하는 국가들과의 연합을 통해 국익에 보탬이 되는 방향으로 외교관계를 "관리하는" 나라가 되어야 한다는 주장이다.[31] 경제적으로 급부상하고 있는 중국과 독자적으로 협력관계를 제고함으로써 기존의 한·미, 한·일관계에서의 한국의 입지를 강화시켜야 한다는 의견에도 일리가 있다. 하지만, 공동의 가치에 기반을 둔 지속적인 협력관계는 사안별, 선택적 접근으로는 형성되기 힘들다. 특히 한국이 전통적인 동맹이나 우방관계를 차치하고 사안별로 의견이 맞는 국가들과의 연합을 통해 국익에 득이 되는 방향으로 외교적 행동반경을 넓혀갈 수 있을지도 의문이다. 한·미관계의 제반 불균형문제를 해소하고 한·일관계에 있어 역사문제를 시정하려는 노력을 배가해야 하지만, 이 과정에서 핵심가치를 공유하는 "친구국가들"과의 관계 자체에 의구심을 품는 것은 바람직하지 않다.

둘째, 안보협력을 넘어 포괄적 협력을 지향하는 "21세기 한·미 전략동맹," 한·일 간 상호존중과 이해를 바탕으로 공동의 이해영역을 확대하는 미래지향적 "성숙한 동반자관계," "중국과 러시아와의 전략적 협력동반자관계" 등 중층적 양자관계를 강화해 나가는 동시에 지역 차원의 다자협력을 제고하는 노력이 병행되어야 한다. 한·미·일 3국간 협력은 전

31) 이근 (2005).

통적인 한반도 안보문제에서뿐 아니라 민주주의, 시장경제, 인권 등 가치를 공유하는 유대감과 경제통상 및 사회문화 영역에서도 지속적으로 심화 발전되어야 할 것이다. 또한 한·중·일 3국간 인적 교류와 경제협력확대 등을 통해 선린우호협력을 증진하고 2008년 시작된 3국 정상회담체제를 적극 활용하여 지역의 갈등이나 현안문제를 해결하고 신뢰를 제고할 필요가 있다. 아울러 제3세계 국가들과의 교류를 다각도로 확대하고, 가치와 신념을 공유하는 중견국가들과의 협력네트워크를 강화함으로써 외교의 양적·질적 팽창을 도모하는 것이 중요하다.

셋째, 한국의 21세기 외교안보 전략 지도에 북한과 주변 4강을 뛰어넘는 새로운 틀과 시각을 담아낼 필요가 있고, 이를 위해 외교대상뿐 아니라 그 의제와 방법을 다양화하는 것이 바람직하다. 단기적으로는 "상품성"이 적어 보일지라도 거시적·장기적으로 세계정세에 영향을 미칠 수 있는 의제들을 규명하고 관련 정책들을 마련하는 것이 결국은 대외역량과 국익을 강화시키는 것이다. 이러한 맥락에서 이명박 정부가 "성숙한 세계국가Global Korea"를 지향하며 기여외교, 국제평화활동, 녹색성장 등을 강조하는 것은 지구적 책임감제고를 통한 글로벌 파트너십 강화라는 측면에서만이 아니라 대외역량 강화 및 국가브랜드 가치와 국격國格제고 방안으로 풀이된다.

2010년 한국은 선진공여국 모임인 OECD 개발원조위원회DAC에 가입함으로써 공히 반세기 만에 원조를 받던 나라에서 주는 나라가 되었다. 22개국으로 구성된 DAC 회원국들은 전 세계 90%에 달하는 공적개발원조ODA를 제공하고 있어 한국도 국민순소득GNI 대비 ODA 비율을 늘리고 원조방식에서도 선진화를 이루어야 하고, 성공적인 개발경험을 토대로 다른 공여국과 수혜국, 풀뿌리조직 등 개발협력의 주체들과의 긴밀한 공조관계를 구축해 가야 한다.32) 이 밖에도 유엔과 국제사회의 기대에 비

---

32) 한국정부는 2015년까지 ODA를 국민순소득(GNI) 대비 0.25%까지 확대하기로 하였

해 지나치게 저조한 실정인 유엔평화유지활동PKO을 확대할 필요가 있는데, 이는 한국군의 국제화는 물론 국제사회에서 리더십을 발휘할 수 있는 밑거름이 될 수 있을 것이다. 한국국제협력단KOICA의 월드 프렌즈 코리아World Friends Korea를 포함한 해외봉사단의 활동활성화 방안도 마련해야 하고, 지속적인 논란에도 불구하고 국제사회의 인권개념으로 자리 잡은 국가의 자국민 보호책임, 즉 보호할 책무R2P를 적극 지지하고 유엔의 이행전략 추진 노력에 능동적으로 동참해야 할 것이다. 한편 경제문제를 다루는 최상위포럼Premier Forum으로 중국 등 세계의 경제 실세국가들을 포함하는 G20이 부상하였는데, 서구 중심에서 벗어나 전 세계 지역의 주요 국가들을 포함시켜 대표성이나 정통성을 강화한 G20이 향후 경제문제뿐 아니라 여타 주요 국제이슈를 다루는 데 중심적 역할을 할 확률이 높다. 2010년 G20의 개최국이자 의장국이 된 한국은 동서양, 선진국-개도국 간을 잇는 중간자적 역할을 수행하면서 합법적이고 효과적인 글로벌거버넌스 구축이라는 역사적 임무를 수행할 수 있는 기회를 잘 활용해야 할 것이다.

넷째, 지도자 및 외교관의 비전과 역량이 외교성패를 좌우한다. 한 나라의 지도자가 바뀌면 대외정책도 급선회하는 경우가 종종 있다. 이렇듯 외교적 노선의 전환은 소수의 지도층에 의해 이루어지지만 그 결과 타국과의 관계뿐 아니라 한 국가의 미래가 변하기도 한다는 점에서 보다 신중한 결정을 필요로 한다. 한편, 외교관은 총칼 없는 전쟁의 최일선에서 고군분투하며 역사, 현재, 미래를 잇는 한국의 비전을 이루어가는 것에 대한 긍지가 있어야 한다. 그러나 이러한 외교관들의 자부심이 특권의식이나 엘리트의식으로 이어져서는 안 되고 항상 국민과 국가를 섬기는 겸양을 겸비해야 하는데, 이를 위해 역량제고뿐 아니라 인성교육도 중요하다. 아울러 외교관들이 자신들의 자유로운 사고를 억압하는 관료적인 구조

다. 외교통상부 보도자료 2009년 10월 26일; "'한국도 진정한 선진국 클럽에' DAC 회원국 만장일치로 가입," 『중앙일보』, 2009년 10월 26일.

16.3 인식공동체란 특정한 분야에서 널리 인정된 전문지식과 능력을 갖추고, 그 분야를 둘러싼 정치적 쟁점이 되는 부분에 대해 정책적으로 유의미한 결론을 도출해 낼 수 있는 능력을 갖추고 권위 있는 주장을 할 수 있는 전문가 네트워크를 일컫는다. 1990년대에 들어와 글로벌 이슈에 대한 국제적 정책협조를 설명하는 개념으로 그 의미가 확대되었다.

이 전문가 그룹은 초국가적 네트워크를 가지고 국적과 문화의 차이를 넘어 공동으로 직면한 문제에 대하여 공통의 가치관과 방법론에 근거해 찾는다. 즉 이들은 특정 의제와 관련한 쟁점의 범위를 규정하고 국익을 정의하며, 이를 토대로 정보를 교환하는 방식으로 정책적 기대를 설정한다. 인식공동체는 각국 정부로 하여금 당면문제에 대한 이해도와 인지력을 제고할 수 있게 해주고, 나아가 새로운 아이디어나 정책을 제도화하여 하나의 정설로 굳어지게 한다. 이들의 역할은 통상적으로 지구환경과 자원 등 기술적 전문성이 높은 분야에서 보다 뚜렷하게 나타나지만, 안보분야에서 있어서도 인식공동체를 형성하여 군사적 대립을 완화시키고 냉전구조를 해체하는 등 기여도가 높다.

및 경직된 사고를 벗고 창의적 아이디어와 장기적 비전을 만들 수 있도록 외교시스템과 인력충원 방법 등을 근본적으로 재편할 필요성도 있다.

다섯째, 외교를 잘하기 위해서는 내교內交도 잘해야 한다. 지구촌시대, 정보화시대에는 주변국과의 상호관계를 통해 자국이익을 달성하는 외교가 민생문제와 연계되어 있는 경우가 많아졌고, 외교안보정책과 국내정책의 연계성이 점점 중요해지고 있다. 또한 민주화의 급진전과 대중정치의식 제고로 내치內治 못지않게 "소통"이 중요해졌고, 국내여론이 외교정책에 끼치는 영향력이 커졌다. 따라서 외교영역에서도 국민과의 소통 증대와 공감대 형성 및 대국민 홍보 등을 통한 신뢰 구축이 중요하다. 이와 관련하여 민간외교 역량도 높여야 한다. 정부(외교관) 주도로 외교가 이루어지는 시대나 정부(외교관)가 정보를 독점하는 시대는 지나고 오늘날은 외교관이 국제기구나 기업, 학자, 민간단체들과 정보를 공유하는 시대이다. 특히 방대한 정보흐름으로 지식의 전문화, 세분화가 더욱 더 중요해지고 있는 시점에서 이와 같은 정보공유와 협력방안 모색은 실용적 외교를 지향하는 데 있어 필수적이다. 따라서 정부 간 협력 노력을 보완할 민간차원의 협력 증진을 위한 정부의 지원을 촉구하는 한편, 일반 대중들이 정부 간 협력 촉진을 위한 압력과 지원을 병행해야 한다. 또한 냉전종식 및 세계화의 심화, 급변하는 세계정세에 부합하는 인식전환이 필요한 시점에서 대중을 계도하고 정책가들에게 비전 및 정책방향을 제시할 인식공동체 epistemic community의 역할도 강화되어야 할 것이다.